GESCHICHTE DER ARBEITERBEWEGUNG / ITH-TAGUNGSBERICHTE 19

Geschichte der Arbeiterbewegung
ITH-TAGUNGSBERICHTE, BAND 19

Herausgegeben von der
Internationalen Tagung der Historiker der Arbeiterbewegung

Gefördert durch das
Bundesministerium für Wissenschaft und Forschung

EUROPAVERLAG WIEN
1984

Internationale Tagung der Historiker der Arbeiterbewegung
Sonderkonferenz

Linz, 6. bis 9. Jänner 1983

Marxismus und Geschichtswissenschaft

Bearbeitet von Brigitte Galanda
Dokumentationsarchiv des österreichischen Widerstandes

EUROPAVERLAG WIEN
1984

Druck: Plöchl-Druck Ges. m. b. H. & Co. KG., Freistadt
ISBN 3-203-50889-3

GELEITWORT

Zum dritten Mal ist es der ITH möglich, ein Protokoll einer Sonderkonferenz zu veröffentlichen. Es war für unsere Bestrebungen eine große Genugtuung, daß es uns vergönnt war, das Gedenkjahr für Karl Marx in Österreich mit einer größeren eigenen Veranstaltung gleich nach Jahresbeginn zu eröffnen. Ich habe allen jenen zu danken, die es uns ermöglichten, diese Sonderkonferenz auf unserem „angestammten" Boden im Jägermayrhof in Linz durchzuführen.

Da zu erwarten stand, daß im Laufe des Jahres 1983 die Bedeutung von Karl Marx als Philosoph, als Ökonom, für die Ideologie der Arbeiterbewegung, seine weltgeschichtliche Wirkung usw. in den zahlreichen Veranstaltungen gebührend gewürdigt wird, hatte sich der Vorstand der ITH entschlossen, ein den speziellen geschichtswissenschaftlichen Intentionen unserer Konferenzen besonders angemessenes Thema in den Mittelpunkt zu rücken.

Das vorliegende Protokoll beweist, daß die Problematik „Marxismus und Geschichtswissenschaft" ergiebig war und — wie wir hoffen — vor allem anregend auch für die weitere Forschung über das engere Fachgebiet der Geschichte der Arbeiterbewegung hinaus. Außerdem boten die Teilnehmer der Konferenz aus zahlreichen Ländern Europas und Übersee in ihren Referaten und Diskussionsbeiträgen eine Fülle von Informationen über die unterschiedliche Situation in ihren Ländern.

Ihnen allen möchte ich herzlich danken sowie auch jenen, die das Zustandekommen der Konferenz und deren Durchführung bzw. die Drucklegung des Protokolls ermöglicht haben, namentlich das Bundesministerium für Wissenschaft und Forschung, das Land Oberösterreich, die Stadt Linz, der Österreichische Gewerkschaftsbund, die Kammer für Arbeiter und Angestellte Oberösterreich und die Mitarbeiter des Ludwig-Boltzmann-Instituts für Geschichte der Arbeiterbewegung Linz sowie das Dokumentationsarchiv des österreichischen Widerstandes.

Mein besonderer Dank für das Zustandekommen dieses Bandes gilt meinen Mitarbeitern in der ITH, namentlich Frau Mag. Brigitte Galanda, die die Hauptarbeit geleistet hat.

Wien, 18. Juli 1984 — Dr. Rudolf Neck

Redaktionelle Vorbemerkung

Aufgrund des zum Teil beträchtlichen Umfanges der Beiträge zur Sonderkonferenz 1983 mußten für das vorliegende Protokoll Kürzungen vorgenommen werden, wobei ich hoffe, keine nach Meinung der Autoren bzw. Referenten sinnstörende Streichungen durchgeführt zu haben.

Die Redaktion und Fahnenkorrektur der fremdsprachigen Beiträge erfolgte durch in diesen Sprachen Geübte, wobei mein besonderer Dank Dr. Siegwald Ganglmair für die Bearbeitung der englischen Teile gilt.

Zu danken habe ich auch Frau Solveig Dolejsi, die einen großen Teil der Schreibarbeiten besorgte sowie den jungen Kolleginnen und Kollegen des Dokumentationsarchivs des österreichischen Widerstandes, die mich bei der Fahnenkorrektur unterstützten.

Wien, Juli 1984 Brigitte Galanda

INHALTSVERZEICHNIS

Abgegebene, aber nicht vorgetragene Referate:

TABLE OF CONTENTS

TABLE DES MATIERES

GESCHICHTE DER ARBEITERBEWEGUNG / ITH-TAGUNGSBERICHTE 19

Geschichte der Arbeiterbewegung
ITH-TAGUNGSBERICHTE, BAND 19

Herausgegeben von der
Internationalen Tagung der Historiker der Arbeiterbewegung

Gefördert durch das
Bundesministerium für Wissenschaft und Forschung

EUROPAVERLAG WIEN
1984

Internationale Tagung der Historiker der Arbeiterbewegung
Sonderkonferenz

Linz, 6. bis 9. Jänner 1983

Marxismus und Geschichtswissenschaft

Bearbeitet von Brigitte Galanda
Dokumentationsarchiv des österreichischen Widerstandes

EUROPAVERLAG WIEN
1984

Druck: Plöchl-Druck Ges. m. b. H. & Co. KG., Freistadt
ISBN 3-203-50889-3

GELEITWORT

Zum dritten Mal ist es der ITH möglich, ein Protokoll einer Sonderkonferenz zu veröffentlichen. Es war für unsere Bestrebungen eine große Genugtuung, daß es uns vergönnt war, das Gedenkjahr für Karl Marx in Österreich mit einer größeren eigenen Veranstaltung gleich nach Jahresbeginn zu eröffnen. Ich habe allen jenen zu danken, die es uns ermöglichten, diese Sonderkonferenz auf unserem „angestammten" Boden im Jägermayrhof in Linz durchzuführen.

Da zu erwarten stand, daß im Laufe des Jahres 1983 die Bedeutung von Karl Marx als Philosoph, als Ökonom, für die Ideologie der Arbeiterbewegung, seine weltgeschichtliche Wirkung usw. in den zahlreichen Veranstaltungen gebührend gewürdigt wird, hatte sich der Vorstand der ITH entschlossen, ein den speziellen geschichtswissenschaftlichen Intentionen unserer Konferenzen besonders angemessenes Thema in den Mittelpunkt zu rücken.

Das vorliegende Protokoll beweist, daß die Problematik „Marxismus und Geschichtswissenschaft" ergiebig war und — wie wir hoffen — vor allem anregend auch für die weitere Forschung über das engere Fachgebiet der Geschichte der Arbeiterbewegung hinaus. Außerdem boten die Teilnehmer der Konferenz aus zahlreichen Ländern Europas und Übersee in ihren Referaten und Diskussionsbeiträgen eine Fülle von Informationen über die unterschiedliche Situation in ihren Ländern.

Ihnen allen möchte ich herzlich danken sowie auch jenen, die das Zustandekommen der Konferenz und deren Durchführung bzw. die Drucklegung des Protokolls ermöglicht haben, namentlich das Bundesministerium für Wissenschaft und Forschung, das Land Oberösterreich, die Stadt Linz, der Österreichische Gewerkschaftsbund, die Kammer für Arbeiter und Angestellte Oberösterreich und die Mitarbeiter des Ludwig-Boltzmann-Instituts für Geschichte der Arbeiterbewegung Linz sowie das Dokumentationsarchiv des österreichischen Widerstandes.

Mein besonderer Dank für das Zustandekommen dieses Bandes gilt meinen Mitarbeitern in der ITH, namentlich Frau Mag. Brigitte Galanda, die die Hauptarbeit geleistet hat.

Wien, 18. Juli 1984 Dr. Rudolf Neck

Redaktionelle Vorbemerkung

Aufgrund des zum Teil beträchtlichen Umfanges der Beiträge zur Sonderkonferenz 1983 mußten für das vorliegende Protokoll Kürzungen vorgenommen werden, wobei ich hoffe, keine nach Meinung der Autoren bzw. Referenten sinnstörende Streichungen durchgeführt zu haben.

Die Redaktion und Fahnenkorrektur der fremdsprachigen Beiträge erfolgte durch in diesen Sprachen Geübte, wobei mein besonderer Dank Dr. Siegwald Ganglmair für die Bearbeitung der englischen Teile gilt.

Zu danken habe ich auch Frau Solveig Dolejsi, die einen großen Teil der Schreibarbeiten besorgte sowie den jungen Kolleginnen und Kollegen des Dokumentationsarchivs des österreichischen Widerstandes, die mich bei der Fahnenkorrektur unterstützten.

Wien, Juli 1984 Brigitte Galanda

INHALTSVERZEICHNIS

Abgegebene, aber nicht vorgetragene Referate:

TABLE OF CONTENTS

TABLE DES MATIERES

I

ERÖFFNUNG

Namens der UNESCO hielt Herr **Andrej Bertels** eine Begrüßungsansprache, die jedoch aufgrund technischer Probleme nicht aufgezeichnet werden konnte.

Univ. Prof. Dr. Wilhelm Rausch für die Stadt Linz

[Anfang bedauerlicherweise nicht aufgezeichnet]

Sowohl der Bürgermeister als auch ich haben uns hinter die Sache gestellt und versucht, diese Tagung hier für Linz zu gewinnen. Auch der Veranstalter selbst hat es wohl nicht geahnt, daß aus dieser ersten Tagung im Laufe der Zeit 18, und, wenn man die Planung für das Jahr 1983 jetzt ins Auge faßt, 19 Tagungen würden, und wir alle haben natürlich auch nicht gewußt, welche Resonanz diese Tagungen finden werden. Die Stadt Linz hat aber nicht gewußt, daß sie mit dieser internationalen Tagung, die sich, wenn ich das grob ausdrücken darf, zwischen den großen Blöcken bewegt und dem neutralen Österreich einen echten Auftrag gibt, hier eine Gesprächsbasis zwischen Ost und West auf so lange Zeit sichert und in heiklen wissenschaftlichen Bereichen einen Konsens bzw. — das ist auch schon sehr wichtig — die Auseinandersetzung mit der anderen Seite erlaubt und ermöglicht. Wir sind darüber sehr froh, daß diese Situation gegeben ist, und wir freuen uns über jeden Besucher, der aus einem anderen Land zu uns nach Österreich kommt, und — das möchte ich hoffen — den „good will", den wir hier in Österreich in dieser Richtung beweisen, auch vielleicht anerkennen kann. Auf diese Weise ist die ITH für Linz doch zu einem Tor nach der Welt geworden neben der industriellen Situation, die wir hier vorfinden und die uns — das soll nicht verschwiegen werden — im Augenblick sehr große Schwierigkeiten bereitet. Meine Damen und Herren! Der Bürgermeister Franz Hillinger, aber auch der politische Kulturreferent Prof. Schanovsky freuen sich, daß ich Ihnen hier die Grüße übermitteln darf. Sie freuen sich, daß Sie hier in Linz tagen, und wir alle freuen uns, daß das Wetter so halbwegs mitmacht, der Nebel in der Senke liegt und nicht hier auf dem Berg. Ich darf Ihnen aber noch Hoffnung machen, daß es heute noch schönes Wetter gibt. Der Föhn verspricht dies. Eine sehr schöne Tagung, eine interessante Diskussion und einen schönen Aufenthalt in Linz. Danke schön!

II

Sektionschef Dr. Wilhelm Grimburg für das Bundesministerium für Wissenschaft und Forschung

Herr Vorsitzender, verehrte Ehrengäste, liebe Tagungsteilnehmer!

Ich glaube, daß der Umstand, daß die Sonderkonferenz der Historiker der Arbeiterbewegung mit dem Thema „Marxismus und Geschichtswissenschaft", die aus Anlaß des 100. Todestages von Karl Marx unter dem Ehrenschutz der UNESCO und unter dem Ehrenschutz der von der österreichischen Bundesregierung gestellten Ministerin für Wissenschaft und Forschung, Dr. Hertha Firnberg, und dem von der Österreichischen Volkspartei gestellten Landeshauptmann des Landes Oberösterreich Dr. Ratzenböck stattfindet, ein eindrucksvoller Beweis dafür ist, daß Karl Marx in Österreich unabhängig von der persönlichen politischen Einstellung große Wertschätzung als Soziologe, Historiker, vor allem aber als großer Humanist genießt. In unserer Zeit, in der die Menschen durch ökonomische Probleme, vor allem aber durch eine nicht unaktuelle Kriegsangst zutiefst verunsichert sind, ist die Auseinandersetzung mit dem großartigen Gedankengut von Karl Marx höchst aktuell. Ich darf Ihnen daher namens der Frau Bundesminister für Wissenschaft und Forschung, Dr. Hertha Firnberg, die besten Grüße und Wünsche überbringen, Ihnen für diese Tagung viel Erfolg wünschen und sie hiemit eröffnen. Ich danke Ihnen.

Eric HOBSBAWM (Großbritannien)

KARL MARX UND DIE GESCHICHTSWISSENSCHAFT THESEN

1. Die materialistische Geschichtsauffassung ist der Kern von Karl Marx' Denken, und in diesem hohen Maße ist Geschichte als der eigentliche Gegenstand der Geschichtswissenschaft der Zentralpunkt seiner Theorie. Überdies gibt es zahlreiche historische Schriften, die von Marxens Gedanken inspiriert sind, Gedanken, die sogar Historiker beeinflußt haben, denen seine Ansichten keineswegs sympathisch waren oder die sie geradezu ablehnten. Marx selbst kann jedoch nicht als ein oder als nur ein Autor geschichtswissenschaftlicher Werke verstanden werden. Ungleich Engels, der eine Anzahl kürzerer Arbeiten schrieb, die man im weiteren Sinn als Geschichte bezeichnen kann - vom „Bauernkrieg in Deutschland" zu „Die Mark" und anderes - schrieb Marx selten als Historiker, obgleich er stets historisch geschrieben hat. Abgesehen von der einzigen seiner Schriften, die tatsächlich als „Geschichte" bezeichnet wurde (die anomale und keineswegs bemerkenswerte ‚marxistische' „Geheimdiplomatische Geschichte des achtzehnten Jahrhunderts"), waren seine historischen Arbeiten zweierlei Art: a) zeitgenössische Geschichte, geschrieben in der unmittelbaren Folge von geschilderten und analysierten Ereignissen: die „Klassenkämpfe in Frankreich", der „Achtzehnte Brumaire" und der „Bürgerkrieg in Frankreich"; b) historische Artikel, geschrieben im Laufe seiner umfangreichen journalistischen Arbeit in den 1850er und 1860er Jahren.

2. Der Hauptteil der ‚historischen' Arbeiten von Marx ist eigentlich in seinen theoretischen und politischen Arbeiten integriert, wie z. B. in den historischen Kapiteln und Abschnitten des „Kapital" oder im „Kapital" als Ganzes. Marx lehnte es ab, die verschiedenen akademischen Fächer zu separieren. Es ist daher unzulässig, willkürlich zwischen Marx, dem Historiker, Marx, dem Ökonomen, oder Marx, dem Soziologen, zu unterscheiden. Nichtsdestoweniger darf gesagt werden, daß etliche seiner Schriften für die Historiker besonders interessant sind. Das wären: a) die Schriften, in denen die allgemeine, wesentliche Methode der materialistischen Geschichtsauffassung in ihren Grundzügen formuliert wird und das daraus sich ergebende „Modell" der historischen Entwicklung; b) Skizzen der allgemeinen Entwicklung der Menschheitsgeschichte und ihrer Hauptphasen und Varianten vom primitiven Kommunismus zum Kapitalismus und darüber hinaus, und c) verschiedene Schilderungen und Analysen konkreter Probleme und Themen der Vergangenheit. Das Vorwort zur „Kritik der politischen Ökonomie" ist das bekannteste, meistbeachtete Beispiel für die unter a) ersterwähnten Schriften, Teile der „Deutschen Ideologie" und die Abschnitte

über vorkapitalistische Formationen in den „Grundrissen" sind Beispiele für die unter b) zweiterwähnten Schriften. Das Kapitel über die sogenannte ursprüngliche Akkumulation im 1. Band des „Kapital" enthält Beispiele für die unter c) dritterwähnten Schriften von Marx. Alle erwähnten Schriften behandeln historische Entwicklungen mehr oder weniger in dem weiteren Sinn dieses Begriffs. Sie müssen daher zusammen mit Marx' Schriften gelesen werden, die kurze geschichtliche Perioden und innerhalb dieser erfolgten Ereignisse behandeln oder eher geschichtliche Details als historische Grundzüge beleuchten.

Wie bereits erwähnt, sind die meisten dieser Abhandlungen politisch oder journalistisch. Es existiert eigentlich keine systematische Darlegung der Marxschen historischen Methodologie oder einer Synthese der geschichtlichen Entwicklung. Sogar das „Kapital" kann nicht einfach als eine „Geschichte des Kapitalismus bis 1867" betrachtet werden.

3. Für dieses Charakteristikum des Marxschen Werkes gibt es zwei entscheidende Gründe, ganz abgesehen von Marxens Schwierigkeit, seine literarischen Vorhaben tatsächlich zu vollenden.

Erstens: Seine Ansichten befanden sich bis zu seinem Tode in fortgesetzter Entwicklung und Wandlung innerhalb eines breiten Rahmens, der in der Mitte der 1840er Jahre gebildet wurde. Zweitens: Marxens wichtigster Beitrag zur Geschichte, die Erforschung des Entstehens und der Entwicklung des Kapitalismus, ist bewußt und wohlüberlegt in chronologisch umgekehrter Anordnung entstanden. Marx nahm den entwickelten Kapitalismus als Ausgangspunkt oder, um es in seiner Sprache zu sagen, es kam ihm darauf an, den „Affen" zu erforschen in bezug zu seiner späteren Entwicklung zum „Menschen". Daher sind, zum Beispiel, viele Aspekte des Überganges vom Feudalismus zum Kapitalismus nicht direkt besprochen, es sei denn durch spätere Marxisten.

Allerdings versuchte Engels, dessen Interessen denen moderner professioneller Historiker näher waren, mehr systematische und umfassendere Darstellungen zu formulieren und auch - meistens in seinen Briefen - Fragen zu klären, die sich im Zusammenhang mit der materialistischen Konzeption der Geschichte ergaben. Jedoch, obwohl es keinen Grund gibt anzunehmen, daß Marx mit Engels' eigenen Arbeiten nicht unbedingt übereingestimmt hätte und Marx manchesmal Engels' Kritik seiner historischen Ansichten akzeptierte, kann man Engels nicht ohneweiters einfach mit Marx identifizieren. Die Ergebnisse der neuen Forschung berechtigen zur Annahme, daß das Buch, das Marx aufgrund seines Studiums des Werkes von Lewis H. Morgan und anderer Forscher zu schreiben vorhatte, sich wahrscheinlich einigermaßen von Engels' „Ursprung der Familie, des Privateigentums und des Staates" unterschieden hätte.

4. Marx' Beziehung zur Geschichtswissenschaft ist daher kompliziert. Sie wurde des weiteren verwirrt sowohl durch antimarxistische wie auch manche marxistische Polemik. Antimarxisten neigen entweder dem Argument zu, Marx sei unnütz, weil viele seiner historischen Erklärungen sich als überholt oder gar als falsch erwiesen hätten und seine Konzeption der Geschichte im allgemeinen ungenau formuliert und/oder umstritten sei. Oder sie behaupten, Marx selbst habe keine nennenswerten Neuerungen in die Geschichtswissenschaft gebracht. Was an Marx richtig ist, sei so augenfällig, daß es auch von nichtmarxistischen Historikern entdeckt worden sei oder hätte sein können. Überdies sind sie bereit, Marx für unrichtige Interpretationen zu tadeln, die eher bei späteren Marxisten gefunden werden konnten, nicht aber bei Marx selbst. Andererseits sind manche Marxisten den Texten von Marx und Engels so zugetan, daß für sie Marxismus geradezu einen Glauben an Behauptungen bedeutet, die eindeutig nicht mehr aufrechterhalten werden können. So zum Beispiel die anthropologischen Ansichten, die Engels' „Ursprung der Familie“ zugrunde liegen. Dazu kommt paradoxerweise, daß es heute auch Leute gibt, die behaupten, Marxisten zu sein, die aber Marxens eigene grundlegende Formulierung der materialistischen Geschichtsbetrachtung nicht akzeptieren (z. B. das Vorwort zur „Kritik der politischen Ökonomie“). Diese Verwirrungen, die hier nicht im Detail besprochen werden sollen, können keineswegs die enorme Wirkung von Marx auf die Geschichtsschreibung verschleiern, wohl aber können sie deren Natur verdunkeln. 5. Über diese Wirkung können einige Feststellungen gemacht werden:

A: Marx hat die Geschichtsschreibung in dreifacher Weise beeinflußt: durch Historiker, die seine eigene Methode anzuwenden bemüht waren; durch Historiker, die die materialistische Geschichtsauffassung kritisieren (und die manchesmal alternative Antworten zur marxistischen Fragestellung liefern, wie im Falle von Max Weber) und, mehr allgemein, durch das Eindringen von ursprünglich von Marx übernommenen Elementen in den Gesamtbereich der Geschichtswissenschaft.

B: Heutzutage wird Geschichte in einer Weise geschrieben und gelehrt, die Marx weit mehr verdankt als seinen berühmten bürgerlichen Zeitgenossen (z. B. Ranke). Insbesondere wird die Geschichte heute selten durch den Einfluß von „Ideen“ erklärt, wohl aber durch gesellschaftliche Kräfte. Politische, religiöse und institutionelle Geschichte im engeren Sinne geht zurück, hingegen ist sozialökonomische Geschichtsdeutung mehr prominent als sie es vor 100 oder noch vor 50 Jahren gewesen ist.

C: Das soll aber nicht heißen, daß alle Geschichte heute marxistisch ist, obwohl die Zahl marxistischer Historiker oder solcher, die bereit sind, Marx' positiven Beitrag zur Geschichtswissenschaft anzuerkennen, größer ist als jemals zuvor, sogar in Ländern, in denen der Marxismus keineswegs eine offizielle Ideologie ist. Dieses Wachstum war besonders in den letzten vierzig Jahren auffällig.

D: Marx' Einfluß auf die Geschichtswissenschaft erfolgte sowohl durch die materialistische Konzeption im allgemeinen und durch seine Abhandlungen über konkrete Probleme der Vergangenheit. Erstens beruht er also weitgehend auf der befreienden Kraft der Lehre, daß die Art „der Produktionsweise des materiellen Lebens den sozialen, politischen und geistigen Lebensprozeß überhaupt bedingt". Zweitens beruht er weitgehend auf Marx' Vision einer gesellschaftlichen Entwicklung der Menschheit durch eine Reihe sozio-ökonomischer Formationen vom primitiven Kommunismus zum Kapitalismus und darüber hinaus. Andererseits haben auch spezifische, manchesmal fast zufällige, Bemerkungen von Marx zu großen und lang andauernden historischen Debatten angeregt, wie z. B. die über die Beziehung zwischen Protestantismus und kapitalistischer Entwicklung („Kapital", Band 1: 1. Kapitel: Die Ware; 8. Kapitel: Der Arbeitstag).

E. Marx hat auf Historiker nicht nur einen einmaligen Einfluß ausgeübt, sondern einen ständig sich erneuernden und variierenden. Jede Generation von Historikern hat Marx entdeckt oder wiederentdeckt und manchesmal einen anderen Aspekt des Marxschen Werkes als ihre Vorgänger hervorgehoben. Was man zuerst von ihm lernte, das war die bestimmende Rolle der sozio-ökonomischen ‚Basis' für den ideologischen Überbau. Ja, man bezeichnete oft den Marxismus als eine „ökonomische Interpretation der Geschichte" (obwohl deren extremste Versionen gerade bei Nicht-Marxisten zu finden sind). Spätere Marxisten bestanden gegenüber solchen bürgerlichen Deterministen auf die Bedeutung von Faktoren des Überbaues - z. B. die Puritanische Ideologie in der englischen Revolution im 17. Jahrhundert.

6. „Die außerordentliche Vielfalt historischer und sozialwissenschaftlicher Ansätze marxistischer Forscher verbietet allgemein gehaltene Bemerkungen über marxistische wissenschaftliche Arbeiten". (G. Iggers 1978). Nichtsdestoweniger kann auf bestimmte Bereiche, in denen der Einfluß von Marx besonders bemerkenswert ist, hingewiesen werden. Seine Ideen haben weitgehend die Geschichtsschreibung nicht-europäischer, besonders orientalischer Gesellschaften verändert. Sie haben besondere Beachtung seitens vieler Altertumsforscher gefunden und natürlich seitens Historiker, die die Entstehung und Entwicklung des Kapitalismus erforschen. In den letzten Jahrzehnten ist der Einfluß Marxscher Erkenntnisse auf die sich mehr und mehr entwickelnde Sozialgeschichte besonders bemerkenswert. Es darf vermerkt werden, daß Marxsche Gedanken Beachtung finden seitens Wissenschafter, die die Ursprünge der Klassengesellschaft und des Staates erforschen - darunter nicht nur Historiker, sondern wohl hauptsächlich Sozial-Anthropologen und Archäologen.

7. Abschließend sei die Natur des Einflusses von Marx durch ein Beispiel illustriert: die sogenannte „Krise des siebzehnten Jahrhunderts". Die Krise der Dreißigerjahre lenkte die Aufmerksamkeit der nichtmarxistischen Mediaevisten auf die Tatsache, daß die feudale Gesellschaft im 14. und 15. Jahrhundert in eine Krisenperiode geraten war. Zugleich machte M. H. Dobb den Versuch, einen klaren, zusammenhängenden marxistischen Überblick über die Entwicklung des Kapitalismus von seinen Ursprüngen an auszuarbeiten, und zwar im Lichte der laufenden Forschung (1946). Das führte zu lebhaften Debatten unter Marxisten in den 1950er Jahren. In ihrem Verlauf wurde bemerkt, daß, nachdem diese Feudalkrise überwunden war, die kapitalistische Entwicklung nicht unmittelbar in die industrielle Revolution führte, sondern vorerst durch eine andere Krisenperiode im 17. Jahrhundert ging, während der die erste bürgerliche Revolution in England erfolgte. Diese Suggestion leitete ihrerseits eine intensive Debatte unter Marxisten und zwischen Marxisten und Nichtmarxisten ein. Eine Übersicht über diese Kontroverse findet sich im Buch von Hroch und Petran, „Das 17. Jahrhundert - die Krise der feudalen Gesellschaft", Hamburg 1981. Diese Auseinandersetzung hält noch immer an, aber die Geschichtsschreibung über das 17. Jahrhundert ist durch sie stark verändert worden, obwohl marxistische Erklärungen dieser Krisenperiode (deren es mehrere gibt, ebenso wie Marxisten, die bestreiten, daß es sie überhaupt gegeben hat) nicht universal akzeptiert werden. Es ist interessant festzuhalten, daß in den Texten von Marx diese Krise niemals erwähnt wird. Sie wurde von Historikern entdeckt, die, von Marx inspiriert, versuchten, im Verlaufe ihrer Bemühungen eine zusammenhängende, konkrete Entwicklung des Kapitalismus aufzuzeigen, und zwar auf der Grundlage seiner eigenen historischen Andeutungen.

Heute, hundert Jahre nach seinem Tod, beruht der Einfluß von Marx auf die Geschichtswissenschaft also nicht nur auf seinen eigenen Schriften, sondern auch, vielleicht sogar in erster Linie, auf den Bemühungen seiner Nachfolger, seine Methode bei der Behandlung konkreter geschichtlicher Probleme anzuwenden.

Ein großer Denker der Vergangenheit lebt weiter, soferne seine Schüler und Nachfolger nicht bloß seine Schriften zitieren und kommentieren (erläutern), sondern seine Methode anwenden. In diesem Sinne, wie in anderen Bereichen der Theorie und Praxis, ist Karl Marx ein Jahrhundert nach 1883 in der Geschichte lebendig, mehr lebendig als irgend ein anderer Denker seiner Zeit, mit der möglichen Ausnahme von Charles Darwin.

(Übersetzt von Manfred Ackermann)

Eric HOBSBAWM (Großbritannien)

MARX UND DIE GESCHICHTSWISSENSCHAFT

1. Wie steht es um Marx, hundert Jahre nach seinem Tode? Wenn man sich in den Büchern und Zeitschriften, welche die Intellektuellen lesen und schreiben, umsieht und in der politischen Polemik, in der Marxisten einander kritisieren: nicht sehr gut. Man hat sich früher um die politische und ideologische Bedeutung der Marxschen Theorie gestritten - heute werden auch unter sogenannten Marxisten die Ansichten des alten Herren angezweifelt, vom Arbeitswert bis zur materialistischen Geschichtsauffassung. Man hört sogar öfters die Frage, „Was ist vom Marxismus eigentlich übergeblieben?“ - obwohl heute, zum Unterschied von - sagen wir einmal - vor dreißig Jahren, eigentlich niemand ernstlich bezweifelt, daß ja etwas von ihm übrig geblieben ist - und zwar ungeheuer viel. Sonst würde man sich ja nicht so leidenschaftlich über ihm raufen. Niemand fragt, was von Herbert Spencer übrig geblieben ist, der zu Marx' Lebzeiten wohl der berühmteste Philosoph und Gesellschaftstheoretiker in der ganzen Welt war, ein Begriff für jeden Gebildeten von Santiago de Chile östlich bis Tokio. Es ist nämlich nichts übrig geblieben, was jeder feststellen kann, der Marx' Grab im Friedhof von Highgate besucht; denn ihm schräg gegenüber und gänzlich vergessen befindet sich das Grab Herbert Spencers. Bloß Leuten mit fortgeschrittener geschichtlicher Bildung wissen, wer er war. Und nur sie lächeln, wenn ich mal Witze mache über die posthume Partnerschaft von Marx und Spencer (die ja heute hauptsächlich als Kleidergeschäft bekannt sind).

Ja, Marx lebt. Aber es stimmt eigentlich auch, daß wir uns anno 1983 darüber Gedanken machen müssen, wie viel anders es in der Welt aussieht als anno 1883, und ob oder inwiefern das Werk von Karl Marx veraltet ist. Diese Problematik möchte ich aber heute, am Anfang der Jahrhundertfeier seines Todes, nicht anschneiden. Ich möchte vielmehr dieses Jahr damit beginnen, Sie an die ungeheure Bedeutung von Marx und an seinen ungeheuren Einfluß auf die gesamte Geschichtswissenschaft zu erinnern. Über diesen Einfluß ist gar kein Zweifel möglich. Erstens gibt es heute weit mehr Historiker, die sich zum Marxismus bekennen, als je zuvor, und zwar nicht nur in den sozialistischen Ländern, wo es schwierig, wenn nicht unmöglich ist, sich öffentlich vom Marxismus zu distanzieren, sondern im Westen und in der Dritten Welt. Ich möchte nicht einmal besonders unterstreichen, daß - um einen Nichtmarxisten zu zitieren - in den letzten Jahrzehnten den Marxisten der „Eintritt in die Historikerzunft“, d. h. die Universitätsstellen, gelang. Ich möchte ganz einfach zwei Beispiele zitieren. Im

Register von Herrn Prof. George Iggers' Überblick über die ‚Neue Geschichtswissenschaft' in Europa und Nordamerika (1978) befinden sich mehr Hinweise auf Marx als auf Ranke und Max Weber, von den anderen großen Namen schon gar nicht zu sprechen; und ich zähle, wenn ich mich nicht irre, mindestens 55 Namen, die mir persönlich als marxistische Historiker bekannt sind. Mein zweites Beispiel ist das große dreibändige Alterswerk des wohl international angesehensten Historikers der Nachkriegszeit, Herrn Fernand Braudels *Kapitalismus und materielles Leben*. Erstens, zeigt schon die Wahl dieses Themas und Titels die zentrale Bedeutung der marxistischen Fragestellung auch für Nichtmarxisten; und zweitens wird auch hier Marx öfter erwähnt als jeder andere Denker und Historiker - auch Max Weber -, ja sogar als jeder andere *französische* Autor; und wer Frankreich kennt weiß, wie unerwartet eine solche nationale Bescheidenheit in jenem Lande ist.

Dieser Einfluß des Marxismus auf die Geschichtswissenschaft ist gar nicht so selbstverständlich. Denn obwohl die materialistische Geschichtsauffassung sozusagen den Kern der marxistischen Theorie bildet und obwohl alles, was Marx schrieb, von Geschichte durchtränkt ist, hat sich Marx selbst kaum als Historiker betätigt. Engels scheint sich mehr für die Vergangenheit als solche interessiert zu haben und hat auch ein paar Werke geschrieben oder wenigstens projektiert, die man in Bibliothekskatalogen unter dem Kennwort „Geschichte" eintragen müßte, so z. B. den deutschen Bauernkrieg, das Werkchen über die Markverfassung, wohl auch den Ursprung der Familie und ein paar Projekte über deutsche und irische Geschichte. Engels konnte tatsächlich die Ansichten Marx' über gewisse Probleme des Feudalismus - z. B. den Untergang der Leibeigenschaft - aus besserer Kenntnis korrigieren (Briefwechsel Dez. 1882). Marx selbst hat, mit Ausnahme einiger polemischer und leider miserabler Artikelserien in den 1850er Jahren, die gegen den Zarismus und Lord Palmerston gerichtet waren, nichts geschrieben, was unter dem Titel „Geschichte" veröffentlicht wurde; und diese *Secret Diplomatic History of the 18th Century* (sie wurde auf Englisch geschrieben) gehört praktisch in den Papierkorb. Was wir Marx' historische Schriften nennen, besteht fast durchgehend aus politischen Komentaren und Tagesjournalismus. Die großen Werke über die *Klassenkämpfe in Frankreich*, den *18. Brumaire des Louis Bonaparte* und den *Bürgerkrieg in Frankreich* wurden während der besprochenen Ereignisse oder binnen Wochen nach ihrem Ablauf verfaßt. Ihr bleibender historischer Wert bezeugt nicht nur Marx' Genie sondern auch die ungemeine Kraft der materialistischen Geschichtsauffassung. Weiter enthält die riesige Masse der Artikel, die Marx - hauptsächlich in den 1850er Jahren - als Zeitungskorrespondent schrieb, um sich sein Leben zu verdienen, eine ganze Menge historischen Materials, das er als Hintergrund für seine Tageskorrespondenz sammelte und analysierte, so z. B. über die

Geschichte der britischen Herrschaft in Indien. Selbstverständlich sind diese Artikel für den marxistischen Historiker von Interesse, und zwar nicht nur weil sie Marx' Ansichten über verschiedene Ereignisse und Probleme der Geschichte beleuchten - oder jedenfalls über ein Zeitalter, das für uns zur Geschichte geworden ist -, sondern auch weil sie Beispiele sind für die Anwendung der materialistischen Geschichtsauffassung auf die Einzelheiten des Zeitgeschehens: weil sie nicht nur zeugen, um Rankes Formel zu gebrauchen, „wie es eigentlich gewesen", sondern zugleich „warum es eigentlich gewesen". Aber als Geschichte im Sinne der Fachhistoriker wurden sie nicht geschrieben. Ihr Wert ist übrigens ziemlich unterschiedlich.

Ich wiederhole: Marx schrieb in diesem Sinne nicht oder nur beiläufig Geschichte. Man kann selbstverständlich aus seinen Schriften viele seiner Ansichten über konkrete Probleme der Vergangenheit im einzelnen und des historischen Entwicklungsganges im allgemeinen herausholen, und manche seiner Bemerkungen haben die weitere Geschichtsschreibung sehr bedeutend beeinflußt. Ich denke z. B. an die große und auch heute noch andauernde Diskussion über die Beziehung zwischen Protestantismus und kapitalistischer Entwicklung, die aus ein paar beiläufigen Andeutungen im *Kapital* hervorgegangen ist. Was aber die Geschichtswissenschaft seit Marx' Tod revolutioniert hat, das sind nicht die einzelnen oder auch die allgemeinen Bemerkungen Marx' über den konkreten Gang der Geschichte, sondern die materialistische Geschichtsauffassung als solche.

„Diese Geschichtsauffassung", ich zitiere Marx und Engels in der frühesten Formulierung der Deutschen Ideologie (Werke 3, 37 f), „Diese Geschichtsauffassung beruht also darauf, den wirklichen Produktionsprozeß, und zwar von der materiellen Produktion des unmittelbaren Lebens ausgehend, zu entwickeln und die mit dieser Produktionsweise zusammenhängende und von ihr erzeugte Verkehrsform, also die bürgerliche Gesellschaft in ihren verschiedenen Stufen, als Grundlage der ganzen Geschichte aufzufassen und sie sowohl in ihrer Aktion als Staat darzustellen wie die sämtlichen verschiedenen theoretischen Erzeugnisse und Formen des Bewußtseins, Religion, Philosophie, Moral etc. aus ihr zu erklären und ihren Entstehungsprozeß aus ihr zu verfolgen, wo dann natürlich auch die Sache in ihrer Totalität (und darum auch die Wechselwirkungen dieser verschiedenen Seiten aufeinander) dargestellt werden kann." Ich bitte um Entschuldigung wegen dieses verzwickten Satzes, aber wer ihm auch nur andeutungsweise gefolgt ist, wird erkennen, daß es sich um praktisch die gleiche Formulierung der materialistischen Geschichtsauffassung handelt, auf die Marx und Engels ab 1846 zeitlebens immer wieder zurückgreifen. Diese Auffassung, welche Marx im Gegensatz zu den deutschen Philosophen und Ideologen der 1840er Jahre formulierte, hat wie eine Ladung Sprengstoff auf die Geschichtswissenschaft gewirkt. Und zwar nicht, weil sie diese zu ersetzen sucht, sondern im Gegenteil, weil sie ihre Funktion und ihre Aufgaben wissenschaftlich definiert. Lassen Sie mich - und das ist wohl im augenblicklichen Wirrwarr der marxistischen und antimarxistischen Polemiken besonders nützlich - noch einmal die Deutsche Ideologie zitieren (a. a. O., S. 27):

„Da, wo die Spekulation aufhört, beim wirklichen Leben, beginnt also die wirkliche, positive Wissenschaft, die Darstellung der praktischen Betätigung des Menschen, des praktischen Entwicklungsprozesses des Menschen [...] Die selbständige Philosophie verliert mit der Darstellung der Wirklichkeit ihr Existenzmedium. An ihre Stelle kann höchstens eine Zusammenfassung der allgemeinsten Resultate treten, die sich aus der Betrachtung der historischen Entwicklung des Menschen abstrahieren lassen. Diese Abstraktionen haben für sich, getrennt von der wirklichen Geschichte durchaus keinen Wert. Sie können nur dazu dienen, die Ordnung des geschichtlichen Materials zu erleichtern, die Reihenfolge seiner einzelnen Schichten anzudeuten. Sie geben aber keineswegs, wie die Philosophie, ein Rezept oder Schema, wonach die geschichtlichen Epochen zurechtgestutzt werden können."

Und noch einmal: (a. a. O., S. 25) „Die empirische Beobachtung muß in jedem einzelnen Fall den Zusammenhang der gesellschaftlichen und politischen Gliederung mit der Produktion empirisch und ohne alle Mystifikation und Spekulation aufweisen."

Aber: diese ‚wirkliche Geschichte' hat Marx nur fallweise beschäftigt. Und sogar die „Zusammenfassung der allgemeinsten Resultate, die sich aus der Betrachtung der historischen Entwicklung des Menschen abstrahieren lassen" - so z. B. im bekannten Vorwort zur *Kritik der Politischen Ökonomie* - sind nur in ein paar Worten angedeutet, obwohl Marx doch in den *Grundrissen* etwas mehr über nichteuropäische Gesellschaften nachgedacht hat, als mir Avineri in seinem Beitrag zuzugeben scheint. Ja, wenn man sein Hauptwerk, das *Kapital*, sozusagen als Geschichte der kapitalistischen Entwicklung zu lesen sucht, geht man falsch. Es ist keine solche Geschichte, und deshalb finden wir in Marx' Werk offenbar große Lücken, die die spätere Diskussion unter marxistischen Historikern auszufüllen versucht hat, so z. B. ist bei Marx keine konkrete und zusammenhängende Analyse des historischen Überganges vom westlichen Feudalismus zum Kapitalismus zu finden. Es ging ihm um etwas anderes. Er gebrauchte die Geschichte, aber nicht als Fachhistoriker. Worum es ihm ging, war nicht die Vergangenheit als solche, sondern der gesamte Prozeß der menschlichen Entwicklung, der in die Zukunft weist. Und er machte daher die Analyse des entwickelten Kapitalismus, „der die bürgerliche Gesellschaft [als ...] die entwickeltste und mannigfaltigste Form historischer Organisation der Produktion" (Einführung zu den *Grundrissen*, 1953, S. 25) zum Angelpunkt seiner Arbeit. Frühere Gesellschaften kommen also in diese Analyse als Vorformen. Vorkapitalistische Gesellschaften werden erst durch die Analyse des Kapitalismus erklärbar. Diese analytische Orientierung, welche Marx in der Einleitung zu den *Grundrissen* auszuarbeiten sucht, wirft große und noch bei weitem nicht geklärte Fragen der Methodologie auf, die ich hier nicht besprechen kann oder möchte. Ich erwähne sie nur, um zu unterstreichen, daß Marx, trotz seiner bedeutenden Fachkenntnisse und seiner zutiefst historischen Theoriebildung, nicht einfach als Fachhistoriker zu betrachten ist.

Die Beziehungen zwischen Marx und der Geschichtswissenschaft sind also durchaus nicht einfach. Ein Jahrhundert der Polemik und des Marxismus als Ideologie von Parteien, Bewegungen und Staaten hat es nicht leichter gemacht, sie zu erkennen. So kann man wohl behaupten, daß die Marxisten einen riesigen und wahrscheinlich entscheidenden Beitrag zur heute florierenden Geschichte der Arbeiterklasse und Arbeiterbewegung gemacht haben, oder noch allgemeiner: zur Geschichte der von älteren akademischen Historikern vernachlässigten Volksmassen. Aber das hat mit der materialistischen Geschichtsauffassung nicht besonders viel zu tun. Dies kommt vielmehr daher, daß marxistische Historiker, als politisch engagierte Linke, sich natürlich für solche Themen interessieren und ihnen eine besondere Sympathie entgegenbringen. Sie könnten auch Nichtmarxisten ansprechen, haben es auch gelegentlich getan, und sind im Augenblick wohl unter einer theoretisch verschwommenen volkstümlerischen Linken mindestens ebenso populär wie unter Marxisten. Daß man heute mehr als je über Tumulte und Volksaufstände arbeitet, ist ohne Zweifel dem Einfluß marxistischer Historiker zuzuschreiben, die diese Erscheinungen in den Mittelpunkt der Diskussion gerückt haben; aber was an deren Arbeit marxistisch ist, ist nicht die Tatsache, daß man über Spartakus schreibt und nicht über, etwa Julius Cäsar, sondern *wie* man über den einen wie den anderen schreibt.

Um den Einfluß Marx' auf die Geschichtswissenschaft zu klären, möchte ich also kurz ein paar Thesen zur Diskussion stellen:

Erstens. Dieser Einfluß hat sich dreifach spürbar gemacht: a) durch marxistische Historiker, die aber immer (ausgenommen in sozialistischen Ländern und in den letzten Jahrzehnten in großen Teilen der sog. „Dritten Welt") eine Minderheit gebildet haben;

b) durch antimarxistische Historiker, welche die Fragestellung der materialistischen Geschichtsauffassung zum Teil akzeptieren, aber andere Antworten als Marx oder die Marxisten auf sie geben. Der typische Fall ist wohl Max Weber. Dazu gehört natürlich auch das große und wachsende Heer der ex-marxistischen Historiker, die ja fast immer irgendwie von ihrer marxistischen Vergangenheit gekennzeichnet bleiben. Denn, wenn nämlich eine neue Frage in der Geschichtsschreibung gestellt ist, dann sieht die Geschichte danach nun einmal ganz anders aus, gleich wie die Antwort ausfällt. So gibt es z. B. sowohl in Frankreich als auch in England eine starke Reaktion gegen die Variante der marxistischen Interpretation der betreffenden bürgerlichen Revolutionen, die bis vor kurzem deren Geschichtsschreibung beherrschte - gegen Christopher Hill und Soboul. Aber was im Augenblick vorherrscht ist nicht die Rückkehr zur vormarxistischen Geschichte dieser Revolutionen, sondern eben die Kritik marxistischer Thesen bzw. deren Weiterentwicklung. Das ist etwas ganz Anderes.

c) Und drittens muß man feststellen, daß, ganz abgesehen von Marxismus und Antimarxismus, eine ganze Menge ursprünglich marxistischer Elemente in die allgemeine Geschichtswissenschaft eingedrungen ist und diese grundlegend verändert hat. Ich erwähne nur zwei: die Rolle der Klassen - gleichviel wie man sie einschätzt - und die gesellschaftliche Verwurzelung der Ideen, d. h. die Problematik von Basis und Überbau. Es wäre heute z. B. undenkbar, die protestantische Reformation rein ideengeschichtlich zu behandeln. Nun kann man allerdings einwenden, daß dies nicht unbedingt marxistisch ist. Der Marxismus war nur ein Faktor - wenn auch ein sehr durchschlagender -, der zu der wachsenden Betonung der wirtschaftlichen und sozialen Elemente in der Geschichte beitrug, die sich im Lauf des vergangenen Jahrhunderts bemerkbar gemacht hat. Und umgekehrt ist ein simpler wirtschaftlicher Determinismus ja heute für gewisse bürgerliche Historiker viel typischer als für Marxisten. Aber der spezifisch marxistische Beitrag läßt sich nicht abstreiten. Es ist z. B. kein Zufall, daß der Altmeister der französischen *Annales*schule, die ursprünglich sehr wenig Interesse für Marx hatte, nämlich Fernand Braundel, heutzutage wohl ein charakteristisch marxistisches Thema behandelt, nämlich die Entwicklung des Kapitalismus, und sich gewissen marxistischen Thesen gegenüber - z. B. denen Immanuel Wallersteins - viel aufgeschlossener zeigt.

Meine *zweite* These ist die: Marx selbst hat die Geschichtswissenschaft in dreierlei Weise beeinflußt:

a) durch die materialistische Geschichtsauffassung als solche - also im Grunde durch den Satz „Es ist nicht das Bewußtsein der Menschen, das ihr Sein, sondern im Gegenteil ihr gesellschaftliches Sein, das ihr Bewußtsein bestimmt";

b) durch sein Modell der gesellschaftlichen Entwicklung als einer Reihe produktionsbedingter Gesellschaftsformen, die sich zum Kapitalismus weiterentwickelt bzw. nicht weiterentwickelt haben;

c) durch die große Anzahl der Bemerkungen zu den verschiedensten konkreten Problemen der Vergangenheit bzw. der Gesellschaft im allgemeinen, die sich in den Schriften Marx' vorfinden.

Diese Vielfalt der Anregungen, die von Marx ausgehen, hat natürlich nicht nur Vorteile sondern auch den Nachteil, daß sich viel zeitraubender und oft unnützer Streit um konkrete Thesen im Text von Marx (und auch Engels) entwickelt, die sich nicht notwendigerweise aus der materialistischen Geschichtsauffassung ergeben. Ob es z. B. eine bzw. nur eine asiatische Produktionsweise gegeben hat oder überhaupt keine, ist eine Frage, die man bejahen oder verneinen kann, ohne die materialistische Geschichtsauffassung anzugreifen.

Und eben diese Vielfalt bringt mich zu meiner *dritten* These: Daß nämlich sowohl Marxisten wie andere im Lauf des Jahrhunderts, je nach der zur Zeit vorherrschenden Problematik immer wieder neu und oft auf neue Art, von Marx angeregt wurden. Jede Generation entdeckt sozusagen nicht nur Marx, sondern ihren eigenen Marx. Das heißt nicht nur, daß bestimmte Texte Marx' von Zeit zu Zeit in den Mittelpunkt der Diskussion treten - wie z. B. der 18. Brumaire, von dem in der Zeit der 2. Internationale recht wenig die Rede ist, wenn es um den historischen Materialismus geht -, sondern auch daß mehr Nachdruck auf diesen oder jenen Aspekt des marxistischen Denkens gelegt wird. Die erste geschichtliche Rezeption Marx legte den Nachdruck natürlich auf die Abhängigkeit des Überbaus von der Basis. (Vielleicht ist es wieder Zeit, daran zu erinnern). Später aber, als es kaum mehr zu bezweifeln war, daß z. B. die englische Revolution nicht *nur* aus der puritanischen Ideologie zu erklären war, waren es eben die Marxisten, die daran erinnerten, daß diese Ideologie eben nicht nur ein Widerschein gesellschaftlicher Entwicklungen war, sondern ein autonomer und wichtiger Faktor der Geschichte. Ja, heute sind Marxisten im Studium der Ideologie und des Mythos besonders aktiv. Im Augenblick z. B. scheint sich das Augenmerk vieler marxistischer Historiker besonders auf die autonome Rolle des Staates zu konzentrieren, aus erklärlichen Gründen.

Wie hat sich nun Marx konkret auf die Geschichtswissenschaft von heute ausgewirkt? Wie der schon zitierte Professor Iggers sagt, verbietet „die außerordentliche Vielfalt historischer und sozialwissenschaftlicher Ansätze marxistischer Forscher [...] allgemein gehaltene Bemerkungen über marxistisches wissenschaftliches Arbeiten." Trotzdem lassen sich ein paar Gebiete erkennen, in denen der Einfluß Marx' besonders deutlich ist. Ich erwähne einfach die Geschichtsschreibung über nichteuropäische und besonders orientalische Gesellschaften, das klassische Altertum, das schon immer ungemein viel Anziehungskraft auf erstklassige Forscher gehabt hat - man denke, um nur zwei Zeitgenossen zu nennen, an Leute wie Moses Finley und J. P. Vernant -, und die Geschichte der Sklaverei im allgemeinen. In der Sozialgeschichte (social history), die in den letzten Jahrzehnten ganz besonders floriert, ist der marxistische Einfluß besonders klar. Und die Urgeschichte - d. h. die Geschichte der Entstehung von Klassengesellschaften und des Staates - hat sich in letzter Zeit stark entwickelt. Daß man hier auf Marx zurückkommt, ist kaum erstaunlich.

Selbstverständlich ist aber der Einfluß Marx' ganz besonders spürbar in der Wirtschaftsgeschichte, wohl weil sich die akademische Ökonomielehre seit Ende der klassischen politischen Ökonomie so lange und so systematisch von der Problematik der wirtschaftlichen Entwicklung abkehrte und daher deren Geschichte praktisch den Marxisten überließ oder denen, die, wie z. B. der hervorragende Josef Schumpeter, sehr viel, und zwar ganz bewußt, von der marxistischen Fragestellung übernahmen. Nur so ist es zu erklären, daß der gänzlich unmarxistische Nobelpreisträger Sir John Hicks in seiner *Theorie der Wirtschaftsgeschichte* (1969) direkt an Marx anknüpft (S. 2). Da „so wenig Alternativen zur Verwendung der marxistischen Kategorien, in einer oder der anderen Version, zur Verfügung stehen" (S. 3) sei es nicht erstaunlich, daß die meisten, die den Versuch unternehmen, die Materialien der Geschichte mit Hilfe der Gesellschaftswissenschaften, d. h. spezifisch der Wirtschaftswissenschaft, zu ordnen, diese Kategorien verwenden. Wir aber, zum Unterschied von Sir John Hicks, wundern uns nicht so sehr, daß „hundert Jahre nach dem *Kapital,* in denen die Gesellschaftswissenschaften sich so enorm entwickelt haben, so wenig anderes aufgetaucht ist." (S. 3).

Und noch direkter ist der marxistische Einfluß, wo es sich um die spezifische Geschichte der Entwicklung des Kapitalismus handelt. Und ich möchte am Ende dieses Vortrags die Wirkung seiner Ideen an einem konkreten Beispiel aus diesem Gebiet illustrieren. Es handelt sich um die sog. „Krise des 17. Jahrhunderts". Daß die Entwicklung des westlichen Kapitalismus nicht geradlinig verlief, daß auf die Expansion des Hochmittelalters ein demographischer und wirtschaftlicher Rückschlag im 14. und 15. Jahrhundert gefolgt war, war zwischen Mitte der Dreißiger und Ende der Vierzigerjahre von vielen Mediaevisten erkannt worden. Die große Krise des Kapitalismus, die man in den Dreißigerjahren durchlebte, trug wohl dazu bei, die Augen der Historiker für solche Krisenerscheinungen zu schärfen. Maurice Dobbs *Studies in the History of Capitalism* (1946) versuchte zum ersten Mal, diese ‚Krise des Feudalismus' systematisch in ein marxistisches Schema des Übergangs vom Feudalismus zum Kapitalismus einzubauen; obwohl die Tatsache einer solchen Krise schon 1950 — wie z. B. der Internationale Historikerkongreß jenes Jahres beweist — vorsichtig, aber ziemlich allgemein anerkannt wurde. Dobbs Buch löste unter Marxisten eine interessante Debatte aus über die Frage, wie man eigentlich die Jahrhunderte zwischen der Krise des Feudalismus im 14. und dem Durchbruch der industriellen Revolution Ende des 18. Jahrhunderts zu betrachten habe; warum es eigentlich so lange von der Krise des einen Systems zum Sieg des anderen gedauert habe. Im Laufe dieser Debatte, oder besser gesagt im Anschluß an sie, kam man marxistischerseits auf die Idee, daß auch nach der Feudalkrise sich die Entwicklung des

Kapitalismus nicht auf gerader Linie bewegt hatte, sondern noch einmal, nach einer Aufstiegsperiode im 15. und 16. Jahrhundert, eine Krisenperiode durchgemacht hatte, deren Überwindung den endgültigen Vormarsch zur industriellen Revolution ermöglichte. Dieses war die sog. „Krise des 17. Jahrhunderts", in deren Verlauf es zur bürgerlichen Revolution in England kam. Gewisse Krisenerscheinungen in diesem Jahrhundert waren schon, mehr am Rande, von ein paar Historikern — z. B. in Frankreich — notiert worden, aber man kann wohl sagen, daß der Vorschlag, die europäische Geschichte — und vielleicht die Weltgeschichte — durch das Konzept des 17. Jahrhunderts als eines Krisenjahrhunderts umzustülpen, hauptsächlich aus der marxistischen Problematik kam und durch marxistische Publikationen in die allgemeine internationale Geschichtswissenschaft gebracht wurde. Die Debatte über dieses Thema begann übrigens in einer Zeitschrift, die von jungen Marxisten gegründet worden war und zur Zeit oft als marxistisches Organ betrachtet wurde.

Was ich hervorheben möchte ist nicht der Wert dieser These, sondern ihre ungemein schnelle und große Auswirkung in der Welt der Historiker. Sie löste sofort eine lebhafte internationale Debatte aus, die seither immer noch andauert. Kann man überhaupt von einer Krise des 17. Jahrhunderts sprechen? Man diskutiert noch immer über diese Frage, obwohl ich den Eindruck habe, daß sich die Idee im großen und ganzen bei Wirtschaftshistorikern durchgesetzt hat. Wenn es diese Krise gab, wie weit reichte sie? Man hat versucht, sie von Mexiko bis China auszudehnen. Was für eine Krise war das? Hier gehen natürlich die Meinungen, besonders zwischen Marxisten und Nichtmarxisten, scharf auseinander; die Nichtmarxisten legen den Nachdruck auf rein politische Elemente und bestreiten natürlich die Bürgerlichkeit der bürgerlich englischen Revolution. Hat sich die ursprüngliche marxistische Darstellung und Analyse der Krise durchgesetzt? Sicherlich nicht. Aber ganz unbestritten ist, daß diese marxistische Anregung die Geschichtsschreibung des 17. Jahrhunderts wirklich ziemlich grundlegend geändert hat. Ich will nicht sagen „im Sinne des Marxismus". Es gibt übrigens verschiedene konkurrierende marxistische Interpretationen dieser Krise wie auch marxistische Historiker — besonders in der UdSSR —, die ihr gegenüber skeptisch sind. Aber die Problematik der Krise ist nach zwanzig Jahren nicht mehr aus der Historiographie wegzudenken. Sie finden Überblicke auf diese Problematik in einigen Sammelbänden, wie dem von Aston 1965 und Parker und Smith 1978 herausgegebenen, sowie im marxistischen Buche von Hroch und Petran, das 1982 in einer ganz unverfänglichen deutschen akademischen Reihe erschien.

Ich habe dieses Beispiel nicht nur angeführt, um die Durchschlagskraft marxistischer Ideen in der heutigen Historikerwelt konkret zu illustrieren. In diesem Sinne beweist es bloß, daß auch heute Marxisten Fragen stellen oder verallgemeinern, seine Rezeption zeigt, daß sie sofort als zentrale Fragen für die Geschichte erkannt werden, auch wenn die Rezeption kritisch und ablehnend ist. Das Beispiel illustriert vielmehr konkret, wie marxistische Historiker die Ideen Marx' anwenden und inwiefern eine scharfe Scheidung zwischen marxistischer und nichtmarxistischer Geschichtswissenschaft möglich bzw. wünschenswert ist.

Das Konzept einer Krise des 17. Jahrhunderts ist weder im Texte Marx' noch Engels' zu finden, zum Unterschiede von manchen Anregungen, die auch noch heute die Forschung befruchten oder lebhaft diskutiert werden, wie z. B. seine Bemerkung über das Erscheinen eines kapitalistischen Weltmarktes im 16. Jahrhundert (Deutsche Ideologie). Die Idee einer solchen Krise entstand im Laufe der Bemühungen marxistischer Historiker, die Gedanken Marx' über die Entstehung des Kapitalismus historisch auszuarbeiten und in eine zusammenhängende Geschichte des Kapitalismus einzuordnen, welche — aus oben angedeuteten Gründen — im Text der Klassiker eben nicht existiert. Also im Lauf von Bemühungen, die in erster Linie nicht darauf hinzielen, den Text Marx' gegen Angriffe zu verteidigen bzw. durch neue Auslegungen gegen solche Angriffe haltbar zu machen, sondern im Sinne eines Versuches, seine Ideen weiterzuentwickeln. Das bedeutet — zumindest in diesem Fall — durchaus nicht, daß man Marx revidieren will; obwohl doch kein ernsthafter Marxist zögern soll, historische Aussagen Marx', welche — etwa durch spätere Forschung — unhaltbar geworden sind, nicht zu übernehmen. Es bedeutet einfach, daß der lebendige Marxismus dort anfängt, wo die Marxzitate nicht mehr genügen. Große Denker leben weiter nicht bloß, weil man ihre Texte liest, zitiert und in jeder Generation neu kommentiert und auslegt, sondern vor allem, weil die Fragen, die sie aufgeworfen haben, noch immer von grundlegender Bedeutung sind und ihre Theorien und Denkmethoden noch immer den Rahmen für weitere Forschung bilden. Der Marxismus bleibt ein Arbeitsprogramm. In diesem Sinne ist Marx für die heutige Wissenschaft lebendig wie kein anderer seiner Zeitgenossen, mit der etwaigen Ausnahme des anderen großen Karl des 19. Jahrhunderts, Charles Darwin.

Daß solche Fragen verschiedentlich beantwortet werden können, ist selbstverständlich. Übrigens trennt Meinungsverschiedenheit an sich nicht die marxistische von der nichtmarxistischen Wissenschaft. In der Debatte über das 17. Jahrhundert herrscht weiß Gott die Einstimmigkeit weder unter Marxisten noch unter Nichtmarxisten, und in vielen Fragen stehen Koalitionen von beiden auf einer Seite gegenüber Einheitsfronten ähnlicher Zusammensetzung. Das eben ist das Zeichen wissenschaftlicher Diskussionen in der Geschichte und anderswo. Erstens sind sie nicht lediglich ideologisch, zweitens sind sie allgemein verständlich und unterstehen allgemein anerkannten Forschungsmethoden und Kriterien. Es gibt keine ausschließlich proletarische oder bürgerliche oder deutsche oder schwarze oder frauenrechtlerische Wissenschaft, d. h. die nur den betreffenden Gruppen zugänglich ist und nur sie überzeugt. Und drittens hat die Diskussion in der Wissenschaft kein Ende. Wo sie am Ende ist, hat die Wissenschaft aufgehört. Denn die Beantwortung jeder Frage bringt andere, unbeantwortete Fragen mit sich. Eben darum ist der Einfluß Marx' auf die Geschichtswissenschaft möglich, und eben darum kann sich der Marxismus nicht von der nichtmarxistischen Forschung abkapseln. Beide befassen sich mit einer objektiv existierenden Wirklichkeit, wenn diese auch nur durch zeitgenössische Begriffsysteme und Denkmuster — sagen wir, durch die Brillen der jeweiligen Ideologien — zu sehen ist.

Das alles läßt noch viel Spielraum für die Debatte zwischen den marxistischen und nichtmarxistischen Geschichtsauffassungen und selbstverständlich für den Kampf gegen politisch reaktionäre Ideen in akademischer oder wissenschaftlicher Verkleidung. Manche von uns führen diese Debatte und diesen Kampf schon seit langer Zeit. Er wird und muß auch weitergehen. Ich bezweifle auch nicht — und kann es als Marxist nicht tun —, daß die Politik den Hauptanstoß zur Durchschlagskraft des Marxismus in der Geschichtswissenschaft gegeben hat. Fast alle von uns sind Marxisten und daher als Historiker marxistische Historiker geworden, weil uns politische Überzeugung zuerst zu Marx führte. Die Geschichte des Marxismus und seines Einflusses hat als Anfangspunkt die Geschichte der sozialistischen Massenbewegung und der Politisierung der Intellektuellen. Aber, weil der Marxismus nicht bloß Ideologie und politisches Abzeichen ist, geht sie über diesen Anfangspunkt hinaus. Der Einfluß von Marx ist nicht danach zu messen, wieviele Historiker sich als Marxisten bezeichnen und wieviele den jeweilig als marxistisch proklamierten Thesen zustimmen. Er ist daran zu messen, daß es heute oft schwer ist zu wissen, ob ein Buch von einem Marxisten oder Nichtmarxisten geschrieben ist, wenn der Autor seine ideologische Position nicht deklariert. Vielleicht kommt einmal der Tag, an dem es keinem Historiker mehr einfällt, sich um diese Frage zu kümmern. Allerdings, von diesem utopischen Zustand sind wir in Hinsicht auf die ideologisch-politischen und Klassenkämpfe unseres Jahrhunderts noch weit entfernt — und werden es auch voraussichtlich bleiben.

Shlomo AVINERI (Israel)

HAT MARX EINE EINHEITLICHE THEORIE DER WELTGESCHICHTE?

Ein Beitrag zur Marxschen Auffassung der nicht-europäischen Welt

Die meisten historischen Studien von Marx befassen sich mit europäischen Bedingungen. Wie bisher allgemein verstanden wurde, beansprucht die marxistische Vision, universell zu sein. Dies ist eines der Grundparadoxa des Marxismus.

Hatte Marx eine einheitliche Theorie von der historischen Entwicklung? Verallgemeinerte er die Schlußfolgerungen, welche er von der europäischen Geschichte herleitete? Ist Marxismus relevant für die Dritte Welt?

Um diese Fragen beantworten zu können, muß man sich mit Marx Anschauungen der nicht-europäischen Welt auseinandersetzen und fragen, wie erfolgreich er diese Betrachtungen in seine allgemeine Geschichtstheorie integrierte, und auf einige Probleme hinweisen, die zu dieser Theorie führen.

Die meisten Thesen von Marx bezüglich der nicht-europäischen Welt treten nicht in seinen theoretischen Hauptwerken auf, jedoch aber in verschiedenen Zeitungsartikeln, die er hauptsächlich für die amerikanische Presse schrieb. Wir fangen deshalb unsere Diskussion bei den wenigen Fällen an, wo Marx die außereuropäische Welt in seinen allgemeinen theoretischen Werken erwähnt, und begeben uns dann zu einer detaillierten Beschreibung über Marx Aussagen zu diesem Thema in den verschiedenen Abhandlungen, in denen Indien und China innerhalb seiner journalistischen Arbeit erwähnt werden. Aber, wie deutlich ersichtlich sein wird, selbst in diesen journalistischen Schriften versucht Marx, das Phänomen der nicht-europäischen Welt auf einer theoretischen Ebene zu konzipieren.

I

Die allgemeine Richtlinie in Marx' Auffassung der Weltgeschichte ist im „Kommunistischen Manifest" verankert, das für die Entwicklung seiner weiteren Gedanken bezüglich dieses Themas bedeutend ist. Die Diskussion umfaßt das Zusammentreffen der europäischen kapitalistischen Expansion mit der nicht-europäischen Zivilisation. Andererseits beschäftigt sich das Manifest nicht mit den historischen Entwicklungen vor dem Durchbruch des europäischen Imperialismus, und die außereuropäische Welt erscheint demgemäß zum ersten Mal im „Manifest", als ihre Struktur bereits stark von der expandierenden bürgerlichen Zivilisation unterminiert ist.

Für Marx ist die kapitalistische Produktionsart das erste historische Modell, das durch seinen inneren Impuls die gesamte Welt mit einem Netz produktiver Beziehungen umschließt. Das Bedürfnis zur Ausweitung in die außereuropäische Welt ist daher ein immanentes Merkmal bürgerlicher Gesellschaft. Da dies die hauptrevolutionäre Spannkraft in der Geschichte ist, wird sie auch, Marx zufolge, letzten Endes die Bedingungen für ihre Existenz und weiteres Funktionieren unterminieren: „Die Bourgeoisie kann nicht existieren, ohne die Produktionsinstrumente [...] fortwährend zu revolutionieren [...]. Das Bedürfnis nach einem stets ausgedehnteren Absatz für ihre Produkte jagt die Bourgeoisie über die ganze Erdkugel [...] Die Bourgeoisie hat durch ihre Exploitation des Weltmarktes die Produktion und Konsumation aller Länder kosmopolitisch gestaltet." [1]

Es ist schließlich dieses dialektische Endresultat, das Marx ermöglicht, folgendes über die Bourgeoisie auszusagen:

„Die Bourgeoisie reißt durch die rasche Verbesserung aller Produktionsinstrumente, durch die unendlich erleichterten Kommunikationen alle, auch die barbarischsten Nationen in die Zivilisation. Die wohlfeilen Preise ihrer Waren sind die schwere Artillerie, mit der sie alle chinesischen Mauern in den Grund schießt, mit der sie den hartnäckigsten Fremdenhaß der Barbaren zur Kapitulation zwingt. Sie zwingt alle Nationen, die Produktionsweise der Bourgeoisie sich anzueignen, wenn sie nicht zugrunde gehen wollen [...] Mit einem Wort, sie schafft sich eine Welt nach ihrem eigenen Bilde.

Die Bourgeoisie hat das Land der Herrschaft der Stadt unterworfen. Sie hat enorme Städte geschaffen, sie hat die Zahl der städtischen Bevölkerung gegenüber der ländlichen in hohem Grade vermehrt und so einen bedeutenden Teil der Bevölkerung dem Idiotismus des Landlebens entrissen. Wie sie das Land von der Stadt, hat sie die barbarischen und halbbarbarischen Länder von den zivilisierten, die Bauernvölker von den Bourgeoisvölkern, den Orient vom Okzident abhängig gemacht." [2]

Die Implikationen für solch ein Herantreten reichen weit, da sie Marx ermöglichen, moralische Empörung und Sozialkritik von historischer Beurteilung zu trennen. Dazu gehört auch die Methode von Marx, an das Phänomen des Kapitalismus folgendermaßen heranzutreten: Er ist vorsichtig genug, nicht die Verurteilung der sozialen Übel, die dem Kapitalismus eigen sind, zu mißbrauchen für die romantische Suche zurück zur idyllischen vorindustriellen Zeit. Es ist wahr, daß der Kapitalismus das brutalste und unmenschlichste Wirtschaftssystem in der Geschichte ist. Wenige Kritiken des Kapitalismus sind stärker als Marx' „Ökonomisch-politische Manuskripte“ sowie „Das Kapital“. Marx zufolge ist der Kapitalismus jedoch ein notwendiger Schritt für die endgültige Befreiung, da nur er die wirtschaftliche und technologische Infrastruktur hervorbringen kann, die es der Gesellschaft ermöglicht, freie Entwicklung eines jeden Mitgliedes entsprechend seiner Fähigkeit zu erlauben.

Marx' Standpunkt bezüglich überseeischer europäischer kapitalistischer Expansion bringt deshalb eine Erweiterung seines dialektischen Verständnisses für die kapitalistischen Möglichkeiten im allgemeinen. Die kapitalistische Gesellschaft ist universalistisch in ihren Antrieben und nicht in der Lage, sich intern zu verändern, ohne die gesamte Welt mitzuverändern. Dadurch wird Marx' und Engels' Einstellung über die Vorgänge der europäischen Expansion in Indien, China und Nordafrika etc. bestimmt.

Bevor wir Marx' Auffassungen dieser besonderen Fälle diskutieren, soll eine vorläufige Frage beantwortet werden: Wie war, Marx zufolge, die Beschaffenheit der Gesellschaft (oder Gesellschaften), die durch europäische Expansion in Asien oder Afrika zerstört wurden? Im „Manifest“ bezieht sich Marx in undifferenzierter, aber charakteristischer Weise auf „Barbaren“, „Halbbarbaren“, „eine Nation von Bauern“, „der Osten“. Im Vergleich zu Marx' sorgfältiger Analyse der europäischen Gesellschaft und Geschichte ist dies primitiv und gewiß unbefriedigend.

Die Einleitung „Zur Kritik der politischen Ökonomie“ ist die einzige seiner veröffentlichten haupttheoretischen Schriften, in der Marx explizit den Zusammenhang zwischen sozioökonomischen Bedingungen der nicht-europäischen Welt und seiner allgemeinen Geschichtsphilosophie herstellt. Dabei werden verschiedene grundtheoretische Probleme dargestellt, die den Marxismus schon immer quälten. Bei der Beschreibung der ökonomischen Entwicklungsstufen bringt Marx deutlich die dialektischen Spannungen, die jeder historischen Periode anhaften, zum Ausdruck: „Eine Gesellschaftsformation geht nie unter, bevor alle Produktivkräfte entwickelt sind, für die sie weit genug ist, und neue höhere Produktionsverhältnisse treten nie an die Stelle, bevor die materiellen Existenzbedingungen derselben im Schoß der alten Gesellschaft selbst ausgebrütet worden sind.“ [3]

Abschließend spezifiziert er die Stufen der historischen Entwicklung:

„In großen Umrissen können asiatische, antike, feudale und modern bürgerliche Produktionsweisen als progressive Epochen der ökonomischen Gesellschaftsformation bezeichnet werden.“ [4]

Drei der vier hier erwähnten Produktionsarten wurden bereits im „Manifest“ von Marx beschrieben, und zwar die antike, feudale und bürgerliche. Die asiatische Produktionsweise ist neu, und ihre Einführung wirft eine Reihe von Fragen auf. Offensichtlich ist, daß sich der Marxismus nicht der Diskrepanz zwischen der analytischen und historischen Form der drei Produktionsarten sowie der bloß geographischen Bestimmung der asiatischen bewußt ist.

Weiterhin ist es von der Struktur des marxistischen Systems her offensichtlich, daß die drei bekannten Modelle dialektisch verwandt sind, während die „asiatische“ Produktionsart von den anderen Abstand nimmt. Ein zentrales Thema in Marx' Geschichtstheorie ist die Entstehung des Feudalismus aus den internen Spannungen der altertümlichen, sklavenhalterischen Gesellschaft. Ebenso wendet Marx einen großen Teil seines Geschichtsstudiums auf, um zu zeigen, wie der Kapitalismus aus dem Schoß der internen Desintegration und Aufhebung des Feudalismus entspringt, und auch der Sozialismus ist nach Marx eine Konsequenz der inneren Mechanismen des kapitalistischen Systems. Jede der aufeinanderfolgenden Stufen steht sowohl historisch als auch theoretisch in dialektischer Relation zu derjenigen, die vorangeht, und ergibt keinen Sinn außer in diesem besonderen Kontext. Dennoch paßt die asiatische Produktionsmethode nicht in diese systematische Auslegung. In keiner seiner Abhandlungen und Schriften läßt Marx erkennen, daß die asiatische Produktionsweise in den dialektischen Folgen der anderen Arten integriert ist; offensichtlich ist, daß die altertümliche Weise nicht aus der asiatischen entspringt. Weiterhin erklärt Marx nicht, wie sich die asiatische Methode intern in irgendeine der anderen entwickelt. Trotz der expliziten Dynamik von Marx' dialektischem Modell scheint es eine nicht einfache Kombination von zwei Gruppen unvereinbarer Elemente zu sein: ein hochentwickeltes, sorgfältig ausgearbeitetes Schema, das die historische Dynamik der europäischen Gesellschaften in detaillierter Weise darstellt, und dann eine simple Beschreibung aller nicht-europäischen Gesellschaftsformen unter der verdeckten Bestimmung einer bloß geographischen Terminologie der „asiatischen Produktionsmethode“, die statisch, unveränderbar und total undialektisch erscheint.

Marx gesteht diese Diskrepanz niemals richtig ein, und die systematischen Schwierigkeiten, welche in den Folgen der asiatisch-antiken-feudal-bürgerlichen Produktionsarten enthalten sind, kommen nie an die Oberfläche seiner theoretischen Schriften. Immer wieder warnt er seine Anhänger, nicht die grundlegenden europäischen Horizonte seiner Beschreibungen von der historischen Entwicklung zu übersehen. In einem unveröffentlichten Brief, den er 1877 an das russische sozialistische Journal „Otetschestwenniye Sapiski“ schrieb, warnt er, daß man die „historische Skizze von der Entstehung des Kapitalismus in Westeuropa nicht in eine geschichtsphilosophische Theorie des allgemeinen Entwicklungsganges verwandeln [kann], der allen Völkern schicksalsmäßig vorgeschrieben ist.“[5] In demselben Brief beschränkt er ausdrücklich den historischen Rahmen vom „Kapital“ auf Westeuropa: „Das Kapitel über die ursprüngliche Akkumulation will nur den Weg schildern, auf dem im westlichen Europa die kapitalistische Wirtschaftsordnung aus dem Schoß der feudalen Wirtschaftsordnung hervorgegangen ist.“[6]

Marx ist demzufolge mit dem akuten Bewußtsein konfrontiert, daß seine ökonomische Entwicklungstheorie eigentlich nur auf den Westen allein anwendbar ist: Die Veränderung der außereuropäischen Welt in die Richtung des Kapitalismus erscheint, wie im „Manifest“ hervorgehoben, als Folge des Zusammenstoßes innerhalb der westlichen bürgerlichen Gesellschaft und nicht als Konsequenz einer internen Entwicklung der asiatischen Produktionsweise oder durch die Wirksamkeit interner sozialer Kräfte. Trotzdem schließt Marx die asiatische Produktionsart in das Modell „der progressiven Epoche der ökonomischen Gesellschaftsformation“ ein.

II

Aber was ist die asiatische Produktionsart?

In seiner „Kritik der politischen Ökonomie“ befaßt sich Marx nicht damit, nur mit der Ausnahme, daß er eine Analogie zwischen altertümlich römischen und teutonischen Formen von Gemeinschaftseigentum und verschiedenen Eigentumsformen indischer Dorfkomunen betont.

Zu der Zeit, als Marx seine „Kritik der politischen Ökonomie“ schrieb, hatte er bereits zum Teil Ökonomie und soziale Bedingungen in Asien studiert. Marx' Interesse an Asien stammt aus dem Jahre 1853, als in England die parlamentarischen Debatten über die Erneuerung des Charters der ostindischen Gesellschaft stattfanden, die ihn zu einem intensiven Studium der Geschichte dieser Gesellschaft und der sozialen Bedingungen in Indien im allgemeinen veranlaßten. Zu der Zeit war Marx ständiger Londoner Korrespondent der „New York Daily Tribune“, und deshalb kam er dazu, Vorgänge in Indien und China als auch im mittleren Osten in entsprechender Breite zu schildern.

Der erste Hinweis, daß indische Studien Marx zu einigen neuartigen Schlußfolgerungen über die Natur außereuropäischer Gesellschaften führten, ist in einem Brief an Engels vom Jahre 1853 enthalten. Hierin kommentiert er überFrançois Berniers Studien über Indien und fährt dann fort hervorzuheben, was für ihn die einheitliche Charakteristik der sozialen Bedingungen in Asien ist:

„Bernier findet mit Recht die Grundform für sämtliche Erscheinungen des Orients - er spricht von Türkei, Persien, Hindistan - darin, daß *kein Privateigentum* existiert. Die ist der wirkliche clef zum orientalischen Himmel.“[7]

Es ist das Nichtvorhandensein von privatem Landeigentum, das den historischen Prozeß in Asien von den europäischen historischen Entwicklungen unterscheidet. Jede der nach Marx aufeinanderfolgenden europäischen Produktionsmethoden, wie antike, feudale und bürgerliche, basiert auf unterschiedlichen, jetzt fortbestehenden und sehr diffusen Formen von privatem Landeigentum. Asien ist anders, und einigen Vorschlägen Engels' folgend, versucht Marx, die institutionelle Implikation des Nichtvorhandenseins von privatem Landeigentum in Indien auszuarbeiten. In einem Artikel über „Die britische Herrschaft in Indien“ (New York Daily Tribune, 10. Juni 1853) schreibt Marx: „Seit undenklichen Zeiten gab es in Asien nur drei Regierungsdepartements: das der Finanzen oder für die Ausplünderung des eigenen Volkes; das des Krieges oder für die Ausplünderung anderer Völker und schließlich das der öffentlichen Arbeiten. Klimatische und territoriale Verhältnisse, besonders die weiten Küstenstriche, die sich von der Sahara quer durch Arabien, Persien, Indien und die Tartarei bis an das höchste asiatische Hochland ziehen, bedingten künstliche Berieselung durch Kanäle und Wasserwerke, die Grundlage der orientalischen Landwirtschaft [...] Die unbedingte Notwendigkeit einer sparsamen und gemeinschaftlichen Verwendung des Wassers, die im Okzident, z. B. in Flandern und Italien, zu freiwilligem Zusammenschluß privater Unternehmungen führte, machte im Orient, wo die Zivilisation zu niedrig und die territoriale Ausdehnung zu groß war, um freiwillige Assoziationen ins Leben zu rufen, das Eingreifen einer zentralistischen Staatsgewalt erforderlich. Hierdurch wurde allen asiatischen Regierungen eine ökonomische Funktion zugewiesen, die Funktion, für öffentliche Arbeiten zu sorgen.“[8]

Es ist zu ersehen, daß Marx sehr verunsichert ist durch das Phänomen, das er zu erklären versucht: die Parallele mit Flandern und Italien deutet auf andere Alternativen hin, abgesehen von dem vom zentralisierten Staat abhängigen Bewässerungssystem: eine derartige Erklärung durch rein geographische Begriffe bietet keine voll zufriedenstellende Lösung. Marx muß sich dessen bewußt gewesen sein, indem er sich indirekt auf die „Zivilisation“ bezieht, die er im Orient als „zu niedrig“ bezeichnet.

Die zentralisierte orientalische Staatsmacht geht Hand in Hand mit der einheitlichen Sozialstruktur und unterscheidet sich wiederum sehr von der europäischen: sie basiert auf einem „sogenannten *Dorfsystem,* das jeder dieser kleinen Einheiten ihre unabhängige Organisation und ihr Eigenleben gab.“ Diese Dörfer, führt Marx weiter aus, basieren auf dem gemeinsamen Eigentum der Dorfbewohner.

Dieses gemeinsame Landeigentum ist nach Marx die Hauptstütze dessen, was er als orientalischen Despotismus bezeichnet. Obwohl Marx sich bewußt ist, daß diese Beschreibung auf die chinesischen Bedingungen nicht sehr gut paßt, behauptet er, daß gemeinsames Landeigentum zumindest der Hintergrund auch für das damalige chinesische Landsystem war; auf jeden Fall, so argumentiert er, basieren sowohl indische als auch chinesische Dörfer auf einer eigentümlichen Einheit von Landwirtschaft und Manufaktur, die jedes Dorf zu einem selbstzufriedenen und selbsterhaltenden Mikrokosmos macht, der autonom, autark, inwendigblickend, abgeschlossen von der Außenwelt ist und daher die Basis für Konservatismus, Unbeweglichkeit und Stagnation bildet.

Einige der härtesten Kritiken, die je über die indische Dorfgemeinschaft und das indische Leben vor dem Eindringen der Engländer geschrieben wurden, stammen von Marx. In seinem bereits erwähnten Artikel „Die britische Herrschaft in Indien" befaßt er sich mit dem fatalen Zusammenstoß des englischen Handels mit der Sozialstruktur der indischen Gesellschaft und bemerkt dazu:

„Sosehr es nun auch dem menschlichen Empfinden widerstehen mag, Zeuge zu sein, wie Myriaden betriebsamer patriarchalischer und harmloser sozialer Organisationen zerrüttet und in ihre Einheiten aufgelöst werden, hineingeschleudert in ein Meer von Leiden, wie zu gleicher Zeit ihre einzelnen Mitglieder ihrer alten Kulturformen und ihrer erlebten Existenzmittel verlustig gehen, so dürfen wir doch darüber nicht vergessen, daß diese idyllischen Dorfgemeinschaften, so harmlos sie auch aussehen mögen, seit jeher die feste Grundlage des orientalischen Despotismus gebildet haben, daß sie den menschlichen Geist auf den denkbar engsten Gesichtskreis beschränken, ihn zum gefügten Werkzeug des Aberglaubens, zum unterwürfigen Sklaven traditioneller Regeln machten und ihn jeglicher Größe und geschichtlicher Energien beraubten. Wir dürfen nicht die barbarische Selbstsucht vergessen, die, an einem elenden Stückchen Land klebend, ruhig dem Untergang ganzer Reiche, der Verübung unsäglicher Grausamkeiten, der Niedermetzelung der Einwohnerschaft großer Städte zusah, ohne sich darüber mehr Gedanken zu machen als über Naturereignisse, dabei selbst jedem Angreifer, der sie auch nur eines Blickes zu würdigen geruhte, hilflos als Beute preisgegeben. Wir dürfen nicht vergessen, daß dieses menschlich unwürdige, stagnierende Dahinvegetieren, diese passive Art zu leben auf der anderen Seite ihre Ergänzung fanden in der Beschwörung wilder, zielloser, hemmungsloser Kräfte der Zerstörung, und in Hindustan selbst aus dem Mord einen religiösen Mord machten. Wir dürfen nicht vergessen, daß diese kleinen Gemeinwesen durch Kastenunterschiede und Sklaverei befleckt waren, daß sie den Menschen unter das Joch äußerer Umstände zwangen, statt den Menschen zum Beherrscher der Umstände zu erheben, daß sie einen nicht naturwüchsig entwickelnden Gesellschaftszustand in ein unveränderliches, naturgegebenes

Schicksal transformierten und so zu jener tierisch rohen Naturanbetung gelangten, deren Entartung zum Ausdruck kam in der Tatsache, daß der Mensch, der Beherrscher der Natur, vor Hanuman, dem Affen, und Sabbala, der Kuh, andächtig in die Knie sank.“[9]

Die einer derartigen Auffassung von der indischen Gesellschaft zugrundeliegende Annahme ist, daß jene frei von internen Mechanismen der sozialen Veränderung ist. Konflikte können an Ort und Stelle gelöst werden; es besteht kein Bedarf an überregionaler Interessenartikulation; eine totale Hiatus zwischen sozialen Kräften und Regierungsaktion ist vorhanden. Weiterhin ist von Bedeutung, daß, während Marx primitiven Kommunismus als universale, initiale Entwicklungsstufe postuliert, er *in Europa* sich in eine immer höhere Produktionsstufe entwickelt, indischer Dorfkommunismus dagegen stagnierend bleibt. Dementsprechend folgert Marx, *daß die asiatische Gesellschaft eigentlich keine Geschichte im westlichen Sinn hat.* In einem Artikel über „Die zukünftigen Ergebnisse der britischen Herrschaft in Indien“ (NYDT, 8. August 1853) schreibt Marx kategorisch:

„Die indische Gesellschaft hat überhaupt keine Geschichte, zum mindesten keine bekannte Geschichte. Was wir als ihre Geschichte bezeichnen, ist nichts anderes als die Geschichte der aufeinanderfolgenden Eindringlinge, die ihre Reiche auf der passiven Grundlage dieser widerstandslosen, sich nicht verändernden Gesellschaft errichteten.“[10]

Marx bringt einen ähnlichen Standpunkt über China in einem Artikel in der Wiener Zeitung „Die Presse“ (7. Juli 1862) zum Ausdruck, indem er seine Meinung über die Taiping Rebellion wie folgt beschreibt:

„Die orientalischen Reiche zeigen uns beständig Bewegungslosigkeit im sozialen Unterbau, rastlosen Wechsel in den Personen und Stämmen, die sich des politischen Überbaus bemächtigen.“[11]

Es kann sicher argumentiert werden, daß Marx’ Wissen hinsichtlich der indischen und chinesischen Geschichte gering war, obwohl zumindest seine Notizbücher in eine andere Richtung weisen. Das endgültige Urteil über Marx’ Standpunkt zu diesem Thema würde offensichtlich von der Meinung abhängen, die wir dem Geschichtskonzept beifügen, und eine derartige Untersuchung kann hier nicht vorgenommen werden. Von Bedeutung ist, daß nach Marx Asien keine Geschichte hat. Ein Standpunkt, der überraschend ist, wenn er von Marx herrührt. Plump ausgedrückt: Er läßt durchblicken, daß sich Marx der Tatsache bewußt ist, daß seine Geschichtsphilosophie nicht für die Mehrheit der Menschen zugänglich ist, da sie nur für die europäische Erfahrung relevant ist. Das mag Hybris sein, aber in diesem Falle teilte Marx sie mit seinen Zeitgenossen, wie immer ihre politische Färbung auch gewesen sein mag.

Die Vorstellung, daß Asien keine Geschichte hat, stammt natürlich nicht von Marx. Während viele Autoren des achtzehnten Jahrhunderts China als Modellgesellschaft gesehen haben, wo Ordnung, Stabilität und Gehorsam durch orientalische Weisheit erzielt wurden, folgt Marx Hegel durch Zurückweisen solcher Auffassung über China als fehlgeleitete Romantik. Nach Marx als auch nach Hegel bedeutet Geschichte einen menschlichen Prozeß durch Veränderung der Umwelt; wo es keine Veränderung gibt, ist auch keine Geschichte vorhanden, und der Mensch bleibt nur ein reines Naturprodukt. Eine Gesellschaft, die sich keiner Änderung unterzieht, befindet sich grundsätzlich außerhalb des Geschichtsbereiches und menschlichen Interesses, sie ist noch naturwüchsig. In seinen „Vorlesungen über die Philosophie der Geschichte" sagte Hegel folgendes über den Orient:

„China ist zugleich ein Reich der Dauer: es kann sich nicht aus sich verändern [...] Auf der anderen Seite steht dieser räumlichen Dauer die Form der Zeit gegenüber. Diese Staaten, ohne sich in sich oder im Prinzip zu verändern, sind in unendlicher Veränderung gegeneinander, in unaufhaltsamen Konflikten, die ihnen schnellen Untergang bereiten [...] Auch diese Geschichte ist selbst noch überwiegend geschichtslos, denn sie ist nur die Wiederholung desselben majestätischen Untergangs [...] Diese Unruhe ist eine ungeschichtliche Geschichte."[12]

Ausführlicher ausgedrückt, der Mangel an historischer Entwicklung in China und Indien wird ständig von Hegel wiederholt:

„Mit dem Reiche China hat die Geschichte zu beginnen; denn es ist das älteste Prinzip von Substantialität, daß es zugleich das älteste und neueste für dieses Reich ist [...] China und Indien liegen gleichsam noch außer der Weltgeschichte [...] Es ist in China wie in Indien kein Fortgang zu anderem [...] Indien ist in der Reihe der geistigen Gestalten eine frühe Gestalt; absolut ist sie alt, aber sie ist ein Statisches, Bestehendes geblieben"[13]

Innerhalb dieser Tradition betrachtet, besteht Marx' Analyse hinsichtlich der Eigenschaft indischer und chinesischer Gesellschaft aus zwei Bestandteilen: die Grundvorstellung von orientalischen Gesellschaften als unveränderbar, stagnierend und deshalb unhistorisch stammt von Hegel; dazu ist die spezifisch Marxsche Erklärung bezüglich der feststehenden Natur asiatischer Gesellschaft im Sinne ihrer eigenartigen Produktionsweise, die auf Gemeineigentum basiert und zum Aufbruch orientalischen Despotismus führt, hinzuzufügen.

Aber durch die Übernahme der hegelianischen Typologie in bezug auf die orientalische Gesellschaft wird Marx konfrontiert mit einem Problem der Geschichtsphilosophie, das zu einem großen Teil innerhalb des ursprünglich hegelianischen Schemas fehlte. Nachdem jede der hegelianischen historischen „Welten" (die Orientalische, Klassische und Germanisch-Christliche) eher einen

Moment in dem Fortschritt der Geschichtsidee darstellt als bloß eine Geschichtsperiode oder Übergangsphase in der historischen Entwicklung, besteht keine immanente Notwendigkeit innerhalb des hegelianischen Systems für diese „Welten", daß eine aus der anderen dialektisch erwächst. China kann deshalb zur gleichen Zeit mit der modernen germanischen, westlichen Zivilisation koexistieren, genauso wie es mit der antiken Welt vorher koexistierte. Außerdem ist Marx' Geschichtsphilosophie auf die dialektische Natur des Produktionsprozesses prädiziert, der sich fortwährend verändert und seine eigenen Existenzbedingungen umstürzt und deshalb immer zu neuen Formen sozialer Organisation führt.

Es ist jetzt begreiflich, daß die „asiatische Produktionsweise" durch ihre eigene undynamische und unveränderbare Natur diese dialektischen Elemente in ihrem eignen System nicht besitzt. Um Marx' Lieblingsphrase zu benutzen: aus *ihrem* Schoß springt keine neue, weiterentwickelte Gesellschaft. Sie ist, was sie war, und es ist wenig in Marx eigener Beschreibung zu finden, um andeuten zu können, daß sie durch ihren eigenen Impuls verändert werden kann. Marx' Konzept hinsichtlich der asiatischen Produktionsweise wirft deshalb einen ernsten Aufruf zu der Annahme auf, daß Marx eine Geschichtsphilosophie entwickelt hat, die universal in ihrer Anwendbarkeit ist. Wie wir bereits gesehen haben, war Marx bei seiner Rußlandbeschreibung sich bewußt, daß eine Theorie bezüglich der historischen Entwicklung zum Kapitalismus durch die westliche historische Erfahrung limitiert ist. Außerdem wird dadurch keine interne Schwierigkeit innerhalb des marxistischen Systems postuliert, denn es fordert bloß zu einem detaillierteren und differenzierteren Studium der russischen Bedingungen auf. Marx' Schriften über Indien und China dagegen gehen darüber weit hinaus: sie bringen deutlich zum Ausdruck, daß die orientalische Gesellschaft keinen internen Veränderungsmechanismus besitzt, und daß die Dialektik der historischen Entwicklung nicht operativ in Asien vorhanden ist. Ein chinesischer „Feudalismus" oder eine indische „sklavenhalterische Gesellschaft" hat nach Marx nie existiert. Der Widerspruch liegt darin, daß je mehr Marx' Analyse die asiatische Gesellschaft durchdringt, um so ernster sind die Probleme, die hinsichtlich der inneren Struktur von Marx eigener Geschichtsphilosophie aufgeworfen werden.

III

Aber das Problem besteht nicht nur in der Inkonsequenz in Marx' Geschichtsphilosophie. Da sich die orientalische Gesellschaft nicht innerlich verändert, kann sie sich auch nicht durch die internen dialektischen Veränderungen zum Kapitalismus entwickeln, und da Marx den endgültigen Sieg des Sozialismus infolge der vorhergehenden Universalisierung des Kapitalismus postuliert, kommt er notwendigerweise zu dem Punkt, wo er die europäische Kolonialexpansion als einen brutalen, aber erforderlichen Schritt für den Sieg des Sozialismus gutheißt. Genauso wie die Schrecken der Industrialisierung dialektisch für den Sieg des Kommunismus notwendig sind, trifft dies auch für die Schrecken des Kolonialismus zu, die dialektisch für die Weltrevolution des Proletariats erforderlich sind, da ohne sie die Länder in Asien (und wahrscheinlich auch in Afrika) nicht in der Lage sind, sich aus ihrer stagnierenden Rückständigkeit zu emanzipieren.

Marx' Standpunkt bezüglich der europäischen und insbesondere der englischen Kolonialexpansion wird durch diese dialektischen Betrachtungen bestimmt. Demzufolge können Marx' Auffassungen hinsichtlich des Imperialismus orthodoxe Kommunisten schmerzhaft in Verlegenheit bringen. Es besteht sicher eine tiefe Ironie in der Tatsache, daß Marx' Theorien über die europäische Industrialisierung immer zuerst verwendet und beurteilt wurden von nichteuropäischen Marxisten, während seine Schriften über Indien und China kaum von ihnen jemals erwähnt wurden. Insbesondere die Maoisten scheinen sie überhaupt nicht zu kennen. Diese verwenden Marxismus auf ihre eigene, besondere Weise, die nicht mehr viel mit ihm selbst zu tun hat.

Die fundamentale hegelianische Unterscheidung zwischen subjektiver Motivation und objektiven historischen Ergebnissen ist die Basis von Marx' Einstellung zur europäischen Kolonialexpansion. Genauso wie Marx nie den Industrialisierungsprozeß auf bloß marxistische Rhetorik gegen die geldgierigen Manchester-Industriellen reduziert, so sollten auch nicht die Motive, die hinter kolonialer Expansion stehen, mit ihrer historischen Bedeutung verwechselt werden. Geschichte entsteht durch Handelnde, die sich kaum der endgültigen Konsequenzen ihrer Aktionen bewußt sind. Dies ist die paradoxe Ironie von Hegels Doktrin der „List der Vernunft", und hierin folgt Marx Hegel treu, indem er kollektive Gruppen (Klassen) anstelle der welthistorischen Individuen in Hegels System postuliert. Da die asiatische Produktionsweise nicht die Bedingungen für ihre eigene Umwälzung schafft, ist eine externe Kraft erforderlich, und die eigenen Motive und Rationalisierungen des Handelnden sind irrelevant. Marx sagt in dem Artikel über „Die britische Herrschaft in Indien":

„Gewiß war schnödester Eigennutz die einzige Triebfeder Englands, als es eine soziale Revolution in Indien auslöste, und die Art, wie es seine Interessen durchsetzte, war stupid. Aber nicht das ist hier die Frage. Die Frage ist, ob die Menschheit ihre Bestimmung erfüllen kann ohne radikale Revolutionierung der sozialen Verhältnisse in Asien. Wenn nicht, so war England, welche Verbrechen es auch begangen haben mag, doch das unbewußte Werkzeug der Geschichte, indem es diese Revolution zuwege brachte."[14]

In „Die künftigen Ergebnisse der britischen Herrschaft in Indien" schreibt Marx ähnlich:

„Die bürgerliche Periode der Geschichte hat die materielle Grundlage einer neuen Welt zu schaffen: einerseits den auf gegenseitiger Abhängigkeit der Völker beruhenden Weltverkehr und die hierfür erforderlichen Verkehrsmittel, andererseits die Entwicklung der menschlichen Produktivkräfte und die Umwandlung der materiellen Produktion in wissenschaftliche Beherrschung der Naturkräfte."[15]

Die zugrundeliegende historische Annahme, die dahintersteht, wird von Marx deutlich im selben Artikel erklärt:

„England hat in Indien eine doppelte Mission zu erfüllen: eine zerstörende und eine erneuernde - die Zerstörung der alten asiatischen Gesellschaftsordnung und die Schaffung der materiellen Grundlagen einer westlichen Gesellschaftsordnung in Asien."[16]

Marx wendet einen beträchtlichen Teil an Arbeit auf, um die verschiedenartigen Aspekte des Aufpralls der westlichen kapitalistischen Zivilisation auf die indische Gesellschaft aufzuzeigen. Marx behauptet, daß zum ersten Mal in der Geschichte politische Einigkeit moderner Kommunikationsweisen gefestigt wurde. Eine europäisch ausgebildete Armee, („*sine qua non* für Indiens Selbstbefreiung") wurde von den Engländern, offensichtlich für ihre eigenen Zwecke, geschaffen, aber der letztlich stattfindende Zusammenstoß wird die Ziele, die die Engländer im Auge hatten, überschreiten. Diese Armee wird in der Lage sein sicherzustellen, daß Indien „künftig nicht mehr dem ersten besten Eindringling als Beute anheimfällt". Eine freie Presse wurde in Indien eingeführt, „das erste Mal in einer asiatischen Gesellschaft"; weiterhin entstand langsam eine neue Klasse, von Engländern ausgebildete Staatsbeamte, und schließlich wurde das alte System gemeinsamer Landbesitzart, das letztlich von dem Staatsgut abhing, abgeschafft und neue Formen limitierten Landwirtschaftseigentums von den Engländern eingeführt, und das sind „ausgesprochene Formen von Privateigentum an Grund und Boden, nach dem die asiatische Gesellschaft so sehr verlangt". Nicht ohne boshafte Ironie weist Marx darauf hin, daß die Intensität der Veränderungen, die durch die Engländer auf das Landhaltungssystem in Indien ausgeübt wurde, weit tiefgreifender ist, als was durch die französische Revolution hervorgebracht wurde. Die europäische bürgerliche Zivilisation, entstanden aufgrund der Heiligkeit privaten Eigentums, erfordert mehr Verwüstung an Landeigentum in Asien als alle revolutionären Parteien in Europa zusammenbringen. In einem Artikel über „Annexion von Audh" zeigt Marx, wie „mit einem Federstrich" England mehr Eigentumsverhältnisse in Indien umgestürzt hat, als in ganz Europa seit der französischen Revolution umgestürzt worden war.[17]

Aber die Integration Indiens, bis zu einem gewissen Grade auch Chinas, in den Weltmarkt ist doppelgleisig: nicht nur Asien hängt im größeren Ausmaß von Europa ab, sondern auch, dialektisch gesehen, Europas Abhängigkeit von Asien nimmt zu.

Demgemäß entsteht aus europäischer Kolonialexpansion reziprok - wenngleich immer noch negativ - die Weltgemeinschaft. Solch ein Argument steht in Übereinstimmung mit einem von Hegels Zentralthemen in der „Phänomenologie des Geistes". In der bekannten Diskussion über „Herrschaft und Knechtschaft" zeigt Hegel, wie sich das Herr-Knecht Verhältnis in eine dialektische Abhängigkeit des Herrn von seinem Knecht entwickelt. Der Knecht findet Befriedigung und Selbstbewußtsein in seiner Arbeit und das Wissen, daß er durch seine Arbeit die Realität verändert, der Herr auf der anderen Seite dagegen „darin, worin er sich vollbracht hat, ihm vielmehr ganz etwas anderes geworden als ein selbständiges Bewußtsein [...] Nicht ein solches ist es für ihn, sondern vielmehr ein unselbständiges [...] Herrschaft zeigt, daß ihr Wesen das Verkehrte dessen ist, was sie sein will [...]"[18] Demgemäß postuliert Hegel Emanzipation durch die Realisation, daß der Herr letzten Endes vom Knecht abhängt.

Ein ähnlicher Vorgang geht Marx zufolge in Indien vor:

„Bisher hatten die herrschenden Klassen Großbritanniens nur ein gelegentliches, vorübergehendes und eine Ausnahme bildendes Interesse an einem Fortschritt Indiens. Die Aristokratie wollte es erobern, die Plutokratie ausplündern, die Millikratie verschleudern. Nun ist aber das Blatt gewendet. Die Millikratie hat entdeckt, daß die Verwandlung Indiens in ein reproduzierendes Land lebenswichtige Bedeutung für sie erlangt hat und daß zu diesem Zweck vor allem notwendig ist, ihm Bewässerungsanlagen und innere Verkehrswege zu verschaffen. Sie trägt sich jetzt mit der Absicht, Indien mit einem Netz von Eisenbahnen zu überziehen, und diese Absicht werden sie auch ausführen. Das wird unübersehbare Folgen haben."[19]

Die schließliche Abhängigkeit Europas von Asien läßt Marx auch durchblicken bei der Beschreibung des ökonomischen Zahlungsausgleiches, der den Kapitalfluß von den Metropolen nach den Kolonien und insbesondere nach Indien reguliert. Hier prüft sich Marx' weltkluges Verständnis für die dialektischen historischen Entwicklungen selbst so überlegen zu den mehr linearen Analysen von Lenins „Imperialismus, die höchste Stufe des Kapitalismus". Marx gelingt es auch, den schließlichen Widerspruch des Kolonialhandels zu beweisen: Bei der Auseinandersetzung mit der Konsequenz des indischen Aufstandes sagt er: „Die finanziellen Früchte der ‚glorreichen' Rückeroberung Indiens haben kein bezauberndes Ansehen: John Bull außerordentlich hohe Schutzzölle zahlt, um den Freihändlern aus Manchester das Monopol des indischen Marktes zu sichern."[20] Die dialektische Analyse der Kolonialexpansion ist daher bloß eine Realisationsinstanz innerer struktureller Spannungen der kapitalistischen Gesellschaft.

IV

Bereits 1847 argumentierte Marx in dem Buch „Elend der Philosophie", daß die relativen Verbesserungen der Lebensbedingungen von Englands Arbeiterklasse nicht separat betrachtet werden sollten von dem, was der englische Einbruch in Indien dem Lebensstandard derjenigen antat, die in der indischen Heimatindustrie beschäftigt waren. Marx zufolge ermöglicht billige indische Arbeit einem kleinen Sektor der englischen Arbeiterklasse, ihren Lebensstandard auf deren Kosten zu erhöhen. Aber als Marx später die gesamten ökonomischen Vorteile, die sich England von Indien zunutze gemacht hat, beschreibt, kommt er mit einer weit komplexeren Theorie zum Vorschein, im Gegensatz zu einer simplen Betrachtung von „Ausbeutung".

In einer Serie von Artikeln über die ostindische Gesellschaft kommt Marx zu der Schlußfolgerung, daß man zu unterscheiden hat zwischen dem Nutzen, den die englische Ökonomie und Gesellschaft in Indien erzielt hatten, und dem spezifischen Nutzen, den Individuen und Gruppen in England gewonnen haben. Marx argumentiert, daß, soweit es die englische Öffentlichkeit betrifft, die Verwaltungskosten für Indien die Einnahmen von dort übersteigen. Über Jahrzehnte wurde der ständig steigende Verlust der ostindischen Gesellschaft aus der Tasche des englischen Steuerzahlers beglichen, und diese Ausgaben überwogen die Erträge, die die Wirtschaft aus Indien erhielt. Auch die Liquidierung der Gesellschaft änderte nicht das Bild, und die englische Herrschaft muß weiterhin das Defizit aus der nationalen Ökonomie finanzieren (NYDT, 30. April 1859). Der eigentliche Nutznießer der englischen Herrschaft in Indien ist nicht die englische Wirtschaft als solche, sondern das sind mehrere tausend Einzelpersonen, die entweder Obligationsinhaber der ostindischen Gesellschaft sind oder eine Beschäftigung in den verschiedenen Zweigstellen der englischen Verwaltung ausüben. In einem Artikel über „Englisches Einkommen in Indien" (NYDT, 21. September 1857) beschreibt Marx einigermaßen detailliert das mit der ostindischen Gesellschaft verbundene Protektionsnetz als auch das der Kabinettsbeamten, die in indische Angelegenheiten verwickelt sind. Für diese und deren Schützlinge ist Indien eine Goldmine gewesen. In jeder der verschiedenen Zweigstellen der indischen Verwaltung - Büroangestellte, Mediziner,

Soldaten und Mariner - waren die Gehälter disproportional höher als die derjenigen, die zu Hause eine vergleichbare Tätigkeit ausübten. Aber da letztlich die Last der indischen Administration von dem Steuerzahler in England getragen wurde und da das Bruttoeinkommen all derjenigen Einzelpersonen, die es aus Indien bezogen, unter den Kosten der indischen Verwaltung lagen, war die englische Herrschaft in Indien in der Tat ein indirekter Weg, die englische Bevölkerung zu besteuern zum Vorteil der herrschenden Klassen, deren Söhne, Schwiegersöhne und Cousins nach Indien geschickt wurden, um ihr Vermögen im indischen Dienst zu machen. Aufgrund der Tatsache, daß die Einnahmen aus Indien, wie immer die Verteilung auch gewesen sein mag, geringer als die Verwaltungskosten waren, kommt Marx zu einer fundierten Anklage des englischen Imperialismus im klassengesellschaftlichen Sinn: schließlich war es England und nicht nur Indien, das zum Vorteil der herrschenden englischen Klassen durch die Herrschaft in Indien ausgebeutet wurde.

Marx' Kritik hinsichtlich der Kolonialexpansion verhindert folglich eine bloß moralische Haltung und ist tief in der allgemeinen Kritik der europäischen kapitalistischen Gesellschaft integriert. Ähnlich ist sein Beharren auf eine ultimative Notwendigkeit des Kolonialismus getrennt von seiner moralischen Empörung über die Schrecken. Dieses ist sicher eine komplexe Einstellung und läßt sich nicht gut in die notwendigerweise mehr simple Sprache politischer Massenorganisationen übersetzen, da die ideologischen Abhandlungen zu dem Thema von den meisten europäischen und nicht-europäischen kommunistischen Theoretikern genügend zum Ausdruck gebracht wurden. Die Paradoxa der hegelianischen Dialektik können nicht so einfach den mehr prosaischen Ansprüchen marxistischer Parteien, wie immer ihre Färbung auch sein mag, angepaßt werden.

Wir haben bereits bemerkt, wie die innere Beschaffenheit von Marx europäisch orientierter Geschichtsphilosophie zusammenbricht, wenn sie konfrontiert wird mit dem, was er als die undialektische und starre Natur der asiatischen Produktionsweise versteht. Demzufolge hat der einzige Impuls zur Veränderung von der Außenseite zu kommen, und die europäisch bürgerliche Zivilisation ist folglich die externe Vermittlerin zur Veränderung nicht-europäischer Gesellschaften. Die direkte Folgeerscheinung davon würde sein, daß Marx den europäischen Einbruch in direkter Proportion zu seiner Intensität willkommen heißen muß: je intensiver die europäische Kontrolle auf je eine der asiatischen Gesellschaften ausgeübt wird, um so größer sind die Chancen für den Umbau ihrer Struktur und ihre schließliche Einverleibung in die kapitalistische und fortan später in die sozialistische Gesellschaft.

Aus diesem Grunde hat Marx nie irgendwelche Zweifel gehegt, daß die indische Gesellschaft wegen ihrer direkten durch England ausgeübten politischen und administrativen als auch wirtschaftlichen Kontrolle völlig überholt würde, während die indirekte und nur sporadische Natur der europäischen Kontrolle über den chinesischen Markt Marx Anlaß zum Zweifel gaben, ob die hartnäckige, unveränderliche chinesische Gesellschaft nicht doch, nach allem, in der Lage sein wird, Veränderungen zu widerstehen. Gewiß ist dies einer der Widersprüche, der Marx' Einstellung über die Kolonialexpansion anhaftet, aber sie muß aufrichtig betrachtet werden. In „Handel mit China" (NYDT, 3. Dezember 1859) zeigt Marx, wie die durch England ausgeübte direkte Kontrolle über Indien es ermöglichte, die Kombination von „Landwirtschaft und handwerklicher Industrie" zu unterminieren, die immer die Wurzel orientalischen Despotismus gewesen ist. Dagegen in China, schreibt er, „haben die Engländer diese Macht noch nicht ausüben können, und es wird ihnen wahrscheinlich auch niemals gelingen."[21]

Marx kehrt zu dem gleichen Thema in „Das Kapital" zurück. In Band III vergleicht er wieder die Art der europäischen Kontrolle über Indien und China:

„Die Hindernisse, die die innere Festigkeit und Gliederung vorkapitalistischer, nationaler Produktionsweisen der auflösenden Wirkung des Handels entgegensetzt, zeigt sich schlagend im Verkehr der Engländer mit Indien und China. Die breite Basis der Produktionsweise ist hier gebildet durch die Einheit kleiner Agrikultur und häuslicher Industrie, wobei noch in Indien die Form der auf Gemeindeeigentum am Boden ruhenden Dorfgemeinden hinzukommt, die übrigens auch in China die ursprüngliche Form war. In Indien wandten die Engländer zugleich ihre unmittelbare politische und ökonomische Macht, als Herrscher und Grundrentner, an, um diese kleinen ökonomischen Gemeinwesen zu sprengen. Ihr Handel wirkte hier revolutionierend auf die Produktionsweise."[22]

Einen ähnlichen Zweifel drückt Marx aus in einem Brief, den er am 8. Oktober 1858 an Engels schrieb:

„Die eigentliche Aufgabe der bürgerlichen Gesellschaft ist die Herstellung des Weltmarktes, wenigstens seinen Umrissen nach, und einer auf seiner Basis ruhenden Produktion. Da die Welt rund ist, scheint es mit der Kolonisation von Kalifornien und Australien und dem Aufschluß von China und Japan zum Abschluß gebracht. Die schwierige question für uns ist die: auf dem Kontinent ist die Revolution imminent und wird auch sofort einen sozialistischen Charakter annehmen. Wird sie in diesem kleinen Winkel notwendig gecrusht werden, da auf viel größerem Terrain das movement der bürgerlichen Gesellschaft noch ascendant ist?"[23]

Die unveränderbare Natur der außereuropäischen Gesellschaft ist demnach ein Hemmschuh für den Geschichtsfortgang und eine ernsthafte Bedrohung für den Sozialismus. In einem Brief an Kautsky vom 12. September 1882 beschreibt

Engels die andernfalls mißverstandene Vorstellung, daß, wenn die Revolution kommt, das europäische Proletariat die Kontrolle über einige Kolonien übernehmen werde müssen, um sie für die Unabhängigkeit vorzubereiten. Wenn man dieses als sozialistische Kolonialpolitik bezeichnet, wie einige es getan haben, verfehlt man den Punkt: der Punkt ist, daß der europäische Kolonialismus die außereuropäische Welt vielleicht nicht genug revolutioniert hatte. Während die weißen anglosächsischen Kolonien, wie Kanada, Australien usw. unabhängig werden, behauptet Engels, daß „die bloß beherrschten, von Eingeborenen bewohnten Länder, Indien, Algerien, die holländischen, portugiesischen und spanischen Besitzungen, vom Proletariat vorläufig übernommen werden und so rasch wie möglich der Selbständigkeit entgegengeführt werden müssen“.[24] Engels ist sich vollkommen der vorhandenen Schwierigkeiten bewußt, indem er hinzufügt, „wie sich dieser Prozeß entwickeln wird, ist schwer zu sagen“. Obwohl er aussagt, daß Indien in der Lage sein wird, eine sozialistische Revolution anzuführen, scheint er doch nicht völlig davon überzeugt zu sein, ob dies auch wirklich durchführbar ist. Außerdem hält Engels nicht die Möglichkeit nationaler Befreiungskriege vor dem Ausbruch einer proletarischen Revolution in Europa aufrecht.

Obgleich es theoretisch offensichtlich ist, daß, sobald der Kapitalismus von außen in die außereuropäische Gesellschaft eingeführt wurde, der nächste Schritt zum Sozialismus entwickelt werden sollte, macht Marx nirgendwo einen expliziten Vorschlag zu diesem Vorgang. Dieses sollte aber nicht so verstanden werden, als ob er Zweifel über eine endgültige Durchführbarkeit von Sozialismus in Asien hegte; es ist eine Reflexion seiner Abneigung, sich an eine historische Behauptung zu binden in Fällen, wo immer noch verschiedene dazwischenliegende Stufen postuliert werden zwischen gegenwärtigen Umständen und dem, was er als den universalen Trend zu einer neuen Gesellschaftsform bezeichnet. Selbst in seinen Artikeln über das Ottomanreich, wo die Bedingungen nach alldem weniger rückständig waren, ist wenig angedeutet, welche Art von Zukunftsentwicklung Marx für den mittleren Osten im Auge hatte. Sein Verständnis von der Rückwirkung, die der Islam auf die christlichen Gemeinden im mittleren Osten hatte, ist gründlich und interessant: in einem Artikel über „Moslems, Christen und Juden im Ottomanreich“ (NYDT, 15. April 1854) zeigt er, wie die Bestimmungen des islamischen Rechtes die orientalischen christlichen Gemeinden von ihrer religiösen Führerschaft abhängig machten. Die Ursprünge der Theokratie, die der griechisch-orthodoxe Klerus über die christliche Minderheit im Ottomanreich ausführte, rühren von dem politischen Status her, der diesem vom islamischen Recht zugeschrieben wurde und den Status der Nichtmoslems in der islamischen Gesellschaft reguliert. Aber Marx deutet nicht an, welche die Veränderungskräfte in der islamischen Gesellschaft sein könnten. Er scheint sich bewußt zu sein, daß, zum Unterschied von der westlichen Welt, keine Spannung zwischen den säkularen und kirchlichen Autoritäten besteht, und der Mangel an dieser dialektischen Beziehung trägt zur Stagnation bei, die der islamischen als auch der orientalischen Gesellschaft im allgemeinen anhaftet. Ähnlich drückt Engels in einem Brief an Bernstein 1882 Zweifel über die progressive Natur der Revolte Arabi Paschas gegen die Engländer aus.

An einem einzigen Beispiel weist Marx höchst ironisch und im kontroversen Kontext auf die Möglichkeit einer inneren Veränderung zu einer sozialistischen Gesellschaftsform in Asien hin. Bei der Beschreibung einiger Gerüchte über einen Bauernaufstand in China in „Neue Rheinische Zeitung Revue" vom Februar 1850 hebt er hervor, daß einige der Rebellen zur Landverteilung aufrufen und sogar für eine totale Aufhebung von Privateigentum eintreten. Weiterhin fährt er fort:

„Der chinesische Sozialismus mag sich nun freilich zum europäischen Verhalten wie die chinesische Philosophie zur Hegelschen. Es ist aber immer ein ergötzliches Faktum, daß das älteste und unerschütterlichste Reich der Erde durch Kattunballen der englischen Bourgeois in acht Jahren an den Vorabend einer gesellschaftlichen Umwälzung gebracht worden ist, die jedenfalls die bedeutendsten Resultate für die Zivilisation haben muß. Wenn unsere europäischen Reaktionäre auf ihrer demnächst bevorstehenden Flucht durch Asien endlich an der chinesischen Mauer ankommen, an den Pforten, die zu dem Hort der Urreaktion und des Urkonservatismus führen, wer weiß, ob sie nicht darauf die Überschrift lesen:

République chinoise
Liberté, Egalité, Fraternité."[25]

Der Text ist mehr als zweideutig und hebt auf jeden Fall eher die Möglichkeit einer chinesischen Republikrevolution als die einer kommunistischen hervor. Aber gerade deshalb, und selbst wenn sie mehr als „jeu d'esprit" bezeichnet werden sollte, ist es zumindest interessant zu entdecken, daß Marx eine derartige Möglichkeit aufrechterhielt, selbst wenn nur auf einer höchst spekulativen Ebene. Dadurch wird noch stärker der Mangel an systematischer Diskussion seinerseits über die Möglichkeiten von Sozialismus in einer asiatischen Gesellschaft hervorgehoben.

V

Wenn wir uns bisher darauf konzentriert haben anzudeuten, daß Marx' Standpunkt hinsichtlich des europäischen Kolonialismus weit davon entfernt war, diesen bloß marxistisch zu verurteilen, sollte dies nicht so ausgelegt werden, daß man darauf hinweist, daß Marx blind gewesen ist für den grundlegenden Barbarismus, der mit der europäischen Expansion einherging. Marx' Abhandlungen über Asien, obgleich fern davon, jemandem zu schmeicheln, der ein romantisches Image von einem ehemaligen orientalischen Paradies vor dem Zurmachtkommen westlicher Barbaren hochhält, sind mit Kritiken hinsichtlich der europäischen Heuchelei in Asien im Überfluß vorhanden, wie auch der Hinweis auf deren doppelten Standard und die übermäßige Grausamkeit, die in der Einführung des westlichen Handels in die asiatische Gesellschaft enthalten sind. „Zivilisationswucherer" ist eine Lieblingsphrase von Marx in vielen seiner Artikel über China und Indien, und nichts könnte mehr verletzend sein als seine Darlegung über die reine Unmenschlichkeit des englischen Opiumhandels mit China oder die englischen Grausamkeiten bei der Unterdrückung des indischen Aufstandes im Jahre 1857. Jedoch besteht darin keine Romantisierung der Asiaten: die asiatische Gesellschaft wird von Marx nicht weniger als die europäischen Zerstörer kritisiert, und obwohl die Art ihrer Zerstörung schrecklich war, hatte es nach Marx wenig Sinn, die indische oder chinesische Gesellschaft zu bewahren, welche für ihn eine barbarische, primitive Stufe menschlicher Entwicklung darstellte, die erstarrt und steril war.

Marx' Einstellung zu dem indischen Aufstand von 1857 ist ein weiteres Beispiel, wo er seine moralische Verurteilung von der historischen Analyse trennt. Der ausländische Sprachenverlag in Moskau publizierte einst mehrere von Marx' Artikeln unter dem Titel: „Der erste indische Unabhängigkeitskrieg 1857-1859". Kein Titel könnte irreführender sein; obgleich Marx die Brutalität der englischen Repression als solche verurteilte, hatte er wenig Sympathie für die Ursachen der Revolte und auch nicht für die völlig unorganisierten und unorientierten indischen Sepoys, die sie führten. Selbst vor dem Aufstand setzt sich Marx mit dem englischen Anspruch auf Indien nicht auf absoluter Grundlage auseinander, sondern nur in Relation zu der Möglichkeit einer russischen Herrschaft, und bei der Wahl zwischen englischer und russischer Herrschaft in Indien bevorzugt Marx die erstere (NYDT, 8. August 1853).

Marx sah keine Chance zum Gelingen der Revolte. Mit Recht schreibt er ihre unmittelbare Ursache sehr trivialen, obgleich legitimen Beschwerden der indischen Soldaten über das Verhalten ihrer englischen Befehlshaber zu, die deren religiöse Empfindungen mißachteten, indem sie sie mit Patronen belieferten, deren Hülsen mit Fett von Bullen und Schweinen verschmiert waren und „deshalb das obligatorische Einbeißen der Hüllen von den Eingeborenen als Verletzung ihrer religiösen Gebräuche angesehen wurde".[26] Marx konnte offensichtlich nicht viel Sympathie für solche Art von Motivationen aufbringen, noch konnte er begeistert sein von der Aussicht, den Mogulherrscher wieder zur vollen Macht in Delhi auferstehen zu sehen. Wenn der Aufstand für Marx etwas auf breiterer historischer Ebene bedeutete, war es sicher ein Aufstand zum Vorteil der Fortführung der asiatischen Produktionsmethode und ein Versuch, den modernisierenden Aufprall der englischen Herrschaft in Indien zu stoppen. Der Aufstand hat jedoch Marx zum Nachdenken über die Soziologie der revolutionären Bewegungen angeregt, und seine Bemerkungen haben einen umfassenden Charakter:

„Der erste Schlag, der gegen die französische Monarchie geführt wurde, ging vom Adel aus, nicht von den Bauern. Der indische Aufstand fängt nicht bei den Raiat (Bauern) an, die von den Briten gequält, entehrt und ausgeplündert wurden, sondern bei den von ihnen eingekleideten, ernährten, verhätschelten, gemästeten und verwöhnten Sepoys (Söldner).“[27]

Es ist wahr, daß Marx später seine Einstellung über den Aufstand änderte, der so leicht unterdrückt wurde, doch hegte er nie irgendwelche Zweifel über dessen letztliches Versagen. In seinen ersten Berichten über die Revolte, die offensichtlich aufgrund der optimistischen Reaktionen der englischen Presse folgten, kommt Marx zu der Schlußfolgerung, „die Rebellen von Delhi werden sehr wahrscheinlich ohne längeren Widerstand unterliegen [...] Auch nur der Gedanke, daß die Meuterer die alte Hauptstadt Indiens gegen die britischen Truppen halten könnten, wäre unsinnig [...]! Die Nachricht vom Fall Delhis wird täglich erwartet werden.“[28] Weitere Entwicklungen, wie die Ausdehnung der Revolte, Fehler der englischen Offiziere als auch ausführliche und richtige Informationen haben gezeigt, daß die Prognose offensichtlich falsch war, und der Aufstand mündete in einen Zermürbungskrieg.

Es war, ironischerweise, eine lange parlamentarische Rede von Disraeli, die Marx überzeugte, daß die Ursache für den Aufstand tiefersitzender gewesen sein möge als bloß ausschließliche Unzufriedenheit. Marx hatte immer eine neidende Bewunderung für Disraeli, und er war offensichtlich von dessen Rede beeindruckt („Die indische Frage“, NYDT, 14. August 1857).[29] Trotzdem änderte er nicht seine grundsätzliche Überzeugung davon, daß der Aufstand verloren und seine Unterdrückung nur eine Frage von Zeit und adäquater englischer Verstärkungstruppen war.

Beim Analysieren der militärischen Aspekte des Aufstandes weist Engels in vielen Artikeln, die er in Marx' Namen geschrieben hat, darauf hin, daß die Sepoyarmee total unorganisiert und unmotiviert, völlig unfähig für eine durchgeführte militärische Aktion war und schnell in eine Art von Landbanditentum, mit dem die orientalische Gesellschaft äußerst vertraut war, zerfiel.

Einen ähnlichen Mangel an Grundsympathie kann man in Marx' Einstellung zur Taiping Rebellion wahrnehmen. In einem Artikel in der Wiener Zeitung „Die Presse“ vom 7. Juli 1862 erkennt Marx in der Taiping Rebellion ein weiteres Merkmal von mangelndem Zusammenhang in der traditionellen chinesischen

Gesellschaft infolge des Aufpralls von „europäischer Intervention und Opiumkriege“. Aber die Rebellen selbst, nach Marx' Meinung, deuten nicht die Zukunftswelle an. Der überwiegende Teil des Artikels widmet sich eher dem erschreckenden Anteil des Terrors und der Einschüchterung, die die Taipings gegenüber der chinesischen Bevölkerung ausübten. Marx sieht keine positiven sozialen Ziele, speziell nicht im historischen Bewußtsein der Rebellen:

„Originell an dieser chinesischen Revolution sind in der Tat nur ihre Träger. Sie sind sich keiner Aufgabe bewußt, den Dynastiewechsel abgerechnet. Sie haben keine Schlagworte. Sie sind ein noch größerer Greuel für die Volksmasse als die alten Herrscher [...] Der Taiping stellt offenbar den Teufel in Persona vor, wie ihn die chinesische Phantasie vorstellen muß. Aber auch nur in China war diese Sorte Teufel möglich. Sie ist der Absprung eines fossilen Gesellschaftslebens.“[30]

Wenn Marx demgemäß zwei Vorkommen von antiwestlichen Ausbrüchen in Asien als regressiv und reaktionär ablehnt, bringen er und Engels wenig Nachsicht auf für Versuche einer teilweisen Modernisierung, die von anderen Herrschern in Asien eingeführt wurde. In einem Artikel mit dem Titel „Persien -China“ (NYDT, 5. Juni 1857), den Engels auf Wunsch von Marx schrieb, beschreibt er die Niederlage der persischen Armee unter eine außerordentlich kleinere angloindische Truppe. Diese Niederlage verursachte etwas Überraschung in Europa, da die persische Armee von europäischen Instrukteuren ausgebildet wurde und genügend moderne Waffen besaß. Aber laut Engels wurde in Persien nichts mehr als „der asiatischen Barbarei das europäische System der Militärorganisation aufgepfropft“. In einem faszinierenden Sketch, der fast vorbildlich einige Vorgänge des zwanzigsten Jahrhunderts darstellt, weist Engels darauf hin, daß es die irregulären Guerillas sind und nicht stehende Armeen, die einen relativ effektiven Widerstand den europäischen Vorstößen gegenüber leisteten, aber auch diese Freischärler haben keine Chance für einen endgültigen Sieg. Wieder hat er keinen Respekt für Versuche, europäische militärische Techniken in eine Gesellschaft einzuführen, die noch nicht ihre nichtwestliche Struktur abgelegt hat. Die Modernisierung eines einzelnen Gesellschaftssektors - des militärischen - ist nicht ausreichend, und eine derartige Armee erweist sich als Papiertiger. Dennoch scheint die Analyse nicht ihre Gültigkeit verloren zu haben:

„Tatsächlich ist die Einführung der europäischen Militärorganisation bei Barbarenvölkern bei weitem nicht vollendet, wenn man die neue Armee nach europäischem Muster gegliedert, ausgerüstet und einexerziert hat. Das ist nur der erste Schritt dazu. Auch die Einführung irgendeines europäischen Militärgesetzbuches wird nicht ausreichen; es wird die europäische Disziplin genausowenig gewährleisten, wie ein europäisches Exerzierreglement an sich die europäische

Strategie und Taktik hervorzubringen vermag. Das wichtigste und zugleich das schwierigste ist die Schaffung eines nach dem modernen europäischen System ausgebildeten und von den alten nationalen Vorurteilen und Reminiszenzen in Militärdingen völlig freien Offiziers- und Unteroffizierskorps, das imstande wäre, die neuen Formationen mit Leben zu erfüllen. Das erfordert eine lange Zeit und wird sicher auf die hartnäckigste Opposition von seiten orientalischer Ignoranz, Ungeduld und Voreingenommenheit und auf jenen den östlichen Höfen eigenen Wechsel von Glück und Gunst stoßen. Ein Sultan oder Schah ist nur zu gern bereit anzunehmen, seine Armee sei den höchsten Anforderungen gewachsen, sobald die Soldaten den Parademarsch beherrschen, schwenken, aufmarschieren und Marschkolonnen bilden können, ohne dabei in hoffnungslose Unordnung zu geraten. Und was die Militärschulen angeht, so reifen ihre Früchte so langsam, daß bei der Unbeständigkeit der östlichen Regierungen kaum etwas dabei herauskommen wird ..."[31]

Natürlich ist die selbstverständliche Folgerung, daß, um erfolgreich zu sein, die Modernisierung total sein muß und die gesamte Gesellschaftsordnung ändern soll. Dieses kann nicht nur durch rein politische oder administrative Reform erreicht werden, sondern muß auf vorhergehenden strukturellen Änderungen in den sozioökonomischen Beziehungen basieren. Dialektisch scheint für Marx und Engels die europäische Expansion mit ihrer konsequenten brutalen Auslöschung der asiatischen Produktionsmethode der einzige Weg zu sein, um dies zu erreichen.

Jeder, der die Hauptthemen über die außereuropäische Welt in Marx Schriften genau verfolgt hat, kann nicht anders als nur beeindruckt sein von der Meisterhaftigkeit detaillierten Wissens und der Weite der darin enthaltenen historischen Perspektiven. Es ist wahr, daß man Marx in vieler Hinsicht kritisieren kann, wie z. B. scheint seine Auffassung von der chinesischen Gesellschaft weniger fundiert zu sein als sein Verständnis von indischen Angelegenheiten, und gewiß kann seine Zentralthese über orientalischen Despotismus, der auf dem Nichtvorhandensein privaten Landeigentums basiert, auf China angewendet werden; jedoch ist die Kombination von Landwirtschaft und Eigenherstellung, die er als determinierend für die Grundautarkie von Dorfgemeinden sieht, auf China als auch auf Indien anwendbar. Japan kommt allerdings kaum in seinen Abhandlungen vor, und zwar hauptsächlich deshalb, wie man annehmen könnte, weil ein Quellenmangel vorlag, und aufgrund der Tatsache, daß Marx, nach alldem, den Bedarf an laufenden Vorfällen für eine Zeitung deckte, und Japan zu der Zeit noch keine Schlagzeilen machte. Aber man fragt sich, wie der Erfolg der gelungenen Modernisierung Japans Marx' Urteil über die grundstagnierende Natur asiatischer Gesellschaft affektiert hätte.

Jedoch trotz all dieser Vorbehalte muß man zugeben, daß wenige Denker und Sozialtheoretiker des neunzehnten Jahrhunderts ebensogut die weitreichenden Folgerungen von europäischer Kolonialexpansion auf die sozioökonomische Struktur der außereuropäischen Gesellschaft begriffen. Nur wenige hatten eine vergleichbare Einsicht des Ausmaßes der welthistorischen Veränderung durch den zersetzenden Einfluß des westlichen Handels und der dialektischen Notwendigkeit für Modernisierung und Industrialisierung, die der europäische Einbruch in unterentwickelte Gesellschaft zwingend machte.

Aber diese tiefgründige Auffassung hat ihre Grenzen. Marx einziges Kriterium für die Beurteilung der Sozialrevolution, die Asien aufgedrängt wurde, ist das der europäischen kapitalistischen Gesellschaft selbst. Da für Marx' Sozialismus eine dialektische Folge aus der Aufhebung der europäischen kapitalistischen Zivilisation ist, sieht er wenig Anlaß, nach ureingesessenen Wurzeln für den Sozialismus in der nichteuropäischen Gesellschaft zu suchen. „Chinesischer Kommunismus" und „afrikanischer Sozialismus" haben keinen Platz in dem universalen Schema von Marx' sozialistischer Theorie und ergeben wenig Sinn in seiner Geschichtsphilosophie.

Es ist von Bedeutung, daß das einzige Beispiel, an dem Marx Zögern über die Notwendigkeit oder Erwünschtheit eines europäischen Sieges in einer europäisch/außereuropäischen Konfrontation zeigt, die Auseinandersetzung mit dem russisch-türkischen Konflikt ist. Dieses wiederum geschieht nicht, weil er etwas Empfehlenswertes in der Ottomanherrschaft oder in der islamischen Zivilisation sieht, sondern weil er befürchtet, daß ein russischer Sieg die konterrevolutionären Kräfte und Reaktionen in Europa erheblich verstärken würde.

Dennoch bringen diese Limitierungen einen einheitlichen Beitrag zu Marx' Auseinandersetzung mit Asien hinsichtlich seiner eigenen Gesellschaftstheorie. In Asien setzt eine Staatsmacht autonome Proportionen voraus: Orientalischer Despotismus reflektiert nach Marx nicht die Verteilung wirtschaftlicher Macht in der Gesellschaft. Es ist ein weiteres Beispiel, an dem die nicht-europäische Gesellschaft ein Modell präsentiert, das von dem traditionellen marxistischen Modell der Beziehungen zwischen dem wirtschaftlichen und dem politischen Sektor abweicht, und obwohl das einen inneren Widerspruch beinhalten mag, weist es doch auf pluralistische Elemente in der marxistischen Analyse selbst hin. Es mag auch helfen, einige der Idiosynkrasien von maoistischem Kommunismus im Sinne der „asiatischen Produktionsweise" und chinesischer Geschichte zu erklären.

Dennoch ist Marx grundlegendes Versagen, seine einsichtsvolle Auffassung von der außereuropäischen Gesellschaft in ein universales Rahmenwerk seiner

Methode historischer Erklärung einzuschließen, einfach offensichtlich. Die Konsequenzen dieses Versagens sind offenkundig in dem zeitgenössischen Forschen nach einer marxistischen Interpretation der asiatischen Geschichte, und hier schließen sich die Anti-Marxisten manchmal den Marxisten auf der Suche nach einem konzeptionellen Rahmenwerk an, das in der Tat nicht vorhanden sein mag. Der lächerliche Versuch, über chinesischen „Feudalismus" zu sprechen oder das indische Kastensystem anhand von europäischen, mittelalterlichen Gilden zu erklären, wurde letztlich von den chinesischen Kommunisten selbst aufgegeben. Bei allem Verständnis, das er der außereuropäischen Welt entgegenbrachte, blieb Marx ein europaorientierter Denker, und seine Einsichten in indische und chinesische Gesellschaften konnten nie in Einklang mit seiner allgemeinen Geschichtsphilosophie gebracht werden, die genauso wie die Hegels von europäischer Erfahrung und westlichem Geschichtsbewußtsein determiniert verblieb. Es mag sein, daß ein erfolgreicher Einfluß der außereuropäischen Welt in ein umfassendes Geschichtssystem letztlich eine Art von Zurückweisung der westlichen Wertskala zu erfordern hat, die in Toynbees Geschichtsphilosophie enthalten ist. Aber solch ein Herantreten wirft andere Schwierigkeiten auf, da doch auch zu behaupten ist, daß die Geschichtsidee selbst wenig Sinn außerhalb der westlichen Tradition ergibt.

Die Geschichtsphilosophie mag Marx deshalb zu einem respektablen, wenn nicht sogar modischen Gegenstand für akademische Vorträge im relativ wohlhabenden und spätkapitalistischen Westen machen, während in der nichteuropäischen Welt eine Ideologie, die sich zwar selbst auf Marx beruft, die aber übersah, was er selbst über die außereuropäische Welt aussagte, politisch triumphierend sein dürfte. All dies mag wenig mit den grundlegenden theoretischen Aussagen zu tun haben, die Marx in seinen Abhandlungen über die westliche und nichtwestliche Welt hervorbrachte. Aber gerade diese Limitierungen von Marx können dialektisch seinen eigenen Ausspruch über menschliches Bewußtsein, das nichts anderes als das bewußte Sein ist, rechtfertigen. Oder, wie Hegel es mehrere Zeitabschnitte vor ihm sagte: „Was das Individuum betrifft, so ist ohnehin jedes ein Sohn seiner Zeit; so ist auch die Philosophie, [die] ihre Zeit in Gedanken erfaßt."[32]

ANMERKUNGEN

[1] Karl Marx/Friedrich Engels, *Werke* (MEW), Berlin 1960, Bd. IV, S. 465 f.

[2] a. a. O., S. 466.

[3] MEW, XIII, S. 9.

[4] a. a. O.

[5] MEW, XIX, S. 111.

[6] a. a. O., S. 110.

[7] Marx und Engels, 2. Juni 1853, MEW, XXVIII, S. 254.

[8] MEW, IX, S. 129.
[9] a. a. O., S. 132 f.
[10] a. a. O., S. 220.
[11] MEW, XV, S. 514.
[12] G. W. F. Hegel, *Vorlesungen über die Philosophie der Weltgeschichte,* ed. J. Hoffmeister, Hamburg 1955, I, S. 245.
[13] a. a. O., II, S. 275, 343.
[14] MEW, IX, S. 133.
[15] a. a. O., S. 226.
[16] a. a. O., S. 221.
[17] MEW, XII, S. 469 ff.
[18] G. W. F. Hegel, *Phänomenologie des Geistes*, ed. J. Hoffmeister, Hamburg 1952, S. 147.
[19] „Das künftige Ergebnis der britischen Herrschaft in Indien", MEW, IX, S. 222.
[20] MEW, XIII, S. 299.
[21] a. a. O., S. 544.
[22] MEW, XXV, S. 346.
[23] MEW, XIX, S. 360.
[24] MEW, XXXV, S. 357.
[25] MEW, VII, S. 222.
[26] „Der Aufstand in der indischen Armee", *New York Daily Tribune,* 15. Juli 1857; MEW, XII, S. 231.
[27] „Der indische Aufstand", *NYDT,* 16. Sept. 1857; MEW, XII, S. 285.
[28] In zwei Berichten über den „Aufstand der indischen Armee", *NYDT,* 15. Juli und 4. Aug. 1857, (MEW, XII, S. 233, 238 f.).
[29] MEW, XII, S. 242 ff.
[30] MEW, XV, S. 514, 516.
[31] MEW, XII, S. 212.
[32] G. W. F. Hegel, *Grundlinien der Philosophie des Rechts,* ed. J. Hoffmeister, Hamburg 1955, S. 16.

Sadao OHNO (Japan)

DIE DREI STUFEN DER VORGESCHICHTE DER MENSCHHEIT BEI MARX

I. Die materialistische Geschichtsauffassung als das allgemeine Resultat

Wenn man „materialistische Geschichtsauffassung" sagt, wird man sich an eine Formulierung dieses Begriffes im Vorwort von „Zur Kritik der politischen Ökonomie" (Kurzbezeichnung „Vorwort") erinnern. Dort sagt Marx: „Das allgemeine Resultat, das sich mir ergab und, einmal gewonnen, meinen Studien zum Leitfaden diente, kann kurz so formuliert werden."[1] Aber man kann die dann folgende Formulierung nicht als die endgültige betrachten, die direkt aus der Anwendung des philosophischen Materialismus auf Geschichte und Gesellschaft gewonnen werden kann. Sie muß wesentlich als das der Stufe von „Zur Kritik der politischen Ökonomie" und „Grundrisse" (1857-1859) entsprechende und dadurch beschränkte „allgemeine Resultat" betrachtet werden. Also kann man sagen, daß die sogenannte materialistische Geschichtsauffassung das allgemeine Resultat der auf der materialistischen Grundlage beruhenden Forschungen ist, und die erstere den letzteren zum Leitfaden dient.

Mit dieser Auffassung als Voraussetzung können wir uns dem allgemeinen Ergebnis von Marx' Forschungen aus den Sechzigerjahren des 19. Jahrhunderts oder denen zum „Kapital" zuwenden. Zunächst rekapitulieren wir einige Kategorien des allgemeinen Resultates, d. h. Gesellschaftsformation und Produktionsweise, und rekonstruieren dann damit die Marx' Forschungen aus den Sechziger- und Siebzigerjahren entsprechende Auffassung über die Geschichte der Menschheit.

II. Marx' Begriff der Gesellschaftsformation

Die Kategorie Gesellschaftsformation (oder ökonomische Gesellschaftsformation) selbst hat ihre eigene Geschichte. Sie wurde zuerst von Marx erarbeitet und dann gebrauchte sie Lenin. Aus diesem Grund wird heute der Begriff Gesellschaftsformation oft als der gemeinsame Begriff von Marx und Lenin erörtert.

In Japan hat man Gesellschaftsformation als den Begriff der Gesellschaft selbst betrachtet. Außerdem wurde darüber diskutiert, ob diese Kategorie nur die ökonomische Struktur oder auch die Superstruktur enthalte.

Aber die heutigen Erörterungen erscheinen mir entfernt vom eigentlichen Inhalt dieser Kategorie bei Marx. Wir haben nun Marx' Begriff als solchen zu untersuchen.

Marx schreibt in „Lohnarbeit und Kapital“ (1849):

„Die Produktionsverhältnisse in ihrer Gesamtheit bilden das, was man die gesellschaftlichen Verhältnisse, die Gesellschaft nennt, und zwar eine Gesellschaft auf bestimmter, geschichtlicher Entwicklungsstufe, eine Gesellschaft mit eigentümlichem, unterschiedlichem Charakter. Die antike Gesellschaft, die feudale Gesellschaft, die bürgerliche Gesellschaft sind solche Gesamtheiten von Produktionsverhältnissen, deren jede zugleich eine besondere Entwicklungsstufe in der Geschichte der Menschheit bezeichnet.“[2]

Er erfaßt hier die Gesellschaft von zwei relativ verschiedenen Seiten. Auf der einen Seite ist sie „die Gesamtheit der Produktionsverhältnisse“ und auf der anderen Seite „eine besondere Entwicklungsstufe in der Geschichte der Menschheit“. Die erste Seite bedeutet die innere Struktur der Gesellschaft, die zweite faßt das, was später als Gesellschaftsformation ausgedrückt wird. Und die Gesellschaftsformation bei Marx umfaßt nicht den ersten Ausdruck, d. h. den Begriff der Gesellschaftsform oder Gesellschaftsstruktur.

Warum können wir das sagen?
Wir erkennen, daß Marx schon in den Vierzigerjahren, besonders in der „Deutschen Ideologie“, die Begriffe „Gesellschaftsform“ oder „Gesellschaftsgliederung“ gebraucht, um die innere Struktur der Gesellschaft darzustellen. In seinem Brief an Annenkow sehen wir auch „form de constitution social“,[3] daneben können wir in „Revue. Mai bis Oktober“ (1850) den Begriff „politische Formationen“[4] finden. Aber diese „politischen Formationen“ sind ident mit politischer Gestaltung, die Gesellschaftsformation dagegen ist nicht ident mit der Gesellschaftsgestaltung.

Marx gebraucht die Kategorie Gesellschaftsformation zum ersten Mal im „Achtzehnten Brumaire des Louis Bonaparte“, den er Ende 1851 zu schreiben begann.

„... Danton, Robespierre [...], die Heroen, wie die Parteien und die Masse der alten französischen Revolution, vollbrachten in dem römischen Kostüme und mit römischen Phrasen die Aufgabe ihrer Zeit, die Entfesselung und Herstellung der modernen *bürgerlichen* Gesellschaft. [...] Die neue Gesellschaftsformation einmal hergestellt, verschwanden die vorsündflutlichen Kolosse und mit ihnen das wieder auferstandene Römertum [...].“[5]

Hier ist es klar, daß die Kategorie Gesellschaftsformation eingeführt wird, um die moderne bürgerliche Gesellschaft von der römischen Gesellschaft zu unterscheiden.

Man sagt, daß die Gesellschaftsformation von Marx aus der Analogie von Gesellschaftsgeschichte mit der Erdgeschichte stammt. Die Erdformation in der Geologie umfaßt nicht die innere Struktur der Formation, ist jedoch eine Einheit, die von anderen Formationen unterschieden wird.

Einige Monate vorher, im Sommer 1851, exzerpierte Marx J. F. W. Johnstons „Lectures on Agricultural Chemistry and Geology" (2nd Edition, London 1847). In diesem Londoner Heft XIII können wir erkennen, daß Marx zu folgender geologischer Erkenntnis kam:

„*Classification of the stratified rocks.* Die niedrigsten layers in d. Erdkruste sind d. ältesten. In bezug auf ihr relatives Alter d. stratified rocks getheilt in primaire, secundaire, tertiare (jüngste u. die overlie both). Diese 3 series of strata wieder untereingetheilt in systems, u. diese in minor groups, called formations [...]"[6]

Johnston erklärte hier die Formation als eine bestimmte Erdformation, die ihre „minor group" zeigt. Dadurch werden in der Geschichte der Erdkruste die geologischen Formationen voneinander unterschieden. Da wir eine solche Erkenntnis von der Geologie nicht in anderen Marx-Heften finden können, nehmen wir an, daß Marx' Begriff Gesellschaftsformation seinen Ursprung in diesem Begriff „geologische Formation" hat.

Deshalb drückt bei Marx die Gesellschaftsformation als Begriff einzelne historische, als Formationen in der Geschichte der Menschheit voneinander unterschiedene Gesellschaften aus; d. h. eine bestimmte Gesellschaft wird als Formation auf einer besonderen Entwicklungsstufe in der Geschichte der Menschheit offensichtlich von anderen Gesellschaften unterschieden.

So bedeutet „Gesellschaftsformation" nicht automatisch, daß die Gesellschaft als die Gesamtheit der Produktionsverhältnisse aufzufassen ist. Wenn die Gesellschaftsformation die Gesamtheit der Produktionsverhältnisse darstellt, wird in der Tat folgender Ausdruck von Marx eine Tautologie: „Das Kapital ist [...] ein bestimmtes, gesellschaftliches, einer bestimmten historischen Gesellschaftsformation angehöriges Produktionsverhältnis."[7] Wir können bei Marx nicht nur dieses Beispiel, sondern darüber hinaus kein Beispiel für „Gesellschaftsformation" als Ausdruck für die Gesamtheit der Produktionsverhältnisse finden.

Die *ökonomische* Gesellschaftsformation stellt die ökonomisch bezeichnete Gesellschaftsform dar, also besteht das die verschiedenen Gesellschaftsformationen unterscheidende Merkmal in deren ökonomischen Struktur, vorläufig dargestellt, der Gesamtheit der Produktionsverhältnisse. Hier hat Gesellschaftsformation zu tun mit den Produktionsverhältnissen, von denen sie bestimmt wird.

Bemerkenswert ist, daß Marx in den Fünfzigerjahren als Gesellschaftsformation „antike, feudale, bürgerliche Gesellschaften“ bezeichnet, oder: „in großen Umrissen können asiatische, antike, feudale und modern bürgerliche Produktionsweisen als progressive Epochen der ökonomischen Gesellschaftsformation bezeichnet werden“.[8] Wie Johnston die Formation als „minor group“ bezeichnete, bezeichnete auch Marx Gesellschaftsformation als „minor group“ der Gesellschaften in der Geschichte der Menschheit.

III. Die bestimmte Produktionsweise und die ihr entsprechenden Produktionsverhältnisse

„Was ich in diesem Werk zu erforschen habe“, - schrieb Marx im Vorwort zur ersten Auflage des „Kapitals“ - „ist die kapitalistische Produktionsweise und die ihr entsprechenden Produktions- und Verkehrsverhältnisse“.[9] Abgesehen von den „Verkehrsverhältnissen“ finden wir darin eine weitere neue Formulierung: „die kapitalistische Produktionsweise und die ihr entsprechenden Produktionsverhältnisse“. Sie ist wichtig, um das allgemeine Resultat auf der Stufe des „Kapitals“ zu verstehen.

Erstens: Wir stellen fest, daß sie im allgemeinen Resultat des „Vorworts“ nicht gefunden werden kann. Statt dessen gibt es dort die Entsprechung und den Widerspruch zwischen der Produktivkraft und den Produktionsverhältnissen. „Produktionsverhältnisse, die einer bestimmten Entwicklungsstufe [der] materiellen Produktivkräfte entsprechen“ oder „der Konflikt zwischen gesellschaftlichen Produktivkräften und Produktionsverhältnissen“.[10] Wir können dann leicht sagen, daß der Mittelpunkt der materialistischen Geschichtsauffassung in der Entsprechung und dem Widerspruch zwischen Produktivkräften und Produktionsverhältnissen besteht.

Zweitens: Marx ändert die Formulierung des „Vorworts“ im „Kapital“.

„Die Gesamtheit dieser Produktionsverhältnisse bildet die ökonomische Struktur der Gesellschaft.“[11]

„Meine Ansicht, daß die bestimmte Produktionsweise und ihr jedesmal entsprechenden Produktionsverhältnisse, kurz die ökonomische Struktur der Gesellschaft“.[12]

Das erste Zitat ist eine Formulierung aus dem „Vorwort“, das zweite eine neue Formulierung im „Kapital“. Während im ersten durch die Gesamtheit der Produktionsverhältnisse die ökonomische Struktur der Gesellschaft bestimmt wird, geschieht das im zweiten durch die bestimmte Produktionsweise und die ihr jeweils entsprechenden Produktionsverhältnisse.

Drittens: Man kann sehen, daß die Struktur des „Kapital“, besonders von Band I, mit der Auffassung der Übereinstimmung zwischen Produktionsweise und Produktionsverhältnissen zusammenfällt. Erst treten zwei verschiedene Warenbesitzer, Geldbesitzer und Arbeitskraftbesitzer, auf, und diese Seite des Produktionsverhältnisses ist die Voraussetzung des kapitalistischen Produktionsprozesses oder der kapitalistischen Produktionsweise. Weiter wird die kapitalistische Produktionsweise mit der Entwicklung der Produktivkraft der Arbeit analysiert. Außerdem reproduziert die kapitalistische Produktionsweise ihre Produktionsverhältnisse als Akkumulationsprozeß. Also ist die Übereinstimmung zwischen Produktionsweise und Produktionsverhältnissen das vom „Kapital“ gezogene, allgemeine Resultat. In der Tat ist das Produktionsverhältnis die Voraussetzung der bestimmten Produktionsweise, und das erste wird durch die letztere reproduziert. „Wenn die kapitalistische Produktionsweise diese bestimmte gesellschaftliche Gestalt der Produktionsbedingungen voraussetzt, reproduziert sie dieselbe beständig. Sie produziert nicht nur die materiellen Produkte, sondern reproduziert beständig die Produktionsverhältnisse“.[13] Also ändert die Veränderung der Produktionsweise, der Produktionsmethode, das Produktionsverhältnis. Zugleich entwickelt die Veränderung der Produktionsweise die Produktivkraft der Arbeit. „Die spezifische kapitalistische Produktionsweise, die ihr entsprechende Entwicklung der Produktivkraft der Arbeit“.[14]

Wenn man das annimmt, was oben erwähnt wird, ist diese Formulierung, d. h. die Entsprechung zwischen Produktionsweise und Produktionsverhältnis, der Mittelpunkt des allgmeinen Resultates des „Kapitals“.

Wir müssen uns dann fragen, was Marx’ Begriff „Produktionsweise“ beinhaltet. Es ist nötig, den Begriff „Produktionsweise“ zu rekapitulieren.

Oft betrachtet man ihn so, daß die Produktionsweise die Einheit von Produktivkraft und des Produktionsverhältnisses ist. Aber ich kann mir eine solche Einheit der Produktivkraft und Produktionsverhältnissen konkret nicht vorstellen. Wenn man auch die Produktivkraft mit Inhalt, Produktivverhältnis mit Form übersetzt, was wird dann von solch einem Inhalt und solch einer Form gebildet?

In Japan haben wir Marx’ Begriff „Produktionsweise“ untersucht. Diese Auffassung der Einheit von Produktivkraft und Produktionsverhältnis ruft eine neue Auffassung der Produktionsweise als Gestaltung oder Struktur der Produktivkraft hervor. Aber diese neue Auffassung hat einen Fehler: Wenn Produktionsweise selbst nur die Gestaltung oder Struktur der Produktivkraft ist, wird die kapitalistische Produktionsweise zur ausschließlich kapitalistischen Gestaltung oder Struktur der Produktivkraft. Immerhin richtet diese Auffassung unsere Aufmerksamkeit auf die stoffliche Seite der Produktionsweise.

In Marx' Begriff „Produktionsweise" ist es klar, daß dies die Art und Weise der Produktion ist. Weiter ist die Art und Weise der Produktion ursprünglich die des unmittelbaren Produktionsprozesses. Sie wird gesellschaftlich und stofflich bestimmt. Die gesellschaftliche Seite derselben entspricht den gesellschaftlichen Produktionsverhältnissen, und die stoffliche Seite wird in der realen Gestalt des Produktionsprozesses gezeigt.

Die kapitalistische Produktionsweise wird durch beide Seiten, d. h. die von kapitalistischen Produktionsverhältnissen bestimmte Seite und von der anderen, also spezifisch kapitalistischen Gestalt der Produktion bestimmt. „Die kapitalistische Produktionsweise, d. h. sobald sich das Kapital der Produktion selbst bemächtigt und ihr eine ganz veränderte und spezifische Form gegeben hat".[15]

Auf der gesellschaftlichen Seite setzt die kapitalistische Produktionsweise ein bestimmtes Produktionsverhältnis, d. h. Verhältnis von Kapital und Lohnarbeit voraus. Marx sagt, daß „das Verhältnis von Kapital und Lohnarbeit den ganzen Charakter der Produktionsweise bestimmt".[16] Die kapitalistische Produktionsweise als die auf dem kapitalistischen Produktionsverhältnis beruhende Produktionsweise ist erstens eine Warenproduktion und zweitens wesentlich die Produktion des Mehrwerts.

Demgegenüber betrachten wir die stoffliche Seite der kapitalistischen Produktionsweie. Marx schreibt manchmal im „Kapital" über die spezifische kapitalistische Produktionsweise. Mit dieser Formulierung betont er die stoffliche Seite der kapitalistischen Produktionsweise. Sie beginnt mit einem kombinierten gesellschaftlichen Arbeitsprozeß, d. h. einer Kooperation von vielen Lohnarbeitern. Dann tritt die Teilung der Arbeit ein, deren vollendete Form die große Industrie ist.

Beide Seiten der kapitalistischen Produktionsweise bedingen einander selbstverständlich gegenseitig. Aber ich muß hier bemerken, daß Marx nicht von Anfang an diese Auffassung hatte. Sie stammt aus dem Anfang der Sechzigerjahre. Schon seit den Fünfzigerjahren erklärte er die gesellschaftliche, auf Kapital und Lohnarbeit beruhende Produktionsweise als: „die auf dem Kapital basierte Produktion oder die ihr entsprechende Produktionsweise".[17] Aber in dieser Periode ließ Marx die Erkenntnisse über die stoffliche Seite der kapitalistischen Produktionsweise offen. „Die dem Kapital entsprechende Produktionsweise kann nur eine doppelte sein: Manufaktur oder große Industrie".[18] Hier kann man den Begriff Kooperation nicht finden. In der Tat war es zuerst nach dem Schreiben von „Zur Kritik der politischen Ökonomie", ungefähr 1860, daß er die Kooperation als die Grundform der kapitalistischen Produktionsweise erkannte. Wir können in den Exzerpten von A. Potter und R. Jones im Exzerptteil des Hefts VII die Erkenntnis der Kooperation sehen. Marx notiert eine Bemerkung von A. Potter aus dessen Political Economy (1841):

„The principle of the labour of individuals must be combined here referred to is usually called the division of labour. The phrase is objectionable, since the fundamental idea is that of concert and cooperation, not of division.“[19]

Und dann exzerpiert er einen Paragraphen über altorientalische Kooperation aus R. Jones, Textbook of Lectures on Political Economy (1852).

Diese beiden Exzerpte zeigen, daß Marx in dieser Zeit die Kooperation erkannte. In einem Konzept aus der gleichen Zeit sehen wir folgende Rubriken:

„3) Der relative Mehrwert
   a) Kooperation von Massen
   b) Teilung der Arbeit
   c) Maschinerie“[20]

und er entwickelte eine erste Betrachtung der Kooperation in seinen „ökonomischen Manuskripten von 1861-1863“, worin er schreibt:

„Dies, d. h. Kooperation, ist die Grundform.“[21] „Es ist dies die erste Stufe ... die Productionsweise selbst verändert, so daß die capitalistische Productionsweise spezifische Productionsweise ist.“[22]

Durch die Anerkennung der Kooperation als Grundform der kapitalistischen Produktionsweise können die beiden, die gesellschaftliche und die stoffliche Seite der kapitalistischen Produktionsweise einheitlich, also umfassend, gesehen werden.

Wir sehen auch in den „ökonomischen Manuskripten von 1861-1863“ den Eintritt der Übereinstimmung zwischen Produktionsweise und Produktionsverhältnis. „Dem Capitalverhältniss - damit es entwickelt auftrete - auch bestimmte Productionsweise und Entwicklung der Productivkräfte entspreche.“[23] Das ist kein Zufall. Denn die ganzheitliche Auffassung der Produktionsweise führt dazu, daß die Übereinstimmung zwischen Produktivkraft und Produktionsverhältnis jetzt nicht unmittelbar vorhanden ist, sondern von der Produktionsweise vermittelt wird.

Zugleich führt die Kooperation als die Grundform der kapitalistischen Produktionsweise zu einer neuen, auf der Kooperation, also dem fundamentalen Unterschied der Produktionsweise, beruhenden Auffassung der Menschheit.

IV. Vorgeschichte der Menschheit

Nach Betrachtung der Marxschen Begriffe Gesellschaftsformation und Produktionsweise können wir damit nun Marx' Auffassung über die Geschichte der Gesellschaften oder der Menschheit untersuchen.

Auch hier erinnern wir uns an das allgemeine Resultat des „Vorworts". Dort bezeichnete Marx asiatische, antike, feudale und moderne bürgerliche Produktionsweisen als Gesellschaftsformationen. Jetzt können wir die sozialistische Produktionsweise dazusetzen. Man hat darüber diskutiert, was „asiatische Produktionsweise" ist, ob ursprünglicher Kommunismus oder Klassengesellschaft. Aber ich habe hier nicht direkt mit diesem Problem zu tun.

In dieser Periode, wie schon erwähnt, war Marx' Erkenntnis von der Produktionsweise, besonders ihrer stofflichen Seite, nicht ausreichend. In der Tat wird diese Bezeichnung mit der von den Produktionsverhältnissen bestimmten Seite der Produktionsweise begründet. Also werden diese Gesellschaften durch die verschiedenen Produktionsverhältnisse oder Eigentumsverhältnisse unterschieden, z. B. in der Analyse der asiatischen Form betonte Marx das Gemeineigentum:

„Diese Art Gemeineigentum kann nun, soweit es nun wirklich in der Arbeit sich realisiert, entweder so erscheinen, daß [...] der Einzelne auf dem ihm angewiesenen Los unabhängig mit seiner Familie arbeitet; oder die Einheit kann auf die Gemeinschaftlichkeit in der Arbeit sich selbst erstrecken."[24]

Wir sehen hier, daß die Kooperation neben der kleinen Produktion existiert. Wie schon erwähnt, erarbeitete Marx Anfang der Sechzigerjahre die Kooperation als die Grundform der kapitalistischen Produktionsweise. Zugleich entwickelte er auch die Geschichtstheorie der Kooperation, daß die verschiedenen Gesellschaften auf der fundamentalen stofflichen Seite der Produktionsweise unterschieden werden. Marx schreibt die Geschichte der Kooperation im „Kapital":

„Die Kooperation im Arbeitsprozeß, wie wir sie in den Kulturanfängen der Menschheit, bei Jägervölkern oder etwa in der Agrikultur indischer Gemeinwesen vorherrschend finden, beruht einerseits auf dem Gemeineigentum an den Produktionsbedingungen, andererseits darauf, daß das einzelne Individuum sich von der Nabelschnur des Stammes oder des Gemeinwesens noch ebensowenig losgerissen hat wie das Bienenindividuum vom Bienenstock. Beides unterscheidet sie von der kapitalistischen Kooperation. Die sporadische Anwendung der Kooperation auf großem Maßstab in der antiken Welt, dem Mittelalter und den modernen Kolonien beruht auf unmittelbaren Herrschafts- und Knechtschaftsverhältnissen, zumeist auf der Sklaverei. Die kapitalistische Form setzt dagegen von vornherein den freien Lohnarbeiter voraus, der seine Arbeitskraft dem Kapital verkauft. Historisch jedoch entwickelt sie sich im Gegensatz zur Bauernwirtschaft und zum unabhängigen Handwerksbetrieb, ob dieser zünftige

Form besitze oder nicht. Ihnen gegenüber erscheint die kapitalistische Kooperation nicht als eine besondere historische Form der Kooperation, sondern die Kooperation selbst als eine dem kapitalistischen Produktionsprozeß eigentümliche und ihn spezifisch unterscheidende historische Form.“[25]

Im Vergleich dazu formuliert er die Geschichte der unabhängigen Arbeit, d. h. der kleinen Produktion.

„Die kleine Bauernwirtschaft und der unabhängige Handwerksbetrieb, die beide teils die Basis der feudalen Produktionsweise bilden, teils nach deren Auflösung neben dem kapitalistischen Betrieb erscheinen, bilden zugleich die ökonomische Grundlage der klassischen Gemeinwesen zu ihrer besten Zeit, nachdem sich das ursprünglich orientalische Gemeineigentum aufgelöst und bevor sich die Sklaverei der Produktion ernsthaft bemächtigt hat.“[26]

Vom Standpunkt der Kooperation und der unabhängigen Arbeit als Produktionsweise aus wird die Vorgeschichte der Menschheit in drei Stufen unterschieden:

I.	Gemeinschaftliche Produktion Kooperation	Kulturanfänge Jägervölker indisches Gemeinwesen	Gemeineigentum der Produktionsmittel vollendete Abhängigkeit vom Gemeinwesen
II.	Kleine Produktion unabhängige Arbeit kleine Bauernwirtschaft unabhängiger Handwerksbetrieb	Antike klassisches Gemeinwesen - Mittelalter feudale Produktionsweise	sporadische Anwendung der Kooperation bei der Sklaverei Leibeigenschaft und Sklaverei
III.	gesellschaftliche Produktion in entfremdeter Form - Kooperation	kapitalistische Produktionsweise	freie Lohnarbeiter

Erste Stufe: Urwüchsige Kooperation, zweite Stufe: in ihrer fundamentalen Form kleine Produktion, dritte Stufe: wieder Kooperation in entfremdeter Form. Und weiter: die Eigentumsform der Produktionsmittel entspricht diesen Stufen: der ersten Stufe: dem ursprünglichen Gemeineigentum, der zweiten Stufe: dem Privateigentum und den auf Klassengegensätzen beruhenden und antike und feudale Produktionsweisen einschließenden Gesellschaften, der dritten Stufe: dem Privateigentum und der kapitalistischen Gesellschaft.

Mit der Bildung der auf Unterschied der Produktionsweise gegründeten Geschichtsauffassung begann Marx in den Siebzigerjahren seine Forschungen über die alten Gesellschaften. Zwei Jahre vor seinem Tod, 1881, faßte er seine

Auffassung der Geschichte der Menschheit in einem Brief an V. I. Sassulitsch zusammen:

„Les communauté primitive“ oder „la formation primitive de la société“, Urgemeinschaft; worin man „la propriété et la production collective“, Gemeineigentum des Ackerbaulands und die genossenschaftliche oder kollective Produktion, d. h. Kooperation, findet. „La commune rurale“ oder „la commune agricole“, Ackerbaugemeinde, tritt als Übergang vom Gemeineigentum zum Privateigentum, von der primären zur sekundären Formation auf. Darin wird das Ackerbauland als gemeinsames Eigentum periodisch zwischen den Mitgliedern der Ackerbaugemeinde derart aufgeteilt, daß jeder die kleine Produktion bewirtschaftet und sich die Früchte persönlich aneignet.

Diese „commune agricole“ als letzte Phase der primitiven Gesellschaftsformation ist gleichzeitig eine Übergangsphase zur sekundären Formation, also der Übergang von der auf dem Gemeineigentum begründeten Gesellschaft zu den auf dem Privateigentum begründeten Gesellschaften. „La formation secondaire, bien entendu, embrasse la série des sociétés reposant sur l'esclavage et le servage“.[27]

Es hat den Anschein, daß in diese sekundäre Gesellschaftsformation, die kapitalistische Gesellschaft einzuschließen wäre. Aber nein: Die sekundäre Formation umfaßt die Gesellschaften, die auf der Sklaverei und Leibeigenschaft beruhen, die auf der Lohnarbeit beruhende Gesellschaft wird nicht eingeschlossen. Zweitens, wie Marx es in demselben Entwurf beschreibt: „la mort de la propriété communale et la naissance de la production capitaliste sont séparées l'une d'avec l'autre par un intervalle immense [...]“,[28] und gerade diese Zeitspanne ist die der sekundären Gesellschaftsformation, durch die Produktionsweise, d. h. durch kleine Produktion statt der Kooperation der kapitalistischen Produktionsweise von dieser unterschieden. Statt Gemeinsamkeit des Privateigentums an Produktionsmitteln betonte Marx den Unterschied als Verwandlung einer Form des Privateigentums in eine andere Form des Privateigentums.

Und dann ist die kapitalistische Gesellschaft die tertiäre Gesellschaftsformation. Sie ist begründet auf dem Privateigentum und der gesellschaftlichen Produktion in entfremdeter Form.

Hier auch kann man die Auffassung der drei Stufen der Geschichte der Gesellschaften, begründet auf den verschiedenen Produktionsweisen: urwüchsige Kooperation, parzellierte Arbeit, d. h. kleine Produktion, und wieder Kooperation, sehen.

Weiter werden Gesellschaften der Menschheit als Gesellschaftsformation wie die geologische Formation unterschieden. „Comme dans les formations géologiques, il y a dans les formations historiques toute une série de types primaires, secondaires, tertiares etc."[29] Hier sind, anders wie beim „allgemeinen Resultat" des „Vorworts", antike Gesellschaft und feudale Gesellschaft die sekundäre Gesellschaftsformation, die die auf Sklaverei, Leibeigenschaft begründete Reihe der Gesellschaften einschließt. Wie schon früher gesehen, drückt hier nicht mehr Gesellschaftsformation „minor group" aus.

Zum Schluß betrachte ich Marx' Auffassung der kommunistischen Gesellschaft. Sie stellt als Negation der kapitalistischen Produktionsweise (kollektive Produktion und Eigentum) eine höhere Form der Urgemeinschaft,[30] aber nicht unentwickelter Individuen, wieder her, sie stellt auch „das individuelle Eigentum" als die Basis von freien Individuen, d. h. individuelle Aneignung der Früchte der kleinen Produktion, wieder her, aber „auf Grundlage der Errungenschaft der kapitalistischen Ära, der Kooperation und des Gemeinbesitzes der Erde und aller Produktionsmittel".[31] Das ist Marx' Auffassung der kommunistischen Gesellschaft als Folge und Entwicklung der Vorgeschichte der Menschheit.

ANMERKUNGEN

1 MEW, Bd. 13, S. 8.
2 MEW, Bd. 6, S. 408.
3 Karl Marx/Friedrich Engels, Briefe über „Das Kapital", Berlin 1954, S. 17.
4 MEW, Bd. 7, S. 440.
5 MEW, Bd. 8, S. 115 f.
6 IISG, Marx/Engels-Nachlaß, B 59, S. 41.
7 Das Kapital, Bd. 3, Dietz, Berlin 1964 (Kurzbezeichnung, K, III) S. 822.
8 MEW, Bd. 13, S. 9.
9 K, I, S. 12.
10 MEW, Bd. 13, S. 8 f.
11 ebenda, S. 8.
12 K, I, S. 96.
13 K, III, S. 886.
14 K, I, S. 657.
15 K, III, S. 339.
16 ebenda, S. 886 f.
17 Grundrisse der Kritik der politischen Ökonomie, 1953, S. 311.
18 ebenda, S. 479 f.
19 IISG, Marx/Engels Nachlaß, A 49, S. 109. Vgl. A 52 (Citatenheft), S. 16 und MEGA, II, 3/1, S. 251.
20 Grundrisse, S. 972.
21 MEGA, II, 3/1, S. 229.
22 ebenda, S. 235.
23 ebenda, S. 121.

[24] Grundrisse, S. 377.
[25] K, I, S. 353 f.
[26] ebenda, S. 354.
[27] Marx-Engels Archiv, Bd. I, (1924?), S. 338.
[28] ebenda, S. 331.
[29] ebenda, S. 320.
[30] Vgl. ebenda, S. 326.
[31] K, I, S. 791.

James D. YOUNG (Großbritannien)

CLASS CONSCIOUSNESS. THE CLASS STRUGGLE AND INTERNATIONAL LABOUR HISTORY

Class consciousness, the class struggle and critique or critical criticism were central aspects of Marxism before 1917. Though the classical Marxists seldom worked out their ideas on the three Cs systematically, the symbiotic relationships between class consciousness, the class struggle and critique of the established social order were always implicit in their writings. (We have borrowed Isaac Deutscher's phrase ‚classical Marxism' to differentiate between Marxism before and after 1917. However, we are not implying that classical Marxism was so monolithic as the Marxism engendered by Leninism after 1917). Consciousness was at the centre of the dynamic of history.

Social interpretation of the existing social order was an essential task of the struggle to change the world. Rather than interpreting the world from the perspective of economic reductionism, the classical Marxists usually emphasised the overriding importance of class consciousness, the class struggle and critique. In a now famous formulation, Karl Marx insisted that social being determined social consciousness. By social being Marx meant something like collective being (social experience) and by social consciousness something like common cultural life. The process of cultural change was therefore an interaction between the past and the present, and the cultural sediments of the past were of major significance in shaping the national histories of the working classes.

To observe that the history of the class struggle is one of the least developed aspects of Marxism[1] immediately raises the question, ‚Why'? There is no easy answer to this question. However, a crucial reason for the relatively undeveloped written history of the class struggle is a *conceptual* one. Since class consciousness and the modern class struggle were inseparably bound together, the written chronicle of the class struggle always depended on conceptual clarity about the class consciousness of plebeian and proletarian men and women.

While Karl Marx and Frederick Engels declared in the *Communist Manifesto* of 1848 that ‚The history of all hitherto existing society is the history of class struggles', they did not say when the proletarian class struggle began. What was crystal-clear, however, was the visibility of the class struggle. The *Communist Manifesto* was an outgrowth of the struggle between the bourgeoisie and the proletariat.

The question of when the proletarian class struggle actually began was not really debated within the international socialist movement before 1917. It was, however, discussed by such individual socialists as Frederick Engels, Karl Kautsky, Franz Mehring, Antonio Labriola, Daniel De Leon and V. I. Lenin. Though Kautsky and Lenin produced answers that were significantly different from those of the others to the question of when the class struggle between the bourgeoisie and the proletariat began, the question was never a controversial one of major proportion within the Second International.

The great French revolution of 1789 opened up a new era in world history. What is not in dispute is that a class struggle was already evident in Europe from the 1770s onwards. This was acknowledged by most of the classical Marxists. But what kind of class struggle existed in the late eighteenth and early nineteenth century? At its most common level it was a class struggle between the old feudal order and the rising bourgeoisie. The modern class struggle began in America in the 1770s and crested in France in 1789. It culminated in the revolution chronicled by E. J. Hobsbawm in *The Age of Revolution.*

The modern proletarian class struggle was certainly visible in Europe in 1848. The *Communist Manifesto* did not drop from the sky. It required a period of gestation. It came out of the pre-1848 European socialist movement and its gestation required more than just the magic of the intellect. But when did it begin? In his book on *The Class Struggle* originally published in 1892, Karl Kautsky gave a clear, simple but really doctrinal answer to the question. ‚Uprisings against the employers are nothing new. They occured in plenty during the Middle Ages. But only during the nineteenth century did these uprisings attain the character of a class-struggle.'[2]

Utopian socialism was, in Kautsky‘s idiom, ‚older than the class struggle of the proletariat'. It was, moreover, the ‚deepest and most splendid expression of bourgeois philanthropy'. Although ‚a vigorous' independent labour movement already existed in France and England in the 1830s, it could only produce a ‚primitive working-class socialism' before the birth of scientific socialism in 1848. Lacking the scientific socialism first formulated by Marx and Engels in 1848, the primitive working class in Europe did not possess the class consciousness necessary to wage a real or proper class struggle.

In the 1830s the socialism of the bourgeois philanthropists was, in Kautsky‘s view, hostile to the ongoing, if ‚primitive', working-class struggles in Europe. Consequently, the only thing shared by the primitive working-class socialists and the bourgeois philanthropists was a Utopian world-view. These particular formulations about the origins of the ‚proletarian' class struggle in early nineteenth-century Europe allowed Kautsky to account for European workers

‚hostility' to real socialism several decades after the advent of scientific socialism in 1848.[3]

What Kautsky was emphasising was the *discontinuity* in the historical development of the European labour movement in the nineteenth century. 1848 was the really significant year - the moment of birth - in locating and making specific the advent of the modern proletarian class struggle. Popular struggles, strikes and food riots in the late eighteenth century were not, therefore, an expression of the plebeian class struggle at all. Primitive working-class consciousness was not authentic. Since it was unreal, it was exorcised from the historical process altogether. It - and, indeed, ‚bourgeois socialism' - did not belong to the history of Marxism at all.

Karl Kautsky's conceptualisation of the origins of the modern class struggle was popularised in countless pamphlets circulated by the socialist parties affiliated to the Second International before its break-up in 1914. There was no common or shared perception of the concrete history of modern working-class consciousness among the early or classical Marxists. In sharp contrast to Kautsky, Franz Mehring specifically located the origins of the modern class struggle within the very heart of the French revolution.

Certainly, Mehring, Labriola and De Leon emphasised the world-shattering importance of the publication of the *Communist Manifesto* as a landmark in the growth of modern socialism. For them, 1848 did not represent such a sharp discontinuity in the history of socialism as Kautsky insisted upon in his voluminous writings. Because consciousness, the class struggle and critique were central to their world-view, they developed a profoundly different conceptualisation of the historical process from that of Kautsky or Lenin.

In Mehring's conceptualisation of the growth of German capitalism and politics, class consciousness was at the very centre of the dynamic of history. The plebeian workers who took part in strikes, food riots and popular protests were behaving in class conscious ways. As he put it: ‚A distant echo of the French revolution broke through to the Silesian weavers for all their dullness. In 1794 revolts broke out among them ... With their sacks over their left shoulders they marched down out of the hills to the town markets and by rough treatment forced the yarn-dealers and the linen-dealers to buy dear. The movement was supported by the Breslau journeymen'. The class struggle of plebeian men and women was not uniform throughout Germany, however. Thus he argued that ‚the simmering discontent of the plebeians' in Saxony ‚represented a progressive element entirely missing in the Prussian towns'.

In a vivid description of the diverse economic conditions existing in eighteenth-century Germany, Mehring wrote: ‚The industries of Rhenish Prussia were more advanced in skills and more varied than those of Silesia or even of Saxony. It was a long way ahead of them also; in the whole of Germany this advantage was shared only by Rhenish Bavaria and Rhenish Hesse, in that since 1795 it had participated in the liberating bourgeois legislation of the French revolution‘. The capitalist mode of production was an essential pre-condition for the growth of plebeian class consciousness. It did not automatically produce discontent or revolt.

But eighteenth-century Saxony was ‚intellectually the most developed part of Germany‘. What was even more significant was that ‚In the Kingdom of Saxony the beginnings of capitalism dated from the age of the Reformation‘. Because of the precocity of capitalist development in Saxony, the feudal aristocracy could not ‚erect a military state on the Prussian pattern‘.[4] The absence of a military state in Saxony was crucial. It meant that plebeian discontent could develop and express itself.

By acknowledging the cultural sediments of the German past in inhibiting the growth of a class conscious working class in Prussia, Mehring - in contrast to Kautsky - rejected economic determinism. He did not treat the mode of production as an abstraction automatically producing discontent and revolt. While the mode of production was used by Mehring as an explanatory device, he did not treat it as a fetish divorced from Germany's social, economic and political history. Since the authoritarianism of German life was a constant theme in the essays and letters of Marx and Engels long after 1848, we will sketch in the reality of German military discipline in the day-to-day lives of working men and women in the late eighteenth and early nineteenth century.

If the mode of production was more advanced than in Saxony, the Prussian state was more authoritarian and repressive, too. In Prussia working people did not enjoy the freedom necessary to organize themselves. As Jürgen Kuczynski puts it: ‚This was especially true of the mine-workers, who, it must be admitted, had a labour discipline - indeed, a discipline of life - which recalled feudal conditions. Thus there were regions in Prussia, in which pitmen under a certain age could only get married with the permission of the mining authorities‘. Kuczynski cites evidence from the records of the coal companies in Prussia in 1789 and 1828.

Because Franz Mehring knew German history so well, he appreciated why it was very difficult for class consciousness to break through the authoritarianism of Prussian social and intellectual life. What happened to the coal miners in Prussia was unusual in Europe. Outside the pits in mid-nineteenth century Prussia, the coal miners were compelled to observe the following rules.

When off duty, all miners and boys must, as soon as they meet a mining official whom they can easily recognize by his uniform, or as soon as he comes past, stand still, or, if walking, look him in the face, at the same time greeting him with „good luck“ and remove any head-gear they may be wearing, but to refrain completely from all other forms of salutation, such as a bow. The uniform pit-helmet, however, will not be removed, but the latter may only be worn with full uniform of correct pattern. A man dressed thus must, as before, bow only when he meets a uniformed official, turn and face him in full military fashion, and stand still until the official has passed.[5]

Not surprisingly, then, the class consciousness of plebeian workers was articulated through discontent and revolt in Saxony rather than in Prussia.

But Mehring characterised the class consciousness of the Silesian weavers and the Breslau journeymen as ‚plebeian‘, not ‚proletarian‘. This consciousness was articulated in opposition to the bourgeoisie. It was historically progressive; and it was not, as in Kautsky's conceptualisation, ‚primitive‘. In part, it arose from the French revolution.

In the great bulk of bourgeois and elitist ‚Marxist‘ historiography, it is axiomatic that the modern ‚working-class‘ struggle did not exist during the French revolution. In his powerful and outstanding study of *The Enlightenment: An Interpretation,* the bourgeois historian, Peter Gay, argues that ‚The question of the „lower orders“ ist the great unexamined political question of the Enlightenment‘.[6] By contrast the Marxist historian, A. James Gregor, shows that a class struggle between the bourgeoisie and the embryonic ‚working class‘ in eighteenth-century Europe was already visible and developing. As he puts it: ‚Writers such as Quesnay, Voltaire, Rousseau, Helvetius, Mably, Raynal, Necker, Turgot among others, employed the class struggle as an explanatory device to render intelligible the political history of the period. Raynal in his volume *Histoire philosophique et politique des établissements et du commerce des Européens dans les deuz Indes,* which appeared in 1771, argued that the dynamics of this could be explained by the tensions which existed between the „rich“ and those they sought to „exploit“. Moreover, the Enlightenment *philosophes* believed that ‚the increasing misery of the working class would drive them to revolution‘.[7]

The major class struggle in Europe in the late eighteenth century was the struggle between the old aristocratic feudal order and the rising bourgeoisie. Nevertheless, the proletarian class struggle portrayed in the *Communist Manifesto* of 1848 was already latent in the 1760s and 1770s. Just as the feudal aristocracy was antagonistic towards the bourgeoisie, so the rising bourgeoisie was beginning to express its antagonism towards the ‚lower orders‘. This is acknowledged by Robert Palmer, a bourgeois historian.[8]

But the question of whether the class consciousness underlying the popular struggles and strikes of artisans and journeymen in France, Saxony, Scotland, England or America was ‚derived', ‚populist', ‚inherent' or ‚untutored' was discussed only obliquely by the classical Marxists.

Franz Mehring argued that the working-class struggle in France began in 1795. As he put it: ‚In July 1794, the Jacobin Club where the radical wing of the French revolutionary movement met was closed down. This virtually marked the end of the revolution. In May 1795, the Paris working class rose demanding bread and the revolutionary constitution of 1793 and were put down by the opponents of the terror'.[9] In a book first circulated in mimeographed form in 1938, C. L. R. James wrote: ‚Bonaparte first came to notice because he was able to crush the proletarian uprising in Prairial in 1795 (an uprising that was in some respects more fierce than anything the revolution had so far seen)'.[10] When he and some of his co-thinkers published *Facing Reality* in 1958, the origin of the modern working-class struggle within the French revolution was identified thus.

Near the end of the French revolution the workers and the common people made a desperate attempt to establish their own power, not against the French aristocrats and priests but against those who had hitherto led the revolution.[11]

But long before C. L. R. James formulated his interpretation of the origins of the modern working-class struggle, Mehring, De Leon and Labriola specified the importance of class consciousness as the motivation underneath the class struggle. In Antonio Labriola's conceptualisation of modern history, class consciousness was multi-dimensional and not one-dimensional. The class consciousness of plebeian and proletarian men and women in a given country was shaped by diverse social, intellectual and cultural circumstances. Class consciousness and the class struggle were neither uniform, consistent or pre-determined.[12]

Labriola was a professional philosopher. He did not, therefore, depict plebeian or proletarian struggles with the same detail as Mehring. A historian as well as a journalist of enormous talent, Mehring always gave more attention to the detail of popular struggles. But Labriola explicitly repudiated elitist notions of the role of the ‚vanguard' socialist parties affiliated to the Second International. He observed that ‚The concrete psychology of past time remains impenetrable to us', he did not explain the historical process only in terms of the ‚economic factor' or the mode of production.[13]

Antonio Labriola shared Mehring's conceptualisation of modern working-class history. By focusing on the consciousness at the centre of the dynamic of history, he was placing himself in the mainstream of the pre-1848 Marxist analysis and critique of the established social order. He summed up his discussion and very lucid exposition of historical materialism by asserting that ‚These forms of consciousness, even as they are determined by the conditions of life, constitute in themselves also a part of history‘.[14] What is even more pertinent is that he did not emphasise the discontinuity between Utopian socialism and the birth of scientific socialism in 1848.

In contrast to Karl Kautskys conceptualisation of popular working-class struggles in the late eighteenth and early nineteenth century, most of the classical Marxist thinkers denied that a modern working class could exist without a consciousness of its inherent antagonism towards the bourgeoisie. Because they argued that class was a relationship and not a ‚thing‘, they identified the consciousness underlying popular struggles. If they did not always depict these struggles in detail, they recognised the existence of working-class consciousness.

In his controversial conceptualisation of class and class consciousness, E. P. Thompson says:

‚And class happens when some men, as a result of common experiences (inherited or shared), feel and articulate the identify of their interests as between themselves, and as against other men whose interests are different from (and usually opposed to) theirs. The class experience is largely determined by the productive relations into which men are born - or enter involuntarily. Class-consciousness is the way in which these experiences are handled in cultural terms: embodied in traditions, value-systems, ideas and institutional forms.‘[15]

This formulation is much closer to the spirit and guts of classical socialism than posterity's enormous condescension towards the eighteenth-century European and American working class. Since it impinges on contemporary historical controversies between Marxist and bourgeois historians and within the Left itself, we want to make our identification with Thompson's interpretation of modern labour history explicit.

But what was once a minority ‚Marxist‘ conception of the role of class and class consciousness within the historical process is now the dominant one. In *Arguments within English Marxism,* Perry Anderson expounds the dominant ‚Marxist‘ critique of Thompson's conceptualisation of modern labour history.

Classes have frequently existed whose members did not „identify their antagonistic interest“ in any process of common clarification of struggle. Indeed it is probably true that for the most of historical time this was the rule rather than the exception. The very term class, in the modern sense, is after all a coinage of the nineteenth century. Did Athenian slaves in ancient Greece, or caste-ridden villages in medieval India, or Meiji workers in modern Japan ‚come to struggle, think in class ways'? Yet did they thereby cease to compose classes? E. P. Thompson's error is to make an abusive generalisation from the English experience he has studied himself: the remarkable class consciousness of the first industrial working class in world history is projected universally onto classes as such. The result is a definition of class that is far too voluntarist and subjectivist - closer to an ethical-rhetorical *parti-pris* than to a conclusion from empirical evidence. In his fundamental work, *Karl Marx's Theory of History,* G. A. Cohen rightly criticised the logic of Thompson's description of class, vindicating the traditional Marxist thesis that ‚a person's class is established by nothing but his objective place in the network of ownership.' [16]

Because Kautskyian-cum-Leninist dogmas are more important than empirical evidence, the strikes, food riots and popular struggles of the eighteenth-century European and American workers are conveniently ignored. Contrary to what he assumes, Anderson has not really re-established traditional Marxist ‚orthodoxy' about the role of class consciousness within the historical process.

In the voluminous historical writings of Perry Anderson, Tom Nairn and Victor Kiernan, the strikes and popular struggles of the embryonic working class in eighteenth-century Europe and America are usually ignored. When they discuss them at all in theoretical or historical essays on the history of socialism, working-class struggles before 1848 are dismissed out of hand as ‚populist'. Whether conscious or not, the intellectual influence of Kautsky's conceptualisation of modern working-class history is evident on almost every page of the works of the dominant school of contemporary ‚Marxist' historiography. A greater awareness of the intellectual richness and subtlety of the early Marxist historiography would act as a corrective to this elitist condenscension towards the popular struggles of the precursors of the present-day labour movement. Historically speaking, it would also create a better understanding of why the global class struggle has developed so unevenly.

What was implicit (but seldom, if ever, explicit) in Kautsky's writings on modern working-class history was the assumption that the strikes and struggles of the plebeian ‚lower orders' were simply an expression of the international bourgeois-democratic revolution. (This is also true of the dominant historiography of the contemporary Left as evidenced in the pages of the *New Left Review).* Although Mehring, Labriola and De Leon did not characterise the consciousness of the militant elements of the embryonic working class in Europe and America as ‚derived', ‚populist' or ‚inherent', they regarded the strikes and popular struggles of those times as a part of the continuum of twentieth-century class struggles.

If class was a tangible relationship and not a ,thing', there ought to be evidence of the emerging European and American bourgeoisie's own class awareness of the ,lower orders'. We have already cited evidence of this in France. It also existed in Britain, Germany and America. By 1792 John Adams was appalled by ,the violence, the tumults and the riots which render almost all the populous towns of England a scene of war and blood at the period of Parliamentary elections'. However, what worried him most was the latent ,dissolution of civil society' in America - and particularly in England - unless the agitation for democracy was strangled at birth.[17]

The late eighteenth-century plebeian class struggles in Britain, France, Germany and America were often motivated by the agitation for democracy, not socialism. The two agitations were sometimes intertwined, however. In America the strikes of the artisans and pre-industrial workers - for example, the strikes of the shoemakers in Philadelphia in the 1770s and 1790s - were motivated by a ,primitive' class consciousness. Thus Justus Ebert, a prominent member of the American Socialist Labour Party, implicitly disagreed with Kautsky's conceptualisation of working-class history when he made the following observation. ,American trade unionism was for the first time (in 1825) animated with the idea that the interests of the working class are separate and distinct from other classes.'[18]

In Britain the transition to industrial society was probably, as Georg Rudé puts it, ,divided into five stages'. What was equally true was that most of the plebeian popular struggles in late eighteenth-century Europe were about democracy. As Gwyn A. Williams puts it: ,The ideology of democracy was pre-industrial and its first serious practitioners were artisans'.[19] But in the socialist historiography of the Second International - and indeed in the dominant school of contemporary socialist historiography - the problem of periodisation was much less important than the ideological one of where class consciousness came from.

The concepts of class consciousness, class struggle and critique were woven into the very intellectual fabric of Marxism both before and after 1848. If we have focused on the elitist socialism of Karl Kautsky, we have done so because he was one of the seminal thinkers among the classical Marxists. Though they were not prolific writers or Marxist thinkers of the same stature as Kautsky, H. M. Hyndman and Morris Hillquit would not even admit to the latent class consciousness or creativity of the British or American working classes. Like Kautsky, too, they argued that socialist consciousness could only come to the working classes from ,without'.

Because these elitist socialist attitudes exerted so much influence on socialist historiography, and because Kautsky's concept of the complete discontinuity of

1848 and the expulsion of pre-1848 Marxism from the pages of history have been so influential, we need to relate them to the concrete historical experience of the European and American working classes. With the exception of Hal Draper and E. P. Thompson, very few Marxist historians have been particularly interested in the elitist trends within the evolution of Marxism. In a temperate but well-focused critique of George Lukacs's study of *History and Class Consciousness,* George Rudé makes some pertinent points.

In theory, therefore, Lukacs follows Marx and Lenin; but, in fact, he depends far more for a working-class awakening on the prospect of the inevitable crisis of capitalism. Thus, in practice, the proletariat is left to stand on the side-lines as silent spectators while capitalism digs its grave. This, of course, considerably limits the value of Lukacs as a guide to the ideology of popular protest.[20]

II

In the ongoing controversy about the role of class consciousness in international working-class history, Rudé now occupies a halfway house. Because he is a brilliant and perceptive historian who served his apprenticeship as a historian in the British communist movement before the process of de-Stalinisation began, we should pay particular attention to his growing disenchantment with the Lukacsian and Leninist ‚models' of working-class historical development. In his most recent formulation of the relationship between ideology and popular protest, he has made a decisive break with the elitist Kautskyian-cum-Leninist tradition of denying the embryonic European and American working class a consciousness of its own.[21]

In a short study of *Ideology and Popular Protest* spanning five centuries and three continents, Rudé has chosen a significant title to signal his ‚revisionist' views on the historical process. In such a pessimistic account of the history of international labour movements, we might have expected him to take account of the fact that there have been only two ‚successful' socialist revolutions in the modern world.[22] But that is much less important than his characterisation of all working-class struggles between the late eighteenth century and the mid-twentieth century as simple forms of ‚protest'. If ‚historical man is always human society and the presumption of a pre-social or super-social man a creation of imagination',[23] then Rudé's concept of workers' ‚inherent' ideology is an advance on Kautskyian-cum-Leninist conceptions of the role of consciousness in early working-class struggle as mere ‚protest' ought to be obvious.[24] At a time when socialist historiography (as distinct from politics) has yet to pull itself out of the Stalinist Ice Age, Rudé has succumbed to some of the innately elitist trends in bourgeois historiography while struggling to free himself from elitist Stalinist ones.

But in terms of Rudé's activity as a socialist historian, it is important to emphasise his failure to cite a single example of what the working classes' own ideological resources consisted of. In *Ideology and Popular Protest,* there is no concrete account of the ‚inherent' working-class ideology or Gramsci's ‚non-organic' ideology. This is because Rudé still identifies with the dominant school of contemporary socialist historiography in presuming that workers' struggles were more ‚protests'. In Eugene D. Genovese's important new book, *From Rebellion to Revolution: Afro-American Slave Revolts in the Making of the New World,* the same elitist tendencies are evident. The black revolt in Saint-Domingue and the American slave revolts in the late eighteenth and early nineteenth century were not a part of the continuum of ‚proletarian and anti-colonial revolutions in the twentieth century'. They occurred in the context of the ‚bourgeois-democratic revolutionary wave, with bourgeois-democratic slogans and demands and with a commitment to bourgeois property relations'.[25] But the ‚lower orders' were not really consulted about their attitude towards the institution of private property.

It is at first sight somewhat surprising that certain schools of socialist and bourgeois historiography have been able to exist side-by-side and accommodate each other without any real conceptual conflict over their interpretation of working-class ‚consciousness'. For these schools of historiography, consciousness has not been at the centre of the dynamic of historical development. Because elitist socialist and bourgeois historiography share so many assumptions about the role of consciousness in history and the motivations underlying popular working-class struggles, we need to spell them out.

The most common assumption is that working-class struggles have only been motivated by economic or material deprivation. In such conceptions of popular struggle, it is axiomatic that working men and women will only participate in struggle against capitalism when they are deprived of their existing standard of living. In a powerful study of *The Hidden Injuries of Class* written from a perspective of libertarian socialism, Richard Sennett and Jonathan Cobb explain why these seemingly antagonistic schools of historiography are able to engage in a dialogue of peaceful co-existence.[26]

Historically speaking, popular struggles were inseparable from the extant culture. With its excessive emphasis on the ‚economic factor', the mechanistic Marxism of Kautsky and Lenin ignored the role of consciousness in the early struggles of the embryonic labour movement. So do socialist historians influenced by these or Stalinist dogmas. The missing cultural link in the development of Marxism - and the class struggle -was not ignored by Labriola. As he put it: ‚The primitive state of human consciousness, while typical of the primitive epoch of human development, still continues and perpetuates itself in subsequent historical periods, because it acquires a certain degree of lasting power through habit and fixes its expression in myths and primitive poetry'.[27]

The plebeian men and women in Europe and America who engaged in popular struggles from the 1770s onwards frequently displayed class consciousness. This consciousness, though sometimes embryonic, was not always dependent on the culture of the higher social groups. The decade of the 1770s was the real beginning of the modern labour movement. Nevertheless, the class struggle developed very haltingly and unevenly; and it did so for very complex cultural as well as economic reasons. We can surely recognize this historical reality without dubbing or dismissing every popular struggle before 1830 as ‚populist' or without ignoring the culture or aspirations of the ‚lower orders'.

The rediscovery of the hidden history of concrete popular struggles in Europe and America will illuminate the process of the *relative autonomy* of cultural change in the history of the class struggle. Even some bourgeois historians have occasionally perceived the role of the cultural sediments of the past in determining national differences in the development of labour movements. The cultural factor was often very important.[28]

While the class struggle in Europe and America before 1848 arose from the labour movement‘s own ideological resources, class consciousness owed a great deal to the process of industrialisation. Yet Karl Kautsky was profoundly wrong when he said that Utopian socialism was older than the class struggle. By 1829 the early British socialists were already turning themselves into ‚spokesmen of a spontaneous working-class upsurge that led to the formation of the first effective trade union movement'.[29] In America, too, Thomas Skidmore and other socialists in the embryonic labour movemehr anticipated ‚the Marxian doctrine of the expropriation of the expropriators two decades before its first European enunciation'.[30]

The unevenness of class conflict in the modern world before 1848 was partly a reflection of the very uneven development of the process of industrialisation. In Wales and in Scotland where industrialisation had taken a group several decades beforehand, the proletariat did not intervene in politics until 1830-1832.[31] Before 1830 popular struggles in Europe and America were mounted by plebeian men and women. Yet these struggles of the ‚lower orders' created the material and intellectual foundations for Marxism in 1848.

While the unevenness of class conflict before 1848 was partly a reflection of the unevenness of industrialisation, other factors were at work, too. In explaining the belatedness of the development of Marxian socialism in Spain and Russia,

George Lichtheim has argued thus:

‚What happens to people in a given milieu is in part at least determined by cultural sediments left behind by earlier experiences (or their absence). Spain and Russia had something negative in common: neither country had experienced the Reformation, nor had they really absorbed the Enlightenment. In consequence, Russians and Spaniards, while very different in other respects and indeed rather inclinded to dislike each other, shared a distinctly medieval cast of mind.‘[32]

But in countries where the class struggle was relatively ‚advanced', the Reformation and industrialisation had already occurred.

In the countries where the Reformation and embryonic industrialisation had already occured by the 1790s, plebeian workers were often (but not always) more rebellious. The infant and immature labour movements were class conscious; and they were waging the class struggle with their own ideological resources. In a comment on the class consciousness of eighteenth-century English workers in manufacturing industry, E. P. Thompson said: ‚Looked at from the nineteenth century it is easy to see it (English working-class consciousness) as child-like - the adolescence of a class. But we should examine it *sui generis*'.[33] And because Genovese and Rudé sometimes implicitly belittle or minimise the class consciousness of plebeian workers before 1848, we will glance at their role in developing a counter-culture of their own.

In 1822 Richard Carlile‘s journal, the *Republican*, began to form Zetetic societies for the propagation of atheism and scientific education. Because these societies and the plebeian radicals in them played a role in the genesis of Marxism, we will let Gwyn A. Williams sum up: ‚Broadly speaking, „infidelity" passed from the old artisan to the new and while the creed (for which they had to battle not only against authority but against all the other sects) was not immediately relevant to the problems of the industrial working class, it gave them a global outlook and an intransigence which, to a degree, inoculated them against the engulfing hegemony of *respectability* in which so many movements asserting a working-class presence and worth came to be trapped. It offered at least the possibility of historical autonomy. These Zetetics, after all, were the first to break out of the populist prison of the Norman yoke'.[34] Once again consciousness was at the centre of the dynamic of the class struggle. As in Marxism after 1848, critique of the established social order was what mediated the relationship between consciousness and the class struggle.

If a primitive socialist critique was what mediated the relationship between the development of class consciousness and the ‚explosion' of class struggles in industrialising countries, many of the early ‚heroes and martyrs of the labour movement were illiterate politicians and philosophers of considerable importance’.[35] The immaturity of the early labour movements was much less important than the historical fact that the Marxism of 1848 came out of the class struggles stretching back to the eighteenth century. What was always fundamental to most of the classical Marxist conceptions of labour history was the recognition of the innate relationships between workers‘ revolts and radical and/or socialist critique.

What was, and is, often neglected in certain schools of socialist historiography was the role of the cultural sediments of the past in shaping class struggles. Towards the end of his life, Engels repudiated those socialist intellectuals who were exaggerating the role of the ‚economic factor’ in determining the political, legal, moral and cultural characteristics within historical development. He also criticised them for ignoring the element of feed-back.

In his authoritative book portraying *The Rise of the Working Class* internationally, Jürgen Kuczynski asserts that ‚the first women‘s strike’ was the one of ‚the weavers in Pawtucket, Rhode Islands, in 1824’. In a subsequent strike of American women workers in 1836, he cites evidence from a women worker‘s reminiscences to convey the surprise and consternation caused by this strike.[36] However, the *first* strike of women workers occured in the Scottish town of Paisley in 1768. In attempting to explain why the first women‘s strike took place in Scotland, George Lichtheim‘s concept of the role of the cultural sediments of the past is much more useful than any mechanistic ‚Marxist’ one.

As an index to the class consciousness of plebeian men and women, strikes are often vital. Because it is assumed by the dominant bourgeois and elitist socialist historiography that working people did not have any consciousness, the ‚lower orders’ are persistently portrayed as ‚docile’.[37] Because it is argued that Scottish plebeian men and women did not have any consciousness, it is not necessary to look at the struggles they waged against their employers. This dismissal of the class consciousness of plebeian women explains why women’s strikes have been so badly neglected. A report in the bourgeois press of the women‘s strikes have been so badly neglected. A report in the bourgeois press of the women‘s strike in Paisley in 1768 tells a different story. The *Glasgow Journal* reported that ‚a female combination ... has been entered into by the young women of this place, employed in clipping of lawns, who refuse to work, unless on higher wages. They, in number betwixt two and three hundred, mostly clothed in white, drew up this day at Maxwelltoun, and marched in procession, four in a rank to this place, and paraded through the streets. This white regiment was escorted by great crowds of journeymen weavers and others’.[38] It is, therefore, inconceivable that they were not conscious of the class antagonism they were articulating towards their employers.

But there was a continuity of women's strikes in Scotland during the transition to a fully industrialised society. In contrast to the English women at Peterloo in 1819, who ,had merely gone along with the men, and had not been thinking for themselves',[39] the Scots had inherited different social and cultural traditions. Consequently, there is no evidence that the strikes of Scottish plebeian women caused surprise or consternation. Moreover, a great deal of the physical resistance to the Highland Clearances in this period was mounted by the women, not the men. In a path-breaking essay on Highland history, Hamish Henderson has explained the women's resistance in terms of the survival from the Middle Ages of the ,matriarchal' character of Scottish plebeian culture.[40] The traditions of the past did not, as James T. Farrell has argued, ,form one lump of equal relevance or irrelevance'.[41] They have always played an important role in shaping the class consciousness of working men and women everywhere.

While there was quite clearly discontinuity between the class struggles of plebeian workers and proletarians, the popular struggles in the late eighteenth and early nineteenth century contributed to the intellectual climate of opinion in which the genesis of Marxism occurred. Seen from this perspective, we simply cannot accept Kautsky's emphasis on the sharp discontinuity resulting in the *Communist Manifesto* of 1848. Labriola had no doubts in this score. Indeed, he described the shoemaker, Bauer, the Tailors, Lessner and Eccarius, the miniature painter, Pfaender, the watchmaker, Moll, and others as ,the first *conscious initiators* of our movement'.[42] Far from the class consciousness of plebeian workers being simply ,bourgeois' or ,populist' *à la* Genovese and Rudé, it was seen by some of the classical Marxists as the forerunner of the mature Marxism of the Second International.

In his essay of *Historical Materialism*, Mehring argued that the English Factory Acts were ,the result of an extremely long and hard class struggle between the aristocracy, bourgeoisie and proletariat'.[43] Perhaps labour legislation was, as Lichtheim puts it, ,compatible with capitalism, even though it constituted an infringement of property rights'.[44] It was not, however, inevitable. Marx argued that strikes were an attack on property rights; and that ,in every strike one sees the hydra-head of the revolution'.[45] With the defeat of Chartism and the revolutions of 1848, the international labour movement suffered a serious setback. But even during *The Age of Capital* between 1848 and 1875 substantial sections of the working classes in Europe refused to be quiescent.[46] Far from class consciousness being extinct in Britain during those years as Perry Anderson and Tom Nairn have always argued, the labour movement won concessions from bourgeois society through class struggles.[47]

The class consciousness of British workers during *The Age of Capital* was not a socialist consciousness. But it existed in the midst of the most unfavourable circumstances. As Royden Harrison puts it: ‚One can understand neither the movements nor the men of the mid-Victorian labour movement if the ambivalent attitudes of the workmen are not understood. Liberalism at the front of the mind, and old working-class sentiments and traditions at the back of it, produced the characteristic vacillations and inconsistencies'.[48] It was because of the hard, concrete existence of this consciousness that Marx and Engels could play an important role in encouraging the foundation of the First International in 1864. Given the existence of capitalist society, consciousness was just as crucial as the ‚economic factor' in determining social change.

The momentous year 1848 did not signal a discontinuity in the history of Marxian socialism in the sense suggested by Karl Kautsky. By emphasising the role of economic determinism and underplaying the role of the socialist critique of the established social order in the struggle for international socialism, Kautsky was in a minority among the classical Marxist thinkers. Because he always denigrated the European - and particularly the English - working class, suspected their capacity for struggle and sacrifice,[49] he could only be essentially pessimistic about the advent of the socialist commonwealth. Within these elitist attitudes and conceptualisation of history, we can locate the intellectual roots in Kautsky's notion of the role of the ‚vanguard' socialist party.

If Kautsky was in a minority among the classical Marxist thinkers in foreshadowing the Leninist conception of the ‚vanguard' socialist party, the party bureaucracies in the Social Democratic Federation in England, in the Social Democracy in Germany and the Socialist Party in America were exceptionally sympathetic to his ideas and conceptions of how the socialist struggle should be waged. In grasping the hidden continuity of Kautsky's ideas on history and class consciousness into our own times, we must look at the differences between the Second and Third Internationals. In contrast to the Second International, the communist Third International was a monolithic organisation. By establishing its hegemony over the communist parties throughout the world and imposing the Leninist conception of the role of the ‚vanguard' socialist party, it did not tolerate the intellectual pluralism which was so common in the Second International. But the Third International gave some of Kautsky's ideas a silent endorsement.

The Leninist conception of the role of the socialist ‚vanguard' in imposing socialism on the working class originated in the socialist parties affiliated to the Second International. Within their own lifetime, Marx and Engels criticised the Kautskyian conception of the role of the socialist ‚vanguard'. This was one of the major sources of their blistering critique of the leaders of German Social

Democracy. But the sharpest repudiation of the elitist ‚socialism' existing in the Second International came from the pen of Labriola.[50]

While there were two fundamentally incompatible conceptions of the role of the ‚vanguard' socialist party within the Second International, vanguardism only became a major problem after 1917 when the full force of the Russian state was utilised to support an innately elitist and authoritarian conception of the road to socialism.

1848 was a momentous and exceptional year in the history of the development of Marxism. Because the *Communist Manifesto* was produced in response to raging class struggles and a shared perception of extreme polarisation between the bourgeoisie and the proletariat, the class consciousness of the pre-industrial ‚lower orders' and plebeian artisans was minimised. What was also played down was the role of pre-1848 socialist ideas and practice in the germination of ‚scientific socialism'. In another sense 1848 was a very important transitional year in the history of ‚scientific socialism' in so far as Marx and Engels quickly returned to examine the role of critique in the struggle of socialism.

III

The vision of societies polarised between the two great social classes - the bourgeoisie and the proletariat - was abandoned by Marx and Engels after the failure of the revolutions of 1848. At first it was implicitly and by 1850 explicitly acknowledged that a multiplicity of social classes existed side-by-side in the modern world. Because the importance of this ‚revisionism', and the perhaps even greater importance of the reversion to the ‚model' of 1848 after the founding of the communist Third International in 1919, have not been understood by socialist historians brought up on Stalinist dogmas, the brilliant historical work of Antonio Gramsci is seen as representing a discontinuity rather than a continuation of one of the two traditions of classical Marxist historiography.[51]

The intellectuals, poets and novelists were no longer as in 1848 depicted as simply ‚the paid wage-labourers' of the bourgeoisie. From the 1850s until the end of their lives, Marx and Engels attached a great deal of importance to the question of recruiting ‚traditional' intellectuals to the socialist cause. After quoting a comment that Engels made on this point in 1894, Labriola said: ‚There is a scarcity of intellectual forces in our ranks, the more so as the genuine labourers, for obvious reasons, often protest against the speakers and writers of the party. There is, then, no cause for surprise that historical materialism should have made so little headway from its first general enunciation'.[52] Because capitalism functioned behind a ‚veil of hypocrisy and mystification', socialists required to bring enlightenment to the working classes in Europe and America.

In some now famous remarks on working-class consciousness and ‚vanguard' socialism, Kautsky wrote:

Modern socialist consciousness can arise only on the basis of profound scientific knowledge. Indeed, modern economic science is as much a condition for socialist production, as, say, modern technology, and the proletariat can create neither the one or the other no matter how much it may desire to do so; but both arise out of the modern social process. The vehicles of science are not the proletariat, but the bourgeois-intelligentsia: it was *out of the heads* of this stratum that modern socialism originated, and it was they who communicated it to the more intellectual-developed proletarians, who, in their turn introduce it into the proletarian class struggle where conditions allow that to be done.[53]

This was one answer to the question, ‚Where did class consciousness come from?' In contrast to Kautsky, Marx, Engels, Mehring, Labriola and De Leon answered this question in response to specific political events, and not systematically. We can infer from their voluminous, though scattered, writings that they did not accept Kautsky's characterisation of where class consciousness came from.

The dominant tendency of pre-1917 or classical Marxists made it crystal-clear that they regarded the sources of class consciousness among the European and American working classes as many-sided, complex and multitudinous. As Labriola observed, socialist historiography was not really developing very impressively during the period of the Second International. Then the Bolshevik revolution came. Because the Bolsheviks once again exaggerated the polarisation between the bourgeoisie and the proletariat in the West, it was difficult for a socialist historiography of the concrete class struggle to develop. The scarcity of intellectual forces was now compounded by the ideological needs of the Russian revolution.

But between 1850 and 1917 the dominant intellectual tendency of classical Marxism did not conceive of working-class consciousness as something that came only from ‚without'. Because post-1848 ‚traditional' culture often assisted the socialist movement to demystify social relations within capitalist society, working men and women were encouraged to read the classics.[54] No matter how oblique it might be, Dickens, Thackeray, and Mrs. Gaskell were contributing to the class consciousness of the working class by rending the veil behind which capitalist society functioned.

After 1850 most of the classical Marxist thinkers developed an acute awareness of the subtile and complex relationships between civil society and the bourgeois state. Although the word ,vanguard' was not used in socialist literature in the West before 1917, Marxism henceforth conceived of a ,vanguard' role for itself in so far as it existed historically to demystify social relations and exploitation under capitalism. While the major task of socialist parties was to clarify the inherent antagonism between the bourgeoisie and the working class, classical Marxism did not deny the existence of working-class consciousness.

Because the working class did have a consciousness of its own, socialism was already latent within bourgeois society. The process was a dialectical one. In the voluminous writings of Marx and Engels - and of Mehring, Labriola, De Leon and many others - there was a constant awareness of the ever-recurring metamorphosis of working-class consciousness under changing material, cultural and intellectual circumstances. The classical Marxist thinkers did not argue that socialist consciousness could only come to the working class from ,without'.

Even in the conditions where socialist organisation did not exist, socialist intellectuals could play an indispensable role in the struggle by demystifying the real nature of capitalist society. However, they were not the only ones who could - and indeed were - doing so. In quite a different way than Dickens or Mrs. Gaskell, there were other European novelists and poets who were displaying, in Marx's phrase, an ,unconscious socialism'.[55] The concept of unconscious socialism was a crucial one in classical Marxism. This was a variant of the ,non-organic' ideology which Antonio Gramsci saw behind the popular struggles of the past.[56]

There was no contradiction between identifying the latent or sometimes ,unconscious' socialism of working people and simultaneously raising workers' socialist consciousness to a higher level. In the midst of the existing confusion about how classical Marxism conceived of the role of the socialist party in the class struggle before the triumph of Leninist concepts, Georg Rudé makes the following observation.

Even in England, where Marxist theory has had little influence in the labour movement, William Morris reflected in the early 1890s that the working people had ceased to desire real socialism and argued that a socialist party's most vital task was to foster a real socialist consciousness among working people, so that they should „understand themselves the only possible elements of a true society". But, at the time, his was a small voice crying in the wilderness.[57]

Because Rudé implies that what Morris was saying about the role of a socialist party was almost unique during the period of the Second International, we will cite contrary evidence.

In his classic, *The Religion of Capital*, which enjoyed a wide circulation in Europe and America, Paul Lafargue said: ‚With its pestiferous voice, socialism shouts into the ears of the wage-workers: „You are being robbed; rise and free yourself"'.[58] But the ‚vanguard' socialist parties within industrialised countries could not make socialism for the working classes. It had to come from below. As Daniel De Leon told American workers in 1901: ‚The initial revolution must be accomplished in your minds. You must have enslavement; you must have come to an understanding that you are the sole producers of wealth'.[59] Before the advent of the socialist commonwealth, socialism had to establish its intellectual and cultural superiority over capitalism. As Lafargue put it: ‚But to arrive at the realisation of its strength the proletariat must trample under foot the prejudices of Christian ethics, economic ethics and free-thought ethics'.[60] It had to develop a socialist consciousness of its historic mission to overthrow capitalism.

Mehring, Labriola and De Leon were aware of and sensitive to the cultural differences in the various nations of Europe and America and their impingement on class consciousness. The cultural sediments of the past explained why the class struggle was less fierce in Germany than in Britain in the 1850s and 1860s. Before modern socialism emerged in Germany in the late nineteenth century, Marx wrote: ‚Here where the workers are under the thumb of bureaucracy from childhood on and believe in authority, in the constituted authorities, it is a foremost task to teach them to walk by themselves'.[61]

It therefore followed that classical Marxism was allocating a ‚vanguard' role to itself. Classical Marxism in its dominant intellectual tendency did not, however, subscribe to the concept of the ‚vanguard' socialist party in the same sense as Kautsky or Lenin. Before socialism could be triumphant, the working classes in the industrial countries had to transform themselves - and particularly their consciousness - in a protracted conflict with bourgeois society. When we evaluate the comments of particular socialist thinkers on the ‚vanguard' role of socialist parties, we need to (a) identify the specific Marxist tradition to which they belonged and (b) specify the concrete circumstances in which the comments were made.[62]

In Germany in the 1850s and 1860s socialist organisation was weak and unrepresentative of the working class. In such unfavourable circumstances, ‚vanguard' socialists could play only an educational role. Circumstances were qualitatively different in late nineteenth-century America, where a militant socialist movement was beginning to develop and display immense potentiality. Consequently, De Leon was able to conceive of a more audacious role for the socialist ‚vanguard'.[63] Nevertheless, De Leon and the dominant intellectual tendency of classical Marxism explicitly repudiated the notion that socialism could be imposed on a hostile working class. As De Leon put it: ‚The proletarian army cannot consist of a dumb driven herd'.[64] On the other hand, H. M. Hyndman, Morris Hillquit and Ernest Belford Bax could not conceive of socialism developing out of the conscious activity of the majority of working men and women.[65] Socialism did not, in Bax's idiom, ‚signify everything by the people, but everything for the people'.[66] In repudiating the concept of socialism-from-below, Bax asserted that ‚The majority, therefore, under a capitalist system will necessarily for the most part vote for the maintenance of that system under one guise or another, not because they love it, but out of sheer ignorance and stupidity. It is by the active minority from out of the stagnant inert mass that the revolution will be accomplished'.[67] Morris Hillquit, the chief Marxist thinker in the Socialist Party of America, also denied that the American workers could attain sufficient class consciousness to make the socialist revolution without it being imposed on them.[68] Consequently, they did not attach nearly so much importance to the socialist critique of capitalism as Marx, Engels, Mehring, Labriola and De Leon did.

With the benefit of hindsight, we can now see that there were two Marxist traditions within classical Marxism before 1917. The tradition represented by Kautsky, Hyndman and Hillquit always regarded working men and women as ‚dull', ‚apathetic', and ‚docile'.[69] In contrast to this elitist, authoritarian tradition, the libertarian Marxist tradition represented by Marx, Engels, Mehring, Labriola, Lafargue and De Leon always saw the potential creativity of working people in a world dominated by the ‚dull', cowardly, money-grubbing bourgeoisie. But in making this basic analytic distinction, we are only speaking about these two intellectual tendencies and political attitudes within socialism down to 1917 rather than attempting to assess the numerical support they enjoyed within the international labour movement. What we have been, and are, concerned with is the relationship between the two Marxist traditions and class struggle.

While Kautsky and Hyndman made a distinctive contribution to the corpus of Marxist literature, they did not contribute anything to the historiography of the modern working class except in terms of a very narrow conceptualisation of what class consciousness and class struggle consisted of. The weakness was rooted in their elitist ‚bourgeois' political attitudes towards the ‚lower orders'. Because of their denial of the potential creativity and latent socialism of the *majority* of working people, they could not develop any useful insights into the relationship between class consciousness, socialist critique and the class struggle. There was a symbiotic relationship between socialism-from-above and Kautsky's conceptualisation of the history of the modern working classes. The task of developing a useful analysis of the relationship between consciousness, critique and class struggle was left to those, like Marx, Engels, Mehring,

Labriola and De Leon, who believed in socialism-from-below.

From the perspective of the socialism-from-below tradition of classical Marxism, capitalist society exploited working men and women behind a veil of mystification and silence. Because Stalinist and bourgeois historiography has cast certain socialist organisations - for example, the ‚sectarian' De Leonist Socialist Labour Party in Britain and America - and certain intellectual traditions into outer darkness, Georg Rudé can assert that the voice of William Morris was a voice crying in the wilderness when he allocated socialists the task of raising consciousness within the working classes of different countries to a very high level. Rather than being a solitary voice in the socialist movement, he was a member of the chorus of the socialism-from-below tendency of the Second International.

If Morris was a part of an international socialist chorus, the audience was sometimes small. The scarcity of intellectuals in the socialist movement was another serious weakness. Moreover, the classical Marxist tendency of socialism-from-below always emphasised the role of civil society in attempting to discourage the development of a general enlightenment of the nature of capitalist exploitation, robbery and alienation. Though he distinguished between the natural and the social sciences, De Leon wrote: ‚It is otherwise with regard to the social sciences. Some indirectly, most of them directly, bear upon the class struggle. Indeed, it would go hard to pick out one branch of the social sciences that is not begotten of the palpitations of the class struggle. Where the class struggle palpitates, material interests are at stake. It is an established principle that the material interests of a ruling class, in part, promote immorality'.[70] And in his essay on *Historical Materialism* in which he denounced German historians for ignoring Kautsky's ‚excellent writings' on Thomas More and the Reformation, Mehring made a similar comment: ‚That is why Kautsky's writings have been surrounded by a veil of silence. For this is what the „moral standards" of the bourgeois historical science of today demand.'[71]

Socialist theory was, therefore, central to militant socialism before 1917. In a letter that he sent to the distinguished American writer, Lincoln Steffens, in 1908, Eugene V. Debs attempted to keep communication open with the progressive liberal intelligentsia when he said: ‚Socialists are critical by nature and perhaps unnecessarily but you will think better of them when you know them better'.[72] Though he was not a Marxist, Debs always worked to spread socialist enlightenment.[73]

IV

The socialist ‚vanguard' existed to transform spontaneous working-class consciousness into an unshakeable commitment to create socialism on a world scale. It was always crystal-clear that spontaneous strikes and class struggles would not by themselves produce a socialist theory or movement to overthrow capitalism. But most socialist historians have been much more critical of the workers ‚apathy' and ‚docility' than of the faults of the socialist intelligentsia. Therefore socialist historiography has not made many major conceptual advances over bourgeois historiography since 1917; and important questions about the workers' actual class consciousness and the complex historical relationships between socialist ‚vanguards' and labour movements have been very neglected.

Even without functioning in a conspiratorial way, the civil institutions of capitalist society have always attempted to produce ‚a shrinkage of social memory'.[74] In denying the ‚lower orders' access to the history of working-class struggles, capitalism has sought to create an image of the perennial ‚apathy' and ‚docility' of the ‚lower orders'. But in many diverse capitalist societies, the workers' resistance to capitalism has always existed in the shape of working-class culture. In a critical analysis of the culture of the ‚lower orders' in America, Herbert G. Gutman[75] has documented the role of the cultural sediments of the past in the formation of the class consciousness of the American workers during the process of industrialisation.[76]

As an index to judge the concrete existence of the class consciousness of the American working class before 1917, James A. Stevenson has relied on what the public was reading. As he puts it: ‚Moreover, in spite of the socalled progressive character of this era, it was still a period when much of the reading public was virtually transfixed on romantic, historical, religious, and semi-religious novels. Indeed, in the entire period between 1895 and 1914 only one outstanding novel of social protest made the reading public's bestseller's list, Upton Sinclair's *The Jungle*. On the other hand, a „spate of anti-labour novels" appeared after 1901. These were supplemented by the fledgling motion picture industry's attempt to portray „labour unrest" as the work of foreign agitators"'. The result was that American working-class consciousness ‚atrophied in a climate of ideas inimical to socialism'.[77]

However, if we remember that class is a relationship and not a ‚thing', we will realise that class consciousness in a capitalist society constantly undergoes a process of metamorphosis. It develops dialectically with inevitable leaps and troughs rather than simply wasting away. In pitting himself against Stalinist conceptions of the role of class consciousness in history, James T. Farrell made some pertinent comments.[78]

Even when workers, whether they were black workers in the plantations of America or white wage-slaves in the factories of Europe, were apparently accommodating themselves to capitalism, they were also resisting it. As Genovese puts it: ‚Accommodation itself breathed a critical spirit and disguised subversive actions and often embraced its opposite - resistance‘.[79]

Moreover, in his essay on ‚The „new unionism“ and the transformation of workers' consciousness in America, 1909-22‘, David Montgomery has produced an abundance of evidence to show that millions of American workers did not allow their consciousness to atrophy. In the strikes of the unskilled, the semi-skilled and the skilled, the ‚customary image of the Industrial Workers of the World are representing conduct and aspirations far removed from the „main-stream“ of American labour development‘ was actually misleading. In mines, factories, shipyards and railways, the consciousness of five million workers who joined trade unions in a single decade was transformed.[80] We have no wish to ignore the millions of American workers who remained outside the labour movement. They were important. But what we have attempted to establish is the complexity of the relationships between class consciousness, the concrete class struggle and the socialist critique of capitalism.

In the history of socialism before 1917, the relationships between the socialist intelligentsia and labour movements were rich, varied and contradictory. The socialism-from-below tendency of classical marxism was both interested in and sensitive towards the ‚ecumenical‘ and multi-cultural sources of class consciousness without which there could be no class struggle. Because the socialism-from-above tendency of classical Marxism was utterly contemptuous of the ‚ignorant‘, ‚apathetic‘ and ‚docile‘ working classes, it was indifferent to the multifarious signs of class consciousness. Therefore, it was not surprising that the making of the early socialist historiography - and the material surviving in the major socialist archives - was produced by those who subscribed to socialism-from-below.

In his study of the relationship between De Leon's Socialist Labour Party and European socialism, James A. Stevenson has argued that ‚Long before the Bolshevik party was formed, De Leon's work, *Reform or Revolution,* devined the nature of the revolutionary party and served with his other writings as the inspiration for the „impossibilist“ revolt against the amorphous British Social Democratic Federation‘.[81] But the quarrel within the Social Democratic Federation and between De Leon and Hyndman was not just about ‚revisionism‘ in the Second International and concessions to bourgeois ‚respectability‘; it was also about the ‚unconscious‘ or ‚untutored‘ socialism of the Anglo-American working class. Because he refused to see this untutored socialism, Hyndman wrote: ‚But a slave class cannot be freed by the slaves themselves. The leadership, the initiative, the teaching, the organisation, must come from those who are born into a different position, and are trained to use their faculties in early life‘.[82]

This approach was anathema to those who believed in socialism-from-below. In 1898 De Leon told textile strikers at New Bedford, Massachusetts, that ‚I bank my hopes wholly and build entirely upon this sentiment of rebellion within you'.[83] Class consciousness was, therefore, a vital and indispensable ingredient in the struggle for socialism. To the socialism-from-above tendency, it was an irrelevance. But if there were two inherently antagonistic conceptions of the role of the ‚vanguard' party within the Second International, it is inaccurate to suggest any continuity in the positions of De Leon and Lenin on this question.

There were inherent relationships, too, in the way these two socialist tendencies viewed the question of the *entrepreneurial activities* of socialists in labour movements. From the perspective of those who subscribed to socialism-from-below, they were immoral and inimical to the socialist struggle. Because the dominant historiography of the Left has been caught up in the toils of economic determinism, it is heresy to suggest that pre-1917 capitalism might have been severely shaken up *if* sections of the socialist intelligentsia had been more principled and less contemptuous of the real working classes. Entrepreneurial socialism certainly existed in America, France, England and Germany. By underplaying the need for a systematic socialist critique of the established social order and stressing the ‚inevitable' *evolution* of socialism, it clearly weakened the world forces of militant socialism.

The critique of capitalism developed by the entrepreneurs was frequently confused, confusing and opportunist. In conditions where many publishing houses and socialist newspapers in Europe and America were privately owned, the militants fought to bring them under the control and ownership of socialist organisations. In France this was an issue which generated great bitterness, particularly since A. Millerand was making considerable profit out of his privately owned ‚socialist' newspapers.[84] As Fred Warren was earning an annual salary of $ 25.000 for editing the *Appeal to Reason,* he did not want to upset the *status quo*.[85] The privileged elites in the labour movement did not conceal their hostility for the militant socialists.

The social tensions within American socialism were especially sharp; and the weaknesses of the socialist critique of the established social order were accentuated. In a private report to the national committee of the Socialist Party of America, the press committee said:

‚Confusion of socialist principles, lack of organisation, distrust of party officials, exaggeration of democratic forms (often with personal domination and hero worship) are characteristic of American socialism and contribute to the power of a privately owned press that helps to produce it. Skill in securing circulation rather than knowledge of socialist principles has been the test of success in socialist journalism. Papers have succeeded in almost inverse ratio to the extent to which they have taught socialism. Noise is substituted for logic and a sensational extremism, often really reactionary in character, poses as ultra revolutionary propaganda.‘ [86]

Debs also made the same criticisms in private letters.[87] And in a letter to Debs, Mother Jones complained that the same self-interest of the entrepreneurs in the socialist movement was responsible for elitist attitudes towards the proletariat.[88]

It was the same elitism of the socialism-from-above tendency which prompted Warren to produce an ‚Open Letter to Henry Dubb‘ in which the American workers were ridiculed for their, ignorance‘, ‚stupidity‘ and ‚apathy‘.[89] Because the Socialist Party of America was allegedly ‚dominated by the hobo, the tramp and the slum element‘, the entrepreneurial elitists intended to keep aloof from the struggles in the factories, mines and shipyards.[90]

Whether they were Marxists or not, the socialism-from-below comrades were much more sensitive to the nuances of working-class cultures and class-consciousness. To understand what did not happen historically in the development of socialism as well as what did, we need to chronicle the social tensions within socialist movements. But bitter hostility within socialist movements was not just restricted to labour movements. It also influenced the relationships between labour movements and rank-and-file workers who became involved in struggles with their employers. In the famous strike of the women garment workers in New York in 1909, some socialist newspapers made a great fuss about the financial sacrifices of the wealthy leaders of the Women's Trade Union League. But in the pages of her diary, Theresa Malkiel, a rank-and-file worker, saw the struggle from a different perspective: ‚The most of our girls had to walk both ways to save their car fares. Many people came without dinner, but the collection baskets had more pennies than anything else in then - it was our girls who helped to make it up, and yet there were so many rich women present. And I'm sure the speakers made it plain to them how badly the money was needed, then how comes it that out of the $ 300 collected there should be $ 70 in pennies?‘.[91] This quite obviously had a dampening effect on the class struggle.

In contrast to the elitist entrepreneurs, the democrats in the socialist ranks were more in touch with the sensibilities of working-class culture and consciousness. Economic reductionism was eschewed; and the cultural factors shaping the distinctive national history of the working classes were recognized and appreciated.[92]

But there was other solid evidence of the impingement of the cultural sediments of the past on working-class consciousness.

Although it is not our main concern here, there is evidence that the cultural sediments of the past influenced the sexual behaviour of the working classes. In his interesting essay on ‚Aspects of Sexual Behaviour in Nineteenth Century Scotland‘, T. C. Smout notes that ‚Patrick Macgill in his remarkable autobiographical novels of life among Irish harvest workers in Scotland described how experienced men would go with Scottish prostitutes but condemn with horror a young girl of their own band who had been seduced by a farmer's son‘. But the ‚carry over‘ cultural influence of what Smout describes as ‚an exceptional respect for premarital chastity‘ did not just survive in Scotland.[93] It was evident, too, in America in 1916. As two American writers put it: ‚The chastity of Irish girls is due, it appears, not to any cause that can be discovered except to the whispers handed down in bed-time confidence generation after generation, admonitions which take a deeper hold upon the maiden's character than any extraneous influence‘.[94] Even in the 1930s the American working-class youths in James T. Farrell's socialist trilogy *Studs Lonigan* continued to believe that ‚catholic girls do not fall as easily as others‘. But Catholicism was now ‚a bore‘ and ‚the confessional has no terrors‘.[95]

But we should remember that, while most socialist historians and activists have focused on the conservative role of tradition in workers' consciousness, tradition has sometimes played a progressive role, too.[96] Certainly, James T. Farrell believed that where ‚tradition can still contribute to the enrichment of contemporary life‘, it ought to be ‚extracted and assimilated‘. And Gramsci argued that the ‚non-organic‘ ideology of the past in the shape of folklore and folk songs was a well-spring of workers' resistance to capitalism. Distinctive cultural traditions sometimes influenced the politics of the class struggle.[97]

The ‚unconscious‘ socialism of working men and women existed everywhere, though it was stronger in some countries than in others. Although he probably did not become a socialist before he joined the editorial board of the *New Review* in 1913, W. E. B. De Bois, the distinguished black historian, was already aware of the black workers' pent-up social bitterness a decade earlier when he wrote: ‚Some day the Awakening will come, when the pent-up vigour of ten million souls shall sweep irresistibly toward the Goal, out of the Valley of the Shadow of Death, where all that makes life worth living - Liberty, Justice, and Right - is marked for „White People Only“‘.[98] In Jack London's vivid portrait of American society the growth of wealth at one pole and of misery and destitution at the other pole was responsible for ‚the accumulation of social bitterness and hatred‘.[99] Consciousness was again at the centre of the dynamic of history.

The activists in the socialism-from-below tendency were aware of the cultural and racial elements in the making of consciousness and workers' militancy. An interesting observation was made by a Canadian socialist in a letter that he sent to Henry Kuhn, the national secretary of the American Socialist Labour Party, in 1900. ‚In Ontario, where there are more proletarians, and most of them Canadians, our work is easier; but B. C. has more Britishers, and they dearly love a Lord, and believe thoroughly in the Divine rights of Queens.‘[100]

In France the militancy of the coal miners owed something to the country's revolutionary traditions; and the Parti Ouvrier Français under the leadership of Jules Guesde was working with the Blanquists and the Communist Alliance. Moreover, the Belgians' national characteristic of ‚stubbornness‘ was reinforcing the socialist sentiments of the left-wing elements.[101]

No-one appreciated the socialist potential of the so-called ‚backward‘ races better than Daniel De Leon. Not only did he describe such distinctions as ‚„inferior“ and „superior“ among the proletariat‘ as ‚iniquitous and insulting‘. He also questioned the prevailing Marxist orthodoxy that socialism would occur initially in ‚the most capitalistically developed nations‘.[102] Because he admired the class-pride and accomplishments of James Connolly, the Irish socialist, he could conceive of socialism developing in oppressed nations. This was how he summed up the prospects of socialism under the impact of the Russian revolution of 1905: ‚At any rate a start has been given. The „white man's burden“ was suddenly assumed by the yellow man of Nippon. „Backward“ Japan in the Far East gave a kick westward; that set Russia agoing. Is Russia, in turn, to transmit the kick further West, and each successive nation to pass it on further and further West, successively rising to their feet stamping out their *special varieties* of Czarism?‘[103]

But we should not ignore the dual and sometimes divisive role of national sentiment in labour movements. If it could be used in the struggle against the established social order, it could also deepen the existing tensions in the labour movement. Although Connolly was always determined to unleash the Irish workers' pent-up national and social bitterness, this approach was sometimes counter-productive. Tom Bell, one of the first leaders of the British Communist Party, subsequently described a dispute he had with Connolly on this very issue around 1903.

‚I remember challenging him one day, after a meeting at Falkirk Cross when the question was hotly debated by some Orangemen who were in the crowd, and asking him how he could reconcile being a Catholic and an exponent of the materialist conception of history. His reply was that in Dublin the children who go to Catholic schools inevitably turn out rebels but if they are brought up in the Presbyterian Church they turn out to be howling jingoes. To me this was not a convincing argument, but it was left at that.‘[104]

Because the written chronicle of the class struggle has been relatively undeveloped, the dominant historiography of the Left ist inevitably very pessimistic about the past and the obviously uncertain future of socialism. In their pessimistic accounts of labour history, many socialist historians have often unwittingly deepened the already widespread cynicism engendered by the civil institutions of bourgeois society.[105] But it is vitally important to take account of Peter Dreier's argument that socialist historiography will only deepen the existing pessimism and cynicism unless it offers an ‚analysis of the possibilities for transforming the present situation into something better'.[106]

V

In the dominant historiography of the left since 1917, important nuances in the relationship between class consciousness, the class struggle and the socialist critique have been brushed aside. Although these tendencies were present in socialist historiography in the nineteenth century, they were developed and turned into an allegedly ‚scientific' orthodoxy by Leninism and Stalinism. (We are not unaware of the crucial differences between Leninism and Stalinism. But we do think that Leninism has exercised a pernicious intellectual influence on socialist historiography in the West.) By 1920 the Third International was already attempting to convince socialists everywhere that the militancy of the ‚masses' was being held back only by the ‚labour aristocracy'.[107] However, some inevitable weaknesses existed in socialist historiography long before 1917. Because we are not attempting to eulogise or mythologise workers' militancy or the history of socialism, we can at least glance at some of these weaknesses.

The classical Marxist thinkers did not - and perhaps could not -cope very well with the question of race consciousness. In the discussions which took place in the international labour movement after 1917, race consciousness was usually seen as a sign of African ‚backwardness'.[108] This was one reason for the belated development of the historiography of the Afro-American and African working classes. It was also reinforced by the innate racism and elitism of some schools of bourgeois historiography. In any future attempts to look at the history of the proletariat internationally, we will need to chronicle the Afro-American and the African dimensions of the class struggle.

Classical Marxist historiography did not confront the questions of the consciousness of the African or the Afro-American ‚masses'. In the light of the recent historiography of the African working class, it is now clear that in Kenya, for example, ‚such solidarity as was achieved was based on both a racial and a class consciousness'.[109] In America as late as 1919 white Marxian socialists who were working with Du Bois insisted upon reducing the problem of racial prejudice to economic competition between whites and blacks.[110] Consequently, everything had to be done *for* the Afro-American and African workers and peasants. As Tom Ashcroft explained in a review of E. D. Morel's book, *The Black Man's Burden:* ‚The only possible power to do that lies in the labour movement, which, in proportion as it attains self-consciousness, will become increasingly capable of appreciating the African problem, and also of formulating a policy which will at once secure their mutual benefit and forward their final emancipation, sparing the natives the further bitter experience of capitalist control'.[111]

Classical socialist historiography was, for example, silent on the question of the popular struggles of the African and the Afro-American workers and peasants. Although W. E. B. Du Bois's contemporaneous black historiography chronicled the role of Toussaint L'Ouverture in strengthening the antislavery movement in England and in sharpening the debate for and against slavery in America, European and American socialists persisted in developing their theoretical *images* of ineradicable African ‚backwardness'. As Du Bois also linked ‚the emancipation of the American slaves in 1865 to the Paris Commune of 1871',[112] it is somewhat surprising that Genovese should insist that the Afro-American and other slave revolts after 1789 occurred within a context of ‚bourgeois-democratic slogans and demands and with a commitment to bourgeois property relations'.

We have no means of knowing whether Eugene D. Genovese has been influenced by Kautsky's conceptualisation of the popular struggles of national minorities and plebeian workers. But Genovese's comments on these struggles are not only too formal and formalistic; they also concentrate too exclusively on the ‚surface' events of the great French revolution. In a letter written in 1853 accepting the criticism of the French bourgeois historian, M. Thierry, that he and Engels were ‚guilty' of locating the antagonism between the bourgeoisie and the proletariat in ‚the history of the third estate before 1789', Marx said that the ‚roots' of such antagonism came into ‚existence as soon as the third estate appeared'.[113] Later on, Engels criticised Karl Kautsky's article on ‚Class Antagonism in the Year 1789: A Contribution to the Centenary of the Great Revolution' for focusing on the mode of production. As he put it: ‚I would say much less about the new mode of production. An enormous gulf always separates it from the facts you speak of, and presented in this direct form it appears as a pure abstraction and does not make the thing clearer but rather more obscure'.

Moreover, from the perspective developed by Engels, the consciousness of the French plebeians was decisive. With an exceptionally fine sensitivity for the irony of history, he deepened his critique of Kautsky's conceptualisation.[114]

It is clear that at the very beginning of the French revolution plebeian popular struggles and slave revolts were inherently antagonistic to ‚bourgeois-property relations‘. And it is also interesting that Engels criticised Kautsky for depending on the ‚evidence‘ conceptualised by bourgeois historians.

As C. L. R. James observed in his book, *A History of Negro Revolt,* Toussaint L'Ouverture's revolt was the only successful negro revolt in history. This revolt would certainly have been, as Genovese puts it, ‚unthinkable without the French revolution‘. But in locating and making specific the important role of consciousness in the struggles of the ‚lower orders‘ in the struggle for black freedom from slavery, we should consider the qualification made by James. ‚The American blacks were far more indebted to the political conflicts between North and South America for their freedom than the San Domingo blacks had been to the French revolution.‘[115]

Clearly, consciousness did not always come from ‚without‘.

The classical Marxists who belonged to the tradition of socialism-from-below did not regard class consciousness as something which was static, fixed and unchangeable. It was, in fact, recognized as a very mercurial phenomenon. Because class consciousness was mercurial, it could not be regarded as a static sociological category. Although there were clearly different levels of class consciousness in a given society or societies, the ‚explosion‘ of strikes, riots or workers' struggles could not be predicted in advance.

This did not mean that socialists could neglect the task of attempting to assess the level of consciousness at a particular moment. In a letter describing the antagonism between Irish and English workers within mid-Victorian Britain, Marx said: ‚This antagonism is artificially kept alive by the press, the pulpit, the comic papers, in short by all the means at the disposal of the ruling classes. This antagonism is the secret by which the capitalist class maintains its power. And that class is fully aware of it‘.[116] But even in the most unpropitious circumstances for working-class struggle, militancy was always latent. In a letter written to Engels at approximately the same time, Marx said: ‚How soon the English workers will free themselves from their apparent bourgeois infection one must wait and see. For the rest, as far as the main points in your book (*Outlines of a Critique of Political Economy,* 1844) are concerned, they have been confirmed down to the smallest detail by developments since 1844. You see, I have myself compared the book again with my notes on the later period. Only the small German petty-bourgeoisie, who measure world history by the yard and the latest „interesting news in the papers" would imagine that in developments of such magnitude twenty years are more than a day - though later on days may come again in which twenty years are embodied‘.[117]

Without underestimating the role of the socialist parties and organisations in spreading enlightenment about the real nature of exploitation and mystification in capitalist societies, Engels did not believe that socialist consciousness could come to working people only from ‚without'. In a direct reference to the British working class in the late nineteenth century, Engels wrote. ‚Now, without noticing it themselves, they are approaching the theoretically right track; they drift into it, and the movement is so strong that I believe it will survive the inevitable blunders and their consequences.'[118]

And in America, too, the class struggle was raging in conditions where the ‚vanguard' socialist party was exceptionally weak in a theoretical and organisational sense.[119]

But the ‚explosion' of class struggle culminating in socialist governments depended on the diffusion of socialist enlightenment. In a letter explaining the enormous sacrifices he had made to complete *Das Kapital* - ‚the biggest missile ever fired at the head of the bourgeoisie' - Marx said: ‚I laugh at the so-called „practical" men and their wisdom. If one chose to be an ox, one could of course turn one's back on the sufferings of mankind and look after one's own skin. But I should have regarded myself as impractical if I had pegged out without completely finishing my book, at least in manuscript'.[120] Although Engels recognized that working men and women did not read novels, he nevertheless encouraged the development of the socialist novel.

As he explained to Minna Kautsky: ‚To this must be added that under our conditions novels are mostly addressed to readers from bourgeois circles, i. e., circles which are not directly ours. Thus the socialist problem novel in my opinion fully carries out its mission if by a faithful portrayal of the relations it dispels the dominant conventional illusions concerning these relations, shakes the optimism of the bourgeois world, and inevitably instils doubt as to the eternal validity of that which exists'.[121]

Whether we cast a glance at Europe or America before 1917, the working-class milieu was too harsh to allow most working men and women the opportunity to read novels or poetry. By encouraging working people to make imaginative literature of their own, the classical Marxists sought to spread and diffuse socialist enlightenment within civil society. Rather than simply attempting to polarise and deepen the existing struggles between the bourgeoisie and the proletariat, they also sought to challenge the institutions of bourgeois civil society - the schools, the universities, the newspapers, the churches, etc. - by forcing them to confront and engage in an argumentative dialogue with militant socialism.

Although Marx, Engels, Mehring, Labriola and De Leon were occasionally too optimistic about the development of mass support for socialist agitations, they did not assume that socialist consciousness could come only through the agency of the ‚superior' consciousness of a ‚higher' social group. In propitious circumstances where the critique of the ‚vanguard' socialist organisations *merged* with the militancy of the proletariat, the institutions of bourgeois civil society could be made to work for the advancement of the socialist cause.[122]

NOTES

1 ‚Nonetheless, notwithstanding numerous studies of its various aspects, a real history of the class struggle remains one of the least developed of Marxist, let alone other, social and economic historiography'. André Gunder Frank, *World Accumulation* (London, 1980), R.-
2 Karl Kautsky, *The Class Struggle* (New York, 1971), p. 172.
3 Ibid., pp. 192-207.
4 Franz Mehring, *Absolutism and Revolution in Germany, 1525-1848* (London, 1975), pp. 161-163.
5 Jürgen Kuczynski, *The Rise of the Working Class* (London, 1967), pp.207-208.
6 Peter Gay, *The Enlightenment. An Interpretation* (London, 1970), Vol. 2, p. 517.
7 A. James Gregor, *A Survey of Marxism* (New York, 1965), p. 145 and p. 148.
8 Robert Palmer, *The Age of the Democratic Revolution* (Princeton, 1959). Vol. 1, p. 82.
9 Mehring, op. cit., p. 163.
10 C. L. R. James, *Notes on Dialectics* (London, 1980), p. 193.
11 Grace C. Lee, Pierre Chaulieu and J. R. Johnson (C. L. R. James), *Facing Reality* (Detroit, 1958), p. 138.
12 Antonio Labriola, *Essays on the Materialistic Conception of History* (Chicago, 1908), pp. 152-153.
13 Ibid., p. 212 and pp. 153-154.
14 Ibid., p. 113.
15 E. P. Thompson, *The Making of the English Working Class* (New York, 1966), pp. 9-10.
16 Perry Anderson, *Arguments within English Marxism* (London, 1980), p. 40.
17 Publicola (John Adams), *Observations on Paine's Rights of Man* (Edinburgh, 1972), p. 47 and pp. 26-27.
Lord Dundonald to the Lord Advocate, 1792, RH 2/4/67. Scottish Records Office, Edinburgh.
18 Justus Ebert, *Trade Unionism in the United States, 1772-1905* (New York, 1905), pp. 1-3.
19 Gwyn A. Williams, *Artisans and Sans-Culottes* (London, 1968), p. 114.
20 Georg Rudé, *Ideology and Popular Protest* (New York, 1980), p. 22.
21 Ibid., p. 157.
22 ‚But I am also arguing that the process may be reversed or, at least take another turn: the „Bolshevik fleet" also had its „Kronstadt"'. Ibid., p. 38.
23 Antonio Labriola, *Socialism and Philosophy* (Chicago, 1906), p. 43.
24 As David Montgomery observes: ‚In this period (the two decades after the Second World War) social scientists began to lump strikes, manifestos, unions, revolutionary parties, anarcho-syndicalist leagues and other distinctly working class activity under the condescending rubric „protest"'. David Montgomery, *Workers' Control in America* (Cambridge, 1979), p. 5.
25 Eugene D. Genovese, *From Rebellion to Revolution* (New York, 1981), p. XX-XXII.
26 Richard Sennett and Jonathan Cobb, *The Hidden Injuries of Class* (New York, 1973), pp. 7-8.
27 Labriola, *Socialism and Philosophy*, p. 151.

[28] Palmer, Vol. 2, op. cit., p. 472.
[29] George Lichtheim, *A Short History of Socialism* (London, 1970), p. 14.
[30] Ebert, op. cit., p. 5.
[31] Gwyn A. Williams, *The Merthyr Rising* (London, 1978), passim.
[32] Lichtheim, op. cit., p. 206.
[33] E. P. Thompson, ‚Patrician Society, Plebeian Culture', *Bulletin of the Society for the Study of Labour History,* No. 27, 1973, p. 27.
[34] Gwyn A. Williams, ‚The Infidel Working Class, 1790-1830', *Bulletin of the Society for the Study of Labour History,* No. 29, 1974, p. 8.
[35] Kuczynski, op. cit., p. 125.
[36] Ibid., pp. 120-121.
[37] Walter Rodney, *A History of the Guyanese Working People, 1881-1905* (London, 1981), p. 151; John Foster, ‚Scotland's Three Unlikely Stories', *Morning Star,* 13 April 1969, a review of T. C. Smout's book, *A History of the Scottish People, 1560-1830.*
[38] *Glasgow Journal,* 24 March 1768.
[39] Ray Strachey, *The Cause. A Short History of the Women's Movement in Great Britain* (London, 1928), p. 31.
[40] Hamish Hendersen, ‚Some Thoughts on Highland History', *Cencrastus,* No. 3, 1980, pp. 13-18.
[41] James T. Farrell, *A Note on Literary Criticism* (New York, 1936), p. 62.
[42] Labriola, *Essays,* p. 69.
[43] Franz Mehring, *Historical Materialism* (London, 1975), p. 37.
[44] George Lichtheim, *The Origins of Socialism* (London, 1969), p. 37.
[45] Quoted in Tony Cliff, ‚The Economic Roots of Reformism', *The New International,* No. 1, 1958, p. 21.
[46] ‚Why should the best, soberest and ablest workers be the ones most likely to form trade unions? But unions were in fact composed of and certainly led by such men, though the bourgeois mythology saw them as mobs of the stupid and misled, instigated by agitators who could not otherwise have earned a comfortable living'. E. J. Hobsbawm, *The Age of Capital* (London, 1977), p. 260.
[47] Tom Nairn, *The Left Against Europe* (Penguin, 1973), and Tom Nairn, *The Break-Up of Britain* (London, 1977).
[48] Royden Harrison, *Before the Socialists* (London, 1965), p. 207.
[49] ‚Even the latest scourgings of their opponents have not served to rouse the proletariat of England ... The English labourers of today stand lower as a political factor than the labourers of the most economically backward country in Europe - Russia'. Karl Kautsky, *The Social Revolution* (Chicago, 1902), p. 100.
[50] Labriola, *Essay,* p. 53.
[51] See George Rudé's comment: ‚But to Gramsci ideology becomes more „liberated" still, as it ceases to be the exclusive preserve of what he terms the „fundamental classes" in industrial society; there is room in his system, too, for those less structured forms of thought that circulate among the common people, often contradictory and confused and compounded by folklore, myth and day-to-day popular experience; these count among what he calls „non-organic" ideology. This already opens the door to the study of alternative „middle" or „lower-class" modes of thought which Marxism at least in relation to modern society, has tended to ignore'. Rudé, op. cit., p. 23.
[52] Labriola, *Socialism and Philosophy,* p. 13.
[53] Quoted in Max Shachtman, *The Bureaucratic Revolution* (New York, 1962), p. 212.
[54] ‚A self-avowed orthodox paper like the SLP's *Daily People* offered the works of Tom Paine and Darwin, naturally enough heroes of „Scientific Socialists", but also Aristotle, Balzac, the

Brontes, Goethe, Plato, Burns, Emerson and Matthew Arnold among others'. Paul Buhle, ,Marxism in the United States', Ph. D. thesis, Madison, Wisconsin, U. S. A., 1977, p. 14. See also Karl Marx, ,The English Bourgeoisie', *New York Daily Tribune*, 1 August 1854.

55 S. S. Prawer, *Karl Marx and World Literature* (Oxford 1976), p. 387 f.

56 As to Marx's criticism of Darwin's concept of the survival of the fittest see David McLellan, *Karl Marx. His Life and Thought* (London, 1973). When Eleanor and Edward Marx Aveling toured American working men's clubs, institutions and trade unions in 1886 they found unconscious socialism everywhere; see Edward and Eleanor Marx Aveling, *The Working-Class Movement in America* (London, 1891), p. 22. Concerning Engels' comments on unconscious socialism see Frederick Engels, *The Condition of the Working-Class in England in 1844 (London, 1892), pp. XVIII—XIX. Cf. Rudé, op. cit., p. 163.*

57 Rudé, op. cit., pp. 19-20.

58 Paul Lafargue, *The Religion of Capital* (New York, 1919), p. 3.

59 Daniel De Leon, *Socialism versus Anarchism* (New York, 1970), p. 34.

60 Paul Lafargue, *The Right to be Lazy* (Chicago, 1975), p. 48.

61 A. Lozovsky, *Marx and the Trade Unions* (New York, 1935), p. 42.
Engels quoted in Bertell Ollman, *Social and Sexual Revolution* (London, 1979), p. 31.

62 James D. Young, ,Elitism, Authoritarianism and Western Socialism', *Bulletin of the Society for the Study of Labour History,* No. 25, 1972, pp. 68-71.

63 Daniel De Leon, *Reform or Revolution* (New York, 1898), p. 22.

64 Daniel De Leon, *Two Pages from Roman History* (New York, 1969), p. 100.

65 ,Only an active minority, therefore, will effect the revolution. The socialist must ignore the opinion of the majority, which is the opinion of the capitalists and the masses they mislead, and must override it by any and every means open to him'. Robert Arch (Archibald Robertson), *Ernest Belford Bax: Thinker and Pioneer* (London, 1927), p. 19.

66 Ernest Belford Bax, *Essays in Socialism Old and New* (London, 1906), p. 174.

67 Ernest Belford Bax, *The Religion of Socialism* (London, 1901), p. 119.

68 ,Their existence as a class was of too recent date to have developed class feelings in them; they had yet before them the example of too many men who before their very eyes rose from the ranks of labour to the highest pinnacle of wealth and power; they were still inclined to consider wage labour as a mere transitory condition'. Norma Fain Pratt, *Morris Hillquit* (Westport, Connecticut, 1979), p. 52.

69 Morris Hillquit described the American workers as ,dull, apathetic and unintelligent'. Ibid., p. 20.

70 Daniel De Leon, ,Open Letter to Professor Chase', *Daily People,* 22 June 1913.

71 Mehring, *Historical Materialism,* p. 32.

72 Eugene V. Debs to Lincoln Steffens, 27 August 1908, Dens Collection, Indiana State University, Terre Haute, U. S. A.

73 Eugene V. Debs in a letter to Karl Kautsky, 4 December 1925, International Institute of Social History, Amsterdam, Holland.

74 See Gwyn A. Williams, ,Locating a Welsh Working Class: The Frontier Years', in *A People and a Proletariat,* edited by David Smith (London, 1980), p. 41.

75 Herbert G. Gutman, *Work, Culture and Society in Industrialising America* (Oxford, 1976).

76 *In such books as Roll, Jordon, Roll, Masters, Unions and Men, Culture and Society in Industrialising America, A History of the Guyanese Working People, 1881—1905, Workers' Control of America, False Promises, The Making of the English Working Class, Strike, Before the Socialists, Proletarian Order* and *The Rousing of the Scottish Working Class,* Eugene D. Genovese, (Eugene D. Genovese is admittedly more difficult to place within the two traditions of socialist historiography. *Roll, Jordon, Roll* belongs to the democratic tradition, *From Rebellion to Revolution*

belongs to the elitist tradition. His theoretical position is, in some ways, similar to George Rudé's.) Richard Price, herbert G. Gutman, Walter Rodney, David Montgomery, Stanley Aroniwitz, E. P. Thompson, Jeremy Brecher, Royden Harrison, Gwyn A. Williams and James D. Young have documented the complex processes by which these different national working classes adapted themselves to industrial capitalism. By focusing on the *class* culture that these working classes made for themselves, they have emphasised the importance of the dual process of ‚accomodation and resistance'. See also Herbert G. Gutman, ‚Introduction', *Working Lives*, edited Marc S. Miller (New York, 1980), p. XVII.

77 James A. Stevenson, ‚Daniel De Leon: The Relationship of the Socialist Labour Party and European Marxism, 1900-1914', Ph. D. thesis 1977, pp. 52-53. A similar, though less rigid, conceptualisation of American working class history has been developed by Gavin Burbank, *When Farmers Voted Red. The Gospel of Socialism in the Oklahoma Countryside, 1910-1924* (Westport, Connecticut, 1976), p. XII.

78 Farrell, op. cit., p. 125.

79 Eugene D. Genovese, *Roll, Jordan, Roll* (New York, 1976), p. 597.

80 Montgomery, op. cit., pp. 91-112.

81 Stevenson, op. cit., p. 417.

82 H. M. Hyndman, *The Record of an Adventurous Life* (London, 1911), p. 432.

83 Daniel De Leon, *What Means This Strike?* (New York, 1972), p. 18.

84 B. J. Keinard to Henry Kuhn, 24 June 1900. Socialist Labour Party Archives, MSS. 399, Box 7. Wisconsin State Historical Society, Madison, U. S. A.

85 Unpublished manuscript autobiography of Fred Warren. Lilly Library, Indiana University, Bloomington, U. S. A.

86 A. M. Simons and Mary O'Reilly, Report of the Press Committee to the National Committee in Session, 10 May 1914. Socialist Party Papers, Box 447 b. Duke University, North Carolina, U. S. A.

87 Eugene V. Debs to Ryan Walker, 5 August 1912, Walker Papers, Lilly Library, Indiana University, Bloomington.

88 Mother Jones to Eugene V. Debs, 5 July 1913. Debs Collection, Indiana State University, Terre Haute.

89 Socialist Party Papers, Box 547. Duke University.

90 Thomas McGrady to Theodore Debs, 10 February 1907. Debs Collection, Indiana State University.

91 Quoted in Karen Sacks, ‚Class Roots of Feminism', *Monthly Review,* February 1976, p. 4.

92 Henry Steele, *The Working Classes in France* (London, 1904), p. 43.

93 T. C. Smout, ‚Aspects of Sexual Behaviour in Nineteenth Century Scotland', in *Social Class in Scotland,* edited A. A. MacLaren (Edinburgh, 1978), p. 73.

94 Mr. and Mrs. John Martin, *Feminism* (New York, 1916). p. 213.

95 Robert Moss Lovett, ‚Introduction' to the *Stories of James T. Farrell* (New York, 1945), p. XXIV.

96 See, for example, Trotsky's comment: ‚Fascism has opened up the depths of society for politics. Today, not only in peasant homes but also in the city skyscrapers, there lives alongside of the twentieth century the tenth or the thirteenth. A hundred million people use electricity and still believe in the magic power of signs and exorcisms'. Leon Trotsky, *The Struggle Against Fascism* (Harmondsworth, 1971), p. 413.

97 Cf. Patrick Renshaw, *The Wobblies* (London, 1967), p. 279.

98 W. E. B. Du Bois, *The Souls of Black Folk* (Chicago, 1913), p. 206.

99 Jack London, *The Iron Heel* (New York, 1907); Leon Trotsky, ‚The Iron Heel', *The New International,* April 1945, p. 206.

[100] Arthur Spencer to Henry Kuhn, 23 September 1900, Box 9, Folder 8. Socialist Labour Party Archives, MSS. 399. Wisconsin Historical Society.

[101] L. Sanial to Henry Kuhn, 3 November 1900, Box 10, Folder 1. Ibid.

[102] Daniel De Leon, *Flashlights of the Amsterdam Congress* (New York, 1929), p. 118.

[103] Daniel De Leon, ‚Is It To Be Done?', *Daily People,* 10 December 1905. See also James Connolly in a letter to Henry Kuhn, 22 December 1896. Socialist Labour Party Archives, MSS. 3A.

[104] Walter Bell, ‚James Connolly: Some Reminiscences', *Labour Monthly,* April 1937, p. 245.

[105] Victor Kiernan, ‚John Maclean and the Wider World', *John Maclean Centenary Essays,* edited Nan Milton (Bathgate, 1979), p. 19.

[106] Peter Dreier, ‚Socialism and Cynicism', *Socialist Review,* No. 53, 1980, p. 128.

[107] Moscow's Reply to the Independent Labour Party, 25 May 1920. Socialist Party Papers, Box 772. Duke University.

[108] See, for example, Norman Leys, ‚Why Africa is a Special Problem', *The Plebs,* October 1930, p. 219.

[109] *The Development of the African Working Class,* edited Richard Sandbrook and Robin Cohen (London, 1975), p. 16.

[110] ‚The Negro Problem: A Labour Problem'. *The Class Struggle,* August 1919, p. 341.

[111] *The Plebs,* May 1920, p. 82.

[112] C. L. R. James, *The Future in the Present* (London, 1977), p. 239.

[113] Karl Marx to Frederick Engels, 27 July 1854. Marx and Engels, *Selected Correspondence* (Moscow, 1953), p. 105.

[114] Frederick Engels to Karl Kautsky, 20 February 1889. Ibid., pp. 481-86.

[115] C. L. R. James, *A History of Negro Revolt* (London, 1938), p. 36.

[116] Marx and Engels, *Selected Correspondence,* p. 286.

[117] David McLellan, *Karl Marx: Selected Writings* (Oxford, 1977), p. 585.

[118] Karl Marx and Frederick Engels, *Letters to Americans, 1848-1895* (New York, 1953), p. 224.

[119] Ibid., p. 157.

[120] Ibid, p. 73.

[121] Marx and Engels, *Selected Correspondence,* p. 468.

[122] Frederick Engels and Paul and Laura Lafargue, *Correspondence* (Moscow, 1976), p. 407.

Jürgen ROJAHN (Niederlande)

MARXISMUS — MARX — GESCHICHTSWISSENSCHAFT

Der Fall der sog. „ökonomisch-philosophischen Manuskripte aus dem Jahre 1844"

Über den Beitrag des Marxismus zur Erforschung der Geschichte wurde bereits so viel geschrieben, daß die Literatur zu diesem Thema kaum noch überschaubar ist; auf den Beitrag der Geschichtswissenschaft zur Erforschung des Marxismus, d. h. primär der Ansichten von Marx, wird kaum je eingegangen — was nicht so erstaunlich scheint. Daß der Marxismus nicht nur eine Theorie der Geschichte, sondern ebenso selbst ein historisches Phänomen ist; daß die Geschichtswissenschaft den Sinn der Marxschen Ansichten durch die Erforschung der Genese zu erhellen sucht; daß sie sich dabei nicht nur, aber in erster Linie auf Marx' eigene — sei es von ihm publizierte, sei es hinterlassene — Texte stützt; daß sie, soweit möglich, von den originalen Texten, d. h. dem von Marx selbst beschriebenen Papier — um diesen handfest-stofflichen Aspekt der originalen Texte einmal zu betonen — auszugehen hat: all das bedarf kaum der Erwägung. Dasselbe gilt wohl hinsichtlich der Regeln, gemäß denen bei der Auswertung der Texte vorzugehen ist. Die Geschichtswissenschaft hat die betreffenden Verfahren vor Marx, unabhängig von ihm, ausgebildet; sie bedient sich ihrer generell. Daß es jedoch, was die Erforschung des Marxismus angeht, dennoch — 100 Jahre nach dem Tod von Marx — nicht überflüssig ist, besonders auf sie hinzuweisen, zeigt der Fall der Manuskripte aus dem Jahre 1844 (fortan *Manuskripte*), die bekanntlich in der Diskussion der letzten 50 Jahre eine nicht geringe Rolle gespielt haben.

Dieser Beitrag, in dem, nach einem kurzen Rückblick auf die ausgedehnte Literatur, nur wenig von Entfremdung, Hegel, Dialektik etc. die Rede sein wird, dagegen viel von Blättern, Paginierung, Einteilung in Spalten etc., holt gleichsam nach, was eigentlich, gemäß besagter Regeln, der gesamten Diskussion vorauszugehen hätte: eine Analyse der berühmten *Manuskripte* unter quellenkritischen Aspekten. Diese Analyse führt gewiß nicht zu dem Schluß, daß alles, was zu dem Gehalt derselben schon geschrieben ist, ganz wertlos ist, wohl aber zu der Frage, ob nicht die Eule der Minerva, durch die Zeitumstände aufgeschreckt, vorzeitig losgeflattert ist. Jedenfalls eröffnet sie einen faszinierend genauen Einblick in eine Phase des Prozesses, aus dem die Marxsche Theorie hervorgegangen ist.

Die Entdeckung der bewußten *Manuskripte* war, soweit erkennbar, das Verdienst D. B. Rjazanovs, der den Großteil des einen (des später sog. „dritten") erstmals 1927 in russischer Sprache unter dem Titel „Vorarbeiten zur ‚Heiligen Familie'" publizierte.[1] Die erste Veröffentlichung in der Sprache der Originale erfolgte 1932 in Band I/3 der MEGA, der nicht mehr unter der Redaktion Rjazanovs, sondern der von V. V. Adoratskij erschien: von den vier von den Bearbeitern unter dem Namen „Ökonomisch-philosophische Manuskripte" zusammengefaßten, numerierten (I—IV) Texten waren drei unter dem Titel „Zur Kritik der Nationalökonomie [...]" im ersten Teil des Bandes abgedruckt, der vierte, der faktisch einen Auszug aus dem letzten Kapitel von Hegels *Phänomenologie* darstellte, im Anhang.[2] Darüber hinaus enthielt der Band im zweiten Teil noch mehrere von Marx vermutlich während seines Aufenthalts in Paris 1843—1845 angefertigte Exzerpte aus Werken von R. Levasseur, Fr. Engels, J. B. Say, Fr. Skarbek, A. Smith, D. Ricardo, J. Mill, A. L. C. Destutt de Tracy, P. de Boisguillebert.[3] Gleichfalls 1932 legten S. Landshut/J. P. Mayer eine Ausgabe von Marx' Frühschriften vor, die u. a. die, von J. P. Mayer ein Jahr vorher annoncierte,[4] „bisher unbekannte Schrift von Marx" enthielt, nämlich — in der Benennung der MEGA, die hier beibehalten wird — die Manuskripte II—IV in der Reihenfolge III, II, IV.[5]

Was aus der Entdeckung folgte, war von Anfang an umstritten. Während die *Manuskripte* laut Adoratskij „zum Teil fragmentarische Aufsätze über Arbeitslohn, Kapitalprofit, Grundrente, Geld usw." waren, in denen Marx — „vielfach noch im Gewande einer philosophischen, feuerbachianischen Terminologie" — eine erste Analyse der „wahren ökonomischen Struktur des Kapitalismus" gab,[6] fühlten sich Landshut/Mayer durch „die bisher unbekannte Schrift [...], die bereits im Kern das ‚Kapital' vorwegnimmt",[7] in der Auffassung bestärkt, daß die überkommene Meinung, daß Marx sich in den 40er Jahren aus seiner philosophischen „Befangenheit" zu einer rein ökonomischen Betrachtung der geschichtlichen Welt durchgerungen habe, auf einem Mißverständnis beruhe; denn diese Schrift enthülle vielmehr den „fundamentalen philosophischen Gehalt der ökonomischen Theorie selbst"; sie sei „in gewissem Sinne die zentralste Arbeit von Marx"; sie bilde nämlich „den Knotenpunkt seiner ganzen Gedankenentfaltung, in dem die Prinzipien seiner ökonomischen Analyse unmittelbar aus der Idee der ‚wahren Wirklichkeit des Menschen' entspringen".[8] Landshut/Mayer schlossen, daß es nicht darauf ankomme, unter der philosophischen Terminologie der frühen die Ansätze der ökonomischen Theorien der späteren Marxschen Schriften zu erkennen, sondern vielmehr darauf, die ökonomischen Theorien der späteren auf die philosophischen Begriffe der frühen Schriften zurückzuführen; der erste Satz des *Kommunistischen Manifestes* hätte ebensogut lauten können: „Alle bisherige Geschichte ist die Geschichte der Selbstentfremdung des Menschen"; das „wahre Ziel" sei nicht „die ‚Vergesellschaftung der Produktionsmittel', die Beseitigung der ‚Ausbeutung' durch die ‚Expropriation der Expropriateure'" denn: „alles das ist sinnlos, wenn es nicht zugleich die Verwirklichung des Menschen ist".[9] Zu ähnlichen Schlüssen kamen zwei Autoren, die noch im gleichen Jahr zu den veröffentlichten Texten Stellung nahmen. H. de Man erklärte in seinem Artikel, der den bezeichnenden Titel „Der neu entdeckte Marx" trug, daß das „bis jetzt unbekannte Werk" die Werturteile enthalte, auf denen Marx' ganze spätere Arbeit basierte, Werturteile, die die Motive, den Sinn des „Marxschen Marxismus" offenbarten.[10] Gleichzeitig suggerierte er, indem er den „humanistischen Marxismus" dieses Werks dem „historischen Materialismus der späteren Zeit Marxens" gegenüberstellte, daß es nicht nur einen, sondern zwei „Marxsche Marxismen" gab, wobei er in den späteren Werken einen deutlichen Verfall der kreativen Kräfte wahrnahm.[11] H. Marcuse konstatierte ebenfalls, daß die *Manuskripte* zeigten, daß Marx' „revolutionäre Kritik der politischen Ökonomie in sich selbst philosophisch fundiert ist"; jedoch legte er den Nachdruck darauf, daß „die fundierende Philosophie schon die revolutionäre Praxis in sich trägt".[12]

Wenn die Veröffentlichung der frühen Marxschen Schriften die Aufmerksamkeit auf den „philosophischen" Marx lenkte, so richtete sie die etwa gleichzeitig erfolgte Veröffentlichung der Jenenser Manuskripte Hegels auf den „ökonomischen" Hegel.[13] Von beiden Seiten schien so eine Neubestimmung der Beziehung Hegel/Marx geboten. Während A. Cornu in seiner 1934 publizierten Thèse die *Manuskripte* in das überkommene Bild einfügte,[14] inspirierten sie A. Kojève zu seiner „Heidegger-marxistischen" Deutung Hegels, die er seit 1933 vortrug.[15] G. Lukács schrieb damals im Moskauer Exil sein Buch über den jungen Hegel, der in seiner Darstellung den jungen Marx vorwegnahm,[16] H. Marcuse im amerikanischen Exil sein Buch über den Ursprung der modernen Sozialtheorie, in dem er den kritischen Gehalt der Hegelschen Philosophie herausarbeitete, dessen einzig legitimer Erbe Marx war,[17] K. Löwith im japanischen Exil seine Darstellung der posthegelianischen deutschen Philosophie, in der er Marx, in dem er den bedeutendsten der Epigonen Hegels sah, in die Nähe Kierkegaards placierte.[18] Von A. Kojève führte eine direkte Linie zu M. Merleau-Ponty, den die *Manuskripte* davon überzeugten, daß das Marxsche Denken existentialistisch war.[19]

Dank seiner engen Beziehung zu Hegel avancierte Marx, von dem die akademische Philosophie bis dahin kaum Notiz genommen hatte, nach dem Krieg zu einem Philosophen erster Ordnung, dem selbst M. Heidegger nun seine Reverenz erwies.[20] Jedenfalls interessierte sich die Marxologie, die jetzt im Westen aufkam, zunächst in erster Linie für den „philosophischen Marx, so daß sie sich naturgemäß auf jene Texte konzentrierte, in denen dieser besonders deutlich in Erscheinung trat, woraus dann leicht die Meinung resultierte, daß die *Manus-*

kripte — in denen E. Thier, der 1950 eine neue Ausgabe vorlegte, einen „ersten Systementwurf", genauer: den „Entwurf einer philosophisch-soziologischen Anthropologie",[21] M. Popitz den Versuch, „die Darstellung der ‚Entfremdung' des Menschen zum geschlossenen System zu erweitern",[22] J. Hommes die Skizze einer Fundamentalontologie erblickte,[23] um nur einige markante Positionen aufzuführen — *das* Marxsche Werk darstellten. Bei der herrschenden Tendenz, „to trace Marx back to Hegel, on existentialist premises",[24] wurde der „philosophische" leicht zum „theologischen" Marx; denn, konstatierte E. Thier apodiktisch: „Wo es um den Menschen geht, geht es zugleich um Gott."[25] So wurde, von den *Manuskripten* her entschlüsselt, die gesamte Marxsche Theorie bei P. Bigo zum ethischen System, [26] bei J. Y. Calvez zu einer allumfassenden Entfremdungstheorie, die eine „contre-vérité" zur christlichen Religion darstellte.[27]

So stark, so mannigfaltig das Erkenntnisinteresse war, so deutlich lag in einigen Fällen der Akzent auf dem Interesse, dessen Richtung — bei konstanter Neigung, den „Marxschen Marxismus" der *Manuskripte* gegen den Marxismus der Epigonen von Engels bis Stalin etc., manchmal selbst den des alten Marx ins Feld zu führen — variierte. Während E. Thiers z. B. in seiner Einleitung von 1950 im Hinblick auf die „Gefährdungen der Gegenwart" betonte: „Der Marxismus geht uns alle an", um dann zu erklären, die *Manuskripte* böten eine „gegründete Vorstellung von dem, was Marxismus bei Marx ist",[28] ging er in der neuen Ausgabe der Einleitung von 1957 davon aus, daß der junge Marx „eine Entdeckung unserer Zeit" sei, die nicht zuletzt im Hinblick auf die „Spannungen im Ostkollektiv" bedeutsam sei.[29] Die *Manuskripte* inspirierten aber nicht nur die osteuropäische Regime-Kritik, sondern ebenso die westliche Gesellschaftskritik. Gleich den Ideen H. Marcuses, E. Fromms etc. — E. Fromm legte 1961 die erste amerikanische Ausgabe von „Karl Marx's main philosophical work" vor[30] — fand der damals aufkommende Neomarxismus, der selbst den Einfluß Hegels in Marx' Werk akzentuierte, zunehmend Resonanz. Im Hinblick darauf mehrten sich die Stimmen, die die Versuche kritisierten, den jungen in den älteren Marx hineinzulesen. So meinte etwa D. Bell, der darin nur „further myth-making" erblickte, 1959: „As a political effort by the revisionists, bound within the Marxist camp, it may have some polemical value. As a stage of the pilgrim's progress of those coming out of the Marxist forest, it is understandable. As an intellectual effort it is false." Denn: „Having found the answer to the mysteries of Hegel in political economy, Marx promptly forgot all about philosophy."[31]

Wenngleich die kurz zuvor (neu) publizierten *Grundrisse*[32] dies durchaus fraglich scheinen ließen, resultierte bereits daraus, daß die Marxologie sich nunmehr zunehmend auf jene konzentrierte, eine mehr genetisch-relativierende Betrachtung der *Manuskripte,* die jedoch die Analyse dieser Texte selbst nicht nennenswert beeinflußte. Obwohl z. B. D. MacLellan treffend darauf hinwies, daß sie das Marxsche Denken in einer Phase dokumentierten, „when [...] it is evolving extremely rapidly",[33] zog er in seinem 1973 publizierten Marx-Buch daraus keine Konsequenzen.[34]

Was immer aus den *Manuskripten* abgeleitet wurde — es herrschte durchgängig, ungeachtet ihrer durchaus bemerkten problematischen Form, eine bemerkenswerte Indifferenz gegenüber ihren quellenkritischen Aspekten. Abgesehen davon, daß die Mehrzahl der Autoren, durch die *Manuskripte* zu philosophischem Hochflug animiert, kaum disponiert war, den Blick zu den betreffenden prosaischen Details herabzulenken, regten die zwei ersten Ausgaben dazu nicht an. Die MEGA enthielt eine relativ ausführliche Beschreibung; aber sie verschwieg, daß sie sich nur auf in den 20er Jahren angefertigte Kopien stützte, d. h. täuschte eine Präzision vor, die ihr durchaus fehlte.[35] Die Angaben waren im allgemeinen korrekt, aber unzureichend. Die nicht geringen editorischen Probleme waren in Adoratskijs Einleitung nicht einmal angedeutet. Landshut-/Mayer, die sich auf die Originale hatten stützen können, wiesen vorzugsweise auf die Mühe hin, die die Entzifferung gekostet hatte.[36] J. P. Mayer hatte sich bereits in der kurzen Notiz, in der er 1931 die „unveröffentlichte Schrift" annonciert hatte, ausschließlich zu ihrer *„materiellen* Bedeutung", nicht aber zu Fundumständen, Beschaffenheit etc. geäußert.[37] Die Angaben, die die *Frühschriften* selbst hierzu enthielten, waren nicht nur dürftig, sondern überdies zu einem Gutteil unzutreffend.[38] Was Landshut/Mayer veranlaßt hatte, die vier Seiten des — laut MEGA — „zweiten" Manuskripts nach dem — laut MEGA — „dritten" abzudrucken, war nicht zu erkennen; daß das letztere begann *„ad pag. XXXVI",* erläuterten sie durch den Hinweis „bezieht sich auf Seite XXXVI des Manuskripts" — offenbar unterstellend, daß Marx seine „zentralste Arbeit" auf S. I durch den Verweis auf die noch nicht geschriebene S. XXXVI eingeleitet hatte.[39]

Die Vorzüge der MEGA-Version gegenüber dieser Ausgabe, von der S. Landshut 1953 eine neue Auflage vorlegte,[40] waren evident, so daß die weiteren Ausgaben — bis auf die französische von 1937[41] — ohne einen neuen Rückgriff auf die Originale jener folgten. Die Übernahme der — auf ein Minimum verkürzten — beschreibenden Angaben hatte den Charakter eines Rituals, dem keinerlei Bedeutung zukam, was sich z. B. darin zeigte, daß E. Thier die „Vorrede" mal dem „ersten", mal dem „dritten" Manuskript zuordnete.[42]

Gleich der Landshut/Mayer'schen Ausgabe, in der immer nur von „dem" Manuskript, im Singular, die Rede war, erzeugte die MEGA durch die Zusammenfassung der verschiedenen „Aufsätze" unter einem einheitlichen Titel, die Voranstellung der „Vorrede", die Anordnung der einzelnen Partien, die Abgrenzung jener „Aufsätze" von ihrer „unmittelbaren Vorstufe", d. h. den — in dem zweiten Teil des Bandes in Petit gebrachten — Exzerpten, etc. den Eindruck, daß die *Manuskripte* ein besonderes „Werk" darstellten. Die Mehrzahl der Autoren meinte dies danach tatsächlich, d. h. ging davon aus, daß jene Texte, der Form nach fragmentarisch, unfertig, überarbeitungsbedürftig, dem Inhalt nach ein homogenes Ganzes seien, nämlich das systematisch deutbare Ergebnis der von Marx in seiner „Vorrede" erwähnten Studien. Was nur die Form betraf, z. B. die „undurchschaubare Disposition",[43] schien eo ipso irrelevant; ja, weil ohnehin unfertig, schien die Form selbst belanglos. Es ergab sich so das Paradox, daß die einzelnen Autoren jenes „Werk", das laut allgemeiner Meinung „Karl Marx's main philosophical work", wenn nicht sein bedeutendstes Werk schlechthin war, unterschiedlich definierten: manche hatten — nach Landshut/Mayer — die Manuskripte III, II, IV im Sinn, manche die Manuskripte I—III, manche die Manuskripte I—IV, wobei in den zwei letzteren Fällen manche von dem „ersten" nur den letzten Teil über die „entfremdete Arbeit" einschlossen, so z. B. E. Thier, der den Rest meinte weglassen zu können, weil „der systematische Gehalt [...] gering" sei,[44] ebenso E. Fromm, der auf die Weglassung nur beiläufig in einer Fußnote hinwies;[45] manche endlich dehnten die Bezeichnung „Manuskripte" über I—IV auf die Exzerpte aus, die in der MEGA publiziert waren. Noch nicht einmal hinsichtlich des Namens bestand immer die erforderliche Klarheit. Offensichtlich übersehend, daß der Titel „Ökonomisch-philosophische Manuskripte" nicht von Marx selbst stammte, meinte etwa D. Bell, er sei symbolisch für Marx' Entwicklung, die dieses Werk besonders klar erkennen lasse: „Beginning as an anthropology it ends as a political economy"![46]

Eine genauere Untersuchung der *Manuskripte* blieb ebenso von seiten jener aus, die — gleich Adoratskij — von vornherein gemäß der herkömmlichen Auffassung betonten, daß Marx' Pariser Zeit die eines „Übergangs" gewesen sei.[47] Der Übergang war für Autoren, die den offiziellen marxistisch-leninistischen Standpunkt vertraten, gemeinhin nicht ein offener Prozeß, sondern bedeutsam nur im Hinblick auf das ja bekannte Resultat. Abgesehen davon, daß die Stationen auf dem Weg dorthin, d. h. wann Marx „schon" dies, „nicht mehr" das war, bereits durch V. I. Lenin festgestellt waren,[48] so daß in bezug darauf das „causa finita" galt, schien das, was Resultat war, überdies ein Ziel, das Marx von Anfang an —immerhin seit Ende 1843 — unbeirrbar angesteuert hatte. Last, but not least diktierte die Befürchtung, daß Marx in seinem ungewohnten philosophischen Gewand Verwirrung stiften könnte, lange Zeit ein ausgesprochenes Erkenntnisdesinteresse. Daß sich N. I. Lapin in einem 1962 publizierten Literaturbericht genötigt sah, das erste Prinzip des „Leninschen" Vorgehens bei der Analyse der biographie intellectuelle des jungen Marx besonders in Erinnerung zu bringen, nämlich: „die Benutzung aller sich auf dieses Problem beziehenden Quellen",[49] spricht für sich selbst. Der Hinweis zielte offensichtlich auf die beinahe totale Ignorierung der im Westen vielzitierten *Manuskripte* bis zur Mitte der 50er

Jahre. G. Mende z. B. hatte sie in seinem 1954 publizierten Buch über Marx' Entwicklung zum Kommunisten noch nicht einmal erwähnt; erst in der dritten Auflage von 1960 konzedierte er, daß man diese „Vorarbeiten Marxens zu einem [...] größeren Werk" nicht gänzlich übergehen könne.[50]

Obwohl der Berliner Akademie-Vortrag von A. Cornu vom November 1954,[51] dem 1955 ein Aufsatz von G. Lukács folgte,[52] unverkennbar eine Wende markierte, blieb danach die Zahl der relevanten Beiträge zunächst gering. Im allgemeinen gingen diese über den von Adoratskij seinerzeit skizzierten Rahmen nicht hinaus, d. h. der Nachdruck lag eindeutig auf dem — „unreif" ausgedrückten — ökonomischen Gehalt der *Manuskripte,*[53] in denen zugleich Marx' Kritik Hegels ihren Abschluß fand. Dieser Auffassung entsprach die neue Dietz-Ausgabe, die, die *Manuskripte* auseinanderreißend, die im „dritten" Manuskript enthaltenen Passagen über Hegel 1953 in einer Sammlung „philosophischer Frühschriften",[54] dagegen die übrigen Teile der Manuskripte I-III —Marx' „erste polit-ökonomische Arbeit" — 1955 in einer Sammlung „kleiner ökonomischer Schriften" brachte.[55] Der noch immer herrschenden Neigung, die *Manuskripte*, wenn nicht zu ignorieren,[56] so zu bagatellisieren, verlieh 1957 H. Denis Ausdruck, indem er konstatierte: „Le fameux ‚Manuscrit économico-philosophique'[!] de 1844 rassemble des notes rédigées pas Marx à l'occasion des lectures qu'il faisait à ce moment."[57] Daß diese Feststellung nicht quellenkritischer Einsicht, sondern polemischer Absicht entsprang, beweist bereits der von Denis benutzte Singular; es wird noch klarer dadurch demonstriert, daß keiner der bewußten Autoren die *Manuskripte* dementsprechend analysierte; im Gegenteil: ihre quellenkritische Indifferenz stand der jener, gegen die sie polemisierten, kaum viel nach. So erklärte A. Cornu z. B., daß Marx in den *Manuskripten* von einer Kritik Hegels „ausgegangen" (!) sei, wonach er zunächst die betreffenden Passagen aus dem „dritten" referierte, um dann festzustellen, daß Marx von dieser Kritik Hegels aus seine Kritik der bürgerlichen Nationalökonomie unternommen habe.[58] G. Mende meinte, die „Marxverfälscher" darauf hinweisen zu können, daß „eine [von wem?] ‚Zur Kritik der Nationalökonomie' betitelte Schrift" kaum eine „Anthropologie" enthalten dürfte.[59]

Um der Neigung, die *Manuskripte* in das *Kapital* hineinzulesen, zu begegnen, aber ebenfalls die entgegengesetzte Neigung kritisierend, vertrat L. Althusser in seinem 1961 publizierten Artikel „Sur le jeune Marx" eine Ansicht,[60] die sich bald darauf zu der These verdichtete, daß die „wissenschaftlichen" Werke des älteren von den „ideologischen" des jungen Marx durch eine „coupure épistémologique" getrennt seien,[61] fand indessen wenig Anklang. Zur gleichen Zeit, da auf der Gegenseite das Interesse abnahm, fand die Entwicklung des jungen Marx zunehmend Beachtung. „Die Kenntnisse dieses Weges", bemerkte N. I. Lapin 1962, „hilft vielen Menschen, ihre eigenen Auffassungen zu formen [...]. Das gilt besonders für die Jugend."[62] Diese Überzeugung manifestierte sich u. a. in einer Aufwertung der *Manuskripte*. So erklärte etwa L. Pažitnov nach dem Erscheinen der ersten russischen Ausgabe[63]: „Les *Manuscrits de 1844* forment le point crucial du tournant révolutionnaire opéré par Marx en matière de sciences sociales. Là sont jetées les prémisses théoriques du marxisme".[64] Seit dem Beginn der 60er Jahre erschien dementsprechend eine Reihe Arbeiten zu diesem Thema, u. a. der zweite Band von A. Cornus Marx/Engels-Biographie.[65] Obwohl jedoch Cornu in diesem Band den *Manuskripten*, die laut ihm „zu den bedeutendsten Schriften von Marx" gehörten, der darin „die Grundzüge seiner Weltanschauung im Zusammenhang dargelegt hat", reichlich Platz einräumte,[66] blieb seine Darstellung, die eine vorgängige präzise Analyse jenes „Werks" noch stets vermissen ließ, schematisch. Weitaus genauer sah E. Botigelli hin, der 1962 eine neue französische Ausgabe vorlegte.[67] Er hob in seiner Einleitung nicht nur den unfertigen, wenig homogenen Charakter der *Manuskripte* hervor, sondern brachte in Erinnerung, daß die „Vorrede" im letzten Teil des „dritten" stand: „Ce n'est donc que vers la fin de la rédaction qu'il [i. e. Marx] aurait envisagé d'en faire un ouvrage complet".[68] Er war der erste, der bemerkte, daß die *Manuskripte* Marx' Denken in Bewegung zeigten: „Ils ne sont pas l'exposé systématique d'une doctrine, ils sont le bouillonnment d'une pensée qui se cherche [...]. elle se dégage à peine des éléments dont elle s'est nourrie."[69] Allerdings bezog er die Exzerpte aus den Werken, aus denen u. a. sich das Marxsche Denken nährte, nicht in die Betrachtung ein. Erst N. I. Lapin zeigte in seinem 1968 publizierten Buch über den jungen Marx, daß die bis dahin vorherrschende Meinung, daß Marx zunächst jene Exzerpte angefertigt, dann die bewußten Texte verfaßt habe, falsch war.[70] Laut Lapin waren vielmehr zwei Etappen unterscheidbar, derart, daß auf eine erste Serie von Exzerpten (Say, Skarbek, Say, Smith) das „erste" Manuskript folgte, dann eine neue Serie (MacCulloch, Prevost, Engels, Destutt de Tracy, Ricardo, Mill) die übrigen.[71]

Obwohl die Untersuchung Lapins, was die quellenkritische Präzision betraf, ohne Zweifel ein bedeutender Schritt vorwärts war, blieb doch das Bild der *Manuskripte,* das er, auf der Grundlage der Moskauer Kopien, gab, noch immer ungenau. Von der Untersuchung der sich bekanntlich seit den 30er Jahren im Besitz des IISG befindlichen Originale nahm eine eigene Arbeit ihren Ausgang, zu der in einer späteren Phase die Vorbereitung der betreffenden Bände der neuen MEGA, für die das IISG die Originale ebenfalls zugänglich machte, parallel verlief.[72] Ausgehend von diesen, unter Einbeziehung der in Frage kommenden Exzerpthefte, läßt sich die Genese der vieldiskutierten *Manuskripte* recht genau rekonstruieren, so daß ihr Charakter deutlicher hervortritt.

Vorweg eine Beschreibung der Originale,[73] zunächst der sog. „Manuskripte", dann der Exzerpthefte, im *Marx/Engels-Nachlaß* des IISG in der Reihenfolge der — fortan zur Bezeichnung der Hefte benutzten — Signaturen:

A. Die „Manuskripte".
Der von den Bearbeitern der alten MEGA eingeführte Name „Ökonomisch-philosophische Manuskripte" denotiert drei Komplexe von z. T. ungleichmäßig zurechtgeschnittenen Bogen bzw. Halbbogen (= Blättern) unlinierten, ursprünglich weißen, jetzt braun verfärbten, von Marx beschriebenen Papiers billigster Sorte (ohne Wasserzeichen). Die einzelnen — quer gefalteten — Bogen sind zu Heften zusammengefügt bzw. haben zu Heften gehört, deren Seiten Marx, wenn, dann längs beschrieben hat.

A 7 [B95]:[74]
Das sog. „erste Manuskript" (s. Abb. 1) besteht aus neun zu einem Heft zusammengenähten Bogen (18 Blätter, 36 Seiten) von ± 395 x 310 mm. Das so entstandene Heft hat keinen Umschlag. Die Blätter haben sich z. T. gelöst. Bl. 1 R trägt die Aufschrift *„Heft I"*, Bl. 1 V ist unbeschrieben, auf Bl. 2 R hat Marx 29 Buchtitel notiert; die folgenden Seiten (Bl. 2 V - Bl. 5 R) sind erneut leer. Die übrigen 27, von Marx römisch paginierten Seiten (Bl. 5 V - Bl. 18 V) sind durch vertikale Striche in drei (S. I—XII, S. XVII—XXVII) bzw. zwei (S. XIII—XVI) Spalten eingeteilt, die Marx [A] „Arbeitslohn", [B] „Profit d[es] Capitals" („Capitalgewinn", „Gewinn d[es] Capitals", „Gewinn d[er] Capitalien"), [C] „Grundrente" betitelt hat, wobei die Reihenfolge variiert. Auf S. I—XII ist sie: A—B—C, auf S. XIII—XIV: A—B, auf S. XV: C—B, auf S. XVII—XXI: A—C—B, auf S. XXII—XXV: A—B—C, auf S. XXVI: A—C—B, auf S. XXVII: A—B—C. Auf S. VII hat Marx den Text der ersten Spalte (A) in der zweiten Spalte fortgeführt, dann, durch einen Querstrich davon abgegrenzt, in dieser Spalte noch einmal einen Text zum Thema „Arbeitslohn" begonnen, den er in der dritten beendet hat. Auf S. XV enthält die zweite Spalte (C) tatsächlich Text zum Thema „Kapitalgewinn". Ab S. XXII enthalten jeweils sämtliche drei Spalten einen durchlaufenden Text über die „entfremdete Arbeit". Besonders bemerkenswert ist der Verlauf der — n. b. erst auf der zehnten Seite des Hefts (Bl. 5 V) einsetzenden — Paginierung: XVII, I, XVI,XIV, ... IV, III, II, XIX, XX, XXI, ..., XXVII! Der Text besteht in der ersten Spalte auf S. VIII—XV, in der zweiten auf S. I—X vorzugsweise aus Exzerpten aus : J. B. Say, *Traité d'économie politique,* 2 Bde., [3]Paris 1817; A. Smith, *Recherches sur la nature et les causes de la richesse des nations,* trad. nouv. par G. Garnier, 5 Bde., Paris 1802; W. Schulz, *Die Bewegung der Production,* Zürich/Winterthur 1843; Ch. Pecqueur, *Théorie nouvelle d'économie sociale et politique,* Paris 1842; Ch. Loudon, *Solution du problème de la population et de la substance,* Paris 1842; E. Buret, *De la misère des classes laborieuses en Angleterre et en France,* 2 Bde., Paris 1840.

A 8 [A 6]:
Das sog. „zweite Manuskript" besteht aus zwei losen Blättern (4 Seiten) von ? x 310 mm.[75] Ob dieselben ursprünglich zusammenhingen, d. h. einen Bogen bildeten, ist nicht mehr zu erkennen. Durch einen vertikalen Strich sind die vier Seiten jeweils in zwei Spalten eingeteilt. Sie enthalten einen durchlaufend geschriebenen Text, der, in der linken Spalte der ersten Seite oben mitten im Satz beginnend, in der rechten Spalte der vierten Seite im unteren Drittel abbricht. Im gegenwärtigen Zustand ist nur noch erkennbar, daß Marx die Seiten römisch paginiert hat; die in der alten MEGA aufgeführten Ziffern, XXXX—XLIII, sind es nicht mehr.[76]

A 9 [A 6]:
Das sog. „dritte Manuskript" (s. Abb. 2) besteht aus 16 Bogen (32 Blätter, 64 Seiten) von ± 400 x ± 310 mm, die — samt dem in der Mitte eingelegten Bogen, der das „vierte Manuskript" darstellt (vgl. u.) — zu einem umschlaglosen Heft zusammengenäht sind. Die Blätter haben sich z. T. gelöst. Beschrieben sind die ersten 41, von Marx römisch paginierten, jeweils durch einen vertikalen Strich in zwei Spalten unterteilten Seiten; die Paginierung geht jedoch bis XLIII, da Marx versehentlich zunächst die XXII, dann die XXV übersprungen hat. Die 41 Seiten enthalten den in der alten MEGA publizierten Text in folgender Anordnung: S. I, 1. Sp. o. — S. XI, 1. Sp. u.: MEGA I/3, S. 107(2) — S. 126(8); S. XI, r. Sp. o. — S. XIII, r. Sp. u.: MEGA I/3, S. 150(3) — S. 154(39); S. XIV, 1. Sp. o. — S. XVII, r. Sp. M.: MEGA I/3, S. 127(2) — S. 133(13); S. XVII, r. Sp. M. — S. XVIII, r. Sp. M.: MEGA I/3, S. 154(39) — S. 156(28); S. XVIII, r. Sp. M. — S. XXI, r. Sp. u.: MEGA I/3, S. 133(14) — S. 138(11); S. XXIII, 1. Sp. o. — S. XXXIV, 1. Sp. M.: MEGA I/3, S. 156(29) — S. 172(32); S. XXXIV, 1. Sp. M. — S. XXXVIII, 1. Sp. u.: MEGA I/3, S. 138(12) — S. 144(38); S. XXXIX, 1. Sp. o. — S. XL, r. Sp. u.: MEGA I/3, S. 33(2) — S. 35(45) = „Vorrede"; S. XLI, 1. Sp. o. — S. XLIII, r. Sp. u.: MEGA I/3, S. 145(2) — S. 149(44). Die restlichen 23 Seiten sind frei.

A 9* [A 6]:[77]
Das sog. „vierte Manuskript" besteht aus einem — in das „dritte" in der Mitte eingefügten — Bogen (2 Blätter, 4 Seiten) von ± 400 x ± 310 mm. Die (bis auf S. 4) nicht paginierten, nicht in Spalten eingeteilten, durchlaufend beschriebenen Seiten enthalten Auszüge aus G. W. F. Hegel, *Die Phänomenologie des Geistes,* hrsg. von J. Schulze (= *Werke*, Bd. 2), Berlin 1832, eventuell: ²Berlin 1841, nämlich aus dem Kapitel „Das absolute Wissen".

B. Die Exzerpthefte.
Die einzelnen, ziemlich sicher während Marx' Aufenthalt in Paris 1843—1845 entstandenen Hefte bestehen ebenfalls jeweils aus mehreren quer gefalteten, zusammengelegten (vor der Restaurierung zusammengenähten) Bogen unlinier-

ten, ursprünglich weißen Papiers. Die Qualität des Papiers, das Format, die Weise der Beschriftung variieren.

B 19 [B 19]:
8 Bogen (16 Blätter, 32 Seiten) von ± 400 x 310 mm. Die ersten 25, nicht paginierten Seiten (Bl. 1 R — Bl. 13 R) sind quer beschrieben, wobei jede Seite durch einen Kniff in zwei Spalten unterteilt ist.
(Linke Spalte:)
a) Bl. 1 R, o. — Bl. 13 R. M.: Exzerpte aus J. B. Say, *Traité d'économie politique,* 2 Bde., [3]Paris 1817.
(Rechte Spalte:)
b) Bl. 1 R, o. — Bl. 2 V, Mo: Exzerpte aus Fr. Skarbek, *Théorie des richesses,* 2 Bde., Paris 1829.
c) Bl. 2 V. M.: Exzerpte aus: J. B. Say, *Cours complet d'économie politique pratique,* [3]Bruxelles 1836.
Bl. 8 R, M. — Mu.: Marxscher Kommentar zu a).
Die folgenden Seiten sind — bis auf eine (Bl. 14 R), die die Auflösung von $(10 + 6)^2$ enthält — frei.

B 20 [B 20]:
6 Bogen (12 Blätter, 24 Seiten) von 272 x 206 mm. Die ersten 23 von Marx nachträglich arabisch paginierten, nicht in Spalten unterteilten Seiten sind quer beschrieben. Sie enthalten Exzerpte aus den ersten beiden Bänden von A. Smith, *Recherches sur la nature et les causes de la richesse des nations,* trad. nouv. par G. Garnier, 5 Bde., Paris 1802. (Kürzere Marxsche Kommentare: S. 4, nachträglich eingefügt: S. 9). Die letzte, zunächst frei gebliebene Seite enthält Berechnungen.

B 21 [B 23]:
7 Bogen (14 Blätter, 28 Seiten) von 300 x 227 mm. Die beiden Außenblätter (Bl. 1, Bl. 14) bilden einen Umschlag. Bl. 1 R trägt die Marxsche Aufschrift „Bonn 1842"; darüber steht „*Gibbon*". Darunter hat Marx die Autoren (z. T. samt Titel) notiert, aus deren Werken er in dem Heft exzerpiert bzw. zu exzerpieren beabsichtigt hatte. Unten links steht längs von Engels' Hand: „Dem einen zyn'dood / Is den anderen brood". Bl. 1 V ist frei. Die folgenden 9, von Marx arabisch paginierten Seiten (Bl. 2 R — Bl. 6 R = S. 1—9) sind jeweils längs beschrieben, wobei jede Seite durch einen vertikalen Strich in zwei Spalten unterteilt ist:

a) S. 1—S. 3, r. Sp. M.: Exzerpte aus: J. R. MacCulloch, *Discours sur l'origine, les progrès, les objets particuliers, et l'importance de l'économie politique,* trad. par G. Prevost, Genève/Paris 1825. (Kurze Marxsche Kommentare: S. 2, S. 3).

b) S. 3, r. Sp. M. — S. 9, r. Sp. Mo.: Exzerpte aus dem Anhang von G. Prevost, „Réflexions du traducteur sur le système de Ricardo". (Längere Marxsche

Kommentare: S. 5, S. 6, S. 7, S. 8, S. 9).

Die nächste, nicht paginierte, nicht in Spalten unterteilte Seite enthält, ebenfalls längs geschrieben,
c) o. — Mu.: Exzerpte aus Fr. Engels, „Umrisse zu einer Kritik der Nationalökonomie", in: *Deutsch-französische Jahrbücher,* Nr. 1—2, Paris 1844, S. 86—114.

Die folgenden 9, wieder paginierten, längs beschriebenen Seiten (Bl. 7 R — Bl. 11 R = S. 10—18) sind erneut durch vertikale Striche in zwei Spalten unterteilt.

d) S. 10, 1. Sp. o. — S. 12, r. Sp. u.: Exzerpte aus: A. L. C. Destutt de Tracy, *Elémens d'idéologie,* Bd. 4, ²Paris 1826.

e) S. 13—S. 18, r. Sp. Mu.: Fortsetzung der Exzerpte aus J. Mill, *Elémens d'économie politique,* trad. par J. T. Parisot, Paris 1823. (Marxscher Kommentar: S. 17).

Die nächste, quer beschriebene, nicht paginierte Seite (Bl. 11 V) enthält nur den Titel: „5) *Bentham,* l. c.". Die restlichen Seiten sind frei.

B 23 [B 22]:
9 Bogen (18 Blätter, 36 Seiten) von ±395 x ± 310 mm. Die beiden ersten, nicht paginierten, nicht in Spalten eingeteilten Seiten (Bl. 1 R/V) sind quer beschrieben.

a) Bl. 1 R, o.—Bl. 1 V, M.: Exzerpte aus *Xenophon's von Athen Werke,* übers. von A. H. Christian, Bd. 9, Stuttgart 1828, Bd. 10, Stuttgart 1830.

Die übrigen 34, römisch paginierten, durch vertikale Striche jeweils in drei (S. I—II) bzw. zwei (ab S. III) Spalten eingeteilten Seiten sind alle längs beschrieben. Da Marx die XXV versehentlich zweimal benutzt hat, geht die Paginierung nur bis XXXIII.

b) S. I—S. XVII, r. Sp. M.: Exzerpte aus D. Ricardo, *Des principes de l'économie politique et de l'impôt,* trad. par F. S. Constancio, 2 Bde., ²Paris 1835. (Längere Marxsche Kommentare: S. I, S. III f., S. V, S. VI, S. VII, S. IX f., S. XIII, S. XIV f.)

c) S. XVIII—S. XXXIII, r. Sp. u.: Exzerpte aus J. Mill, *Elémens d'économie politique,* trad. par J. T. Parisot, Paris 1823. (Ausführliche Marxsche Kommentare: S. XXV_1—S. XXX, S. XXXI—S. XXXIII, r. Sp. u.).

B. 24 [B 25]:
11 Bogen (22 Blätter, 44 Seiten) von ± 400 x 310 mm. Die ersten 21, nicht paginierten Seiten (Bl. 1 R—Bl. 11 R) sind quer beschrieben, wobei jede Seite durch einen Kniff in zwei Spalten eingeteilt ist.

a) Bl. 1 R, 1. Sp. o.—r. Sp.M.: Exzerpte aus C. W. Ch. Schüz, *Grundsätze der National-Oeconomie,* Tübingen 1843. Bl. 1 V—Bl. 10 R:

b) (Linke Spalte:) Exzerpte aus Fr. List, *Das nationale System der politischen Oekonomie,* Bd. 1, Stuttgart/Tübingen 1841. (Marxsche Kommentare: Bl. 5 V).

c) (Rechte Spalte:) Exzerpte aus H. F. Osiander, *Die Enttäuschung des Publikums über die Interessen des Handels, der Industrie und der Landwirtschaft,* Tübingen 1842.

d) Bl. 10 V, 1. Sp. o.—Mu.: Exzerpte aus dem ersten Band von H. F. Osiander, *Über den Handelsverkehr der Völker*, 2 Bde, Stuttgart 1840.

e) Bl. 11 R, 1. Sp. o.—r. Sp. M.: Exzerpte aus Kapitel XXVII von D. Ricardo, *Des principes de l'économie politique et de l'impôt,* trad. par F. S. Constancio, 2 Bde., [2]Paris 1835.

Die folgende Seite ist frei. Die nächten vier Seiten (Bl. 12 R—Bl. 13 V) enthalten Berechnungen. Die übrigen 18 Seiten sind frei.

B 25 [B 26]:
5 Bogen (10 Blätter, 20 Seiten) + ein angefügter Bogen (2 Blätter, 4 Seiten) von 265 x 206 mm. Alle 24, von Marx nachträglich arabisch paginierten, nicht in Spalten eingeteilten Seiten sind quer beschrieben. Sie enthalten Exzerpte aus dem ersten Band von E. Buret, *De la misère des classes laborieuses en Angleterre et en France,* 2 Bde., Paris 1840.

B 26 [B 21]:
9 Bogen (18 Blätter, 36 Seiten), genauer: 7 Bogen + 2 Halbbogen (Bl. 1, Bl. 10), von ± 400 x ± 310 mm. Bei der Restaurierung wurde Bl. 1 (Textverluste, besonders oben) an den folgenden Bogen an-, Bl. 10 in den mittleren Bogen eingeklebt. Die ersten 21 Seiten (Bl. 1 R—Bl. 11 R) sind quer beschrieben; erst ab Bl. 9 V sind sie in zwei Spalten unterteilt, erst ab Bl. 10 durch einen Kniff. Diese Seiten hat Marx arabisch paginiert, teilweise bevor er sie jeweils beschrieb (Tinte: 3, 4, 6, 7, 10, 11, 13, 20), wobei er der 21. (Bl. 11 R), die das Law-Exzerpt enthält, versehentlich die Ziffer 20 gab, dann noch einmal nachträglich (Bleistift 1—20) die ersten 20 (Bl. 1 R—Bl. 10 V), die die Bousguillebert-Exzerpte enthalten. Sämtliche Exzerpte entstammen dem Sammelband *Economistes financiers du XVIIIe siècle,* hrsg. von E. Daire, Paris 1843:

a) S. 1—S. 5, M.: Exzerpte aus P. de Boisguillebert, „Le détail de la France, la cause de la diminuation de ses biens, et la facilité du remède“, *ebenda*, S. 171—266.

b) S. 5, M.—S. 15 Mu.: Exzerpte aus P. de Boisguillebert, „Dissertation sur la nature des richesses, de l'argent et des tribut", *ebenda*, S. 394—424. (Ausführliche Marxsche Kommentare: S. 12—15).

c) S. 16, o.—S. 20, 1. Sp. Mo.: Exzerpte aus P. de Boisguillebert, „Traité de la nature, culture, commerce et intérêt des grains", *ebenda*, S. 352—393.

d) S. 20: Exzerpte aus Jean Law, „Considérations sur le numéraire et le commerce", *ebenda*, S. 465—548.

Die nächten beiden Seiten (Bl. 11 V, Bl. 12 R) sind frei. Die folgenden fünf, längs beschriebenen, nicht in Spalten eingeteilten, nicht paginierten Seiten (Bl. 12 V—Bl. 14 V) enthalten eine später angefertigte Übersicht zur römischen Geschichte. Die übrigen acht Seiten sind frei.

Zu diesen Heften kommt noch ein Moskauer Heft (fortan: MH), d. h. ein Exzerptheft, dessen Original sich im Moskauer IML (Sign. f. l., op. 1, d. 124/d. 127) befindet:

MH:[78]
7 Bogen (14 Blätter, 28 Seiten) von 400 x 310 mm. Die ersten 17, von der 7.—17. nachträglich arabisch (anschließend an B 20: 24—34) paginierten, jeweils durch einen Kniff in zwei Spalten eingeteilten Seiten sind quer beschrieben.

a) Bl. 1 R—Bl. 3 V:
(Linke Spalte:) Exzerpte aus R. Levasseur, *Mémoires*, 4 Bde., Paris 1829—1831.
(Rechte Spalte:) Konspekt dazu in deutscher Sprache.

b) Bl. 4 R—Bl. 8 R: (Beide Spalten:) Fortsetzung der Exzerpte aus A. Smith, *Recherches sur la nature et les causes de la richesse des nations*, trad. nouv. par G. Garnier, 5 Bde., Paris 1802.

Die folgende, nicht paginierte Seite (Bl. 8 V) enthält nur die Überschrift „t. IV. livre V. du revenu du souverain [...]". Die übrigen zehn Seiten sind frei.

Die vorstehende Übersicht umfaßt — außer dem, was Marx in der Pariser Zeit von 1843—1845 publiziert hat, einem damals begonnenen Notizheft, einigen Briefen — alles, was von seiner Hand aus jener Zeit bewahrt ist. Auf Grund der angegebenen äußerlichen Merkmale läßt dieses Material sich unterschiedlich ordnen:

1) Nach dem Papier (Qualität, Format) bilden A 7, A 8, A 9, A 9*, B 19, B 23, B 24, B 26, MH eine einheitliche Gruppe; die kleinformatigen Hefte B 20, B 21, B 25 fallen diesbezüglich deutlich aus dem Rahmen; sie bestehen aus verschiedenen Sorten Briefpapier.

2) Nach der Weise der Beschriftung:

- quer, ohne Spalteneinteilung: B 20, B 23a, B 25, B 26a, B 26b, B 26c (S. 16 f.);
- quer, Spalteneinteilung durch Kniff: B 19, B 24, B 26c (S. 18—20), B 26d, MH;
- längs, ohne Spalteneinteilung: A 9*, B 21c;
- längs, Spalteneinteilung durch vertikale Striche: A 7, A 8, A 9, B 21a, B 21 b, B 21d, B 21e, B 23b, B 23c.

3) Nach der Form der Paginierung:
- keine: A 9*, B 19, B 21c, B 23a, B 24, MHa;
- arabisch: (B 20), B 21a, B 21b, B 21d, B 21e, (B 25), B 26, (MHb);[79]
- römisch: A 7, A 8, A 9, B 23b, B 23c.

Es ist festzustellen, daß die „Manuskripte" unter keinem dieser drei Aspekte eine abgrenzbare Gruppe für sich bilden.

Diese Feststellung gewinnt Bedeutung dadurch, daß die „Manuskripte" ebensowenig nach der Art des Inhalts ohne weiteres von den anderen Heften abzugrenzen sind. Während sie ihrerseits nicht nur Marxschen Text enthalten, sondern der Text in A 7 weitgehend, in A 9* ausschließlich aus Exzerpten besteht, enthalten einige der anderen Hefte nicht nur Exzerpte, sondern ebenso frei formulierten Marxschen Text, z. T. von beträchtlicher Länge. Nicht einmal nach der Entstehungszeit sind sie — so scheint es — von den anderen Heften abzugrenzen. Es besteht daher kein Anlaß, davon auszugehen, daß die „Manuskripte" einen eigenen Komplex für sich darstellen.

Die Übersicht erzeugt den Eindruck, daß Marx, was die Form betraf, in der er seine Hefte vollschrieb, ziemlich willkürlich verfuhr, etwa derart, daß er diese Form von Zeit zu Zeit beliebig änderte, wonach er dann die neue Form gewohnheitsmäßig eine Zeitlang beibehielt. Eine genauere Analyse führt indessen zu dem Schluß, daß die neue Form meist einem bestimmten Zweck diente, ferner, selbst wenn der ursprüngliche Zweck entfiel, eine bestimmte Funktion erfüllte. Gleichzeitig ist zu erkennen, daß in gewissen Fällen eine bestimmte Form einer bestimmten Art von Inhalt entsprach, so etwa im Fall der zwei Konspekte, die Marx nicht anfertigte, um sich neues Wissen anzueignen, sondern um sich längst Gelesenes noch einmal zu vergegenwärtigen (A 9*, B 21c); daß er, was die Form betraf, nicht rein mechanisch vorging, zeigt z. B., daß er in B 21 nach der unpaginierten Seite, die den — auf dem Umschlag gleichfalls übergangenen —Engels-Konspekt (B 21c) enthält, die Paginierung der vorausgegangenen Seiten fortführte.

Gewisse zusätzliche Aufschlüsse vermitteln unabhängige Quellen, auf die hier kurz verwiesen sei. In seinem vielzitierten „Vorwort" zur *Kritik der politischen Ökonomie* von 1859 berichtet Marx selbst, daß er die Erforschung der politischen Ökonomie „in Paris begann".[80] Dort war er Mitte Oktober 1843 eingetroffen.[81] Bis zum Feber 1844 nahm ihn die Vorbereitung der beiden ersten Nummern der *Deutschfranzösischen Jahrbücher* in Anspruch, zu denen er selbst zwei Beiträge beisteuerte.[82] Unter dem 19. Dezember 1843 schrieb Ruge, wohl in bezug auf diese, daß Marx „fertig“ sei.[83] Aber aus einem Brief Ruges vom 5. Februar 1844 geht hervor, daß Marx später außerdem noch eine „Fortsetzung“ zur Krit[ik] der He[gel'schen] R[ech]tsphil[osophie]“, zugesagt hatte. [84] Den Versuch zu deren „Ausarbeitung zum Druck“ erwähnte Marx selbst in seiner in A 9 enthaltenen „Vorrede“, aus der zudem hervorgeht, daß er endlich zu dem Schluß kam, daß sich die komplexe Materie in der geplanten Form nicht adäquat darstellen ließ, wobei anzunehmen ist, daß seine scheinbar nur formalen immerhin z. T. in Wahrheit inhaltliche Probleme waren.[85] Unter dem 15. Mai 1844 berichtete Ruge, daß Marx überaus gereizt sei, besonders, „wenn er sich krank gearbeitet“; er lese sehr viel, vollende aber nichts, sondern breche überall ab, „stürze sich immer von neuem in ein endloses Büchermeer“; er plane nunmehr, „die Geschichte des Convents“ zu schreiben; das Material dazu habe er bereits „aufgehäuft“. „Die ‚Kritik der hegelschen Rechtsphilosophie‘ läßt er wieder liegen. Er will den Pariser Aufenthalt zu jener Arbeit benutzen“.[86] Unter dem 9. Juli 1944: „[...] er [i. e. Marx] hatte den Plan einer Politik im Kopf, den er aber leider noch nicht realisiert hat. Dann wollte er die Geschichte des Konvents schreiben [...]. Jetzt scheint auch das wieder zu liegen.“[87] Unter dem 29. August 1844: „Marx wollte Hegels Naturrecht kommunistisch kritisieren, dann eine Geschichte des Konvents, endlich eine Kritik aller Sozialisten schreiben. Er will immer das schreiben, was er zuletzt gelesen.“[88]

Unterdessen hatte Marx seinerseits im Pariser *„Vorwärts“!* eine scharfe Erwiderung auf einen in der Nummer vom 27. Juli 1844 dort veröffentlichten Artikel Ruges[89] geschrieben, die auf den 31. Juli datiert ist;[90] ferner — Mitte August — noch einen kürzeren Artikel.[91] Spätestens seit Mitte Juni erwog er einen neuen Angriff auf Bruno Bauer;[92] in einem Brief an Feuerbach vom 11. August 1844 kündete er „eine kleine Brochure“ gegen diese „Verirrung der Kritik“ an.[93] Während des Besuchs von Engels in Paris vom 27. August bis 6. September 1844 verdichtete sich diese Absicht zu dem gemeinsamen Projekt der (später so betitelten) *Heiligen Familie,* das Marx aber nahezu allein realisierte.[94] Laut seinem Brief an Campe vom 7. Oktober 1844 war bis dahin schon „eine Broschüre von ungefähr 10 Bogen [...] geschrieben“;[95] das bis Ende November fertiggestellte Manuskript ergab ein Buch von 22 Bogen; noch während des Drucks ließ Marx dasselbe — bis Mitte Januar 1845 — mehrfach ändern.[96] Am 2. Dezember 1844 sagte er Börnstein zu, „nächste Woche“ für die geplante Monatsschrift *Vorwärts!* „die Kritik Stirners zu liefern.“[97] Am 1. Februar 1845, d. h. unmittelbar vor seiner Abreise aus Paris, unterzeichnete er den Vertrag, in dem er sich gegenüber der C. W. Leske'schen Buchhandlung in Darmstadt zur

Lieferung eines Werkes in zwei Bänden von je über 20 Bogen verpflichtete, das nicht nur eine Kritik der Politik, sondern ebenso die der Nationalökonomie enthalten sollte.[98] Schon Anfang Oktober 1844 hatte Engels Marx gedrängt, dafür zu sorgen, daß die „Materialien", die dieser „gesammelt" habe, „bald in die Welt hinausgeschleudert werden";[99] in seinem Brief vom 20. Januar 1845 hatte er Marx nochmals aufgefordert, sein „nationalökonomisches Buch" baldmöglichst fertigzustellen.[100] In Engels' Brief vom 17. März 1845 endlich wird Marx' — möglicherweise ebenfalls noch in Paris entstandener — Plan erwähnt, für Püttmanns *Rheinische Jahrbücher zur gesellschaftlichen Reform* eine „Kritik Lists" zu schreiben;[101] Ansätze dazu enthält bereits die „Einleitung" von 1844 (vgl. u.).

Auf Grund der verfügbaren Informationen läßt sich nun nicht nur die Zeit, sondern ebenso die Reihenfolge der Entstehung der beschriebenen Texte annähernd ermitteln.

Bemerkenswerterweise ist von den genannten unabhängigen Quellen, die erkennen lassen, daß Marx 1844 mannigfaltige Pläne hegte, Engels' Brief vom 20. Januar 1845 der erste eindeutige Beleg für seine Absicht, ein „nationalökonomisches Buch" zu schreiben. Gleichzeitig zeigt dieser Brief, was für „Materialien" Engels in seinem Brief vom Oktober 1844 meinte. Da dieser offensichtlich Engels' erster Brief an Marx, von dem er seinerseits noch keinen Brief erhalten hatte, nach seiner Abfahrt aus Paris war, müssen die besagten „Materialien" bereits vor derselben vorgelegen haben. Diese Annahme wird durch den Artikel gestützt, den Marx Ende Juli für den *Vorwärts!* schrieb; er nimmt darin explizit u. a. auf „einen Schüler des zynischen Ricardo, MacCulloch", genauer: auf dessen *Discours* Bezug,[102] implizit ebenfalls auf das Buch von Buret.[103] Indirekte Hinweise auf Marx' nationalökonomische Studien sind in mehreren Artikeln enthalten, die G. Weber im Juli/August 1844 im *Vorwärts!* publizierte,[104] ferner in einem Brief Bernays' vom 6. September 1844.[105] Wenn es — worauf alles deutet — zutrifft, daß nicht Weber Marx, sondern dieser jenen inspiriert hat,[106] läßt sich annehmen, daß der Abschnitt in A 9, S. XLI—XLIII, über das Geld vor dem Artikel Webers, der am 28. August 1844 erschien,[107] entstanden ist, da drin nicht nur das gleiche Thema behandelt, sondern überdies das gleiche Zitat aus Shakespeare's *Timon von Athen* benutzt ist. Diese Annahme wird ihrerseits dadurch gestützt, daß sich die Kritik der Bauerschen *Allgemeinen Literatur-Zeitung* in dem Brief an Feurbach vom 11. August 1844 fast wörtlich in dem — also wohl kurz vorher, wenn nicht am gleichen Tag gechriebenen — Abschnitt in A 9, S. XII f., findet, in dem Marx zu seiner Hegel-Kritik übergeht, wobei er sich in beiden Fällen auf die Nummern jenes Blattes bezieht, die er Anfang August von G. Jung erhalten hatte.[108]

Der Hegel-Konspekt (A 9*) dürfte, wenn nicht bevor, so während Marx A 9 schrieb, entstanden sein, spätestens vor dem auf S. XXIII beginnenden Abschnitt in A 9, in dem er auf das „Schlußkapitel der Phänomenologie" besonders eingeht.[109]

Da die Paginierung der vier Seiten von A 8 (XXXX—XLIII) zu der der letzten in A 9 beschriebenen Seiten, auf die überdies noch 23 unbeschriebene Seiten folgen, parallel läuft, ist kaum anzunehmen, daß A 8 an A 9 anschließt. Näher liegt die Annahme, daß die vier Seiten von A 8 den Schluß des Textes bilden, auf den Marx im Anfang von A 9 Bezug nimmt.

Das Heft A 7 dürfte vor A 8, A 9 entstanden sein; denn offenbar war Marx die Mehrzahl der in letzteren erwähnten Ökonomen, als er A 7 schrieb, noch unbekannt. Gleichzeitig offenbart A 7 den ursprünglichen Zweck der durch vertikale Striche vorgenommenen Einteilung der dazu längs gelegten Seiten in — zunächst drei — Spalten, eine Einteilung, die Marx dann nicht nur in A 8, A 9, sondern ebenfalls in B 21, B 23 — wohl, weil er kurze Zeilen vorzog — vornahm. Daß die betreffenden Partien dieser Hefte (B 21a—b, B 21 d—e, B 23 b—c) ebenfalls nach A 7 entstanden sind, ergibt sich daraus, daß Marx dort Ricardo nach Buret zitierte, wobei er den von Buret wohl erläuternd gemeinten, aber in einer irreführenden Form gesetzten Hinweis auf den terminus technicus „rent of land" anscheinend für den Titel des Buchs von Ricardo hielt.[110] Offenbar kannte er also damals von diesem in B 23b exzerpierten Werk noch nicht einmal den Titel, woraus sich ergibt, daß er damals ebenfalls noch nicht den in B 21a exzerpierten *Discours* von MacCulloch kannte, in dem nicht nur der genaue Titel jenes Werkes erwähnt, sondern prononciert auf dessen enorme Bedeutung hingewiesen wird.[111] Umgekehrt ist nachweisbar, daß, als Marx A 7 schrieb, B 20 bereits vorlag. Daß Marx sich, was Smith betraf, in A 7 auf B 20 stützte, wird belegt durch von dort übernommene Fehler, ferner dadurch, daß gewisse Seitenangaben, die sich in B 20 auf längere Passagen beziehen, ebenfalls in A 7, wo Marx jeweils nur eine kürzere Passage bringt, erscheinen.[112] Daß er aber ebenfalls das Buch von Smith heranzog, beweisen einzelne Zitate, die B 20 nicht enthält. Auffallend ist, daß in A 7 nicht ein einziges Zitat aus MHb enthalten ist, was darauf deuten könnte, daß Marx erst, nachdem er, sei es das gesamte Heft A 7, sei es einen Teil davon beendet hatte, fortfuhr, Smith zu exzerpieren.[113]

Gleich B 20 entstand offenbar B 19, jedenfalls B 19a, schon vor A 7. Abgesehen davon, daß sich sämtliche Passagen aus dem *Traité* von Say, die Marx in A 7 heranzieht, in einer entsprechenden, d. h. ebenso verkürzten Form in B 19 a finden (einschließlich unkorrekter Angaben der Seiten), ist nach dem Charakter der Exzerpte (vgl. u.) anzunehmen, daß B 19, jedenfalls B 19a, vor B 20 entstanden ist.

Dem Heft B 19 ist das Heft B 24 auffallend ähnlich: in beiden Fällen teilte Marx durch einen Kniff die quer beschriebenen Seiten in zwei Spalten ein; in beiden Fällen nutzte er die rechte Spalte, soweit er diese zunächst frei gelassen hatte, für ergänzende Exzerpte; in beiden Fällen schrieb er über den Titel des zuerst exzerpierten Werkes in der Mitte der Seite (nach links verschoben) eine römische „I.", während er bei den ferner exzerpierten Werken jeweils eine arabische Ziffer — „2)" etc. — vor den Titel schrieb (was darauf deutet, daß sich die „I." teils auf das Heft, teils auf das Werk bezog). Es liegt daher nahe anzunehmen, daß die beiden Hefte, die einander ebenso was den Charakter der Exzerpte, Umfang, Stil, Niveau der Marxschen Kommentare angeht, ziemlich ähnlich sind, zur gleichen Zeit entstanden sind, nämlich unmittelbar nacheinander. Gegen die Annahme, daß B 24 erst im Hinblick auf die von Marx 1845 in Aussicht gestellte „Kritik Lists" entstanden sei, spricht schon, daß das erste in B 24 exzerpierte Buch nicht das von List ist, sondern das von Schüz. Daß Marx in B 24d speziell notierte, d. h. bemerkenswert fand, daß Osiander „die Bildung der verschiednen Stände" aus der „Theilung der Arbeit" ableite,[114] n. b. „Stände" schreibend, wo Osiander „Klassen der Gesellschaft" schrieb,[115] deutet umgekehrt darauf hin, daß B 24 — gleich B 19 — ziemlich früh entstanden ist. Daß Marx — offenbar, um sich nationalökonomische Grundkenntnisse anzueignen — den *Traité* von Say ausführlichst exzerpierte (B 19a), dagegen aus dem umfangreichen Buch von Schüz nur einzelne — ergänzende — Passagen (B 24a), deutet darauf hin, daß B 24 nach B 19 entstand, jedenfalls nach B 19a. Daß Marx die Exzerpte aus dem Buch von Skarbek (B 19b) gar nicht, die aus dem *Cours complet* von Say (B 19c) dann aber nicht „3)", sondern „2)" numerierte, legt die Annahme nahe, daß er die genannten beiden Werke unmittelbar nacheinander, aber nicht unmittelbar nach B 19a, sondern erst später — etwa nach B 24a-d — exzerpierte. Der daraus resultierenden Annahme, daß er von der zunächst in B 19a, dann noch einmal in B 24a benutzten römischen in der Folge zur arabischen Numerierung überging, entspricht, daß er in B 20 über den Titel des Buchs von Smith tatsächlich nicht mehr „I.", sondern „1)" schrieb.[116] Zugunsten der Annahme, daß B 19b nicht unmittelbar nach B 19a entstand, spricht aber vor allem, daß Marx ja die rechte Spalte ursprünglich für andere Zwecke vorgesehen hatte; hätte er die *Théorie* von Skarbek unmittelbar nach dem *Traité* von Say exzerpiert, dann hätte er das wohl auf den anschließenden freien Seiten getan.

Wozu die rechte Spalte ursprünglich bestimmt war, ist aus MHa ersichtlich: in der linken Spalte exzerpierte Marx — vorzugsweise wörtlich in französischer Sprache — die *Mémoires* von Levasseur, in der rechten verarbeitete er diese Exzerpte — n. b. aber nicht nur sie — zu einem eigenen deutschen Text. Es ist infolgedessen anzunehmen, daß MHa vor B 19a entstand. Noch früher sind wohl die Exzerpte aus Xenophons Werken (B 23a) entstanden, die — vom Inhalt her in erster Linie die „Staatsverfassung" der führenden griechischen Staaten betreffend — in formaler Hinsicht den in Kreuznach angefertigten Exzerpten gleichen.[117]

Daß Marx in B 23 dann die Seiten gleichfalls römisch paginierte, zudem sie zunächst gleichfalls in drei Spalten unterteilte, legt die Annahme nahe, daß er nach A 7 zuerst das Werk Ricardos exzerpierte, d. h. B 23, jedenfalls bis B 23b, vor B 21 entstand. Diese Annahme wird — scheint es — dadurch gestützt, daß in B 21a—b mehrfach auf Ricardo, einmal ebenfalls auf Mill, in B 23b—c dagegen keinmal auf MacCulloch/Prevost hingewiesen wird.[118] Aber der Schein trügt: Zwei der drei fraglichen Verweise in B 21a—b lassen sich auf das zurückführen, was MacCulloch/Prevost schreiben, die ja auf Ricardo/Mill ausführlich eingehen, der dritte auf den bereits in A 7 nach Buret zitierten Passus.[119] Keiner dieser drei Verweise auf Ricardo setzte also irgendeine, geschweige eine „gute Kenntnis" seines Werks voraus; im Gegenteil: Es ist kaum anzunehmen, daß Marx die von Prevost nach Mill gegebene Darstellung der Lehre von Ricardo derart ausführlich exzerpiert hätte, wenn er bereits eine „gute Kenntnis" von dessen Werk selbst besessen hätte. Als er aber dieses exzerpierte, hatte er kaum Anlaß, auf das, was MacCulloch/Prevost darüber schrieben, noch einmal zurückzukommen, so daß ebenso das Argument von dem fehlenden Hinweis auf sie in B 23b entfällt, das überdies genauer Prüfung ebenfalls nicht standhält. B 23b enthält tatsächlich keinen expliziten, wohl aber einen impliziten Hinweis auf MacCulloch/Prevost: Marx' Bemerkung in B 23b, daß Malthus „zuerst die Theorie de fermage [...] aufgestellt" habe, die Ricardo/Mill dann „nachgesponnen",[120] läßt sich nur auf jene zurückführen,[121] zumal nichts darauf deutet, daß Marx das Buch von Malthus, worin dieser die besagte Theorie entwickelte,[122] schon kannte.[123]

Es gibt ferner ein Indiz, daß der Engels-Konspekt (B 21c) schon vor B 23b entstanden ist: in dem Konspekt der „Umrisse" verkürzt Marx die von Engels dort entwickelte Kritik der Theorien über den Realwert zu einer knappen Formel, die ebenfalls in B 23b erscheint.[124] Das Gleiche gilt bezüglich einer kritischen Bemerkung zu Ricardos Theorie der Grundrente.[125] Der in B 23c enthaltene Verweis auf einen Passus von Destutt de Tracy, der sich ebenfalls in B 21d findet,[126] läßt darauf schließen, daß B 23c nach B 21d entstand. Nichts deutet aber darauf hin, daß B 23c nicht unmittelbar nach B 23b entstanden wäre; im Gegenteil: Seit Marx MacCulloch/Prevost gelesen hatte, erblickte er in Mill *den* Ricardianer, so daß er fortan meist Ricardo/Mill zusammen nannte,[127] weshalb eher anzunehmen ist, daß er sie in B 23 unmittelbar nacheinander exzerpierte — nachdem er die Exzerpte in B 21 angefertigt hatte.

Daß in A 8, A 9 Mill — nicht nach den Exzerpten, sondern nach dem Buch — nur einmal, Ricardo aber keinmal wörtlich zitiert wird, scheint darauf hinzudeuten, daß Marx ihre Bücher später exzerpierte, d. h. nach A 9. Dem entspräche, daß G. Weber in seinen Artikeln auf mehrere der von Marx vorher benutzten, aber nicht auf diese Werke Bezug nimmt.[128] Aber abgesehen davon, daß es fraglich ist, ob Weber diese selbst gelesen hatte, waren sie zu journalistischer Verwertung weniger geeignet. Überdies ist festzustellen, daß Marx, der das hervorstechendste Merkmal von Ricardo/Mill in ihrem — in B 23 spezifizierten — „Zynismus" sah,[129] gleich in dem ersten seiner eigenen Artikel — die englische Nationalökonomie nur en passant berührend — von dem „zynischen Ricardo" sprach.[130] Was aber die fehlenden Zitate angeht, scheint es fraglich, ob nach dem Charakter von A 9 (vg. u.) dort Zitate zu erwarten sind. Jedenfalls besagt die Anzahl der Exzerpte wenig; bedeutsamer scheint, daß Marx in A 9 die zwei Autoren derart häufig nennt.[131] Gegen die Annahme, daß er sein Wissen über sie nur aus MacCulloch/Prevost bezog,[132] spricht eine Reihe von Verweisen in A 9, die — ganz im Gegenteil — erkennen lassen, daß er ihre Bücher selbst bereits genauer kannte, n. b. nicht nur die *Principes* Ricardos, sondern ebenso die *Elémens* von Mill;[133] ja, was die in A 9 enthaltenen — sei es expliziten, sei es impliziten — Hinweise auf letztere betrifft, sind die betreffenden Passagen gleichfalls in B 23c, B 21e enthalten, so daß anzunehmen ist, daß die Exzerpte schon vorhanden waren. Daß Marx jedoch das einzige wörtliche Zitat nicht ihnen, sondern dem Buch selbst entnahm, besagt nicht viel; in A 7 hatte er ja ebenfalls — außer B 20 — Smith's Buch selbst herangezogen.

Nicht genauer einzuordnen sind: B 24e, B 25, B 26. Von den ergänzenden, das Papiergeld betreffenden Exzerpten aus dem Buch Ricardos (B 24e) läßt sich nur feststellen, daß sie nach B 23c entstanden sind. Während Marx aus dem Kapitel „De la monnaie" der *Principes* in B 23b nur ein paar Sätze notiert hatte, hatte er in B 23c die entsprechenden Abschnitte der *Elémens* ausführlichst exzerpiert. Diese Abschnitte hatten ihn dort zu dem ersten seiner längeren Exkurse angeregt. Von dem Heft B 25 ist nur festzustellen, daß es nach A 7 entstand. Während die Zitate aus dem Buch Burets, die Marx in A 7 in die ersten beiden Spalten eintrug, fast durchweg der Einleitung entstammen, notierte er aus dieser in B 25 dann nur noch drei Sätze. Daß er seit A 7 den — in B 25 exzerpierten — ersten Band mehrfach heranzog, heißt nicht, daß B 25 bald nach A 7 entstand. Marx konnte ebensogut das Buch benutzen, das er bereits selbst besaß.[134] Daß er in einem seiner ersten Brüsseler Hefte dann den zweiten Band nach einer anderen Ausgabe exzerpierte,[135] legt die Annahme nahe, daß er dieses materialreiche Werk erst kurz bevor er — einstweilen unter Hinterlassung seiner Bücher — Paris verlassen mußte, zu exzerpieren begann. Ebenso dürfte das Heft B 26, jedenfalls der erste Teil, noch in den letzten Wochen in Paris entstanden sein. Das Manuskript der *Heiligen Familie* ist nicht überliefert; aber es ist anzunehmen, daß Marx hier die Seiten quer, d. h. normal beschrieb, ohne sie in Spalten einzuteilen. Ebenso begann er dann B 26. Die langen Zeilen waren ihm jedoch — so scheint es — unbequem, so daß er in B 26d zu der in MH, B 19, B 24 benutzten Form zurückkehrte, d. h. erneut durch Kniff die quer beschriebenen Seiten in zwei Spalten unterteilte; in der gleichen Form setzte er danach B 26c fort.[136] Möglicherweise entstand der zweite Teil von B 26 erst in Brüssel, wo er sich dieser Form dann generell bediente.

Nach dem bisher Ausgeführten läßt sich der Verlauf der durch die bewußten Hefte dokumentierten Marxschen Studien recht genau rekonstruieren. Offen ist jedoch noch, wann Marx diese Studien aufnahm. Seine eigene Darstellung von 1859 suggeriert, daß er, nachdem er im Verlauf der 1843 begonnenen Kritik der Hegelschen Rechtsphilosophie zu der Einsicht gekommen war, daß die politisch-rechtlichen Verhältnisse durch die bürgerliche Gesellschaft bedingt seien, daß aber „die Anatomie der bürgerlichen Gesellschaft in der politischen Ökonomie zu suchen sei“, unmittelbar deren Erforschung begann.[137] Aber offenbar skizzierte er hier nur ex post die allgemeinen Linien seiner biographie intellectuelle. Gegenwärtig wird gemeinhin davon ausgegangen, daß Marx die Levasseur-Exzerpte (MHa) für die im Frühjahr 1844 geplante „Geschichte des Konvents“ anfertigte, d. h. seine nationalökonomischen Studien frühestens im Mai, eventuell im Juni, ja vielleicht erst Anfang Juli aufnahm.[138] Diese Auffassung, die davon abstrahiert, daß der Plan, eine Geschichte des Konvents zu schreiben, ebenfalls aus den Studien zur Kritik der Hegelschen Rechtsphilosophie hervorging, so daß MHa ebensogut vor diesem Plan entstanden sein kann, entspricht der Vorstellung, daß Marx auf dem einmal — sei es nicht sofort — beschrittenen Weg der Erforschung der politischen Ökonomie qua „Anatomie“ konsequent fortging.

Obwohl die beiden in den *Deutsch-französischen Jahrbüchern* veröffentlichten Artikel erkennen lassen, daß Marx sein Augenmerk zunehmend auf ökonomische Probleme richtete, deutet darin in der Tat kaum etwas darauf hin, daß er besagte Studien bereits aufgenommen hatte. Bemerkenswert ist immerhin der Passus in der „Einleitung“, in dem er den zurückgebliebenen Deutschen, die „ein Hauptproblem der modernen Zeit“, nämlich „das Verhältnis der Industrie, überhaupt der Welt des Reichtums, zu der politischen Welt“ erst unter der Form der *„National-Ökonomie“* zu interessieren beginne, die fortgeschrittenen Völker gegenüberstellte, bei denen das Problem bereits *„Politische Ökonomie“*, nämlich *„Herrschaft der Sozietät über den Reichtum“* laute.[139] Abgesehen von dem Verweis auf List, dessen Lehren Marx bekannt waren, dürfte dieser Passus auf dem „Discours préliminnaire“ zu dem *Traité* von Say basieren,[140] was hieße, daß

Marx diesen bereits ausgelesen hatte.[141] Beiläufig sei darauf hingewiesen, daß Say in dem „Discours préliminaire" die Grenzen der ökonomischen Einsicht „chez les peuples anciens" durch den Verweis auf die „Economiques" von Xenophon illustriert.[142] Es wäre also denkbar, daß die Exzerpte aus Xenophon (B 23a), Levasseur (MHa), Say (B 19a), Schüz (B 24a), List (B 24b) und Osiander (B 24 c—d) im Verlauf der Anfang 1844 in Angriff genommenen Ausarbeitung der Kritik der Hegelschen Rechtsphilosophie entstanden sind, d. h. bevor sich Marx entschloß, den Aufenthalt in Paris für eine Arbeit über den Konvent zu nutzen.[143] Diese Annahme wird durch die Anlage der Hefte B 19, B 24 gestützt, die der erwähnten Bemerkung in der „Einleitung" genau entspricht. Marx wäre dann — frühestens im Mai — zur Ökonomie zurückgekehrt.

Daß Marx jedenfalls zuerst zu Say griff, scheint bei der Bedeutung, die diesem —besonders in Frankreich — beigemessen wurde, nicht erstaunlich. Von den Autoren, die Marx damals kannte, unterstreicht sie namentlich Proudhon.[144] Der Charakter der ausgedehnten, zumeist wörtlichen Exzerpte in französischer Sprache deutet darauf hin, daß es Marx, der vorerst ja — so Engels — von Ökonomie noch „keine Ahnung" hatte,[145] in erster Linie darauf ankam, sich elementare Kenntnisse anzueignen. Nachdem er den *Traité* zunächst fortlaufend bis ins zweite Drittel von Buch III exzerpiert hatte, exzerpierte er — gemäß dem Rat von Say[146] — den Anhang in thematischer Ordnung. Die rechte Spalte des Hefts (B 19) ließ er — offenbar für eigene Notizen — zunächst frei. Danach begann er ein neues Heft (B 24), in dem er zunächst — in beiden Spalten — das im Herbst 1843 erschienene Buch von Schüz, in einem zweiten Teil synoptisch in der linken Spalte das Buch von List, in der rechten Spalte Osianders Kritik desselben, endlich in einem dritten Teil — erneut in beiden Spalten — die ersten drei Kapitel von Osianders *Handelsverkehr* exzerpierte.

Anscheinend dienten seine nationalökonomischen Studien in dieser ersten Phase nicht nur dem Erwerb von allgemeinen Kenntnissen, die er noch nicht besaß, sondern ebenso dem in der „Einleitung" proklamierten „Kampf gegen den bornierten Inhalt des deutschen *status quo*", der, obwohl *„unter aller Kritik"*, dennoch „Gegenstand der Kritik" blieb.[147] Daß Marx noch weit davon entfernt war, in der politischen Ökonomie die „Anatomie" der bürgerlichen Gesellschaft zu erkennen, zeigt die erwähnte Notiz in B 24d, daß für Osiander (!) „die Bildung der verschiednen Stände" eine „Consequenz der Theilung der Arbeit" sei.[148] Wohl erst später, d. h. als er seine nationalökonomischen Studien erneut aufgenommen hatte, trug er in die rechte Spalte von B 19 Auszüge aus der *Théorie* von Skarbek, dann aus dem *Cours complet* von Say ein. Der *Cours complet*, in dessen Einleitung Say, ohne von „Anatomie" zu sprechen, den betreffenden Gedanken aussprach,[149] interessierte Marx auffallend wenig; nachdem er aus dem ersten Teil der Einleitung nur ein paar kurze Sätze notiert hatte, legte er das umfangreiche Werk beiseite. Die besagte Einsicht dämmerte Marx — scheint es — erst, als er in einem neuen Heft (B 20) die französische Ausgabe des berühmten Werks von Smith exzerpierte. Während er die französischen Bücher bisher meist wörtlich in französischer Sprache exzerpiert hatte, verfuhr er in B 20 weitaus freier, indem er nicht nur die meisten Zitate direkt ins Deutsche übersetzte, sondern ganze Absätze zusammenfassend paraphrasierte. Auf diese Weise exzerpierte er zunächst fortlaufend bis zum ersten Drittel von Buch II (in Bd. 2); dort brach er ab, um — zu Buch I (in Bd. 1) zurückkehrend — noch einmal intensivst die Abschnitte über die drei Einkommensarten zu exzerpieren; nachdem er dann von neuem bis Buch II (in Bd. 2) — diesmal aber bis zu dessen Ende — gelangt war, brach er noch einmal ab; noch einmal zu Buch I (in Bd. 1) zurückkehrend, exzerpierte er erneut eine Passage aus dem Abschnitt, in dem Smith die Umstände behandelt, die die Einkommen modifizieren. Diese Auszüge sind die letzten in B 20, wo dann noch eine Seite frei blieb.

Das Vorgehen in B 20 deutet darauf hin, daß Marx, während er die *Recherches* durcharbeitete, entdeckte, was er vorher noch nicht wußte, nämlich daß den drei Einkommensarten eine fundamentale Bedeutung zukam.[150] Offenbar aus dem Bedürfnis, durch eine — schon in B 19a praktizierte — thematische Ordnung des Materials Klarheit nicht nur über jede der drei Einkommensarten für sich, sondern ebenso über die wechselseitigen Zusammenhänge zu gewinnen, entstand das Heft A 7.

Nicht nur, daß die Gegenseiten keine Abdrücke aufweisen, sondern ebenso die wechselnde Betitelung der Spalten läßt erkennen, daß Marx in A 7 jede Seite einzeln, bevor er sie beschrieb, entsprechend unterteilte. Adoratskijs Annahme, daß die Spalten darauf deuteten, daß Marx jedem der drei Themen eine etwa gleich lange Ausführung zu widmen beabsichtigt habe,[151] ist grundlos. Die eigenartige Abfolge der paginierten Seiten (s. Abb. 1) deutet vielmehr darauf hin, daß Marx zunächst nicht viel beabsichtigte, noch nicht einmal die Anlage eines Heftes. Während er seine Hefte im allgemeinen so anfertigte, daß er mehrere quer gefaltete Bogen ineinanderlegte, ist das „Heft“ A 7 das Ergebnis eines spontanen Prozesses: Marx nahm einen Bogen, faltete ihn quer, beschrieb dann aber nicht zunächst die Außen-, dann die Innenseite des „linken“ Blattes,[152] sondern erst die beiden Außenseiten, dann die Innenseite des „rechten“ Blattes. Erst jetzt bemerkte er, daß dieser eine Bogen nicht genügen würde: statt zunächst die noch freie Innenseite des „linken“ Blattes zu beschreiben, griff er zu einem neuen Bogen, von dem er erst die Außen-, dann die Innenseite eines Blattes beschrieb — nicht des „linken“ (was eine ab hier normale Abfolge ergeben hätte), sondern des „rechten“. Auf die gleiche Weise füllte er dann die zwei „rechten“ Seiten eines dritten Bogens. Als er bis zur zweiten dieser beiden Seiten (S. VII) gelangt war, meinte er offenbar, es sei genug; jedenfalls schloß er den

Text der ersten Spalte in der noch freien Spalte ab. Aber als er die zwei anderen Spalten füllte, mußte er feststellen, daß er sich geirrt hatte, so daß er einen vierten Bogen hinzunahm, von dem er erneut erst die Außen-, dann die Innenseite des „rechten" Blattes beschrieb. Anscheinend glaubte er jetzt, daß die bisher frei gebliebenen „linken" Seiten reichen würden, um die Texte zu beenden; jedenfalls ging er nunmehr dazu über, jene zu beschreiben — zunächst die des vierten Bogens, dann die des dritten etc., bis er zur Rückseite von S. I gekommen war, d. h. S. XVI. Vermutlich setzte er nun erst einmal in einem früher angelegten Heft (MH) die Smith-Exzerpte fort, wonach er, durch diese angeregt, den Text zum Thema „Grundrente" fortführte, wozu der in der ersten Spalte von S. XVI verbliebene Raum nicht reichte. Also nahm er einen fünften Bogen, von dem er erst die Innenseite des „linken", dann die des „rechten", dann die Außenseite des „rechten" Blattes beschrieb, danach noch einen sechsten, endlich noch drei weitere Bogen, von denen er jeweils die beiden „rechten" Seiten füllte — bis S. XXVII, wo er in der ersten Spalte (Mo.) abbrach. Erst im nachhinein nähte er die neun Bogen zu einem Heft zusammen, indem also die ersten Seiten frei waren. Die Literaturliste auf der dritten Seite stellte er wohl erst 1850 in London zusammen, als er sich entschloß, „ganz von vorn wieder anzufangen".[153] Wohl gleichfalls damals schrieb er auf die erste Seite *„Heft I."*

Schon die Entstehung dieses Heftes zeigt, daß Marx die Texte zu den drei Einkommensarten nicht jeweils in einem Zug verfaßte. N. I. Lapin hat diesbezüglich die Ansicht vertreten, daß „der Ausgangspunkt der Marxschen Untersuchung" nicht der Arbeitslohn, sondern der Profit des Kapitals gewesen sei, nämlich Marx in der ersten Etappe (bis S. VII) zunächst die zweite, dann die dritte (bis S. VI), dann die erste Spalte gefüllt habe, woraus folge, „daß Marx seit Beginn die Wurzeln aller Probleme der bürgerlichen Gesellschaft im Kapital sah".[154] Aber abgesehen davon, daß dem Punkt wohl kaum die ihm von Lapin beigemessene Bedeutung zukommt, ist er durchaus nicht klar. Was diese Etappe angeht, steht nur fest, daß Marx auf S. I die zweite vor der dritten, ferner —spätestens — auf S. VI die erste vor der zweiten Spalte füllte; denn in beiden Fällen schrieb er über den Strich, der die Spalte rechts begrenzte, hinaus, wonach er — rechts von diesem — einen neuen Strich zog.[155] Ob er auf den ersten Seiten — etwa bis S. IV — die zweite vor der ersten Spalte füllte, ist nicht feststellbar.[156]

Während Marx den Text zum Thema „Arbeitslohn" in der ersten Spalte (bis S. VII) frei verfaßte, komponierte er — offenbar noch unsicher — die Texte, die er — S. VII überspringend — in die beiden anderen Spalten (zunächst bis S. XI bzw. S. X) eintrug, aus teils wörtlichen, teils freieren Zitaten, die er vorzugsweise B 20, zu einem kleinen Teil B 19a entnahm. Anschließend trug er in die beiden ersten Spalten (bis S. XV bzw. S. XIII) — wohl direkt — nacheinander Exzerpte aus den Büchern von Schulz, Pecqueur, Loudon, Buret ein. Nachdem er in der zweiten Spalte (bis S. XVI) dann noch einige weitere Zitate, die er teils B 20, teils dem Buch von Schulz entnahm, hinzugefügt hatte, führte er (zunächst bis S. XVI, dann bis S. XXI) — jetzt frei — den Text zum Thema „Grundrente“ fort, wonach er schließlich (ab S. XXII) fortlaufend in allen drei Spalten, die er aber in gewohnter Weise zu betiteln fortfuhr, den Text über die „entfremdete Arbeit“ schrieb.

Daß die gängige politische Ökonomie — selbst in ihrer „fortgeschrittenen“ Form — imstande war, das Problem der „Herrschaft der Sozietät über den Reichtum“ in der Tat zu lösen, dürfte Marx, wenn nicht von Anfang an, so jedenfalls seit der Lektüre des *Traité* von Say bezweifelt haben. Aber erst durch die Lektüre der *Recherches* von Smith, vielleicht sogar erst durch die Übersicht, die er sich in A 7 schuf, gelangte er — so scheint es — zu der Überzeugung, daß die Nationalökonomie nicht nur „die Gesetze der entfremdeten Arbeit ausgesprochen hat“, sondern sich aus „ihren eigenen Worten“ demonstrieren ließ, daß „der *materielle* Prozeß des Privateigenthums“ selbst die Aufhebung des Privateigentums zunehmend zum allgemeinen, unabweisbaren Bedürfnis machte.[157] Wohl im Hinblick darauf seine Studien nun intensivierend, las er eine Reihe neuer Bücher, u. a. von M. Chevalier,[158] der laut M. Heß einer der „vorzüglichsten Schüler“ St. Simons war,[159] Sismondi,[160] auf den möglicherweise Chevalier sein Interesse gelenkt hatte,[161] Ganilh,[162] auf den er vielleicht bei der Lektüre von Sismondi aufmerksam wurde.[163] Er exzerpierte den — in der Bibliographie von Schüz obenan stehenden — *Discours* von MacCulloch (B 21a) einschließlich des Anhangs von Prevost (B 21b), das von MacCulloch besonders erwähnte Buch von Destutt de Tracy (B 21d),[164] die *Principes* von Ricardo (B 23b), die *Elémens* von Mill (B 23e), B 21e). Gegenüber seinen ersten Heften (B 19, B 24, B 20, MH), in denen er sich nur ganz ausnahmsweise zu dem, was er exzerpierte, selbst geäußert hatte, fällt in diesen beiden neuen Heften (B 21, B 23) auf, daß er die Auszüge darin zunehmend kommentierte, wobei der Umfang seiner Kommentare — erst nur einzelne Sätze, dann ganze Absätze, dann ganze Seiten — von Autor zu Autor zunahm, bis sich endlich in dem letzten Drittel von B 23 das Verhältnis umkehrte, derart, daß nicht mehr eigener Text seine Exzerpte, sondern diese jenen unterbrachen. Auffallend ist in B 23 ferner, daß Marx dieses Heft — gleich A 7 — römisch paginierte; denn wenn die Annahme zutrifft, daß nach A 7 zunächst B 21a—d entstand, dann erst B 23b—c, ist das nicht einfach so erklärbar, daß Marx in B 23 rein mechanisch die Form von A 7 beibehielt;[165] es könnte vielmehr darauf deuten, daß er so, im Hinblick auf die ganz besondere Bedeutung, die er den Autoren beimaß, die er darin exzerpierte, dieses Heft — gleich A 7 — von seinen normalen Heften abhob.[166]

Nach der gängigen Auffassung hätte Marx nun — spätestens im Juli 1844 — das bewußte Werk geschrieben, worauf sich die „Vorrede" bezieht; von den 43 Seiten dieses Heftes wären nur die letzten vier (A 8) erhalten, 39 wären verlorengegangen. „C'est particulièrement facheux", meint V. K. Brušlinskij, „car ce deuxième manuscrit est fondamental", ja „on peut supposer que le titre de tout l'ouvrage figurait sur la première page perdue du deuxième manuscrit."[167] Es tauchen hier indessen mehrere Probleme auf:

1) Es ist schwer vorstellbar, was die verlorenen 39 Seiten jenes „texte principal" enthalten haben sollen. Aus A 9 geht immerhin hervor, was diese 39 Seiten nicht enthielten (Erörterung des Kommunismus, Hegel-Kritik). Danach, ferner nach den vier erhaltenen Seiten, endlich nach den indirekten Hinweisen in A 9 auf die vorausgegangenen zu urteilen, hätte Marx in diesem Text ausschließlich nationalökonomische Probleme behandelt, wobei dann auffällt, daß ausgerechnet im erhaltenen letzten Teil Gedanken entwickelt sind, die sich zu einem Gutteil bereits in A 7 finden.

2) Wo Marx so ziemlich alles, was er damals schrieb, so sorgfältig bewahrt hat, wäre es erstaunlich, wenn von seinen Heften ausgerechnet der „texte principal", zu em A 7 nur Vorarbeiten, A 9 nur Zusätze darstellten, verlorengegangen wäre, nicht einmal ganz, sondern nur teilweise.

3) Von den Plänen, die Marx damals hegte, wissen wir in erster Linie aus seiner eigenen Korrespondenz, in der jedoch nur von dem neuen Angriff gegen Bauer die Rede ist (vgl. u.), in zweiter Linie aus den Briefen Ruges. Marx hatte zwar im März schon den persönlichen Kontakt zu diesem abgebrochen;[168] aber daß Ruges Angaben nicht völlig aus der Luft gegriffen waren, zeigt, was die „Geschichte des Konvents" betrifft, die Menge dessen, was Marx nachweislich hierzu gelesen hat, was die „Kritik aller Sozialisten" betrifft, A 9. Abgesehen davon, daß Ruge damals in demselben Haus — Rue Vanneau 38 — wohnte, dürfte er durch gemeinsame Bekannte über Marx' Pläne informiert gewesen sein.[169] Daß Marx sich diesen gegenüber über mancherlei Projekte, aber nicht das so weit fortgeschrittene Projekt einer Kritik der Nationalökonomie geäußert hätte, wäre ebenfalls erstaunlich.

4) Selbst Engels, dem Marx in Paris — so scheint es — seine Hefte zeigte, schrieb danach zunächst nur von den „Materialien, die Du gesammelt hast".[170]

5) Wenn die vorausgegangenen 39 Seiten im Stil den vier erhaltenen geglichen hätten (anzunehmen, daß dem nicht so war, besteht kein Anlaß) wäre eigenartig, daß Marx bei erneutem Überlesen nur drei Stellen auf nur zwei der 43 Seiten fand, wo er etwas hinzuzusetzen hatte.

Durch die — selbst fragwürdig — Annahme, daß in A 8, A 9 so wenig von B 23b—c eingeflossen sei, weil Marx B 23b—c, jedenfalls B 23c, erst nach A 9 geschrieben habe,[171] wird die erstgenannte Schwierigkeit noch größer, wogegen immerhin dieser Schwierigkeit — aber nur dieser — die entgegengesetzte Annahme Rechnung trägt, daß die Auswertung von B 23b—c auf den verlorenen Seiten von A 8 erfolgt sei.[172] Der Vergleich der betreffenden Seiten legt eine dritte, einfachere Annahme nahe, die nicht nur allen fünf erwähnten Punkten Rechnung trägt, sondern überdies ermöglicht, zu erklären, weshalb sich in A 8, A 9 so wenig von dem Inhalt von B 23 findet: Die Annahme, daß die vier Seiten von A 8, die äußerlich den letzten Seiten von B 23c auffallend ähnlich sind, den Schluß des Marxschen Textes in B 23c darstellen.

Im Schriftbild der letzten Seite von B 23c (S. XXXIII) deutet nichts darauf hin, daß Marx seinen Exkurs hier abbrach. Eine Fortsetzung ist ebenfalls vom Inhalt her durchaus nicht undenkbar. Nachdem Marx in den letzten Sätzen von B 23c erneut auf die Arbeit „unter der Voraussetzung des Privateigenthums" zurückgekommen war,[173] wäre er, den Zusätzen in A 9 zufolge, auf S. XXXVI auf das Privateigentum von seiner objektiven Seite eingegangen,[174] auf S. XXXIX auf den Gegensatz der eigentumslosen Masse zu dem Eigentum, sodann den Weg der Selbstentfremdung,[175] auf S. XXXX, d. h. der ersten Seite von A 8 auf deren letzte Steigerung, bei der die Arbeit — gleich dem Kapital — „der sich ganz abhanden gekommene Mensch" nur eine Ware ist, etc.[176] Beispiele dafür, daß Marx keinen Grund sah, nur deshalb abzubrechen, weil ein Heft voll war, gibt es genug; er half sich im Bedarfsfall auf verschiedene Weise. Was die Fortführung von B 23 angeht, wäre beispielsweise denkbar, daß Marx zunächst in der Weise, in der er dies schon vorher mehrfach getan hatte,[177] einen Bogen hinzunahm, von dem er die beiden Seiten des „rechten" Blattes (S. XXXIV, S. XXXV) beschrieb, während das „linke" die Funktion des Titelblatts erfüllte,[178] dann in der Weise, in der er dies im Fall von B 25 tat, noch zwei weitere Bogen (S. XXXVI—XXXIX, S. XXXX—XLIII = A 8) lose anfügte. Dem entspräche, daß sich in A 8 die Seiten XXXX/XLI, XLII/XLIII jeweils die zwei Seiten eines Blattes sind, während bei einem ab der ersten (eventuell: dritten) Seite normal paginierten Heft die Seiten I/II, ..., XXXIX/XXXX, ... jeweils die zwei Seiten eine Blattes wären.[179] Der Verlust reduzierte sich so auf sechs Seiten Text bzw. vier Blätter: verlorengegangen wären die beiden (neuen) Außenblätter von B 23, ferner der eine der zwei lose angefügten Bogen, nämlich der, auf den sich die Zusätze in A 9 beziehen.

Wenn die Annahme, daß die zwei Blätter (A 8) zu B 23 gehören, zutrifft, hätte Marx nunmehr die Mill-Exzerpte in B 21 fortgesetzt.[180] Auf den Umschlag dieses Heftes schrieb er dann in einem Zug, Engels überspringend, die Autoren der darin exzerpierten Bücher (MacCulloch, Prevost, Destutt de Tracy, Mill). Später fügte er hinzu: „5) *Sismondi*: Eclairissemens etc.",[181] was auf seine Absicht deutet, die unter diesem Titel im Anhang der *Nouveaux principes* abgedruckten Artikel gegen die herrschende Lehre, daß die Erhöhung der Produktion stets gut sei,[182] ebenfalls zu exzerpieren. Wohl auf den ersten dieser drei Artikel, der gegen „un disciple de M. Ricardo", nämlich MacCulloch, gerichtet war,[183] geht seine in dem Artikel gegen Ruge Ende Juli ausgesprochene Ansicht zurück, daß MacCulloch „ein Schüler des zynischen Ricardo" sei, was heißt, daß er die „Éclairissemens" zu dieser Zeit bereits gelesen hatte. Daß er nichts daraus notierte, vielmehr den Titel später auf dem Umschlag durchstrich, könnte darauf deuten, daß er ihn dort vor der Lektüre hingeschrieben hatte, was ein neues Indiz dafür wäre, daß B 21 — einschließlich der Mill-Exzerpte — Ende Juli bereits vorlag, d. h. B 23c, B 21e noch vor A 9 entstanden sind.

Nach der Auffassung der „Randglossen", durch die er seine Studien unterbrochen hatte, überlas Marx offenbar noch einmal seine letzten Hefte, wobei er sich zu den bewußten Zusätzen veranlaßt sah, aus denen dann A 9 hervorging. Obwohl er die Blätter der einzelnen Bogen in diesem Fall von vornherein so beschrieb, daß sich, als er sie zu einem Heft zusammenfügte, eine normale Abfolge der Seiten ergab, zeigt der eingenähte Hegel-Konspekt (A 9*), daß er sie erst im nachhinein zusammennähte. Noch viel deutlicher zeigt aber die Struktur des Textes, daß A 9 nicht einem vorgefaßten Plan gemäß entstand, sondern abermals — gleich A 7 — das Ergebnis eines spontanen Prozesses war, derart, daß Marx alles, was ihm durch den Kopf ging, kurzerhand aus sich herausschrieb, was erklärt, daß er hier die Exzerpte kaum heranzog. Die beiden ersten Zusätze lassen erkennen, daß Marx' ursprüngliche Pläne recht bescheiden waren: der erste Zusatz füllt nur die zwei Seiten eines Blattes, der zweite nur knapp eine halbe Spalte. Der dritte aber, der auf S. III beginnt, nimmt gar kein Ende; ausufernd, zerfasert er sich seinerseits in mehrere, später alternierend fortgeführte Exkurse zu verschiedenen Themen. Die — zunächst mitten in einem Satz einsetzende — Numerierung „1)", „2)" etc. verlor zunehmend ihren Sinn, so daß Marx sie, nachdem er sie bis „7)" durchgehalten hatte, fallen ließ.

Während sich die beiden ersten Zusätze im Rahmen der Kritik der Nationalökonomie hielten, betraf der dritte zunächst, von „1)" bis „5)", ein Thema, zu dem sich Marx bisher noch kaum geäußert hatte: die Aufhebung der Selbstentfremdung im Kommunismus. Seine Ansichten skizzierend, fand Marx Gelegenheit, sie von den bisherigen sozialistischen bzw. kommunistischen Lehren abzugrenzen, die den „Weg" zu jener Aufhebung darstellten. Unter „6)" aber ging er plötzlich dazu über, gegen die „neuere kritische Bewegung", d. h. Bauer ausholend, die Hegelsche Dialektik zu erörtern. Dieser Übergang ergab sich nicht aus dem, was er zuvor geschrieben hatte, sondern war bedingt durch einen äußeren Anstoß. Aus dem Brief von Jenny Marx vom 21. Juni 1844 geht hervor, daß

Marx schon Mitte Juni erwog, Bauer nochmals anzugreifen.[184] Aber offenbar war er sich damals seiner Sache noch nicht sicher. Während M. Heß, dem er von seiner Absicht schrieb, in seinem Brief vom 3. Juli 1844 abriet,[185] meinte G. Jung, dem gegenüber er sich wenig später gleichfalls kritisch über Bauer ausließ, in seinem Brief vom 31. Juli 1844, es wäre gut, wenn Marx seine Kritik „für irgend ein deutsches Blatt ausarbeitete".[186] Es scheint, daß dieser Brief, samt den letzten Nummern der *Allgemeinen Literatur-Zeitung*, die Jung ihm damals schickte, Marx in seiner Ansicht nachhaltig bestärkte. Die durch die Worte „Vielleicht ist hier der Ort [...]" eröffnete Passage in A 9 ist jedenfalls sein erster expliziter Ansatz, diese Absicht auszuführen, von der er damals — um noch „vorher" dessen Meinung zu erfahren — Feuerbach in Kenntnis setzte.[187] Die Passage zeigt, worauf es Marx bei dem geplanten neuen Angriff gegen Bauer vorzugsweise ankam, während aus den einleitenden Worten selbst hervorgeht, daß er diesen Punkt bereits geraume Zeit im Kopf — jedoch bis dahin nur dort — hatte. Nach dieser Passage kam Marx noch dreimal — zunächst, direkt anschließend, unter„7)", dann ab S. XVIII, endlich ab S. XXXIV — auf Nationalökonomie, Kommunismus etc. zurück. Aber es ist unverkennbar, daß ihn von nun an vorrangig die Hegel-Kritik in Anspruch nahm, die in der zweiten Hälfte von A 9 den meisten Raum einnimmt.

Unverkennbar ist desgleichen, daß Marx seine Hegel-Kritik so erst nach seinen nationalökonomischen Studien, erst, nachdem er Smith, Ricardo etc. gelesen hatte, ausführen konnte, d. h. seine Hegel-Kritik in der in A 9 ausgeführten Form nicht Ausgangspunkt, sondern Ergebnis jener Studien war, was zugunsten der Annahme spricht, daß der Abbruch der Anfang 1844 begonnenen Ausarbeitung der Kritik der Hegelschen Rechtsphilosophie nicht nur auf Darstellungs-, sondern — immerhin z. T. — auf ungelöste inhaltliche Probleme zurückzuführen war. Wenn es aber so war, daß Marx sich erst nach jenen Studien in der Lage fühlte, die Hegelsche Dialektik adäquat zu kritisieren, ferner diese Kritik der Hegelschen Dialektik der zentrale Punkt des geplanten Angriffs gegen Bauer war, ist anzunehmen, daß immerhin A 7 bereits Mitte Juni, d. h. vor der Abreise von Jenny Marx nach Trier, vorlag, was hieße, daß Marx seine nationalökonomischen Studien Ende Mai von neuem aufgenommen hätte.

Es ist nicht ganz klar, inwieweit der Plan der gegenüber Feuerbach erwähnten „kleinen Brochure" dem der in A 9 enthaltenen „Vorrede" entsprach. Aus dieser „Vorrede", in der Marx auf das Projekt einer Kritik der Hegelschen Rechtsphilosophie zurückkommt, geht hervor, daß die nunmehr geplante Schrift (wenn Marx von einer „vorliegenden Schrift" sprach, war das offenbar ein Vorgriff) in erster Linie eine Kritik der Nationalökonomie enthalten sollte, wobei auffällt, daß über deren Zielsetzung — abgesehen von dem indirekten Hinweis, daß sie der erste Schritt zur Realisierung des erwähnten Projekts sein sollte — kaum etwas gesagt wird. Der einzige Satz, in dem Marx direkt auf diesen Aspekt der geplanten Schrift einging, betrifft das, was er im Prinzip *nicht* zu berühren gedachte.[188] Weitaus ausführlicher ging er demgegenüber in dem zweiten Teil der „Vorrede", der fast zwei Drittel des gesamten Textes ausmacht, auf die philosophischen Aspekte der geplanten Schrift ein, besonders auf das „Schlußkapitel" über Hegel. Nachdem er interessanterweise schon im ersten Teil Gelegenheit gefunden hatte, in dieser Richtung auszuholen, wurde in dem zweiten die Polemik gegen Bauer zum beherrschenden Motiv.

Den ersten expliziten Hinweis auf Marx' Plan darstellend, eine Kritik der Nationalökonomie zu schreiben, läßt die „Vorrede" zugleich erkennen, daß sich die gesamte nun geplante Schrift in erster Linie gegen Bauer richten sollte, wobei von neuem deutlich wird, daß in dieser Hinsicht der zentrale Punkt für Marx die Kritik der Hegelschen Dialektik war, ferner, daß diese Kritik damals für Marx von den Ergebnissen seiner nationalökonomischen Studien, weil selbst eines davon, nicht zu trennen war. Die Entscheidung, die Bauer-Kritik dennoch vorzuziehen, um dann ein besonderes „nationalökonomisches Buch" zu schreiben, dürfte während des Besuchs von Engels in Paris gefallen sein.[189]

Zusammenfassend läßt sich konstatieren, daß die sog. „Ökonomisch-philosophischen Manuskripte aus dem Jahre 1844" ein Bestandteil des Komplexes von Notizen sind, die Marx im Verlaufe seines in der „Vorrede" erwähnten, wohl Ende 1843 begonnenen, im Mai 1844 neu aufgenommenen „gewissenhaften kritischen Studiums der Nationalökonomie" seit Anfang 1844 angefertigt hat, aber nicht bereits das Werk, ja wohl noch nicht einmal der Rohentwurf des Werkes, dessen — selbst erst im Verlaufe jenes Studiums entstandenen — Plan Marx in der „Vorrede" skizziert hat. Die Gesamtheit der Notizen — wörtliche Exzerpte, knapp zusammenfassende Paraphrasen, kritische Kommentare, eigene Reflexionen — dokumentiert nicht einen bestimmten Erkenntnis*stand*, sondern einen einige Monate dauernden, primär, aber nicht nur durch jenes „gewissenhafte kritische Studium der Nationalökonomie" genährten Erkenntnis*prozeß*.

Es bedarf kaum der Erwähnung, daß Marx von Anfang an beabsichtigte, eventuelle Resultate seiner nationalökonomischen Studien publizistisch zu verwerten. Während diese Studien in der ersten Phase wohl nur ein Teil der Vorarbeiten zu der geplanten Kritik der Hegelschen Rechtsphilosophie waren, gewannen sie, nachdem sie Marx von neuem aufgenommen hatte, zunehmend ein eigenes Gewicht, was sich besonders darin zeigt, daß Marx die Einsichten, zu denen er gelangte, zunehmend in freien Text umsetzte, den er von vornherein in einer Form schrieb, die auf die besagte Absicht deutet. So bediente er sich — seit den ersten Seiten von A 7 — häufig des pluralis modestiae, n. b. sogar dort, wo er in seinen Heften angefertigte Exzerpte ganz kurz kommentierte. Aber es ist zu bezweifeln, daß er von vornherein einen bestimmten Plan im Kopf hatte, etwa den, ein „nationalökonomisches Buch“ zu schreiben. Zunächst war es wohl vielmehr so, daß er, von einer ziemlich allgemeinen Fragestellung ausgehend, im Verlaufe der Lektüre neue Einsichten gewinnend, woraus neue Fragen resultierten, d. h., im Rahmen seiner eigenen Interessen, den Impulsen folgend, die von dem Gelesenen ausgingen, fortlas, wobei er zunehmend Gedanken, die ihm kamen, frei aus sich herausschrieb. Soweit wir seine damaligen Pläne kennen, scheint es, daß sie sich erst im Verlaufe seiner nationalökonomischen Studien, aber nicht ausschließlich auf Grund derselben, herauskristallisierten, ferner, daß diese Pläne, bei deren Ausführung Marx das gesammelte nationalökonomische Material ohne Zweifel zu benutzen gedachte, weit über das hinausgingen, was dementsprechend ebenso — je deutlicher sie sich herauskristallisierten, desto mehr — für die Gedanken gilt, die er notierte. Der in der „Vorrede“ skizzierte Plan gewann in dieser Form Gestalt erst, während Marx A 9 schrieb.

Die „Vorrede“ ist nicht nur der erste explizite Hinweis auf Marx’ Plan, eine Kritik der Nationalökonomie zu schreiben, sondern zeigt zugleich, was es für Marx hieß, etwas „auszuarbeiten“. Während Marx in A 9 bis XXXVIII nichts „ausgearbeitet“, sondern zügig, die Buchstaben auseinanderziehend, fast ohne zu streichen, einfach hingeschrieben hatte, was ihm durch den Kopf ging, schrieb er in der „Vorrede“ so nur die Invektiven gegen Bauer, während sonst in ihr so viel gestrichen ist, daß stellenweise kaum noch Text erkennbar ist.[190] Sie läßt so gleichsam die enormen Mühen ahnen, die die Ausarbeitung Marx noch kosten sollte. Als er beinah vier Jahrzehnte später starb, war sie noch längst nicht abgeschlossen.

Die vorstehend gegebene Charakterisierung der „Manuskripte aus dem Jahre 1844“ besagt per se noch wenig über den Gehalt derselben. Sie braucht niemand davon abzuhalten, diese „Manuskripte“ gemäß eigenen Kriterien all dem vorzuziehen, was Marx später noch geschrieben hat. Aber sie läßt fraglich scheinen, ob sich diese Art Notizen — selbst nur „in gewissem Sinne“ — Marx’ „zentralste Arbeit“ nennen lassen, es sei denn, daß der ältere Marx gleichsam im nachhinein entmündigt wird. Es war kaum nur eine Ausflucht, wenn Marx, der sie bekanntlich selbst *nicht* publikabel fand, zwei Jahre später dem Verleger Leske schrieb, „daß ein Schriftsteller, der fortarbeitet, nach 6 Monaten nicht mehr [...] drucken lassen kann, was er vor 6 Monaten geschrieben hat.“[191]

Gerade weil so zügig hingeschrieben, sind die 1844 angefertigten Notizen aufschlußreich. Ob sich aber bereits daraus, daß die mannigfaltigen Probleme, die Marx darin berührte, offenbar in seinem Kopf nicht zusammenhanglos durcheinandergingen, auf die Absicht, ein „System“ zu konstruieren, schließen läßt, scheint ungewiß. Zu prüfen, was von den Gedanken, die Marx damals formulierte, in seine späteren Werke einfloß, dürfte sinnvoll sein; aber diese Prüfung hätte sich auf eine Analyse dessen, was er später schrieb, zu konzentrieren. Umgekehrt zur Erhellung dessen, was er in den 1844 angefertigten Notizen häufig nur andeutete, das, was er später ausführte, heranzuziehen, dürfte legitim sein; aber der Sinn dessen, was er 1844 schrieb, wäre primär aus dem Kontext, in dem er es damals schrieb, zu eruieren. Gedanken, die durch eine bestimmte Lektüre induziert waren, lassen sich, von dieser losgelöst, kaum adäquat verstehen. Die willkürliche Isolierung einzelner Teile der „Manuskripte aus dem Jahre 1844", ja die ganze Abtrennung der sog. „Manuskripte" von den sonstigen „Heften" dürfte irreführend sein.

Die Gesamtheit der betreffenden Notizen eröffnet in erster Linie einen Einblick in die Entwicklung von Marx' Denken in den Monaten, in denen er sich auf das ihm bis dahin unbekannte Terrain der Nationalökonomie begab. Daß er seine nationalökonomischen Studien nicht „voraussetzungslos" begann, ist anzunehmen. Es zeugt von einer nicht neo-, sondern archäopositivistischen Naivität, wenn ihm das — z. B. von R. Tucker — vorgeworfen wird.[192] Worauf es ankommt, scheint vielmehr die Weise zunächst der Aneignung, dann der Verwertung des neuen Stoffs. Der von J. Popitz unterstellte, ein entsprechendes Bewußtsein erfordernde „Versuch", die spekulativen Prämissen im nachhinein empirisch zu „verdecken",[193] ist kaum nachweisbar. Zu prüfen wäre die von A. Cornu vertretene These, daß Marx, weil „im Aufbau einer ganz neuen Weltanschauung begriffen", die gelesenen Bücher „vornehmlich zur Unterstützung selbstgewonnener Ansichten" herangezogen habe.[194] Wenn dem so gewesen wäre, wäre Marx' Vorgehen ein schönes Beispiel dafür, was jemand, der ein „gewissenhaftes kritisches Studium" unternimmt, nicht tun soll: aus der Literatur das Material zusammenklauben, das zu seiner vorgefaßten Ansicht paßt. Es deutet aber wenig darauf hin, daß Marx es sich so leicht gemacht hat; ebensowenig darauf, daß er, seit Anfang 1844 „seine Weltanschauung ausarbeitend", jeweils bereits vorher wußte, was er in den massenhaft gelesenen Büchern fand, d. h. im Grunde nicht zu lernen brauchte.

Das, was gemeint sein dürfte, hat — in bezug auf Smith — Say weitaus treffender gesagt: „Un homme de génie a des obligations à tout ce qui l'a entouré, aux notions éparses qu'il a recueillies, aux erreurs qu'il a détruites, aux ennemis mêmes qui l'ont attaqué, parce que tout contribue à former ses idées; mais lorsqu'ensuite il se rend propres ses conceptions, qu'elles sont vastes, qu'elles sont utiles à ses contemporains, à la postérité, il faut savoir convenir de ce qu'on lui doit".[195]

Abb. 1: Schematische Darstellung von Heft A 7 (= „Manuskript Nr. I“)

Bl. 9	V	S. X:	A — Bb — C	S. IX:	A — Bb — C	R	Bl. 10
	R	S. XI:	A — Bb — C	S. VIII:	A — Bb — C	V	
Bl. 8	V	S. XII:	A — Bb — C	S. VII:	A — Bb — C	R	Bl. 11
	R	S. XIII:	A — Bc	S. VI:	A — Bb — C	V	
Bl. 7	V	S. XIV:	A — Bd	S. V:	A — Bb — C	R	Bl. 12
	R	S. XV:	A — C	S. IV:	A — Bc — C	V	
Bl. 6	V	S. XVI:	C — Bc	S. III:	A — Bb — C	R	Bl. 13
	R	S. I:	A — Ba — C	S. II:	A — Ba — C	V	
Bl. 5	V	S. XVII:	A — C — Bc	S. XVIII:	A — C — Bc	R	Bl. 14
	R			S. XIX:	A — C — Bc	V	
Bl. 4	V			S. XX:	A — C — Bc	R	Bl. 15
	R			S. XXI:	A — C — Bc	V	
Bl. 3	V			S. XXII:	A — Ba — C	R	Bl. 16
	R			S. XXIII:	A — Bc — C	V	
Bl. 2	V			S. XXIV:	A — Bc — C	R	Bl. 17
	R		[Literaturliste]	S. XXV:	A — Bc — C	V	
Bl. 1	V			S. XXVI:	A — C — Bb	R	Bl. 18
	R		Heft I.	S. XXVII:	A — Bc — C	V	

A = Arbeitslohn

Ba = Profit des Capitals
Bb = Capitalgewinn
Bc = Gewinn des Capitals
Bd = Gewinn der Capitalien

C = Grundrente

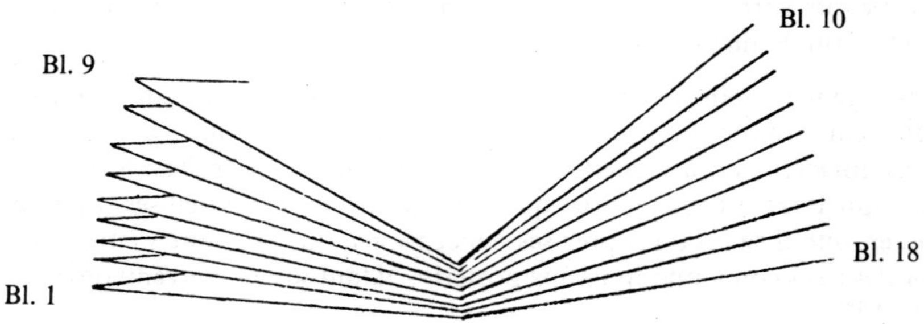

Abb. 2: Schematische Darstellung von Heft A 9 (= „Manuskript Nr. III“), einschließlich A 9*

		A 9* (= „Manuskript Nr. IV“)			
Bl. 16	V	S. XXXIV	S. XXXV	R	Bl. 17
	R	S. XXXIII	S. XXXVI	V	
Bl. 15	V	S. XXXII	S. XXXVII	R	Bl. 18
	R	S. XXXI	S. XXXVIII	V	
Bl. 14	V	S. XXX	S. XXXIX	R	Bl. 19
	R	S. XXIX	S. XL	V	
Bl. 13	V	S. XXVIII	S. XLI	R	Bl. 20
	R	S. XXVII	S. XLII	V	
Bl. 12	V	S. XXVI [!]	S. XLIII	R	Bl. 21
	R	**S. XXIV**		V	
Bl. 11	V	S. XXIII [!]		R	Bl. 22
	R	S. XXI		V	
Bl. 10	V	S. XX		R	Bl. 23
	R	S. XIX		V	
Bl. 9	V	S. XVIII		R	Bl. 24
	R	S. XVII		V	
Bl. 8	V	S. XVI		R	Bl. 25
	R	S. XV		V	
Bl. 7	V	S. XIV		R	Bl. 26
	R	S. XIII		V	
Bl. 6	V	S. XII		R	Bl. 27
	R	S. XI		V	
Bl. 5	V	S. X		R	Bl. 28
	R	S. IX		V	
Bl. 4	V	S. VIII		R	Bl. 29
	R	S. VII		V	
Bl. 3	V	S. VI		R	Bl. 30
	R	S. V		V	
Bl. 2	V	S. IV		R	Bl. 31
	R	S. III		V	
Bl. 1	V	S. II		R	Bl. 32
	R	S. I		V	

ANMERKUNGEN

[1] Vgl. [K. Marks], „Podgotovitel'nye raboty dlja ‚Svatovo Semejstva'", in *Archiv K. Marksa i. F. Engel'sa,* hrsg. von D. Rjazanov, Bd. 3, Moskva/Leningrad 1927, S. 247—286. 1929 folgte eine französische, 1930 eine neue russische Ausgabe dieses Textes. Vgl. Karl Marx, „Notes sur le communisme et la propriété privée", in: *La Revue Marxiste,* 1929, No. 1, S. 6—28; Karl Marx, „Notes sur les besoins, la production et la division du travail", *ebenda,* 1929, No. 5, S. 513—538; *Karl Marxs i F. Engel's: Sŏcinenija,* hrsg. von D. Rjazanov, Bd. 3, Moskva/Leningrad, S. 613—670.

[2] Vgl. MEGA(1), Bd. I/3, S. 29—172, S. 592—596.

[3] Vgl. MEGA(1), Bd. I/3, S. 417—583.

[4] Vgl. J. P. Mayer„„Über eine unveröffentlichte Schrift von Karl Marx", in: *Rote Revue,* 1931, S. 154—157.

[5] Unter dem Titel „Nationalökonomie und Philosophie. Über den Zusammenhang der Nationalökonomie mit Staat, Recht, Moral und bürgerlichem Leben (1844)". Vgl. *Karl Marx, Der historische Materialismus — die Frühschriften,* hrsg. von S. Landshut und J. P. Mayer unter Mitwirkung von F. Salomon, 2 Bde., Leipzig [1932], Bd. 1, S. 283—375.

[6] Vgl. V. Adoratskij, „Einleitung [...]", in MEGA(1) I/3, S. VII—XXI, S. XII f.

[7] Vgl. S. Landshut und J. P. Mayer, „Vorwort". *a. a. O.* (Anm. 5), S. V—VIII, S. V.

[8] Vgl. S. Landshut und J. P. Mayer, „Einleitung", *a. a. O.* (Anm. 5), S. XI—XLI, S. XIII. (Die „Einleitung", unter der die Namen beider Herausgaben standen, stammte tatsächlich von S. Landshut, der sie im gleichen Jahr in form einer besonderen Broschüre publizierte. Vgl. S. Landshut, *Karl Marx,* Lübeck 1932).

[9] *Ebenda,* S. XXXIII, S. XXXVIII.

[10] Vgl. H. de Man, „Der neue entdeckte Marx", in: *Der Kampf,* 1932, S. 224—229, S. 267—277.

[11] *Ebenda,* S. 224, S. 275 f.

[12] Vgl. H. Marcuse, „Neue Quellen zur Grundlegung des historischen Materialismus", in: *Die Gesellschaft,* 1932, Bd. 2, S. 136—174, S. 137.

[13] Jenenser Logik, Metaphysik und Naturphilosophie Hegels, hrsg. von G. Lasson, Leipzig 1923; *Jenenser Realphilosophie,* hrsg. von J. Hoffmeister, 2 Bde., Leipzig 1931.

[14] Vgl. A. Cornu, *Karl Marx — L'homme et l'œuvre. De l'hégélianisme au matérialisme historique,* Paris 1934.

[15] Vgl. A. Kojève, *Introduction à la lecutre de Hegel. Leçons ur la Phénoménologie de l'Esprit professées de 1933 à 1939 à l'École des Hautes-Études,* hrsg. von R. Queneau, [Paris 1947].

[16] Vgl. G. Lukàcs, *Der junge Hegel. Über die Beziehungen von Dialektik und Ökonomie,* Zürich-/Wien [1948].

[11] Vgl. H. Marcuse, *Reason and Revolution. Hegel and the Rise of Social Theory,* New york 1942.

[18] Vgl. K. Löwith, *Von Hegel zu Nietsche — Der revolutiobnäre Bruch im Denken des neunzehnten Jahrhunderts. Marx und Kierkegaard,* Zürich 1941.

[19] Vgl. M. Merleau-Ponty, *Sens et non-sens,* Paris 1948, besonders „Marxisme et Philosophie".

[20] Vgl. den „Über den ‚Humanismus'" betitelten Brief an J. Beaufret vom Herbst 1946, worin Heidegger, die „Entfremdung" auf die „Heimatlosigkeit des neuzeitlichen Menschen" zurückführend, schrieb: „Die Heimatlosigkeit wird ein Weltschicksal. Darum ist es nötig, dieses Geschick seinsgleichen zu denken. [...] Weil Marx, indem er die Entfremdung erfährt, in eine wesentliche Dimension der Geschichte hineinreicht, deshalb ist die Marxistische Anschauung von der Geschichte der übrigen Historie überlegen." M. Heidegger, *Platons Lehre von der Wahrheit,* Bern [1947]. S. 53—119, S. 87.

[21] Vgl. E. Thier, „Die Antropologie des jungen Marx nach den pariser ökonomisch-philosophischen Manuskripten", in: *Karl Marx: Nationalökonomie und Philosophie,* [hrsg. von

E. Thier], Köln/Berlin [1950], S. 4, S. 9.

22 Vgl. H. Popitz, *Der entfremdete Mensch. Zeitkritik und Geschichtsphilosophie des jungen Marx*, Basel 1953, S. 113.

23 Vgl. J. Hommes, *Der technische Eros. Das Wesen der materialistischen Geschichtsauffassung*, Freiburg 1955.

24 Vgl. L. R. Langslet, „Young Marx and Alientation in Western Debate", in: *Inquiry*, 1963, Nr. 1, S. 11.

25 Vgl. E. Thier, „Etappen der Marxinterpretation", in: *Marxismusstudien* [1], Tübingen 1954, S. 1—38, S. 11.

26 Vgl. P. Bigo, *Marxisme et Humanisme — Introduction à l'œuvre économique de Karl Marx*, Paris 1954.

27 Vgl. J. Y. Calvez, *La pensée de Karl Marx*, Paris [1956].

28 Vgl. E. Thier, *a. a. O.* (Anm. 21), S. 1, S. 5.

29 Vgl. E. Thier, *Das Menschenbild des jungen Marx*, Böttingen [1957], S. 3 f.

30 Vgl. E. Fromm, *Marx's Concept of Man*, with a Translation from Marx's Economic and Philosophical Manuscripts by T. B. Bottomore, new York [1961] S. V.

31 Vgl. D. Mell, „The ‚Rediscovery' of Alienation — Some Notes along the Quest for the Historical Marx", in: *The Journal of Philosophy*, 1959, S. 933—952, S. 935 f., S. 944.

32 Vgl. K. Marx, *Grundrisse der Kritik der politischen Ökonomie (Rohentwurf). 1857—1858*, [Moskau 1939—1941] Berlin 1953.

33 Vgl. D. McLellan, „Introduction", in: J. Maguire, *Marx' Paris Writings: an Analysis*, [Dublin-/London 1972], S. XI.

34 Vgl. D. McLellan, *Karl Marx — His Life and Thought*, [London 1973], S. 105 f.; ders., *Marx before Marxism*, [London 1970], S. 162 f.: During the summer of 1844, Marx began to compose a critique of political economy that was, in effect, the first of several drafts preceding *Capital* in 1867. [...] Before beginning his first manuscript, Marx had read and excerpted fifteen works on economics, including Adam Smith, Ricardo and Say."

35 Die Beauftragten des Moskauer Marx-Engels-Instituts hatten in den 20er Jahren von dem größten Teil des Marx/Engels-Nachlasses im Parteiarchiv der SPD Kopien anfertigen können; 1930 hatte der Parteivorstand der SPD die Anfertigung weiterer Kopien untersagt. Vgl. hierzu P. Mayer, „Die Gechichte des sozialdemokratischen Parteiarchivs und das Schicksal des Marx-Engels-Nachlasses", in: *Archiv für Sozialgeschichte*, Bd. 6/7, [Hannover] 1966/67, S. 5—198, S. 71 f.; H. Stern, D. Wolf, *Das große Erbe — Eine historische Reportage um den literarischen Nachlaß von Karl Marx und Friedrich Engels*, Berlin 1972, S. 85 ff.

36 Vgl. *a. a. O.* (Anm. 5), S. 285.

37 Vgl. J. P. Mayer, *a. a. O.* (Anm. 4), S. 154: „In dem handschriftlichen Nachlaß von karl Marx findet sich eine unveröffentlichte Schrift [...]."

38 Vgl. *a. a. O.* (Anm. 5), S. 285: „Das Manuskript [...] umfaßt 49 [...] zumeist beiderseitig beschriebene Folioblätter [!], die nicht sehr fachmännich zu einem Dokument zusammengestellt wurden und in dem weitere 23 Seiten unbeschrieben geblieben sind."

39 *Ebenda*, S. 287.

40 Vgl. *Karl Marx: Die Frühschriften*, hrsg. von S. Landshut, Stuttgart [1953].

41 *Karl Marx: Oeuvres philosophiques*, trad. par J. Molitor, Bd. 6: *Économie politique et philosophique, Idélogie allemande (1re partie)*, publ. par S. Landshut et J. P. Mayer, Paris 1937.

42 Vgl. *a. a. O.* (Anm. 21), Inhaltsverzeichnis, S. 132, S. 133.

43 *Ebenda*, S. 10.

44 *Ebenda*, S. 131.

45 Vgl. E. Fromm, *a. a. O.* (Anm. 30), S. X (n. 4).

46 Vgl. D. Bell, *a. a. O.* (Anm. 31), S. 940.

[47] Vgl. V. Adoratskij, *a. a. O.* (Anm. 6), S. IX.

[47] Vgl. V. I. Lenin, „Karl Marx" [1914], in: *Werke*, Bd. 21, S. 31—80.

[49] Vgl. N. I. Lapin, [*Bor'ba vokrug idejnovo nasledija molodovo Marksa*, Moskau 1962; deutsch:] *Der junge Marx im Spiegel der Literatur*, Berlin 1965, S. 39.

[50] Vgl. G. Mende, *Karl Marx' Entwicklung vom revolutionären Demokraten zum Kommunisten.* Berlin 1954; [2]Berlin 1955. [3]Berlin 1960, S. 132.

[51] Vgl. A. Cornu, *Karl Marx. Die ökonomisch-philosophischen Manuskripte*, Belin 1955.

[52] Vgl. G. Lukcács, „zur philosophischen Entwicklung des jungen Marx (1840—1844)", in: *Deutsche Zeitschrift für Philosophie*, 1954, S. 288—343.

[53] Vgl. D. I. Rosenberg, [*Očerki razvitija ekonomičeskovo učenija Marksa i Engel'sa v sorokovye gody XIX veka*, 1954; deutsch:] *Die Entwicklung der ökonomischen Lehre von Marx und Engels in den vierziger Jahren des 19. Jahrhunderts*, Berlin 1958, S. 83—204; W. Jahn, „Der ökonomische Inhalt des Begriffes der Entfremdung der Arbeit in den Frühschriften von Karl Marx", in: *Wirtschaftswissenschaft*, 1957, S. 848—865.

[54] Vgl. K. Marx, „[Kritik der Hegelschen Dialektik und Philosophie überhaupt]", in: *Karl Marx, Friedrich Engels: Die Heilige Familie und andere philosophische Frühschriften*, Berlin 1953, S. 67—98.

[55] Vgl. K. Marx, „Zur Kritik der Nationalökonomie — Ökonomisch-philosophische Manuskripte", in: *Karl Marx, Friedrich Engels: Kleine ökonomische Schriften — Ein Sammelband,* Berlin 1944, S. 42—166.

[56] Die Ausgabe der *Werke* (MEW) brachte die „Ökonomisch-philosophischen Manuskripte aus dem Jahre 1844" nicht in einem der ab 1957 erscheinenden ersten Bände, sondern erst 1969 in einem Ergänzungsband. Vgl. MEW EB 1, S. 465—588.

[57] Vgl. H. Denis, „Ont-ils compris Le Capital?", in: H. Denis, R. Garaudy, G. Cogniot, G. Besse, *Les marxistes répondent à leurs critiques catholiques,* Paris [1957], S. 11—29, S. 20.

[58] Vgl. A. Cornu, *a. a. O.* (Anm. 51), S. 10 ff.

[59] Vgl. G. Mende, *a. a. O.* (Anm. 50), S. 159.

[60] Vgl. L. Althusser, „Sur le jeune Marx' (Questions de théorie)", in: *La Pensée,* 1961, no. 96, S. 3—26.

[61] Vgl. L. Althusser, *Pour Marx*, Paris 1965, S. 11—32.

[62] Vgl. N. I. Lapin, *a. a. O.* (Anm. 49), S. 6.

[63] Vgl. „Ekonomičesko-filosofskie rukopisi 1844 goda", in: *K. Marks i F. Engel's: Iz rannich proizvedenij*, Moskva 1956, S. 517—642.

[64] Vgl. [L. Pažitnov, „U istokov revoljucionnovo perevorota v filosofii", in: *Kommunist*, 1958, Nr. 1, S. 88—100; französisch:] L. Pajitnov, „Les ‚Manuscrits économico-philosophiques de 1844'", in: *Recherches internationales à la lumière du marxisme*, 1960, no. 19, S. 80—117, S. 117.

[65] Vgl. A. Cornu, *Karl Marx und Friedrich Engels — Leben und Werk*, Bd. 2, Berlin 1962.

[66] *Ebenda*, S. 113—249, S. 116.

[67] Vgl. *Karl Marx: Manuscrits de 1844 (Économie politique et philosophie*), hrsg. von É. Bottigelli. Paris [1962].

[68] Vgl. É. Bottigelli, „Présentation", *ebenda*, S. VII—LXIX, S. XXXVIII.

[69] *Ebenda*, S. XXXIX.

[70] Vgl. N. I. Lapin, [*Molodoj Marks*, Moskva 1968: deutsch: *Der junge Marx*, Berlin 1974.

[71] *Ebenda*, S 304 f.

[72] Während der Vorbereitung der betreffenden Bände erschienen mehrere Artikel zu einzelnen Problemen: G. A. Bagaturija, „Načalo stanovlenija dialektikto-materialističeskoj metodologii marksistkoj političeskoj ekonomii. Metodologičeskie osobennosti ‚Ekonomičesko-filosofskich rukopisej'", in: G. A. Bagaturija, V. S. Vygodskij, *Ekonomičeskoe nasladie Karla Marksa. Istorija — Soderžanie — Metodologija*, Moskva 1976, S. 207—222; I. Taubert, „Probleme und

Fragen zur Datierung der ‚Ökonomisch-philosophischen Manuskripte', in: *Beiträge zur Marx-Engels-Forschung*, 1978, H. 3, S. 17—35; N. Rumjanzewa, „Zur Veröffentlichung der Pariser Hefte von Karl Marx im Band IV/2 der MEGA", in: *Marx-Engels-Jahrbuch*, Bd. 3, Berlin 1980, S. 275—293. Der Band der neuen MEGA, der Marx' Pariser Exzerpte (bis auf die Boisguillebert-Exzerpte) enthält, ist 1981 erschienen. Vgl. MEGA(2) IV/2, S. 279—579. Der die *Manuskripte* selbst enthaltende Band I/2 soll demnächst folgen.

73 Benutzte Abkürzungen: Bl. = Blatt; S. = Seite; R = recto; V =verso; (l./r.) Sp. = (linke/rechte) Spalte; o. = oben, d. h. direkt ab oberem Seitenrand; Mo. = im oberen Drittel; M. = im mittleren Drittel; Mu. = im unteren Drittel; u. = unten, d. h. bis zum unteren Seitenrand. Die Angaben „S. 1", „S. IV" etc. beziehen sich ausschließlich auf die Marxsche Paginierung. „Quer beschrieben" soll heißen, daß die Seite normal beschrieben ist, nämlich so, daß der Falz ihren linken bzw. rechten Rand bildet, „längs beschrieben" dagegen, daß die Seite so beschrieben ist, daß der Falz ihren oberen Rand bildet.

74 Die eingeklammerten Signaturen sind die „alten" IISG-Signaturen.

75 Bei beiden Blättern ist das Papier am Falz stark abgebröckelt.

76 Schon Landshut Mayer konnten nur noch die „XLI" erkennen. Vgl. *a. a. O.* (Anm. 5), S. 360, S. 362, S. 364, S. 366.

77 Der in A 9 eingenähte Bogen hat keine eigene Signatur.

78 Zur Beschreibung dieses Heftes vgl. MEGA(2) IV/2, S. 727 f.

79 Die eingeklammerten Texte hat Marx erst im nachhinein paginiert.

80 Vgl. K. Marx, *Zur Kritik der politischen Ökonomie. Erstes Heft*, [Berlin 1859], in: MEGA(2) II/2, S. 95—245, S. 100.

81 Vgl. A. Ruge an J. Fröbel, 20. Oktober 1843, in: *Marx-Engels-Jahrbuch*, Bd. 1, Berlin 1978, S. 380.

82 Vgl. K. Marx, „Zur Kritik der Hegelschen Rechtsphilosophie. Einleitung", in: [*Deutsch-französische Jahrbücher*, 1844, Nr. 1—2, S. 71—85] MEGA(1) I/1, S. 607—621; ders., „Zur Judenfrage", in: [..., S. 182—214] MEGA(1) I/1, S. 576—606.

83 Vgl. A. Ruge an J. Fröbel, 19. Dezember 1843, in: *Marx-Engels-Jahrbuch*, Bd. 1, Berlin 1978, S. 382.

84 Vgl. A. Ruge an L. Feuerbach, 5. Februar 1844, *ebenda*, S. 384: „Wir haben bereits 10 Bogen gedruckt vor uns liegen. Der Inhalt ist 1. [...] 4. Zur Krit[ik] der Hegel'[schen] R[ech]tsphilosophie] von Marx. [...] 12. Marx Fortsetzung von No. 4. 13. Zeitungsschau [...]." I. Taubert schließt daraus: „für Heft 2 lag offensichtlich bereits die erste Fortsetzung vor"; Marx habe sie, da sie in der Doppellieferung nicht enthalten sei, „wahrscheinlich zurückgezogen". Vgl. I. Taubert, *a. a. O.* (Anm. 72), S. 17. Dem ist entgegenzuhalten, daß die von Ruge aufgeführten Beiträge bereits ohne die Marxsche „Fortsetzung" ein Doppelheft von 237 gezählten Seiten ergaben, „10 Bogen" aber nur 160 Seiten sind, also der von Ruge angegebene „Inhalt" nicht der der „10 Bogen", die „bereits [...] gedruckt" vorlagen, gewesen sein kann. Offensichtlich lag ein Teil der von Ruge aufgezählten Beiträge, darunter wohl die Marxsche „Fortsetzung", noch nicht vor, jedenfalls nicht in gedruckter Form. Was jene betrifft, ist anzunehmen, daß Marx sie zunächst zugesagt, dann aber nicht geliefert hat. Dem entspricht der Irrealis („hätte [...] erlaubt", „erzeugt hätte"), dessen Marx sich in der diesbezüglichen Passage zu Beginn der in A 9 enthaltenen „Vorrede" bedient. Vgl. MEGA(1) I/3, S. 33.

85 Vgl. MEGA(1) I/3, S. 33 f.

86 Vgl. A. Ruge an L. Feuerbach, 15. Mai 1844, in: *Arnold Ruges Briefwechsel und Tagebuchblätter aus den Jahren 1825—1880*, hrsg. von P. Nerrlich, 2 Bde., Berlin 1886, Bd. 1, S. 342—349, S. 343—345.

87 Vgl. A. Ruge an M. Fleischer, 9. Juli 1844, *ebenda*, S. 358—362, S. 362.

88 Vgl. A. Ruge an M. Dunker, 29. August 1844, nach. A. Cornu, .*a. a. O.* (Anm. 65), S. 19.

89 Vgl. „Ein Preuße“ [i. e. A. Ruge], „Der König von Preußen und die Socialreform“, in: *Vorwärts!*“ 1844, Nr. 60 (27. Juli), S. 4; MEGA(1) I/3, S. 587 ff.

90 Vgl. K. Marx, „Kritische Randglossen zu dem Artikel: ‚Der König von Preußen und die Socialreform. Von einem Preußen‘“. In: *Vorwärts!*, 1844, Nr. 63 (7. August), S. 1—4, Nr. 64 (10. August), S. 1—3; MEGA(1) I/3, S. 5—23.

91 Vgl. [K. Marx], „Illustrationen zu der neuesten Cabinetsstilübung Friedrich Wilhelm IV.“, in: *Vorwärts!*, 1844, Nr. 66 (17. August), S. 2 f.; MEGA(1) I/3, S. 24—27.

92 Vgl. Jenny Marx an K. Marx, 21. Juni 1844, in: MEGA(2) III/1, S. 428—431, S. 430: „Eure Klique hält er [i. e. R. Schleicher] aber halb für wahnsinnig, meinte aber, es wäre hohe Zeit, daß Du den Bauer angriffst. Ach, Karl, was Du thust, das thue bald. [...] Schreib nur nicht zu gallicht und gereizt. Du weißt wie vielmehr Deine andern Aufsätze gewirkt haben.“ Aus dem Brief geht hervor, daß Jenny, die „schon 8 Tage“ vorher von Paris abgefahren war, ihrerseits seitdem noch keinen Brief erhalten hatte.

93 Vgl. K. Marx an L. Feuerbach, 11. August 1844, in: MEGA(2) III/1, S. 63—65, S. 65.

94 Vgl. Fr. Engels an K. Marx, 20. Januar 1845, in: MEGA(2) III/1, S. 259—263, S. 261.

95 Vgl. K. Marx an J. Campe, 7. Oktober 1844, in: MEGA(2) III/1, S. 247.

96 Vgl. J. Rütten, Z. Löwenthal an K. Marx, 3. Dezember 1844, in: MEGA(2) III/1, S. 446; Z. Löwenthal an K. Marx, 15. Januar 1845, in: MEGA(2) III/1, S. 448 f.

97 Vgl. K. Marx an H. Börnstein, 2. Dezember [1844], in MEGA(2) III/1, S. 257 (dort falsch datiert; zur Datierung vgl. Katalog Nr. 615 der Fa. J. A. Stargardt, 1978, S. 323, Nr. 1156).

98 Abgedruckt in: MEGA(2) III/1, S. 851 f.

99 Vgl. Fr. Engels an K. Marx, [Anfang Oktober 1844] in: MEGA(2) III/1, S. 243—246, S. 245.

100 Vgl. *a. a. O.* (Anm. 94), S. 260.

101 Vgl. Fr. Engels an K. Marx, 17. März 1845, in: MEGA(2) III/1, S. 270—273, S. 272.

102 Vgl. *a. a. O.* (Anm. 90), S.9.

103 *Ebenda*, S. 9—13.

104 Vgl. G. Weber, „Negersclaven und freie Sclaven“, in *Vorwärts!*, 1844, Nr. 58 (20. Juli), S. 1—3; ders., „Officielle preußische Wohltätigkeit“, in: *Vorwärts!*, 1844, Nr. 62 (3. August), S. 3 f.; ders., „Die Colonie Ostwald im Elsaß“, in: *Vorwärts!*, 1844, Nr. 64 (10. August), S. 4; ders., „Das Geld“, in: *Vorwärts!*, 1844, Nr. 69 (28. August), S. 1—3.

105 Vgl. C. L. Bernays an K. Dresel, 6. September 1844, in: *Zeitgenossen von Marx und Engels. Ausgewählte Briefe aus den Jahren 1844 bis 1852*, hrsg. von K. Koszyk und K. Obermann, Assen/Amsterdam 1975, S. 5—9, S. 7 f.: „Den Staat mit diesen kleinen Stichen verletzen wollen, — und dazu einen Staat, der wie der englische seine Unmoralität jeden Tag einsieht (Siehe letzte Rede Rob. Peels über die Arbeitszeit der Fabriksklaven und Mill's und Ricardo's Nationalökonomie) — das kann ich nicht begreifen. Das Redaktionskollegium, bestehend aus Dr. Marx, F. Engels aus Manchester und mir und drei andren Mitgliedern [...] haben daher einstimmig beschlossen, das Gedicht nicht zu drucken.“

106 Vgl. F. P. Schiller, „Georg Weber, ein Mitarbeiter des Pariser ‚Vorwärts‘“, in: *Marx-Engels-Archiv*, hrsg. von D. Rjazanov, Bd. 2, Berlin 1927, S. 465—472, S. 468 ff.; J. Grandjonc, *Marx et les communistes allemands à Paris 1844. Contribution à l'étude de la naissance du marxisme*, Paris 1974, S. 72.

107 Vgl. Anm. 104.

108 Vgl. G. Jung an K. Marx, 31. Juli 1844, in: MEGA(2) III/1, S. 436—438, S. 436: „Das 5, 6 und 7 Heft der Literaturzeitung lege ich unter Kreuzcouvert auf die Post.“ Marx bezieht sich speziell auf: Hirzel, „Correspondenz. Aus Zürich“, in: *Allgemeine Literatur-Zeitung*, 1844, H. 5 (April), S. 11—15; „Correspondenz aus der Provinz“, in: *Allgemeine Literatur-Zeitung*, 1844, H. 6 (Mai), S. 20—38. Ausführlich hierzu I. Taubert, *a. a. O.* (Anm. 72), S. 20—22.

109 Vgl. MEGA(1) I/3, S. 156 ff.

110 Vgl. E. Buret, *De la misère des classes laborieuses en Angleterre et en France*, 2 Bde., Paris 1840, Bd. 1, S. 6: „L'expression la plus compléte, la plus exagérée de cette économie politique, que nous appellerions volontiers absolue, se trouve dans les ouvrages de M. Ricardo, l'ingénieux métaphysicien du fermage. (*Rent of Land.*)" MEGA(1) I/3, S. 63: „*Ricardo* in seinem Buch (rent of land): [...]".

111 Vgl. J. R. MacCulloch, *Discours sur l'origine, les progrès, les objets particuliers, et l'importance de l'économie politique*, trad. par G. Prevost, Genève/Paris 1825, S. 80: „Il étoit réservé à Mr. Ricardo de pénétrer plus avant dans la science, de corriger les erreurs sanctionnées par les autorités les plus respectables, et d'établir avec clarté plusieurs principes importans et méconnus jusqu'à lui. A la publication de son ouvrage *Sur les principes de l'économie politique et de l'impôt* (2) en 1817, commence une ère nouvelle et mémorable dans l'histoire de la science." „[n.] (2) *Principles of political economy and taxation.*"

112 Vgl. I. Taubert, *a. a. O.* (Anm. 72), S. 18 f.

113 Es ist möglich, daß Marx in MH die Smith-Exzerpte fortsetzte, nachdem er in A 7 in dem Text zum Thema „Grundrente" auf S. XVI bis „[...] von dem Grundbesitz überhaupt." — MEGA(1) I/3, S. 75(10) — gekommen war; denn 1) setzte er nach diesem Absatz deutlich neu an, 2) hatte er in diesem Absatz, der drei Smith-Zitate enthält, die sich nicht in B 20 finden, erstmals von neuem das Smith'sche Buch selbst herangezogen, 3) betitelte er auf den folgenden Seiten (S. XVII—S. XXI) die Spalten in einer von der bisherigen abweichenden Reihenfolge, 4) sind in den folgenden Absätzen gewisse Anklänge an die Smith-Exzerpte in MH erkennbar.

114 Vgl. MEGA(2) IV/2, S. 547.

115 Vgl. H. F. Osiander, *Über den Handelsverkehr der Völker*, 2 Bde., Stuttgart 1840, Bd. 1, S. 14.

116 Marx schrieb auf die erste Seite von B 20 oben zweimal „1)" — einmal im rechten Drittel, ein zweites Mal ganz rechts (= Seitenzahl). Vgl. das Faksimile der Seite in: MEGA(2) IV/2, S. 333.

117 Vgl. die Faksimiles in: MEGA(2) IV/2, S. 7, S. 121, S. 387.

118 So MEGA(2) IV/2, S. 717; danach finden sich in B 21a—b „Hinweise auf Ricardo [...], die Marx nur auf Grund einer guten Kenntnis des Werkes dieses Autors machen konnte", während umgekehrt in B 23 „jede Erwähnung von MacCulloch und Prevost fehlt".

119 Zum ersten Verweis auf Ricardo, in B 21a, vgl. MEGA(2), IV/2, S. 475 f.: „*Ricardos Hauptsätze*: 1) [...] 2) [...] 3) [...] . (*Dieß nach Ricardo von M. C.*)p. 83—85." J. R. MacCulloch, *a. a. O.* (Anm. 111), S. 82 ff. zu Ricardo: „L'esquisse la plus abrégée de l'analyse des raisonnemens qui l'ont conduit dans ses traveaux, excèderoit les limites de ce discours. Nous nous contenterons donc d'en donner les résultats que l'on peut résumer en ces termes. 1.° [...] 2.° [...] 3.° [...]." — Zum zweiten Verweis, in B 21a, vgl. MEGA(2) IV/2, S. 476 f.: „*MacCulloch [...] hat die Unverschämtheit, folgende Stelle Bacons über die Philosophie auf die Nationalökonomie anzuwenden:* [...] *Und MacCulloch sagte dieß 1823 oder 24 also nachdem Ricardo Malthus und Mill's Lügen schon längst klar.*" Was für „Lügen" Marx hier meint, ist nicht ganz klar; es ist aber anzunehmen, daß Marx sich besonders auf die Lehre bezieht, daß die Bevölkerung die Tendenz habe, über die Mittel zu ihrem Unterhalt hinauszuwachsen. Abgesehen davon, daß diese — u. a. von Engels in den „Umrissen" scharf kritisierte — Lehre Marx bereits bekannt war, gingen MacCulloch/Prevost ausführlich darauf ein. Vgl. J. R. MacCulloch, *a. a. O.* (Anm. 111), S. 70 ff.; G. prevost, „Réflexions du traducteur sur le système de Ricardo", *ebenda*, S. 153—204, S. 160 f., S. 189 ff.. Überdies ist nicht recht einzusehen, weshalb dieser Verweis auf eine „gute Kenntnis" des Werkes von Ricardo deuten soll, wenn (zu Recht) — trotz seiner — ausdrücklich keinerlei Kenntnis des Werkes von Mill angenommen wird. Vgl. MEGA(2) IV/2, S. 717. — Zu dem dritten Verweis, in B 21b, vgl. MEGA(2) IV/2, S. 480: „*Prevost lobt die Ricardiens*, ces profonds économistes, daß sie die Wissenschaft auf eine grosse Einfachheit reducirt haben, *en prenant pour base les moyennes* et en écartant toutes les circonstances accidentelles (*wie der grosse Ricardo z. B. die Zahl der Leute, die ein Land bewohnen*) qui aurraient pu les arrêter dans leurs généralisations." E.

Buret, *a. a. O.* (Anm. 110), S. 6, n. 1; MEGA(1) I/3, S. 63. Zur Kritik der Durchschnittsberechnungen vgl. W. Schulz, *Die Bewegung der Production — Eine geschichtlich-statistische Abhandlung zur Grundlegung einer neuen Wissenschaft des Staats und der Gesellschaft*, Zürich/Wintherthur 1843, S. 65; MEGA(1) I/3, S. 46 f.

120 Vgl. MEGA(2) IV/2, S. 401.

121 Vgl. J. R. MacCulloch, *a. a. O.* (Anm. 111), S. 79 f., S. 82; G. Prevost, *a. a. O.* (Anm. 119), S. 157 f., S. 172. Marx exzerpierte aus den „Réflexions" von Prevost in B 21: „1) Die Rente afficirt nicht den Preiß. Die Produktionskosten lösen sich in Salaires und Profits auf. p. 157. Dieß Prinzip von *Malthus* zuerst etablirt. l. c." Vgl. MEGA(2) IV/2, S. 477. Soweit die sonst noch in Betracht kommenden Autoren darauf eingehen, akzentuieren sie vielmehr den Gegensatz der Grundrententheorie Ricardos zu der von Malthus, ohne eine Abhängigkeit selbst nur anzudeuten.

122 Vgl. Th. R. Malthus, *An Inquiry into the Nature and Progress of Rent, and the Principles by which it is Regulated*, London 1815.

123 Auszüge aus diesem Buch enthält erst der Exzerptteil von „Heft VII" der *Grundrisse* aus den Jahren 1858 ff. Vgl. IISG, Marx/Engels-Nachlaß B 91A [A 40], S. 246—251.

124 Vgl. Fr. Engels, „Umrisse zu einer Kritik der Nationalökonomie", in: [*Deutsch-französische Jahrbücher*, 1844, Nr. 1—2, S. 86—114] MEW Bd. 1, S. 499—524, S. 505 ff.: „Die Engländer [...] behaupten also, der abstrakte Wert einer Sache werde durch die Produktionskosten bestimmt. Wohlverstanden, der abstrakte Wert, nicht der Tauschwert [...]. Es ist nicht möglich, der Ökonom kann seine Abstraktion nicht einen Augenblick festhalten. Nicht nur das, was er mit Mühe entfernen will, die Konkurrenz, sondern auch das, was er angreift, die Brauchbarkeit, kommt ihm jeden Augenblick zwischen die Finger. [...] Gehen wir zu Say über, so finden wir dieselbe Abstraktion. Die Brauchbarkeit einer Sache ist etwas rein Subjektives, gar nicht absolut zu Entscheidendes [...]. Der einzig mögliche Weg, zu einer einigermaßen objektiven, *scheinbar* allgemeinen Entscheidung [...] zu kommen, ist unter der Herrschaft des Privateigentums das Konkurrenzverhältnis [...]. Ist aber das Konkurrenzverhältnis zugelassen, so kommen auch die Produktionskosten herein [...]." Marx in 21c: „Bei den Engländern vertritt die Concurrenz gegenüber den Productionskosten die Brauchbarkeit, bei Say die Productionskosten." Vgl. MEGA(2) IV/2, S. 485. In B 23b: „Say macht dagegen die *Nützlichkeit* geltend. Diese Nützlichkeit wird ihm repräsentiert durch die *Nachfrage* also durch die Concurrenz der Consumenten. Die Productionskosten werden repräsentirt durch die Ausdehnung, die Qantität der *Zufuhr*. Ricardo hält in der Bestimmung des Werths nur die Productionskosten fest, Say die Nützlichkeit / Brauchbarkeit. Bei Say vertritt die Concurrenz die Productionskosten." Vgl. MEGA(2) IV/2, S. 392. Marx bezieht sich hier auf eine Anmerkung von Say zu einer Passage von Ricardo, die — n. b. — den Tauschwert betrifft: „Si c'est la quantité de travail fixé dans une chose, qui règle sa valeur échangeable [...]." Say: „M. Ricardo me semble a tort ne considérer ici qu'un des élémens de la valeur des choses; c'est a dire le travail, ou, pour parler plus exactement, l'exactement, l'étendu des sacrifices qu'il faut faire pour les produire. Il ńeglige le premier élément, le véritable fondement de la valeur, l'utilité. C'est l'utilité qui occasionne la demande qu'on fait d'une chose. D'un autre côté, les sacrifices qu'il faut faire pour qu'elle soit produite, en d'autres mots, ses *frais de production*, font sa rareté, bornent la quantité de cette chose qu'il s'offre à l'echange. Sa valeur s'élève d'*autant plus* qu'elle est plus demandée et moins offerte. Ce principe est fondamental en économie politique". Vgl. D. Ricardo, *Des principes de l'économie politique et de l'impôt*, trad. par. F. S. Constancio, avec des notes explicatives et critiques par J. B. Say, 2 Bde., [2]Paris 1835, Bd. 1, S. 8 ff.

125 Vgl. Fr. Engels, *a. a. O.* (Anm. 124), S. 509 f.: „Die Definition [des Grundzinses von Ricardo] ist zwar praktisch richtig, wenn man voraussetzt, daß ein Fall derNachfrage *augenblicklich* auf den Grundzins reagiert und sogleich eine entsprechende Quantität des schlechtesten bebauten

Landes außer Bearbeitung setzte. Allein dies ist nicht der Fall, die Definition ist darum unzureichend [...]. Oberst T. P. Thompson [...] erneuerte im Gegensatz zu dieser Definition die Adam Smithsche [...]; aber diese Erklärung schließt die verschiedene Fruchtbarkeit des Bodens aus, wie die obige die Konkurrenz ausläßt." Marx in 21c: „Die Definition der *Grundrente* von Ricardo falsch, weil sie voraussetzt, daß ein Fall der Nachfrage augenblicklich auf den Grundzins reagirt und sogleich eine entsprechende Qualität [!] des schlechtesten bebauten Landes ausser Bearbeitung setzt. Dieß falsch. Diese Definition läßt die Concurrenz, die von Smith die Fruchtbarkeit weg." Vgl. MEGA(2) IV/2, S. 485. In B 23b: „Er [i. e. Ricardo] nimmt also an, daß ein gutbebautes Land augenblicklich das schlechtere ausser Cultur setzen würde. Er vergißt die *Concurrenz*." Vgl. MEGA(2) IV/2, S. 402.

126 Vgl. MEGA(2) IV/2, S. 489, S. 453.

127 So notierte Marx in B 21c: „*Say* Brauchbarkeit = Bestimmung des Realwerths, Ricardo und Mill die *Productionskosten*", während Engels schreibt: „Die Engländer — MacCulloch und Ricardo besonders — behaupten [...]." Vgl. MEGA(2) IV/2, S. 485; Fr. Engels, *a. a. O.* (Anm. 124), S. 505.

128 So I. Taubert, *a. a. O.* (Anm. 72), S. 26 f.

129 Vgl. MEGA(2) IV/2, S. 421, S. 423, S. 462.

130 Vgl. *a. a. O.* (Anm. 90), S. 9.

131 Marx nennt in A 9 namentlich: Smith 8mal, Ricardo 7mal, Mill 6mal, Say 6mal, andere Ökonomen ein- zweimal.

132 Vgl. I. Taubert, *a. a. O.* (Anm. 72), S. 27.

133 Vgl. besonders: MEGA(1) I/3, S. 132 f., S. 138, S. 141 ff.

134 Vgl. die Bücherliste in dem in Paris begonnenen Notizbuch, IML, Moskau, f. 1, op. 1, d. 132.

135 Vgl. *Cours d'économie politique*, Bruxelles 1843, S. 429—694; IISG, Marx/Engels-Nachlaß B 31 [B 28].

136 Marx hatte die Exzerpte aus dem „Traitè" von Boisguillebert, nachdem er bis zum Ende von Kapitel I des ersten Teils gekommen war, zunächst auf S. 17 Mu. (Bl. 9 R) abgebrochen. Die Rückseite dieses Blattes (Bl. 9 V) freilassend, hatte er auf der folgenden Seite die „Considérations" von Law exzerpiert. Als er danach die Exzerpte aus dem „Traité" von Boisguillebert fortsetzte, erwies sich, daß die freigelassene Seite (Bl. 9 V) nicht reichte, so daß er im nachhinein noch einen Halbbogen (Bl. 10) einfügen mußte. Nachdem er zunächst die exzerpierten Schriften Boisguilleberts arabisch — „1)", „2)", „3)" — durchnumeriert hatte, gab er dem zweiten in B 26 exzerpierten Autor, d. h. Law, erneut die Nummer „2)", wobei er das Gliederungssystem so änderte, daß er den exzerpierten Autoren eine arabische Ziffer, ihren einzelnen Schriften dagegen einen kleinen Buchstaben — „a)", „b)", „c)" — gab; im Fall Boisguilleberts schrieb er diese Buchstaben nachträglich über die vorhandenen Ziffern. Der vierten Schrift von Boisguillebert, von der er auf S. 20 (Bl. 10 V) nur den Titel notierte, gab er von vornherein den Buchstaben „d)".

137 Vgl. *a. a. O.* (Anm. 80), S. 100.

138 So zuletzt I. Taubert, *a. a. O.* (Anm. 72), S. 18.

139 Vgl. *a. a. O.* (Anm. 82), S 611 f.

140 Vgl. J. B. Say, *Traité d'économie politique ou simple exposition de la manière dont se forment, se distribuent et se consomment les richesses*, 2 Bde., [3]Paris 1817, Bd. 1, S. VII—LXXIX.

141 Dem entspräche Engels' Bemerkung in seinem „Vorwort" zu dem zweiten Band des *Kapital*: „Er [i. e. Marx] begann seine ökonomischen Studien 1843 in Paris [...]." Vgl. MEW Bd. 24, S. 14.

142 Vgl. J. B. Say, *a. a. O.* (Anm. 140), S. XXVII ff.

143 Dem entspräche Engels' Darstellung in seinem Marx-Artikel im *Handwörterbuch der Staatswissenschaften*: „Das junge Paar kam im Herbst 1843 nach Paris, wo Marx und Ruge die ‚Deutsch-Französischen Jahrbücher' herausgaben [...]; die Fortsetzung scheiterte teils an den

übergroßen Schwierigkeiten der heimlichen Verbreitung in Deutschland, teils an den sehr bald zutage tretenden prinzipiellen Differenzen zwischen den beiden Redakteuren. *Ruge* blieb im Fahrwasser der Hegelschen Philosophie und des politischen Radikalismus, Marx warf sich aufs Studium der politischen Ökonomie, der französischen Sozialisten und der Geschichte Frankreichs." Vgl. MEW Bd. 22, S. 338.

144 Vgl. P. J. Proudhon, *Qu'est-ce que la propriété? Ou recherches sur le principe du droit et du gouvernement*, Paris 1840, wo Say „le proto-parens de la secte [des économistes]", „le patriarche des économistes", „l'Hermès de l'économie" etc. genannt wird.

146 Vgl. J B. Say, *a. a. O.* (Anm. 140), Bd. 2, S. 419: „Pour la commodité des lecteurs qui voudraient étudier de suite et méthodiquement l'Épitome, voici l'ordre dans lequelles doivent en lire les articles."

147 Vgl. *a. a. O.* (Anm. 82), S. 609 f.

148 Vgl. MEGA(2) IV/2, S. 547.

149 Vgl. J. B. Say, *Cours complet d'économie politique pratique*, [3]Bruxelles 1836, S. 5: „L'économ politique n'est pas autre chose que l'économie de la société. Les sociétés politiques, que nous nommons des nations, sont des corps vivants, de même que le corps humain. Elles ne subsistent, elles ne vivent que par le jeu des parties dont elles se composent, comme le corps de l'individu ne subsiste que par l'action de ses organes. L'étude que l'on a faite de la nature et des fonctions du corps humain, a créé un ensemble de notions, une science à laquelle on a donné le nom de *physiologie*. L'étude que l'on a faite de la nature et des fonctions des différentes parties du corps social, a créé de même un ensemble de notions, une science, à laquelle on a donné le nom *d'économie politique*, et qu'on aurait peut-être mieux fait de nommer *économie sociale*."

150 Vgl. noch das III. Kapitel des dritten Bands des *Kapital*.

151 Vgl. MEGA(1) I/3, S. 38.

152 Die Bezeichnungen „links/rechts" beziehen sich auf die schematische Darstellung. Vgl. Abb. 1.

153 Vgl. *a. a. O.* (Anm. 80), S. 102.

154 Vgl. N. I. Lapin, *a. a. O.* (Anm. 70), S. 313 f.

155 Vgl. das Faksimile der S. I bei MEGA(1) I/3, S. 38.

156 Marx brach in der zweiten Spalte zunächst auf S. IV hinter „[...] in vollständiger Proportion.' ibid." — MEGA(1) I/3, S. 55(37) — ab; darunter zog er einen Querstrich, über den er dann aber sogleich den nächsten Satz hinwegschrieb. Nach dem Schriftbild könnte er den Text der zweiten Spalte also zunächst hinter „[...] (z. B. Papiergeld) steigen." — MEGA(1) I/3, S. 55(40) — unterbrochen haben, eventuell (noch einmal) auf S. V hinter „[...] p. 163—65. Smith." MEGA(1) I/3, S. 56(37).

157 Vgl. MEGA(1) I/3, S. 81 ff.

158 Vgl. M. Chevalier, *Cours d'économie politique fait au Collège de France*, Année 1841—42, Paris 1842, Année 1842—43, Paris 1844.

159 Vgl. M. Heß, „Socialismus und Communismus", in: *[Einundzwanzig Bogen aus der Schweiz*, hrsg. von G. Herwegh, Tl. I, Zürich/Wintherthur 1843, S. 74—97] *Moses Heß: Philosophische und sozialistische Schriften, 1837—1850. Eine Auswahl*, hrsg. von A. Cornu und W. Mönke, Berlin 1961, S. 197—230, S. 201.

160 Vgl. J. C. L. Sismonde de Sismondi, *Nouveaux principes d'économie politique ou de la richesse dans ses rapports avec la population*, 2 Bde., [2]Paris 1827.

161 Vgl. M. Chevalier, *a. a. O.* (Anm. 158), Bd. 1, S 125 ff.

162 Vgl. Ch. Ganilh, *Des systèmes d'économie politique, de la valeur comparative de leurs doctrines, et de celle qui parait la plus favorable aux progrès de la richesse*, 2 Bde., Paris 1809.

163 Vgl. J. C. L. Sismonde de Sismondi, *a. a. O.* (Anm. 160), Bd. 1, S. 53.

164 Vgl. J. R. MacCulloch, *a. a. O.* (Anm. 111), S. 146 f.

165 Der Abdruck auf der Gegenseite deutet darauf hin, daß Marx die S. I erst im nachhinein

paginierte.

166 Die Einteilung der ersten beiden Seiten von B 23b in drei Spalten läßt sich ebenfalls so erklären, daß Marx zunächst bewußt an die Form von A 7 anknüpfte.

167 Vgl. V. Brouchlinski, „Note sur l'histoire de la redaction et de la publication des ‚Manuscrits économico-philosophiques' de Karl Marx", in: *Recherches internationales à la lumière du marxisme*, 1960, no. 19, S. 73—79, S. 78.

168 Vgl. A. Ruge an seine Mutter, 19. Mai 1844, *a. a. O.* (Anm. 86), S. 349—351.

169 Ebenso I. Taubert, *a. a. O.* (Anm. 72), S. 18.

170 Vgl. *a. a. O.* (Anm. 99), S. 245.

171 Vgl. I. Taubert, *a. a. O.* (Anm. 72), S. 27 f.

172 So meinte etwa V. K. Brušlinskij: „Da der Inhalt dieser Notizen in keiner der uns bekannten Arbeiten von Marx reproduziert worden ist, können wir annehmen, daß er genau in dem nicht erhaltenen Teil des zweiten Manuskripts aus dem Jahr 1844 benutzt worden ist." Vgl. „K. Marks. Zametki po povodu knigi Džemsa Milla", in: *Voprosy Filosofii*, 1960, H. 2, S. 113—127, S. 113.

173 Vgl. MEGA(2) IV/2, S. 466.

174 Vgl. MEGA(1) I/3, S. 107.

175 *Ebenda*, S. 111.

176 *Ebenda*, S. 97.

177 Vgl. MEGA(2) IV/2, S. 628, S. 692.

178 Die in Paris und Brüssel exzerpierten nationalökonomischen Werke notierte Marx 1850 teils auf der dritten Seite von A 7, teils auf zwei Umschlägen, die er damals für zwei Gruppen von fünf bzw. zwei Heften anfertigte. Vgl. IISG, Marx/Engels-Nachlaß B 22 [B 24], B 35 [B 35]. Es ist immerhin auffallend, daß ein derartiger Umschlag für B 23 nicht vorliegt, obwohl die darin exzerpierten Werke in der Literaturliste auf der dritten Seite von A 7 ebenfalls nicht vorkommen. Dasselbe gilt allerdings für B 19.

179 Dieses Argument ließe sich ebenfalls zugunsten der — nur durch schwache inhaltliche Argumente gestützten — Hypothese von G. A. Bagaturija anführen, daß A 8 eine Fortsetzung von A 7 sei; denn die letzte Seite von A 7 ist S. XXVII. Vgl. G. A. Bagturija, *a. a. O.* (Anm. 72), S. 207—222. Bagaturija, der ebenfalls davon ausgeht, daß jedenfalls B 23c erst nach A 9 entstanden sei, sucht durch seine Hypothese immerhin das erste der oben genannten Probleme zu lösen, die aus der Annahme eines selbständigen „zweiten Manuskripts" resultieren, schafft durch sie indessen eine Reihe neuer Probleme. — Da Marx mehrfach Seitenzahlen übersprungen bzw. doppelt benutzt hat (vgl. A 9, B 23), wäre ein derartiger Irrtum ebensogut im Fall des „zweiten Manuskriptes" möglich; aber es ist klar, daß sich die Möglichkeit eines Irrtums, wenn sie schon konzediert wird, ebenso zur Vereinfachung der oben begründeten Annahme nutzen ließe.

180 Er tat dies in drei Phasen: Nachdem er in B 21 auf S. 13 u. bis S. 255 des Buchs gekommen war, notierte er von dieser Seite auf S. 14 des Heftes noch einen Satz, den er — ohne Beachtung des vertikalen Strichs — durchlaufend vom linken bis zum rechten Rand der Seite schrieb, wonach er darunter — ebenso vom linken bis zum rechten Rand der Seite — einen Strich zog. Wohl erst nach einer Pause setzte er unterhalb dieses Strichs, nun die Spalten wieder nacheinander füllend, die Exzerpte zunächst bis S. 271, dann bis S. 273 des Buches fort.

181 Vgl. das Faksimile der Umschlagseite in: MEGA(2) IV/2, S. 471.

182 Vgl. J. C. L. Sismonde de Sismondi, *a.a. O.* (Anm. 160), Bd. 2, S. 369—407: „Éclairissemens relatifs à la balance des consommations avec les productions."

183 *Ebenda*, S. 373—407: „Article premier. Examen d'une réfutation des *Nouveaux principes d'économie politique*, publiée dans la *Revue d'Edinburgh*, par un disciple de M. Ricardo."

184 Vgl. Anm. 92.

185 Vgl. M. Heß an K. Marx, 3. Juli 1844, in: MEGA(2) III/1, S. 434 f. Offenbar irritierte es Marx,

daß Bauer auf seinen Artikel „Zur Judenfrage" noch nicht reagiert hatte; darauf eingehend, schrieb Heß: „Es zeugt von großer Bescheidenheit Ihrerseits, daß Sie nicht einsehen, wie Bauer durch Ihre Kritik vernichtet ist, wenn er sich nicht vertheidigt, und daß es nur eine Vertheidigung für ihn gibt — das offene Geständniß seines bisherigen Irrthums. Freilich ist das kaum von ihm zu erwarten: hat er's doch mit Feuerbach in anderer Art ebenso gemacht; nun, desto schlimmer für ihn!"

186 Vgl. *a. a. O.* (Anm. 108), S. 436.

187 Vgl. *a. a. O.* (Anm. 93), S. 65.

188 Vgl. MEGA(1) I/3, S. 33: „Man findet aus diesem Grunde in der vorliegenden Schrift den Zusammenhang der Nationalökonomie mit Staat, Recht, Moral, bürgerlichem Leben etc. grade nur so weit berührt, als die Nationalökonomie selbst ex professo diese Gegenstände berührt." Eigentümlicherweise haben nach J. P. Mayer, *a. a. O.* (Anm. 4), S. 154, viele Autoren gemeint, daß dieser Satz besonders treffend den positiven Inhalt der „Schrift" wiedergäbe. Vgl. Anm. 5.

189 Daß Engels klar war, daß für Marx beides schwer zu trennen war, geht aus seinem Brief vom 20.Januar 1845 hervor. Vgl. *a. a. O.* (Anm. 94), S. 261: „Daß Du die Krit. Kritik bis auf 20 Bogen ausgedehnt ist mir [a]llerdings verwunderlich genug gewesen. Es ist aber ganz gut, es kommt so Vieles schon jetzt [an] den Mann was sonst wer weiß wie lang noch in Deinem Sekretär gelegen hätte."

190 Vgl. das Faksimile bei MEGA(1) I/3, S. 590.

191 Vgl. K. Marx an C. F. J. Leske, 1. August 1846, in: MEGA(2) III/2, S. 22—25, S. 24. Es war wohl eine Ausflucht, wenn Marx schrieb: „nicht mehr *wörtlich* drucken lassen kann"; wohl eine gezielte Übertreibung war der vorausgeschickte Hinweis, daß „das fast beendigte Manuscript des ersten Bands [...] schon so lange hier liegt".

192 Vgl. R. C. Tucker, *Philosophy and Myth in Karl Marx*, Cambridge 1961, S. 171: „Scientific theories normally arise after their authors have immersed themselves in the empirical data that the theory seeks to explain. But not so with the Marxian science of history according to its founders. This science came into being by means of the transformational criticism of Hegel's philosophy of history."

193 Vgl. H. Popitz, *a. a. O.* (Anm. 22), S. 117.

194 Vgl. A. Cornu, *a. a. O.* (Anm. 65), S. 126.

195 Vgl. J. B. Say, *a. a. O.* (Anm. 140), Bd. 1, S. XLVIII.

Ernst GLASER (Österreich)

GESCHICHTSWISSENSCHAFT IM AUSTROMARXISMUS

Diese Studie will keinen Beitrag liefern zu einer marxistischen Geschichtstheorie. Sie gibt nur einen Einblick in die Vorstellungen des Austromarxismus und in die Elemente, die seinerzeit von diesem in eine solche Theorie einbezogen wurden; sie handelt also bloß in historischem Sinne über die Geschichte von geschichtstheoretischen Bemühungen im Austromarxismus.

Der Begriff Austromarxismus wird dabei in einer weitgehend unreflektierten Weise gebraucht, nämlich bloß als ein nützliches geistesgeschichtliches Konstrukt zur Erfassung der ideologischen Einstellung von vielen österreichischen Sozialisten im Zeitabschnitt von der Jahrhundertwende bis zum Ende der Ersten Republik, wobei gelegentlich sogar Nachwirkungen dieser Haltung bis in unsere Tage beobachtet werden können. In meinem Buch „Im Umfeld des Austromarxismus“, das 1981 erschien,[1] habe ich versucht, ausführlich nachzuweisen, daß diese Geisteshaltung, welche sich außerdem durch eine besondere Aufgeschlossenheit und Empfänglichkeit für neue Theorien auszeichnet, bereits aus der programmatischen Einleitung des ersten Bandes der „Marx-Studien“ aus dem Jahre 1904 abgelesen werden kann. Dort wird nämlich als Ziel der neuen Publikationsreihe, die dann zum geistigen Sammelbecken des Austromarxismus wurde, erklärt:

„Die systematische Erfassung und Durcharbeitung der Lehren von Karl Marx und Friedrich Engels, die Herausholung ihres vollen Inhalts in einer bewußten Nachschöpfung aus dem Zusammenhange des gesamten Denkens bei ihren Schöpfern, endlich ihre Weiterbildung durch eine unausgesetzte Verknüpfung und Ineinssetzung ihrer Ergebnisse mit aller übrigen philosophischen und wissenschaftlichen Arbeit unserer Zeit.“

Diese Haltung kann in einem denktheoretischen Syndrom zusammengefaßt werden, in dem folgende Elemente imponieren: erkenntnistheoretischer Pluralismus, soziologisch-ökonomische Geschichtsauffassung und humanistische Ethik. Als Kernstück des derart konzipierten Denkens, das sich selbst als Derivat des Marxismus bezeichnet hat, steht die historische Betrachtungsweise, die von der Klassenstruktur der Gesellschaft ausgeht und sozialökonomischen Abläufen größte Bedeutung beimißt. Diese Abart des Marxismus wird demnach primär als soziologisch-historische Methode des sozialwissenschaftlich-politischen Denkens begriffen, die jedoch in verschiedenen Variationen Gestalt annimmt.

Im Rahmen eines kurzen Referats kann natürlich nur anhand von wenigen Beispielen ein Eindruck vermittelt werden von der Eigenart dieser Geschichtstheorien, wobei vornehmlich deren Denkkategorien betrachtet werden sollen und nicht so sehr Einzelheiten in konkreten historischen Untersuchungen, von denen es im Austromarxismus ebenfalls recht viele und von unterschiedlicher Art und Qualität gegeben hat. Diese Denkkategorien der historischen Methode stehen übrigens in engem Zusammenhang mit den erkenntnistheoretischen Positionen, die jeweils eingenommen werden und die, von dort aus betrachtet, Abweichungen von der orthodox-marxistischen materialistischen Geschichtsauffassung erkennen lassen. Dies gilt in hohem Maße bereits von den beiden Standardwerken zur austromarxistischen Geschichtstheorie, mit deren Erörterung begonnen werden soll. Diese beiden Werke sind: „Die materialistische Geschichtsauffassung" von *Karl Kautsky*[2] aus dem Jahre 1927 und das „Lehrbuch der Materialistischen Geschichtsauffassung" von *Max Adler*, 1930 erschienen.[3] In beiden Werken haben, sozusagen in der Spätzeit des Austromarxismus, die Autoren Ansichten noch einmal formuliert, die sie bereits viele Jahre, ja Jahrzehnte früher schon ausgesprochen hatten.

Kautsky diskutierte an bevorzugter Stelle seines Werkes den bekannten Passus aus dem Vorwort der „Kritik der politischen Ökonomie", die Marx 1859 veröffentlicht hat, und auf den man sich bei der Erörterung der materialistischen Geschichtsauffassung immer wieder beruft. Dabei kommt er auf das Problem der Beziehung von „Unterbau" und „Überbau" zu sprechen und postuliert dabei — sich auf den ebenfalls bekannten Engels-Brief berufend — „daß die ökonomischen Verhältnisse nur in letzter Instanz der entscheidende Faktor in der Weltgeschichte sind". Die Kompliziertheit der gesellschaftlichen Erscheinungen bringt es auch mit sich, meint er, daß sich die Einflüsse „derselben Produktivkräfte auf die Bildung von Produktionsverhältnissen und deren Überbau oft sehr verschieden gestalten". In der für ihn typischen lehrhaften Ausdrucksweise setzt er schließlich fort:

„Also vergessen wir nicht: Nur in letzter Linie ist der ganze juristische, politische, ideologische Apparat als Überbau über einen ökonomischen Unterbau zu betrachten. Für eine einzelne Erscheinung in der Geschichte gilt das keineswegs. Sie wird, mag sie ökonomischer, ideologischer oder sonstiger Art sein, in manchen Beziehungen als Unterbau, in anderen als Überbau wirken."[4]

Derartige Formulierungen klingen reichlich unscharf, was wohl mit Kautskys fragwürdiger wissenschaftstheoretischer Grundhaltung zusammenhängen dürfte. Er hat einmal erklärt: „Philosophie war nie meine starke Seite."[5] Wohl hat er sich verbal wiederholt zum dialektischen Materialismus bekannt, aber gerade in der „Materialistischen Geschichtsauffassung" die Dialektik bloß als

Arbeitshypothese bezeichnet, der „leicht eine gewisse Willkür innewohnt".[6] Sein Materialismus wieder war ein Positivismus, der sich auf die naturwissenschaftlichen Erkenntnisse der damaligen Biologie stützte und sich am Entwicklungsgedanken orientierte, wobei er sich nicht so sehr dem Darwinismus als lamarckistischen Hypothesen anschloß, welche die Entwicklung der Lebewesen auf Wandlungen der Umwelt zurückführten. Diesen Biologismus übertrug er auf die Gesellschaftsentwicklung; der Titel des ersten Bandes seines großen Werkes hieß daher: „Natur und Gesellschaft", der des zweiten Bandes: „Der Staat und die Entwicklung der Menschheit". Karl Korsch hat daher Kautsky nicht zu Unrecht vorgeworfen, seine Geschichtstheorie sei „nur theoretisch materialistisch, aber praktisch idealistisch".[7] Max Adler äußerte sich bissiger über Kautskys Materialismus und meinte, dieser sei eigentlich bloß „Atheismus und Antispiritualismus plus Mangel an Erkenntniskritik."[8]

Max Adler fühlte sich als profunder Kenner und Hüter erkenntnistheoretischer Überlegungen im Austromarxismus und machte diese auch zur Grundlage seines erwähnten „Lehrbuchs", das damit nicht so sehr eine Einführung in die Geschichtswissenschaft als ein Traktat über die ideologischen Prinzipien des Marxismus darstellt, der mit neukantianischen Augen interpretiert wird, also von einem bewußt idealistischen Standpunkt aus. Seine Hauptthese war bekanntlich, daß die Kategorien des Geschichtsdenkens bei Marx, also Begriffe wie „Produktivkräfte" und „Produktionsverhältnisse" usw. nicht materialistisch gemeint sind, sondern als von Haus aus geistige Elemente, die den Geschichtsverlauf bestimmen. So sagte er etwa 1922:

„Der Marxismus wird gewöhnlich als ein System des Materialismus angesehen, wozu hauptsächlich die unglückselige Bezeichnung seiner grundlegenden Theorie als materialistische Geschichtsauffassung beigetragen hat. Allein schon eine kurze Besinnung auf das Wesen des Marxismus muß uns klar machen, daß er überhaupt nichts mit Materialismus zu tun haben kann."[9]

Als eigentlicher Mittelpunkt der marxistischen Geschichtstheorie erschien Max Adler der vergesellschaftete Mensch und dessen gesellschaftliche Tätigkeit, die sich seiner Meinung nach aus dem von ihm postulierten Sozialapriori der menschlichen Existenz ableiten läßt, ein Begriff, der ihm aus seiner neukantianischen Position zugewachsen war. Im „Lehrbuch" heißt es daher:

„So ergibt sich nun, daß die geistige Natur des Menschen gleichbedeutend ist mit der sozialen oder vergesellschafteten Natur und infolgedessen die geistige Kausalität gleichbedeutend ist mit sozialer Kausalität ... Und alle diese Ausdrücke besagen dasselbe: daß der Kausalprozeß auf dem Boden der Vergesellschaftung eben ein geistiger Prozeß ist."[10]

Es ist sicher kein Zufall, sondern es beweist, daß in den Jahren um 1930 der

Austromarxismus eine besondere geistige Virulenz zu entwickeln vermochte, daß 1931 *Otto Neurath* seine „Empirische Soziologie" publizieren konnte, deren Untertitel lautet: „Der wissenschaftliche Gehalt der Geschichte und Nationalökonomie", womit der Anspruch auf eine relevante geschichtswissenschaftliche Aussage erhoben wurde.

Neuraths Position ist erkenntnistheoretisch der Max Adlers durchaus entgegengesetzt. Er schlägt die geistesgeschichtlich bemerkenswerte Brücke zwischen dem Austromarxismus und der Schule des sogenannten „Wiener Kreises", einer Denkrichtung, die sich aus dem Neopositivismus und der Philosophie von Ernst Mach entwickelt hatte. Neurath nahm dort die Position des linken Flügels ein und vertrat in extremer Weise die Haltung eines kritischen Denkens, die zum Aufbau einer Einheitswissenschaft auf physikalistischer Basis hinführen wollte. Sein Freund Rudolf Carnap sagte über ihn:

„Neuraths Ansichten über soziale Probleme waren stark von Marx beeinflußt. Aber er war kein dogmatischer Marxist. Für ihn mußte jede Theorie durch ständige Kritik und neue Überprüfung weiterentwickelt werden ... Er glaubte, daß unsere Form des Physikalismus eine überzeugende nichtmetaphysische und logische widerspruchsfreie Version sei, die heute sowohl die mechanistischen als auch die dialektischen Abarten des Materialismus des 19. Jahrhunderts überwinden könne."[11]

Geschichte und Soziologie sollten seiner Meinung nach als beschreibende Disziplinen auf behavioristischer Grundlage betrieben werden. So sagte er etwa:

„Der Soziologe, wie jeder andere Realwissenschaftler, bemüht sich zunächst darum, Gesetzmäßigkeiten festzustellen, um dann durch deren Verknüpfung vorliegende Einzelprobleme zu lösen."[12]

Mit gewissen Einschränkungen lassen sich in Hinsicht auf gesellschaftliche Entwicklungen, also in der Nationalökonomie und der Politik, sogar auch Prognosen stellen. Diese Art, Geschichte und Soziologie zu betreiben, hat am weitesten heute schon — 1931 — der Marxismus zustande gebracht. Neurath postulierte daher: „Die lebendige Gegenwartsform solcher Soziologie ist der Marxismus."[13] Damit meinte er natürlich die legere, lockere, undogmatische Form des Austromarxismus.

Die geschichtsphilosophischen Aussagen, die Neurath gemacht hat, verharren auf weiten Strecken sehr stark im bloß Theoretischen. Obwohl sein Buch „Empirische Soziologie" hieß, ließ er doch — wie ihm in einer Rezension sein Freund Edgar Zilsel vorwarf — „die fruchtbare Empirie" hinter die Logik zurücktreten.[14] Auf Zilsel wird übrigens später noch Bezug zu nehmen sein.

Die Empirie bei konkreten historischen und soziologischen Untersuchungen haben dagegen die beiden Forscher hochgehalten, die bereits an der Wiege des Austromarxismus gestanden sind und auf dessen Ausgestaltung gerade auf dem Gebiete der Geschichtswissenschaft maßgebenden Einfluß genommen haben: der gelernte Historiker *Ludo Moritz Hartmann* und der Nationalökonom, der aber auch als Historiker Ansehen erwarb, *Carl Grünberg*. Beide waren Universitätslehrer, deren akademischen Karriere allerdings wegen ihrer sozialdemokratischen Gesinnung auf Schwierigkeiten stieß: wenn nicht Hartmann, so doch Grünberg läßt sich wohl als „Kathedermarxist" bezeichnen.

Als relativ junge Wissenschafter — Grünberg knapp dreißig Jahre alt, Hartmann noch etwas jünger — trafen sich schon 1893 bei der Herausgabe ihrer „Zeitschrift für Social- und Wirtschaftsgeschichte" ihre gemeinsamen Interessen, die durch die historischen Forschungen im Reformmarxismus des ausgehenden Jahrhunderts geweckt worden waren. Grünberg hat dann später noch andere Publikationsorgane herausgegeben und schließlich 1910 als Markstein der modernen Sozialgeschichtsforschung das „Archiv für die Geschichte des Sozialismus und der Arbeiterbewegung" gegründet. Eine systematische Durchforstung der Artikel, welche in diesen Zeitschriften erschienen sind,[15] würde auch im Detail einen Überblick darüber ermöglichen, was die Sozialgeschichtsforschung im Ganzen, speziell aber die Geschichtsforschung im Austromarxismus mit diesen Publikationsmöglichkeiten gewonnen hatte. Sowohl für Hartmann als auch für Grünberg handelte es sich vornehmlich immer darum, daß nicht primär die ideologische Einstellung bei der Behandlung eines historischen Themas in den Vordergrund gerückt wurde, sondern die im „Archiv" veröffentlichten Arbeiten streng tatsachenwissenschaftlich und quellenkritisch orientiert sein sollten, so daß deren Ergebnisse — wie es Grünberg im Vorwort des ersten Bandes seines „Archivs" formulierte — „auf dem Wege exakt methodischer, von wissenschaftlichem Ernst getragener Forschung gewonnen" werden sollten. Die wissenschaftstheoretische Haltung, welche der auf solche Art betriebenen Geschichtsforschung zu Grunde gelegt wurde, läßt sich aus Formulierungen ablesen, die, in zeitlicher Aufeinanderfolge durch Jahrzehnte getrennt, von Hartmann und Grünberg und schließlich von Rudolf Hilferding stammen.

Ludo Moritz Hartmann hat seine Geschichtsauffassung bereits 1905 in einer schmalen und wenig bekannten Schrift niedergelegt, die den Titel trägt: „Über historische Entwicklung"[16] und die er als eine „Einleitung in die historische Soziologie" deklarierte und kennzeichnenderweise Ernst Mach zueignete.

Als das Hauptanliegen dieser Publikation bezeichnete er die Darlegung dessen, was er Darwin und Mach, Marx und Karl Bücher verdankte. Die historische Methode wird von ihm nicht gleichgesetzt mit der „Methode zur quellenkritischen Feststellung der Einzeltatsachen", obwohl diese als selbstverständliche Voraussetzung betrachtet wird. Sie ist seiner Auffassung nach eine soziologische Methode, mit der die Einzeltatsachen — Machs Denken folgend — in einen funktionalen Zusammenhang gebracht werden müssen. Die politischen Tatsachen sind daher in ihrer Beziehung zu den ökonomischen Abläufen zu betrachten. „Deshalb ist die politische Geschichte eine Funktion der Wirtschaftsgeschichte", meint er daher. Doch verabsolutiert Hartmann diesen Ansatz nicht, sondern differenziert ihn, indem er meint:

„Es ist deshalb richtig, wenn man sagt, daß sich die Entwicklung der Geschichte in Klassenkämpfen vollzieht, aber es ist nicht die ganze Wahrheit. Auch die Kämpfe der Stämme und Staaten untereinander bilden einen Teil des Kampfes ums Dasein."

Hartmanns Theorie von der historischen Bedeutung des Staates, speziell des Nationalstaates, dürfte übrigens nicht ohne Einfluß auf die praktische Politik des Austromarxismus in der Nationalitätenfrage und speziell auf die sogenannte „Anschluß-Ideologie" gewesen sein.

Hartmanns Revision des Marxismus und der orthodoxen materialistischen Geschichtsauffassung in die Richtung einer eklektizistischen Geschichtstheorie stellte Grünberg fast zwei Jahrzehnte später die Umrisse einer allgemeinen Theorie der Sozialwissenschaften gegenüber. In der Rede, die er bei der Übernahme der Leitung des von ihm gegründeten Instituts für Sozialforschung 1924 in Frankfurt hielt, versuchte er, den Marxismus von einer metaphysischen Einseitigkeit loszulösen, wobei er die materialistische Geschichtsauffassung bloß als heuristisches Prinzip anerkannte. Grünberg bezog sich dabei expressis verbis auf die Ansichten seines Schülers Max Adler und zeigte auf, „daß die materialistische Geschichtsauffassung weder darauf ausgeht, ewige Kategorien zu ergrübeln oder das Ding an sich zu erfassen, noch das Verhältnis zwischen Geistes- und Außenwelt zu ergründen beabsichtigt. Ihr Objekt sind nicht Abstrakte, sondern die gegebene konkrete Welt in ihrem Werden und Wandel. Sie geht von Tatsachen aus und nicht von Postulaten. Sie ist nicht statischer, sondern dynamischer Natur."[17]

Grünberg bekannte sich in dieser Frankfurter-Rede als Anhänger eines Marxismus, in dessen Geschichtstheorie, wie er vermerkt, „in letzter Instanz die Produktionsweise des materiellen Lebens den sozialen, politischen und geistigen Lebensprozeß bestimmt". Allerdings schränkt er die Brauchbarkeit dieser Theorie auf bestimmte Gebiete ein.

„Man sieht, die materialistische Geschichtsauffassung ist eine Theorie organischer Entwicklung; ihre Forschungsmethode ist eminent induktiv; ihre Resultate beanspruchen keine Geltung in Raum und Zeit schlechthin, sondern nur relative, jeweils geschichtlich bedingte Bedeutung."

Größten Wert legt er jedoch auf die undogmatische Haltung, die er an dem von ihm vertretenen Marxismus schätzt. Von diesem sagt er daher, daß er „nicht ‚ewige' Gesetze annimmt, sondern vom Gegebenen, dem jeweils Gegebenen, daher stets Veränderlichen, ausgeht und innerlich notwendig früher gewonnene Resultate parallel zu den Änderungen der Wirklichkeit immer wieder revidieren und richtigstellen muß."

Eine solche Revision glaubte im Rahmen der materialistischen Geschichtsauffassung mehr als eineinhalb Jahrzehnte später *Rudolf Hilferding* vornehmen zu müssen. Dieser hatte in der französischen Emigration bis knapp vor seinem Tode — er wurde bekanntlich 1941 von der Vichy-Regierung an die Gestapo ausgeliefert und von dieser ermordet — an einem Manuskript gearbeitet, das geschichtstheoretische Überlegungen enthielt und das unter dem Titel „Das historische Problem" 1954 von Benedikt Kautsky veröffentlicht wurde.[18]

Hilferding glaubte beim Durchdenken der marxistischen Geschichtstheorie im Staatstotalitarismus der Gegenwart ein Element gefunden zu haben, das — nicht mehr ausschließlich von den Produktionsverhältnissen abhängig — selbständig auf Wirtschaft und Gesellschaft wirkt. Hatte er seinerzeit, in seiner Theorie über das „Finanzkapital", davon gesprochen, daß die ökonomischen Kräfte sich den Staat für ihre Zwecke dienstbar machen, wodurch der wirtschaftliche und politische Imperialismus erklärt werden konnte, glaubt er jetzt zu erkennen, daß die politischen Kräfte ein Eigengewicht zu entwickeln vermögen, das sich unabhängig von den ökonomischen Abläufen durchzusetzen vermag.

Diese Ansichten Hilferdings erinnern frappant an die theoretischen Ansätze Hartmanns, zumal er sich so wie dieser erkenntnistheoretisch auf Ernst Mach bezieht. Neben den ökonomischen Gegebenheiten und der Klassenstruktur der Gesellschaft wird der Staat immer bedeutungsvoller. „Die Selbstregulierung der Wirtschaft wird beseitigt." Und: „Der totale Staat dagegen unterwirft die Wirtschaft seinen eigenen Bedürfnissen." Die Ideen, die den Staat stimulieren, gewinnen an selbständiger Kraft. Der materialistische Ansatz der Marxschen Geschichtstheorie tritt damit nach der Meinung von Hilferding in den Hintergrund. Was bleibt, ist jedoch noch immer im marxistischen Sinne eine verfeinerte Methode der Soziologie. Hilferding endet daher mit der Feststellung: „Der Inhalt dieser Forschung deklariert die Marxsche Geschichtsauffassung." Geschichte als Soziologie zu betreiben, wobei vornehmlich die Beziehung zwischen Unterbau und Überbau zum Problem wird und erfahrungswissenschaftlich exakt und zugleich kritisch zu untersuchen sei, war demnach der ständige geschichtswissenschaftliche Ansatz im Austromarxismus.

Dieser programmatischen Maxime konnte allerdings in der konkreten Geschichtsschreibung des Austromarxismus kaum entsprochen werden. Die notwendigen Voraussetzungen dafür waren vielfach nicht vorhanden. Die Quellenlage speziell auf dem Gebiet der Wirtschafts- und Sozialdaten erwies sich meist als unzulänglich, was sich schon bei den Vorarbeiten für die „Geschichte der österreichischen Gewerkschaftsbewegung" herausstellte, die *Julius Deutsch* 1908 vorlegte[19] und die Carl Grünberg weitgehend unterstützt hatte. Die Autoren begnügten sich daher bestenfalls damit, einer Darstellung der politischen Abläufe eine solche der ökonomischen voranzustellen, ohne diese mit jener stärker zu verzahnen. Oder sie entwickelten bloß eine Ideengeschichte, in der die als progressiv-revolutionär zu interpretierenden Elemente stärker herausgehoben wurden, wie etwa in der vielgelesenen „Deutschen Literaturgeschichte" von *Otto Wittner*, die 1919 als Buchform erschien,[20] aber schon vor 1914 in Wien geschrieben worden war. Das fünfbändige Standardwerk über die „Geschichte der österreichischen Sozialdemokratie" von *Ludwig Brügel* aber, 1922 bis 1925 publiziert,[21] erwies sich überhaupt nach Meinung von Carl Grünberg bloß als „eine Quellen- und Zitatensammlung mit verbindendem Text" und nicht als eine wirkliche Geschichtsdarstellung, weil es nicht einmal eine „Skizze der ökonomischen Struktur und ihrer Wandlungen sowie der sozialen, allgemein kulturellen und politischen Verhältnisse" enthielt.[22] Einzig in Otto Bauers Schriften,[23] vornehmlich in seinem Buch über „Die österreichische Revolution" aus dem Jahre 1923 wurde die soziologische Methode gemäß den Vorstellungen der Geschichtstheorie des Austromarxismus angewendet und damit ein „Geschichtswerk ersten Ranges" geschaffen, wie Hans Kelsen einmal bemerkte. *Otto Bauer* war es auch gelungen, die austromarxistische Geschichtstheorie durch eine Studie besonderer Art zu bereichern und damit, wie er mit Recht sagte, „der marxistischen Geschichtsauffassung ein neues Arbeitsfeld zu erobern, nämlich das Gebiet der historischen Ideologiekritik und der Wissenssoziologie.

1916 hatte Otto Bauer in einem sibirischen Kriegsgefangenenlager einen Aufsatz verfaßt, der den Titel „Das Weltbild des Kapitalismus" erhielt und den er dann — ohne ihn weiter überarbeiten oder durch zusätzliche Forschungen vertiefen zu können — 1924 zur Veröffentlichung freigab. Er knüpfte dabei an ideologiekritische Überlegungen an, die sein Freund *Gustav Eckstein* bereits 1909 in einem Aufsatz über Darwin angestellt hatte. Eckstein wies dort darauf hin, daß die Produktionsweise auf jeder Entwicklungsstufe des Menschen „den sozialen, politischen und geistigen Lebensprozeß" bedinge. Im Zeitalter der Kartelle und Trusts, also in der Gegenwart des 20. Jahrhunderts, begann daher „ein ungeheurer Umschwung in der Ideologie des Bürgertums ... Dieser Wandel kommt natürlich auch in der veränderten Stellung gegenüber den naturwissenschaftlichen Theorien zum Ausdruck."[24] So gewinnt in den biologischen Wissenschaften anstelle des Darwinismus der „Neulamarckismus" an Boden, der nach Ecksteins Meinung sich bestens verbinden läßt mit der Lehre von der „Funktionalität" alles Geschehens, die von Ernst Mach vertreten wird.

Bauer wollte noch Grundsätzlicheres erforschen. Einen Begriff verwendend, den er bei Goethe gefunden hatte, erblickt er die Aufgabe der Ideengeschichte im Rahmen der austromarxistischen Geschichtsauffassung darin, wie er sich ausdrückte, „unsere Meinungen als Supplemente unserer Existenz darzustellen". Sein Ausgangspunkt hierbei war die folgende These:

„Verändern sich das Wirtschaftsleben, die gesellschaftlichen Beziehungen, der Staat, das Recht, so verändert sich auch die Denkweise der Menschen. Infolge der Veränderung ihrer Lebensbedingungen werden die Menschen für neue Gedanken empfänglich."

Im Detail heißt es dann weiter: „nach ihrem Ebenbilde, lehrt Feuerbach, schaffen sich die Menschen ihren Gott ... Aber nicht nur ihren Gott, auch ihre Erde schaffen sich die Menschen nach ihrem Ebenbilde. Der Mensch versteht immer nur sich selbst; nach der Analogie seiner Tätigkeit, seiner Arbeit, seiner Erlebnisse sucht er sich alles begreiflich zu machen, was er beobachtet. Darum verändern sich mit seinen Lebensbedingungen auch seine Vorstellungen von der Natur."

In den Unterabschnitten einer Studie erörtert er daher zuerst „Die Naturauffassung des aufsteigenden Kapitalismus", dann „Die Philosophie des aufsteigenden Kapitalismus" und schließlich „Die Weltanschauung des organisierten Kapitalismus". Auf den letzten Seiten behandelt er das Verhältnis zwischen der marxistischen Geschichtsauffassung und der Philosophie und wagt sich damit an eine ideologiekritische Untersuchung der eigenen Position:

„Die marxistische Geschichtsauffassung ist erwachsen aus der dialektischen Philosophie Hegels. In dem Maße, als sie sich aus diesem Mutterboden herauslöste, verknüpfte sie sich mit der herrschenden Philosophie ihrer Entstehungszeit, mit dem Materialismus; dieser Verknüpfung verdankt sie ihren Namen. Als aber mit der mechanistischen Naturauffassung auch der Materialismus zersetzt ward, versuchten jüngere Marxisten, Marxens Geschichtsauffassung mit den späteren Erkenntnistheorien zu verknüpfen, bald mit dem Neukantianismus, bald mit dem Positivismus Machs. Die Macht der philosophischen Systeme, die auf die Naturauffassung des Kapitalismus gegründet waren, war noch so groß, daß selbst die Theorie des Sozialismus, schon im heftigsten Kampf gegen die kapitalistische Welt, doch die ideellen Spiegelbilder dieser kapitalistischen Welt noch gläubig hinnahm, sie nicht zu zerstören wagte, sondern sich mit ihnen zu verknüpfen suchte. Erst die Selbstauflösung des Weltbildes der kapitalistischen

Geschichtsepoche bricht seine Macht über uns, erst sie gibt uns den Mut, die marxistische Geschichtsauffassung nicht mehr mit philosophischen Systemen der bürgerlichen Philosophie zu verknüpfen.“[25]

Otto Bauer hat sich also bereits 1916 von allen Spätformen des Denkens im Kapitalismus entfernt. Er forderte eine neue, „marxistische Erkenntnistheorie“, über die er allerdings damals und auch später noch nur ganz allgemein zu sagen vermochte, sie müsse imstande sein, „eine fortschreitende Anpassung der Gedanken an die gesellschaftlichen Zustände“ herbeizuführen.

Wie diffizil Bauer die Beziehung zwischen „Gesellschaftsform und Weltanschauung“ betrachtete, ergibt sich übrigens auch daraus, daß er die Gedankenfolge, die er vortrug, als „bewußt und gewollt einseitig“ bezeichnete. Er beschäftigte sich nämlich, wie er sagte, bloß mit der „transzendenten Ideengeschichte“ des Weltbildes des Kapitalismus. Darunter verstand er die geistigen Veränderungen, die entstehen auf Grund von Einwirkungen, die außerhalb, also transzendent, eines Gedankensystems wirksam werden und dieses verändern. Es gibt aber auch, so meint er, „immanente“ Veränderungen, die sozusagen als Wirkung von Gedanken auf andere Gedanken innerhalb, also dem System immanent, beobachtet werden können. Diese ließ er bei seinen Überlegungen über „Das Weltbild des Kapitalismus“ aber beiseite.

Im Gegensatz hierzu hat *Paul Szende* in seiner eigenwilligen Theorie über die Rolle der Ideologien in der Geschichte sich hauptsächlich mit der immanenten Geschichte der Ideen beschäftigt. Daher sagte er:

„Die historische Rolle der Ideologien besteht darin, daß sie als psychische Einwirkungen einzelne Menschen und die Massen zur geschichtlichen Tat, zum Handeln, zur Unterlassung oder zu passivem Verhalten veranlassen.“

Der Ungar Paul Szende hatte vor dem Ersten Weltkrieg in Budapest mit Georg Lukacs und Karl Mannheim an der dortigen Freien Schule der Sozialwissenschaften gewirkt, an der man die vom Marxismus beeinflußten Prinzipien entwickelt hatte, die später — vornehmlich von Mannheim — zu der neuartigen Disziplin Wissenssoziologie ausgebaut wurden. Szende war in der ungarischen Revolution zeitweise Finanzminister gewesen, mußte daher seine Heimat verlassen und lebte seit 1919 als politischer Emigrant in Wien, wo er sich im Kreise der Austromarxisten bewegte. Ihn interessierte die Schaffung einer sozialistischen Soziologie und Geschichtsphilosophie, vornehmlich aber die psychologische Grundlegung der materialistischen Geschichtsauffassung. Nachdem er bereits 1921 „Soziologische Gedanken zur Relativitätstheorie“ veröffentlicht hatte, in denen er durchaus in der Richtung der Bauerschen Überlegungen den gesellschaftlichen Grundlagen der modernen naturwissenschaftlichen Theorien nachspürte, erschien 1922 — übrigens kennzeichnenderweise in Grünbergs „Archiv" — seine große Arbeit: „Verhüllung und Enthüllung. Der Kampf der Ideologien in der Geschichte".

Szendes Meinung nach wirken in der Geschichte zwei ideologische Kräfte: das Prinzip der Verhüllung, das bestrebt ist, das Bestehende aufrechtzuerhalten, und das der Enthüllung, welches das Alte bekämpft und Neues hervorbringen möchte. Zur gesellschaftlichen Organisation der Verhüllung gehören „Kirche, Schule, Wissenschaft, Presse, Kunst, Dichtung", die den psychischen Mechanismus der öffentlichen Meinung bilden.

„Ihre vornehmlichste Aufgabe besteht darin, das Denken im Interesse der Erhaltung der Gesellschaftsordnung zu mechanisieren, die Menschen in Denkmaschinen zu verwandeln, ihr Denken in ein autoritäres Schema hineinzupressen."

Die Demaskierung dieses Faktums ist die Aufgabe des Prinzips der Enthüllung und damit auch der Geschichtsschreibung, denn diese hat vor allem gegen die historischen Autoritätsklischees aufzutreten:

„Eine neue Geschichtswissenschaft, welche die überlieferten Quellen auf ihren Wahrheitsgehalt prüft, ihre Verleumdungen aufdeckt und ihre Legenden zerstört, räumt am gründlichsten mit dem Traditionskult auf. Die Verherrlichung der alten Einrichtungen kann dadurch entkräftet werden, daß man sie unter die Kontrolle der Erfahrung gelangen läßt und zeigt, daß ihre angedichtete Vollkommenheit überhaupt eine Fabel ist. Jeder Verquickung der irdischen Mächte mit übernatürlichen zur Hebung ihrer Autorität muß entgegengetreten werden."[26]

Hier trifft sich Szende mit dem austromarxistischen Empiristen von der Art Otto Neuraths. Diese stimmen aber nicht mehr mit ihm überein, wenn es sich um seinen prinzipiellen erkenntnistheoretischen Skeptizismus handelt. Szende glaubt nämlich, daß sich weder die Verhüllung noch die Enthüllung auf wissenschaftliche Erkenntnisse berufen können. Es gibt gar keine „reine" Wissenschaft, weil jede wissenschaftliche Behauptung ideologischer Natur ist, also von den sozialen Gegebenheiten in der Zeit ihrer Entstehung bestimmt wird. Daher sagt er: „Jeder Begriff, jede Theorie, jedes wissenschaftliche System kann als Ideologie bezeichnet werden, ebenso die Weltanschauung, sowohl die vulgäre als auch die hochwissenschaftliche."[27]

Szende wandelt hierbei gleichsam in den Fußspuren seines alten Mitstreiters Karl Mannheim, der allerdings erst einige Jahre später, 1929, in seinem Buche „Ideologie und Utopie" seine Lehre vom „absoluten Ideologieverdacht" gegenüber allen wissenschaftlichen Aussagen formuliert hat. Otto Neurath hat diese

Theorie kurzerhand als „bürgerlichen Marxismus" abgelehnt.[28] Der schon erwähnte *Edgar Zilsel* dagegen verhielt sich bei solchen und ähnlichen Diskussionen vorsichtiger. Er wies immer wieder auf die Wichtigkeit und Notwendigkeit der Kontrolle von Theorien durch erfahrungswissenschaftliche Untersuchungen hin. So äußerte er sich etwa 1931 einmal:

„Gerade weil ich Marxens Geschichtstheorie in ihrer radikalsten Fassung für richtig halte, wehre ich mich gegen ihren Mißbrauch. Sie ist noch gar nicht anständig bestätigt und überprüft. Man sollte sie endlich an der geschichtlichen Empirie bewähren, statt sie zu bekämpfen, zu verwässern oder durch Erkenntnistheorie zu verballhornen."[29]

Seine eigenen ideologiekritischen Untersuchungen hat Zilsel gemäß diesem Grundsatze auf empirischer Basis in zwei Bereichen durchgeführt, wobei er allmählich aus theoretischen Ansätzen immer mehr in das Gebiet konkreter geistesgeschichtlicher Studien ausgriff. In der Welt des ausgehenden europäischen Feudalismus entwickelten sich seiner Meinung nach zwei voneinander deutlich zu unterscheidende geistige Haltungen: die des literarischen Genies, eines verbalen „Ruhmverleihers", der eine herrschaftssichernde, also konservative soziale Funktion zu erfüllen hatte, und die des Künstler-Ingenieurs, der als progressiver Vorkämpfer des aufstrebenden Bürgertums an der Schwelle der modernen Naturwissenschaften tätig wurde.

Sein Buch „Die Entstehung des Geniebegriffes", das 1926 erschien,[30] in dem er die erste dieser beiden Haltungen untersuchte, kann als ein Beitrag zu einer neuen Form der historischen Literatursoziologie betrachtet werden; schon Georg Lukacs hat es in seiner Rezension in Grünbergs „Archiv" so gesehen. In den Jahren seiner Emigration in den USA hat dann Zilsel in mehreren feinsinnigen Abhandlungen die soziologischen Hintergründe der Wissenschaftsentwicklung am Beginn der Neuzeit untersucht; sie wurden erst vor wenigen Jahren, 1976, in deutscher Sprache in dem Sammelband „Die sozialen Ursprünge der neuzeitlichen Wissenschaft" zugänglich gemacht.[31] Darin hat Zilsel den Anfängen der Denkweise nachgespürt, der er sich selbst als Wissenschaftstheoretiker verpflichtet fühlte; er stand in engster Verbindung zum linken Flügel des erwähnten „Wiener Kreises„, dem auch Otto Neurath zugehörte. Schon in der Spätzeit der Ersten Republik aber hatte er geistesgeschichtlich die ideologische Linie „Vom Geniekult zum Faschismus" verfolgt, wie es Johann Dvorak[32] in seiner Würdigung Zilsels nennt. Eine Passage aus einem Aufsatz aus dem Jahre 1933 läßt erkennen, welche verhängnisvolle Entwicklung Zilsel vor sich sah, falls die von Metaphysik und Irrationalität erfüllte Geisteshaltung des Faschismus längere Zeit vorherrschen würde:

„Nehmen wir aber für einen Augenblick an, es könnte tatsächlich gelingen — eine beklemmende Vision —, den Faschismus in einer Gesellschaft, die neun

Zehntel ihres Lebensbedarfes mit Maschinen herstellt, durch einige Jahrhunderte aufrechtzuerhalten. Was würde da geschehen? Die Gleichschaltung des Denkens, das Verbot der wissenschaftlichen Kritik wird zuerst und schnell alle politisch belangvollen Wissenschaften zerstören; langsam würde die Entwöhnung, Gedanken zu prüfen, bevor man sie annimmt, weitergreifen und sämtliche anderen Theorien vernichten, auch die der Politik am fernsten stehenden; eine die Autoritäten kommentierende Scholastik einerseits, eine verschwommene Mythologie andererseits würde an die Stelle der gesamten Wissenschaft treten; allmählich würden die Erfinder zu fehlen beginnen, die neue Maschinen ausdenken, dann die Ingenieure, die die gebräuchlichen berechnen, bauen und reparieren und zuletzt wären keine Arbeiter mehr da, die sie instand halten und bedienen könnten."[33]

In diesem Überblick über das Thema „Geschichtswissenschaft im Austromarxismus" wurden vielleicht die zuletzt besprochenen Abschnitte, die sich auf die Ideologiegeschichte bezogen, ein bißchen zu breit behandelt. Dies geschah jedoch mit Absicht, weil diese Bereiche und die mit ihnen verbundenen Persönlichkeiten, also vornehmlich Szende und Zilsel, zu Unrecht kaum bekannt sind und weil gerade diese Facetten der Geschichtstheorie im Austromarxismus einen besonderen Charakter, möglicherweise sogar einen besonderen Glanz verleihen.

ANMERKUNGEN

1 Glaser Ernst, Im Umfeld des Austromarxismus. Ein Beitrag zur Geistesgeschichte des österreichischen Sozialismus, Wien 1981. Dort finden sich bereits die Grundgedanken der vorliegenden Studie.

2 Kautsky Karl, Die materialistische Geschichtsauffassung, Berlin 1927.

3 Adler Max, Lehrbuch der Materialistischen Geschichtsauffasung, Berlin 1930. Neuestens erschien: Max Adler, Ausgewählte Schriften, hgg. v. N. Leser und A. Pfabigan, Wien 1981.

4 Kautsky Karl, a. a. O., I. Band, S. 837.

5 Kautsky Karl, Ein Brief über Bernstein an Plechanoff, in: Der Kampf, XVIII, S. 1.

6 Zitiert bei: Rónai Zoltan, Kautskys materialistische Geschichtsauffassung, in: Der Kampf, XXI, S. 233.

7 Korsch Karl, Die materialistische Geschichtsauffassung, in: Grünbergs „Archiv", XIV, S. 233.

8 Adler Max, a. a. O., I. Band, S. 108.

9 Zitiert bei: Sandkühler/de la Vega (Hg.), Austromarxismus, Frankfurt 1970, S. 174.

10 Max Adler, a. a. O., S. 224/225.

11 Aus: Empricism and Sociology, hg. v. R. S. Cohen und Marie Neurath, Dortrecht 1973, S. 45.

12 Neurath Otto, Wissenschaftliche Weltauffassung, Sozialismus und Logischer Empirismus, hg. v. Rainer Hegselmann, Frankfurt 1979, S. 165. Neuestens erschien: Otto Neurath, Gesammelte philosophische und methodologische Schriften, hg. v. R. Haller und H. Rutte, 2 Bde, Wien 1981. Vergl. auch: Elisabeth Nemeth, Otto Neurath und der Wiener Kreis. Revolutionäre Wissenschaftlichkeit als Anspruch, Frankfurt 1981.

13 Otto Neurath, Wissenschaftliche Weltauffassung, a. a. O., S. 155.

14 Zilsel Edgar, in: Der Kampf, XXV, S. 91.

[15] Zu diesen Publikationen gehören:
Zeitschrift für Social- und Wirtschaftsgeschichte (Hg. u. a. Hartmann und Grünberg) ab 1893, die seit 1903 als Vierteljahrschrift für Sozial- und Wirtschaftsgeschichte geführt wird (Hg. u. a. Hartmann), Grünberg allein gab heraus:
Studien für Sozial-, Wirtschafts- und Verwaltungsgeschichte, ab 1905, Hauptwerke des Sozialismus und der Sozialpolitik, ab 1909, Archiv für die Geschichte des Sozialismus und der Arbeiterbewegung, ab 1910. Erschien als 15bändiger Nachdruck in Graz ab 1965. Im Indexband dieser Ausgabe: Günther Nenning, Carl Grünberg. Biographie, Graz 1973.

[16] Hartmann Ludo Moritz, Über historische Entwickelung, Gotha 1905. (Das heute überflüssige „e" entsprach der damaligen Rechtschreibung).

[17] Zitiert nach dem Nachdruck dieser Rede in der Wiener Zeitschrift: Forum, Mai 1965, S. 137 ff.

[18] Hilferding Rudolf, Das historische Problem, in: Zeitschrift für Politik, Dez. 1954, S. 295 ff.

[19] Deutsch Julius, Geschichte der österreichischen Gewerkschaftsbewegung, Wien 1908.

[20] Wittner Otto, Deutsche Literaturgeschichte, 2 Bde, Dresden 1919 u. 1926.

[21] Brügel Ludwig, Geschichte der österreichischen Sozialdemokratie, 5 Bde, Wien, ab 1922.

[22] In: Grünbergs „Archiv", 1922, S. 463.

[23] Die neunbändige Neuausgabe der Schriften Otto Bauers erschien Wien, ab 1975.

[24] Eckstein Gustav, Der Kampf ums Dasein, in: Die Neue Zeit, 1909. Zitiert wurde aus dem Nachdruck in: Jenssen Otto (Hg.), Marxismus und Naturwissenschaft, Berlin 1925, S. 98 f.

[25] Die drei Zitate aus: Bauer Otto, Das Weltbild des Kapitalismus, Neuauflage: Frankfurt 1971, S. 10, 11/12 und 60.

[26] Die letzten Zitate aus: Szende Paul, Demaskierung. Die Rolle der Ideologien in der Geschichte, Wien 1970, S. 22, 80 und 92.
Die Originalarbeit erschien unter dem Titel: Verhüllung und Enthüllung, in: Grünbergs „Archiv", X, Heft 2/3.

[27] Szende Paul, Eine soziologische Theorie der Abstraktion, in: Archiv für Sozialwiss. und Sozialpolitik, Bd. 50, S. 6 ff.

[28] Neurath Otto, in: Der Kampf, XXIII, S. 227.

[29] Zilsel Edgar, in: Der Kampf, XXIV, S. 213.

[31] Zilsel Edgar, Die sozialen Ursprünge der neuzeitlichen Wissenschaft, hg. v. Wolfgang Krohn, Frankfurt 1976.

[32] Dvorak Johann, Edgar Zilsel und die Einheit der Erkenntnis, Wien 1982, S. 95 ff.

[33] Richter Rudolf (Edgar Zilsel), Das Dritte Reich und die Wissenschaft, in: Der Kampf, XXVI, S. 493.

János JEMNITZ (Ungarn)

DER 100. GEBURTSTAG VON KARL MARX IM SPIEGEL DER SOZIALISTISCHEN PRESSE

Der 100. Geburtstag von Karl Marx hätte sicherlich auch ohne die Wirren des Ersten Weltkrieges unter den verschiedenen Strömungen der internationalen Arbeiterbewegung scharfe Diskussionen ausgelöst. So wurden jedoch die ideologischen Unterschiede durch die Meinungsverschiedenheiten bezüglich des Krieges, das Hochkommen nationaler Gefühle und sogar des Nationalismus ergänzt.

Es war eine Eigenart dieses Jahrestages, daß trotz gewaltiger und unüberbrückbarer Unterschiede beinahe alle sozialistischen Organe die Bedeutung von Marx würdigten. Die Verdienste von Marx wurden kaum in Zweifel gezogen, und es war auch ein kennzeichnendes Moment, daß nicht nur die revolutionäre Richtung, sondern auch die Reformisten, nicht nur die Internationalisten, sondern auch jene, welche die vaterländischen Anstrengungen unterstützten, sich auf Marx beriefen. In den letzten 25 Jahren, nach der Periode der II. Internationale, ist die Achtung von Marx unwiderruflich geworden.

Die Hundertjahrfeier wurde in den westlichen Entente-Ländern durch die neue militärische Offensive der Deutschen ziemlich in den Hintergrund gedrängt. In Frankreich war der Einfluß der chauvinistischen Mehrheit zwar 1917 erschüttert worden, aber die „L'Humanité" wurde sogar noch im Frühjahr 1918 von ihr geleitet. Auf dem Titelblatt der „L'Humanité" vom 2. Mai 1918 erschien ein Aufruf der Parteileitung im Zusammenhang mit dem Zentenarium.

Der Aufruf behandelte den Jahrestag ausschließlich im Hinblick auf die deutsch-französischen Beziehungen. Über die Tätigkeit von Marx stellte er nur fest, daß Marx immer betont hätte, die Arbeiter müßten sich selbst befreien. Über den Weg zur Selbstbefreiung der Arbeiterklasse schwieg er.

Auf einen Angriff der „Temps" — der die deutsche Herkunft und die angebliche Franzosenfeindlichkeit von Marx „vor der Welt erschlossen hat" — antwortete ein Mitglied der Parteileitung, J. Lebas, mit dem Artikel „Le centenaire de Karl Marx" („Das Zentenarium von Karl Marx"). Lebas reflektierte diesmal ebenfalls nur die französisch-deutschen Beziehungen. Er betonte, daß der deutsche Emigrant Marx einen ununterbrochenen Krieg gegen die preußische Regierung geführt hatte, er ging auf die Verurteilung der elsässischen Annexion ein, er berührte flüchtig das Erscheinen des „Kapitals" und die Marxsche Mehrwerttheorie.

Am Tage des Zentenariums schrieb der Altphilologe Alexandre Bracke (Desrousseaux), einer der treuesten Freunde und ein langjähriger Mitarbeiter von Jules Guesde einen Artikel unter dem Titel: „Pour commemorer le Centenaire de Karl Marx" („Zur Erinnerung an das Zentenarium von Karl Marx"). Bracke gehörte zusammen mit Guesde zum patriotischen Flügel der Partei, obwohl er in der Parteiführung mit den internationalen Beziehungen betraut war. Er bezeichnete die Mehrheit der deutschen sozialdemokratischen Führung als unrettbar, griff diese aber nicht auf internationalistischer, sondern auf französisch-nationaler Basis an.

Bracke betonte, daß Marx die Wissenschaft und die Sache des Sozialismus mit der bereits in Entstehung begriffenen, aber spontanen Arbeiterbewegung verknüpft hatte. Er legte dar, in welchem großen Maße sich Marx in seiner Arbeit auf die französischen sozialistischen Denker sowie die französischen revolutionären Erfahrungen gestützt hatte. Bracke stellte weiters fest: Wenn die kleinen Völker nun ihre nationale Selbständigkeit und Unabhängigkeit verteidigen, handeln sie in völligem Einklang mit Marx und „den internationalistischen sozialistischen Traditionen".[1]

Während die „L'Humanité" die Fortsetzung des Krieges auch in Erinnerung an Marx rechtfertigen wollte, stellte die linksgerichtete Opposition Marx als Vorbild dar. Paul Brizon, einer der französischen Zimmerwaldisten, gedachte Marx in der 1918 herausgegebenen oppositionellen Wochenzeitung „La Vague" unter dem Titel „Die Zerbrecher der Ketten".

Während die „Vague" eher die Züge des rebellischen, des revolutionären Marx hervorhob, gedachte die Zeitung „Le Populaire", die der pazifistischen Minderheit zuzurechnen war, eher des internationalistischen und kriegsfeindlichen Marx. Jean Longuet machte bereits in der „Populaire" vom 6. April 1918 auf das bevorstehende Jubiläum aufmerksam. Jean Longuet drängte auf den Frieden und zitierte aus einem Artikel des englischen sozialistischen Wochenblattes „Call", daß die Aussage von Marx, die Arbeiterschaft könne nur mittels internationaler Solidarität ihr Ziel erreichen, eine seiner wichtigsten gewesen sei. In einem Leitartikel vom 30. April legte Longuet dar, daß vor Marx in der französischen und internationalen Arbeiterbewegung große ideologische Verwirrung geherrscht hätte, und *Marx* bewies, daß Marx durch seine theoretischen Kenntnisse und die durchschlagende Kraft seiner Persönlichkeit[2] zum Leiter der internationalen Arbeiterbewegung wurde.

Amédée Dunois, der bekannte Syndikalist, später sozialistischer Publizist und Geschichtsschreiber, der auch nach 1914 Internationalist blieb, betrachtete am 4. Mai im Artikel „Retour à la Marx" nicht nur die Schaffung der großen theoretischen Synthese als hervorragendes Verdienst von Marx, sondern vielmehr die kristallklare Erläuterung, daß die Arbeiterklasse nur von sich selbst ihre Befreiung erwarten kann. Dunois wies auf die weite Verbreitung hin, die dieser Grundsatz gefunden hatte.

Paul Mistral, einer der bekanntesten pazifistischen Abgeordneten, betonte in der „Populaire" vom 5. Mai: Die bürgerliche Presse greife die Klassenkampftheorie von Marx an, aber gerade die Kriegserfahrungen bestätigten diese Theorie, denn die Klassengegensätze hätten sich auf wirtschaftlicher und sozialer Ebene unleugbar verschärft, und es bestünde kein Zweifel, daß sich dies auch auf den Klassenkampf auswirkte.[3] Zu den Pazifisten gehörte auch Ernest Lafont, der in der gleichen Festnummer der „Populaire" als Glaubensbekenntnis schrieb: „Wir bleiben immer Marxisten."

Einer der niveauvollsten Artikel der „Populaire" wurde vom Serben Dusan Popowitsch verfaßt. Popowitsch war zusammen mit den Leitern der serbischen Partei immer ein konsequenter Internationalist und Zimmerwaldist. Anläßlich des Zentenarium stellte er im Zusammenhang mit den konkreten Kriegsverhältnissen fest: „Wir sind davon überzeugt, daß wir richtig, als gute Marxisten verfahren haben, nicht nur vor dem Krieg, sondern — und vielleicht hauptsächlich — auch während des Krieges, dem wir uns vom ersten Augenblick an entschieden entgegengesetzt haben, denn unserer Meinung nach ist das politische Wesen des Marxismus der Internationalismus. Nun, der Krieg ist eine direkte und brutale Ablehnung jedes Internationalismus".[4]

Einen Nachruf ganz anderen Niveaus und Ausklangs veröffentlichte die von Turati-Treves redigierte italienische „Critica Sociale". Die italienischen „gemäßigten Reformisten" waren Verehrer von Marx, aber statt mit revolutionären sympathisierten sie eher mit der Inanspruchnahme von parlamentarischen Methoden. Sie traten gegen den Krieg ein, waren jedoch auch für patriotische Aufrufe empfänglich. Eine bedeutende Rolle spielte unter ihnen der auf eine große Vergangenheit in der Arbeiterbewegung zurückblickende, hochgebildete Claudio Treves, Verfasser des feierlichen Nachrufes.

Treves versuchte auch gar nicht, die vielseitige wissenschaftliche Tätigkeit von Marx zusammenzufassen. Diese deutete er eher nur an und betonte dann, Marx wollte die Welt nicht nur verstehen, sondern auch verändern. An dieser Stelle ging Treves kurz auf die Geschichte der I. Internationale ein.

Im Zusammenhang mit den jüngeren Erfahrungen führte Treves aus, daß die parlamentarische Tätigkeit an den Kampf und die Zusammenarbeit der Klassen, die eigentlich die Elemente der These und Antithese bilden, anknüpfen sollte. Es wäre allerdings ein Fehler — schrieb er —, die Bourgeoisie als einheitliches Ganzes zu betrachten. Treves wies an dieser Stelle auf die Erkämpfung des

Zehnstundentages hin, den die Arbeiterbewegung nie hätte erreichen können, wenn sie die parlamentarische Tätigkeit starr ablehnte. Anschließend protestierte er gegen die dogmatischen Vetos und stellte fest: „Eine Bewegung ist umso klassenkämpferischer, je mehr sie für die arbeitenden Klassen erreicht". Nur das könne für die Praxis entscheidend sein.[5]

Ein ähnlicher Gedankengang charakterisierte auch den anderen Nekrolog der „Critica Sociale", verfaßt von dem ehemaligen Syndikalisten Arturo Labriola. Labriola legte, ähnlich wie Treves, dar, daß gegenwärtig alle Sozialisten mit der eigenen Kraft und allen zur Verfügung stehenden Mitteln zu neuen Ergebnissen und schließlich zur „Enteignung der Enteigner" beitragen müßten, was er als Endstation eines gradualen Fortschrittes darstellte.

Die zentenarische Nummer der „Avanti", die kämpferischer als die „Critica Sociale" war, brachte Auszüge aus der von Marx formulierten Gründungsbotschaft der I. Internationale und betonte die neuerdings erfolgte Aufwertung revolutionären Denkens. In einem anderen Artikel derselben Zeitung führte Allessandro Schiave aus, wie stark bei den Sozialisten vor Marx das utopistische Element gewesen sei, während Marx die Theorie des Sozialismus ausgearbeitet und gleichzeitig auch zur Verbreitung dieser Wissenschaft unter den Arbeitern beigetragen habe. Die „Avanti" vom 5. Mai würdigte schließlich den gegen die Zensur kämpfenden Marx.[6]

Unter den Presseorganen, die Marx gedachten, gebührt der in der Schweiz in französischer Sprache erscheinenden internationalistisch-zimmerwaldistischen Zeitschrift „Demain" ein besonderer Platz. Ihr Redakteur Henri Guilbeaux stand in den Kriegsjahren mit der russischen revolutionären Emigration, den Bolschewiki, in engem Kontakt, die Zeitschrift feierte nach dem Sieg der Oktoberrevolution das Zentenarium in diesem Geist. Roland Holst, der bekannte niederländische Zimmerwaldist wurde um einen Artikel gebeten.[7] In diesem Artikel erwähnte er, daß zur Zeit des Verfalls der II. Internationale Marx im allgemeinen verfälscht wurde, und nannte dann jene, die den ursprünglichen Marxschen Geist vertreten hätten [Luxemburg, Pannekoek, Lenin, Radek und Trotzki]. Seiner Meinung nach verbreitete sich im allgemeinen die Theorie über den automatischen Zusammensturz des Kapitalismus, die zum Fatalismus und Attentismus erzogen hätte.

Roland Holst ragte auch aus der Zahl der anderen Publizisten heraus, da er zu den wenigen gehörte, die aus diesem Anlaß nicht nur Marx gedachten oder ihn gegenüber den Kritikern verteidigten, sondern er veranschaulichte auch, daß die Lehren von Marx nicht als Dogmen behandelt werden dürften, man müsse vielmehr auf ihrer Basis sowohl in der Theorie als auch in der Praxis weitergehen.

Die angesehenste Tageszeitung der Schweizer Sozialdemokraten war damals die „Berner Tagwacht". Der Einfluß des Blattes nahm in den Jahren des Krieges zu, als es zum Organ der sozialistischen Pazifisten, der Zimmerwalder Mehrheit, geworden war. Die zentenarischen Nummern der „Berner Tagwacht" veröffentlichten eine analysierende Schrift von Clara Zetkin unter dem Titel „Der kämpferische Marx" in drei Folgen. Zetkin stellte in ihrer Publikation einerseits Marx als praktizierenden Revolutionäre dar, andererseits ging sie auch darauf ein, welche Rolle er später in der Schaffung der I. Internationale spielte. So wie Roland Holst konnte auch Zetkin Marx nicht gedenken, ohne ihre Feststellungen mit der schrecklichen Wirklichkeit der Gegenwart in Zusammenhang zu bringen. Zetkin stellte die Frage nach der zukünftigen Entwicklung: Wird ein noch engerer Kreis der gewaltigen Monopole die Welt beherrschen, kann eine Erweiterung der Demokratie und der sozialen Reformen erwartet werden, oder gelangen die organisierten Arbeiter auf revolutionärem Wege zum Sozialismus? Zetkin ließ spüren, daß sie auf die dritte Lösung hoffe, und wies auch darauf hin, daß diese Revolution im Osten bereits begonnen habe und dort statt der Diskussionen bereits Geschichte gemacht werde.

In der Zeitschrift der deutschen Revisionisten, den „Sozialistischen Monatsheften", kritisierte Max Schippel die „Vergangenheit" der deutschen sozialdemokratischen Partei und griff insbesondere die „Marxisten" an. Diese schlössen — seiner Meinung nach — vor neuen Erscheinungen die Augen, es sei Zeit, alles neu zu studieren und zu überprüfen. Schließlich — betonte er — hatten die Revisionisten Recht, als sie gegen die ökonomistischen Verzerrungen der Marxschen Geschichtsauffassung kämpften. Vor 1914 haben die von Schippel „Marxisten" genannten Linken den Revisionisten vorgeworfen, daß sie den Klassenkampf außer acht ließen. Das sei aber — schrieb Schippel — nicht wahr. Die englischen und amerikanischen Gewerkschaften und die politische, parlamentarische Gruppe der deutschen Sozialdemokraten führten einen Klassenkampf — und Schippel zufolge — erfolgreicher, als der radikale Linksflügel vor dem Krieg. Schippel leugnete also den Revolutionär Marx völlig.

Die „Sozialistischen Monatshefte" feierten damit einen zum Reformisten und Nationalisten verzerrten Marx, ähnlich wie die vom Geld der deutschen Kriegsführung finanzierte und von Parvus [Helphand] redigierte Zeitschrift „Glocke". Den großen Jubiläumsartikel der „Glocke" schrieb Paul Lensch, der ehemalige linke Radikale, der nach dem August 1914 zum extrem chauvinistischen Publizisten wurde. Auch Lensch hob hervor, daß die Thesen von Marx nicht einfach wiederholt, sondern der wechselnden Welt angepaßt werden mußten.

Ein anderer Mitarbeiter dieser Mainummer der „Glocke", einer der markantesten revisionistischen und kolonialistischen Exponenten der deutschen Gewerkschaftsbewegung, August Winnig, veranschaulichte, daß die älteren Arbeitergenerationen die Werke von Marx mit größerem Interesse gelesen hatten als die Jugendlichen. Winnig sowie ein anderer Gewerkschaftsfunktionär, Wilhelm Jansson, begnügten sich jedoch nicht damit, nach der Art von Lensch und den „Sozialistischen Monatsheften" die Jugendlichen, die radikalen Linken oder die Kautskyaner „Orthodoxen" zu verurteilen — sie legten auch gegen Marx Protest ein. Sie bezeichneten die Verelendungstheorie als veraltet. Sie begründeten dies mit der Arbeit der Gewerkschaften, der sie gleichzeitig die ihrer Meinung nach ergebnislose Revolutionserwartung der Radikalen gegenüberstellten. Jansson brach in jeder Hinsicht mit den Revolutionären und lehnte nicht nur die deutschen „Radikalen", sondern auch die französischen Anarcho-Syndikalisten entschieden ab und qualifizierte sie vom Gesichtspunkt der Arbeiter als eher schädlich.

In der „Glocke" ergriff auch das einflußreiche Mitglied der Parteileitung Hermann Müller das Wort. Im Artikel „Marx und die Sozialpolitik" betonte er, daß Marx selbst, als Ergebnis neuer Erfahrungen, seine Meinung über die Möglichkeiten der Sozialpolitik modifizierte und verfeinerte. Müller nannte die Grenzen und Schranken der Sozialpolitik nicht, und mit der Umreißung des wachsenden Gewichts der Gewerkschaften eröffnete er der Sozialpolitik beinahe unbeschränkte Perspektiven, während er die eventuell vorkommenden Gegentendenzen nur sehr schwach berührte. Müller zufolge müsse im Gegensatz zur Auffassung von Marx der gewerkschaftlichen Kleinarbeit größere Bedeutung zugeschrieben werden.

Die „Sozialistischen Monatshefte" und die „Glocke" waren „engagiert" revisionistische Organe und konnten daher von Anfang an in „freierem" Geist Marx „berichtigen" als die „Neue Zeit", die nach der Entfernung Kautskys formell die offizielle theoretische Zeitschrift der Partei blieb und daher wesentlich vorsichtiger argumentierte. Der anonyme, feierliche Redaktionsartikel der „Neuen Zeit" betonte einerseits, daß Marx sogar 35 Jahre nach seinem Tod lebendige Kraft ausstrahle, andererseits hingegen, daß, da ein jeder Gedanke durch seine Zeit geprägt werde, Theorien nie starr interpretiert werden dürften.

Das Sprachrohr der unabhängigen Sozialisten, die „Leipziger Volkszeitung", kündigte bereits in seiner Festnummer vom 1. Mai an, daß der Mai 1918 im Geist von Marx gefeiert werden müsse. Es wurde noch hinzugefügt, die „abhängigen" Sozialisten, also die „Mehrheitspartei", verzerrten Marx, wobei dessen Auseinandersetzungen mit den Anarchisten und Bakunin hervorgehoben wurden. Gleichzeitig wurde der Marxsche Revolutionarismus völlig verschwiegen.

Diesen Tendenzen entgegen wurde im Festnachruf Mehrings in der Sondernummer vom 4. Mai der wahre Marx dargestellt.

Mehring wies auf die wissenschaftliche Bedeutung von Marx hin und fügte hinzu: Über die Erarbeitung der allgemeinen historischen Entwicklungsgesetzmäßigkeiten [d. h. des historischen Materialismus] hinaus gelang es Marx, erstmalig in der Geschichte eine vollkommene wissenschaftliche Analyse der Entstehung der kapitalistischen Gesellschaft vorzulegen. Ferner — unterstrich Mehring — war Marx nicht nur Mensch der Wissenschaft, sondern auch Mensch der Tat. Er war Revolutionär.

Die Marx-Nummer der „Leipziger Volkszeitung" stellte im Gegensatz zu den erwähnten „hochrangigen" theoretischen Organen akzentuiert revolutionäre Zitate von Marx zusammen, die die Arbeiter zur revolutionären Handlung, zum Internationalismus und zur Verurteilung des Krieges aufforderten.

Eine Woche später wurde Kautsky im Verband der Pädagogen durch die Rebellion gegenüber der Mehrheit und die Forderung nach Frieden wieder zur Unterstreichung der Züge des revolutionären Marx angeregt. Kautsky führte aus, daß sich Marx nicht einfach dafür interessierte, „was es gibt", sondern für die Veränderung des Seienden, nicht für die kleineren Reformen, sondern die großen Ideen und die gesellschaftliche Revolution. Im Zusammenhang mit der wachsenden Achtung von Marx stellte Kautsky drei historische Entwicklungsphasen fest: In der ersten wurde Marx totgeschwiegen, in der zweiten etwa geistig totgeschlagen, in der dritten völlig übererklärt, verfälscht.[8]

Kautsky betonte immer wieder: Das von den offiziellen Sozialisten und den gewerkschaftlichen Funktionären verzerrt dargestellte Bild werde nicht dauerhaft sein. Marx glaubte trotz jeder Enttäuschung an die revolutionäre Bewegung und den Internationalismus.

Die Marx-Jahrhundertfeier erregte einen wahrhaften Sturm in der österreichischen Partei, wo sich die Meinungen sogar innerhalb der einheitlichen Partei polarisierten. Die linksgerichtete Gruppe, die pazifistische Opposition um Otto Bauer, Robert Danneberg und Max Adler versuchte, auch diesen Anlaß zur Verbreitung ihrer Meinung, zur Verurteilung des Krieges und zur Verkündigung einer energischeren, offensiveren Politik zu nutzen. Diese Auffassungen standen im Gegensatz zu jenen des Rechtsflügels der Partei und Renners. Eine anonyme längere Schrift aus der „Arbeiter-Zeitung", wahrscheinlich von Otto Bauer, machte darauf aufmerksam, daß diese Gedanken von Marx die Arbeiter nach wie vor aktivierten. Ein bedeutender Teil der Thesen von Marx hätte sich in der Bewegung verbreitet und sei in den gegenwärtigen Wissensstand eingebaut worden. Die Tätigkeit von Marx diente auch als Stütze, wenn die Bewegung auf einen Irrweg geriet. Der Verfasser erinnerte kritisch daran, daß in Österreich nach 1905—1908 geglaubt wurde, durchschlagende Erfolge erzielt zu haben. Danach hätten jedoch die Teuerung, die wirtschaftlichen Verbände der Arbeitgeber und schließlich der Krieg all diese Ergebnisse einfach hinweggefegt. Die Begeisterten hätten — setzt der Autor fort — „vom Geist von Marx nichts verstanden". Der Publizist verwies mehrmals auf den berühmten Satz des „Brumaire": Die Arbeiterbewegung revidiert sich ständig, ehe sie zum Punkt gelangt, wo „hic Rhodus, hic salta", der unmittelbare Beginn des Krieges folgt.

In genauem Gegensatz zum anonymen Leitartikel stand die Schrift Karl Renners, „Karl Marx und die Arbeiter". Sachlich, gründlich, aber trocken und schwunglos machte Renner mit manchen Bereichen des Lebens und der theoretischen Tätigkeit von Marx bekannt, kein Wort schrieb er jedoch über den Krieg, die Konsequenzen daraus und die gegenwärtigen Aufgaben der Arbeiterschaft.

Umso lebhafter und aggressiver war der Artikel Max Adlers unter dem Titel „Marx, der Reformer des Bewußtseins", in welchem bereits in den ersten Zeilen auf die tragische Spaltung der II. Internationale im Krieg hingewiesen wurde. Es sei unmöglich, am Geburtstag von Marx die Grundtendenzen nicht zu untersuchen und sich mit den Scheinphänomenen zu begnügen. Marx — schrieb Adler — wies nicht nur darauf hin, wie die wirtschaftlichen Prozesse den Hauptweg der historischen Entwicklung bestimmen, sondern auch darauf, wie dieser Weg durch die bewußte menschliche Handlung beeinflußt werde. In letzter Zeit sei dem Großteil der führenden sozialdemokratischen Funktionäre gerade dieser klassenkämpferische, den Kapitalismus unerbittlich angreifende Schwung verloren gegangen und in dieser Hinsicht sei die Marx-Jahrhundertfeier eine Mahnung.

In der österreichischen Partei wurde die Diskussion in diesen Tagen nicht nur in der Tageszeitung der Partei geführt. Im festlichen Nachruf der theoretischen Zeitschrift der Partei, „Der Kampf", legte Max Adler dar, daß Marx gegenüber der bürgerlichen Weltanschauung auch eine neuartige Moral verkündet hatte. Marx hätte zwischen der politisch-wirtschaftlichen Befreiung und der menschlichen Befreiung Unterschiede gesetzt. Der Sozialismus sei nicht einfach mit der Enteignung und der Sicherung der gleichen politischen Rechte ident.[9]

In der nächsten Nummer des „Kampf" trat aber gerade Karl Renner „für die Verteidigung von Marx" auf. Renner stellte fest, Marx habe die nationalen Rahmen und den lokalen Provintialismus immer überschritten und angegriffen.[10] Friedrich Schulze, Vertreter der linken Gruppe, mahnte darauf, daß Internationalismus nicht mit nationaler Gleichgültigkeit zu verwechseln sei. Marx habe die Sache der italienischen, deutschen, polnischen und irischen nationalen Unabhängigkeit für wichtig gehalten und diese mit dem internationalen Fortschritt verknüpft.[11]

Fast ein jedes Organ der ungarischen Arbeiterpresse gedachte des 100. Jahrestages der Geburt von Marx, manche gaben eine Marx-Sondernummer heraus. Im

Charakter und in den Konsequenzen der meritorischen Artikel gibt es natürlich ziemlich bedeutende Abweichungen.

Im Gegensatz zu den deutschen Reformisten wies jedoch keiner der ungarischen Publizisten auf Abweichungen der historischen Entwicklung von der Konzeption von Marx hin.

Alle ungarischen Gewerkschaftsorgane brachten Nekrologe. In diesen Artikeln gibt es zahlreiche übereinstimmende Elemente, fast in keiner Würdigung fehlt die Untersuchung des historischen Materialismus, des Klassenkampfes, der Struktur des Kapitals.

In der Reihe der Publizisten, die Marx einen Nachruf widmeten, gebührt József Diener-Dénes, der in der bürgerlich radikalen Zeitung „Világ“ einen Artikel zum Zentenarium veröffentlichte, besondere Anerkennung.[12] Diener-Dénes hob kraftvoll hervor, daß Marx nicht nur der große Lehrmeister der „revolutionären Sozialdemokratie“, sondern der ganzen Menschheit gewesen sei, da er das Denken der ganzen Menschheit umgewälzt habe.

Des Jahrestages gedachten auch die theoretische Zeitschrift der ungarischen sozialdemokratischen Partei, „Szocializmus“, sowie die gemeinsame Zeitschrift der bürgerlich Radikalen und Sozialisten, „Huszadik Század“. In letzterer erschien ein in jeder Hinsicht außerordentlicher Beitrag von Ervin Szabó. Diesmal meldete sich der grübelnde, nachdenkliche Ervin Szabó, der letzten Endes auf seinen syndikalistischen Vorstellungen bestanden hat. Die theoretische Unerschütterlichkeit wurde diesmal mit bitteren, fast pessimistisch ausklingenden Akzenten vermischt. Die ersten Zeilen seines Artikels prangerten empört die chauvinistischen Sozialisten an.

Ervin Szabó wurde aber diesmal eigentlich nicht durch den offenen Sozialchauvinismus beängstigt, sondern davon, wie viele eigentlich Marx ernsthaft studierten und wie viele unter denen, die ihn nun feierten, ihn wirklich verstanden hätten? Marx nämlich — beantwortete er seine Frage — legte seine Thesen auf einem so hohen theoretischen Niveau dar, daß sie für die breite Masse im allgemeinen unüberblickbar geblieben sind. Andererseits war Szabó der Meinung, daß sich die Marxschen Gedanken durch die verschiedenen vermittelnden Kanäle doch unter Hunderttausenden verbreiteten, Wurzeln schlugen.

Ervin Szabó blieb bei dieser kritischen Bemerkung nicht stehen, und einen Schritt weitergehend stellte er fest: nicht nur die einzelnen Nachfolger von Marx können für die Versäumnisse verantwortlich gemacht werden. Ervin Szabó sah es so, daß der Marxismus „von inspirierender Wissenschaft zum politischen Parteiprogramm geworden ist“, was die Freiheit der marxistischen wissenschaftlichen Forschungsarbeit gelähmt hätte.

In der zweiten Hälfte seines Marx-Artikels führte Szabó aus, daß sich die politische Bewegung auf eine unvermeidlich breitere Basis als auf die Arbeiterklasse im engeren Sinne stützen wollte und die Erfolge im Rahmen des Parlaments zu erreichen versuchte. Szabó berief sich darauf, daß im Laufe der Geschichte noch nie eine herrschende Klasse auf parlamentarischem Wege, mit einfacher Mehrheit zur Veränderung der Eigentumsverhältnisse zu überreden gewesen wäre. Und wenn diese Erfahrung bestünde, könnten weder das Parlament noch die politische Partei zum Erfolg führende Mittel sein. Anstatt dessen erwartete er von der gewaltigen Bewegung der Minderheit den entscheidenden Schritt.

In der Zeitschrift „Szocializmus" verglich Kunfi die Zustände von 1818 mit denen von 1918 und verwies auf den historischen Fortschritt. Er bekannte sich auch in der Frage der Wissenschaft und Massenbewegung zu anderen Ansichten als Szabó. Während Szabó Bedenken hatte, daß die Marxschen Gedanken in schlechter Interpretation verbreitet würden, freute sich Kunfi eher darüber, daß die Schriften von Marx, wenn auch aus zweiter oder dritter Hand, überall dort Kompasse darstellten, wo Sozialisten auftraten und kämpften.

Kunfi berührte auch die sogenannten heikleren Punkte, jene, wo die Revisionisten der sozialdemokratischen Bewegung wiederholten, daß die historischen Erfahrungen die Gedanken von Marx in Frage gestellt hätten, und wo es angebracht wäre, Berichtigungen durchzuführen.

Unter den eigentlichen meritorischen Streitpunkten reflektierte Kunfi an erster Stelle die Diskussion über die Kapitalkonzentration. Zweifellos — führte er aus — seien in der Landwirtschaft und im Kleingewerbe die Kleinbauern und Krämer erhalten geblieben, dies bedeutete jedoch nicht, daß die Tendenz der Konzentration ihre Gültigkeit verloren hätte, denn diese Kleinwirtschaften spielten in der Produktion eine untergeordnete Rolle. Kunfi beschäftigte sich auch mit der Verelendungstheorie. Er schickte voraus, daß sich die Lage der Arbeiter im Vergleich zu den 1830—1840er Jahren jedenfalls verbessert hätte, gleich, ob die Länge der Arbeitszeit, die Löhne oder die Sozialversicherung untersucht würden. Dies führte er auf die Tätigkeit der Gewerkschaften, den Klassenkampf zurück. Trotzdem betrachtete er die Verelendungstheorie nicht als außer Kraft gesetzt. In diesem Zusammenhang verwies er auf die Steigerung der Arbeitsintensität, auf die unbestreitbare Zunahme der relativen Verelendung und schließlich auf die Öffnung der Schere zwischen Nominal- und Reallöhnen.

Abschließend wies Kunfi darauf hin, daß die kapitalistische Entwicklung nicht nur Klassenrahmen, sondern auch nationale Rahmen geschaffen habe. Die Arbeiter wurden daher durch eine zweifache Bindung beeinflußt, aber in den letzten Kriegsjahren wurde auf verständliche Weise die nationale Solidarität stärker, welche die gesamte internationale Arbeiterbewegung in eine schwere Krise gestoßen hätte. Er schloß: „Die Kraft der Fakten [...] macht die Arbeiter darauf aufmerksam, daß die Rückkehr zur ursprünglichen Konzeption des Marxismus, zum ungestörten revolutionären Geist für sie, aber auch die ganze Menschheit den Weg der Erlösung, der Freiheit darstellen kann."

Den anderen analysierenden Artikel der „Szocializmus" hat Zoltán Rónai unter dem Titel „Der Marxismus und die Praxis" verfaßt. Rónai betonte, daß Marx die Arbeiterbewegung nicht nur auf theoretischem Niveau untersuchte, sondern mehrmals, vor allem zur Zeit der I. Internationale, auch praktischer Leiter der Bewegung war. Rónai beschäftigte sich ausführlich mit den gewerkschaftlichen Kämpfen, deren prinzipielle, horizontale Bedeutung zuerst Marx erkannte. Rónai berührte auch die politischen Kämpfe und bemerkte: Es sei wünschenswert, daß „die Politik durch die Wissenschaft in je größerem Maße durchdrungen wird", aber dies kann im absoluten Maße kaum erreicht werden, „die politische Handlung kann nicht völlig mit den Instrumenten der Wissenschaft kontrolliert werden".

Rónai berührte auch die im Zusammenhang mit den Kriegsjahren auftauchenden prinzipiellen Probleme. Unter diesen stünde an erster Stelle die Tendenz der Verstaatlichung, die aufgrund der Kriegswirtschaft überall verstärkt wurde. Manche Sozialisten nahmen diese wirtschaftlichen Schritte erfreut an, Rónai mahnte aber, daß die Wirkung der Verstaatlichung immer genau untersucht werden müsse — ob die Verstaatlichung zur Erweiterung des Demokratismus führen kann oder den Absolutismus verstärkt. Rónai brachte all dies mit der Frage der Selbstverwaltung in Zusammenhang.

Von den Stellungnahmen der sozialdemokratischen Arbeiterpresse des europäischen Kontinents wich die englische ab. Die Zeitschrift „Clarion", die einen nationalen Sozialismus verkündete, die die Bindungen der Internationale bewußt zerrissen hatte, gedachte gar nicht des Jahrestages. Im Wochenblatt der Unabhängigen Arbeiterpartei veröffentlichte einer der führenden Politiker-Publizisten der Partei, Bruce Glasier, einen umfangreichen Artikel. Die Unabhängige Arbeiterpartei bekannte sich nie zum Marxismus, blickte jedoch mit Achtung auf Marx. Die Partei vertrat während des Krieges von Anfang an einen internationalistischen-antimaterialistischen Standpunkt.

Glasier sprach mit anerkennenden Worten über die Leistung von Marx bezüglich des Aufblühens der modernen sozialistischen Bewegung und vor allem des sozialistischen Denkens. Glasier setzte sich aber an gleicher Stelle mit den Sozialisten des „Kontinents" heftig auseinander, die den Marxismus einerseits mit dem Sozialismus identifizierten, andererseits betonten, daß Marx den wissenschaftlichen Sozialismus schuf, und all das, was vor Marx existierte, einfach wertlos oder zumindest nicht sozialistisch war. Glasier verwies hier auf die großen Utopisten und protestierte dagegen, den Sozialismus in jedweder Form mit dem Namen ausschließlich eines Mannes zu verbinden. Er würdigte in der Folge besonders den Marxschen Internationalismus.[13]

Die Reaktion der revolutionären russischen Presse auf das Marx-Zentenarium unterschied sich natürlich von der anderer Länder. Nach dem Sieg der Großen Sozialistischen Oktoberrevolution legten sich die Stürme des inneren politischen Lebens in den ersten Monaten von 1918 noch bei weitem nicht.

J. Steklow, der damalige Chefredakteur der „Iswestija", hob in seinem Jubiläumsartikel mit dem Titel „Marx, Lehrer der Arbeiterklasse" hervor, daß die Sozialisten vor Marx die wahren Gesetzmäßigkeiten des Kapitalismus, die historische Rolle der Arbeiterschaft nicht erkannt und aus diesem Grunde auch die Schaffung des Sozialismus von „höheren Reformen" erwartet hätten. Bis zum Auftreten von Marx entwickelten sich der Sozialismus und die Arbeiterbewegung parallel, aber gesondert, und ein großes Verdienst von Marx bestünde eben in der Vereinigung der beiden.

In der gleichen Zeitschrift erschien der Artikel von K. Salewski [schriftstellerisches, bzw. Bewegungs-Pseudonym von S. Trusowitsch], der den Lesern Marx als Philosophen vorstellte und darlegte, wie Marx sein dialektisches und materialistisches philosophisches System ausgearbeitet hatte. M. Bronski bot einen besonderen Überblick über die wirtschaftswissenschaftliche Tätigkeit von Marx. Einen umfangreicheren, analysierenden Artikel gab Karl Radek unter dem Titel „Die Außenpolitik von Karl Marx" heraus. Anläßlich der Hundertjahrfeier unterstrich er: Man müsse nicht nur zeigen, was sich als dauerhaft erwiesen hat, sondern auch, was sich wesentlich verändert hat, denn nur auf diese Weise könnten die heutigen Erscheinungen verstanden werden. Radek betonte stark: „Die Außenpolitik von Marx analysierte die Fragen einer nunmehr abgeschlossenen Periode nationaler Kriege, zur Entstehung der Nationalstaaten. Diese Politik kann in ihrer konkreten Form auf unsere imperialistische Periode nicht angewandt werden."

Zur Geschichte der Marx-Sondernummer der „Iswestija" gehört noch, daß eine Woche später K. Salewski in seinem unter dem Titel „Worin bestand die Unsterblichkeit von Marx Marx" erschienen Artikel die Ansichten von Karl Radek verurteilte. Er beanstandete, daß es Radek so hinstellte, als ob Marx „sich selbst überlebt hätte". Was die Sache der Befreiung der Nationen anbelangt, wäre das Problem sogar im 19. Jahrhundert ein vielfältigeres gewesen, als es Radek aufgefaßt hätte, und wie die jüngeren Ereignisse erwiesen hätten, könnten diese Probleme auf den tschechischen, südslawischen, balkanischen, indischen und kolonialen Gebieten nicht in dem Maße als abgeschlossen betrachtet werden, wie es Radek getan hatte.[14]

Schließlich berichtete die „Iswestija“ darüber, daß anläßlich des Zentenarium landesweit Feierlichkeiten abgehalten wurden. In Petersburg hielten bei den Betriebsversammlungen Steklow, Radek, Rakowski, Salewski und Jaroslawski Vorträge über Marx.[15]

Der feierliche Redaktionsartikel der „Prawda“ erschien unter dem Titel „Hundert Jahre“. Er beschwor die revolutionären Bewegungen von 1848 und 1871 herauf und hob vor allem hervor, daß Marx das System der kapitalistischen Produktion nicht nur analysierte, sondern auch dessen Todesurteil ausgesprochen und die Aufgaben der Arbeiter bestimmt hätte.

Die „Prawda“ stellte ebenfalls den historischen Marx vor, und die Festnummer enthielt auch die in der am gleichen Tag in der „Iswestija“ erschienenen Steklow- und Radek-Artikel. Verfasser des vierten größeren Artikels der „Prawda“ war Béla Kun. Der Artikel erschien unter dem Titel „Marx und die Kleinbourgeoisie“.[16] Béla Kun führte aufgrund der Marx-Studien über die Geschichte der französischen Revolutionen aus, welche unermeßliche Gefahr den proletarischen Revolutionen seitens der Kleinbourgeoisie drohte, die eine viel hartnäckigere, viel mächtigere Masse als die Großbourgeoisie selbst ist. Mit dieser Schicht kann an wesentlichen Punkten der politischen Entwicklung kein Kompromiß angestrebt werden, denn dieser würde die sozialistische Entwicklung in Frage stellen, da ja auch 1848 und 1871 die „Boutique-Inhaber“ die Versuche der Pariser Proletarier vereitelten. Béla Kun betrachtete all dies auch bezogen auf Rußland, wo diese kleinbürgerliche Schicht viel breiter als in Frankreich war. Deshalb betonte er: „Die Revolution, die das Zentenarium von Marx feiert, vergißt nicht das Urteil, welches Marx über die Kleinbourgeoisie ausgesprochen hat“.

Das Material der verarbeiteten Marx-Nachrufe stellten wir nach Ländern vor und wiesen auf die Gegensätze nur an entsprechender Stelle hin. Wenn wir nun von diesem letzteren Gesichtspunkt aus einen Überblick versuchen, kommen wir zu folgendem Ergebnis: Extrem rechts in der Arbeiterbewegung standen jene, die — vor allem in Deutschland und Frankreich — Marx zum Nationalisten umgestalten wollten. Neben diesen, vor allem in Deutschland, meldeten sich jene zu Wort, die im Gegensatz zur Konzeption der proletarischen Revolution die Sache des „kombattanten Revisionismus“ verteidigten, die diese Gelegenheit zur Bestätigung der These nutzen wollten, daß der revolutionäre Teil des Marxschen Gedankensystems veraltet sei. Die Leiter der Unabhängigen Arbeiterpartei betrachteten sich zwar nie als Marxisten, erkannten jedoch die Verdienste von Marx in vieler Hinsicht an. Sie sprachen mit größerer Achtung und Verständnis über Marx als die deutschen und österreichischen ehemaligen zentristischen und Marx formell als ihren Lehrmeister betrachtenden Sozialdemokraten.

Ein Teil der Sozialisten nahm den Zeitpunkt des Zentenariums zum Anlaß einer Besinnung, fand aber auch nach der Überlegung nicht den Ausweg [Treves und die italienischen „gemäßigten Reformisten"]. Es konnte jedoch beobachtet werden, daß die Angehörigen des pazifistischen Zentrums in den verschiedenen Ländern gerade dieses Jubiläum zum Anlaß nahmen, einen energischen Kampf im allgemeinen gegen den Krieg, ihre eigene Regierung und in mehreren Fällen gegen ihre eigene Parteiführung, Parteimajorität zu verkünden. Nicht nur einmal kündigten sie gerade in diesem Kreis [Otto Bauer, Max Adler, Karl Kautsky, Jean Longuet, Paul Mistral] „die Rückkehr zu Marx" an, unter der sie vor allem die Wiedergeltendmachung der internationalistischen Prinzipien und die Anwendung der radikaleren Methoden verstanden. Man kann gut den Flügel erkennen, welcher sich nicht mehr mit der im allgemeinen verkündeten Kriegsfeindlichkeit und dem theoretischen Vorschweben der revolutionären Möglichkeiten begnügt hat. Diese Linken forderten gerade das persönliche Beispiel, die revolutionäre Kühnheit, die revolutionären Taten: unter diesen Stellungnahmen können wir außer den Bolschewiki die Meinung von Zetkin, Roland Holst und Popowitsch anführen.

Wir sind der Meinung, daß das vielseitige Material, die in der Arbeiter- und sozialistischen Presse der verschiedensten Länder erschienenen Artikel ausgiebig davon zeugen, daß der Name und die Tätigkeit von Marx 35 Jahre nach seinem Tod wieder zum Kampfwort geworden waren.

ANMERKUNGEN:

1 Die führenden spanischen sozialistischen Funktionäre standen, wie bekannt, auch in dieser Zeit den französischen Guesde-isten sehr nahe. In der Zeitung „El Socialista" würdigte Andres Obajero unter diesem Titel „Carlos Marx" Marx — aber die Konklusion seines Artikels ist charakteristisch: „Die schönste Erinnerung an den hundertsten Geburtstag wäre die Entfesselung der Revolution in Deutschland", die sich erst „später in ganz Europa verbreiten würde." [1. Mai 1918].

2 Jean Longuet, La France et Karl Marx, Le Populaire, 30. April 1918.

3 a. a. O., 5. Mai 1918.

4 Douchan Popowitsch, Marx, le marxisme et les Socialistes Serbes [Marx, der Marxismus und die serbischen Sozialisten], Le Populaire, 5. Mai 1918. In der Sondernummer im Mai der ebenfalls in Paris erscheinenden serbischen sozialistischen „Budoucnost" [L'Avenir] erschien ein längerer anonymer Artikel unter dem Titel „Stogodiscnica Karla Marksa" [Das Zentenarium von Karl Marx], in welchem ein Überblick über Marx' Lebenslauf gegeben und hinzugefügt wurde, daß das Proletariat nach dem Krieg „auf den richtigen Weg" zurückfinden werde. Die in Zagreb erscheinende „Prawda" wies bereits Ende April darauf hin, daß am 5. Mai in Zagreb bei einer Versammlung Marx gedacht würde, und dann am 9. Mai wurde in einem längeren Artikel sein Lebensweg gezeichnet.

[5] Critica Sociale, 1959, Bd. I, S. 413—417.

[6] Die „Avanti" kehrte auch später mehrmals zum Marx-Zentenarium zurück. Am 6. Mai veröffentlichte sie den besonderen Aufruf der französischen Parteiführung und übernahm dann am 16. Mai von der „Humanité" den Artikel, in dem Jaurès die Wert- und Mehrwerttheorie von Marx würdigte. Die Veröffentlichung wurde bestimmt dadurch begründet, daß der Name von Jaurès in der vom Chauvinismus und von Deutschfeindlichkeit angesteckten Atmosphäre auch für breitere Schichten unwiderlegbar machte, daß es sich um keine „deutsche" Angelegenheit handle. Doch kann festgestellt werden, daß die Marx-Festschrift der sonst niveauvollen und kühn internationalistischen „Avanti" ziemlich schwach war.

[7] Demain, Mai 1918.

[8] Leipziger Volkszeitung, 14. Mai 1918.

[9] Max Adler, Die sozialistische Idee der Befreiung, Der Kampf, Mai 1918.

[10] Karl Renner, Marx oder Mazzini? Der Kampf, Juni 1918.

[11] Friedrich Schulze, Marx oder Radetzky, Der Kampf, Juni 1918.

[12] Világ, 1. Mai 1918.

[13] J. Bruce Glasier, Karl Marx and Socialism, Labour Leader, 9. Mai 1918.

[14] Iswestija, 10. Mai 1918.

[15] a. a. O., 12. Mai 1918.

[16] Béla Kun, Válogatott irásai [Ausgewählte Werke]. Bd. I., Kossuth Verlag 1966. S. 77—82.

Alexander MALYSCH (UdSSR)

KARL MARX ALS HISTORIKER DES KAPITALISMUS

I

Unter der großen Anzahl Marxens wissenschaftlicher Erkenntnisse nimmt die Erforschung der Entstehungs- und Entwicklungsgeschichte der bürgerlichen Gesellschaft einen bedeutenden Platz ein.

Eigentlich war Marx kein Berufshistoriker. Er wurde als Jurist und Philosoph ausgebildet. Als sein vorherrschendes Wissensgebiet erwies sich die politische Ökonomie, die Ausarbeitung von Kategorien dieser Wissenschaft auf Grund schöpferischer Kritik der bürgerlichen Ökonomen und einer gründlichen Untersuchung der kapitalistischen Produktionsweise, vor allem jener Englands, das um die Mitte des XIX. Jahrhunderts ein klassisches Vorbild, eine klassische Stätte des entwickelten Kapitalismus mit freier Konkurrenz darstellte. Nichtsdestoweniger verehren wir in Marx' Person nicht nur einen hervorragenden Rechtswissenschaftler, Revolutionär in der Philosophie und politischen Ökonomie, sondern auch einen großen Meister der Geschichtsschreibung.

Von grundlegender methodologischer Bedeutung ist die Erarbeitung der materialistischen Geschichtsauffassung (des historischen Materialismus) durch Marx und Engels im Gegensatz zu verschiedenen Schulen und Richtungen der Geschichtsphilosophie, miteingerechnet jene Hegels. Mehrere Historiker und Soziologen der vormarxistischen Periode, wie übrigens auch viele bürgerliche Autoren heutzutage, betrachteten und betrachten die Geschichte als ein Buch mit sieben Siegeln, gestehen offen nicht zu wissen, wem sie untergeordnet ist — dem Gesetz, der Notwendigkeit, dem Zufall oder den Launen.

Zum erstenmal in der Wissenschaft betrachtete Marx die Geschichte als einen naturgeschichtlichen Prozeß, bedingt durch das Wirken objektiver Gesetzmäßigkeiten, letzten Endes durch das Streben der Menschen und Klassen nach Befriedigung betimmter materieller Interessen, die wiederum auf der konkreten Basis der materiellen Produktion ihrer Lebensbedingungen entstehen.

Die obengenannten Gesetzmäßigkeiten haben nicht nur einen objektiven, von Wille und Bewußtsein der Menschen unabhängigen, sondern auch einen historischen Charakter. Indem sie „Entstehung, Existenz, Entwicklung, Tod eines gegebenen gesellschaftlichen Organismus und einen Ersatz durch einen andren, höheren regeln“,[1] erfahren sie selbst einen Wandel, der den Besonderheiten dieser oder jener ökonomischen Struktur entspricht.

Die materialistische Geschichtsauffassung setzt die Betrachtung jeder verwirklichten, existierenden gesellschaftlichen Form der Produktion, miteinbegriffen natürlich den Kapitalismus, in dialektischer Bewegung voraus. Das bedeutet, daß eine positive Darstellung mit der Aufdeckung von vergänglichen Seiten gegebener gesellschaftlicher Verhältnisse verbunden ist.

Die materialistische Geschichtsauffassung als Anwendung des dialektischen Materialismus im sozialen Bereich, als Erklärung des historischen Prozesses aufgrund von Prinzipien der materialistischen Dialektik vergötzt nichts. Sie, wie eigentlich auch die materialistische Dialektik, hat ihrem Wesen nach einen kritischen und revolutionären Charakter. Selbstverständlich sind der materialistischen Geschichtsauffassung die vor Marx und Engels üblichen Ansichten über den Kapitalismus als einen natürlichen und ewigen Zustand des menschlichen Daseins organisch fremd.

Eine geschlossene und folgerichtige Darlegung der Geschichte des Kapitalismus gibt Marx in seinem Hauptwerk „Kapital" in drei theoretischen Bänden und im abschließenden vierten historischen Teil, der einer kritischen Analyse von Mehrwertstheorien als theoretischer oder idealer Widerspiegelung der faktischen Verhältnisse der kapitalistischen Produktion in den Köpfen bürgerlicher Ökonomen gewidmet ist.

Im „Kapital" ist die Marxsche Lehre über den Kapitalismus als eine notwendige Entwicklungsstufe der menschlichen Gesellschaft gefaßt, werden Vorgeschichte, Anfänge, Triebkräfte und Inhalt dieser Stufe sowie die historischen Tendenzen der kapitalistischen Akkumulation gezeigt.

Der historische Weg des Kapitalismus wird hauptsächlich mit Hilfe deduktiver Methode, durch die Analyse solcher Kategorien wie Ware, Wert, Geld, Mehrwert, Kapital, konkreter Erscheinungsformen des Mehrwertes und Markts mit seinem modifizierenden Einfluß auf diese Ware-Geld-Kategorien aufgedeckt.

In diesem Zusammenhang wäre eine außerordentlich wichtige Marxsche Überlegung am Platze: „selbst die abstraktesten Categorien [...] das Produkt historischer Verhältnisse sind und ihre Vollgültigkeit nur für und innerhalb dieser Verhältnisse besitzen."[2] Solch eine abstrakte Kategorie wie der Wert z. B. stellt die Verhältnisse jeder Warenproduktion dar und ihre entwickelte Form, die der kapitalistischen Produktion. Die Attribute des Wertes, von einfacher Produktion abgeleitet, dehnen sich nicht als reine auf ihre kapitalistische Form aus. Die Eigenschaften der kapitalistischen Ware können ebenso nicht wie im Spiegel unter den sozialistischen gesellschaftlichen Verhältnissen wiederholt werden. Die Warenproduktion behält auch unter diesen Verhältnissen Gültigkeit. Und die Frage, ob sie im Rahmen des Sozialismus erhalten und notwendig wird, gehört schon nur in den Bereich ersonnen-scholastischer Kasuistik oder einer „Zitatenfechterei". Warenform haben nicht nur Artikel des persönlichen Gebrauchs, sondern auch Produktionsmittel. Aber ihre Charakteristik zeigt, daß die sozialistischen Waren in vielem mit den kapitalistischen nicht übereinstimmen. Die wesentlichen inhaltlichen Unterschiede werden durch grundlegende Unterschiede zwischen dem Sozialismus und Kapitalismus bestimmt.

Zugleich beim Aufstieg vom Konkreten zum Abstrakten, vom Einfachen zum Komplizierten führt Marx, indem er sowohl mit wissenschaftlichen Abstraktionen als auch mit einer Gesamtheit konkreter Bestimmungen operiert, eine Menge historischer Illustrationen, Tatsachen an, gibt über viele Ereignisse und Personen von unterschiedlicher Wichtigkeit überraschend präzise Urteile ab, bearbeitet ein buntes Bild der Fakten aus dem wirklichen Leben unter dem Gesichtspunkt der materialistischen Geschichtsauffassung. Das „Kapital" ist deshalb nicht nur ein großes politisch-ökonomisches Werk, sondern auch die größte historische Abhandlung. Dabei soll wiederholt werden, daß nur historische Rückblicke nicht von so großer Bedeutung sind wie die Marxsche grundsätzlich neue revolutionäre einheitliche Theorie der Geschichtswissenschaft, deren Forderungen er in die Tat umgesetzt und deren Vorteile er überzeugend zur Schau gestellt hat, als er Schritt für Schritt das ökonomische Bewegungsgesetz der kapitalistischen Gesellschaft untersuchte.

Im Verlauf seiner Erforschung des Kapitalismus hat Marx einen grundlegenden Begriff der ökonomischen Gesellschaftsformation oder eines Systems ausgearbeitet, das als Einheit von Produktionsweise, Produktivkräften und Produktionsverhältnissen, von den Verhältnissen dieser oder jener Eigentumsform sowie von einem entsprechenden juristischen und politischen Überbau verstanden wird. Gemäß der Marxschen Vorstellungen ist die Bewegung der Geschichte in einem großen zeitlichen Raum begrenzte Entstehung, Entwicklung und Verfall einer Formation, Ablösung der einen Gesellschaftsordnung durch die andere, wobei diese neue durch eine höhere wirtschaftliche Struktur, Gesamtheit der Produktionsverhältnisse, eine höhere Form des herrschenden Eigentums und dementsprechend eine vollkommenere politische Organisation, eine fortgeschrittenere Ideologie sowie ein relativ entwickelteres gesellschaftliches Bewußtsein gekennzeichnet wird. Die Wirtschaft, die ökonomische Struktur bilden die reale Basis jeder Gesellschaft, worauf sich, in ständiger Wechselwirkung mit ihr, ein juristischer und politischer Überbau erhebt, dessen Eigenschaften im wesentlichen durch die ökonomische Basis bestimmt werden. Die Veränderungen in der Basis ziehen unvermeidlich eine Umwälzung des Überbaus mit sich.

Als Geschichtsschreiber des Kapitalismus verfolgt Marx die Genesis und Evolution des kapitalistischen Privateigentums, läßt uns den Prozeß und die Ursachen seiner Entstehung, seine Modifizierung im Verlaufe der Entwicklung sehen, zeigt, daß er letzten Endes eben Kraft dieses Prozesses durch eine höhere Form — gesellschaftliches Eigentum — negiert wird. Diese Negation ist durch den gesellschaftlichen Charakter der Produktion vorbereitet, auf dem de facto das kapitalistische Eigentum fußt.

II

Als Vorspiel der Geschichte des Kapitals, als sein Ausgangspunkt erscheint die sogenannte ursprüngliche Akkumulation.

Die ursprüngliche Akkumulation, weist Marx hin, „umfaßt eine Reihe gewaltsamer Methoden" einer grauenhaften und harten „Expropriation der unmittelbaren Produzenten, Expropriation der großen Volksmasse von Grund und Boden und Lebensmitteln und Arbeitsinstrumenten".[3] Diese Expropriation, die im letzten Drittel des 15. und in den ersten Jahrzehnten des 16. Jahrhunderts „mit schonungslosestem Vandalismus und unter dem Trieb der infamsten, schmutzigsten, kleinlich gehässigen Leidenschaften vollbracht"[4] wurde, war eigentlich die Vernichtung von kleinstem Privateigentum, geschaffen durch die eigene Arbeit des Eigentümers, und die Geburt eines größeren kapitalistischen Privateigentums, das auf entschädigungsloser Aneignung, auf Exploitation fremder Arbeit beruhte. In den „Sternstunden" des kapitalistischen Eigentums wuchs es in den Händen des Besitzers, die Mittel der Exploitation vergrößerten sich und vervollkommneten sich, der Profit derer, die nicht arbeiteten, wuchs mittels Schweiß und Blut der Arbeitenden.

Die bürgerlichen Konzeptionen der ursprünglichen Akkumulation, betonte Marx, hatten einen apologetischen, begrenzten, einseitigen Charakter. Die durch eine klassenbedingte Voreingenommenheit geblendeten Wirtschaftswissenschafter und Geschichtsschreiber schoben einer wahren Theorie, einer gewissenhaften Untersuchung die Wiedergabe historischer Anekdoten und vulgärer Legenden unter: In einer längst verflossenen Zeit hätten Menschen zweierlei Art gelebt: eine fleißige und sparsame Elite einerseits, faulenzende und verjubelnde Lumpen andererseits. Die Elite habe natürlicher- und gerechterweise Vermögen angesammelt, die anderen jedoch gerieten letzten Endes in solch eine Lage, daß sie gezwungen waren, den Reichen ihre eigene Haut zu verkaufen.

Die bürgerlichen Historiker, hob Marx hervor, sahen gewöhnlich nur eine Seite der Bildung der Lohnarbeit — und zwar die Befreiung der kleineren Produzenten von Feudallasten und der Herrschaft der Zünfte — die andere Seite, daß die Befreiten „erst Verkäufer ihrer selbst" werden, „nachdem ihnen alle ihre Produktionsmittel und alle durch die alten feudalen Einrichtungen gebotenen Garantien ihrer Existenz geraubt sind", ließen sie außer acht. Und dies wurde durch Eroberungen und Räubereien gewaltsam erreicht. „Die Expropriation der Kleinbürger" ist „in die Annalen der Menschheit eingeschrieben mit Zügen von Blut und Feuer."[5]

Der Staatsapparat unterstützte aktiv die „Ritter des Profits", die Regierungen waren Werkzeuge in ihren Händen. Die Staatsmacht, „die konzentrierte und organisierte Gewalt der Gesellschaft"[6] trug allerlei zur Beraubung ihrer Völker bei. Auf dieser Ebene wurden Schutzzölle und Exportprämien zunutze gemacht. „Das Protektionssystem", schrieb Marx, „war ein Kunstmittel, Fabrikanten zu fabrizieren, unabhängige Arbeiter zu expropriieren, die nationalen Produktions und Lebensmittel zu kapitalisieren, den Übergang aus der altertümlichen in die moderne Produktionsweise gewaltsam abzukürzen."[7] Mit einer schonungslosen Brutalität zerdrückte die Staatsmaschinerie kleinere Ackerbauern. Das System der gesellschaftlichen Gewalt hatte wie in der Vor- so auch in der eigentlichen Geschichte des Kapitals die Bedeutung einer wichtigen ökonomischen Potenz.

Unter den„idyllischen Prozessen", die Marx zu Hauptmomenten der ursprünglichen Akkumulation zählte, wurden im „Kapital" auch „die Ausrottung, Versklavung und Vergrabung der eingeborenen Bevölkerung in die Bergwerke" der Gold- und Silberländer in Amerika, „die beginnende Eroberung und Ausplünderung von Ostindien", der Sklavenhandel, „die Verwandlung von Afrika in ein Geheg zur Handelsjagd auf Schwarzhäute"[8] genannt.

Die Epoche der ursprünglichen Akkumulation ist schon zur fernen Vergangenheit geworden. Ihre Wirtschaft unterscheidet sich wesentlich von der Wirtschaft und Politik des entwickelten Kapitalismus und umso mehr von der Wirtschaft und Politik seines höchten und letzten Stadiums — des Imperialismus. Aber die bekannten widrigen Züge jener fernen Epoche, wie uns die Geschichte lehrt, sind vom ganzen System der kapitalistischen Herrschaft gefestigt geerbt.

III

Von großer Bedeutung für die Charakteristik des Kapitals ist die Marxsche These über zwei Formen des Zwanges und der Subsumtion der Arbeit unter das Kapital.

Zuerst wird hauptsächlich der außerökonomische Zwang angewandt, in dieser Periode ist die sogenannte formelle Subsumtion der Arbeit unter das Kapital verbreitet.

Die im Mittelalter, im 14.—15. Jahrhundert entstehende Bourgeoisie nutzt den Staatsapparat aus, um den Lohn zu „regeln" und ihn in den für den Profit günstigen Grenzen zu erhalten, um rechtmäßig den Arbeitstag der Lohnarbeiter zu verlängern, die noch einen winzigen Teil der Bevölkerung bilden. Der Arbeitsprozeß wird zum Mittel der Wertproduktion und Verwertung, d. h. der Arbeitsprozeß fängt an, sich dem Kapital unterzuordnen. Der früher unabhängige Bauer wird Taglöhner; die bei der Zunftordnung existierende hierarchische Gliederung, wo der Meister den Handwerkgesellen als Meister in seinem Fach gegenübersteht, verschwindet: der Meister wird zum Kapitalbesitzer, und der Geselle steht ihm als Verkäufer seiner Arbeitskraft gegenüber; der Sklave hört auf, ein Produktionswerkzeug zu sein, das dem Sklavenhalter gehört. Aber das Kapital unterordnet sich noch dem alten traditionellen Arbeitsprozeß, der existierenden reellen Produktionsweise. Es werden im wesentlichen noch die frühere Technologie, der frühere Produktionsumfang, frühere Intensität der Arbeit beibehalten. Unter den Produktionsagenten entstehen allmählich Geldbeziehungen, d. h. keine politischen und sozialfixierten Beziehungen mehr. Aber im allgemeinen weist die Produktionsweise selbst noch keinen spezifisch kapitalistischen Charakter auf. Die Arbeit ist noch formell unter das Kapital untergeordnet. Solch eine Form der Beziehungen fußt auf dem absoluten Mehrwert, setzt nur kleine Kapitalisten voraus, „die in Bildungs- und Beschäftigungsweise nur wenig von den Arbeitern selbst verschieden sind“.[9]

Mit der Entwicklung der kapitalistischen Produktion beginnt „der stumme Zwang der ökonomischen Verhältnisse“[10] immer stärker zu wirken.

Eine bedeutende Entwicklung erleben gesellschaftliche Produktionskräfte der Arbeit. Das Kapital wirft den individuellen Charakter völlig ab. Ein Kapitalist soll solch einen Wert besitzen, der mit dem Wert, der für die Produktion eines Einzelnen und seiner Familie nötig ist, nicht gemessen werden könnte. Die kapitalistische Produktion tendiert zur Eroberung aller Produktionszweige. Bedeutend wächst die Masse der erzeugten Produktion. Durch die Produktion und um der Produktion willen wird die ständige Zunahme des Anteils der unbezahlten Arbeit im Produkt erzeugt. Die Produktionsbedingungen ziehen den relativen Mehrwert nach sich. Das sind die wesentlichen Charakterzüge der — nach Marx — reellen Unterordnung der Arbeit unter das Kapital (im Unterschied zur formellen Unterordnung).

Auf solche Weise treten bei Marx zwei Formen des Mehrwerts als entscheidende Kriterien formaler und reeller Unterordnung der Arbeit unter das Kapital hervor: die erste — absolute, durch die Verlängerung des Arbeitstages erzeugt, und die zweite — relative, die durch die Abkürzung der Zeit, wo der Wert der Ware „Arbeitskraft“ reproduziert wird, entsteht.

Die Geschichte der Entstehung und Vergrößerung von Norm und Masse des relativen Mehrwerts markiert die wichtigsten Perioden der Steigerung von Produktionskräften der Arbeit. Dieselben sind auch die wichtigsten Perioden der kapitalistischen Entwicklung, die laut Hauptprämisse des historischen Materialismus, vom Standpunkt der fortschrittlichen Evolution der Arbeitsorganisation und vor allem der Vervollkommnung von Arbeitsinstrumenten, diesem beweglichsten Bestandteil der Produktivkräfte, betrachtet worden sind. Das sind folgende Perioden: 1. kapitalistische Kooperation, 2. kapitalistische Manufaktur, 3. Maschinerie und große Industrie.

Bei der Erforschung der Manufaktur als einer kennzeichnenden Form der kapitalistischen Produktion stellt Marx fest, daß sie in dieser Eigenschaft ungefähr ab Mitte des 16. bis zum letzten Drittel des 18. Jahrhunderts herrscht.

Der Manufaktur zugrunde lag die handwerkliche Kunst. Eine Zeitlang entsprachen die handwerkliche Kunst der in der Manufaktur tätigen Arbeiter und die zufällige Arbeitsteilung innerhalb der Werkstatt den gesellschaftlichen Bedürfnissen. Aber die schon im Schoße der Manufaktur entstandene Produktion von Produktionsinstrumenten stimmte mit den Möglichkeiten der Manufakturform der Arbeit nicht überein, bedurfte der Ablösung der Manufaktur durch eine andere Produktionsweise. „Ihre eigne enge technische Basis", schreibt Marx, „trat auf einem gewissen Entwicklungsgrad mit den von ihr selbst geschaffenen Produktionsverhältnissen in Widerspruch".[11]

Die nächste Etappe des kapitalistischen Fortschritts war die große Maschinenproduktion, die auch „eine Revolution in den allgemeinen Bedingungen des gesellschaftlichen Produktionsprozesses" darstellte.[12] Das berühmte 13. Kapitel des ersten Bandes des „Kapitals" stellt einen glänzenden historischen Abriß über die Einführung von Maschinentechnik, über die technischen und sozialen Aspekte der industriellen Revolution Ende des 18., Anfang des 19. Jahrhunderts dar. Neben der Betrachtung der technischen Seite der Revolution zeigt Marx auch gleichzeitig einige allgemeine Rückwirkungen jener Revolution auf den Arbeiter selbst, kapitalistische Auswirkungen der Einführung der Maschinerie. Die Marxschen Schlußfolgerungen haben grundlegende Bedeutung für die Analyse der Widersprüche der modernen wissenschaftlich-technischen Revolution, bieten eine unwandelbare wissenschaftliche Grundlage für die Auswertung der größten Not der Arbeiterklasse in der modernen kapitalistischen Welt, des erstrangigen Problems dieser Welt — der chronischen, ständig wachsenden Massenarbeitslosigkeit.

Marx war ein schonungsloser Kritiker des Kapitalismus, der die Klasseninteressen des Proletariats ausdrückte. Anhand der Methode von geschichtlicher Analogie hat er bewiesen und sichtbar gemacht, daß der Kapitalismus in einer und dabei der wesentlichsten Beziehung einen gewaltigen Rückschritt im Vergleich zur Antike darstellte. Nach den Anschauungen der Antike wurde das Eigentum nur vom Standpunkt der Sicherstellung der „besten Staatsbürger“ untersucht, der Mensch wurde als Zweck der Produktion gedeutet. Und diese Anschauung ist viel höher, „die kindische alte Welt“ erscheint „als das Höhere“ im Vergleich zur bürgerlichen Welt, wo „die Produktion als Zweck des Menschen und der Reichtum als Zweck der Produktion erscheint“.[13] Die Antike „ist Befriedigung auf einem bornierten Standpunkt, während das Moderne unbefriedigt läßt“.[14] Zudem findet in der bürgerlichen Produktionsepoche „völlige Herausarbeitung des menschlichen Innern“, „völlige Entleerung“ statt, erscheint die „universelle Vergegenständlichung als totale Entfremdung“. Im Kapitalismus ist der Mensch „ein erniedrigtes, ein verlassenes, ein verächtliches Wesen“.[15] Der „categorische Imperativ“ der Marxschen Lehre bestand darin, diese unmenschlichen Verhältnisse umzuwerfen.

Aber Marx hat den Kapitalismus nicht nur als eine Ordnung der Exploitation eines Menschen durch den anderen, des Parasitismus, der Brutalität, voller Entleerung des Menschen gebrandmarkt. Als ein ehrlicher Wissenschaftler hob er, indem er den Kapitalismus geißelte, seinen „great civilising influence“, die Tatsache hervor, daß der Kapitalismus „die universelle Aneignung der Natur wie des gesellschaftlichen Zusammenhangs selbst durch die Glieder der Gesellschaft“[16] schafft. „Aber die kapitalistische Produktion“, schrieb Marx weiter, „bewegt sich in Widersprüchen, die beständig überwunden, aber ebenso beständig gesetzt werden. [...] Die Universalität, nach der es unaufhaltsam hintreibt, bildet Schranken an seiner eigenen Natur, die auf einer gewissen Stufe seiner Entwicklung es selbst als die größte Schranke dieser Tendenz werden erkennen lassen und daher zu seiner Aufhebung durch es selbst hintreiben.“[17] „Die Größe und vorübergehende Notwendigkeit des Bourgeoisregimes“[18] sind die beiden Seiten eines Wesens, das Marx mit seiner Analyse des Kapitalismus aufgezeigt hat.

IV

Bei der Bestimmung historischer Tendenzen des Kapitalismus hat Marx bewiesen, daß in der bürgerlichen Gesellschaft kraft des objektiven Verlaufs der Dinge solche Produktionsverhältnisse gebildet werden, die „Minen sind, um sie zu sprengen“.[19] „Über einen gewissen Punkt hinaus wird die Entwicklung der Produktivkräfte eine Schranke für das Kapital [...] Auf diesem Punkt angelangt, tritt das Kapital, d. h. Lohnarbeit, in dasselbe Verhältnis zur Entwicklung des gesellschaftlichen Reichtums und der Produktivkräfte, wie Zunftwesen, Leibeigenschaft, Sklaverei, und wird als Fessel notwendig abgestreift [...] Die materiellen und geistigen Bedingungen der Negation der Lohnarbeit und des Kapitals [...] sind selbst Resultate seines Produktionsprozesses.“[20]

Der Begriff „geistige Bedingungen“ bedarf einer, selbst wenn nicht großen, zusätzlichen Erklärung, weil die Behauptungen noch anzutreffen sind, daß Marx den Gesichtspunkt des ökonomischen Determinismus von reinem Wasser verträte und seine Theorie der kapitalistischen Akkumulation die Möglichkeit und Unvermeidlichkeit des automatischen Zusammenbruchs der kapitalistischen Verhältnisse begründe. Der wirkliche Sachverhalt ist anders.

Der Determinismus, richtig aufgefaßt und ausgelegt in der marxistischen Theorie, bedeutet neben Anerkennung von materiellen Faktoren der Zerstörung des Kapitalismus auch Verständnis für die Rolle der geistigen, subjektiven Momente. Seit dem Zeitpunkt, an dem Marx, wie man zu sagen pflegt, zum Marx wurde, ist die Lehre über die sozialistische Revolution des Proletariats der wichtigste Bestandteil seiner Theorie. Diese Revolution ist ein politischer Akt. Der Sozialismus „bedarf dieses politischen Aktes, so weit er der Zerstörung und der Auflösung" der alten ökonomischen und politischen Verhältnisse bedarf.[21] Das Proletariat ist die einzige Klasse, die imstande ist, „die Waffe der Kritik" der bürgerlichen Verhältnisse durch die „Kritik der Waffen" zu ergänzen, wenn für die Durchsetzung der politischen und ökonomischen Herrschaft des Proletariats die äußersten, gewaltsamen Mittel vonnöten sein werden. „Die Waffe der Kritik kann allerdings die Kritik der Waffen nicht ersetzen, die materielle Gewalt muß gestützt werden durch materielle Gewalt, allein auch die Theorie wird zur materiellen Gewalt, sobald sie die Massen ergreift."[22] Marx schrieb später, daß „der Klassenkampf notwendig zur Diktatur des Proletariats führt, daß diese Diktatur selbst nur den Übergang zur Aufhebung aller Klassen und zu einer klassenlosen Gesellschaft bildet."[23]

Zu unentbehrlichen geistigen Faktoren einer sozialistischen Umwälzung zählte Marx auch das Vorhandensein eines revolutionären Proletariats, das sich seiner Lage und historischer Mission als Totengräber des Kapitalismus bewußt ist, einer selbständigen politischen Partei, die imstande ist, Volksmassen zum Sturm gegen die bürgerliche Gesellschaft zu erheben. Auf die Gründung eben solch einer Partei war die ganze Marxsche Tätigkeit im Bunde der Kommunisten und in der Internationale gerichtet, dafür setzte er seine Kräfte ein, as brachte er während der Bildung von nationalen sozial-demokratischen Parteien in einzelnen Ländern ein.

V

Aus dem ökonomischen Bewegungsgesetz der kapitalistischen Gesellschaft — dem Gesetz, das unbedingt auch geistige, subjektive Bedingungen in Betracht zieht — schließt Marx exakt wissenschaftlich die Ablösung dieser Gesellschaft durch die sozialistische. „Mit der Reduzierung der Zahl von Kapitalbesitzern, welche alle Vorteile dieses sozialen Umwandlungsprozesses usurpieren und monopolisieren, wachsen das Elend, der Druck, die Knechtschaft, die Entartung, die Ausbeutung, aber auch die Empörung der Arbeiterklasse, die stets anschwellt und durch den Mechanismus der kapitalistischen Produktion disziplinert, vereinigt und organisiert wird. Das Kapitalmonopol wird zur Fessel der Produktionsweise, die mit und unter ihm aufgeblüht ist. Die Vergesellschaftung der Arbeit und die Zentralisation der Produktionsmittel erreichen einen Punkt, wo sie unverträglich werden mit ihrer kapitalistischen Hülle. Diese Hülle wird gesprengt. Die Stunde des kapitalistischen Privateigentums schlägt. Die Expropriateure werden ihrerseits expropriiert."[24]

Die kapitalistische Aneignung, sagt Marx, bildet „die erste Negation" jenes Privateigentums, das als Ergebnis einer unabhängigen individuellen Arbeit entstanden ist. „Aber die kapitalistische Produktion erzeugt mit der Fatalität der Naturmetamorphosen ihre eigene Negation. Es ist die Negation der Negation."[25]

Im gegebenen Fall kommt Marx nicht mit Hilfe des „Korsetts", der „Baugerüste" von der Hegelschen Dialektik zum Schluß, wie E. Bernstein seinerzeit behauptet hat, sondern von der objektiven Dialektik der Entwicklung kapitalistischer Verhältnisse ausgehend.

Mehr als ein Jahrhundert später kann sich die ganze ehrliche und denkende Menschheit von der Kraft der Marxschen wissenschaftlichen Prognose, von ihrer Übereinstimmung im großen und ganzen mit dem wirklichen Verlauf des historischen Prozesses überzeugen.

ANMERKUNGEN

1 W. I. Lenin, Werke, Berlin 1961, Bd. 1, S. 160.
2 K. Marx, Grundrisse der Kritik der politischen Ökonomie, 1857/1858. In: MEGA² II/1.1, S. 40.
3 Das Kapital. Bd. I. In: MEW. Bd. 23, S. 789 f.
4 a. a. O., S. 790.
5 MEW, Bd. 23, S. 743.
6 a. a. O., S. 779.
7 a. a. O., S. 784 f.
8 a. a. O., S. 779.
9 Archiv Marxa i Engelsa. Moskwa 1933, T. P. (UP), S. 102.
10 MEW, Bd. 23, S. 765.
11 a. a. O., S. 390.
12 a. a. O., S 404 f.
13 K. Marx, Grundrisse der Kritik der politischen Ökonomie, 1857/1858, in: MEGA² II/1. 2., S. 392.
14 a. a. O., S. 392.
15 MEGA², Bd. I/2, Berlin 1982, S. 177.
16 K. Marx, Grundrisse der Kritik der politischen Ökonomie, 1857/1858, in: MEGA² II/1. 2, S. 322.
17 a. a. O., S. 322 f.
18 MEW, Bd. 28, S. 508.

[19] $MEGA^2$ II/1. 1, S. 92.
[20] $MEGA^2$ II/1. 2, S. 623.
[21] Siehe: MEGA, Bd, I/2, Berlin 1982, S. 463.
[22] $MEGA^2$, Bd. I/2, S. 177.
[23] MEW, Bd. 28, S. 508.
[24] Karl Marx, Le Capital. Paris, 1872—1875, p. 342.
[25] a. a. O.

Augustin DEAC (Rumänien)

DIE WIDERSPIEGELUNG DES KAMPFES DER RUMÄNEN FÜR EINHEIT UND NATIONALE UNABHÄNGIGKEIT IM WERK VON KARL MARX

Das rumänische Volk, das — wie die Geschichte zeigt — eines der ältesten Völker Europas ist und dessen autochthone Vorfahren, die Daker, im Altertum einen blühenden Staat geschaffen hatten — Dakien —, erlebte viele Jahrhunderte die Politik der Gewalt und des Diktats der großen Nachbarreiche, die es nicht nur seiner wichtigsten materiellen Güter beraubten, sondern es auch in mehrere Staaten aufgeteilt hielten, ganze Provinzen besetzten und sogar drohten, seine politische und ethnische Entität aufzulösen. Trotz dieser reaktionären Politik der Großmächte fand das rumänische Volk, wie es der Präsident des sozialistischen Rumäniens, Nicolae Ceausescu, unterstreicht, innere Reserven, um nicht das Opfer dieser Politik zu werden, und die Rumänen der drei geschichtlichen Fürstentümer — der Walachei, Transsilvaniens und der Moldau — setzten ihre gemeinsame Existenz auf diesen Gebieten fort, entwickelten sich und kämpften, um frei und unabhängig zu leben.[1]

Im vergangenen Jahrhundert, als sich in der Welt die revolutionären Ideen und der wissenschaftliche Sozialismus zu behaupten begannen, der von Karl Marx und Friedrich Engels konzipiert wurde, befand sich das rumänische Volk im Zustand der vollen Behauptung seines Selbstbewußtseins, des Bewußtseins seiner Kontinuität, der Einheit der Abstammung und Kultur aller Bewohner der drei Fürstentümer, und es mobilisierte alle revolutionären Energien, widersetzte sich durch entschlossene Kämpfe der groben Einmischung der Großmächte, schaffte über die Köpfe der Großmächte hinweg sein Geschick seinem Wunsche entsprechend, ein geeintes Volk in einem unabhängigen Nationalstaat zu sein.

Diese nachdrückliche Behauptung war es, die Karl Marx ein besonderes Interesse für das rumänische Volk äußern ließ; Marx unterstützte dessen Kampf für nationale Befreiung und Unabhängigkeit, da er in diesem Kampf eine wichtige Komponente der europäischen revolutionären Befreiungsbewegung der unterdrückten Völker sah.

Die umfangreichen Werke von Marx und Engels wie auch eine Anzahl ihrer Manuskripte enthalten dutzende Artikel, Anmerkungen, Untersuchungen und Kommentare, die den Verlauf der vielfältigen Prozesse im Südosten Europas und auf dem Gebiete Rumäniens nicht im allgemeinen, sondern meistens ins Detail gehend behandeln.

Für seine Aufsätze und Artikel, in denen Marx sich mit den rumänischen Fragen beschäftigte, sammelte er — wie übrigens auch für seine Werke über andere Fragen — sehr umfangreiches Dokumentarmaterial. Zu den Hauptquellen, deren er sich bediente, gehört Elias Regnaults Werk „Histoire politique et soziale des Principautés dannubiennes“, Paris 1855, das aufgrund von Werken einiger Hauptvertreter der nationalen Bewegung verfaßt worden war, wie Nicolae Bălcescu, Ion Ghica, Eliade Rădulescu, Al. Papiu-Ilarian u. a., sowie auch aufgrund der Schriften ausländischer Publizisten wie J. A. Vaillant, Felix Colson, H. Desprez, J. H. A. Ubicini, Otto Haussner u. a. Es hat den Anschein, als wären auch die in rumänischer Sprache verfaßten Schriften dem Informationsdrang von Marx nicht entgangen. „Ich überraschte ihn einmal“, schrieb Marx' Freund, der russische Historiker M. Kowalewski, „als er die Zeitung ‚Românul‘ las, und ich hatte Gelegenheit mich zu überzeugen, daß er mit dem Rumänischen sehr gut zu recht kam.“[2] Marx konnte so die Bestrebungen der Rumänen nach Einheit und voller nationaler Unabhängigkeit sowie die Ansichten kennenlernen, auf denen diese Bestrebungen basierten.

Karl Marx und Friedrich Engels wiesen darauf hin, daß der Karpaten-Donau-Schwarzmeerraum seit altersher vom rumänischen Volk bewohnt gewesen war: „Die Walachen oder Dako-Romanen, die Hauptbewohner des Landes zwischen der unteren Donau und dem Dnestr, sind eine [...] Bevölkerung, die der griechisch-orthodoxen Kirche angehören und eine vom Lateinischen abstammende, dem Italienischen in vieler Hinsicht ähnliche Sprache spricht. Von ihnen sind die Bewohner Transsilvaniens und der Bukowina österreichische Untertanen, die Bewohner Bessarabiens sind Rußland untertan, die Bewohner der Moldau und der Walachei, die beiden einzigen Fürstentümer, wo die dakoromanische Rasse eine politische Existenz errungen hat, haben ihre eigenen Fürsten ...“[3]

Das rumänische Volk gehörte zu den ersten Völkern Europas, die der osmanischen Invasion und Herrschaft einen hartnäckigen Widerstand entgegensetzten. Die Anmerkung in den Schriften von Marx über das Heldentum der Rumänen im Verteidigungskampf gegen die osmanischen Eindringlinge ist bekannt. Marx verzeichnete, daß am 17. Januar die Schlacht von Rahova in der Nähe des Bîrlad-Flusses stattgefunden hatte und das moldauische Heer, das aus 40.000 moldauischen Bauern bestanden hatte, die schwach bewaffnet gewesen und sozusagen vom Pflug weggenommen worden waren,[4] unter der Führung von Stefan dem Großen (Stefan cel Mare) einen glänzenden Sieg errungen hatte in einem Augenblick, als die Heere des Osmanischen Reiches 100.000 Mann betragen hatten, von der ganzen Welt gefürchtet gewesen und als unbesiegbar betrachtet worden waren.

Marx untersuchte die juristischen Beziehungen der Walachei und der Moldau zur türkischen Pforte, Beziehungen, die in den Verträgen zwischen den rumänischen Ländern und der Türkei konkrete Form annahmen, und unterstrich, daß die Walachei und die Moldau nicht zum Osmanischen Reich gehörten, sondern autonome Staaten waren. Die Kapitulationen und die darin enthaltenen Klauseln anführend, schrieb Marx, daß „die Fürstentümer zwei souveräne Staaten unter der Suzeränität der Pforte bilden, an die sie einen Tribut zahlen unter der Bedingung, daß die Pforte sie gegen jedweden äußeren Feind verteidigt und sich durchaus nicht in ihre inneren Angelegenheiten mischt".[5]

Ende des 18. Jahrhunderts und zu Beginn des 19. Jahrhunderts setzte auch in den rumänischen Fürstentümern die Zersetzung der Feudalordnung ein, und es begannen sich die neuen kapitalistischen Produktionsverhältnisse herauszubilden. Die erste soziale und politische Äußerung größeren Umfangs dieser neuen Umgestaltungen war die Revolution der nationalen und sozialen Befreiung aus dem Jahre 1821 unter der Führung von Tudor Vladimirescu. Sie wurde zu einem Ereignis von europäischer Bedeutung. Marx spricht in seinen Schriften von einer „Bauernrevolution". „Vladimirescu ist ein rumänischer Patriot. [...] Er sammelte das Volk und machte seine Pläne zur Befreiung bekannt."[6]

Tudors Revolution hatte günstige Folgen auf die Entwicklung der Rumänischen Länder. Die Pforte sah sich genötigt, einheimische Fürsten auf den Thron zu setzen, „als plötzlich neue Kalamitäten auftraten", wie Marx aufzeichnete. Gerade in dieser Periode äußerte sich nachdrücklicher die Tendenz des zaristischen Rußlands, durch seine Expansion in diesem Teil Europas seine Oberherrschaft auf dem Balkan zu sichern. Trotz des Widerstands der Pforte und der Westmächte, insbesondere Englands, das wirtschaftliche, politische und militärische Interessen in der Türkei verfolgte, zwangen die militärischen Erfolge Rußlands gegen die Türkei 1829 den Vertrag von Adrianopol auf, der neben der Beibehaltung der Suzeränität des Osmanischen Reiches über die Rumänischen Fürstentümer auch deren Übergang unter das Protektorat Rußlands erhielt. Zu diesem Zweck wurde das *Organische Reglement* (Regulamentul organic) geschaffen.

Karl Marx kannte den genauen Text des Organischen Reglements und nannte es den Kodex der Fronarbeit; er verwendete es in seinem Hauptwerk, dem *„Kapital"*, zur Erklärung des Wirtschaftsverhältnisses zwischen den Bauern und den Adeligen. Das Problem „der Jagd nach der Mehrarbeit" der beiden Ausbeuter — „Fabrikant und Adeliger" — veranschaulichte Marx, was den zweiten betrifft, ausschließlich durch die Stipulationen des Organischen Reglements.

Karl Marx begrüßte die Revolution der Rumänen von 1848 mit begeisterten

Worten: „Die Walachen stürzen die alte Regierung und setzen provisorisch eine neue an ihre Stelle ein.“[7] In den Manuskripten von Marx finden wir über die Revolution von 1848 in der Walachei folgende Aufzeichnungen: „*Politischer* Grundgedanke der Bucharester Revolution von 1848 un soulèvement contre le protectorat russe. In jeder anderen Rücksicht sociale Revolution.“[8]

Die revolutionäre Begeisterung unterstreichend, die das rumänische Volk in dieser Zeit erfaßt hatte, hoben Marx und Engels hervor, daß „der Revolutionsgeist auch in diese Fürstentümer eingedrungen war, wie das die Revolution von 1848 bewiesen hat. Seit 1789 dringen die Grenzen der Revolution unaufhörlich weiter vor. Ihre letzten Vorposten waren Warschau, Debrezin und Bukarest.“[9]

Daß Marx einige relativ ausführliche Angaben über das Jahr 1848 in den rumänischen Ländern veröffentlichte, ist zugleich ein Beweis dafür, daß diese revolutionären Ereignisse in der Geschichte des rumänischen Volkes einen großen Widerhall in der Weltöffentlichkeit fanden. Marx kannte die Beschuldigung des russischen Zaren, das rumänische Volk „hat die Republik errichtet und den Kommunismus proklamiert“, und würdigte indirekt die Rumänen, deren Revolution zwar einen bürgerlich-demokratischen Charakter hatte, dennoch aber von der europäischen Reaktion als ein Symbol der „Republik, des Kommunismus und aller Erneuerungen des Jahres 1848“[10] betrachtet wurde.

Unter den Führern der Revolution von 1848 erwähnte Marx Nicolae Bălcescu, die Brüder Golescu, Cristian Tell, Heliade Rădulescu, Ioan Sapča, die Brüder Brătianu, I. Ghica, C. A. Rosetti, I. Cîmpineanu und Gh. Magheru.

Umfassende Kommentare und Einschätzungen sind von Marx über den Verlauf der rumänischen Revolution in Transsilvanien vorhanden.

Die immer stärker werdende nationale Bewegung im Habsburgerreich erschütterte diesen Staat, der so viele Völker unterdrückte, von Grund auf. Die tschechische, ungarische, rumänische, polnische, italienische, kroatische, serbische, slowakische und ukrainische nationale Bewegung wurde immer intensiver. Alle diese Völker strebten danach, ihre nationale Freiheit, die staatliche Unabhängigkeit und Souveränität zu erringen. Bereits im Januar 1848, als die ersten Meldungen über die revolutionären Bewegungen in Italien eintrafen, sahen die Begründer des wissenschaftlichen Sozialismus das Ende Österreichs voraus: „Die buntscheckige, zusammengeerbte und zusammengestohlene österreichische Monarchie, dieser organisierte Wirrwarr von zehn Sprachen und Nationen, dies planlose Kompositum der widersprechendsten Sitten und Gesetze, fängt endlich an auseinanderzufallen.“[11]

1848 erhoben sich die Rumänen aus Transsilvanien, die unter der Herrschaft des Habsburgerreichs standen, zum Kampf für die nationale Befreiung und die

Abschaffung der Leibeigenschaft. „Die transsilvanischen Walachen machten während des ungarischen Krieges viel von sich reden. Sie standen bisher unter dem Feudaljoch der ungarischen Landmagnaten, die — nach österreichischem System — gleichzeitig der [österreichischen — A. D.] Regierung als Werkzeuge der Unterdrückung und Ausplünderung dienten.“[12]

Marx schreibt in seinen Aufzeichnungen: „1848. Insurrection des Roumains de la Transylvanie contre les Magyars. Vorher lutte pacifique ...“[13] Er vermerkt, daß sich die Sekler im 10. Jahrhundert an den Quellen des Olt (Alt) niederließen und „nehmen so ein un coin de l'ancienne Dacie“, daß die Ungarn aus Asien kamen und in Transsilvanien unter der Führung von Tuhutum „recontrèrent l'armée des Roumains“.[14] Marx weist darauf hin, daß sich Transsilvanien nach der Niederlage Ungarns im Jahre 1526 bei Mohács behauptete und hebt hervor, daß „Magyars betrachten falsch Transylv.[anien] als integrierenden Bestandteil v. Ungarn“.[15]

Marx hält fest, daß die Rumänen Jahrhunderte hindurch von den ungarischen Adeligen beleidigt wurden, die sie „auf ihrem eigenen Grund und Boden“ als „nation tolérée“ betrachteten. Die Rumänen wurden von diesen Adeligen als „la plèbe vagabonde“ bezeichnet, indessen sie „2/3 (zwei Drittel) der Einwohner“ bilden, während Magyars, Saxons, Szeklers, Hongrois, Grecs, Armeniens etc. nur das andere 1/3 (ein Drittel)“.[16]

Marx und Engels wiesen zu Recht darauf hin, daß diese Haltung der Verachtung für das rumänische Volk unter den Rumänen wie auch unter den anderen im Habsburgerreich unterdrückten Nationalitäten lebhafte Empörung auslöste, die sich im offenen Kampf gegen die Unterdrücker äußerte.

Neben diesen Bekundungen eines starken nationalen Bewußtseins hielt Marx aus der Geschichte der Revolution der Rumänen aus Transsilvanien den Volkscharakter dieser Revolution, die Methoden zur Mobilisierung und Organisierung der Bauernmassen und das bürgerlich-demokratische Programm der Revolution fest. Er unterstrich den zutiefst demokratischen Kern einer Reihe von Handlungen, wie beispielsweise den in der Wohnung Avram Iancus in Tîrgu Mures gefaßten Beschluß, am 18./30. April in Blaj eine beratende Versammlung einzuberufen, die in den Papieren der Behörden „Die Versammlung des steuerpflichtigen Volkes“ (adunarea plebei contribuente) genannt wurde; diese Versammlung bereitete die allgemeine Versammlung vom 3./15. Mai vor ebenso wie den Text der Einberufung, der von Aron Pumnul verfaßt und von der Jugend verbreitet wurde; ferner Versammlungen in Dörfern — sie konnten durch die Intervention der Armee nicht vereitelt werden; das Programm der Revolution — es wurde von den Professoren Bărnutiu, Baritiu, Cipariu und Laurian vorbereitet; die Initiative der Bewegung in den Händen der Intellektuellen, die mit dem

Volk eng verbunden waren. Über die historische Versammlung der Rumänen vom 15. Mai 1848 in Blaj vermerkte Marx, daß sich dort 50.000 Rumänen befunden hatten; „die Versammlung erklärt sich assemblée gén. nationale de la nation roumaine en Transylvanie ... m. d. (mit den) droits que donnent l'égalité et la liberté".[17]

Marx brandmarkte das verhaßte Bündnis zwischen dem Osmanischen Reich und dem Zarenreich in der konterrevolutionären Aktion der Jahre 1848—1849 in den Ländern Osteuropas und entlarvte die Besetzung des rumänischen Territoriums durch die Truppen dieser Reiche. In dieser Kritik verschonte er auch Österreich nicht, indem er darauf hinwies, daß Österreich im tragischen Verlauf der Ereignisse in Transsilvanien seine Hand im Spiel hatte: „Die Staatsmänner in Wien nützten schlau die nationale Angelegenheit aus und nutzten sie zu ihren Gunsten."

Der Umfang der Auszüge über die Revolution der Rumänen im Jahre 1848, die Erwägungen und Einschätzungen, die er im Zusammenhang mit diesen Ereignissen und mit den rumänischen Anführern machte, weist darauf hin, daß Marx das rumänische Volk, das er zum Lager der revolutionären Völker zählte, als „reif" für die Revolution betrachtete und sich eingehend für die besonderen Aspekte der Ereignisse interessierte, die im Südosten Europas stattfanden.

Wenige Jahre nach dem Sieg über die Revolution machte Marx einige Male auf die Kontinuität und Entwicklung des revolutionären Geistes unter dem rumänischen Volk aufmerksam. „Wenn wir einen Blick auf Europa werfen", sagte Marx 1854, „so begegnen wir Symptomen der Revolution in Spanien, Italien, Dänemark, den Donaufürstentümern, Griechenland."[18]

In seinen Artikeln, die er zur Zeit des Krimkriegs schrieb, verfolgte Marx Schritt für Schritt den Kampf des rumänischen Volkes für Einheit und Unabhängigkeit. Er legte gegen die Besetzung der Fürstentümer durch die türkischen, zaristischen und österreichischen Truppen Protest ein. Marx war der Ansicht, daß die Erfüllung aller Zukunftshoffnungen des rumänischen Volkes von der Entwicklung der europäischen revolutionären Bewegung und von der revolutionären Energie des rumänischen Volkes abhängt, das vom Revolutionsgeist durchdrungen war, wie es dies 1848 bewiesen hatte. Die fremde Okkupation, die mit dem gewohnten Zwang und der gewohnten Plünderung einherging, sollte zur Erhöhung des revolutionären Geistes beitragen.

Marx war der Ansicht, das rumänische Volk werde dazu berufen sein, eine wichtige Rolle bei der Lösung der politischen Fragen im südöstlichen Raume Europas zu spielen. „Die walachische Nation kann eine außergewöhnliche wichtige Rolle bei der endgültigen Lösung der Frage in dieser Region spielen."[19]

Die Verträge zwischen der Osmanischen Pforte und den Rumänischen Fürstentümern erwähnend, griff Marx das österreichisch-türkische Abkommen vom 14. Juni 1854 scharf an, durch das die Türkei Österreich das Recht zuerkannt hatte, die Rumänischen Fürstentümer zu besetzen. Er erklärte, daß die Türken durch dieses Abkommen — ebenso wie die Russen früher — die Rechte des moldauisch-walachischen Volkes offensichtlich verletzt hatten. Er sagte, sie hätten nicht das Recht gehabt, die Donaufürstentümer der österreichischen Okkupation preiszugeben, ebenso wie sie auch nicht das Recht gehabt hätten, diese zu russischen Provinzen zu erklären.

Marx behauptete entschlossen: „These ancient treaties form the basis of the relations [...] between the Principalities and the Porte [...] confirmed by successive Sultans, and acknowledged to be valid and subsisting, by the Russian gov., the Porte, the inhabitants of the Princip."[20] Mehr noch, Marx behauptete, daß die Pforte, indem sie diese Verträge durch den Abschluß des Übereinkommens mit Österreich nicht eingehalten hatte, ihr Recht auf die Suzeränität über die Fürstentümer verloren hatte. Diese vom öffentlichen Recht abgeleitete Schlußfolgerung unterstützte die Unabhängigkeitsbewegung und entsprach vollkommen den vitalen Interessen des rumänischen Volkes. Sie rechtfertigte vom Standpunkt der internationalen Beziehungen den revolutionären Kampf des rumänischen Volkes für die nationale Unabhängigkeit.

Marx trat jedoch nicht nur gegen die Suzeränität der Pforte auf, sondern auch gegen die Ansprüche der Großmächte, über das Schicksal des rumänischen Volkes zu verfügen, indem er das Recht der Völker auf Selbstbestimmung ins Treffen führte. So schrieb Marx, um das österreichisch-türkische Abkommen vom 14. Juni 1854 richtig einzuschätzen, sind „zwei Punkte zu beachten — die Beziehungen zwischen Österreich und der Türkei und die Beziehungen der Bevölkerung der Moldau und der Walachei zur Türkei und zu Österreich oder zu anderen fremden Mächten; dieser letzte Punkt wird merkwürdigerweise von der durch die Diplomatie beherrschten öffentlichen Meinung Europas total vernachlässigt".[21]

Noch stärker brachte Marx seine Gefühle für das rumänische Volk zum Ausdruck, nachdem er in „Le Siècle" den Bericht eines emigrierten Patrioten, Barbu Bibescu, an die Pforte gelesen hatte. Er schrieb: „Jetzt eben ist in Pariser ‚Siécle' ein Bericht des Herrn Barbu Bibescu, [...] erschienen, der an den Minister des Auswärtigen der Pforte gerichtet ist, und in dem wir endlich eine Stimme vernehmen, die sich für das Volk der Fürstentümer erhebt, das von den ‚Verteidigern der Zivilisation' mit so schmachvoller Gleichgültigkeit behandelt wird."[22]

Um die Widerstandskraft und die zahlenmäßige Bedeutung des rumänischen Volkes zu beweisen, schrieb Marx im Artikel „Die Donaufürstentümer", das dako-romanische Idiom werde zu dieser Zeit von fast 11 Millionen Menschen gesprochen, die in der Türkei, Österreich und Rußland verstreut seien. „Der Augenblick ist gekommen", hob er hervor, „diese Nationalität zu festigen und ihre Zukunft durch die energische Unterstützung der westlichen Völker zu sichern."[23] Mit Hilfe dieser Zahlen trat Marx für das Recht des rumänischen Volkes auf einen einheitlichen Staat ein, ebenso wie er aufgrund der Verträge der Rumänischen Fürstentümer mit der Pforte das geschichtliche Recht auf die volle Unabhängigkeit der Rumänen unterstützte. In der selbständigen Existenz der Fürstentümer Moldau und Walachei, die eigene politische Institutionen hatten, in der erbitterten Erhebung zum Kampf gegen die nationale Unterdrückung der Rumänen der rumänischen Provinzen, die sich unter Fremdherrschaft befanden, wie auch im revolutionären Geist, der durch die Revolution von 1848 vollauf bewiesen worden war, erblickte Marx Hinweise auf die Entwicklung der entscheidenden Faktoren, die unabwendbar zur Schaffung des einheitlichen rumänischen Nationalstaates und zur Erringung der vollen staatlichen Unabhängigkeit führen sollten.

Marx entlarvte in seinen Werken die Politik der europäischen Großmächte, die weder die Interessen des rumänischen Volkes noch dessen Kampf für Einheit, Souveränität, volle Unabhängigkeit und sozialen Fortschritt aufrichtig unterstützt hatten. Bestimmte Interessen ihrer eigenen Expansionspolitik zwangen die europäischen Großmächte, formell einen für die Vereinigung der Moldau mit der Walachei günstigen Standpunkt einzunehmen. In seiner Untersuchung „Die orientalische Frage" — der Artikel erschien 1857, zu einem Zeitpunkt, da die Vereinigung der Moldau mit der Walachei Gegenstand der Beschäftigungen der diplomatischen Kabinette Europas war — schrieb Marx: „Selbst die hoffnungslosesten Enthusiasten werden kaum so viel Leichtgläubigkeit aufbringen können, um Louis-Napoleons aufrichtigen Eifer für echte Volkswahlen ernst zu nehmen oder zu glauben, daß es Rußlands heißer Wunsch sei, die rumänische Nation zu stärken, deren Zerstörung seit der Zeit Peters des Großen nie aufgehört hat, das Ziel der Intrigen und Kriege Rußlands zu sein."[24]

Marx wies auch darauf hin, daß das rumänische Volk die Pläne der Großmächte vereitelt hatte. Er schätzte die Vereinigung der Moldau mit der Walachei gebührend, der Wichtigkeit für die Geschicke des rumänischen Volkes entsprechend, ein, indem er behauptete, daß „die Einheit und Unabhängigkeit rumänischer Nationalität durch die Wahl des Obersten Cuza zum Fürsten der Moldau und Walachei besiegelt" wurde,[25] und er wies auf die Intrigen der Großmächte im Zusammenhang mit der Wahl von A. I. Cuza zum Herrscher hin.

Nach der Bildung der Doppelmonarchie Österreich-Ungarn im Jahre 1867, eine Tatsache, die erniedrigend war für das rumänische, tschechische, slowakische, polnische, serbische Volk usw., notierte Marx im Konspekt über Bakunin

„Staatlichkeit und Anarchie" 1874 den revolutionären Zustand in dieser Doppelmonarchie. „Österreich auf den Tod krank" „Die Magyaren [die ungarischen herrschenden Klassen — A. D.] [...] ihr historisches Recht zur Herrschaft über alle anderen Stämme, die mit ihnen das Königreich Ungarn bewohnen, obgleich sie selbst nicht viel mehr als 1/3 (l. c.) nämlich 5,500.000 Magyaren, 5,000.000 Slawen, 2,700.000 Rumänen, 1,800.000 Juden und Deutsche, ungefähr 500.000 andere (Stämme), zusammen 15,500.000 (l. c.) [...] In Ungarn die ‚Mehrheit der Bevölkerung unterworfen den Magyaren, liebt sie nicht, trägt ihr Joch unwillig, daher unaufhörlicher Kampf' [...] Magyaren fürchten Aufstand der Rumänen und Slawen; daher in heimlichem Bund mit Bismarck."[26]

Die Unterstützung, die Marx dem rumänischen Volk in dessen Kampf für Einheit und nationale Unabhängigkeit gewährte, verlieh der Sache der Rumänen einen breiten internationalen Widerhall und sicherte der Tätigkeit der Revolutionäre aus der Walachei, der Moldau und Transsilvanien die breite Unterstützung der revolutionären demokratischen und Arbeiterzirkel der ganzen Welt. Das rumänische Volk schließt sich mit herzlicher Anerkennung der Würdigung an, die alle Völker der Welt, die in ihrem Kampf für Unabhängigkeit und Fortschritt in den Ideen von Marx die führende Kraft und das Vertrauen in den endgültigen Sieg des Sozialismus gefunden haben, Marx zu dessen 100. Todestag entgegenbringen.

ANMERKUNGEN

1 Nicolae Ceausescu, *Darlegung auf dem Erweiterten Plenum des ZK der RKP vom 1.—2.Juni 1982,* Bukarest, Politischer Verlag, 1982, S. 19.
2 Wospominanisha o Markse i Engelse, Moskwa 1956, S. 310.
3 Marx/Engels, *Werke,* (MEW) Bd. 9, Dietz Verlag Berlin 1960, S. 9.
4 Arhiv Marska i Engelsa, Bd. VII, S. 202 f.
5 MEW, Bd. 10, S. 313.
6 Arhiv Marska i Engelsa, Bd. VII, S. 203.
7 MEW, Bd. 5, S. 332.
8 K. Marx, *Insemnări despre români*, S. 130.
9 MEW, Bd. 9, S. 33.
10 a. a. O., Bd. 10, S. 328.
11 MEW, Bd. 4, S. 504.
12 a. a. O., Bd. 9, S. 9.
13 K. Marx, *Insemnări despre români* (erstveröffentlichte Manuskripte), Bucuresti, Editura Academiei R. P. R., 1964, S. 67.
14 a. a. O., S. 67.
15 a. a. O., S. 68.
16 a. a. O., S. 68
17 a. a. O., S. 72.
18 MEW, Bd. 10, S. 497.
19 a. a. O., S. 328.
20 K. Marx, *Insemnări despre români*, S. 94.
21 MEW, Bd. 10, S. 310.

[22] a. a. O., S. 330.
[23] „New York Daily Tribune“, 23. 1. 1856.
[24] MEW, Bd. 12, S. 256.
[25] MEW, Bd. 14, S. 498.
[26] MEW, Bd. 18, S. 606 f.

Beatrix W. BOUVIER (BRD)

GEDENKTAGE DES PROLETARIATS — GEDENKTAGE DER REVOLUTION

Zu Aspekten der Kommune-Rezeption in der deutschen Sozialdemokratie vor dem Ersten Weltkrieg am Beispiel des 18. März

Mit und nach der Niederlage der Kommune setzte eine lang andauernde, von Emotionen geprägte Diskussion ein, „in deren Verlauf die Kommune von sehr vielen und gegensätzlichen Positionen aus als Beispiel hingestellt wurde".[1] Diese Diskussion betraf die Arbeiterbewegung direkt bezüglich Wirkung und Rezeption der Kommune und indirekt durch die Art und Weise, in der die etablierte Gesellschaft den gescheiterten Revolutionsversuch als historische Erfahrung verarbeitete. Zur gleichen Zeit, als A. Thiers und J. Favre durch ihre Verschwörungstheorie unmittelbar zu einer Legendenbildung beitrugen, indem sie in der Kommune den schlagenden Beweis für geheime und gefährliche Umtriebe der Internationale sahen, hatte Karl Marx unter dem Eindruck der Niederlage alle ursprünglichen Bedenken zurückgestellt und in der Adresse des Generalrats „Der Bürgerkrieg in Frankreich" entgegen dem tatsächlichen Sachverhalt die Kommune für die Internationale reklamiert.

In dieser Schrift[2] führte Marx aus, daß man diese neue Kommune, die die moderne Staatsmacht breche, vielfach für eine Wiederbelebung ähnlicher historischer Phänomene gehalten habe.[3] Für Marx resultierte aber gerade aus der Vielfalt der Deutungen, mit denen man die Kommune belegte, und den mannigfaltigen Interessen, die sich in ihr ausdrückten, daß die Kommune eine „durch und durch ausdehnungsfähige politische Form war". Als ihr „wahres Geheimnis" hatte er erkannt: „Sie war wesentlich eine Regierung der Arbeiterklasse, das Resultat des Kampfes der hervorbringenden gegen die aneignende Klasse, die endlich entdeckte politische Form, unter der die ökonomische Befreiung der Arbeit sich vollziehen konnte".[4] Die Kommune sollte als Hebel dienen, die ökonomischen Grundlagen der Klassenherrschaft zu zerstören. „Einmal die Arbeit emanzipiert, so wird jeder Mensch ein Arbeiter, und produktive Arbeit hört auf, eine Klassengemeinschaft zu sein."[5] Noch einen Schritt weiter ging Marx, indem er deduzierte, daß die Kommune durch die Abschaffung des Klasseneigentums — das die Arbeit vieler in den Reichtum weniger verwandelt — Kommunismus bedeutet habe. Er fügte hinzu, daß die Arbeiterklasse keine Wunder von der Kommune verlangt, daß sie keine Utopien durch Volksbeschluß einzuführen und keine Ideale zu verwirklichen, sondern daß die Arbeiterklasse für ihre eigene Befreiung eine ganze Reihe geschichtlicher Prozesse durchzumachen habe.

Der „Bürgerkrieg in Frankreich“ ist in erster Linie nicht historische Analyse, sondern Kampfschrift, in der auch ideologische Gegensätze und gegenläufige Tendenzen nur indirekt angesprochen werden. Indem Marx die französischen Arbeiter nicht lediglich zur Vorhut des modernen Proletariats, sondern darüber hinaus zum „ruhmvollen Vorboten einer neuen Gesellschaft“[6] erklärte, und indem er sowohl Handelnde wie Ereignisse für „seine Partei“ vereinnahmte, konnte auch durch diese Schrift die Kommune zu einem Mythos werden, „dessen Wirkung weit über die Absichten sowohl seiner Akteure als auch seiner Interpreten hinausreichte“.[7] Die Kommune wurde durch die verschiedenen sozialistischen Gruppen als Tradition und als Erbe in Anspruch genommen, um die eigene Position zu rechtfertigen. „Vergangenheit und Gegenwart, Geschichte und Ideologie verschmelzen in dieser nie endenden Auseinandersetzung“.[8] Im Hinblick auf den Verfallsprozeß der Internationale stellte Engels schon nach wenigen Jahren fest: „Der erste große Erfolg mußte dies naive Zusammengehen aller Fraktionen sprengen. Dieser Erfolg war die Kommune, die intellektuell unbedingt das Kind der Internationale war, obwohl die Internationale keinen Finger rührte, um sie zu machen, und für die die Internationale soweit auch mit vollem Recht verantwortlich gemacht wurde. Als durch die Kommune die Internationale eine moralische Macht in Europa wurde, fing der Krakeel sofort an. Jede Richtung wollte den Erfolg für sich ausbeuten. Der Zerfall, der nicht ausbleiben konnte, kam.“[9] Das Akzeptieren von Verantwortlichsein und das Verantwortlichgemachtwerden beginnen zur gleichen Zeit; in ihrer Wirkung sind sie ein Prozeß der gegenseitigen Durchdringung.

Die Verteidigung der Pariser Kommune, das uneingeschränkte Bekenntnis zu ihr, die Solidarität, gesteigert durch die Verfolgung der Internationale und der Sozialisten, waren — bei allen Gegensätzen — ein gemeinsames Anliegen beider Parteien — der Lassalleaner und Eisenacher — der deutschen Arbeiterbewegung. Trotz einer Reihe gemeinsamer Aktionen[10] — insbesondere auf lokaler Ebene — konnten die Differenzen zwischen beiden sozialdemokratischen Fraktionen zu diesem Zeitpunkt weder überwunden noch überbrückt werden; in den folgenden Jahren nahmen die Auseinandersetzungen an Heftigkeit eher noch zu.[11] Im Rahmen ihrer Kommune-Verteidigung blieb für die Lassalleaner die *Kommune* stets Ausdruck des allgegenwärtigen Klassenkampfes, d. h. eine Folge der „Ausbeutung des Menschen durch den Menschen“. In dieser Revolution, in dem Kampf des Pariser Proletariats gegen die „Versailler Ordnungsgesellschaft“, sei der Sozialismus zwar unterlegen, dennoch gehöre ihm die Zukunft.[12] Während die bürgerliche Revolution vom 4. September ohne Resonanz geblieben sei, habe im Gegensatz dazu der 18. März in der ganzen Welt einen

Widerhall gefunden, sei die Kommune in der gesamten „Arbeiterbevölkerung" Europas auf ein positives Echo gestoßen. Gemeinsam sei die Unterdrückung, gemeinsam der Kampf; die sozialistische Arbeiterbewegung sei international.[13] Den sozialistischen Bestrebungen aller Völker solle Sympathie und Unterstützung entgegengebracht werden; Bedingung und Voraussetzung aber sei eine zentrale Organisation auf nationaler Ebene. Nur auf diese Weise könne ein planmäßiger Kampf gegen reaktionäre Staatsgewalt und ausbeutende Bourgeoisie geführt werden, da jede Dezentralisation einer neutralen Bewegung die Spitze abbrechen müsse. „Gerade unsere Parteigenossen haben in letzter Zeit in entschlossener Weise diesen internationalen Standpunkt gewahrt. Sie waren es, welche zu Berlin, als erste nichtfranzösische Arbeiter Europas, gleich nach dem 18. März ihre Solidarität mit der Pariser Socialistenerhebung erklärten, unbekümmert darum, ob die Reaktion dies mit Gewalttaten beantworten werde".[14] Diese Form des Bekenntnisses schloß zwar den Ruf „Proletarier aller Länder, vereinigt Euch" ein, war aber keineswegs auf die IAA bezogen, auf deren Auflösungserscheinungen im Dezember 1871 hingewiesen wurde.[15] Diese Selbstdarstellung mit dem Rekurs auf die Lassalleschen Prinzipien zeigt Selbstbewußtsein und Überlegenheitsgefühl; sie ist zugleich eine klare Abgrenzung von den konkurrierenden Eisenachern, die sich eindeutig zur IAA bekannt hatten.

Bereits Ende Juni 1871 hatte der „Volksstaat" der Eisenacher begonnen, die — von Engels übersetzte — Adresse des Generalrats „Der Bürgerkrieg in Frankreich" in deutscher Sprache zu veröffentlichen.[16] Noch während des Erscheinens wurde auf die Reaktionen in der ausländischen Presse hingewiesen und Karl Marx als Autor der Adresse namentlich erwähnt, was zur Popularisierung der Adresse beitragen sollte.[17]

Außerdem wurden Separatdrucke hergestellt, so daß die Adresse des Generalrats schließlich in mehreren tausend Exemplaren verbreitet worden ist. Vermutlich wurde diese Schrift jedoch am weitesten indirekt bekannt, und zwar dadurch, daß einzelne Fakten, Zitate und Argumentationszusammenhänge in die Lokalpresse, in Reden und Schriften der Partei einflossen.[18]

Außer der Generalratsadresse über den „Bürgerkrieg" erschienen im „Volksstaat" in den Wochen und Monaten nach der Niederlage der Kommune zahlreiche Berichte, Schilderungen, Mutmaßungen und Spekulationen über die Vorgänge in Frankreich. In all diesen publizistischen Aktivitäten wird das Bestreben deutlich, den Heldenmut der Kommunarden auch nach der Niederlage in den Vordergrund zu stellen und Verleumdungen über die Kommune und die Internationale zurückzuweisen. Diese Form des Bekenntnisses zur Internationale und die Betonung des defensiven Charakters der Kommune waren stets eher Demonstration als Analyse und schlossen in dieser Phase auch die Verteidigung von Gewaltanwendung ein, die mit dem Argument der Notwehr gerechtfertigt wurde.[19]

Bereits ein Jahr nach Errichtung der Kommune — etwa zu einem Zeitpunkt, zu dem im Leipziger Hochverratsprozeß u. a. auch die Solidarität mit der Pariser Kommune vor einer breiten Öffentlichkeit zur Debatte stand — begannen die Sozialdemokraten, sich an eigene revolutionäre Traditionen und Vorbilder zu erinnern. Dies war nicht nur Abwehr, Ablehnung und Gegensatz zu einer bürgerlichen Welt, wie sie sich etwa im Chauvinismus der Sedanfeiern manifestierte, sondern gleichzeitig ein Element des eigenen Geschichtsverständnisses und damit des Selbstverständnisses und Selbstbewußtseins. Diese Erinnerung hatte auch die Funktion, den bisher stets Besiegten eine eigene Geschichte zu vermitteln.[20] Für den ersten Jahrestag der Kommuneerhebung hofften und glaubten die Lassalleaner, daß dieser Anlaß für Kundgebungen in allen Ländern sein werde. Der ADAV berief in Berlin, wo dieser Gedenktag mit dem Jahrestag der Märzrevolution von 1848 zusammenfiel, eine Volksversammlung ein.[21] Das Organ der Lassalleaner, der „Neue Social-Demokrat", veröffentlichte einen Gedenkartikel,[22] worin erklärt wurde, die Jahrestage symbolisierten zwei für das „deutsche Volk" gleichermaßen wichtige Bestrebungen. Die Revolution von 1848 — ursprünglich von Frankreich ausgehend — habe auch den Deutschen für eine kurze Zeit die Hoffnung auf Freiheit vermittelt. Der 18. März 1871 — obgleich kein deutsches Ereignis — sei ungemein bedeutsam, weil das „Volk von Paris" nicht nur die Freiheit gewollt, sondern gleichermaßen Gleichheit und Brüderlichkeit, d. h. die Solidarität der Völker, angestrebt habe; dies wiederum sei die allen Arbeitern der Welt gemeinsamen Idee des Sozialismus, die trotz des Untergangs der Kommune nicht mehr zu vernichten sei. Auf einer Volksversammlung am 17. März griff Hasenclever diesen Gedankengang ebenfalls auf, betonte aber, daß der 18. März 1871 wichtiger sei: 1848 hätten die Arbeiter in Berlin für die Freiheit gekämpft, 1871 in Paris jedoch für Freiheit und Gleichheit.[23] Erstmalig nahmen die Lassalleaner damit den Doppelgedenktag zum Anlaß, sich der beiden Revolutionen und ihrer unmittelbaren und programmatischen Bedeutung zu erinnern.

Bei den Eisenachern hingegen stand der direkte Eindruck der Niederlage — das Ende der „blutigen Maiwoche" — zunächst noch im Vordergrund. Die von J. Most redigierte „Chemnitzer Freie Presse" erschien am 29. Mai 1872 mit einem schwarzen Trauerrand und enthielt einen Artikel Mosts zum „Todestag der Commune"; teilweise sich an Marx' Ausführungen im „Bürgerkrieg" anlehnend wies er angesichts der Repressionsmaßnahmen gegen die Sozialdemokratie vor allem auf die historische Notwendigkeit der Revolution hin.[24] Zur Erinnerung an die Maitage von 1871 veröffentlichte der „Volksstaat" am 29. Mai auf der ersten Seite kommentarlos ein längeres Gedicht; in Berlin erinnerte am 3. Juni auf einer Versammlung der SDAP Kayser an die Kommune:[25] Die Kommunekämpfer seien allen Proletariern Vorkämpfer für die „Befreiung der arbeitenden Klassen"; ihre Not sei auch die tiefere Ursache für die Entstehung der Bewegung, wohingegen die Entwaffnung von Paris und der Nationalgarde nur der Anlaß gewesen sei.

Höhepunkt für diese Form von Revolutionsfeiern bildete im Jahr 1873 das fünfundzwanzigjährige Jubiläum der Revolution von 1848.[26] In einem Aufruf an die Mitglieder des ADAV unterstrich Hasenclever die Bedeutung einer zentralen nationalen Organisation, wogegen die „Idee" kosmopolitisch sei.[27] Als Vorkämpfer für diese „Idee" gebühre der Kommune als einer Fortsetzung der Pariser Junikämpfe Anerkennung; sie sei höher zu bewerten als die Berliner Märztage, in denen das Proletariat „für die Bourgeoisie nur die Verfassungskastanien aus dem Feuer holte". Nicht nur in Berlin, sondern auch in zahlreichen anderen Städten fanden Versammlungen und Feiern zum Doppelgedenktag statt.

Auch die Eisenacher begingen Revolutionsfeiern zum Doppelgedenktag; in einer diesbezüglichen Einladung für Braunschweig formulierte Bracke: „Am 18. März sind 25 Jahre verflossen, seit der Freiheit Ostern, mit glühender Morgenröte Deutschland, die Welt begrüßte! [...] Die Sozialdemokratie ist der Erbe, der kräftige Sohn der Demokratie [...]. Unsere Brüder in Paris bewiesen am 18. März 1871, daß das Proletariat dazu berufen ist, den Freiheitskampf der Zukunft zu führen".[28] Für Bracke hieß das, daß das „Tafeltuch" zwischen Bourgeoisie und Proletariat zerschnitten war, daß es nach der Maiwoche von 1871 keine Versöhnung mehr gab.[29] Das Parteiorgan „Volksstaat" ging auf den Aspekt des doppelten Gedenkens vor allem durch die Veröffentlichung von Herweghs Gedicht „Achtzehnter März" ein, das sich auf 1848 bezog und folgendermaßen endete: „Aber wir Armen, verkauft und verraten, Denken der Proletariertaten — Noch sind nicht alle Märze vorbei, Achtzehnhundert siebzig und drei".[30] In erster Linie stand jedoch die eigene sozialistische Tradition im Vordergrund, der eigentliche Gedenktag des Proletariats, der 18. März 1871. Ein unter dieser Überschrift veröffentlichter Gedenkartikel des „Volksstaat" vom 19. März als eine Form von Geschichtsschreibung der bisher Besiegten betonte, daß Sieger noch nie derart große Anstrengungen unternommen hätten, Besiegten ihre Geschichte zu rauben, wie es nach der Kommune geschah. In diesem Sinn wurden auch die „blutige Maiwoche", die das Schicksal der Kommune so tragisch besiegelte, und die Juniinsurrektion als erste „Feldschlacht" des Proletariats zu Gedenktagen des Proletariats gegenüber der Geschichte der Sieger.[31]

Angesichts der in den folgenden Jahren zunehmenden Auswirkungen der wirtschaftlichen Depression und der zunehmenden Verfolgung der Sozialdemokratie konnte die Betonung des Gegensatzes zwischen Bourgeoisie und Proletariat in Form von Erinnerungen an die Revolution und an revolutionäre Kämpfe von den Herrschenden als Bedrohung empfunden werden, als direkte oder verschleierte Kampfansage. In einem Gedenkartikel „1848. Zum 18. März 1871" spannt der „Volksstaat" 1874 den Bogen der revolutionären Bewegung von 1848, von der Februarrevolution über die Berliner Märzereignisse bis zur Kommune. Kurze, knappe Sätze im Präsens erwecken Dynamik, Aktualität und betonen die Dramatik der Ereignisse. Wie ein Fanal wirkt der anschließende Refrain des Chant du départ von 1793.[32] Seit dieser Zeit nun waren die Märzfeiern meist Anlaß zu doppeltem Gedenken. Als Kommunefeiern wurden sie diskriminiert wegen Verherrlichung von Gewalt, und aus diesem Grund wurden in vielen Orten die Feiern verboten; in anderen konnten sie — je nach Handhabung des Versammlungsgesetzes — dagegen unbeanstandet stattfinden. In diesen Jahren vor dem Erlaß des Sozialistengesetzes nahmen die Wahlerfolge der Sozialdemokratie zu, aber die Repressionen ließen nicht nach, obwohl die seit 1875 vereinigte Partei sich weitgehend zurückhielt. Die Angst des Bürgertums vor dem „roten Gespenst" war gewachsen.

Faßt man die Kommune-Verteidigung dieser ersten Jahre nach der Niederlage zusammen, so wird deutlich, daß sie im wesentlichen einer emotionalen Solidarität entsprach, die nicht authentische Darstellung und wohl kaum Ausgangspunkt einer kritischen Auseinandersetzung mit der Kommune sein konnte und wollte. Erst mit Lissagarays kurz vor dem Sozialistengesetz in deutscher Sprache erschienener „Geschichte der Kommune von 1871", die als authentische historische Gesamtdarstellung akzeptiert wurde, zeichnet sich eine deutliche Wandlung in der Haltung zur Kommune ab, die bisher Gegenstand der Verehrung, nun einer der Lehre wird. Diese neue Position wird ersichtlich aus Bebels Rezension über Lissagarays Werk,[33] in der er aufzeigt, daß die Geschichte am Beispiel der Kommune lehre, wie man etwas *nicht* machen dürfe, wolle man sein Ziel nicht verfehlen. In diesem gewandelten Verständnis war die Kommune weit mehr an ihrer „eigenen Programmlosigkeit zu Grunde gegangen als an der Übermacht ihrer Feinde."[34]

Die Selbstidentifikation der Sozialdemokraten mit revolutionären Vorbildern und Traditionen wurde in der Hand ihrer Gegner zu einer Waffe, von der diese reichlich Gebrauch machten. Dies zeigen beispielsweise die parlamentarischen Debatten über die Verlängerung des Sozialistengesetzes, in denen das Eintreten der Sozialdemokraten für die Kommune von Gegnern immer wieder auch dazu benutzt wurde, die Sozialdemokraten in die Nähe des Anarchismus zu rücken.[35] Bebel mochte zwar versuchen, dementsprechende Zitate aus Gedenkartikeln zum 18. März als rein „historische“ Erinnerungen herunterzuspielen, dennoch waren die jährlichen Feiern zum 18. März keineswegs lediglich beliebig austauschbare historische Reminiszenzen, sondern ebenfalls eine propagandistische Waffe, die unter den Bedingungen des Sozialistengesetzes im Widerspruch zum praktischen Verhalten der Sozialdemokratie stand. An die Stelle der nun nicht mehr möglichen Versammlungen traten die Berichterstattung im „Sozialdemokrat“ über Märzveranstaltungen im Ausland sowie entsprechende Leit- bzw. Gedenkartikel; diese waren Ausdruck der internationalen Solidarität und immer wieder Mahnung und Ermutigung zum Durchhalten für die zum Schweigen verurteilten Genossen in Deutschland.

In der Erinnerung an 1848 und 1871 dominiert 1880 zunächst das Bewußtsein der herrschenden Reaktion, verkörpert in Wilhelm I. und Bismarck, einer 1871 gegenüber der „sozialen Revolution“ siegreich gebliebenen Reaktion.[36] Das Gedenken an andere revolutionäre Ereignisse — etwa die Maiwoche oder die Junikämpfe von 1848 — war zugleich auch eine verbale Kampfansage an die Bourgeoisie. Im Zusammenhang mit der Maiwoche enthält der entsprechende Artikel — eine Zusammenstellung aus dem „Volksstaat“ — die Aufforderung, das Proletariat möge diese Ereignisse nie vergessen, insbesondere nicht die Worte des siegreichen Generals Galliffet an seine Truppen: „Krieg ohne Waffenstillstand und ohne Mitleid“.[37] Im Jahr 1881 waren dann 10 Jahre seit den Tagen der Kommune vergangen; die Geschichte der Kommune bzw. ihre Entwicklung bis zum Mai war nur in erster Linie eine Demonstration für die Schwäche einer Bewegung, die wegen „Unklarheit“ und der Uneinigkeit ihrer Führer habe zugrunde gehen müssen, während die „blutige Maiwoche“ Gefühle erwecke, die für künftige Kämpfe unerläßlich seien: Haß gegen die Reaktion und das Bewußtsein, die ganze Welt gegen sich zu haben.[38] Und Eduard Bernstein schrieb,[39] zehn Jahre nach der Niederlage gehöre die Kommune — insbesondere nach der Amnestie — nur noch der Geschichte an; ihre Fehler zu verschweigen bedeute Geschichtsfälschung und heiße, das Volk täuschen und ihm eine neue Niederlage bereiten. Den Untergang der Kommune beschleunigt hätten nicht nur militärische Unfähigkeit und Vertrauensseligkeit, sondern in der Hauptsache ihre Mäßigung und ihre Scheu vor Repressalien. Wer den Kampf wolle bzw. ihn akzeptiere, dürfe auch vor den Konsequenzen nicht zurückschrecken. Eine solche Erkenntnis sei wichtiger als jede Kritik im Detail, da der Kampf zwischen Bourgeoisie und Proletariat sich nicht unter den gleichen Bedingungen wie in Paris wiederholen werde.

Seit 1883 erhielten die Märzfeiern einen weiteren Aspekt: Am 17. März war Karl Marx auf dem Friedhof in Highgate beerdigt worden. Im folgenden wurde im Zusammenhang mit den Märzfeiern bzw. den „Märzerinnerungen“ stets auch des Todestages von Marx gedacht und auf seine Bedeutung hingewiesen. In diesem Zusammenhang sei festgehalten, daß die hier angesprochenen Gedenk- und Leitartikel des „Sozialdemokrat“ neben der emotionalen Solidaritätsbekundung stets zugleich auch Ausdruck von ideologischer Abgrenzung, Positionsbestimmung und Selbstbestätigung waren. In Marx' Todesjahr zitierte die Zeitung aus der Generalratsadresse „Der Bürgerkrieg in Frankreich“, wonach die Kommune die erste Revolution war, „in der die Arbeiterklasse offen anerkannt war als die einzige Klasse, die noch einer gesellschaftlichen Initiative fähig war“.[40] Darum würde sie verleumdet und darum hätten aber auch die Arbeiter sich mit ihr solidarisiert. Nichts hätte jedoch ihre Niederlage verhindern können, da Paris isoliert geblieben sei und da der Befreiungskampf des modernen Proletariats sich nicht in einer lokalen Erhebung vollziehen werde. Die Kommune habe ihre politische Aufgabe erfüllt, ihre soziale hingegen nicht. Politisches Ziel war die Rettung der Republik; das ökonomische Programm sei der proudhonistischen Prägung wegen völlig unzureichend gewesen, denn man habe die Ursache der Ausbeutung statt in der Produktion nur in der Zirkulation gesucht. Dagegen hatte Marx im „Bürgerkrieg“ erklärt, daß die Kommune im wesentlichen eine Regierung der Arbeiterklasse gewesen sei, die sich nach Marx keineswegs auf die Probleme der Zirkulation beschränkte: „Sie beabsichtigte die Enteignung der Enteigner. Sie wollte das individuelle Eigentum zu einer Wahrheit machen, indem sie die Produktionsmittel, den Erdboden und das Kapital, jetzt vor allem die Mittel zur Knechtung und Ausbeutung der Arbeit, in bloße Werkzeuge der freien und assoziierten Arbeit verwandelt“.[41]

Dies Beispiel zeigt, daß die Funktion der Kommune in Darstellungen und als Argumentationsinstrument von unterschiedlichen aktuellen Erfordernissen und Intentionen abhängig war. Dazu gehörten in den Achtzigerjahren die zunehmenden parteiinternen Auseinandersetzungen zwischen Gemäßigten und Radikalen, die für Bernstein ein willkommener Anlaß waren, das Angebot von Engels anzunehmen, für die Märznummer 1884 einen Artikel über Marx zu liefern. Bernstein hielt es für „zeitgemäß“ und vor allem nötig, „Marx' Auffassung von der Revolution im allgemeinen und von der Revolution von 1848 und der Kommune im besonderen darzustellen“.[42] Engels schrieb einen entsprechenden Artikel über Marx und die „Neue Rheinische Zeitung“; der „Sozialdemokrat“ veröffentlichte Auszüge aus der NRhZ, und die Betrachtungen des Gedenkartikels zu den Märzkämpfen bezogen sich auf eine Stelle aus dem „18. Brumaire“, in der Marx auf den Unterschied zwischen der bürgerlichen Revolution des achtzehnten Jahrhunderts und der proletarischen des neunzehnten Jahrhunderts eingeht.[43] Aufgrund des von Marx konstatierten qualitativen Unterschiedes wurden inhaltliche Betrachtungen zu den Kämpfen von 1848 und 1871 als unnötig erachtet, denn nicht auf die Vergangenheit, sondern auf die Zukunft seien die Blicke zu richten. Nicht nur die politische Situation im eigenen

Land, auch die eigenen nationalen Traditionen rückten nun immer stärker in den Vordergrund der jeweiligen Märzerinnerungen. Besonders deutlich wird dies 1888, im Jahr des Kaiserwechsels, in dem die Verlängerung des Sozialistengesetzes unter Schwierigkeiten letztmalig gelungen war und ein Scheitern der Regierung sich abzeichnete. „Seit den Märztagen des Jahres 1848 existiert ein politisches Bewußtsein im deutschen Volk, das zeitweise in den Hintergrund gedrängt, in falsche Bahnen geleitet, nie aber mehr unterdrückt werden kann. Immer weitere Kreise erfaßt es vielmehr und zieht sie ins öffentliche Leben; ohne Märzerhebung des Jahres 1848 wäre die deutsche Arbeiterbewegung nicht das geworden, was sie heute ist."[44] Bei dieser Betonung der nationalen Tradition rückte die Kommune in den Hintergrund, wurde zur Episode, denn sie hatte dem „Kampf der Arbeiterklasse keine neuen Bahnen eröffnet, ihm keine neuen Parolen gegeben. Die Bewegung ist über sie hinweggegangen, [...]".[45] Die Revolutionen der Vergangenheit hatten die Entwicklung zwar gefördert, aber die eigentliche Revolution des Proletariats lag noch in der Zukunft. Diese Zukunft galt es zu erkämpfen, und die Hoffnung auf diese Zukunft sollte vom Selbstvertrauen und dem Bewußtsein der eigenen weltgeschichtlichen Mission getragen sein.[46] Nach dem Wahlerfolg vom Februar 1890 — und der entsprechend gewachsenen Siegeszuversicht — wollte man sich in den „Märzerinnerungen" des für die Sozialdemokratie entscheidenden Jahres von jeder „nationalen Überhebung" frei wissen; dennoch schließen die Betrachtungen mit Karl Marx' Worten an den Braunschweiger Ausschuß im Jahr 1870: „Dieser Sieg hat den Schwerpunkt der kontinentalen Arbeiterbewegung von Frankreich nach Deutschland verlegt. Damit haftet größere Verantwortung auf der deutschen Arbeiterklasse".[47]

Nach dem Fall des Sozialistengesetzes wurde neben dem publizistischen Gedenken an den 18. März — in seiner doppelten Bedeutung — dann auch die Tradition der jährlichen Märzfeiern wieder aufgenommen bzw. fortgeführt. Neben den 18. März trat in dieser Zeit dann der Maifeiertag, der zunehmend wichtiger wurde, auf dessen Bedeutung hier jedoch nicht eingegangen werden kann.[48] Beide waren bzw. sollten sein Gedenktage des internationalen Proletariats sowie Feier- und Festtage, die Wilhelm Liebknecht um die Jahrhundertwende an die Seite christlicher Feiertage rückte.[49] „Aus der Feier des siegenden Frühlings und der auferstehenden Natur wurde die Feier des siegenden Sozialismus, der auferstehenden Menschheit".[50] Beide Feiertage sollten demnach dem gleichen Zweck dienen, „das heilige Feuer der Begeisterung für die Sache des arbeitenden Volkes zu nähren"; der Unterschied zwischen beiden lag lediglich darin, daß der 18. März der Vergangenheit, der 1. Mai hingegen der Zukunft gewidmet sein sollte.[51]

Mit der russischen Revolution trat dann 1905 erneut der revolutionäre Aspekt in den Vordergrund des Bewußtseins; sie löste neue Diskussionen aus; auch das theoretische Interesse an der Kommune erwachte wieder, insbesondere bei den Linken; statt emotionaler Solidarität war dies nun in erster Linie Auswertung als „Lehre" und „Erfahrung", die dann im Kampf der Meinungen unterschiedlich ausfallen mußte. Auch in den Neunzigerjahren blieb die Kommune — oft nur implizit — Ausgangspunkt, Bezugspunkt und Beweismittel in der Diskussion über die strategischen und taktischen Aufgaben der Partei.[52] Georges Haupt hat festgestellt, daß Analysen, Ansichten und Lehren häufig voller Widersprüche waren und kaum mit Marx' Ansichten über die Kommune übereinstimmten, daß aber diese Problematik über den speziellen Fall der Kommune hinausreicht und im Zusammenhang mit dem Einfluß steht, „den die Geschichte der Arbeiterbewegung auf die eigentliche Entwicklung der Arbeiterbewegung, auf ihre internen Divergenzen und auf die Verwirklichung ihrer Ziele, genommen hat".[53] Die Geschichte als Praxis und die Geschichte als Überlieferung seien demnach zwei Vorstellungen, die einander ständig durchkreuzen, ergänzen oder auch widersprechen.

Außer in den Diskussionen führender Parteimitglieder oder in theoretischen Überlegungen spiegelt sich die Vorstellung von Geschichte als Praxis und Überlieferung auch in den, selbst zur Tradition gewordenen Feiern zu revolutionären Gedenktagen. In Leit- und Gedenkartikeln der zentralen Parteiorgane, in der Regionalpresse sowie während der jährlichen Märzfeiern wurde an den 18. März als den Tag des doppelten Gedenkens erinnert. Zu diesem Zweck wurde zentrales Agitationsmaterial herausgegeben: neben März-Zeitungen vorwiegend Broschüren. Die März-Zeitungen erschienen in hoher Auflage und wurden häufig konfisziert; darunter einige provokativ auf rotem Papier gedruckte Ausgaben.[54] Im Vordergrund standen zumeist die vielfältigen Ereignisse von 1848/49, die Kommune wurde gar nicht oder kaum erwähnt.[55] Als Gegenbeispiel sei hier jedoch die März-Zeitung von 1901 erwähnt, die — auf „blutrotem" Papier — nach dreißig Jahren an den Aufstand der Pariser Kommune erinnert. Dem Titelbild liegt ein zeitgenössisches Plakat von André Gill zugrunde. Es zeigt des „Löwen Erwachen": Das Kaiserreich ist niedergetreten, die Ketten des Volkes sind gesprengt, es steht auf wie der zum Kampf bereite Löwe. Das ebenfalls von Gill stammende Schlußbild — gleichsam das Ende der Kommune — heißt „Und das nennen sie Gnade" und zeigt einen zur Deportation nach Neukaledonien verurteilten Kommunarden. In einer eindrucksvollen Zeichnung von Honoré Daumier zum Ende der Kommune sieht man die Menschheit als verhüllte Gestalt, die beim Anblick der Leichen die Augen verdeckt und weint. Ferner enthält die Zeitung zeitgenössische Karikaturen, ein Gedicht des Kommune-Dichters E. Pottier, einzelne Porträts und Lebensläufe von Kommunarden sowie Marx-Zitate zur Kommune. Neben diesen Reminiszenzen gibt es nur einen einzigen zusammenhängenden Beitrag. August Bebel schildert darin die Kommune als eine Bewegung, die ohne Plan und unabhängig von dem Willen einzelner oder von dem einer Partei entstanden sei als Folge der Ereignisse von 1870/71. Die Beteiligten hätten sich der Eigendynamik einer solchen Bewegung nicht mehr entziehen können. In einzelnen Abschnitten beschreibt er die Situation in Paris bei Ausbruch des Krieges und nach dem Sturz des Kaisertums; dann die Belagerung, den Beginn des Aufstands am 18. März, den Kampf und den Untergang sowie die Rache der Sieger. Ein gesonderter Abschnitt gilt den Leistungen der Kommune, denen noch nach dreißig Jahren die Ziele der Sozialdemokratie entsprachen, und von diesen Zielen her bewertete sie die aus einer Notsituation heraus entstandenen Maßnahmen der Kommune.

An weiterem zentralen Agitationsmaterial sei vor allem eine Zusammenstellung kleinerer Artikel und Reden Wilhelm Liebknechts „Zum 18. März und Verwandtes" — 1891 erschienen — erwähnt; ferner seine Broschüre „Zum Jubeljahr der Märzrevolution" anläßlich des fünfzigjährigen Jubiläums der Revolution von 1848. Unter dem Titel „Eine Geschichte der Kommune" enthält die erstgenannte Broschüre eine Kritik des Lissagarayschen Werkes von 1877, deren Diktion noch ganz der emotionalen Kommunesolidarität der Siebzigerjahre entspricht. Es folgt ein Artikel über die „Pariser Blutwoche", der 1873 im „Volksstaat" veröffentlicht worden war. In der Hamburger Rede — in Auszügen auch als Leitartikel zum 18. März des gleichen Jahres im „Vorwärts" veröffentlicht[56] — hebt Liebknecht die doppelte Bedeutung des Gedenktages hervor und verweist auf den Naturaspekt und auf die Besonderheit des Monats seit den „Iden" des März. Diese Schrift fand großen Anklang und wurde mehrfach neu herausgegeben, als Leitfaden für Märzfeiern. Dieses Agitationsmaterial enthielt keine theoretischen Analysen und Interpretationen, sondern Schilderungen des „heldenmütigen" Kampfes, der Opfer und der Niederlagen, die nicht vergeblich sein durften, weil sie den Beweis einer naturgesetzlich fortschreitenden Entwicklung lieferten, die Mut, Hoffnung, Zuversicht sowie den felsenfesten Glauben an einen endgültigen Sieg verlieh. Auch in Liebknechts Broschüre „Zum Jubeljahr der Märzrevolution" kommen am Ende diese Zuversicht und der Glaube an die unaufhaltsam fortschreitende Entwicklung zum Ausdruck. Für Liebknecht unterschied die Märzrevolution sich von allen anderen Revolutionen durch die Ursprünglichkeit; das ausschließlich auf sich angewiesene Volk handelte aus sich heraus. Einen Sozialismus in Form einer organisierten Arbeiterbewegung oder als Ausdruck „eines die Arbeiter in ihrer Masse beherrschenden Gefühls, wie es in Frankreich 1848 der Fall war",[57] habe es in der Märzrevolution nicht gegeben. Für eine sozialistische Partei habe es damals in Deutschland noch keine Existenzbedingungen gegeben, da die Voraussetzungen einer entsprechenden ökonomischen Entwicklung fehlten. Die regelmäßige Erinnerung an frühere revolutionäre Kämpfe, an Siege und Niederlagen war nicht nur Maßstab und Beweis für eine fortschreitende Entwicklung, sondern auch eine ständige Mahnung, Fehler zu vermeiden, die zu erneuten Niederlagen führen könnten. Und sie war auch eine Demonstration von Kampfbereitschaft; immer wieder galt es, das Bewußtsein von Kampfgeist und Opfermut unter den Genossen zu wecken bzw. wachzuhalten.

Eine ähnliche Funktion hatten wohl auch die jährlichen Märzfeiern und entsprechenden Artikel in der Parteipresse, für die hier Beispiele aus dem „Vorwärts" angeführt werden sollen.[58] In die Zeit kurz nach Ablauf des Sozialistengesetzes fiel die zwanzigste Wiederkehr des Kommuneaufstandes. Auf dieses Ereignis wurde dann 1891 am 18. März besonders nachdrücklich hingewiesen. Der „Vorwärts" machte aus diesem Anlaß auf die Extra-Ausgabe des „Wahren Jacob" aufmerksam, auf die Geschichte der Kommune von Lissagaray sowie auf den von Engels neu herausgegebenen „Bürgerkrieg in Frankreich".[59] Neben Liebknechts Hamburger Rede aus „Zum 18. März und Verwandtes" und einigen ehemaligen „Volksstaat"-Artikeln veröffentlichte der „Vorwärts" eine Solidaritätsadresse, die Liebknecht zum Jahrestag der Kommune im Namen des Parteivorstandes an den Nationalrat der französischen Arbeiterpartei richtete. Er beteuert darin, daß der 18. März als Doppelgedenktag zu einem *internationalen* Feiertag geworden sei, „dessen man in unserem Deutschland in jeder Stadt, in jedem Ort, wo es Sozialdemokraten gibt, ernst gedenkt, um das gegenwärtige Geschlecht durch die Erinnerung an die Großtaten der Vergangenheit für die schweren Aufgaben der Gegenwart und die schwereren der Zukunft zu stählen".[60] Im folgenden Jahr ist der Leitartikel zum 18. März erneut ein leidenschaftlicher Appell an die internationale Solidarität, ein Aufruf zur Völkerfreundschaft und ein Protest gegen den Chauvinismus. Der internationale Charakter dieses Gedenktages werde schon dadurch zum Ausdruck gebracht, daß das Gedenken den Volkserhebungen zweier Völker gewidmet sei, „die an ihrem eignen Leib Jahrhunderte hindurch die Kulturfeindlichkeit des sogenannten Nationalitätsprinzips erfahren [...] haben".[61]

Die historische Bedeutung der jeweils in Erinnerung zu bringenden Ereignisse wurde darin gesehen, daß diese Revolutionen zum Ausgangspunkt und Maßstab für die bisherige Entwicklung des Proletariats wurden: „Der 18. März 1848 sah noch kein klassenbewußtes Proletariat. Der 18. März 1871 sah noch kein regierungsfähiges Proletariat. Der 18. März 1893 sieht ein Proletariat, das an der Regierung der Welt sich schon wuchtig beteiligt."[62] Das konnte nichts anderes besagen, als daß die Macht bzw. die Regierung eines Tages dem Proletariat ganz zufallen mußte. Wenn es im wesentlichen also um die Zukunft ging, was konnten dann einem starken, organisierten und entwickelten Proletariat diese beiden

Erinnerungstage wirklich bedeuten? Waren sie mehr als nur historische Erinnerungsfeste?, fragt 1894 der „Vorwärts". Und die Antwort lautete: „Sie waren Kraftproben und sie sind uns deshalb Zukunftsbürgschaften, aber sie sind uns keine Vorbilder; die Geschichte wiederholt sich nicht, am wenigsten lassen sich Ereignisse der Vergangenheit künstlich nachahmen."[63] Wegen der drohenden Umsturzvorlage mußte und sollte 1895 jede unmittelbare Konfrontation und unnötige Provokation vermieden werden. Vor diesem politischen Hintergrund war der Leitartikel zum Doppelgedenktag nicht mehr historischen „Kraftproben" gewidmet, sondern „zwei großen Siegen des Volkes".[64] Im darauffolgenden Jahr, 1896, waren fünfundzwanzig Jahre seit den Tagen der Kommune vergangen. Während 1891 noch groß auf das zwanzigjährige Jubiläum eingegangen worden war, stand die Kommune als historisches Ereignis nun kaum noch im Vordergrund des Interesses. Die März-Zeitung des Jahres 1896 nahm dieses Jubiläum gar nicht zur Kenntnis, sie war ausschließlich der deutschen Revolution gewidmet; auch die Berichterstattung über die zahlreichen Berliner Märzveranstaltungen läßt nicht vermuten, daß die Redner in besonderer Weise — wenn überhaupt — auf die Kommune eingegangen sind.[65] Der Leitartikel des „Vorwärts" nahm in einem Rückblick die Kommune lediglich zum Anlaß, nochmals die Entwicklung des Sozialismus in den vergangenen fünfundzwanzig Jahren aufzuzeigen.[66]

Um die Jahrhundertwende beherrschten die Auseinandersetzungen über den Revisionismus und den „Fall Millerand" die Diskussion auf nationaler und internationaler sozialistischer Ebene. Zu dieser Zeit befaßten sich die jährlichen Gedenkartikel zum 18. März und auch die Märzversammlungen in erster Linie mit den Berliner Märzereignissen. Im Jahr 1900 wurde auf das doppelte Ereignis am 18. März nicht mehr hingewiesen. Die Erwähnung des „Festtages" der Vergangenheit erfolgte nun in dem Bestreben, den 18. März zur Tradition der ganzen Nation werden zu lassen, „die an diesem Tag einen gewaltigen Schritt vorwärts getan hat, [...]".[67] Das früher ausdrückliche Gedenken an die beiden Ereignisse des 18. März wurde auch aus Anlaß des dreißigsten Jahrestages nicht berücksichtigt; der traditionelle Artikel im „Vorwärts" hatte nun auch nicht mehr das sonst übliche Motto „Zum 18. März", sondern hieß „Die Kommune! Nach dreißig Jahren."[68] Irgend eine Beziehung zur deutschen Entwicklung bzw. zu der des Sozialismus wurde nicht hergestellt, sondern die Kommune wurde darin als ein von der eigenen Entwicklung unabhängiges Ereignis der französischen Geschichte zugeordnet. Im Hinblick auf die Märzversammlungen mußte man zu dieser Zeit feststellen, daß sie nicht mehr so zahlreich wie früher veranstaltet wurden. Die Erinnerung an die „große Vergangenheit" mochte inzwischen verdrängt sein; zumindest zurückgedrängt war jedoch auch die Hoffnung auf einen baldigen Sieg. 1903 stellte der „Vorwärts" zum 18. März fest, daß das deutsche Proletariat zwei Gedenktage auf einmal begehe. Nicht nur in den Zielen, auch in den Mitteln hätten sich beide Revolutionen unterschieden; eines jedoch hätten sie gemeinsam: „Beide Tage ließen in ihrem Gefolge die internationale Solidarität der konservativen Interessen zur Erscheinung gelangen."[69] Aus diesen Äußerungen sprachen die Erkenntnis und das Bewußtsein, daß der Klassengegner mächtig war und daß dem organisierten Kapitalismus und dem Militarismus die Internationale des Proletariats entgegengestellt werden müsse. Die Revolutionen der Vergangenheit waren nun in erster Linie Beispiele dafür, wie die Kluft zwischen Kapitalismus und Proletariat entstanden war, eine Kluft, die auch in der eigenen Gegenwart besonders zu spüren war.

Mit der russischen Revolution gehörten seit 1905 revolutionäre Umwälzungen nicht mehr ausschließlich der Vergangenheit an; sie gab der Diskussion über den Massenstreik als Kampfmittel wichtige Anstöße, an ihr entzündeten sich Auseinandersetzungen über die revolutionäre Zielsetzung und über die Möglichkeiten zur Eroberung der politischen Macht. Der traditionelle Gedenkartikel des „Vorwärts" zum 18. März war in diesem Jahr ganz auf die aktuellen Ereignisse bezogen; die Kommune fand keinerlei Erwähnung, und der Bezug auf die Revolution von 1848 sowie deren Bedeutung für die Gegenwart blieb mehr als vage. Im Vordergrund der Betrachtung standen die veränderten Formen und Methoden einer Revolution, die Anwendung von Streik. Während 1906 im „Vorwärts" und in anderen Presseorganen der Sozialdemokratie noch über den Massenstreik und über denkbare Fälle für seinen Einsatz diskutiert wurde, — z. B. zur Erkämpfung demokratischer Wahlrechte in Preußen und Sachsen — wandelte sich der Gedenktag des 18. März; er war kein Doppelgedenktag mehr; die Märzfeiern des Proletariats sollten nicht mehr den Toten gelten, sondern den Lebenden: „Die Märzerinnerungen sollen dem deutschen Volk sagen, daß es endlich Zeit geworden ist, die alte, längst verfallene Schuld der herrschenden Klassen einzutreiben! Die Märzfeier soll eine Wahlrechtsdemonstration sein. Auf zum Massenprotest!"[70] Auch in den folgenden Jahren waren die Märzerinnerungen in erster Linie Protest gegen das preußische Dreiklassenwahlrecht, und die Erinnerung an 1848 sollte eine Gedenkfeier sein für „die Opfer der ersten preußischen Wahlrechtskämpfe vom Jahre 1848".[71] Am Beispiel der Geschichte von 1848 sollte allerdings auch immer wieder aufgezeigt werden, wie tief und unüberbrückbar die Klassengegensätze geworden waren und wie wenig das Proletariat auf die Hilfe des Bürgertums würde rechnen können. Nichts werde sich ändern, „wenn nicht das Proletariat in geschlossenem Ansturm seine Rechte erorbert".[72] Aber es ging nicht allein darum, dem Proletariat einzuhämmern, daß es sich in seinem Kampf um Emanzipation nur auf sich allein verlassen könne; durch historische Bezüge sollte auch die unerwartete und ungeheure Machtentfaltung der kapitalistischen Bourgeoisie aufgezeigt werden, die die Gefahr eines Krieges und damit einer Revolution in sich barg. Und dies, so glaubte man, würde der kapitalistischen Welt zum Verhängnis werden.[73] Wie sehr auch immer die Sozialdemokratie die Bourgeoisie bekämpfte und ihr Versagen und Verrat in Geschichte und Gegenwart vorwarf, so sehr war sie doch immer bereit, das positive Erbe anzutreten: „So ist die deutsche Arbeiterklasse zur Vollstreckerin alles Freiheitsstrebens, aller Volkssehnsucht geworden, die einst das Bürgertum heldenmütig Verfolgungen und Kerker, Not und Tod ertragen ließ. Die deutsche Arbeiterklasse aber wird sich nicht unwert zeigen des großen historischen Erbes! Voll Kampfesmut, voller Siegeszuversicht jubelt sie der Freiheit entgegen, der sozialen Demokratie."[74]

ANMERKUNGEN

Zur Einordnung dieses besonderen Aspektes in einen größeren Zusammenhang: vgl. Beatrix W. Bouvier, Französische Revolution und deutsche Arbeiterbewegung, Bonn 1982.

1 Georges Haupt, Die Kommune als Symbol und als Beispiel, Trier 1974, S. 5.
2 Vgl. MEW, Bd. 17, S. 319 ff.
3 Vgl. a. a. O., S. 340 f.
4 a. a. O., S. 342.
5 a. a. O.
6 a. a. O., S. 362.
7 Werner Conze/Dieter Groh, Die Arbeiterbewegung in der nationalen Bewegung. Die deutsche Sozialdemokratie vor, während und nach der Reichsgründung, Stuttgart 1966, S. 128.
8 Georges Haupt, Die Kommune als Symbol und als Beispiel, S. 5.
9 Engels an F. A. Sorge v. 12. Sept. 1874, in: MEW, Bd. 33, S. 642.
10 Vgl. dazu Beatrix Bouvier, Französische Revolution und deutsche Arbeiterbewegung, S. 239 f.
11 Anschaulich schildert die Form der Auseinandersetzung Eduard Bernstein, Die Geschichte der Berliner Arbeiter-Bewegung, T. 1, Berlin 1907 (Nachdruck Glashütten 1972), S. 245 ff.
12 Blut und Leichen, in: Neuer Social-Demokrat Nr. 1, 2. Juli 1871.
13 Vgl. Neuer Social-Demokrat Nr. 29, 6. September 1871.
14 a. a. O.
15 Vgl. Neuer Social-Demokrat Nr. 67, 3. Dezember 1871.
16 Engels bestand darauf, daß möglichst viel und schnell abgedruckt werde, daß der Abdruck nicht mit Randglossen versehen werde und daß eine Broschüre vorbereitet werden solle. Vgl. Engels an Liebknecht, 22. Juni 1871, in: MEW, Bd. 33, S. 239 ff.
17 Vgl. Eberhard Hackethal, Die Bedeutung der Pariser Kommune und ihre Lehren für die Entwicklung der deutschen Arbeiterbewegung von 1871 bis zum Erlaß des Sozialistengesetzes, Phil. Diss. (MS) Leipzig 1965, S. 224.
18 Ausführlich dazu a. a. O., S. 225 ff.
19 Ausführlich Bouvier, Französische Revolution und deutsche Arbeiterbewegung, S. 242 ff.
20 Vgl. dazu z. B. Volksstaat Nr. 99, 11. Dezember 1872; „Die Zahl der Opfer der blutigen Maiwoche — die aber tief in den Juni hineinreicht — ist noch nicht genau festgestellt worden und wird es nie werden. Die Besiegten haben keine Geschichte und noch weniger eine Statistik, und die Versailler Sieger haben kein Interesse, die ganze Wahrheit zu sagen."
21 Vgl. Neuer Social-Democrat Nr. 33, 17. März 1872.
22 Vgl. Neuer Social-Democrat Nr. 34, 20. März 1872, Der 18. März 1848 und 1871.
23 Vgl. dazu Neuer Social-Democrat Nr. 34 u. 35, 20. u. 22. März 1872.
24 Vgl. Günter Grützner, Die Pariser Kommune. Macht und Karriere einer politischen Legende. Die Auswirkungen auf das politische Denken in Deutschland, Köln und Opladen 1963, S. 82 f.

25 Vgl. Volksstaat Nr. 50, 22. Juni 1872.
26 Ausführlich zum folgenden Bouvier, Französische Revolution und deutsche Arbeiterbewegung, S. 253 f.
27 Vgl. Neuer Social-Demokrat Nr. 23, 23. Februar 1873.
28 Zit. nach: Georg Eckert, Wilhelm Bracke und die Anfänge der Braunschweiger Arbeiterbewegung, Braunschweig 1957, S. 11.
29 Vgl. Wilhelm Bracke, Der Lassall'sche Vorschlag, Braunschweig 1873, S. 44.
30 Volksstaat Nr. 25, 26. März 1873.
31 Vgl. u. a. Volksstaat Nr. 44, 31. Mai 1873; Nr. 51 u. 52, 25. u. 28. Juni 1873; der Artikel „Gedenktage des Proletariats. 21.—28. Mai 1871" wurde nach dem Fall des Sozialistengesetzes in der von W. Liebknecht herausgegebenen Broschüre „Zum 18. März und Verwandtes" wieder abgedruckt. Dieser Artikel war eine kurzgefaßte Geschichte und Interpretation der Kommune.
32 Volksstaat, Nr. 32, 18. März 1874.
33 Abgedruckt in: Die Zukunft, 1. Jg., H. 15, 1. Mai 1878.
34 a. a. O.
35 Vgl. Bouvier, Französische Revolution und deutsche Arbeiterbewegung, S. 277 ff.
36 Vgl. Sozialdemokrat Nr. 12, 21. März 1880.
37 Sozialdemokrat Nr. 22, 30. Mai 1880.
38 Vgl. Sozialdemokrat Nr. 11, 13. März 1881.
39 Vgl. Sozialdemokrat Nr. 21, 22. Mai 1881.
40 Sozialdemokrat Nr. 12, 15. März 1883; vgl. auch MEW, Bd. 17, S. 344.
41 MEW, Bd. 17, S. 342.
42 Bernstein an Engels vom 14. Februar 1884; in: Eduard Bernsteins Briefwechsel mit Friedrich Engels, S. 284.
43 Nach dieser Meinung kritisieren sich proletarische Revolutionen ständig selbst, zögern, scheitern, bis dann eine Situation entsteht, die eine Umkehr unmöglich macht. Vgl. MEW, Bd. 8, S. 118; vgl. Sozialdemokrat Nr. 11, 13. März 1884.
44 Sozialdemokrat Nr. 12, 17. März 1888.
45 a. a. O.
46 Sozialdemokrat Nr. 11, 16. März 1889.
47 Sozialdemokrat Nr. 11, 15. März 1890.
48 Vgl. dazu Bouvier, Französische Revolution und deutsche Arbeiterbewegung, S. 327 ff.
49 Vgl. Wilhelm Liebknecht, Zum 18. März, in: Der wahre Jacob, Nr. 356, 13. März 1900, S. 3197 f., ders., Der Erste Mai, in: a. a. O., Nr. 359, 24. April 1900, S. 3229 f.
50 Der wahre Jacob, Nr. 359, a. a. O.
51 Vgl. Vorwärts Nr. 66, 18. März 1892 (Der 18. März).
52 Vgl. B. Bouvier, Französische Revolution und deutsche Arbeiterbewegung, S. 333 ff.
53 Haupt, Die Kommune als Symbol und Beispiel, S. 24.
54 Vgl. u. a. Vorwärts Nr. 63, 15. März 1892; Nr. 58, 10. März 1894; Nr. 65, 17. März 1895.
55 Ausführlich dazu Bouvier, Französische Revolution und deutsche Arbeiterbewegung, S. 330 f.
56 Vorwärts Nr. 65, 18. März 1891. (Der 18. März)
57 Wilhelm Liebknecht, Zum Jubeljahr der Märzrevolution, Berlin 1898, S. 84.
58 Ausführlich dazu, zu Beispielen aus der Regionalpresse sowie zu Veranstaltungen auf der lokalen Ebene vgl. Bouvier, Französische Revolution und deutsche Arbeiterbewegung, S. 351 ff.
59 Vgl. Vorwärts Nr. 115, 21. Mai 1891 (Beilage).
60 Vorwärts Nr. 65, 18. März 1891.
61 Vorwärts Nr. 66, 18. März 1892 (Der 18. März).
62 Vorwärts Nr. 66, 18. März 1893 (Zum 18. März).

[63] Vorwärts Nr. 65, 18. März 1894 (Rückblicke und Ausblicke).
[64] Vorwärts Nr. 65, 17. März 1895 (Der 18. März).
[65] Vgl. Vorwärts Nr. 68, 20. März 1896 (Die Bedeutung des 18. März).
[66] Vorwärts Nr. 66, 18. März 1896.
[67] Vorwärts Nr. 65, 18. März 1900 (Zum 18. März).
[68] Vgl. Vorwärts Nr. 65, 17. März 1901.
[69] Vorwärts Nr. 65, 18. März 1903 (Die Internationale der Reaktion. Zum 18. März).
[70] Vorwärts Nr. 62, 15. März 1906.
[71] Vorwärts Nr. 64, 15. März 1908, vgl. auch Nr. 66, 18. März 1908.
[72] Vorwärts Nr. 65, 18. März 1909.
[73] Vgl. Vorwärts Nr. 66, 18. März 1911 (Der 18. März).
[74] Vorwärts Nr. 65, 18. März 1913 (Des Volkes Befreiungskrieg).

Vladimir I. MASLOV (UdSSR)

KARL MARX UND DAS PROBLEM DER MITBESTIMMUNG

Seit K. Marx die Lage der Arbeiterklasse in der kapitalistischen Produktion umfassend untersuchte, das Wesen des Kapitalismus aufdeckte, sind mehr als 100 Jahre vergangen. In dieser Zeit veränderten sich sowohl die Produktionsmittel als auch die Menschen, die in den kapitalistischen Betrieben tätig sind. Und es veränderte sich auch der Klassenkampf — seine Formen und Ziele. In der Zeit von K. Marx beschränkte sich der Kampf zwischen dem Proletariat und der Bourgoisie in der Regel auf Fragen der Arbeitsbedingungen im engeren Sinn. Die einzige Waffe der Arbeiterklasse war tatsächlich der Streik. Dieser Kampf dauerte die ganze historische Periode.

Nach dem Zweiten Weltkrieg gerieten allmählich ins Zentrum des Klassenkampfes das Recht auf Arbeit, humane Arbeitsbedingungen, Versicherung des Lebens und der Gesundheit der Werktätigen, somit auch das Recht auf Mitbestimmung. Damit erhielt der Klassenkampf eine neue Qualität.

Die marxistische Analyse des Wesens der kapitalistischen Produktion ermöglicht es, eine ganze Reihe von Problemen zu verstehen, die mit dem gegenwärtigen Kampf der Werktätigen für die Demokratisierung der Leitung der Produktion verbunden sind. Wir betrachten zwei Fragen:

— Ob die Mitbestimmung im Kapitalismus möglich ist?
— Ob der Kampf der Arbeiterklasse für die Demokratisierung der Leitung zur Veränderung der Gesellschaftsordnung führen kann?

* * *

Vorerst muß man eine Reihe der methodologischen Fragen klären. Wie K. Marx schrieb: „Zur Wahrheit gehört nicht nur das Resultat, sondern auch der Weg. Die Untersuchung der Wahrheit muß selbst wahr sein, die wahre Untersuchung ist die entfaltete Wahrheit, deren auseinandergestreute Glieder sich im Resultat zusammenfassen.“[1]

In erster Linie begründen wir die Hauptmethode der Untersuchung und bestimmen einige Begriffe.

In verschiedenen kapitalistischen Ländern hat die Leitung der Produktion manchmal bedeutende Besonderheiten. Um die Stellung der Werktätigen im System der Leitung doch zu untersuchen, muß man zuerst von den angegebenen Besonderheiten abstrahieren und jenes Gemeinsame und Charakteristische aufdecken, das der kapitalistischen Produktion eigen ist, ihr Wesen bildet.

Der Marxismus hat bewiesen, daß die Leitung der Produktion in einer Klassengesellschaft einen sozialen Charakter erwirbt. „Die Leitung des Kapitalisten" — schrieb K. Marx — „ist nicht nur eine aus der Natur des gesellschaftlichen Arbeitsprozesses entspringende und ihm angehörige besondere Funktion, sie ist zugleich Funktion der Ausbeutung eines gesellschaftlichen Arbeitsprozesses und daher bedingt durch den unvermeidlichen Antagonismus zwischen dem Ausbeuter und dem Rohmaterial seiner Ausbeutung."[2]

Ob die Arbeiter an dieser Leitung teilnehmen können? Was sind die im Westen existierenden Formen der Mitbestimmung: eine Form der Sozialpartnerschaft und der angeblichen Mitbestimmung oder eine neue Form des Klassenkampfes?

Um diese Fragen zu beantworten, beginnen wir nicht mit der Untersuchung einzelner Tatsachen, die sich auf die Praxis der Mitbestimmung in verschiedenen Ländern beziehen, sondern mit der Analyse eines objektiven Systems, in dem alle widersprüchlichen Tatsachen und Tendenzen ihren Platz und rationelle Erklärung finden. Die Systemanalyse vom Standpunkt des dialektischen Materialismus ist eine theoretische Beschreibung der ganzen Vielfältigkeit und Kompliziertheit der betrachteten Elemente durch die Enthüllung der ihnen objektiven eigenen Einheitlichkeit, der inneren Gebundenheit, des allgemeinsten Gesetzes ihrer Vereinigung und ihres Funktionierens.

Zunächst muß man präzisieren, was wir unter einem „System" verstehen: Das ist die Gesamtheit von Elementen, Verhältnissen oder Prozessen, die sich in notwendiger funktioneller Abhängigkeit voneinander befinden. Die Systeme selbst sind selbstverständlich einander untergeordnet.

Wollen wir die anderen Begriffe definieren, die wir bei der Untersuchung des Problems der Mitbestimmung benutzen werden:

Bei der Definierung des Begriffs „Produktion" gehen wir von der These von K. Marx aus, daß die Produktion eine zweckmäßige Tätigkeit der Menschen ist, die Gebrauchswerte mit den Arbeitsinstrumenten schaffen. Da an der Produktion Menschen und Produktionsmittel beteiligt sind, existieren objektiv drei innerlich verbundene Systeme: das System der Produktionsmittel, das System „Mensch—Maschine" und das System „Mensch—Kollektiv".

Das System der Produktionsmittel wird gebildet von der Gesamtheit der Maschinen, Werkzeuge, Apparate, Rohstoffe und Materialien, die einen Komplex von Arbeitsinstrumenten und Arbeitsgegenständen darstellen, der die Lösung einer bestimmten Produktionsaufgabe gewährleistet. Die gegenseitige proportionale Zusammensetzung schafft aus der Vielfältigkeit von Elementen der Produktionsmittel ein System, das die Fähigkeit ausdrückt, jenes oder andere Produkte herzustellen.

Das System „Mensch—Maschine“ ist die Gesamtheit der verbundenen Subjekte der Arbeit und Arbeitsinstrumente, anders gesagt, die Gesamtheit von Menschen, die bestimmte Kenntnisse und Arbeitsfertigkeiten haben und Maschinen, die solche erfordern. Der sowjetische Gelehrte W. G. Afanasjew hat bemerkt, daß das System „Mensch—Maschine“ eine elementare Ausgangszelle der materiellen Produktion ist. „Vor allem realisiert der Mensch in diesem System seine Fähigkeiten zur Arbeit und Leistung“, schreibt der Autor. Der Charakter dieses Systems ist sozial bedingt. „Zwischen dem Menschen und der Maschine“ — betont W. G. Afanasjew — „gibt es ein spezifisches Zusammenwirken, das immer einen konkreten Charakter hat und in der Tat ein Ausdruck ist des geschichtlich bestimmten Niveaus der Entwicklung der Wissenschaft und Technik, der geschichtlich bestimmten Arbeitsorganisation, die für ihr Teil von den in der Gesellschaft herrschenden Produktionsverhältnissen abhängt.“[3]

Das System „Mensch—Kollektiv“ wird durch die Beziehungen der Menschen im Produktionsprozeß charakterisiert, was dies oder jenes psychologische und im Ganzen soziale Klima in der Organisation hervorruft. Das System „Mensch—Kollektiv“ wird letzten Endes vom Charakter der Produktionsverhältnisse bestimmt.

Also ist die Produktion eine komplexe soziale Erscheinung, die als untrennbare Einheit von Technik, Organisation, Produktionsverhältnissen, psychologischen und anderen Verhältnissen auftritt. Wie oben gesagt wurde, setzt die Produktion drei zusammenhängende Systeme voraus: das System der Produktionsmittel, das System „Mensch—Maschine“ und das System „Mensch—Kollektiv“.

Die Leitung als allgemeiner Begriff wird definiert als Prozeß der Einwirkung auf das System für die Erreichung eines bestimmten Zieles. In diesem Falle ist die Leitung der Produktion die Einwirkung auf das System der Produktionsmittel, das System „Mensch—Maschine“ und das System „Mensch—Kollektiv“ für die Erreichung der Produktionsziele. Das Ziel der kapitalistischen Produktion ist bekanntlich nach K. Marx „Produktion von Mehrwert oder Plusmacherei“.[4] Was versteht man unter der Einwirkung auf jedes von den drei genannten Systemen? — Die Einwirkung auf das System der Produktionsmittel bedeutet die Organisation ihrer ununterbrochenen Lieferung, ihrer Aufteilung, Festlegung der Reihenfolge der Arbeit der Produktionsmittel in der Zeit und im Raum. Die Einwirkung auf das System „Mensch—Maschine“ ist die Festlegung der Arbeitsteilung, die Anpassung des Menschen an die Maschine. Endlich bedeutet die Einwirkung auf das System „Mensch—Kollektiv“ die Regulierung der menschlichen Beziehungen im Produktionsprozeß, die Schaffung und Unterstützung eines bestimmten sozial-psychologischen Klimas.

In jedem der drei genannten Systeme gibt es ziemlich komplizierte Wechselbeziehungen unter ihren Elementen, die bei der Leitung der Produktion berücksichtigt werden müssen. Der Charakter der Wechselbeziehungen im System „Mensch—Kollektiv“ ist der komplizierteste und am wenigsten untersuchte, weil wir in diesem Fall mit den menschlichen Verhältnissen im Prozeß ihrer Produktionstätigkeit zu tun haben. Letzten Endes werden diese Verhältnisse von der Produktionsweise bestimmt. Aber nur letzten Endes. In jedem konkreten Fall hängt das sozial-psychologische Klima in dieser oder jener Organisation davon ab, inwieweit die Methoden der Einwirkung auf das System „Mensch—Kollektiv“ die Spezifik dieses Systems berücksichtigen.

Im ganzen ist die angeführte Definition der Leitung der Produktion selbstverständlich wie jede Definition begrenzt, eingeschränkt. Aber zu Analysezwecken des Problems scheint sie brauchbar zu sein, weil sie genau genug ermöglicht, jenes Gemeinsame zu charakterisieren, was der Leitung der Produktion in jedem kapitalistischen Lande eigen ist.

Jetzt kann man sich der Definition des Begriffs „Mitbestimmung“ nähern. In der Literatur (darunter auch in der marxistischen Literatur) gibt es verschiedene Einstellungen zum Wesen der Mitbestimmung im Kapitalismus.

Vor allem trifft man immer öfter eine erweiterte Definition der „Mitbestimmung“ an. Diese Konzeption betrachtet einen beliebigen Kampf der Werktätigen für ihre Rechte als einen Kampf für die Mitbestimmung. So schreibt der Professor K. Walker: „Die Mitbestimmung kann solche Formen der Tätigkeit annehmen wie die Praxis der Begrenzung, Streiks und andere einseitigen Aktionen der Werktätigen, mit deren Hilfe sie an der Machtrealisierung teilnehmen und auf die Leitungsentscheidungen und Funktionen in den Betrieben Einfluß ausüben.“[5]

Dieselbe erweiterte Deutung des Begriffs der „Mitbestimmung“ vertritt auch der schwedische Wirtschaftsgelehrte Ch. Asplund: „Die Mitbestimmung ist ein Prozeß, in dessen Verlauf zwei oder drei Seiten einen gegenseitigen Einfluß aufeinander während der Planzusammenstellung, Ausarbeitung der Strategie und des Entscheidungstreffens ausüben.“[6] In diesem Fall wird wiederum jede Form des Einflusses (darunter auch der Streik) als Mitbestimmung bezeichnet.

Die erweiterte Definition der „Mitbestimmung“ in jeder Variante führt objektiv zur Entstellung des Wesens dieses Problems. Das Auftreten der Unterdrückten existierte immer und übte einen bedeutenden Einfluß auf die Entscheidungen ihrer Herren aus. Aber daraus folgt keine Teilnahme der Ausgebeuteten in aller Zeit an der Leitung der Produktion. Nicht jeder Kampf der Massen für die Verbesserung ihrer Lage ist eine Form der Mitbestimmung.

Man trifft auch eine andere extreme Konzeption an, wenn als die einzig möglichen jene Formen der Mitbestimmung genannt werden, die im angegebenen Land verbreitet sind. So wird die „Mitbestimmung" in der westdeutschen Literatur nicht selten als „auf dem Gesetz gegründete Teilnahme der Vertreter der Werktätigen und Gewerkschaften an der Leitung des Betriebes" definiert.[7] Diese Definition widerspiegelt die Praxis der Mitbestimmung mittels Betriebsräten und die Teilnahme an den Aufsichtsräten, die in der BRD verbreitet sind. Dabei wird aber die andere Praxis der Mitbestimmung mißachtet, die zum Beispiel in England, Italien, Frankreich entwickelt ist.

Die ungenaue Definition des Wesens der Mitbestimmung führt zu den strittigen Schlußfolgerungen über die Grenzen der möglichen Mitbestimmung, über die Bedeutung des Kampfes für die Demokratisierung der Leitung selbst.

Die Definierung des Wesens der Mitbestimmung hat auf solche Weise eine wichtige wissenschaftliche und politische Bedeutung. Von der oben genannten Definition der Leitung der Produktion ausgehend, verstehen wir die Mitbestimmung als die Tätigkeit der Arbeiter und Angestellten sowie auch derer Vertreter, die auf die Durchsetzung ihres Einflusses im Prozeß der mit der Administration *gemeinsamen* Entscheidungen über die die obengenannten Systeme betreffenden Fragen gerichtet ist.

Eine ähnliche Definition geben die angesehensten westdeutschen Theoretiker: der Professor Oswald von Nell-Breuning und Fritz Vilmar, Professor der Politologie an der Freien Universität von Westberlin, Sozialdemokrat linker Orientierung. Indem O.von Nell-Breuning über den Begriff „Mitbestimmung" spricht, unterstreicht er, daß es nicht darum geht, daß einer entscheidet und der andere nur Beratungsrecht hat. „Die Rede geht um zwei gleichberechtigte Seiten, die *nur zusammen* Entscheidungen treffen können" [Hervorhebungen vom Autor].[8]

Der Professor F. Vilmar hebt auch hervor: „Die Mitbestimmung im strengen Sinne des Wortes bedeutet die Gleichheit der Macht der Unternehmer und Lohnarbeiter im Laufe des Entscheidungstreffens."[9]

Also unterstreichen beide Autoren, daß die Mitbestimmung gemeinsames Entscheidungstreffen voraussetzt, was unserer Meinung nach richtig ist. Aber außerdem schließen die beiden Definitionen die Begriffe „Gleichberechtigung", „Gleichheit der Macht" der Unternehmer und Lohnarbeiter ein. Das Kapital aber will seine Macht mit niemandem teilen. Kann denn in solchem Fall die Mitbestimmung im Kapitalismus existieren? Man muß unserer Meinung nach zwei Arten der Mitbestimmung unterscheiden: a) die Teilnahme der Werktätigen an der Lösung der die drei Systeme betreffenden Fragen (das ist die Mitbestimmung im breiten Sinne); b) die Teilnahme an der Lösung von Fragen, die ein oder zwei von den genannten Systemen angehcn (die Mitbestimmung im engen Sinne). Solche Abgrenzung der Begriffe ist notwendig für die Erklärung der echten Lage der Werktätigen im System der Leitung der Produktion im Kapitalismus.

Im Kapitalismus strebt die herrschende Klasse das Recht des Eigentümers auf die Produktionsmittel dadurch zu realisieren, indem sie selbständig die Fragen ihrer effektiven (selbstverständlich vom Standpunkt des Kapitals) Ausnutzung löst. Also wird die Mitbestimmung im breiten Sinne des Begriffes in den meisten demokratischen bürgerlichen Staaten ausgeschlossen. Eine Reihe der westlichen Autoren ist gezwungen, diese Tatsache anzuerkennen und zu bemerken, daß die Erreichung des Ziels der kapitalistischen Produktion — der Maximalprofit —die ausschließlichen Rechte der Unternehmer auf dem Gebiet des Treffens der Entscheidungen über die Benutzung der Produktionsmittel voraussetze.

Wenn aber alle Formen des Klassenkampfes als Formen der Mitbestimmung erklärt werden, so zieht man daraus eine andere Schlußfolgerung. Aber wenn die Arbeiter die Betriebe besetzen, nehmen sie schon an der Leitung nicht teil, sondern leiten selbst, weil die Mitbestimmung das mit der Administration gemeinsame Entscheidungstreffen voraussetzt. Die Fragen der Investitionen, der Firmenfusionen und die anderen Probleme, die mit der Einwirkung auf das System der Produktionsmittel verbunden sind, können nicht Gegenstand der gemeinsamen Entscheidungen der Vertreter der Arbeit und des Kapitals sein, was eben die Werktätigen zu den Streiks, den Betriebsbesetzungen und zu den anderen Formen des Klassenkampfes zwingt. Dieses Auftreten demonstriert auf solche Weise die Unmöglichkeit der Lösung solcher Probleme im Rahmen der Institutionen der Mitbestimmung. Unter den Bedingungen der wirtschaftlichen Krise am Anfang der Achtzigerjahre wurde diese These viele Male in verschiedenen Ländern bestätigt.

Ist im Kapitalismus die Teilnahme der Werktätigen an der Lösung der Fragen, die die Systeme „Mensch—Maschine", „Mensch—Kollektiv" angehen, möglich? Vor allem bedeutet das Einwirken auf das System „Mensch—Maschine" die Rationalisierung der Arbeit und des Produktionsprozesses. Die Teilnahme der Werktätigen an der Rationalisierung kann für die Unternehmer sehr vorteilhaft sein, deswegen sind sie bereit, die Werktätigen zur Lösung der Fragen des Kampfes gegen Probleme der Minderung des Rohstoffverbrauches, des Transports, der Produktionsausgaben heranzuziehen. Auf solche Weise ist im Kapitalismus die Teilnahme der Werktätigen an der Lösung der Fragen, die das System „Mensch—Maschine" angehen, nicht ausgeschlossen. Doch streben die Unternehmer danach, diese Teilnahme gegen die Werktätigen selbst auszunutzen: die Rationalisierung der Arbeit und Produktion führt zur zeitweiligen Erhöhung der Löhne eines Teils der Arbeiter und Angestellten, schafft letzten Endes aber die Bedingungen für die Massenentlassungen und die Verstärkung der Ausbeutung der gebliebenen Arbeiter. Deswegen setzt die Teilnahme der Werktätigen an der Einwirkung auf das System „Mensch—Maschine“ die Ausarbeitung einer wissenschaftlich begründeten Methode voraus, die die theoretischen Grundsätze des Marxismus auf die Realität dieser oder jener Länder anwendet. Nur auf diese Methode gestützt kann man so weit kommen, daß der wachsende Teil des Vorteils durch die Rationalisierung den Lohnarbeitern zugute kommt.

Dasselbe bezieht sich auf die Teilnahme der Arbeiter an der Lösung der Fragen, die mit der Schaffung dieses oder jenes Klimas im Betrieb (d. h. mit der Teilnahme an der Einwirkung auf das System „Mensch—Kollektiv“) verbunden sind. Im Kapitalismus sind die Werktätigen und Unternehmer objektiv interessiert an der Schaffung und Unterstützung des direkt gegenseitigen sozialpsychologischen Klimas. Dabei treffen einander offen die Interessen der fortschrittlichen Gewerkschaften und Arbeiterparteien mit denen der bürgerlichen Parteien und Organisationen. Die letzten streben danach, die Atmosphäre „der Gemeinschaft“, „Partnerschaft“ der Vertreter der Arbeit und des Kapitals zu verbreiten und zu unterstützen, um die Arbeiterbewegung zu schwächen. Die Werktätigen können die für sie annehmbaren Bedingungen der Teilnahme an der Lösung der Fragen, die mit der Einwirkung auf das System „Mensch—Kollektiv“ verbunden sind, nur im Resultat des schweren Klassenkampfes erreichen.

Im Ganzen können die Werktätigen im Kapitalismus unmittelbar real an der Lösung der Fragen teilnehmen, die die Systeme „Mensch—Maschine“ und „Mensch—Kollektiv“ betreffen. Da diese Systeme eng miteinander als auch mit dem System der Produktionsmittel verbunden sind, kann der Kampf der Werktätigen für die Mitbestimmung letzten Endes nur zu einer zeitweiligen Begrenzung der Unternehmermacht führen.

Also ist im Kapitalismus die unmittelbare Mitbestimmung nur im engen Sinne des Wortes möglich, weil sie im besten Fall vom System „Mensch—Maschine“ und vom System „Mensch—Kollektiv“ beschränkt wird. Die Werktätigen können die Entscheidungen, die das System der Produktionsmittel angehen, unter den Bedingungen der Monopolherrschaft im Prinzip nicht beeinflussen, weil eben hier ihre Teilnahme an der Entscheidungsfindung an die Grenzen stößt, die vom Privateigentum an den Produktionsmitteln bestimmt werden.

Darin besteht der Kernunterschied der Mitbestimmung im Sozialismus und im Kapitalismus. „Das gesellschaftliche Eigentum setzt voraus die aktive schöpferische Teilnahme der verbundenen Arbeiter an der Leitung der Produktion, und diese Aktivität wächst mit der Entwicklung des Sozialismus“, schreibt der sowjetische Professor A. M. Rumjanzew. „Das Privateigentum aber seiner Natur nach schließt solche reale Mitbestimmung aus.“[10]

Jetzt ist die letzte Frage zu beantworten: Kann der konsequente Kampf der Werktätigen für die Demokratisierung der Leitung zur Beseitigung des Kapitalismus führen? Viele westliche Autoren meinen, daß die Mitbestimmung ermöglicht, die Gesellschaftsordnung zu gründen, die „der Menschenwürde“ entspricht, „zum ‚demokratischen Sozialismus‘ zu kommen“, zum „Sozialismus der Mitbestimmung“. Solche Überschätzung der Praxis der Teilnahme der Werktätigen an der Entscheidungsfindung hat in der Regel ihre Wurzeln in den reformistischen Theorien der Vertreter der deutschen Sozialdemokratie der Weimarer Periode über den „organisierten Kapitalismus“, der angeblich allmählich in den Sozialismus übergeht. Die Mitbestimmung ist dann berufen, diesen Prozeß zu beschleunigen.

Inzwischen können die Werktätigen, solange das Privateigentum auf die Produktionsmittel existiert, vollberechtigt an den Entscheidungen nicht teilnehmen. Der konsequente Kampf für die Mitbestimmung ist gegen den Kapitalismus gerichtet, führt zu seinem Untergang. Aber dieser Kampf an und für sich beseitigt nicht den Kapitalismus: Es bedarf der Erkämpfung der politischen Macht durch die Arbeiter und die Übergabe der wichtigsten Produktionsmittel in gesellschaftliches Eigentum.

Der Kampf für die Mitbestimmung ist eine wichtige Richtung des gegenwärtigen Klassenkampfes. Dabei gibt es eine dialektische Wechselbeziehung: Die Werktätigen können einen Erfolg im Kampf für die Teilnahme an Entscheidungen nur im scharfen Klassenkampf erreichen, während der Klassenkampf vollblütiger unter den Bedingungen der breiten Bewegung für die Demokratisierung der Leitung der Produktion wird.

* * *

Also ist objektiv der Kampf für die Mitbestimmung letzten Endes der Kampf für die Macht. Die Arbeiterklasse kämpft zuerst, wie F. Engels schrieb, um einen Teil der Macht und „später um die ganze Macht, um in die Lage zu kommen, die bestehenden Gesetze entsprechend ihren eigenen Interessen und Bedürfnissen zu ändern“.[11] Die Richtigkeit dieses theoretischen Grundsatzes des Marxismus ist von der ganzen Praxis des realen Sozialismus bestätigt, wo die Werktätigen am aktivsten an der Leitung der Wirtschaft und der Gesellschaft teilnehmen.

ANMERKUNGEN

1 MEW, Berlin 1956, Bd. 1, S. 7.
2 MEW, Berlin 1956, Bd. 23, S. 350.
3 W. G. Afanasjew, Der Mensch in den Leitungssystemen, Moskau 1975, S. 38 (russ.).

4 MEW, Bd. 23, S. 647.
5 K. Walker, Workers' Participation in Management, „IILS Bulletin", Geneva 1974, S. 10.
6 Chr. Asplund, Some aspects of workers' participation, Brüssel 1972, S. 10.
7 E. Piehl, Multinationale Konzerne und internationale Gewerkschaftsbewegung, Frankfurt/Main 1974, S. 229.
8 Gewerkschaftliche Monatshefte, Nr. 7, 1981, S. 387 f.
9 Vilmar F., Demokratisierung der Wirtschaft, 1969, S. 29.
10 „Wettbewerb der zwei Wirtschaftssysteme", Moskau 1975, S. 13. (russ.).
11 MEW, Bd. 19, S. 258.

Welitschko DOBRIJANOW (Bulgarien)

DAS MARXISTISCHE SOZIOLOGISCHE PARADIGMA UND DIE GESCHICHTSWISSENSCHAFT

Der Einfluß seines Denkens und seines Werkes auf die Geschichtswissenschaft setzt sich auch hundert Jahre seit dem Tode von Karl Marx weiter fort. Als Beweis dafür gelten zweierlei Tatsachen: Erstens wird die von Marx ausgearbeitete Erkenntnismethode zur Methode in einer steigenden Anzahl von historischen Untersuchungen und zweitens ist das Marx'sche Herangehen an die Menschheitsgeschichte und an die historische Erkenntnis explizit oder implizit bei jeglicher Diskussion ontologischer, gnoseologischer, methodologischer und pragmatologischer Probleme der Geschichte präsent.

Wie auch immer sich die soziale und die spezifische historische Erkenntnis bereichert und entwickelt, so stößt sie auf Schritt und Tritt auf „heimtückische“ Fragen, die bereits von zahlreichen unserer Vorgänger gestellt wurden.

So wie einst stellt man sich auch heute noch die Fragen, ob sich die soziale (menschliche) und die Naturgeschichte abgrundtief unterschieden (W. Windelbank, R. Rikkert, M. Weber, R. Collingwood, etc.) oder zwischen beiden grundsätzliche Ähnlichkeit (Positivismus) bestehe; ob in der Geschichte der Menschheit irgendwelche objektive Gesetzmäßigkeiten oder Tendenzen (Durkheim) zu finden wären oder das historische Gelände allein von Zufälligkeiten geprägt werde (K. R. Popper), bestehen objektive Determinanten der menschlichen Tätigkeit oder ist sie ganz und gar ein Produkt autonomer Subjektivität; gibt es irgendwelche Wiederholbarkeit historischer Ereignisse oder ist jedes von ihnen einzeln und einmalig?

Die möglichen alternativen Antworten auf jede dieser und ähnlicher Fragen beweisen den wirklich komplexen und widersprüchlichen Charakter der sozialen Realität und ihrer historischen Projektion. Diesem Charakter entspricht auch das oftmals gegensätzliche Herangehen bei der Erforschung der historischen Prozesse des Wandels und der Entwicklung. Es hängt von der Verneinung oder Anerkennung eines gewissen Geordnetseins und irgendeiner Gesetzmäßigkeit der sozialen Wirklichkeit ab, ob der forschende Historiker sein Augenmerk auf das Einzelne und Einmalige (K. Jaspers), auf das Individuelle (Collingwood) richtet oder die geschichtliche Faktologie ablehnt und nach dem Verständnis der „Logik“ der Geschichte (B. Croce) strebt.

Diese Fragen stehen sowohl vor der Historiographie als auch vor der Soziologie, was von grundsätzlich gemeinsamen Wesenszügen beider Wissenschaften zeugt. Übrigens besteht hier auch folgendes Dilemma: Gibt es eine unüberbrückbare Kluft zwischen Soziologie und Historiographie, ist die eine, nach dem Modell Windelbands und Rikkerts, nur nomothetisch und die andere ideographisch, oder ist die soziale Erkenntnis einheitlich, d. h. nur historisch (B. Croce)?

Wie vielgestaltig auch immer die formulierten Fragen sein können und die alternativen Antworten sich „überlagern" (sich teilweise überdecken), zeichnen sie, als Ganzes genommen, die zwei Grundrichtungen des soziologischen Denkens außerhalb des Marxismus ab: die objektivistische und die subjektivistische. Und wenn ich hier kurz darauf eingehe, dann nicht etwa, weil ich Antworten parat hätte, sondern in der Absicht, den *historischen Beitrag von K. Marx (eine Brücke zwischen den extremen Positionen bei der Auslegung der sozialen (historischen) Realität und ihrer Erkenntnis zu schlagen)* hervorzuheben. Der Marxismus bietet keine fertige Antwort auf die historischen Fragen an, wie das K. Popper versucht glaubhaft zu machen, sondern nur die Methode zur Erforschung dieser Fragen. Diesbezüglich stellt das marxistische soziologische Paradigma ein unersetzliches Erkenntnisinstrument für alle Gesellschaftswissenschafter dar.

Das marxistische soziologische Paradigma ist am vollständigsten im Vorwort „Zur Kritik der politischen Ökonomie" dargelegt. Meines Erachtens nach kann dieses Paradigma auf verschiedene Art und Weise und in verschiedener Form dargestellt werden, und zwar auf der Grundlage seiner grundlegenden Kategorien, Produktivkräfte und Produktionsbeziehungen, Basis und Überbau, gesellschaftlich-ökonomische Formation. Das hier dargelegte Schema stellt nur ein mögliches Herangehen an diese Aufgabe dar, das auf der Kategorie der sozialen Wechselwirkung beruht (siehe S. 215).

Im Lichte meines Herangehens an das marxistisch soziologische Paradigma betrachte ich die Soziologie und die Historiographie (Geschichtswissenschaft) als *zwei Grundformen der Erkenntnis* des sozialen Systems, insbesondere der Gesellschaft. Die Historiographie gewinnt den Status einer Wissenschaft nur dann, wenn sie sich nicht auf die Beschreibung isolierter und unwiederholbarer Prozesse und Ereignisse beschränkt, sondern sie gleichzeitig erklärt, d. h. mit Hilfe von Modellen und Schemata nach gemeinsamen und gesetzmäßigen Zusammenhängen und Beziehungen im historischen Prozeß sucht.

Der Begriffsapparat, dessen sich der Historiker bedient, ist hauptsächlich der Philosophie und der Soziologie entnommen, aber der Historiker ist kein einfacher Illustrator bereitstehender Schemata, sondern auch ein echter Forscher.

Der Historiker entfaltet seine volle Kraft als Gelehrter, wenn er die geschichtlichen Ereignisse erklärt, einen Vorgang der Operationalisierung der theoreti-

Model

of sociological interaction

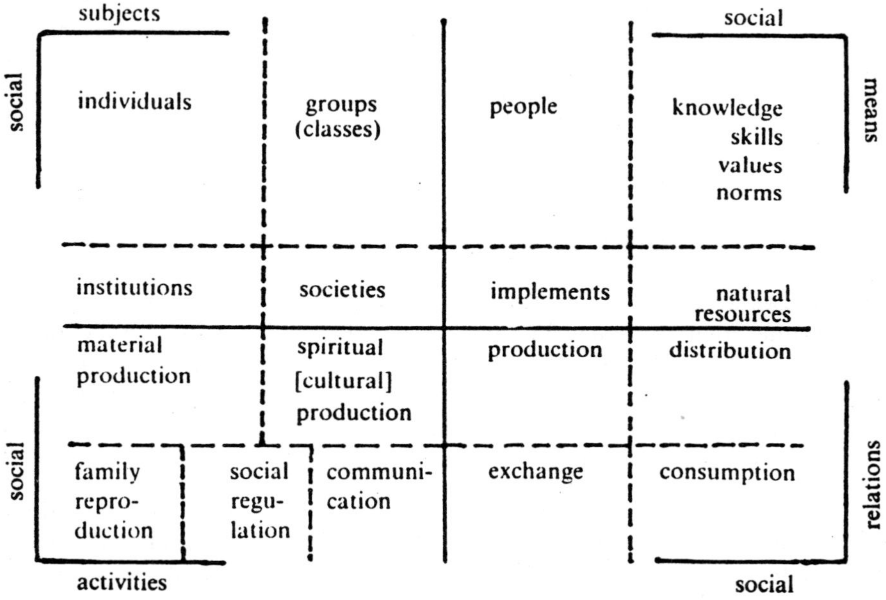

schen Modelle der Soziologie. Er gelangt von den höchsten Ebenen der Abstraktion zu immer niedrigeren, die gleichzeitig immer näher der empirischen Realität stehen, wobei der Prozeß der Deduktion von der Induktion von der empirischen Realität zu der theoretischen Abstraktion begleitet wird. Auf diese Weise deutet der Historiker die Tatsachen im Lichte einer vergangenen Erkenntniserfahrung, die in den theoretischen Modellen einen Ausdruck findet, und andererseits prüft, präzisiert, konkretisiert und bereichert er diese Modelle auf der Basis ihres Konfliktes mit der empirischen Wirklichkeit.

Worin besteht jedoch das Spezifikum dieser Formen der Erkenntnis — der Soziologie und der Historiologie?

Obwohl sie ein *gemeinsames Forschungsobjekt* haben (soziale Systeme) wie auch *gemeinsame Forschungsmethoden*, besitzt jede Wissenschaft ihren *spezifischen Forschungsgegenstand* und *spezifische Forschungsmethoden und -techniken.* Während das Hauptaugenmerk des Soziologen auf die *Gesetzmäßigkeiten der sozialen Systeme (ihre Struktur, Funktionieren und Entwicklung)* gerichtet ist, so betrachtet der Historiker den *genetischen Aspekt der sozialen Systeme — den Prozeß der konsequenten Veränderung der Strukturen und der Funktion der sozialen Systeme.* Die Chronologie ist ein Wesenszug der historischen Erkenntnis, während der Soziologe sich an das Prinzip der Bewegung des Denkens vom Allgemeinen zum Besonderen, des Aufsteigens von unvollständigen und armen zu inhaltsreicheren und aussagekräftigeren Abstraktionen hält. Aus diesem Grunde ist die historische Forschung *stets* zeitlich und räumlich bestimmt, was verpflichtend auch für eine konkrete soziologische Untersuchung ist, aber eben nicht für eine soziologische Theorie höheren Grades der Abstraktion.

Von diesem Gesichtspunkt heraus kann ein- und dasselbe Ereignis ein Forschungsobjekt des Soziologen wie auch des Historikers sein. Dabei kann auf der Grundlage desselben empirischen Materials eine *Theorie* des Ereignisses und eine *Geschichte des gleichen Ereignisses* ausgearbeitet werden. Die Schilderung und die Erklärung des Ereignisses ordnet der Historiker dem chronologischen Faden unter, dem zeitlichen Verlauf des Ereignisses. Die Chronologie gilt für den Soziologen nicht, obwohl sie gegebenenfalls auch unentbehrlich ist; er ordnet die Beschreibung und die Erklärung des Ereignisses vorwiegend nach der folgerichtigen Bewegung von der allgemeineren zur immer konkreter werdenden Ursache nach den folgemäßigen Zusammenhängen und Beziehungen.

Ich glaube, daß dies das Modell des Forschers — des Theoretikers und des Historikers — ist, das auch von K. Marx in „Der 18. Brumaire des Louis Bonaparte", „Das Kapital", „Der Bürgerkrieg in Frankreich" und anderen Werken angewandt wurde.

Wie E. Carr bezeugt, ist nach einigen Historikern die einzige Art und Weise, Geschichte zu schreiben, die, daß sie vom Historiker selbst gemacht wird. Gewiß macht und ändert der Historiker die Geschichte. Aber mag er sich auch noch so sehr einbilden, daß er die Freiheit hat, die Geschichte nach seinem Muster zu schreiben und zu ändern, so läßt er sich doch immer von irgendwelchen theoretischen Schemata leiten, oder er bleibt im Banne verschiedener Vorurteile des durchschnittlichen Hausverstandes. Die ganze Frage läuft darauf hinaus, die unerläßlichen theoretischen Schemata so zu wählen, daß sich die vergangenen Generationen in der von uns „gemachten" Geschichte nicht nur erkennen können (wenn möglich), sondern auch aus der gesammelten historischen Erfahrung — für diese zukunftsträchtig, für uns vergangen — klüger werden. Die über hundert Jahre alte Erfahrung der Arbeiterbewegung und der revolutionären Massenbewegungen der Welt wie auch der Versuch, diesen theoretisch und historisch einen Sinn zu geben, geben auch allen Grund zum Schluß, daß die Theorie von Marx eine Grundlage zur adäquaten Untersuchung der vielfältigen historischen Prozesse darstellt.

Francé KLOPČIČ (Jugoslawien)

FRIEDRICH ENGELS UND KARL MARX ÜBER DIE „GESCHICHTSLOSEN“ SLAWISCHEN NATIONEN 1847—1895

Bekanntlich hatten Karl Marx und Friedrich Engels kein bestimmtes, systematisiertes Nationalprogramm verfaßt, d. h. sie hatten keine theoretische und praktische Strategie und Politik der Arbeiterklasse in bezug auf die nationale Frage in der kapitalistischen, damals hauptsächlich europäischen Gesellschaft bestimmt. Sie äußerten sich vielfach zu den Angelegenheiten der Nationen, besonders F. Engels, nahmen jeweils Stellungen ein zu den Verhältnissen ihrer Zeit und waren darin umso entschiedener und leidenschaftlicher, wenn diese Verhältnisse eine gesellschaftliche Gefahr, z. B. Kriegsgefahr, seitens reaktionärer Klassen bedeuteten.

Ein nationales Programm der Arbeiterklasse und der proletarischen Revolution erarbeitete erst der Bolschewismus, namentlich Lenin. Es sei aber auch auf das fortschrittliche Brünner Nationalprogramm der gesamtösterreichischen Sozialdemokratie aus dem Jahre 1899 verwiesen.

Das „Versäumnis“ in der nationalen Frage ist natürlich nicht das Resultat einer Mißachtung der Nationen und ihrer Angelegenheiten seitens Marx und Engels, wenn auch nicht wenig dafür spricht, sondern eine Folge der noch nicht völlig entfalteten Lebenskräfte der Völker im vorigen Jahrhundert. Ende des XIX. und Anfang des XX. Jahrhunderts boten sich inzwischen genügend Tatsachen über die vollzogene Reife der nationalen Widersprüche und deren unentbehrliche Lösung.

Es ist deshalb historisch bedingt, wenn sich Marx und besonders Engels über die nationale Entwicklung falsch äußerten, wenn sie neben bis heute geltenden Prinzipien mehrmals Standpunkte einnahmen, die der Entwicklung der Menschheit widersprachen. Fehlgriffe dieser Art geschahen insbesondere bezüglich eines engeren Feldes der nationalen Beziehungen, nämlich den „geschichtslosen“ slawischen Nationen. Hier hatte die Geschichte die meisten entsprechenden Stellungnahmen unserer Klassiker über Bord geworfen.

Den Begriff „geschichtslose“ Nationen (Völker) kannte schon Hegel, und von ihm übernahmen ihn Marx und Engels ziemlich unkritisch.

Der Begriff sollte solche Völker (Nationen) umfassen, die in ihrer Vergangenheit keine Staatenbildung kannten und ohne eigene nationale Führungsschicht (Aristokratie, Bürgertum usw.) waren, weshalb sie keine Selbständigkeit und Souveränität bezeugten; diesen Völkern gehört keine Zukunft — lautete die Schlußfolgerung — sie sind ihrem Untergang ausgeliefert.

Solche „geschichtslosen" Nationen unter den Slawen stellten folgende Völker dar: in Mitteleuropa die Tschechen und Slowaken, im Süden und Südosten Europas die Slowenen, Kroaten, Serben, Bulgaren. (Ich betrachte diese Struktur der Nationen in bezug auf die erste Hälfte des XIX. Jahrhunderts.) Zu den „geschichtlichen" slawischen Nationen zählten Marx und Engels auch die Russen und die Polen.

Auf die „geschichtslosen" slawischen Nationen bezieht sich die hier vorliegende Abhandlung.

I

Die Aufgaben der Revolution 1848 gegenüber den unterdrückten Völkern.

Von besonderer Wichtigkeit für die allgemeine Einstellung von Marx und Engels zu den unterdrückten Nationen sind ihre Standpunkte Ende 1847 und in der ersten Hälfte 1848. Ohne Kenntnis dieser grundlegenden Einstellung ist es unmöglich, die Haltung von Engels und Marx zu verstehen, und zwar sowohl im gegebenen Abschnitt als auch in den kommenden Jahrzehnten.

Es war die Zeit, als eine neue Revolution in Europa heranreifte. „Mögen die herrschenden Klassen vor einer kommunistischen Revolution zittern" — so beendeten Marx und Engels das Manifest der Kommunistischen Partei, geschrieben im Dezember 1847 und im Jänner 1848, wobei beide die Bedeutung Deutschlands in den Vordergrund stellten:

„Auf Deutschland richten die Kommunisten ihre Hauptaufmerksamkeit, weil Deutschland am Vorabend einer bürgerlichen Revolution steht und weil es diese Umwälzung unter fortgeschrittenen Bedingungen der europäischen Zivilisation überhaupt und mit einem weiter entwickelten Proletariat vollbringt als England im siebzehnten und Frankreich im achtzehnten Jahrhundert, die deutsche bürgerliche Revolution, also nur das unmittelbare Vorspiel einer proletarischen Revolution sein kann."[1]

Diese Erwartungen stammen sowohl aus der Analyse der modernen bürgerlichen Gesellschaft als auch aus der Betrachtung der sozialen und politischen Lage in Europa.

Laut dieser Einstellung schrieb F. Engels noch im Jänner 1848 zwei Artikel: „Die Bewegungen im Jahre 1847" und „Anfang des Endes von Österreich". Im letzten prophezeit Engels den Untergang Österreichs, das er als „Festung der Barbarei", als „Säule der Schande“ Deutschlands schildert, indem es bei den unterdrückten Nationen den deutschen Namen mit „Infamie“ bedeckt hat, weswegen die Deutschen hoffen, „daß es Deutsche sein werden, die Österreich stürzen und die Hindernisse am Wege der slawischen und italienischen Freiheit wegräumen“.[2]

Engels erwartete also die Befreiung der Slawen in Österreich und die Befreiung Italiens. Darin sieht er die Pflicht der deutschen Nation und gleichsam die Möglichkeit der Freiheit für das deutsche Volk selbst.„Eine Nation kann nicht frei werden und zugleich fortfahren, andere Nationen zu unterdrücken“, sagte Engels auf einer internationalen Versammlung in London am 29. November 1847.[3]

Dieselben Ideen verfocht Engels im Juni 1848, als es in Prag zum Aufstand des tschechischen Volkes kam und Fürst Windischgrätz mit seinen Truppen und Kanonen den Aufstand blutig erstickte. In einem Artikel vom 17. Juni empört er sich über die Taten der Deutschen, die „in ihrer Revolution die Sünden ihrer ganzen Vergangenheit zu büßen haben“[4] und kommt zu folgender Schlußfolgerung:

„Das revolutionäre Deutschland mußte sich, namentlich in Beziehung auf die Nachbarvölker, von seiner ganzen Vergangenheit lossagen. Es mußte zugleich mit seiner eigenen Freiheit die Freiheit der Völker proklamieren, die es bisher unterdrückt hatte.“[5]

Solche revolutionäre Politik befürwortete Engels in Monaten des Aufschwunges der bürgerlichen Revolution 1848. Alle Aktivitäten der aufständischen Vorhut sollten sich dem Erfolg der bürgerlichen Revolution widmen und so die Entwicklung weiter zur proletarischen Revolution treiben.[6]

In allen diesen positiven Betrachtungen über die Zukunft der unterdrückten Völker, mit einigen bis heute geltenden Prinzipien von der Gesetzmäßigkeit der gesellschaftlichen Entwicklung kam aber Friedrich Engels niemals auf den Gedanken, daß sich die unterdrückten Nationen auch selbst aus eigenen Kräften befreien könnten: das blieb Engels völlig fremd.

II

Die slawischen Nationen in der Revolution und Konterrevolution. Das Beispiel Kroatiens.

Die Entwicklung in Deutschland und Österreich sowie in anderen Ländern vollzog sich nicht gemäß den Wünschen des Bundes der Kommunisten und auch nicht als Folge des mutigen Eingreifens dessen Mitglieder in die bewaffneten Kämpfe. Die alten reaktionären Kräfte einerseits, sich gegen alles Neue verzweifelt wehrend, und die junge Bourgeoisie, vor dem empörten Volk zitternd, andererseits begnügten sich mit einigen Änderungen und ließen viele alte Institutionen weiter existieren. Es kam nicht zu einer Abrechnung mit allen Resten des Mittelalters und zu einer Räumung der Wege für die Zukunft. Die bürgerlich-demokratische Revolution rückte zwar die Bourgeoisie in den Vordergrund und zu bestimmten Machtstellen, blieb jedoch auf halbem Wege stecken: Sie erfüllte nicht zur Gänze ihre historische Aufgabe, das Reich der bürgerlichen Herrschaft zu errichten. Die Revolution 1848—1849 scheiterte in erster Linie an der politischen Unreife der Bourgeoisie, in zweiter Linie wegen der Schwäche des damaligen industriellen Proletariats und dessen politischer Kräfte.

Am markantesten kam diese Lage zu Tage am Beispiel Österreichs mit seinen vielen Völkern. Die Konterrevolution bemächtigte sich aufs neue vieler verlorener Positionen und ergriff immer öfter die Initiative. Am 17. Juni 1848 schrieb Engels zum Prager Aufstand: „Die österreichische Soldateska hat die Möglichkeit eines friedlichen Zusammenlebens von Böhmen und Deutschland im tschechischen Blut erstickt.“[7]

Und wie reagierte die Hauptstadt Wien, damals noch in den Händen der bürgerlichen und kleinbürgerlichen Avantgarde? Wien schwieg zur Konterrevolution in Prag, die vom Fürsten Windischgrätz geführt wurde.

Erbitterte Kämpfe, im März 1848 angefangen und durch den ganzen Sommer andauernd, führten im Herbst 1848 zum Siege der Konterrevolution in Wien und Österreich. Die Erwartung von Engels im Jänner 1848, daß die Deutschen genügend Mut haben werden, um zu sagen: „La dynastie de Habsbourg a cessé de régner“, hat sich nicht erfüllt.

In derselben Notiz vom 4. November 1848, wo er über die Beschießung Wiens seitens der Truppen von Windischgrätz meldete, erwähnte Karl Marx zum ersten Mal die Nation der Kroaten, d. h. eine südslawische Nation. Er beschuldigte die Kroaten „und die anderen Ritter der gesetzlichen Ordnung und verfassungsmäßigen Freiheit“ entsetzlicher Schandtaten.[8]

Auf welche Taten beziehen sich diese Beschuldigungen? Es soll sofort vermerkt werden, daß bei den konterrevolutionären Truppen des Fürsten Windischgrätz die Kroaten mit Ban Jelacic an der Spitze einen beträchtlichen Verbündeten darstellten. Betrachten wir nun zuerst die kroatische Nation, die den revolutionären Aufschwung der Nationen im Jahre 1848 mitmachte. Kroatien gehörte als autonome Provinz zum ungarischen Königreich. Deshalb wirkte die ungarische Revolution im März 1848 unmittelbar auch auf Kroatien. Das ungarische

Abgeordnetenhaus nahm am 18. März eine Reihe von Gesetzen an, die die Möglichkeit einer bürgerlichen Umwandlung öffneten: Es wurde die Fronpflicht abgeschafft, die Verantwortung der Budapester Regierung vor dem Parlament eingeführt, die Steuerprivilegien des Adels zunichte gemacht, die Selbständigkeit Ungarns in militärischer und finanzieller Hinsicht ausgerufen. Das war ein Schlag gegen die Habsburger Dynastie in Österreich und gegen das österreichische System überhaupt, sogar mit der Trennung Ungarns von Österreich drohend. Es entstand ein scharfer Gegensatz zwischen Budapest und Wien. Kroatische Abgeordnete im magyarischen Parlament stimmten für alle genannten Gesetze, nur für ein einziges nicht, das die ungarische Sprache in ganz Ungarn samt kroatischen, serbischen, slowakischen, sächsischen und rumänischen Gebieten als Amtssprache verordnete. Dadurch war auch die autonome Lage Kroatiens eingeengt. Das führte zum Konflikt zwischen Budapest und Zagreb (Agram), in dessen Verlauf sich das feudale Wien einmischte. Der kaiserliche Hof spielte auf die alte Karte: Divide et impera! Teile und herrsche!

Nach Muster des Budapester Abgeordnetenhauses handelte der kroatische Sabor. Am 25. März beschloß der Sabor, den Baron Jelačić als Ban, d. h. Provinzoberhaupt, zu kandidieren und eine Delegation zum österreichischen Kaiser zu senden mit folgenden Forderungen: Vereinigung aller kroatischen Gebiete, Bildung einer kroatischen Regierung, verantwortlich vor dem Sabor, Anschluß des militärischen Grenzgebietes (gegenüber der Türkei) an Kroatien, Einführung der kroatischen Sprache in alle Institutionen, auch gerichtliche und kirchliche Befreiung der Bauern vom Fron, Organisierung eines eigenen kroatischen Heeres mit gewähltem Befehlshaber.

Der kaiserliche Hof in Wien zögerte mit der Antwort, war aber im Nu einverstanden, Jelačić zum Ban zu ernennen. Nach seiner Rückkehr in Zagreb erließ Jelačić ein Manifest, in dem er von völliger Änderung des Verhältnisses zwischen Ungarn und Kroatien sprach und alle Beziehungen mit der ungarischen Regierung abbrach. Der Sabor bestätigte diese Beschlüsse und erklärte, Kroatien werde „für die Einheit aller kroatischen Gebiete und für die Föderation der österreichischen Nationen kämpfen".[9] Auf diese Art schuf das kroatische Volk seinen Staat, unabhängig von Ungarn und Österreich. Das war zweifellos eine objektiv revolutionär-bürgerliche Entwicklung in der Richtung des allgemeinen Fortschrittes in Europa. Dem diente auch die Idee einer Föderation der österreichischen Nationen — eine weitgehende Forderung. Am 27. April veröffentlichte Ban Jelačić die Verordnung von der Beseitigung der feudalen Fronabhängigkeit der Bauern; beseitigt wurde das Gericht des feudalen Herrn. Kein Zweifel, die übergroße Mehrheit des Volkes, von oben befreit, schenkte der neuen kroatischen Regierung volles Vertrauen.

Diese sozialen und Unabhängigkeitsmaßnahmen bedeuteten eine nationale Renaissance der Kroaten, geführt durch einen Teil des Adels, durch das zahlenmäßig schwache Bürgertum und durch die Intelligenz. Dabei mußte sich Kroatien dem Gegner der kroatischen Freiheit und Kultur entgegenstellen, d. h. der ungarischen Staatsmacht, welche trotz der inneren, magyarischen revolutionären Wandlungen noch immer nicht genügend radikal-demokratisch war, um den Völkern, von Ungarn bisher unterdrückt, den Weg in die Freiheit zu gönnen. Aus denselben Gründen mußte sich die junge kroatische Demokratie nach Verbündeten gegen die Magyaren umsehen, und sie fand sie bei der österreichischen Konterrevolution, die ausgiebig die nationalen Gegensätze ausnützte, um Feld zu gewinnen.

Die demokratische Regierung Ungarns, radikal mit feudalen Beziehungen brechend, konnte sich in nationalen Angelegenheiten nicht vom bestehenden ungarischen Chauvinismus des Adels trennen; dieser Chauvinismus nahm sich vor — und war in dieser Hinsicht tätig — die fremden Nationen zu magyarisieren unter der Parole: Ein Gott, ein König, eine Sprache und ein Staat von den Karpaten bis zum Adriatischen Meer. Leider wollte die bürgerliche Revolution in Budapest, in hartem Kampf mit der österreichischen Reaktion, nichts von nationalen Sprachen anderer Völker wissen: Sie verordnete die magyarische Sprache als Amtssprache, als Verpflichtung anderer Nationen.

Außer den Kroaten stemmten sich gegen diese Verordnung auch Serben, die im Süden Ungarns lebten (nicht mit den Serben im eigenen Staat südlich der Donau am Balkan zu verwechseln!), als auch Slowaken, Sachsen und Rumänen. In den revolutionären Frühlingsmonaten 1848 verlangten die Serben Ungarns Gleichberechtigung, eine eigene und vereinigte Provinz und bestimmte autonome Rechte. Die im Mai stattgefundene serbische Versammlung in Sremski Karlovci wählte ein Komitee als Machtorgan aller Serben in Vojvodina, d. h. im Süden Ungarns, und verlautbarte folgende Prinzipien des Volkes:

1. Die serbische Nation ist politisch frei und selbständig, anerkennt jedoch die Obermacht der österreichischen Dynastie und das Verbleiben im Bereich des ungarischen Königreichs.

2. Es soll eine besondere Provinz Vojvodina geschaffen werden, zu der Gebiete gehören sollen, die namentlich aufgezählt worden waren.

3. Vojvodina schließt ein Bündnis mit dem Königreich Kroatien (mitsamt Slawonien und Dalmatien).

Diese nationalen Forderungen der Serben in Vojvodina wurden in Budapest entschieden abgelehnt. L. Kossuth drohte den Serben, mit dem Schwert die zwistigen Fragen zu lösen. M. Tancsics sprach im Parlament, daß es nach der

Erstickung des slawischen Aufstandes notwendig wäre, sie vom Gebiet, wo sie wohnen, zu vertreiben. Der ungarische Aristokrat Graf St. Szecheny schrieb in sein Tagebuch am 12. April 1848: „Die Slawen werden uns vernichten. Sie hassen uns — und mit Recht."

Um die kroatischen Forderungen durchzuetzen, überschritten die kroatischen Truppen unter Befehl von Jelačić am 11. September 1848 den Grenzfluß Drava (Drau), um das ungarische Heer anzugreifen. Erst in der Nähe von Budapest stießen sie beim Vordringen auf ernsten Widerstand. Indessen kam es in Wien zur Verschärfung der Lage: Die Revolution entflammte weiter, die Konterrevolution aber sammelte vor Wien das reaktionäre Heer des Fürsten Windischgrätz. Auf Wunsch und Befehl der österreichischen Reaktion änderte Jelačić seinen Plan und eilte mit seinem kroatischen Heer nach Wien. So kam es im Oktober 1848 zur Niederwerfung der Revolution in Wien.

Ähnlich, aber weniger ereignisreich und dramatisch, entwickelte sich die Lage bei den Slowenen im Süden Österreichs. Die Bauern bestürmten die Städte, in den Städten gab es erste Schritte einer Verselbständigung, jedoch zu entscheidenden Taten kam es nicht. Die revolutionären Ereignisse übten viel mehr Einfluß auf die Intelligenz und nüchterne Schichten des Bürgertums: sie rafften sich zu politischen Forderungen auf und brachten sie dem Staat entgegen. Auf diese Weise wurde das Verlangen nach einem einheitlichen, vereinigten Slowenien geboren, nach dem alle slowenischen Gebiete, in verschiedene österreichische Herzogtümer, Erzherzogtümer u. a. territoriale Einheiten zerstückelt, in eine besondere, autonome Provinz zusammenzufassen wären.

Die österreichische Reaktion mit dem kaiserlichen Hof an der Spitze verfuhr nicht brutal gegen dieses Verlangen, man verhandelte darüber sogar nach der Niederwerfung der Revolution in Wien weiter, bis die Reaktion Oberhand gewann und unter anderem auch die Vereinigung der Slowenen in eine selbständige Provinz abstieß. Aber dieselbe dynastische Reaktion, von revolutionären Ereignissen und wachsendem Druck der Massen und der Völker gezwungen, mußte sich zum entscheidenden Schritt wagen, nämlich die Befreiung der Bauern vom feudalen Joch zu gestatten. Das kaiserliche Gesetz vom 7. September 1848 beseitigte feudale Rechte und Vorrechte, die Bauern wurden frei und empfingen die Erde. Die Feudalherren bekamen eine Entschädigung, wovon zwei Drittel von Bauern bezahlt wurden und ein Drittel vom Staat, d. h. von den Steuerpflichtigen. Die Befreiung der Bauern hatte nicht alle Agrarfragen gelöst, schuf aber freie Wege für die kapitalistische Wirtschaftsentwicklung. Die Erfüllung der Forderungen errang das Dorf durch den Kampf und durch die bürgerliche Revolution, das Gesetz über die Bauernbereiung aber unterschrieb der Kaiser, der sich diesen Ruhm zuschrieb und dadurch eine politische Kraft erlangte, die er in der immer mehr wachsenden Konterrevolution vollständig ausnützte. Man löste den Bauern von der Revolution los. Als im Oktober 1848, einen Monat nach dem Befreiungsgesetz, die Akademische Legion und der Ausschuß der demokratischen Vereine in Wien die Dorfbewohner aufforderten, nach Wien zu kommen, um gegen die Konterrevolution aufzutreten, blieben die Bauern zu Hause.

So war es mit dem deutschen Bauern in Österreich, so war es mit dem slowenischen Bauern. Slowenien, das durch einige Freiheiten einen kleinen Fortschritt buchen konnte, vor allem die Bauernbefreiung begrüßte, schied so aus den Reihen der revolutionären Kräfte in Österreich aus und hinderte die Konterrevolution nicht an ihrem Vorhaben, ohne aktiv und unmittelbar der Konterrevolution zu helfen.

Die slowenische Nation erfuhr im Jahr 1848 eine nationale Renaissance. Der Frühling der Völker brachte ihr die ersten Rosen. Die Kälte der Reaktion ließ sie in alten [?] Provinzen weiter frosten. Im Grunde genommen finden wir bei den Slowenen, einer klassischen „geschichtslosen" Nation, dieselbe Lage, wie sie bei den Kroaten und Serben im ungarischen Reich entstand, und zwar zwiespältig: im Innern fortschrittlich, nach außen hin konservativ.

Eine ähnliche Lage finden wir bei den Tschechen und Slowaken, aus verschiedenen Voraussetzungen hervorgegangen. Nach der Niederwerfung des Prager Aufstandes 1848 war Engels überzeugt, daß dieser Akt der letzte Versuch der Tschechen war, sich in die Reihen der historischen Völker hinaufzuschwingen. Damit ist für Engels bewiesen worden, „daß Böhmen künftig nur mehr als Bestandteil Deutschlands existieren könne", auch wenn die Tschechen — diese „im Absterben begriffene Nationalität", nach Worten von Engels — noch weiter ihre Sprache anwenden werden.[9]

Die Entwicklung vollzog sich anders. Die „Geschichtslosen" schufen Geschichte.

III

Engels klassifiziert die Nationen in revolutionäre und konterrevolutionäre.

Wie analysieren Marx und Engels diesen Kampf zwischen Revolution und Konterrevolution? Marx schrieb am 6. November in der ‚Neuen Rheinischen Zeitung':

„Die ganze Geschichte zeigt keine schmachvollere *Erbärmlichkeit* als die der *deutschen Bourgeoisie*".[10]

Damit meinte Marx die Unentschlossenheit, die Inkonsequenz des Bürgertums in den entscheidenden Tagen des Jahres 1848.

Es handelte sich um dieselbe gegensätzliche Lage: Indem die tschechische Nation eine fortschrittliche Entwicklung bezeugte, stieß sie auf das Gegenstreben der deutsch-österreichischen Reaktion — die aber verstand, die Lage auszunützen — und auf Passivität und Unverständnis des deutschen Bürgertums, das seine historische Aufgabe, den unterdrückten Nationen Freiheit zu gewähren, nicht erfüllte. Eine Zusammenfassung der Ereignisse im Jahre 1848 machte Engels im Jänner 1849, als er den breiten Artikel „Der magyarische Kampf" schrieb. Zuerst faßte er die oben geschilderten objektiven Zustände als eine Verwirrung auf:

„Das Jahr 1848 brachte zuerst die furchtbarste Verwirrung nach Österreich, indem es alle diese verschiedenen, bisher durch Metternich einander knechtenden Stämme einen Moment freiließ. Deutsche, Magyaren, Tschechen, Polen, Mähren, Slowaken, Kroaten, Ruthenen, Rumänen, Illyrier, Serben gerieten untereinander in Konflikt, während in jeder dieser Nationen die einzelnen Klassen einander ebenfalls bekämpften.[11]

Falsch als Verwirrung der Lage beurteilend, vereinfacht Engels die weiteren Ereignisse:

„Aber bald kam Ordnung in dieses Wirrwarr. Die Streitenden teilten sich in zwei große Heerlager; auf der einen Seite der Revolution die Deutschen, Polen und Magyaren; auf der anderen Seite der Konterrevolution die übrigen, die sämtlichen Slawen mit Ausnahme der Polen, die Rumänen und die siebenbürgischen Sachsen."[12]

Engels ließ in der Fortsetzung die Geschichte zu Hilfe kommen:

„Diese Scheidung entspricht der ganzen bisherigen Geschichte der fraglichen Stämme. Sie ist der Anfang der Entscheidung über das Leben oder den Tod aller dieser großen und kleinen Nationen. Die ganze frühere Geschichte Österreichs beweist es bis auf diesen Tag, und das Jahr 1848 hat es bestätigt. Unter allen Nationen und Natiönchen Österreichs sind nur drei, die die Träger des Fortschrittes waren, die aktiv in die Geschichte eingegriffen haben, die jedoch jetzt lebensfähig sind — die *Deutschen*, die *Polen*, die *Magyaren*. Daher sind sie jetzt revolutionäre. Alle anderen großen und kleinen Stämme und Völker haben zunächst die Mission, im revolutionären Weltsturm unterzugehen. Daher sind sie jetzt konterrevolutionär."[13]

So klassifiziert Engels die Nationen. Nochmals zur Vergangenheit der Völker Österreichs greifend, beschreibt Engels ausführlich die Umstände, in welchen sich die Slawen zwischen den Karpaten und dem Adriatischen Meer, zwischen dem Schwarzen Meer und den Alpen befanden. Dabei sind seine Angaben nicht völlig verläßlich, mehrmals sogar falsch, was dem Niveau der damaligen Forschungen zu verdanken war.

Die Völker in diesem Raum — urteilt Engels — haben die „verschiedensten Zivilisationsstufen" erreicht, von der modernen Industrie und Bildung Böhmens „bis herab zu der fast nomadischen Barbarei der Kroaten und Bulgaren".[14]

In der Tat kann man bei den Kroaten und Bulgaren zu dieser Zeit und schon lange vorher kein Nomadenleben mehr antreffen. Übertrieben ist auch die Rolle der nichtslawischen Nationen: „Die treibende Klasse, die Trägerin der Bewegung, die Bürgerschaft war überall deutsch oder magyarisch. Die Slawen haben es schwer, die Südslawen aber nur ganz stellenweise zu einer nationalen Bürgerschaft bringen können."[15]

„Es ist kein Land in Europa", beginnt Engels von einer neuen Seite der Völkergeschichte zu sprechen, „das nicht in irgendeinem Winkel eine oder mehrere Völkerruinen besitzt, Überbleibsel einer früheren Bewohnerschaft, zurückgedrängt und unterjocht von der Nation, welche später Trägerin der geschichtlichen Entwicklung wurde. Die Reste einer von dem Gang der Geschichte, wie Hegel sagt, unbarmherzig zertretenen Nation, diese *Völkerabfälle*, werden jedesmal und bleiben bis zu ihrer gänzlichen Vertilgung oder Entnationalisierung die fanatischen Träger der Konterrevolution, wie ihre ganze Existenz überhaupt schon ein Protest gegen eine große geschichtliche Revolution ist.

So in Schottland die Gälen ...
So in Frankreich die Bretonen ...
So in Spanien die Basken ...
So in Österreich die panslawistischen *Südslawen* ..."[16]

Engels selbst faßt folgendermaßen zusammen:

„In Österreich, abgesehen von Polen und Italien, haben die Deutschen und Magyaren im Jahre 1848, wie seit tausend Jahren schon, die geschichtliche Initiative übernommen. Sie vertreten die *Revolution*. Die Südslawen, seit tausend Jahren von Deutschen und Magyaren ins Schlepptau genommen, haben sich 1848 nur darum zur Herstellung ihrer nationalen Selbständigkeit erhoben, um dadurch zugleich die deutsch-magyarische Revolution zu unterdrücken. Sie vertreten die *Konterrevolution*. Ihnen haben sich zwei ebenfalls längst verkommene Nationen ohne alle geschichtliche Aktionskraft angeschlossen: die Sachsen und Rumänen Siebenbürgens."[17]

Engels schildert weiter die Gefahr Rußlands, das eine „slawische Gegenrevolution" organisieren und somit die österreichische Monarchie überrumpeln könnte und seine „Barbarei" zu Tage bringen möchte. Jedoch bei dem ersten siegreichen Aufstand des französischen Proletariats, auf den Marx und Engels damals warteten — aber vergeblich — würden sich die österreichischen Deutschen und Magyaren befreien und dann könnten sie „an den slawischen Barbaren blutige Rache nehmen. Der allgemeine Krieg, der dann ausbricht, wird diesen slawischen Sonderbund zersprengen und alle diese kleinen stierköpfigen Nationen bis auf ihren Namen vernichten".[18]

Engels schließt den Artikel mit folgender Prophezeiung:

„Der nächste Weltkrieg wird nicht nur reaktionäre Klassen und Dynastien, er wird auch ganze reaktionäre Völker vom Erdboden verschwinden machen. Und das ist auch ein Fortschritt."[19]

Was die Völker anbelangt, erwies sich die Voraussage — wie wir wissen — als nichtig.

IV

Die Polen — eine Ausnahme

Anders beurteilte Engels (und Marx) die Lage der Polen. Im August 1848 begann das deutsche Parlament in Frankfurt die Frage der polnischen Provinz Posen (Poznanj) zu erörtern. Diese Provinz ging Preußen zu, als der polnische Staat von Rußland, Österreich und Preußen aufgeteilt worden war. Es wäre von der deutschen Revolution zu erwarten, daß dieses Stück polnischen Landes an Polen zurück käme, aber das geschah nicht. Man hielt schöne Reden über die Befreiung Polens, auf Eisenbahnstationen wurden Versammlungen mit heimkehrenden Polen organisiert, und man versicherte ihnen, „glühendste Sympathien" beim deutschen Volk zu finden; für mehr hatte man nicht den Mut, schrieb Engels.[20] Und das Frankfurter Parlament bestätigte alle Teilungen Polens, alle administrativen Regelungen in Posen, womit es „die Schmach von 1772, 1794 und 1815 von den Schultern der deutschen Fürsten auf ihre eigenen Schultern gewälzt" hatte.[21]

Engels verurteilte diesen Frankfurter Beschluß, mit dem die weitere Versklavung der Polen gesetzlich gesichert wurde:

„Solange wir also Polen unterdrücken helfen, solange wir einen Teil von Polen an Deutschland schmieden, solange bleiben wir an Rußland und die russische Politik geschmiedet, solange können wir den patriarchalisch-feudalen Absolutismus bei uns selbst nicht gründlich brechen. Die Herstellung eines demokratischen Polens ist die erste Bedingung der Herstellung eines demokratischen Deutschland." Und weiter schreibt er:

„Es versteht sich, daß es sich nicht um die Herstellung eines Scheinpolens handelt, sondern um die Herstellung eines Staates auf lebensfähiger Grundlage. Polen muß wenigstens die Ausdehnung von 1772 haben, muß nicht nur Gebiete, sondern auch die Mündungen seiner großen Ströme und muß wenigstens an der Ostsee einen großen Küstenstrich besitzen."[22]

Mit solcher inniger Sympathie, mit großem Verständnis für die polnische Nation und deren Schicksal sind die Kommentare Engels gefüllt. Diese Haltung ist im krassen Gegensatz zu der Haltung Engels gegenüber den Südslawen.

Überhaupt, es gibt kein europäisches Volk, das Engels so oft, so heftig und leidenschaftlich kritisert hat wie die Deutschen — so bemerkt der österreichische Historiker Ernst Hanisch in seinem Werk.[23]

Dem können wir nicht zur Gänze beistimmen, obwohl Engels historische Urteile umbarmherzig macht, aber er gebraucht hier korrekte Ausdrücke. Dessen glaubte er sich frei zu fühlen, als er über die Slawen noch heftiger und leidenschaftlicher herfiel, wie aus den angeführten Zitaten zu ersehen ist und noch zu ersehen sein wird. So wich Engels nicht vor Worten, wie im Jahre 1882: „bosnisches Raubgesindel", im Jahre 1885 nochmals „Räubergesindel", usw. zurück. Den Polen gegenüber bezeugte Engels (wie Marx) jedoch, wie wir kurz gezeigt haben, ein ganz anderes Verhältnis.

Über alle diese Ereignisse im großen und ganzen, in Details und mit Schlußfolgerungen schrieb vor Jahren der Ukrainer Roman Rosdolsky in seiner glänzenden Studie „Friedrich Engels und das Problem der ‚geschichtslosen' Völker. Die Nationalitätenfrage in der Revolution 1848—1849 im Lichte der Neuen Rheinischen Zeitung", veröffentlicht im Archiv für Sozialgeschichte, IV. Band, Hannover 1964. Dieser Studie stimme ich völlig bei.

Von slowenischen Autoren sollen zwei erwähnt sein: Dr. M. Britovsek, „Historische Darstellung der Standpunkte von Marx und Engels zu den slawischen Nationen", in slowenischer Sprache und Radoslav Jan, „Friedrich Engels und die jugoslawischen Völker" im deutschen Jubiläumsbuche „Friedrich Engels 1820—1970". Weniger systematisch befaßten sich mit Teilfragen noch einige Verfasser. Es sei auf das fundamentale Buch von Ernst Hanisch verwiesen, das im Jahre 1978 unter dem Titel „Der kranke Mann an der Donau. Marx und Engels über Österreich" erschien. Obwohl das Thema sich auf Österreich beschränkt und zu drei Fünftel der ersten Hälfte des XIX. Jahrhunderts gewidmet ist, enthält es grundlegende Erkenntnisse über die Ansichten von Marx und Engels, die weit den Rahmen Österreichs überschreiten.

V

Zwei Fehler von Friedrich Engels:

a) Die Slawen seien im vorhinein konterrevolutionär;
b) Die Analyse der inneren Klassenkräfte und Tendenzen bei den Slawen blieb aus.

So gestaltete sich das Bild von der Revolution in den Jahren 1848—1849, das von F. Engels (und Marx) einseitig beleuchtet wurde. Es wäre verständlich und zu bestimmtem Grade verzeihbar, wenn Engels (und Marx) ihre Empörung und Beschuldigung gegen die Slawen nur deshalb gerichtet hätten, weil die Slawen der Konterrevolution gedient haben, was noch besonders unbestreitbar wurde, als die große russische Armee im Jahre 1849 die Karpaten überwunden hat und die ungarische Revolution mit militärischer Gewalt niedertrat. Am meisten werden die Urteile von Marx und Engels in dieser Frage eben durch diese Umstände geklärt und freigesprochen. Das tat auch Lenin.[24] Und wir müssen der Wahrheit getreu zugeben, daß die slawischen Völker, mit Ausnahme der Polen, objektiv der Konterrevolution dienten, obwohl in ihrem Inneren fortschrittliche und revolutionäre Entwicklung vor sich ging. Dieser große Gegensatz spricht vom ausgesprochenen dialektischen Wandel der frühen bürgerlichen Gesellschaft.

Aber bei Marx und Engels war dieser wichtige und richtige Grund nicht der einzige für Kritik und Verurteilung der slawischen Nationen. Beide Klassiker waren, erstens, schon im vorhinein, a priori, vom konterrevolutionären Charakter der slawischen Völker überzeugt, und zweitens, beide leisteten keine Analyse der inneren Klassenkräfte und Tendenzen bei den Slawen, hegten kein Interesse an der Aufdeckung der endogenen Entwicklung bei ihnen, weswegen sie Tatsachen einer bürgerlichen Entwicklung, d. h. eines inneren Fortschrittes dieser Nationen, übersahen.

Es ergibt sich folgende Sachlage: Zu dem berechtigten Tadel von Marx und Engels an den slawischen Völkern, wegen ihres objektiven Beitrages zur Konterrevolution, gesellten sich unbegründete Beschuldigungen und übliche, keineswegs historisch-materialistische Betrachtungen in bezug auf die meisten Slawen, namentlich die Südslawen, was die Folge der oben genannten zwei Fehler bei der Einstellung von Marx und Engels in dieser Frage war. Man muß dabei hervorheben, daß die — bestehende, übernommene — Beurteilung der meisten slawischen Nationen als „geschichtslose" durch eine weitere — neue, schlimmere — Beurteilung dieser Völker als „konterrevolutionär" *ergänzt wurde*, wobei ihr „konterrevolutionärer" Charakter nicht nur im gegebenen historischen Moment wahrzunehmen wäre, sondern schon jahrhundertelang vorher bestünde. „Geschichtslos" und „konterrevolutionär" seien die meisten slawischen Nationen gewesen — so lautet das Urteil von Engels (und Marx).

Verbleiben wir ganz kurz bei dem ersten Fehler, bei der im voraus angenommenen Meinung vom konterrevolutionären Charakter der slawischen Völker. Darüber sprach ausführlich F. Engels, als er im Februar 1849 den berühmten Artikel „Der demokratische Panslawismus" gegen Michael Bakunin schrieb. Wie bekannt, veröffentlichte im Jahre 1848 M. Bakunin, ein Revolutionär aus Rußland oder, wie er sich selbst nannte, „ein russischer Patriote", der sich als Delegierter des Slawischen Kongresses 1848 in Prag vorstellte, die Broschüre

„Aufruf an die Slawen". Hier erklärte sich Bakunin für „Freiheit, Gleichheit und Brüderlichkeit aller Nationen", gegen die Unterdrücker, gegen die Grenzen zwischen den Staaten, für die Fortführung der Revolution, für eine „Föderation der europäischen Republiken".[25] Indem er besonders die Unterdrückung der slawischen Völker hervorhob, ruft er diese Völker zur Vereinigung, für ihre Unabhängigkeit in Europa auf, womit er den Panslawismus als Ideenströmung schuf. Engels opponierte Bakunin auf der ganzen Linie. Anhand von Taten aus der damaligen Geschichtskunde schildert Engels den Völkerwirrwarr in Mittel- und Südosteuropa durch Jahrhunderte. Er findet nur bei den Deutschen und Magyaren die Zivilisationsrolle in diesem Raume. Deswegen kommt er zur Schlußfolgerung:

„Wir wiederholen es: außer den Polen, den Russen und höchstens den Slawen der Türkei hat kein slawisches Volk eine Zukunft, aus dem einfachen Grunde, weil bei allen übrigen Slawen die ersten historischen, politischen und industriellen Bedingungen der Selbständigkeit und Lebensfähigkeit fehlen. Völker, die nie eine eigene Geschichte gehabt haben, die von dem Augenblick an, wo sie die erste, roheste Zivilisationsstufe erstiegen, schon unter fremde Botmäßigkeit kommen oder die erst durch ein fremdes Joch in die erste Stufe der Zivilisation *hineingezwungen* wurden, haben keine Lebensfähigkeit, werden nie zu irgendeiner Selbständigkeit kommen können."[26]

Und dieses Geschick gönnt Engels den Tschechen, Mähren, Slowaken, Slowenen, Dalmatinern, Kroaten und Schokzen. „Und aus diesem zerrissenen Fetzen will man eine kräftige, unabhängige, lebensfähige Nation zusammenstümpern"?, ironisiert Engels. Mehr noch, Engels lehnt auch für die unmittelbare Gegenwart die Schaffung eines tschechischen und südslawischen Staates ab. Sogar diese Seite der Frage blieb von Engels nicht unberührt. Was wäre das für ein Staat, fragt Engels, wenn seine fünfeinhalb Millionen Tschechen und Slowaken, wobei die Tschechen zum dritten Teil deutsch sprechen, die Slowaken aber, mit Deutschen und Magyaren „versetzt", sich in nationaler Hinsicht „gänzlich demoralisiert" haben, eigentlich von der deutschen Bourgeoisie der Städte beherrscht würden?[27]

Und wenn die Slowenen und Kroaten zusammen mit den türkischen Slawen, insgesamt fünfeinhalb Millionen Bewohner, eine „südslawische Republik" bilden möchten, könnten die Deutschen und Magyaren diesen Staat dulden, der ihnen den Weg zum Adriatischen Meer versperrt? Nein, das könnten sie nicht zulassen, sagt Engels.[28] Wäre so etwas, setzt Engels fort, „Dank dafür, daß die Deutschen sich die Mühe gegeben hatten, die eigensinnigen Tschechen und Slowenen zu zivilisieren, Handel, Industrie, erträglichen Ackerbau und Bildung bei ihnen einzuführen."[29] Die Frage verneinend, schwingt sich Engels in seiner gar pathetischen Befürwortung der Deutschen und Magyaren zur Behauptung auf, daß „diese ‚Verbrechen' der Deutschen und Magyaren gegen die fraglichen Slawen zu den besten und anerkennenswerten Taten gehören, deren sich unser und das magyarische Volk in der Geschichte rühmen kann."[30]

Aus der Geschichtskunde wissen wir aus neuen Forschungen, daß die Wirklichkeit in manchem anders war, als sie Engels aus damaligen Quellen schöpfte. Die Sachlage war im wesentlichen und in Einzelheiten ziemlich verschieden von den vor 130 Jahren bestehenden Vorstellungen. Doch ungeachtet dieser Verschiedenheiten, auch aus damaligen Vorstellungen und Tatsachen könnte Friedrich Engels, und nach ihm auch Marx, zu anderen Schlußfolgerungen kommen. Seinen eigenen Behauptungen fügte Engels bei: „Das alles indes würde noch nichts entscheiden. Hätten die Slawen zu irgendeiner Epoche innerhalb ihrer Unterdrückung eine *neue revolutionäre Geschichte*, so bewiesen sie schon dadurch ihre Lebensfähigkeit. Die Revolution hätte von dem Augenblick ihrer Befreiung an, und das besondere Interesse der Deutschen und Magyaren verschwand vor dem größeren Interesse der europäischen Revolution."[31]

Bevor wir dem Gedanken von Engels weiter folgen, müssen wir sofort konstatieren, daß Engels von der Meinung aus dem Jänner 1848 hier Abstand nimmt und nicht mehr der deutschen Revolution und der deutschen Nation die Aufgabe auferlegt, den Italienern und Slawen die Freiheit zu geben, ohne dabei irgendwelche Bedingungen zu stellen. Die Fortsetzung der Gedanken von Engels läßt keine Hoffnung für die Slawen aufkommen: „Aber das war gerade nie der Fall. Die Slawen — wir erinnern nochmals daran, daß wir hier stets die Polen ausschließen — waren immer gerade die *Hauptwerkzeuge der Konterrevolution*. Unterdrückt zu Hause, waren sie in der Fremde *die Unterdrücker aller revolutionären Nationen*, soweit der slawische Einfluß reichte."[32]

Wenn wir alle Ausdrücke, Meinungen, Behauptungen von Engels zusammenfassen, dann kann uns wohl dasselbe Gefühl und derselbe Gedanke erfassen, dem auch Engels nicht ausweichen konnte, nämlich — er beteuert uns: „Man erwidre uns nicht, wir träten hier im Interesse deutscher Nationalvorurteile auf."[33]

Und Engels bemüht sich zu beweisen, daß „die Redakteure der ‚Neuen Rheinischen Zeitung' schon lange vor der Revolution allen deutschen Nationalborniertheiten aufs entschiedenste gegenübergetreten sind." Usw. Das ist wahr, aber damit ist noch nicht bewiesen, daß Engels und Marx den Slawen gegenüber, namentlich den „geschichtslosen" und „konterrevolutionären" Slawen, nicht Ansichten vertraten, die von Voreingenommenheiten diktiert wurden, deren Wurzeln sowohl zur Überzeugung von dem Vorrang der deutschen Nation und ihrer Kultur hinreichten und nebenbei die Wurzeln auch in der Unterschätzung der meisten slawischen Völker fanden. Nur durch diese zweiseitige Einstellung

— aber sich nicht ausschließenden Seiten! — konnte man in der ‚Neuen Rheinischen Zeitung' von der Revolution 1848 und zu deren Anfang lesen, wie sich Engels und Marx für das Wegräumen der Hindernisse für die Freiheit der Slawen und Italiener erklärten, gegen Ende des Jahres 1848 jedoch die schon früher schwebende negative Position gegen die Slawen öffentlich eingenommen haben.

Damit kommen wir nochmals zum zweiten Fehler von Engels: Er zog die innere revolutionäre oder fortschrittliche Entwicklung der slawischen Völker nicht in Betracht, um so ihre bürgerliche Gestaltung für ihre weitere Zukunft zu erkennen. Eben deshalb schilderte er nicht die wahren, objektiven Verhältnisse dieser Völker im Todeskampf zwischen Revolution und Gegenrevolution, berücksichtigte nicht besonders, wie das Bürgertum ihre Revolution erwürgen ließ und mit der Gegenrevolution einen modus vivendi fand.

Es klingt heute beinahe unwahr und unglaublich, daß Engels seine Schrift gegen Bakunin mit einer Drohung an die Slawen schloß. Wenn Bakunin und „der Revolutionäre Panslawismus" sich wirklich für den Kampf für die Rechte der Slawen, für ihre Größe, Freiheit und Unabhängigkeit in der Welt entscheiden, „dann wissen wir auch, was wir zu tun haben" — schreibt Engels und endet folgendermaßen:

„Dann Kampf, ‚unerbittlichen Kampf auf Leben und Tod' mit dem revolutionsverräterischen Slawentum; Vernichtungskampf und rücksichtslosen Terrorismus — nicht im Interesse Deutschlands, sondern im Interesse der Revolution!"[34]

Die folgenden Jahrzehnte, das neue XX. Jahrhundert geben uns genügend Tatsachen und etliche Beweise, daß die europäischen Slawen sich behaupteten, sich entwickelten, in die Vorderreihen der Zivilisation eindrangen und ihr Bestehen als Staatsnationen affirmierten, womit sie den falschen Schatten des „geschichtslosen" Schicksals ablegten und zu historischen Objekten und Subjekten geworden sind.

Nun einig Worte über die Selbstkritik, die Engels zu der Politik des Bundes der Kommunisten machte, als er das Vorwort zum Buch von Karl Marx „Die Klassenkämpfe in Frankreich 1848—1850" schrieb, und zwar im Jahre 1895, also im letzten Jahr seines Lebens. Wir hegten keinen Zweifel, schreibt Engels, daß im Frühling 1848 „der große Entscheidungskampf angebrochen sei, daß er ausgefochten werden müsse in einer einzigen langen und wechselvollen Revolutionsperiode, daß er aber nur enden könne mit dem endgültigen Sieg des Proletariats." Und weiter: „Die Geschichte hat aber auch uns unrecht gegeben, hat unsere damalige Ansicht als eine Illusion enthüllt".[35] Nochmals zu dieser Lage zurückkehrend, konstatierte er, „wie unmöglich es 1848 war, die soziale

Umgestaltung durch einfache Überrumpelung zu erobern."[36] Diese Selbstkritik von Engels bezieht sich, wie man sieht, auf die Möglichkeit einer Entwicklung von der bürgerlichen weiter zur proletarischen Revolution mit einer „einfachen Überrumpelung". Diesem Tempo müßten sich alle anderen Revolutionsfragen fügen, auch die der Völker. Die Geschichte beschritt jedoch andere, ihr immanente Wege. Diese sehr allgemein geübte Selbstkritik konnte natürlich nicht jene Fehler aufheben oder erklären, die Engels (samt Marx) gegenüber den „geschichtslosen" und „konterrevolutionären" slawischen Nationen aufgezeigt hatte. Engels blieb bei seinen Ansichten und betrachtete weiter „solche seit Jahrhunderten von der Geschichte wider ihren eigenen Willen nachgeschleifte Nationchen" als negative Erscheinung, dem Untergang überlassen.[37]

Das hinderte Engels nicht, in seiner Ideenproduktion Tatsachen einzuverleiben, die ihr zukamen. „Was soll aus der europäischen Türkei werden?" lautet ein Artikel von ihm, in dem er im Jahre 1853 die Südslawen zu den einzigen Trägern der Zivilisation auf der Balkanhalbinsel emporhebt: „Sie sind zwar noch keine Nation, haben aber in Serbien schon einen kraftvollen und verhältnismäßig aufgeklärten nationalen Kern. Die Serben haben eine eigene Geschichte, eine eigene Literatur."[38] Etwas ähnliches gestand Marx am 5. März 1856, von der Reformation sprechend: „so hat Österreich doch von vornhinein die Grundlage zur Gefährlichkeit der Slawen gelegt, wo alle Stämme, außer den Russen, reformatorisch gesinnt waren. Mit der Reformation — die Übersetzung der Bibel in alle slawischen Volksdialekte. Damit allerdings Erwachen der Nationalität."[39]

Damit im Zusammenhang äußerte sich Engels im Brief an Marx im selben Jahr über die Slowenen: „Schade ist's um die slowenischen Bauern, die sich im XV. Jahrhundert so famos schlugen."[40] Gemeint ist der große Bauernaufstand der Slowenen und Kroaten im Jahr 1472, der in Blut ertränkt wurde.

Im März 1858 schrieb Engels sogar von einer Möglichkeit neben der Lostrennung Ungarns und Italiens von Österreich auch „slawische Aufstände" zu erleben.[41] Ein halbes Jahr später, am 8. Oktober 1858, finden wir bei Marx folgende Stelle: „Gleichzeitig sind außerordentliche Bewegungen unter den Slawen, namentlich in Böhmen, die zwar konterrevolutionär sind" — hier greift Marx zu den alten Ansichten zurück — „aber doch Ferment der Bewegung bieten"[42] — hier macht er Konzessionen zu den realen Ereignissen.

Dann kam es zu Kriegen in Europa: 1859 zwischen dem italienischen Piemont und Frankreich zusammen gegen Österreich und 1866 zwischen Italien und Preußen zusammen gegen Österreich. Wie bekannt, endeten die Kriege mit der Niederlage Österreichs und den Siegen Italiens und Preußens; Italien wurde ein vereinigtes Königreich, an das Österreich die meisten italienischen Provinzen abtreten mußte, und Preußen verdrängte Österreich völlig aus dem deutschen Bund, das nunmehr unter die Führung Preußens gelangte. Die Konstiutierung Deutschlands, nach dem Krieg mit Frankreich 1870/71 vollzogen, und das Zustandekommen Italiens bedeuteten eine weitere Etappe der bürgerlichen Entwicklung in Europa, die jedoch den noch unterdrückten slawischen Nationen keine wesentliche Änderung brachte, nämlich keine nationale Freiheit und keine staatliche Selbständigkeit. Auch der Ausgleich Österreichs mit Ungarn — das Entstehen des dualistischen Staates Österreich-Ungarn — änderte nichts in dieser Hinsicht.

Im Dezember 1860 berichtete Engels an Marx seine Antwort an Szemere auf die Frage zum Fall, wenn beim Verfall des Kaiserstaates die Habsburger bloß Könige von Ungarn blieben, das deutsche Österreich aber in den Schoß Deutschlands zurückfiele: Ich erklärte ihm, „daß eine solche Lösung *uns* ganz recht sein könne und wir den Ungarn die ganze Räuberbande mit Vergnügen zum Präsent machen würden".[43]

Mit „Räuberbande" sind natürlich die „geschichtslosen" und die konterrevolutionären Völker gemeint, die man sogar, nach Engels' Worten, schenken kann.

Hier sind zwei Meinungen vorhanden: erstens, Engels hätte nichts dagegen, daß Österreich zurück zu Deutschland käme und damit die großdeutschen Aspirationen befriedigt wären, und zweitens, still vorausgesetzt, die ungeschichtlichen Nationen, diese „Räuberbande", würde man abermals einer bürgerlichen, demokratischen Entwicklung entziehen, inklusive Gründung eigener Nationalstaaten, wie sie Italien und Deutschland erreichen konnten.

VI

Marx über die irische Frage

Karl Marx äußerte sich über die Lage in Mittel- und Osteuropa viel seltener. Es scheint, als hätte er Engels dieses Gebiet überlassen. Ihn beschäftigten mehr die Iren. Im November 1867 schrieb er an Friedrich Engels folgende kurze Formeln wichtigen Inhaltes, die noch heute imponieren:

„Was die Iren brauchen, ist:
1. Selbstregierung und Unabhängigkeit von England.
2. Agrarische Revolution ...
3. Schutzzölle gegen England ..."[44]

Nach Beendigung der Arbeit am ersten Band des „Kapitals" fand Marx Zeit, sogar ein Referat über die irische Frage in London im Dezember 1867 abzuhalten, wo er, als ein Beispiel der ursprünglichen Akkumulation, schilderte, was die

Schafe in Irland mit sich brachten, natürlich wegen der Wolle für die englische Textilindustrie: „Über 1,100.000 Menschen sind durch 9,600.000 Schafe ersetzt worden. In Europa ist etwas Ähnliches unerhört. Die Russen ersetzen die abtransportierten Polen durch Russen, nicht durch Schafe. Nur unter den Mongolen in China wurde die Frage einst beraten, die Städte abzureißen, um Platz für Schafe zu machen. Die irische Frage ist daher keine einfache Nationalitätsfrage, sondern eine Land- und Existenzfrage. Untergang oder Revolution ist das Losungswort.“[45]

Die irische Frage stand auch auf der Tagesordnung des Generalrates der Ersten Internationale. An den Generalrat richtete Marx im Jänner 1870 ein Schreiben, indem er u. a. folgendes sagte: „Das Volk, das ein anderes Volk unterjocht, schmiedet seine eigenen Ketten. Der Standpunkt der Internationalen Assoziation in der irischen Frage ist also klar. Ihre erste Aufgabe ist es, die soziale Revolution in England zu beschleunigen. Zu diesem Zwecke muß man den entscheidenden Schlag in Irland führen.“[46]

Die Erwähnung dieser Ansichten von Marx sollte eine Parallele zu den Ansichten Engels‘ über die europäischen Länder sein. Die unbedingte Untersützung der irischen Bewegung seitens Marx widerspricht keinesfalls der unbedingten Verwerfung der südslawischen Nationen seitens Engels: Im ersten Fall geht es um eine geschichtliche Nation und um den Kampf gegen die englische Bourgeoisie an ihrer empfindlichsten Stelle, im zweiten aber um „geschichtslose“ Natiönchen und nationale „Abfälle“ im Solde des reaktionären zaristischen Rußlands. Engels teilte vollständig Marx’ Ansichten in der irischen Frage. Er schlug sogar vor: „die Iren sowohl als andere unterdrückte Nationalitäten [gemeint sind ihre Vertreter. Fr. K.] können nur als gleichberechtigt mit den Vertretern der eroberten Nation und unter Protest gegen die Eroberung in die Assoziation eintreten“.[47] Dazu wäre nichts zu sagen.

VII

Unmarxistisches zum Krieg auf dem Balkan 1877/1878

Gegen Ende der Siebzigerjahre wurde die politische Krise in Osteuropa und auf dem Balkan immer akuter. Das zaristische Rußland offenbarte seine expansionistischen Pläne und bereitete sich zu einem Feldzug gegen die Türkei vor unter dem Vorwand, den unterdrückten slawischen Völkern auf dem Balkan Freiheit zu bringen und Konstantinopel für die christliche Welt wieder zurückzugewinnen. Die Gegensätze zwischen England und Rußland, zwischen Österreich und Rußland u. a. förderten die Kriegsgefahr. Mit der Türkei handelte man wie mit einem kranken Mann am Bosporus. Engels wie Marx warnten Europa vor dem Eindringen Rußlands in die Balkanländer. Einerseits sahen sie in ihm die schwärzeste Reaktion, drohend sich gegenüber Europa aufbäumend. Auf der anderen Seite erwarteten sie eine Revolution in Rußland. Im September 1877 vermittelte Marx seine Meinung an F. A. Sorge: Rußland ist „das bisher unverletzte Bollwerk und die Reservearmee der Konterrevolution“ und weiter: „Rußland [...] stand schon lang an der Schwelle einer Umwälzung.“[48]

Die Aufmerksamkeit der beiden Klassiker zogen wieder die südslawischen Nationen an, die inzwischen auf keine Weise untergehen wollten, sondern umgekehrt mit immer größeren und entscheidenden Forderungen und Taten in den Vordergrund rückten — samt ihrer Nachbarn, den Griechen, Albanern, Rumänen. Dabei mußte auch Engels zugestehen, daß diesen Völkern eine wachsende Autonomie gebührt. So schrieb Engels an Gustav Rasch nach Wien Ende November 1876: „Von Autonomie der Völker sprach ich höchstens insofern, als ich den Südslawen das Recht absprach, sich unter diesem Vorwande für russische Eroberungspläne herzugeben.“[49]

Einen Monat später erwähnt er wieder die Autonomie, konkret für Bulgarien: „Sogenannte Autonomie von Bulgarien heißt weiter nichts als die Vertreibung der Türken aus dieser starken Stellung und die Bloßlegung von Konstantinopel für eine russische Invasion.“[50] Diese Einstellung von Engels ist außerordentlich symptomatisch. Engels beurteilt das Benehmen der Südslawen am Balkan in erster Linie vom Standpunkt aus, wie dieses Benehmen dem zaristischen Rußland, d. h. der Bastion der Konterrevolution, nützt oder schadet. Es versteht sich natürlich, daß mit der großen Rolle des despotischen Kolosses ernst und in erster Linie zu rechnen ist, aber nebenbei ganz und gar die inneren Wandlungen der slawischen Völker zu unterschätzen oder nicht zu sehen, bedeutet einen schweren Fehler oder, besser gesagt, die Wiederholung des schweren Fehlers aus den Jahren 1848—1849, als der innere Fortschritt der slawischen Völker nicht berücksichtigt wurde.

Man kann voraussetzen, daß damit in Verbindung die Haltung von Marx im Jahre 1878 steht: „Wir sind auf das Entschiedenste auf der Seite der Türken.“[51] Marx kennt nicht die Südslawen, die, historisch gesehen, der Freiheit und dem Fortschritt zustrebten. Sogar jahrelang nach dem russisch-türkischen Krieg 1877/78 konnte sich Engels nicht vom russischen Komplex trennen und meinte im Oktober 1886, an E. Bernstein schreibend, daß es notwendig ist: „Die Südslawen unterstützen, wenn und solange sie gegen Rußland gehen, dann gehen sie mit der europäischen revolutionären Bewegung.“[52]

Hier können wir unsere kritischen Beobachtungen der Stellungnahme von Engels (und Marx) zusammenfassen: Es war vollständig unangebracht, die Unterstützung der Südslawen seitens der europäischen revolutionären Bewegung davon in Abhängigkeit zu bringen, inwiefern sich die Südslawen Rußland entgegensetzten. Die Freiheitsbewegung der südslawischen Nationen verdiente, wegen ihrer inneren Gesetzlichkeit, wegen endogener Ursachen, die objektiv fortschrittlich in der Geschichte wirkten, daß sie eine Unterstützung seitens der „europäischen revolutionären Bewegung" bekomme; damit hätten diese Nationen einen größeren Widerstand und gar Selbständigkeit gegenüber dem Einfluß von außen seitens der großen Staaten — Eroberer, die sich untereinander bekämpften und so manchmal ihre Gegensätze auf Konto der kleinen, unfreien Völker beglichen. Die Klassenstrategie und die Politik der Arbeiterklasse sollte nicht die Freiheitstendenzen und -taten unterschätzen, insbesondere weil sie objektiv die expansionistische Gier der großen Staaten und damit verbundene Kriegsgefahr hemmten und ebenso objektiv sich auf die Seite der „europäischen revolutionären Bewegung" stellten.

Solche Schlußfolgerungen erlaubt uns der Marxismus seinem Wesen nach, bestätigt und weiterentwickelt durch Jahrzehnte. Engels (und Marx) hatten in diesem Fall nicht marxistisch gedacht und gehandelt.

Den erwähnten Schlußfolgerungen müssen wir noch aus einem Grund beistimmen. Zu den großen Mächten in Europa gesellte sich damals Italien, indem es im Risorgimento einheitliches Königreich geworden ist. Im allgemeinen Gedränge der Großen um den Nachlaß der Türkei am Balkan ließ auch Italien seine Aspirationen laut werden. Engels behauptet: „Italien stand dem Meistbietenden, nämlich Rußland, zu Gebote, das Triest und Istrien, wenn nicht sogar Dalmatien und Tripolis offerierte."[53]

Solche Behauptungen, vielleicht nur Gerüchte — aber mögliche Schritte! — verlautbaren eine ziemlich delikate Strömung des jungen Italien, das zwischen den großen europäischen Nationen als eine der letzten die bürgerlich-demokratische und nationale Entwicklung beendet hat. Nämlich Italien fand erstens den Verbündeten im reaktionären Rußland und warf zweitens unverzüglich seine Expansionsblicke auf die „geschichtslosen" slawischen Völker an der östlichen Küste des Adriatischen Meeres. Kleine, unfreie slawische Nationen sollten Opfer des Handels der Großmächte werden.

Das müßten Arbeiterpolitiker beachten. Ebenso verdiente Beachtung der Umstand, daß Rußland, am Panslawismus halboffiziell interessiert und sich laut als Freund aller Slawen reklamierend, im Geheimen einen gefährlichen Makler auf Konto der europäischen Slawen spielte. Aus diesen Gründen ist es verständlich, warum bei den kleinen slawischen Nationen bald die Theorie festen Fuß faßte, daß vom Bürgertum keine Lösung ihrer nationalen Forderungen zu erwarten ist und daß für die kleinen Nationen eine Rettung nur der Sozialismus als neue Gesellschaft unter der Ägide der Arbeiterklasse bringen kann.

Diese Erkenntnis teilten leider unsere beiden Klassiker nicht mehr.

Während des russisch-türkischen Krieges widmete Engels große Aufmerksamkeit Bulgarien. Nicht zufällig: Bulgarien, mit Hilfe Rußlands seine Unabhängigkeit und Souveränität festigend, gelangte nach einigen Jahren in völlige Abhängigkeit von Rußland, das in Bulgarien seine Zivil- und Militärinstrukteure walten ließ, wodurch Bulgarien — nach dem Ausdruck von Engels — zur russischen „Satrapie“ wurde. Deswegen kam es zur Empörung, zum Widerstand, und Bulgarien befreite sich schleunigst von allen russischen Beratern. Es kam zum Bruch der diplomatischen Beziehungen zwischen Bulgarien und Rußland. Erst nach zehn Jahren, 1896, wurden die Beziehungen wieder aufgenommen. Engels verfolgte diese Ereignisse mit Sympathie für Bulgarien. Jedoch ließ er sich von einem Buch bulgarischer Volkslieder, die er in französischer Übersetzung las, so weit irreführen, daß er die bulgarische Nation mit einem Namen bezeichnete, den ich nicht zu wiederholen wünsche: er ist gänzlich verfehlt. Und wenn ich davon spreche, so nur deshalb, um zu zeigen, wie wenig marxistisches in diesem Fall Engels an den Tag brachte. Es ist historisch-materialistisch unzulässig, eine Nation aufgrund der Volkslieder, die möglicherweise subjektive Neigungen des Übersetzers zeigen, zu charakterisieren, ohne dabei die sozialen, ökonomischen, politischen und andere entscheidende Seiten ihres Lebens zu berücksichtigen.

VIII

Was führte Engels zu Fehlern?

Was führte Friedrich Engels zu den genannten Fehlern? Ist es Schuld des deutsch-nationalen Sentiments, in den Kinder- und Jünglingsjahren kennengelernt? Ist es die Überzeugung eines gewaltigen Vorsprunges der deutschen Kultur angeblich vor allen anderen europäischen gewesen? War der Einfluß Hegels, dem „universalsten Kopf seiner Zeit“, in der Betrachtung der Geschichte noch immer anwesend? Können wir von einer wuchtigen Enttäuschung über die Rolle der „geschichtslosen“ Nationen in den Revolutionsjahren 1848—1849 reden? Hatte diese Enttäuschung keine Grenzen? Gab es einen Mangel an Kritik der damals vorhandenen geschichtlichen Quellen, die die Slawen im vornhinein als konterrevolutionär behandelten? Gab es einen Mangel an Selbstkritik? Oder waren es diese Voreingenommenheiten zusammen oder einzeln gewesen, die Engels einen zusätzlichen negativen Akzent seiner mächtigen Figur des Denkers und des Revolutionärs verliehen? Mir scheint die letzte der erörterten Möglichkeiten als die realste.

Ich könnte diese Fehler Engels‘ nicht mit einem Wort oder Ausdruck definieren, denn das möchte das Wesentliche im Engels‘schen Denken und Handeln verschatten oder wegschieben. Nein, die revolutionäre Leistung von Engels war zu tief, zu breit, zu umwälzend und jener von Marx gleich, um sie durch eine

Teilcharakteristik zu ersetzen. Die Größe von Engels bleibt hoch und ungestüm. Man denke bloß an seinen „Anti-Dühring“, an „Dialektik der Natur“!

Ernst Hanisch drückte in seinem oben erwähnten Buch aus, daß Engels „ein Großdeutscher im Sinne der 1848“ war (S. 178). Damit stößt er gegen die gerade jetzt angebrachten Argumente. Außerdem, wie ich es geschildert habe, ging Engels seit Herbst 1848 und den späteren Jahren von der Ansicht aus, besser gesagt von einer apriorischen Meinung aus, daß von ihm angeführte Nationen und Natiönchen schon im vorhinein nicht zum Fortschritt, nicht zur Geschichte fähig waren. Hier liegt eher eine idealistische hegelianische Auffassung vor, nicht aber eine revolutionäre Nostalgie nach den Revolutionsjahren 1848—1849.

So meint Engels im Artikel über den Panslawismus im Februar 1849: „Was übrigens die Magyaren angeht, so ist hier speziell noch zu bemerken, daß sie namentlich seit der Revolution viel zu nachgiebig und zu schwach gegen die aufgeblasenen Kroaten verfahren sind. Es ist notorisch, daß Kossuth ihnen alles mögliche zugab, nur nicht, daß ihre Deputierten auf dem Reichstage kroatisch sprechen dürften. Und diese Nachgiebigkeit gegen eine von Natur konterrevolutionäre Nation ist das einzige, was man den Magyaren vorwerfen kann.“[54]

Also die Kroaten, eine „geschichtslose“ Nation, sind schon „von Natur“ konterrevolutionär. Ist dieses „von Natur“ vorgesehene Schicksal einiger Nationen nicht ein Bruchteil der Hegelschen Ansichten? Gibt es hier keinen Idealismus im philosophischen Sinne? Führt uns solche Betrachtung nicht zu den Priestern der Religionen, die von Gott gewählten Stämme oder Völker anzuerkennen? Ähnliche Aussagen von Engels finden wir auch in den nächsten Jahren und Jahrzehnten.

Wir weichen nicht von der Tatsache, daß sich Engels (und Marx) in etlichen Fragen irrten und zu Behauptungen griffen, die im krassen Widerspruch zu ihrer wesentlichen, fundamentalen Lehre, zu ihren Haupterkenntnissen stehen. Manchmal, wie gesagt, finden wir uns unwiderstehlich vor dem Gedanken, ihnen beiden zuzuwerfen: Aber das ist doch nicht marxistisch! Solche Gedanken kommen uns, wenn wir nochmals die Lage und Rolle der Nation der Kroaten betrachten und gefundene Erkenntnisse den Vorstellungen von Engels gegenüberstellen.

Erstens, Engels ging bei den Kroaten in keine soziologische Klassenanalyse ein, das heißt, Engels vertiefte sich nicht in das Innere dieser Nation, die eigenmächtig — ohne Kossuth! — bürgerlich-revolutionäre Veränderungen ergriff. Deshalb sah er nicht die Befreiung des kroatischen Bauern von Feudalfesseln, ebenso nicht das Emporkommen der kroatischen Intelligenz, die die allgemeine

Kultur der Nation förderte. Daraus ergab sich bei Engels eine Unterschätzung der Bauernschaft im Gange der allgemeinen Gärung in der europäischen Gesellschaft; dazu gesellte sich noch die Unterschätzung der Intelligenz, einer dünnen, jedoch an Rolle stark gewinnenden Schicht.

Ähnlich benahm sich Engels gegenüber den Slowenen, Slowaken, Tschechen und Ukrainern. Blieb diese Unterschätzung des Bauerntums bei Marx und Engels lange wach? Wie es in der Praxis stand, ist schwer zu beleuchten, aber in der theoretischen Erkenntnis kam es zum offenen Geständnis. Marx schrieb im Jahre 1851/52 im Buche „Der 18. Brumaire des Louis Bonaparte", daß beim Sturz des napoleonischen Staatsgebäudes in Frankreich die proletarische Revolution mit den Bauern „den Chor erhält, ohne daß ihr Sologesang in allen Bauernnationen im Sterbelied wird".[55]

Zweitens, Engels besaß kein Verständnis für den Nationalismus der rückständigen kroatischen Nation. Wenn die Kroaten ihre Sprache im Widerspruch zur Revolution in Ungarn verteidigten, sollte man nicht dem früher entstandenen magyarischen Nationalismus Gnade erteilen. Umgekehrt, man sollte dem magyarischen Nationalismus — als Begleiterscheinung der wirtschaftlichen, politischen u. a. Ungleichheiten — die Schuld für den kroatischen Nationalismus beimessen. Weiters sollte man den entfachten kroatischen Nationalismus nicht unterschätzen und nicht seine positive Funktion bei der Entstehung und Stärkung der kroatischen Nation zu einem modernen Glied Europas ableugnen.

Der Nationalismus der „geschichtslosen" Kroaten reizte ihren Willen zum Fortschritt, zum Einholen der fortgeschrittenen Völker, gab ihnen eine kohäsive Kraft, konnte sogar eine Einheit der Nation herbeiführen und sie den äußeren Feinden entgegenstellen.

Ähnlich beurteilte Engels den Nationalismus bei den Ukrainern, Tschechen, Slowaken, Serben, Slowenen u. a.

Wir sehen also eine bunte Lage in Europa, besonders im Zentrum des Kontinents. Gegensätze zwischen sozialen, nationalen, kulturellen Kräften verflochten sich untereinander, konnten teilweise wechselseitig ausgenützt werden, sogar ausgespielt, wodurch die gesetzten Ziele verschiedene Faktoren nicht erreicht und die Voraussagen der Ereignisse meistens untauglich wurden. Das Scheinbarste kam nicht zur Realisation, das Unmögliche wurde möglich. Die unerwartete Dialektik der früheren bürgerlichen Gesellschaft schuf oft Paradoxa. Im Zweikampf der Revolution und Gegenrevolution, beeinflußt durch die Gegensätze der Klassen und Nationen und durch die verschiedene Wirkung der Bauernbefreiung, blieb Österreich bestehen. Diesen Staat und seine Habsburger Dynastie schonte die Geschichte. Die Slawen Österreichs, am Bestehen dieses

Staates von der historischen Perspektive aus nicht interessiert, haben doch für sein Bestehen notwendigerweise gestanden und gestimmt. Mit Recht konnte Friedrich Engels nach der Besiegung des revolutionären Ungarn feststellen: Die Slawen haben Österreich noch einmal gerettet.[56]

Bald offenbarte sich die Ironie der Geschichte: Sie kannte keine Dankbarkeit. Der in Österreich eingeführte halbkonstitutionelle Zentralismus begrub alle slawischen Träume über eine nationale Gliederung des Staates, das heißt eine Reform, nach welcher administrative Teile dieses Staates aus autonomen nationalen Provinzen bestehen sollten: die zerstückelten Teile einer Nation wären in eine administrative Einheit zusammen zu bringen. In der Tat blieb die jahrhundertealte Ordnung, mit alten Provinzen usw. Den unterdrückten, erwachenden, hoffenden und betrogenen Völkern, namentlich slawischen, erwies sich das Bündnis mit der Gegenrevolution oder das passive Zuschauen ihrer Orgien als historisch verfehlt.

Damit in Zusammenhang ist es zu bedauern, daß sich Engels dem Nationalitätenprinzip — der damaligen Jahre! — widersetzt hatte. Wenn dieses Prinzip — ich unterstreiche: damals! — die Grenzen der großen historischen Völker in Frage stellt, das Recht der kleinen Nationen auf Bestehen und Entwicklung aber befürwortet, so war Engels von einem Irrtum befangen, als er dieses Prinzip als „Absurdität“ bezeichnete, erfunden — wie er sagte — „um einfältigen Leuten Sand in die Augen zu streuen, die man als bequeme Phrase benutzen oder beiseite werfen kann, wenn dies die Umstände erfordern“.[57]

Hier sind wir nahe der Behauptung, daß Engels (und Marx) keine nationale Theorie gegründet hatten. Das war eine Folge der Zeit, die schon verflossen war. Die Zeit aber, die heranbrach, verlangte nach solcher prinzipieller Affirmation und praktischer Handlung. So hatte die österreichische Arbeiterpartei, wirkend in einem Vielvölkerstaat, ein richtiges und modernes Verhältnis zur nationalen Frage an den Tag gebracht, als sie im Jahre 1874 auf dem Parteitag zu Neudörfl folgende prinzipielle Haltung einnahm:

„In nationaler Beziehung stellt sich das Selbstbestimmungsrecht der Völker als Grundsatz auf, erblickt jedoch in der nationalen Gliederung ihrer Genossen kein Hindernis ihres gemeinsamen Strebens nach materieller Befreiung, sondern erkennt im Gegenteil nur in einem brüderlichen Zusammenwirken, welches alle nationalen Arbeiterschaften gleich berechtigt und gleich verpflichtet, die einzige Bürgschaft eines Erfolges.[58]

Es war dies eine bahnbrechende Erklärung, ein Fortschritt zur demokratischen und sozialistischen Lösung der nationalen Gegensätze: Das Recht der Nationen zur Selbstbestimmung. Und das ließ sich hören schon im Jahre 1874! Die wahre, autochthone Bewegung der Arbeiterklasse fand einen der ständigen Grundsätze für Empanzipation dieser Klasse und für die humane Gestaltung überhaupt. Sie fand auch taktische Ratschläge: Die „nationale Gliederung ihrer Genossen", was „kein Hindernis ihres gemeinsamen Strebens" darstellte.

Nach meinen Forschungen — es kann sein, daß ich mich irre — gingen die Beschlüsse des Neudörfler Parteitages an Engels vorbei. Und im Jahre 1896, also ein Jahr nach dem Tod Engels', erklärte sich der Londoner Kongreß der Zweiten Internationale für das Selbstbestimmungsrecht der Nationen. Der Schritt der Arbeitermasse war unwiderstehlich.

IX

„Verdammt wenig" Sympathie für die slawischen Völker und Volkstrümmer

Im Februar 1882 schrieb Engels an Karl Kautsky nach Zürich eine Rückschau über die jüngsten Jahre. Er stellt sich selbst Fragen und beantwortet sie: „Nun können Sie mich fragen, ob ich denn gar keine Sympathien habe für die kleinen slawischen Völker und Volkstrümmer, die von den drei ins Slawentum eingetriebenen Keilen: dem deutschen, magyarischen, türkischen auseinandergesprengt sind? In der Tat, verdammt wenig.
Der tschechisch-slowakische Notschrei:
Boze! ... Ach nikdo nenî na zemi
Kdoby Slawum spravedlivost cinil?
ist von Petersburg aus beantwortet, und die ganze tschechische Nationalbewegung strebt dahin, daß der Zar ihnen Gerechtigkeit geben soll. So mit den anderen auch: Serben, Bulgaren, Slowenen, galizische Ruthenen (wenigstens teilweise). Für diese Ziele können wir aber nicht eintreten. Erst wenn durch den Zusammenbruch des Zarentums die nationalen Bestrebungen dieser Völkerknirpse von der Verquickung mit panslawistischen Weltherrschaftstendenzen befreit sind, erst dann können wir sie frei gewähren lassen, und ich bin sicher, sechs Monate Unabhängigkeit reichen hin bei den meisten österreichisch-ungarischen Slawen, um sie dahin zu bringen, wieder um Aufnahme zu flehen. Aber keinesfalls wird man diesen Völkchen das Recht zugestehen, wie sie es jetzt in Serbien, Bulgarien und Ostrumänien sich zuschreiben: den Ausbau des europäischen Eisenbahnnetzes bis Konstantinopel zu verhindern."[59]

Ich wiederhole, es war das Jahr 1882, als dieses Schreiben verfaßt wurde, also 34 Jahre nach der Revolution 1848, 16 Jahre nach dem preußisch-österreichischen Krieg 1866, 11 Jahre nach der Pariser Kommune. Engels hatte genügend geschichtliches Material, um Schlüsse zu ziehen, die anders lauten könnten, als er es geschrieben hatte.

Zur selben Zeit schrieb Engels an Bernstein. Dort finden wir ähnliche Gedankengänge, wie er sie Kautsky mitteilte. „Wir haben an der Befreiung des westeuropäischen Proletariats mitzuarbeiten und diesem Ziel alles andere unterzuordnen. Und wären die Balkanslawen etc. noch so interessant, sobald ihr Befreiungsdrang mit dem Interesse des Proletariats kollidiert, so können sie mir gestohlen werden. Die Elsässer sind auch unterdrückt, und es soll mich freuen, wenn wir sie wieder los sind. Wenn sie aber am Vorabend einer sichtbar heranziehenden Revolution einen Krieg zwischen Frankreich und Deutschland provozieren, diese beiden Völker wieder verhetzen und die Revolution dadurch vertagen wollten, so sage ich: Halt da! Ihr könnt ebensoviel Geduld haben wie das europäische Proletariat. Wenn das sich befreit, seid ihr von selbst frei, bis dahin aber dulden wir nicht, daß ihr dem kämpfenden Proletariat in die Parade fährt. Ebenso mit den Slawen. Der Sieg des Proletariats befreit sie wirklich, nicht scheinbar und temporär, wie der Zar. Darum sollen sie, die für Europa und seine Entwicklung bisher nicht nur nichts geleistet, sondern ein Hemmschuh an ihr sind, mindestens soviel Geduld haben wie unsere Proletarier. Um der paar Herzegowzen Willen einen Weltkrieg entflammen, der 1000-mal mehr Menschen kostet, als in der ganzen Herzegowina wohnen — das ist nicht meine Ansicht von der Politik des Proletariats.“[60]

Bei dieser Engelschen Ansicht aus dem Jahre 1882 gibt es Übertreibungen zweierlei Art: erstens haben die Südslawen mehreres für Europa geleistet, z. B. den Schutz vor der Türkei; zweitens, wegen der Herzegowzen konnte es zu keinem ‚Weltkrieg' kommen, denn es gab am Balkan in diesen Jahrzehnten viele Aufstände und Kriege Serbiens, Bulgariens und Griechenlands gegen die Türkei, die nicht einmal einen europäischen Krieg entfacht haben. Einen Krieg verursachten auch nicht die Unterstützungen der Slawen in Österreich-Ungarn zum Nutzen der Balkanslawen. So z. B. unterstützte die kleine Nation der Slowenen alle Aktionen gegen die Türkei für die Befreiung der slawischen Völker. Diese Unterstützung wurde damals zum ersten Mal zu einem der Faktoren in der europäischen Politik.

Um keinen Zweifel über die Meinung von Engels in nationalen Angelegenheit zu lassen, führen wir noch eine Stelle aus dem Brief an August Bebel vom 17. November 1885 an:

„Der europäische Krieg fängt an, uns ernstlich zu drohen. Diese elenden Trümmerstücke ehemaliger Nationen, Serben, Bulgaren, Griechen und anderes Räubergesindel, für die der liberale Philister im Interesse der Russen schwärmt, gönnen also einander die Luft nicht, die sie einatmen, und müssen sich untereinander die Hälse abschneiden. Das wäre wunderschön und geschäh dem nationalitätenschwärmenden Philister recht, wenn nicht jeder dieser Zwergstämme über europäischen Krieg oder Frieden disponierte."[61]

Wir finden also wiederholt Ansichten und „zarte" Ausdrücke — die sich nach den Revolutionsjahren 1848—1849 auf alle weiteren Jahrzehnte ausdehnten.

X

Einige sporadische Grundprinzipien

Nachdem Friedrich Engels in den Jahren 1882, 1885 und 1886 in langen Brief-Studien an Kautsky, Bernstein und Bebel die ihn berührende Frage nochmals skizzierte und beurteilte, sozusagen eine Rechenschaft ablegte, bleiben weitere seiner Äußerungen karg und selten. Seine Beschuldigungen der ungeschichtlichen slawischen Nationen flauten ab, die Gefühle ihnen gegenüber versanken in den Ereignissen des fließenden Lebens, das trotz einer mehr oder weniger ruhigen Etappe in Europa, aber bei zyklischen Schwankungen der kapitalistischen Produktionsweise, genügend Tatsachen mit sich schleppte, um Neues bei den unterdrückten oder ungleichberechtigten Nationen zu entdecken. Wir können schließen: die jahrzehntelangen Betrachtungen von Engels (und Marx) über die „geschichtslosen" und „konterrevolutionären" slawischen Nationen lassen uns eine konstante Linie ihrer Politik in dieser Hinsicht sehen. Daran können einige spärliche berechtigte Bemerkungen, wie z. B. jene in den Fünfzigerjahren, nichts ändern.

Wohl aber müssen wir in Betracht ziehen, daß Engels im Verlauf dieser Erörterungen sporadisch Ansichten äußerte, die über die eingewurzelte konstante Linie in nationalen Angelegenheiten hinweg gingen und ihre historische Geltung bis heute besitzen. Engels wäre nicht Engels, wenn er das Fundamentale in der Gesellschaft trotz Voreingenommenheiten nicht bemerkt hätte. So spricht er am 14. Mai 1872 auf der Sitzung des Generalrates der Ersten Internationale:

„In einem Falle wie dem der Iren muß wahrer Internationalismus notwendigerweise auf einer selbständigen nationalen Organisation begründet sein."[62]

Er schrieb im Brief an Kautsky im Jahr 1882 gegen jede führende Partei oder Nation in der Internationale, indem er besonders den französischen Chauvinismus in der Assoziation ablehnt:

„Erst die Ereignisse mußten ihnen [den Franzosen, Fr. K.] und auch manchen anderen beibringen und müssen es noch täglich, daß internationales Zusammenwirken nur unter *Gleichen* möglich ist, und selbst ein primus inter pares höchstens für die unmittelbare Aktion."[63]

Diesen noch heute aktuellen Gedanken schickte Engels folgenden Satz vor: „Eine internationale Bewegung des Proletariats ist überhaupt nur möglich zwischen selbständigen Nationen." Im Jahre 1892 gönnte Engels den Tschechen in der Sache der nationalen Autonomie „alles was sie wünschen und was ihnen notwenig ist". So lautet diese Stelle im Engelschen Brief an Victor Adler:

„Das Zusammenwirken mit den Tschechen ist auch politisch eine Notwendigkeit. Die Leute sitzen mitten in Deutschland, wir sind an sie gebunden wie sie an uns, und wir haben alles Interesse daran, da nicht ein jungtschechisch-russisch-panslawistisches Nest daraus werden zu lassen. Es gibt zwar auch Mittel, selbst damit auf die Dauer fertig zu werden, aber besser ist besser. Und da die Leute ja [?] nationale Autonomie *auf tschechischem Gebiet* alles von uns bekommen können, was sie wollen und brauchen, hat's auch keine Gefahr."[64]

Diese Erklärung von Engels war auch die weiteste, die radikalste in der Kette seiner Ansichten und Kritiken in dem hier betrachteten Thema.

Inzwischen kam die neue Zeit, die nicht lange auf sich warten ließ, um neue Ansichten, diesmal schon marxistische, wahrzunehmen.

XI

Eindringen des Marxismus in die Reihen der „geschichtslosen" und „konterrevolutionären" slawischen Nationen

Seit dem Tode von Friedrich Engels verging kein Jahrzehnt, als in den sozialistischen, marxistischen Kreisen und Parteien neue Auffassungen über die „geschichtslosen" und „konterrevolutionären" slawischen Nationen auftauchten. Beide Theorien, die Hegelsche von „geschichtslosen" Nationen, von Engels aufgegriffen, und die zusätzliche Theorie von „revolutionären" und „konterrevolutionären" Nationen, die Engels prägte, wurden aufgegeben und verworfen.

Karl Kautsky veröffentlichte in der russischen Parteizeitung „Iskra" im Jahre 1902 einen Artikel mit der Überschrift „Die Slawen und die Revolution". Das Wesentliche kann man in folgenden Sätzen finden:

„Heute scheint es, daß die Slawen nicht nur in die Reihen der revolutionären Nationen eingetreten sind, sondern daß das Schwergewicht des revolutionären Denkens und Handelns immer mehr zu den Slawen rückt. Das revolutionäre Zentrum wandert vom Westen nach Osten [...] namentlich Rußland zu."[65]

Diese Sätze gingen zwar von der Engelschen Ansicht aus, daß die Slawen früher nicht „in den Reihen der revolutionären Nationen" waren, geben aber zu, daß sie jetzt in diese Reihen „eingetreten" sind. Wichtiger in ihnen ist das Erkennen der großen Veränderungen in der Gesellschaft. Dabei klangen 1902 Kautskys mutige Worte als eine Prophezeiung. In der Tat war diese Voraussage ein Resultat der Erkenntnis der entstandenen gesellschaftlichen Lage vom Standpunkt des Marxismus. Auf die Verwirklichung der Voraussage mußte man nur einige Jahre warten.

Als marxistische Betrachtungen und Schlußfolgerungen kann man auch die Aussagen von Franz Mehring schätzen. Mehring erklärte klar und offen, daß sich Engels in der Frage der „geschichtslosen" Nationen gründlich geirrt hatte. Das geschah im selben Jahr, als Kautsky den Slawen Vorrang in der revolutionären Entwicklung gab.

Gründlich und konkret ging Otto Bauer vor. In seinem Buch „Die Nationalitätenfrage und die Sozialdemokratie" aus dem Jahre 1907 schilderte er insbesondere die „geschichtslosen" Völker in Österreich. Im XIX. Jahrhundert, schrieb er, kam es zur Erwachung des Selbstbewußtseins der niedrigen Klassen, was in Österreich eine „nationale Bedeutung" errang. Es entstand eine neue Kultur der Nationen, durch die heimische Intelligenz getragen. Die Nationen erreichten „eine immer höhere Stufe der nationalen Entwicklung", je mehr sie von der Industrialisierung erfaßt worden waren. „Das Erwachen der geschichtslosen Nationen äußert sich im politischen Leben und fortwährenden Wachstum der Macht dieser Völker."[66]

Der tatsächliche Verlauf der Geschichte nach der Oktoberevolution 1917 und nach dem Ersten Weltkrieg brachte mit sich eine Welle von nationaler Befreiung, Affirmation, Unabhängigkeit und Souveränität. Die Zahl der nationalen Staaten in Europa stieg mehrfach an. So führten materielle Veränderungen in der Gesellschaft zu neuen Erkenntnissen, von Franz Mehring, Karl Kautsky und später von Otto Bauer verlautbart.

Zu den maßgeblichen Tatsachen müssen wir auch Erfolge der Arbeiterschaft bei den Slawen in Mittel- und Südosteuropa zählen. Heftige Klassenkämpfe begleiteten die kapitalistische Entwicklung bei ihnen und gewährten das Eindringen des Marxismus in die empörten nationalen Massen, wofür insbesondere die Schaffung der sozialdemokratischen Parteien einen untrüglichen Beweis lieferte. Chronologisch lief die Gründung der Parteien folgendermaßen ab:

- — 1878 bei den Tschechen
- — 1891 bei den Bulgaren
- — 1894 bei den Kroaten
- — 1896 bei den Slowenen
- — 1899 bei den Ukrainern in Galizien
- — 1903 bei den Serben
- — 1905 bei den Slowaken
- — 1906 bei den Serben in Südungarn
- — 1909 bei den slawischen Völkern in Bosnien

Es ist bemerkenswert, daß die meisten dieser Parteien nach dem Nationalitätenprinzip gebaut worden waren, nicht aber der Staatenbildung zufolge. Mit der Gründung der sozialdemokratischen Parteien entwickelte sich die politische Tragweite des Marxismus. Die Grundprinzipien von Marx und Engels zogen siegreich in die Reihen der „geschichtslosen" und „konterrevolutionären" slawischen Völker ein, was wahrlich ein gesellschaftlich-politisches Phänomen darstellte.

Darauf wäre auch Engels stolz.

* * *

Indem ich in diesem Vortrag den Meinungen von Engels von Jahr zu Jahr gefolgt bin und dazu kritische Stellung eingenommen habe, will ich keinesfalls, wie gesagt, die Größe von Engels (oder Marx) ableugnen noch weniger von seinen grundlegenden Theorien Abstand nehmen.

Die Schwäche im Marxismus erforschend und daraus Lehren ziehend können wir dem Reichtum der Ideengeschichte einen positiven Beitrag zufügen.

ANMERKUNGEN

1 K. Marx u. F. Engels, Werke (im folgenden: MEW), Bd. 4, Manifest der Kommunistischen Partei, S. 493.
2 a. a. O., Anfang des Endes von Österreich, S. 510.
3 a. a. O., S. 417.
4 MEW, Bd. 5, Der Prager Aufstand, Artikel in der „Neuen Rheinischen Zeitung", S. 80.
5 a. a. O., S. 81.
6 MEW, Bd. 4, S. 502 f. Die Bewegungen im Jahre 1847, veröffentlicht in Deutsche Brüsseler Zeitung (23. Jänner 1848).
7 MEW, Bd. 5, S. 80.
8 a. a. O., S. 454.
9 Sbornik Revolucii 1848—1849, F. Potemkin u. A. Molok, Moskau 1952, Teil I, S. 451.
9a MEW, Bd. 8, S. 52, Revolution und Konterrevolution in Deutschland (Fr. Engels).
10 MEW, Bd. 5, S. 456, Artikel: Der Sieg der Konterrevolution in Wien.
11 MEW, Bd. 6, S. 168, Artikel: Der Magyarische Kampf.
12 a. a. O.
13 a. a. O.
14 a. a O., S. 171.
15 a. a. O., S. 170.
16 a. a. O., S. 172.
17 a. a. O., S. 173 f.
18 a. a. O., S. 175 f.
19 a. a. O., S. 176.
20 MEW, Bd. 5, S. 334, Die Behandlung der poln. Frage in Frankfurt.
21 a. a. O., S. 319.
22 a. a. O., S. 333 f.
23 Ernst Hanisch, Der kranke Mann an der Donau. Marx u. Engels über Österreich. Europaverlag

1978, S. 178.

[24] In der Studie „Ergebnisse der Diskussion über die Selbstbestimmung“ aus dem Jahre 1916 erwähnte Lenin das russische Heer, wie es im Jahr 1849 „den nationalen Befreiungskampf und den revolutionär-demokratischen Aufstand in Ungarn“ erwürgte und meinte: „Seitdem und bis zu Marxens Tod und sogar später bis zum Jahr 1890, als der Zarismus mit Frankreich zusammen Deutschland mit einem reaktionären Krieg bedrohte, nicht vielleicht ein *imperialistisches*, sondern ein national unabhängiges Deutschland, stellte Engels in die erste Reihe den Kampf gegen den Zarismus. Deshalb und nur deshalb waren Marx und Engels gegen die nationalen Bewegungen der Tschechen und Südslawen.“ „...die Tschechen u. a. waren in der Tat reaktionäre Völker, die Vorhut des Zarismus“ (W. I. Lenin, Sämtliche Werke, russ. Ausgabe, Band 30, Moskau 1962, Seite 38).

[25] MEW, Bd. 6, S. 270 ff.

[26] a. a. O., S. 275.

[27] a. a. O., S. 276.

[28] a. a. O., S. 276 f.

[29] a. a. O., S. 277.

[30] a. a. O., S. 279.

[31] a. a. O., S. 279 f.

[32] a. a. O., S. 280.

[33] a. a. O.

[34] a. a. O., S. 286.

[35] MEW, Bd. 22, S. 512.

[36] a. a. O., S. 515.

[37] MEW., Bd. 9, S. 34.

[38] a. a. O.

[39] MEW, Bd. 29, S. 25, Brief von Marx an Engels.

[40] a. a. O., S. 30 f.

[41] a. a. O., S. 305.

[42] a. a. O., S. 360.

[43] MEW, Bd. 30, S. 127.

[44] MEW, Bd. 31, S. 400, Brief von Marx an Engels vom 30. Nov. 1867.

[45] MEW, Bd. 16, S. 552.

[46] a. a. O., S. 389, 417, Konfidentielle Mitteilung, Jänner 1870 (für den Generalrat).

[47] MEW, Bd. 18, S. 80, Rede auf der Sitzung des Generalrates am 14. März 1872.

[48] MEW, Bd. 34, S. 296.

[49] a. a. O., S. 230.

[50] a. a. O., S. 235, Brief von Friedrich Engels an Hermann Engels vom 18. Dezember 1876.

[51] MEW, Bd. 34, S. 317, Brief von Marx an W. Liebknecht vom 4. Februar 1878.

[52] MEW, Bd. 36, S. 546.

[53] a. a. O., S. 557.

[54] MEW, Bd. 6, S. 279.

[55] MEW, Bd. 8, S. 204, Bem. 1.

[56] MEW, Bd. 11, S. 198, Deutschland und der Panslawismus.

[57] MEW, Bd. 16, S. 158.

[58] Herbert Steiner, Die Arbeiterbewegung Österreichs 1867—1889, Wien 1964, S. 99.

[59] MEW, Bd. 35, S. 272 f.

[60] a. a. O., Bd. 35, S. 279 f.

[61] MEW, Bd. 36, S. 390.

[62] MEW, Bd. 18, S. 80.

[63] MEW, Bd. 35, S. 270.
[64] MEW, Bd. 38, S. 445.
[65] Iskra, Nr. 18 vom 10. März 1902. Aus dem Slowenischen ins Deutsche rückübersetzt.
[66] Otto Bauer, Die Nationalitätenfrage und die Sozialdemokratie, 1907, S. 200, 204, 208, 490 f.

Helmut GRUBER (USA)

MARXISM IN THE AMERICAN UNIVERSITY, 1945—82: A DECEPTIVE TRIUMPH

Has Marxism succeeded in establishing a presence in the American University during the past four decades? It may come as a surprise to scholars outside the United States that the answer to the question is a decided „yes". It should also be noted that this success has been more apparent than real, that the significant qualifications of such a positive estimate may well vitiate it.

Yet, the implantation of Marxism in American academia is an undeniable fact, as a survey of the most obvious evidence makes clear.[1] For example, in the majority of the more than 1500 American colleges and universities, courses are offered in the history of marxism and/or its related movements as well as courses in which Marxist theory and method are explicit or implicit. Moreover, there exists a number of historical journals of a clear Marxist orientation.[2] In addition, articles on Marxism or by Marxists appear regularly in the most prestigious journals.[3] Similarly, the major American scholarly publishers include a growing number of works on Marx and Marxism and by historians of a Marxist inclination on their annual lists.[4] The books of a number of the latter — Eugene Genovese, David Brian Davis, Christopher Lasch, Arno Mayer, Barrington Moore Jr., William A. Williams — have become scholarly best-sellers and benchmarks in the profession. The acceptance of Marxism in the university perhaps is best illustrated by the recognition of Marxists in the historical profession. Three Marxists, Genovese, Williams, and Gerda Lerner (a chaired professor at Wisconsin University), have been recent presidents of the Organization of American Historians (with twelve thousand members). Dozens of others have held leading positions in the profession as officers of historical societies, as departmental chairmen and academic deans, as representatives to international organizations, and as recipients of national prizes.

More startling than Marxism's current level of acceptance in the university is the fact that it was attained almost entirely during the past two decades. The current Marxist professoriate has little or no academic ancestry. A government-inspired wave of national hysteria during the Korean war turned into a witch hunt against leftist professors on American campuses. In that atmosphere of forced conformity to the national Cold War purpose, in which loyalty oaths were required of professors in most public and many private universities, suspected Marxist „leanings" were tantamount to treason. The small number of Marxist professors, who had survived the anti-communist crusades of the twenties and eve of World War II,[5] were haunted out of the profession or forced into quietism.[6]

By the mid-fifties, the public discrediting of Senator Joseph McCarthy led to a recoil of liberal academics from the witch-hunting on university campuses to which most had been silent witnesses. But the university as an institution of free inquiry and critical knowledge was gravely injured by the experience, and the pervasive climate among the professoriate during the following decade was a strange mixture of alienation and conformity. Gradually, the university was rehabilitated in the eyes of public opinion.

It was in the context of a weakened university, uncertain of its purpose, and increasingly taking its main direction from outside itself, that a new generation of Marxist professors began to appear on American campuses. Their settlement in academia took place in three overlapping waves beginning with the midfifties and separated by ten-year intervals. Although it is not yet possible to draw a collective portrait of the „founders" of the fifties, a few important common characteristics are discernable and need to be mentioned to explain the period of Marxist implantation. First, in part as a reaction to the Twentieth Congress of the CPUSSR and the Hungarian rising, the Marxism of young professors shunned identification with any party or group.[7] Second, their Marxism was open to criticism and self-examination along intellectual lines and made for a toleration of the wide variety of twentieth century exegesis.[8] Third, no one entered academia by announcing „je suis marxiste". Neither was the climate in the university as yet ready for such declarations, nor did the young Marxists seek such self-advertisements. They came to develop and practice their Marxism in scholarship and teaching at the university.[9] They considered it an institution unlike any other in capitalist society, where under the doctrine of academic freedom they might quietly carry on their work.[10]

For the first decade these „founders" cultivated their gardens: by serious scholarship and publication; by presentations at meetings and historical societies; and by playing a leading role in the revisions of university curricula. In all these normal academic endeavors, their gleanings from the Marxist heritage were employed in an unprovocative manner. Despite the great dispersal of these efforts and the prevailing tendency in the profession to dismiss Marxism as the ideology of Soviet communism, their accomplishments during the first decade were considerable. They made it possible for graduate students to select as dissertation topics subjects such as class conflict, race relations, trade unions, negro culture, mass movements, socialism/communism, which had been taboo before.[11] They enriched the core courses in undergraduate history, which as junior faculty members they were required to teach, by introducing and highlighting social change, class conflict, minorities, and capitalism as a temporal phenomenon. They brought the broad range of European Marxist thought to the university community. Perhaps, most impressively in the eyes of their non-Marxist colleagues, they demonstrated in their own publications that Marxism and history from a Marxist perspective had to be taken seriously.[12]

It was a decade of personal effort in isolation, in which they encountered few receptive colleagues and knew of only scattered kindred spirits. A desire by a small number of professors in the New York metropolitan area to find out who else in the vast expanse of American academia shared their Marxist orientation and to gain encouragement for their work through an exchange of ideas and criticism, led to the creation of the Socialist Scholars Conference (SSC) in 1965.[13]

In planning the first annual SSC at Columbia University in September 1965, the organizers had hoped to attract from 100 to 150 like-minded historians, humanists, and social scientists searching to break out of their isolation on various university campuses. As the date of the conference approached, however, it became clear from the flood of written inquiries that several times that number should be expected. Even that estimate proved to be too modest, when the results of the conference were analyzed by its steering committee. Nearly 900 persons had registered and, at the high point, some 1200 had been in attendance.[14]

The weight of numbers alone made the first SSC a patent success. But an interpretation of these numbers based on registration lists and audience participation, led the steering committee to more cautious conclusions. It seemed that only 250—300 could actually be called scholars — professors and advanced graduate students. „We wish to show our students, our colleagues, and our fellow Americans in non-academic areas", the program had stated, „that alternative socialist interpretations have a validity, a vitality, and an integrity which have unfortunately been underestimated too long."[15] The majority of those in attendance appeared to have interpreted that statement not as a commitment to socialist scholarship but as a call to political action. The social conscience of the large number of undergraduate students in the latter group had already been awakened by the civil rights movement spearheaded by SNCC, by the anti-Vietnam war movement spreading through the campuses by „teach-ins", and by the mounting student revolt against the university which began as free speech movement at Berkeley University.[16] The organizers of the first SSC had also failed to anticipate that any socialist conference convened in New York City, regardless of how clearly „scholars" was emblazoned on its banner, would attract an audience drawn from a wide variety of leftist groups and sects searching for the means to express their activism.

During the next two years, the SSC steering committee became painfully aware of the conflict of interest between the core of scholars brought together by the conferences and the wider audience seeking political expression. The conferences of 1966 and 1967 underlined this contradiction. As the number of participants rose to 2,000 and 3,000 respectively, the atmosphere at the paper sessions became increasingly celebratory, leaving little room for scholarly discourse.[17] Consequently, to return to the scholarly purpose of the SSC, the steering committee decided to hold the fourth conference in 1968 outside New York City, on the campus of Rutgers University. But, despite the more academic setting, it became clear soon thereafter that the threat to a serious dedication to Marxist/socialist scholarship came not only from the mass audience but also existed within the group of 500—600 Marxist professors and graduate students, which had coalesced in the previous four years.

The strains between the commitment to socialist scholarship and desire to create a leftist mass movement and to organize mass action became overt in the steering committee after the third conference. Attempts to paper over these fundamental differences in the fall of 1967 failed.[18] In the winter of 1968 the steering committee, oecumenical from the beginning but dominated by the „founder“ Marxist professors until then, fell under the sway of the „new left“ and „movement people“. The steering committee, normally composed of a dozen members, had swollen to twenty-six with an additional fourteen former members in occasional attendance.[19] The unavoidable splintering came over the majority demand that socialist scholarship be „relevant“ to current national and international issues. The last two conferences of 1969 and 1970 subscribed to that aim, identifying it somewhat grandiloquently as the scholars' contribution „in the struggle for a socialist America“.[20]

Judged by the goals the founders of the SSC had set, it was a remarkable success. More than any activity of Marxist professors in the past three decades, it set the stage for the acceptance of Marxism in the American university. By the third SSC in 1967, it became clear to the „founder“ Marxist professors that the organization had served its purpose. An amazingly large number of kindred spirits in all parts of the country had been discovered by historians and those in other disciplines. The means had been created by the visibility of the SSC for fruitful scholarly exchange and collaboration, for the creation of local scholarly networks, and for the extension and deepening of Marxism's presence in the university. The clear emergence at annual conferences of the split between those concerned with scholarship and those seeking relevance and action only confirmed that the SSC had run its course.

One unexpected result of the SSC still needs to be considered. By 1970, the three decade groupings of the current generation of Marxist professors had emerged. The first or founder group had become firmly established in academia, with most in tenured positions and many holding full professorships. Having won these positions through academic merit, they were able to make their Marxism more explicit and also to influence the curricula and hiring of junior faculty members in their departments.[21]

The last or youngest group, largely composed of undergraduates, was too involved in attempting to turn the growing popular anti-Vietnam war movement, often confused with their bitter attack on the university, into a permanent body of dissent, to care much about Marxist theory or scholarship.[22] After the American withdrawal from Vietnam, as a stultifying quietism settled over the universities in the wake of Watergate, many of them returned to the campuses to complete their professional studies. By the mid-seventies, they entered the universities as junior faculty in departmental environments that had been made hospitable by their former generational targets.[23]

The middle group, entering the university as junior faculty at the time of the SSC and at the height of the anti-Vietnam war movement, was pulled in two opposite directions. They appreciated the trail their elders had blazed for them and sought to put their commitment to Marxism into practice along traditional lines. But they were also strongly drawn to join their young students, who appeared to be battering down the walls of the systems, and felt guilt-ridden to be bystanders at the university heights while history appeared to be made in the streets below. The pulls between scholarship and activism was a terrible burden for this sub-generation, which felt compelled to do both and found it impossible to gain satisfaction in either one.[24]

To appreciate fully the extent to which Marxism established itself in the American university after the mid-seventies, it is necessary to examine the most remarkable by-product of the SSC, the journal *Marxist Perspectives*. By 1968, as the holding of annual conferences already appeared counter-productive for Marxist scholarship to some of the SSC founders, discussion among them was begun about creating a journal to give national exposure to the work of Marxist academics. During the next several years the idea of the „journal", as it was then known, was kept alive by some thirty Marxist professors meeting sporadically in New York, Montreal, and Rochester.[25] But these collective explorations would have come to nought if it had not been for the dedication, drive, and physical and intellectual stamina of Genovese, who alone among the planning group steadfastly believed that the journal would become a reality.[26]

A printed brochure of April, 1976 announced the launching of *Marxist Perspectives*, calling itself a journal of criticism and debate, stressing intellectual excellence, and focussing on historical studies but also including a wide range of cultural criticism.[27] Although the prospectus declared an openness to „alternative Marxisms", it did attempt to establish a minimal common ground. „Our journal will be open, free of factional polemics, and designed to promote the development of studies from points of view that posit the centrality of class forces in historical process. By ‚class forces' we understand the full range of cultural, psychological, political, and economic elements in class formation."[28] The announcement was also issued as a press release, and a number of American newspapers reported about the journal being launched in a positive and even respectful tone that would have been unthinkable two decades earlier.[29]

The first issue of the quarterly appeared in the spring of 1978; the last in the summer of 1980.[30] The ten issues published were of a very high professional standard. In their conception format (which special sections devoted to contributions by foreign Marxists and non-Marxists), pertinence and variety of topics, and especially the quality of the content, they surpassed most scholarly journals. The subjects treated were varying and challenging, as only a small sample will illustrate: the family in the transition to capitalism; the Mexican economy during the revolution; class and labor in ancient society; the sociopsychology of sexual conflict; religion and the rise of socialism; John Bunyan and the English Revolution; Camille Pissarro, anarchist artist; origins of the institutional state; a theory of revolution; Yves Saint-Laurent's peasant revolution; social mobility in historical perspective; the Museum of Modern Art as a late capitalist ritual; class, ethnicity, and radicalism in America's „Gilded Age".

Marxist Perspectives was a journal unlike any other not only because of the high standards of its content and dedication to building a tradition of serious Marxist scholarship. It attempted to reach a broad range of readers in and outside the university, and by the end of its short existence had attained a readership unimaginable for an academic journal that was not related to a membership organization.[31] The university and trade publishers' advertisements announced some forty different new books on Marxism or by Marxist scholars in each of the issues. The journal received a veritable flood of articles of high quality for consideration, with a high percentage from younger scholars.[32]

Most remarkable about *Marxist Perspectives* and also most revealing about the level of commitment of Marxist professors was the enormous organizational effort which made it possible. An editorial board of from 15—17 was assisted by 25 contributing editors and 77 organizational secretaries. The latter, representing 25 states, functioned not only as editors but helped to promote the journal in their respective geographic areas. Each article was reviewed by three readers, who were expected not only to decide on publication but also to give extensive constructive criticism regardless of the decision. No one associated with the journal held an honorific position. The effort, so reminiscent of the first years of the SSC, demonstrated the extent to which Marxism had become a force within the university.

Despite its short life, *Marxist Perspectives* brought into focus the significant place Marxism had attained in the university both as a world view and method to be respected even if not shared. Today, the current generation of Marxist professors (of all three decades) have come to view their scholarly attempts to understand the world and to interpret it as a form of political intervention.[33] They have also accepted the fact that their's is a long range activity. Nothing sums up the current mood more eloquently than the „editorial statement" in the first issue of *Marxist Perspectives* (p. 4):

„Marxism cannot guarantee those ‚correct' answers without which dogmatists seem to find life unbearable; nor can it guarantee that the ultimate and most painful questions of life have any scientifically verifiable answers at all. But it does claim, after more than a century of remarkable victories, that it can define, better than any alternative world view, the nature of the questions confronting humanity in this epoch of mortal danger and unprecedented possibilities for a better life. And it claims further that its method, at once historical and dialectic, enables it to pose the questions which intellectuals must face if they are not to abdicate their responsibility to interpret the world and thereby to contribute towards changing it for the better."

Looking back on the past three decades, it does not seem exaggerated to conclude that Marxism has „triumphed" in the American university. Certainly not, if one includes the qualification that all forms of success harbor elements of their dialectical opposite. And, yet, the significance of this real accomplishment is greatly reduced by the transformation of the university itself during the same period.

The American university of today is thoroughly industrialized. The process, begun long ago by government intervention, was accelerated during World War II and especially after the launching of sputnik.[34] The latter led to an enormous effort at national intellectual preparedness consisting of massive government funding of the sciences in the universities.[35] The government's aim was to create a large pool of experts and to expand the existing research facilities of universities to carry out the work deemed necessary in fighting the Cold War. Intervention took many forms: grants for the expansion of physical plants and research centers; contract research; support of special institutes; student fellowships; the purchase of equipment; and the underwriting of overhead expenses, incurred by the universities for many of these activities.[36]

In return for this largeness, the government expected certain timely results. Graduate education, in the sciences particularly, was under pressure to produce finished, narrow specialists in the shortest possible time. The rapid „production" of doctoral students necessitated the amputation of everything in their course of study not considered vital to their narrow goal. All of government sponsored research came under time pressure as well, and since renewals of contracts were predicated on prior success (and voluminous progress reports) an era of remarkably „successful“ research efforts ensued. Since professors engaged in these were judged by the volume of production rather than the quality of serious, generally time-consuming efforts, slow intellectual and scholarly maturation were discouraged. A huge mountain of trivial publications were produced especially by younger academics in fear of the contemporary dictum „publish or perish“.

The development of these mega-universities, increasingly devoted to a diversity of professional and vocational education together with the growing infusion of government funds and special priorities, also accelerated the dominance of a new managerial elite. Traditionally, university administrations, particularly the deans and provosts who guided the teaching and scholarship, were professors of some distinction drawn from the ranks of the senior faculty. Their leadership was based on collegiality, probity, and civility; they functioned as exemplars but always within the context of *primus inter pares*. The new men of power have little experience as scholars and teachers and little commitment to the traditional liberal goals of the university: the creation and dissemination of knowledge through free inquiry and the open contest of ideas. They see themselves as stewards of public and private funds to be spent „usefully“ in creating the technical and professional manpower and information the nation needs. In practice they have transferred the outlook and methods of the business world to the university. Collegiality has been pushed aside in the drive for efficiency in managing corporationsized enterprises. A new vocabulary — „productivity“, „student/faculty ratios,“ „load sheets“, „five-year projection“ — and procedures serving a stratified chain of command gradually introduced the norms of industrial practice.[37] In carrying out this rationalization, the new men have had the full support of university trustees, men of influence and power in government and business, for whom practicality is a first principle.[38]

Industrialization has radically changed the role and status of the faculty from a major determiner of university goals and programs to employees. To be sure, the traditional anarchy which characterized faculty governance made it an easy victim of those with a single-minded purpose. Moreover, the temptation of many professors by the government's largeness made them converts to entrepreneurship.[39] The student onslaught against the university in the late sixties and early seventies, though embodying some just grievances, contributed to administration and trustee attitudes that faculties could not be trusted and led to further centralization and control from the top. Today, faculty governance is exercised through senates, which are free to debate any question of university life and to make recommendations. But they have no control over the budget, which alone establishes the priorities and direction of the university.[40] Professors have become objects in a typical labor-management structure in which the former is rewarded and punished by the latter. Faculty attempts to unionize to protect themselves in this adversary atmosphere have been largely resisted by the administrations or beaten back.[41] Only the maintainance of the tradition of faculty tenure has prevented the full exercise of „reinforcement" techniques in management's „shaping" of the university.

In the light of this fundamental restructuring,[42] the position of Marxism in the American university takes on a different meaning than its triumphant rise would suggest. The dismal reality to be faced is that Marxists share with the rest of the professoriate in the powerlessness to make ideas and values important. The liberal principles of the university — defining and protecting an institution that was both in- and outside society — have been reduced to a fig leaf that thinly disguises what cannot be viewed as anything but an emasculation. One is forced to conclude that the success of Marxism has been vitiated by the debasement of its setting.

FOOTNOTES

1 Systematic studies of the subject do not exist. The recent „Marxism and History", by Michael Merrill and Michael Wallace in Bertell Ollman and Edward Vernoff (eds.), *The Left Academy: Marxist Scholarship on American Campuses* (New York, 1982), is only a partial perusal of the main subjects treated in Marxist scholarship. Because the evidence is extremely fugitive, the writer has been forced, more often than may be desirable, to draw of thirty-one years of personal experience in the university.

2 These include: *Radical History Review, The Review* (Braudel Center), *Socialist Review, Science and Society, Review of Social and Working Class History, International Labor and Working Class History, Telos, New German Critique, Studies on the Left,* and *Marxist Perspectives*. The latter two are now defunct.

3 Such as: *American Historical Review, Journal of Modern History, Journal of Social History, Labor History, Slavic Review, Journal of Contemporary History*. Marxist historians are well represented on the editorial boards of these and other journals.

4 The use of „inclination", „tendency", „perspective", „orientation" and the like are not evasions but necessary modifiers in describing American Marxist historians, whose relationship to Marxist theory and method is extremely varied and often more a matter of practice than declaration.

5 See Robert K. Murray, *Red Scare: A Study in National Hysteria* (Minneapolis, 1955) and Lawrence H. Chamberlain, *Loyalty and Legislative Action* (Ithace, N. Y., 1950).

6 A few illustrations should suffice: Between 1952 and 1954 over 100 academics were called before the U. S. House and Senate internal security committees. The celebrated Cambridge University historian of classical Greece, Moses I. Finley was fired by the Rutgers University trustees in 1952 for relying on the Fifth Amendement to protect his rights. The historical sociologist Sigmund Diamond revealed in 1977 that Mc George Bundy, dean at Harvard in the 1950s, had denied him a position there because Diamond refused to name names to the F.B.I. See Ellen Schrecker, „Academic Freedom and the Cold War", *The Antioch Review*, 3 (summer, 1980), pp. 313,

320—21, 325. For an imaginative integration of the anti-leftist witch-hunting with a pervasive anti-intellectualism of the fifties, see Richard Hofstadter, *Anti-Intellectualism in American Life* (New York, 1963), chapter 1.

7 Among them there were ex-members of the CPUSA, Young Communist League, Socialist party, Trotskyists and other left sects.

8 In the early fifties the influence of Antonio Gramsci on the doctoral dissertation of John M. Cammett, of Maurice Dobb on that of Genovese, or of Georg Lukács on that of Gruber is illustrative of the reaching out to a rich but enexplored Marxist tradition.

9 This did not preclude political activity for most of them. But it was usually sharply separated from their university lives. This division was accepted because it was realized that the politicization of the university (as the right had attempted only recently) would mark the end of all attempts to maintain and enlarge its autonomy.

10 Academic freedom had proved to be a poor protection for leftists during the McCarthy period, and the „red baiting" of the vigilante press and elected officials continued during the first decade thereafter. See, for example, „The Genovese Case", (1965) in Louis Menashe and Ronald Radosh (eds.), *Teach-in: U.S.A.* (New York, 1967), pp. 224—43. On the long struggle for academic freedom, see Richard Hofstadter and Walter Metzger, *The Development of Academic Freedom in the United States* (New York, 1955).

11 Until the early sixties, students wanting to work on these subjects encountered the attitude in history departments that they were both trivial and improper.

12 Even by mentioning only those books which readily come to mind, one is left with an impressive list: William A. Williams, *The Tragedy of American Diplomacy* (1959), *The Contours of American History* (1961), *The Great Evasion: An Essay on the Contemporary Relevance of Karl Marx* (1964); Arno J. Mayer, *Origins of the New Diplomacy* (1959), *The Politics and Diplomacy of Peacemaking* (1967);Harvey Goldberg, *The Life of Jean Jaurès* (1962); Gabriel Kolko, *Wealth and Power in America* (1962), *The Triumph of Conservatism* (1963); Stauton Lynd, *Slavery, Class Conflict and the Constitution* (1963); Lloyd C. Gardener, *Economic Aspects of the New Diplomacy* (1964); Eugene D. Genovese, *The Political Economy of Slavery* (1965), *The World the Slaveholders Made* (1969); Christopher Lasch, *The New Radicalism in America, 1889—1963* (1965), *The Agony of the American Left* (1969); Marvin Gettleman (ed.), *Vietnam: History, Documents, Origins* (1965); Barrington Moore Jr., *Social Origins of Democracy and Dictatorship* (1966); John M. Cammet, *Antonio Gramsci and the Origins of Italian Communism* (1967); Helmut Gruber, *International Communism in the Era of Lenin* (1967); David Montgomery, *Beyond Equality: Labor and the Radical Republicans* (1967); Melvin Dubofsky, *When Workers Organize: New York City in the Progressive Era* (1968).

13 In December of 1964, a half dozen historians from Rutgers University and the Polytechnic Institute of Brooklyn proposed to convene a conference of socialist scholars in the following September. A notice was sent out to friends and acquaintances in the humanities and social sciences in the hope that it would reach a wider sympathetic circle. Two things were made clear at the outset: that the SSC would be devoted to socialist scholarship and that it would have no relation to partisan politics or groups. For a sketchy introduction to the history of the SSC, see George Fischer, et. al., *The Revival of American Socialism: Selected Papers of the Socialist Scholars Conference* (New York, 1971), preface. The archives of the SSC from 1965—69 are in the Department of Social Sciences, Polytechnic Institute of New York.

14 Steering Comm. Report, SSC archive, 1966.

15 *Program, First Annual SSC*, 1965; *Ibid.*

16 On the civil rights movement, see Clayton Carson, *In Struggle: SNCC and the Black Awakening* (Cambridge, Mass., 1980) and Howard Sitkoff, *The Struggle for Black Equality* (New York, 1981). A history of the anti-Vietnam war movement does not yet exist, but see the excellent

documentary history *Teach-ins*, eds. Menashe and Radosh. A history of the student revolt also remains to be written, but see the case study *Crisis at Columbia: Report of the Fact-Finding Commission Appointed to Investigate the Disturbances at Columbia University in April and May 1968* (New York, 1968).

17 The 1966 and 1967 conferences were held at the Commodore and Hilton Hotels.

18 The 1967 *Statement of Purpose* reads: „The SSC is not a political organization; meetings are designed for maximum expression of scholarly ideas unencumbered by partisan purposes, political rhetoric or polemic. Members are agreed that, however great the need for political commitment and action on the part of all Americans, not least among scholars, the Socialist Scholars Conference is not the proper vehicle for such an effort." SSC archive. Nevertheless, the issues of action, public education, and satisfying the non-scholarly audience continued to be a source of internal conflict in the steering committee. See Steering Comm. Minutes, Sept. 26, Oct. 15 and 31, SSC archive.

19 Steering Comm. membership lists in SSC archive. In the next year, the Steering Comm. was further enlarged to thirty-four with thirty others informally related to it.

20 *1969 SSC Program*, SSC archive. The sixth and last conference in 1970 abandoned the tradition of statements of purpose.

21 A case in point is an eight volume series, *Social Science Theory and Method: An Integrated Historical Introduction* (New York, 1967—68), edited by Eleanor Burke Leacock, Gruber, and Menashe, et al., with an explicit Marxist point of view. The project in the Department of Social Sciences of the Polytechnic Institute of New York, under whose auspices these volumes were produced, was funded for two years with a grant of $ 70.000 from the Carnegie Foundation.

22 The anger of undergraduate leftists against the universities for their research and vorporate ties to the „military-industrial complex" was frequently expressed in violent attacks on established Marxist professors. The latter were denounced for viewing the university as a flawed but valuable institution whose independence had to be safeguarded. Their lectures and seminars were invaded and disrupted by student *enragés*, who defamed them as „elitists", „pedants", „chauvinists", and much worse.

23 This is not to suggest that anti-Marxism has died out in the academic world. But it takes covert forms today in the peer review for promotion and tenure and in the refereeing of articles for learned journals. There, it is always presented as a professional rather than a political judgement. Related academic freedom cases are reported in the *Bulletin* (AAUP).

24 This group, more than the other two, experienced the full impact of the conflict between scholarship and action. It has left deep scars, making it difficult to accept a purely academic life.

25 The SSC core group of Genovese, Warren I. Susman, Cammett, Gruber, Ann J. Lane, and Menashe were joined by Christopher Lasch (Rochester U.), John Womack Jr. (Harvard U.), Alan Trachtenberg (Yale U.), Harold Woodman (Purdue U.), and Eric Foner (City College /CUNY), among others.

26 In 1969, while Genovese was preparing to become chairman of the history department at Rochester U., he outlined the means of financing the journal through the royalties of a book being co-authored by him and Lasch. See Genovese to Gruber, July 17, 1969, author's files. The first statement of purpose for the journal was prepared by Genovese in 1971. *Ibid.* Its hallmarks were intellectual rigor and excellence applied to Marxist scholarship and theory and an openness on what constitutes Marxism.

27 See author's files. An archive for *Marxist Perspectives* needs still to be assembled.

28 Ibid.

29 See *Washington Post*, Dec. 31, 1976; *Washington Star*, Jan. 4, 1977; and *Philadelphia Enquirer*, Jan. 6, 1977. See also *The Times* (London), Higher Education Supplement, Feb. 4, 1977 and

Rinascita, Feb. 11, 1977 for a positive foreign response.

30 There is as yet no documentation to explain the sudden demise of the journal.

31 By 1980 there were 3.500 subscribers and some 1.000 direct sales of the journal.

32 A number of those from the third decade of Marxist professors kept their distance from *Marxist Perspectives*. They had earlier formed the Mid-Atlantic Radical History Organization and published the journal *Radical History Review*. Whether the reservations among some in this group were personal, sectarian, or both is difficult to determine.

33 It goes without saying, that Marxist approaches to historical studies are very varied and frequently in controversy with each other. This can best be seen in social history, where several practitioners have taken strong positions on the direction, theory, and methods of current work. See Eugene Genovese and Elizabeth Fox-Genovese, „The Political Crisis of Social History; A Marxist Perspective", *Journal of Social History*, 10 (1976); Richard Johnson, „Thompson, Genovese, and Socialist-Humanist History", *History Workshop*, 6 (1978); Mary Nolan, „New Perspectives on Social History", *Socialist Review*, 39 (1978); and Tony Judt, „A Clown in Royal Purple", *History Workshop*, 7 (1979). Other approaches and subjects, which have encountered considerable contention are: modernization theory, structuralism, ethnohistory; the history of women, the working class, and slavery.

34 For an excellent introduction to all aspects of universities before this time, see Richard Hofstadter and Wilson Smith (eds.), *American Higher Education: A Documentary History* (Chicago, 1961), II. For government intervention to create the atom bomb, see Martin Sherwin, *A World Destroyed: The Atomic Bomb and the Grand Alliance* (New York, 1975). For the general problem, see Charles G. Dobbins (ed.), *Higher Education and the Federal Government: Programs and Problems* (Washington, D. C., 1963).

35 The social sciences and humanities were aided to a very much smaller degree and generally by the „trickle down" method. But experts drawn from these in languages and Russian and Asian studies were also needed, and the „area studies" programs, often serving as technical information centers for military and covert agency personnel, were heavily funded by the government.

36 How much the government has spent in actual dollars on the universities over the years is difficult to ascertain, since published budgets are usually in gross categories and the decisions of university trustees are immune from public scrutiny. In rough terms, then, in 1960 the government spent 1.5 billion dollars on the universities, of which 1 billion was for research. The latter amount accounted for 75 per cent of all university research expenditures and for 15 per cent of all university budgets. Clark Kerr, *The Uses of the University* (Cambridge, Mass., 1972), pp. 52—53. The growth rate of these government expenditures was about 10 per cent a year until the early seventies. By 1968, 50 per cent or more of the annual budgets of some of the largest and most prestigious universities came from government funds. James Ridgeway, *The Closed Corporation: American Universities in Crisis* (New York, 1968), pp. 6—7, 223—39.

37 John R. Seely calls administrators „rulers and procurators". See Kerr, *et. al.*, p. 34.

38 *Ibid.*, pp. 34—36. For an interesting list of „University Officials on Corporate Boards", see Ridgeway, pp. 240—49.

39 Grant barons, jet professors, and expert consultants have become the devoted or unwitting handmaidens in the demeaning of faculty status.

40 For the ongoing discussion of faculty governance, see the journals: *Change, Bulletin* (now Academe) of the American Association of University Professors, and *Chronicle of Higher Education.*

41 In a United States Supreme Court decision of 1980, the professors of a university were deemed to be „managers" and, therefore, not qualified for unionization. See *NLRB vs Yeshiva University, 444 US 672 (1980)*. This precedent has been used in many private universities to decertify or discourage unions.

42 Both the process of rationalization and faculty quiescence have been reinforced by the economic

crisis in the university, which preceded the national economic crisis by half a decade. Under the condition of virtually zero growth, with the student population stabilized at about twelve million, and government funds barely keeping abreast of inflation, the climate of uncertainty has discouraged any attempts to challenge the increasingly corporate structure of the university.

Ole STENDER-PETERSEN (Dänemark)

DIE DÄNISCHE HISTORIOGRAPHIE UND DER MARXISMUS

Vor 10 Jahren noch konnte ein dänischer Historiograph und Professor behaupten, daß „in der westlichen Welt reine marxistische Deutungen von konkreten historischen Geschehensverläufen [nur sehr] selten gewesen" seien, obwohl er einräumte, daß die Einflüsse des Marxismus in der Praxis bedeutend gewesen wären.

Ich bezweifle, daß der Historiograph heute noch dasselbe behaupten würde.

Auch Dänemark hat seit der Studenten- und Jugendempörungen um 1968 einen Aufschwung des Marxismus in der Geschichtsschreibung und damit auch in der Geschichtsforschung erlebt. In diesen 10—14 Jahren sind neue Zeitschriften, Verlage und Buch-Cafés mit rev. marx. Büchern entstanden. Man kann sogar von einer förmlichen Auseinandersetzung mit der bisherigen bürgerlichen Geschichtsschreibung und -forschung und ihren Unterlassungssünden sprechen. In dieser neomarxistischen Geschichtsschreibung sind die Arbeiterbewegung und teilweise auch die Arbeiterklasse selbst zentrale Themen gewesen, und diese Themen werden von überwiegend marxistischen Positionen aus beleuchtet, die Themen selbst laden ja förmlich ein, die marxistische Theorie zu benutzen. Bei uns ist ferner von einer Art marxistischen Pluralismus in der Gechichtsschreibung die Rede.

Ein Charakteristikum der marxistischen Geschichtsschreibung in Dänemark ist die Beschäftigung junger Forscher mit dem Phänomen des Reformismus bzw. Lassalleanismus in der Arbeiterbewegung Dänemarks.

Ein starker Revisionismus/Reformismus in der Arbeiterbewegung wirkte sehr lange hemmend auf die Entwicklung marxistischer Theorien in der Geschichtsschreibung, aber Versuche wurden vorgenommen. Schon 1905—15 schrieb der sozialdemokratische Theoretiker und Historiker Gustav *Bang* einige Arbeiten, u. a. über die Feudal- und Reformationszeit in der Kautskyischen Marxismusversion. Der Historiker und ebenfalls sozialdemokratische Politiker Hartvig *Frisch* folgte Bang mit „Europas Kulturgeschichte", 1928, unter anderen Arbeiten.

1925—32 schrieb dann Erik *Arup* eine sehr kritisierte Geschichte Dänemarks (bis ca. 1623). Es folgte eine krasse Auseinandersetzung mit der lange herrschenden idealistischen Richtung in der Geschichtsschreibung. Seitdem hat eine Arupsche materialistische Richtung die Forschung und Geschichtsschreibung bei uns sehr stark geprägt. Das materielle Leben des *Volkes* — nicht länger die Ideen und die „großen“ Männer — wurde ins Zentrum gestellt. Aber Arup und seine Schüler waren keine Marxisten. Sie beschäftigten sich mit der Ausarbeitung minutiöser Tabellen über den Sundzoll, Sundzollrechenschaften, mit Preis- und Industriegeschichte, mit Agrar- und Bauerngeschichte.

Neuere bürgerliche dänische Geschichtswissenschaftler wurden von diesem Materialismus, teilweise auch vom Marxismus stark geprägt. Diese Richtung steht dem Marxismus nur zögernd gegenüber und ist geneigt, sein „Schema“ über die Entwicklung von der Urgesellschaft über Sklavengesellschaft, den Feudalismus und den Kapitalismus bis zum Sozialismus als eine deduktive Konstruktion Toynbeescher oder Spenglerscher Prägung aufzufassen.

Die *Kulturgeschichte* hat bei uns weit zurückreichende Wurzeln. Schon 1879—1905 erschien *Troels-Lunds* „Tagesleben im Norden im 16. Jahrhundert“ in 14 Bänden, eine faktische Sozialgeschichte des Volkes und stark von den Ideen Georg *Brandes'* geprägt. Das Werk wurde Anlaß zu einer Polemik mit dem deutschen Historiker D. *Schäfer*. Schon 1888 behauptete Schäfer, daß allein das politische und nationale Leben „das eigentliche Arbeitsgebiet der Geschichte“ wäre und wies die Kulturgeschichte mit ihren Themen des Alltagslebens ab. Als abschreckendes Beispiel führte Schäfer Troels-Lunds dänisches Werk an.

Die *Sozialgeschichte* hat erst mit einer „Dänischen Sozialgeschichte“, 1—7, 1979—1980, durchgeschlagen. Der letzte Sprößling dieser materialistischen Richtung ist eine geplante „Kulturgeschichte des Handwerkes“ in Dänemark in 4 Bänden. In der Lokalgeschichte ist eine marxistische Richtung aufgekommen mit einer Initiative, die an die englischen „History Workshop“ und „Oral History“ anknüpft.

Aber eine marxistische Weltgeschichte auf dänisch von dänischen Marxisten ausgearbeitet fehlt eben (noch?), obwohl es schon in den Zwanziger- und Dreißigerjahren Ansätze dazu gab.

Die Forschung ist in den letzten Jahren wesentlich dänisch-zentriert geworden, doch sind auch außereuropäische oder Welteregnisse nicht ganz unbekannte Themen. 1976—80 erschien eine internationale „Geschichte des Sozialismus“, von jungen Universitätsmarxisten geschrieben. Quellensammlungen mit Texten von den utopischen Sozialisten, dänischen Frühsozialisten, von Sozialisten und Kommunisten, nicht zuletzt auch von Marx und Engels, Lenin und Luxemburg, N. Bucharin, K. Korsch sowie von Stalin, Mao, Dimitrow, Tito u. a. sind herausgegeben worden. Eine dänische Trotzki-Biographie kam 1972, von einem

90jährigen Marxisten, dem Arzt Georg *Moltved*, heraus. Ich selbst habe mich auch mit der trotzkistischen Theoriebildung beschäftigt. Mit seiner Theorie der permanenten Revolution hat Trotzki ja — bei Überwindung der Marxschen europäischen Ego-Zentrizität durch Trotzkis Ausbruch aus Marx' historischem Gedankengebäude — eben den Marxismus weitergeführt und wesentlich bereichert. Marx hatte ja die allgemeinen Probleme der Unterentwicklung nur sporadisch berührt, und hier hat Trotzki selbständig den Marxismus weiter ausgebildet und eine marxistische Theorie der Rückständigkeit ausgearbeitet. Er beschäftigte sich mit den Problemen der Unterentwicklung der Dritten Welt und der Möglichkeit eines Siegs der proletarischen Revolutionen, kombiniert mit den Bauernkriegen in Asien, in den unterentwickelten Ländern. Laut Trotzki ist es in den unterentwickelten Ländern, in den kolonialen und halbkolonialen Ländern der Diktatur des Proletariats möglich, *via* die bürgerlich-demokratische Revolution die Macht zu ergreifen, gestützt auf den Bauernkrieg.

„Ausländische" Themen werden in der marxistischen Historiographie bei uns nicht versäumt. Wichtige Ereignisse der Weltgeschichte, wie z. B. die Pariser Kommune, die Oktoberrevolution, der Internationalismus der dänischen Arbeiterbewegung im 19. Jahrhundert, das Verhältnis der Kommunistischen Partei Dänemarks zur Komintern sind von marxistischen Forschern in Spezialarbeiten beleuchtet worden. Auch marxistische Studien der Sklavengesellschaft wie auch des Feudalismus sind erschienen. Aber die Übersetzungen von Werken ausländischer marxistischer Forscher sind nicht minder wichtig. Schon 1931 übersetzten Jungmarxisten Maurice *Dobbs* kurzgefaßte Europageschichte. 1977 kam Eric *Hobsbawm* interessante „Bandits" auf dänisch heraus.

Aber es fehlt eben eine eigentliche marxistische Weltgeschichte auf dänisch. Nur *eine* marxistische, dänische und kurzgefaßte Weltgeschichte kann ich nennen, auch eine Übersetzung, obwohl aus Schweden: die Arbeit des schwedischen Linkssozialisten Ture *Nerman* „Die Menschheit auf Wanderung", 1948, sehr anregend, obwohl ein bißchen „vulgär-marxistisch", sehr von Max *Beers* „Allgemeine Geschichte des Sozialismus", 1919 (1931), geprägt. Nerman stellt alles so scharf dar, eben weil die meisten bürgerlichen Weltgeschichten die Klassen- und Revolutionsperspektive vernachlässigten.

Auch eine marxistische Geschichte Dänemarks fehlt noch bei uns, obwohl Vorarbeiten dazu vorliegen und namentlich Studien *in* der dänischen Geschichte herausgegeben worden sind. Aber noch fehlen marxistische Behandlungen von Teilaspekten der dänischen Arbeiterbewegung. Aber mit dem Fortschritt der marxistischen Historiographie wird auch diesem Mangel abgeholfen.

Selbst habe ich mich auch mit den deutschen Emigranten der Dreißigerjahre beschäftigt, aber die Forschung auf diesem Gebiet ist dadurch erschwert, daß die relevanten staatlichen Archivbestände mindestens für 50 Jahre ab Abfassungszeitpunkt für Forschungseinsicht geschlossen sind. Das Motiv ist angeblich die Behütung „des Friedens des privaten Lebens“. Forscher haben dagegen protestiert. In Ländern wie England und auch den USA sind die Bestimmungen auf diesem Gebiet viel weniger rigoros.

Ich hoffe, mit diesen wenigen Bemerkungen einen Eindruck gegeben zu haben von der Lage der marxistischen Geschichtswissenschaft in Dänemark.

Igor K. PANTIN (UdSSR)

DIE ANFÄNGE DES MARXISTISCHEN DENKENS IN RUSSLAND: PROBLEME DER GENESIS

Manche Zusammentreffen haben kennzeichnenden Charakter. 1983 werden es 100 Jahre seit dem Todestag von K. Marx — des größten Denkers, des Begründers der Wissenschaft von der Gesellschaft, des Theoretikers der Lehre vom proletarischen Sozialismus. Im gleichen Jahre 1983 begehen wir, die sowjetischen Marxisten, den 100. Jahrestag der Bildung der Gruppe „Befreiung der Arbeit" — der ersten politischen Organisation, die in Rußland die Fahne des Marxismus erhob. Im Verlaufe von 100 Jahren machte der marxistische Gedanke in Rußland einen großen Entwicklungsweg durch. Um so interessanter ist die Hinwendung zu seinen Anfängen, seinen Voraussetzungen.

Die historische Bedeutung der von Plechanow und der Gruppe „Befreiung der Arbeit" vollzogenen Wendung bestand vor allem darin, daß sie in einem für die russische Befreiungsbewegung krisenhaften Moment mit Hilfe der Lehre des Marxismus objektiv herangereifte Probleme des Befreiungskampfes aufzeigten und lösten. Einerseits erhielt die Befreiungsbewegung Rußlands in Gestalt der marxistischen Geschichtskonzeption und der Analyse der kapitalistischen Entwicklung des Landes eine feste theoretische Basis, und andererseits änderte sich auf grundlegende Weise die Richtung der revolutionären Initiative der Sozialisten. Letztere war direkt verknüpft mit dem Erwachen und der politischen Organisation der Arbeiterklasse, mit der schöpferischen Aneignung der reichen historischen Erfahrung der Arbeiterbewegung Westeuropas.

Das war der Anfang des proletarischen Sozialismus in Rußland, der Entstehung der russischen Sozialdemokratie als ideologische Strömung. Nicht umsonst sah Lenin in der Entstehung der Gruppe „Befreiung der Arbeit" den Ausgangspunkt des russischen Sozialdemokratismus. Nach seinen Worten zeigte sie, wie eben und warum die revolutionäre russische Bewegung zur Verschmelzung der spontanen Bewegung der Arbeitermassen mit der revolutionären Bewegung, zur Verschmelzung des Klassenkampfes und des politischen Kampfes führen mußte.[1]

Am 23. September 1883 verkündete die Plechanowsche Gruppe die Herausgabe der „Bibliothek des modernen Sozialismus". In der Erklärung wurde von der Notwendigkeit des vollständigen Bruches mit den alten, volkstümlerischen Anschauungen gesprochen, es wurde aber auch davon gesprochen, daß die ehemaligen Mitglieder der volkstümlerischen „Schwarzen Umverteilung" die

Gruppe „Befreiung der Arbeit“ bilden. G. W. Plechanows Arbeiten „Sozialismus und politischer Kampf“ (1883) und „Unsere Meinungsverschiedenheiten“ (1885) legten die Anschauungen der neuen Gruppe dar. Plechanow entlarvt in diesen Arbeiten die Vorurteile der Volkstümler gegenüber dem Marxismus und zeigt, daß die Theorie des wissenschaftlichen Sozialismus unter den Bedingungen Rußlands nicht nur vollständig anwendbar ist, sondern gibt erstmals eine richtige Interpretation aller seiner gesellschaftlich-politischen und geistigen Bewegungen. Die sozialistische Zukunft Rußlands, schlußfolgert Plechanow, ist mit dem Proletariat verbunden, mit seiner politischen Entwicklung, *mit der Eroberung* der politischen Macht durch das Proletariat. Die Begründung der Besonderheit des Proletariats als fortschrittlichste, konsequenteste, revolutionärste Kraft hatte entscheidende Bedeutung für das Schicksal der Befreiungsbewegung in Rußland.

Die Verbreitung des Marxismus, die unmittelbare Bekanntschaft mit der westeuropäischen Arbeiterbewegung, mit dem ideologischen Kampf der unterschiedlichen Strömungen im Sozialismus erleichterten die Aufgabe Plechanows wesentlich: Sie zeigten, wo und wie die Antwort auf die „verfluchten Fragen“ der russischen revolutionären Bewegung zu finden sind.

Aber die Schwierigkeiten, die vor Plechanow standen, dürfen nicht verkleinert werden — es ging nicht einfach um die Anerkennung des Marxismus als theoretische Doktrin, sondern um die Anwendung der Theorie von Marx zur Analyse der russischen Wirklichkeit, auf die Probleme der russischen Befreiungsbewegung. Es war erforderlich, mit Hilfe der marxistischen Theorie die Besonderheiten der ökonomischen Lage Rußlands zu erklären, eine revolutionäre Konzeption und Kampfmethoden zu erarbeiten, die im Wesen neu waren, ungeachtet ihrer äußeren Ähnlichkeit mit der Erfahrung der Befreiungsbewegung im Westen. Es war erforderlich, auf der Grundlage einer kritischen Analyse den Ausgangspunkt der russischen sozialen Revolution zu bestimmen, es war zu beweisen, daß der Kampf um die politische Befreiung des Landes unter bestimmten Bedingungen (politische Erziehung des Proletariates) zum Prolog der sozialistischen Revolution werden kann. Schließlich galt es eine Antwort zu geben, wie die Macht der zaristischen Selbstherrschaft gestürzt werden kann. Mit einem Wort, Probleme gab es viele, und verwunderlich war nicht, daß Plechanow und seine Mitstreiter sie nicht alle lösten, sondern daß sie trotz allem eine Position umreißen konnten, auf deren Grundlage eine Vorwärtsbewegung möglich war, daß sie ein konkretes politisches Programm und eine Taktik erarbeiten konnten.

Indem Plechanow mit der Volkstümlerbewegung brach, neigte er in keinerlei Weise zum Sektierertum. Unter dem Gesichtspunkt der Entwicklung des Proletariates als selbständige Klasse erörtert er alle Fragen der bevorstehenden russischen Revolution. Er hatte keinerlei dogmatische Furcht bezüglich der ökonomischen und kulturellen Zurückgebliebenheit des Landes, der Beschränkung der revolutionären Aufgaben des Proletariates unter dem Aspekt dieser Zurückgebliebenheit. Die Bewegung Rußlands auf dem kapitalistischen Weg ist ein unbestreitbarer Fakt, — meinte Plechanow, — eine Negierung dieser Tatsache ist sinnlos und reaktionär, das Land hat schon den „Weg seiner natürlichen Entwicklung" betreten. Aber diese Bewegung, beweist Plechanow, ist nicht fatalistisch vorbestimmt, sie kann mehr oder weniger qualvoll für das Volk sein „in Abhängigkeit von der Kombination aller gesellschaftlichen und internationalen Beziehungen des entsprechenden Landes". Wobei das Proletariat, in dem alle revolutionären Interessen der modernen Gesellschaft konzentriert sind, in der Lage ist, auf entscheidende Weise diese Kombination zu beeinflussen.

Aber nicht nur innere Faktoren — sozialistische Aufklärung und Organisation des russischen Proletariates, seine Selbständigkeit als Klasse — bestimmen nach Meinung von Plechanow die kürzere Frist der Existenz des Kapitalismus in Rußland als in den europäischen Ländern. Das historische Milieu, in dem die Entwicklung des russischen Kapitalismus erfolgt, wird ebenfalls die Beschleunigung dieses Prozesses fördern. „Unser Kapitalismus verblüht", schreibt er, „bevor er endgültig erblüht war, was uns der mächtige Einfluß der internationalen Beziehungen garantiert."[2]

Sogar die unwissende, politisch unbewegliche Bauernschaft — eine Tatsache, mit der sich die revolutionäre Volkstümlerbewegung auseinandersetzte und an der sie scheiterte, — schreckt Plechanow nicht; er ist überzeugt, daß die Industriearbeiter fähig sind, bei der politischen Entwicklung der Bauernschaft eine entscheidende Rolle zu spielen. Auf jeden Fall opfert das Programm der Marxisten, so wie es Plechanow in den Achtzigerjahren formuliert, nicht das Dorf im Interesse der Stadt, ignoriert nicht die Rolle der Bauernschaft. Nach der Idee von Plechanow „macht es sich zur Aufgabe die Organisation der sozialrevolutionären Kräfte zur Einbeziehung des Dorfs in die Bahn der welthistorischen Bewegung".[3] [sic!] Wie weit allerdings der russische Bauer in seinem Kampf gegen die bestehende Ordnung geht, wußte Plechanow noch nicht und konnte es nicht wissen. Indem er deshalb der Idealisierung der Bauernschaft durch die Volkstümler widersprach, unterschätzte er zuweilen die revolutionären Möglichkeiten der bäuerlichen Bewegung, was in der Folge zu einer Fehlerquelle in der Agrarfrage wurde.[4]

Die marxistische Konzeption Plechanows entstand in jener Epoche, als eine selbständige Arbeiterbewegung in Rußland noch nicht existierte, als die Entwicklungswege der russischen Revolution auf der Grundlage der allgemeinen historischen Theorie bestimmt werden mußten. Damit verknüpft sind die Vorzüge der ersten russischen Marxisten, damit verknüpft sind aber auch ihre Mängel — Abstraktheit, Schematismus, der in der Hauptsache propagandistische Charakter ihrer Arbeiten.[5]

Die Verbindung des Kampfes des sozialistischen Proletariates mit dem Schicksal der anderen Klassen wird in den Einzelheiten nicht bewiesen; sie wird von Plechanow eher postuliert als natürliche und selbstverständliche Voraussetzung. Darin liegt der Nachteil der Plechanowschen Auffassung von der führenden Rolle der Arbeiterklasse in der russischen Befreiungsbewegung, als deren Folge sie der Leninschen Idee von der Hegemonie des Proletariates unterlegen ist.

Das Leninsche Herangehen, das eine Epoche in der Entwicklung des Marxismus bildete, verstand etwas unermeßlich reicheres und konkreteres: Das Verständnis des Kampfes des Proletariates gegen die Bourgeoisie als Fokus unzähliger und vielschichtiger Konflikte und sozialer Kriege, wie sie dem Kapitalismus eigen sind. Was aber Plechanow getan hatte, wurde von Lenin nicht vergessen: Als „festgehaltener" Moment liegt es in der Leninschen Theorie der sozialistischen Revolution in Rußland vor.

In der Literatur — sowohl in der sowjetischen, als auch in der ausländischen — wurde nicht wenig über die politischen und ideologischen Meinungsverschiedenheiten Plechanows und Lenins, über den Kampf von Menschewismus und Bolschewismus in der russischen Arbeiterbewegung geschrieben. Die einen stellen Lenin als Praktiker und Pragmatiker dem Theoretiker Plechanow gegenüber, andere sprechen vom Verrat Plechanows am Marxismus, dritte waren gar bereit, Lenin des Subjektivismus anzuklagen.

Aber nur wenige analysieren die methodologischen und gnoseologischen Wurzeln der tiefen Divergenzen zwischen Plechanow und Lenin. In ihnen liegt unseres Erachtens das Wesen der Sache. Je mehr wir es nicht mit isolierten Elementen der Konzeption von Plechanow, sondern mit einem bestimmten Mentalitätstyp zu tun haben, zeugt die Belastung mit Widersprüchen und ungelösten Problemen von der Unmöglichkeit der Entwicklung des theoretischen Gedankens und der praktischen Wirkung auf der Basis der vorliegenden Analyse der Wirklichkeit, auf der Basis der vorliegenden Sicht der Probleme des Sozialismus. Unter diesem Gesichtspunkt ist der ideologische und politische Zusammenbruch Plechanows nicht das Ergebnis eines einfachen Abfalls von den Idealen des Sozialismus sondern unausbleibliche Folge, die politische Schlußfolgerung der von ihm angenommenen Feststellungen, seiner Deutung des Marxismus.

Der Standpunkt Plechanows entsprach den Maßen und Verhältnissen der vorimperialistischen Epoche, die an der Wende des 19./20. Jahrhunderts bereits zur Vergangenheit zu werden begann. Sein charakteristischer Zug, historisch im Kampf mit dem Subjektivismus der Volkstümlerbewegung entstanden, ist eine mechanistische Konzeption der historischen Notwendigkeit unter der Maske der „Objektivität". Plechanow und den Menschewiki schien es, daß sie, indem sie dem soziologischen Subjektivismus der Volkstümler den gesetzmäßigen Lauf der Dinge gegenüberstellen, der objektiv ist und nicht von irgendeinem Willen abhängt, in Buchstabe und Geist der historischen Theorie von Marx folgen. Aber sie vergaßen, daß in der realen politischen Geschichte ähnlichen Ansichten entweder ein unterentwickelter Klassenkampf des Proletariates und seine Unfähigkeit der Beeinflussung der Ereignisse oder der Verlust der historischen Initiative seitens der Arbeiterklasse als Folge von Niederlagen entspricht. Gnoseologisch ist dieses Bild nur wahr bei einem abstrakten Hervortreten der Prozesse der gesellschaftlichen Entwicklung, wenn man historische „Zufälligkeiten" nicht beachten muß, wie z. B. beschleunigte oder verzögerte Entwicklung der Prozesse, die eine oder andere Form von Umgestaltungen usw.

Solange es um den Kampf mit der alten russischen Volkstümlerbewegung ging, war die Fixierung auf die Objektivität, auf den notwendigen Gang der Dinge verständlich und rechtmäßig und führte zu keinerlei Menschewismus. Aber zu Beginn des 20. Jahrhunderts reifte in Rußland die Volksrevolution heran, in der die Sozialdemokratie, die Arbeiterklasse infolge einer Reihe von Ursachen die führende politische Rolle zu spielen hatte. Das unmittelbare Eingreifen des Proletariates in den Gang der Ereignisse wurde zur Notwendigkeit, noch bevor auf die Tagesordnung „seine eigene", die sozialistische Revolution gesetzt wurde. Unter diesen Bedingungen wurde die Fixierung auf den objektiven Charakter des historischen Prozesses zum Nichtverstehen der konkreten politischen Aufgaben des Augenblickes, zur Abwertung der Möglichkeiten der Arbeiterklasse, und dies war umso unannehmbarer und gefährlicher, als die Ereignisse der Revolution dem russischen sozialdemokratischen Proletariat die Frage nach der Führung der Massenbewegung stellten.

Die Methode der politischen Untersuchung Lenins war prinzipiell anders. Sie basierte auf einem neuen, moderneren Verständnis von „Notwendigkeit" und „Freiheit". Lenin als politischer Denker einer neuen Formation geht davon aus, daß der Arbeiterklasse in der russischen Revolution die Führung aller lebensfähigen Kräfte der Nation bevorsteht und es keine andere Kraft gibt, die fähig ist, die Prozesse zu lenken. Die Wirklichkeit schließt für ihn nicht nur den Willen und die Handlungen der anderen Klassen der Gesellschaft ein, die die Geschichte machen entsprechend ihren Interessen, sondern vor allem die Hegemonie der Arbeiterklasse, ihren entscheidenden Einfluß auf die nichtproletarischen Massen. Ihm ist der Standpunkt des mechanistischen Materialismus zutiefst fremd, demzufolge das Handeln im Rahmen der realen Wirklichkeit lediglich die Anpassung an das bestehende System des Gleichgewichtes der

Klassenkräfte bedeutet.

Als Politiker schließt er in die Sphäre der historischen Praxis nicht nur die Realisierung schon ermittelter Möglichkeiten ein. Sein Gesichtskreis wird nicht von der Anwendung „des realen Ganges der Ereignisse" im Interesse des Proletariates begrenzt, er ist bedeutend weiter, denn er umfaßt nicht nur das Gegebene, sondern auch das, was „sein muß", d. h., er betrachtet die historische Entwicklung der Gesellschaft in Verbindung mit der potentiell möglichen Umgestaltung der praktischen Tätigkeit der revolutionären Klassen.

Es entsteht eine neue, vollkommen andere „Messung" des historischen Prozesses, im Prinzip fremd dem alten mechanistisch-deterministischen Bild, — sein alternativer Charakter. Wiederholungen, Regelmäßigkeiten, auf denen die Gesellschaftswissenschaft basiert, können in Übereinstimmung mit Lenins Denken schon nicht mehr als abstrakter Selbstzweck betrachtet werden, als unabhängig existierend vom Zustand des Gesellschaftssubjektes (der Klassen und ihres Kampfes). Nicht Gesetzmäßigkeit plus individuelle Abweichungen, hervorgerufen durch die vorangegangene Geschichte und die Tätigkeit der Menschen, sondern die Gesetzmäßigkeit als Konflikt und Resultante objektiver Tendenzen, die in sich verschiedene Möglichkeiten der historischen Bewegung beinhaltet, —eben dies muß nach Lenin zum Gegenstand der marxistischen politischen Analyse werden.

Es ist kennzeichnend, daß Lenin im Unterschied zu Plechanow und den Menschewiki der marxistischen Theorie nicht die Aufgabe stellte vorauszusagen, wie sich „wirklich" der Ablauf der Ereignisse vollziehen werde. Er verstand, daß in der Epoche der Revolution, wenn der offene Kampf der Klassen und Parteien, verstärkt durch Leidenschaft, Verstand und Phantasie von Millionen alles entscheidet, eine derartige „objektive" Prognose jeden historischen Sinn entbehrt. Streng gesagt betreffen seine Voraussagungen nicht das „Wirkliche", den streng determinierten Ablauf der Ereignisse, sondern nur das alternativ Mögliche. Die Zukunft tritt nicht als vorprogrammiertes Schema auf, sondern als Gesamtheit realer Alternativen, real in jenem Sinne, daß jede von ihnen einem objektiv möglichen Ablauf der ökonomischen Evolution entspricht. Die Entwicklung des Prozesses wird bestimmt vom Kampf der Klassen und Massen für die Verwirklichung einer dieser Alternativen. Hieraus rührt die für Lenin charakteristische Zielstrebigkeit zum Verständnis einer jeden historischen Erscheinung als eine von den möglichen in der Reihe der anderen, im Prinzip realisierbaren Erscheinungen. Hieraus auch die „strenge" Zielrichtung der Leninschen Theorie auf eine bestimmte Handlung und — gleichzeitig — Beachtung der Möglichkeit einer anderen, weniger optimalen Variante der historischen Entwicklung, sozusagen das „Überschlagen" einer anderen Lösung der gleichen Aufgaben.

Von diesem Gesichtspunkt kann man die Zukunft schon nicht mehr als Glied einer natürlichen Reihe von Ereignissen betrachten, die ihren Anfang in der Vergangenheit hat und streng bedingt ist von dieser Vergangenheit. Der ökonomische Determinismus, den die „Orthodoxen" für unbedingt und als ausreichende Begründung für die materialistische Geschichtsanalyse betrachten, war nach Lenins Meinung viel zu weit (oder viel zu eng), um die Eigenart der Gesetzmäßigkeiten der gesellschaftlichen Entwicklung zu umfassen. Jedes große historische Ereignis stellt zweifellos etwas Ganzes dar, organisch gewachsen aus der Gesamtheit der Fakten der Vergangenheit und der Gegenwart, aber auch der Tendenzen der Zukunft. Aber jedes große Ereignis beinhaltet eine gewaltige Anzahl von Elementen einer zielgerichteten Entwicklung, die neue Maßstäbe, neue Möglichkeiten besitzen und ein ganzes Spektrum von Zukunftsvarianten eröffnen.

Zum Abschluß sei bemerkt: Die Feststellung der Sphäre der Wirklichkeit, in der der Ablauf der Ereignisse von der Lösung der Widersprüche auf politischer Ebene bestimmt wird, hängt ab von der Tiefe, dem Ausmaß der fortschrittlichen Umgestaltungen, die ökonomische Entwicklung aber tritt lediglich als allgemeine Determinante der gesellschaftlichen Evolution auf, bereicherte in Lenins Arbeiten die Methodologie der marxistischen Analyse.

Das Bild der historischen Realität war gewissermaßen zweischichtig. Einerseits gehen in sie ein die objektiven Charakteristika des sozialen Prozesses, deren Erkenntnis nach wie vor Ziel des Marxismus bleibt; diese Charakteristika, wenn man das so ausdrücken kann, bilden den allgemeinen Plan des Objektbildes. Andererseits verliert die Frage nach der Realität der Reihe der anderen, vor allem der politischen Charakteristika der historischen Wirklichkeit, den abstrakt-soziologischen Sinn. Die Bestimmtheit dieser Charakteristika ist bedingt von der Erkenntnis und der Wirkung der realen Gesellschaftskräfte.

Das volle Realitätsbild bei Lenin ist nicht nur durch das Bild des Objektes „selbst an sich" dargestellt sondern auch der Erkenntnisbedingungen, und in der Potenz durch das Bild der objektiv-subjektiven Umgestaltung. Der ökonomische Determinismus stellt im vorliegenden Fall lediglich eine besondere Art einer breiteren historischen Gesetzmäßigkeit dar. Wie A. Gramsci bemerkte, wird der Marxismus bei Lenin zur „vollen Einsicht der Widersprüche, wobei der Philosoph selbst, als Individuum verstanden oder als ganze soziale Gruppe, nicht nur den Widerspruch erfaßt, sondern sich selbst als Element des Widerspruches nimmt und dieses Element zum Erkenntnisprinzip erhebt und folglich zum „Wirkungsprinzip".[6]

ANMERKUNGEN

1 W. I. Lenin, Voll. Werke, Bd. 4, S. 311 f.
2 G. W. Plechanow, Werke, Bd. 2, S. 337.

[3] a. a. O., S. 353.
[4] S. A. F. Kostin, Von der Volkstümlerbewegung zum Marxismus. S. 80 f.
[5] S. Ju. S. Polewoj, Die Geburt des Marxismus in Rußland 1884—1894, M. 1959, S. 219.
[6] A. Gramsci. Ausgewählte Werke, Bd. 3. M., 1959, S. 95.

Fritz WEBER (Österreich)

DER ERKENNTNISWERT DER MARXSCHEN KRISENTHEORIE FÜR DIE WIRTSCHAFTSGESCHICHTE

Das erste Vierteljahrhundert nach dem Zweiten Weltkrieg war geprägt von einer wirtschaftlichen Schönwetterperiode ungeahnter Dauer und Intensität. Die periodische Wiederkehr von Wirtschaftskrisen schien der Vergangenheit anzugehören. Die Ökonomen sprachen nur noch von „Wachstumsschwankungen" und vertraten die Auffassung, daß man den kapitalistischen Wirtschaftsprozeß „feinsteuern" und auf diese Weise jede für wünschbar gehaltene Wachstumsrate erzielen könne. Die vorherrschende Meinung kam im Titel eines Buches anschaulich zum Ausdruck: „Is the Business Cycle Obsolete?"[1]

In dieser Zeit hohen wirtschaftlichen Wachstums wurde auch die ökonomische Theorie von Karl Marx für tot erklärt. Im Gegensatz dazu hat der historische Materialismus in den Sechziger- und Siebzigerjahren der sozialwissenschaftlichen Diskussion fruchtbare Impulse verliehen — weniger dadurch, daß der Marxismus als Gesamtkonzeption sich durchsetzte, sondern vor allem durch eine Art von „indirekter" Beeinflussung — durch ein verändertes Herangehen an die Probleme und durch die Formulierung neuer Fragestellungen.

Die Soziologie und Nationalökonomie hat im 19. und 20. Jahrhundert eine Reihe bedeutender Denker hervorgebracht, aber es gibt unter ihnen kaum einen, dessen Werk über eine so lange Zeitspanne hinweg zu kontroversiellen Diskussionen Anlaß gegeben hat wie Karl Marx. Alle Wissenschaft von der Gesellschaft ist *historisch.* Sie kann ihre Erkenntnisse nur aus der Analyse des vergangenen und aktuellen wirtschaftlichen und sozialen Geschehens gewinnen. Dies bedeutet, daß der Nachweis ihrer Plausibilität an die Überprüfung der ihrer Entstehung vorangehenden und nachfolgenden Entwicklung gebunden ist. Die Relevanz des Marxismus als *ökonomische Theorie* beruht also darauf, daß er Entwicklungsprozesse erklären kann — und zwar nicht bloß ganz „allgemein", sondern in jedem „besonderen" Fall.

Es wäre eine irrige Annahme zu glauben, daß die feindliche Aufnahme des Marxismus in der bürgerlichen Welt seine wissenschaftliche Richtigkeit als sozialwissenschaftliche Theorie verbürge. Die Marxsche Theorie wird nicht in Zweifel gestellt, weil sie *„richtig"*, sondern weil sie *„polemisch"* ist: Die Ablehnung des historischen Materialismus ist die Reaktion auf den „polemischen" Hinweis auf die Vergänglichkeit des kapitalistischen Gesellschaftssystems. Die

Frage nach der Richtigkeit der Theorie bleibt davon unberührt. Sie muß vom Wirtschaftshistoriker ohne Rücksicht auf das mögliche Ergebnis, also vorurteilsfrei, gestellt werden.

Die Lage in der Geschichtswissenschaft ist durch den Umstand gekennzeichnet, daß die traditionellen Richtungen (politische, Diplomatie-, Ideen- und Personengeschichtsschreibung) gegenüber der Wirtschafts- und Sozialgeschichte an Boden verloren haben, daß früher verdrängte und außer Acht gelassene Zusammenhänge zwischen wirtschaftlicher und politischer Entwicklung, zwischen großen sozialen Umschichtungen und deren Spuren im Denken und Verhalten der Menschen in breitem Umfang diskutiert wurden. In der Wirtschaftsgeschichte selbst ist die früher vorherrschende deskriptive und bloß referierende Darstellungsweise zugunsten der „quantitative history" in den Hintergrund getreten, die man als eine Art historischer Konjunkturforschung bezeichnen könnte. Da jedoch die Datenbasis, mit der die Wirtschaftsgeschichte operieren muß, im allgemeinen sehr schmal ist, beschränkt sich ein großer Teil der Untersuchungen auf Vorarbeiten zur Konjunkturgeschichte.[2] Dazu kommt, daß der Einfluß der *neoklassischen Theorie* auf die quantitative Analyse vergangener ökonomischer Prozesse überwiegt.[3] Marxisten sind dagegen — im Westen — kaum mit quantitativ-wirtschaftshistorischen Arbeiten in Erscheinung getreten. Da dies schwerlich als Folge subjektiver intellektueller Gebrechen zu interpretieren ist, erscheint die Frage legitim, ob die Konjunktur- und Krisentheorie von Karl Marx für die marxistische Abstinenz in der westlichen Wirtschaftsgeschichtsschreibung mitverantwortlich sein könnte. Denn Marx hat keine eindeutige, zusammenhängende Theorie der konjunkturellen Krise hinterlassen, wie er auch viele andere Fragen nur aufgeworfen, Antworten bloß skizziert und vieles lediglich im großen genialen Wurf angedeutet hat.

Die Marxsche Entwicklungstheorie

Marx hat sein Entwicklungsmodell für ein „geschlossenes" Wirtschaftssystem ausgearbeitet; er hatte dabei vor allem des englische Beispiel vor Augen. Die Wechselbeziehungen zwischen der englischen Volkswirtschaft und den nur wenig entwickelten Nationen des europäischen Kontinents sowie den außereuropäischen Agrarländern blieben außerhalb seiner Betrachtung. Rosa Luxemburg, Lenin, Bucharin und andere Marxisten haben später versucht, diese Schwäche der Marxschen Analyse zu beheben, doch haften allen diesen Versuchen gewisse Mängel an. Marx plante, wie aus seinen Arbeitsskizzen hervorgeht, einen eigenen Band über die Probleme des Weltmarktes.[4] Dazu und zur Ausführung anderer Pläne ist er nicht mehr gekommen; er hat ein voluminöses Torso, das „Kapital", hinterlassen.

Nach Karl Marx vollzieht sich der kapitalistische Entwicklungsprozeß als Prozeß der fortschreitenden Akkumulation von Kapital. Er ist begleitet von starken Konzentrationstendenzen: Im Verlauf der Entwicklung gerät eine immer größere Masse gesellschaftlichen Kapitals unter die Kontrolle einer verhältnismäßig geringen Zahl von Unternehmern bzw. Unternehmen. Der Prozeß der *Konzentration* geht Hand in Hand mit jenem der *Zentralisation* des Kapitals, d. h. der Zusammenfassung bereits gebildeter Kapitale zu größeren Einheiten wie Aktiengesellschaften und Banken.[5] „Die Welt wäre noch ohne Eisenbahnen", schreibt Marx im 1. Band des „Kapital", „hätte sie solange warten müssen, bis die Akkumulation einige Einzelkapitale dahin gebracht hätte, dem Bau einer Eisenbahn gewachsen zu sein. Die Zentralisation dagegen hat dies, vermittelst der Aktiengesellschaften im Handumdrehen fertiggebracht."[6] Die Entwicklung des Eisenbahnwesens in der Donaumonarchie bildet ein anschauliches Beispiel für die Richtigkeit der Marxschen Beobachtung: Hier wurde die Grundstruktur des Eisenbahnnetzes durch eine Kombination von Aktienwesen und Finanzierung durch das Bankkapital gelegt.[7]

Infolge der Konzentration und der damit verbundenen Zentralisation des Kapitals kommt es zu einer fortschreitenden Vergesellschaftung der Produktivkräfte. Aber diese Vergesellschaftung vollzieht sich innerhalb der Schranken der kapitalistischen Produktionsweise. Der Widerspruch zwischen gesellschaftlicher Produktion und privater Aneignung, der der kapitalistischen Produktionsweise zugrunde liegt, nimmt im Verlauf des Akkumulationsprozesses hauptsächlich drei Erscheinungsformen an:

— Es kommt infolge der Planlosigkeit des Systems zu einer disproportionalen Entwicklung der verschiedenen Produktionszweige.

— Mit der wachsenden Mechanisierung des Produktionsprozesses wächst die Produktivkraft der Gesellschaft, während die Kaufkraft der Massen in verhältnismäßig enge Schranken gebannt bleibt.

— Im Zuge der Akkumulation tritt ein Sinken der Profitrate ein, das die Investitionsbereitschaft der Unternehmer vermindert. Damit ist nicht der „tendenzielle Fall" der Profitrate gemeint, der ein langsamer Entwicklungsprozeß ist, sondern das Sinken der Profitrate infolge der Verteuerung der Produktionskosten im Zuge des Konjunkturzyklus.

Marx hat frühzeitig erkannt, daß die inneren Widersprüche des kapitalistischen Akkumulationsprozesses zu einem zyklischen Verlauf des Wachstums führen. Schon im „Kommunistischen Manifest" stellt er (gemeinsam mit Friedrich Engels) fest: „Seit Dezennien ist die Geschichte der Industrie und des Handels nur die Geschichte der Empörung der modernen Produktivkräfte gegen die modernen Produktionsverhältnisse [...] Es genügt, die Handelskrisen zu nennen, welche in ihrer periodischen Wiederkehr immer drohender die Existenz der ganzen bürgerlichen Gesellschaft in Frage stellen."[8] Im „Kapital" hat Marx diese lapidare Feststellung ausführlicher begründet und verfeinert, ohne jedoch eine geschlossene Theorie des konjunkturellen Zyklus zu verfassen. Gleichwohl lassen sich die Grundzüge seiner Argumentation erkennen und darstellen.

Krisentheorie 1: Der tendenzielle Fall der Profitrate

Zwei Krisentheorien lassen sich bei Marx unterscheiden: Die eine bezieht sich auf die im Zuge des Konjunkturzyklus periodisch auftretenden Krisen, die immer wieder von einem neuen Wirtschaftsaufschwung abgelöst werden; die andere, mit dem Gesetz vom „tendenziellen" Fall der Profitrate verknüpfte, meint einen langfristig wirksamen Trend zur Stagnation im kapitalistischen Wirtschaftssystem. Zunächst soll diese „sekuläre" Krisentendenz Gegenstand der Betrachtung sein, ohne jedoch auf die Zusammenbruchsdebatte einzugehen, die zu Anfang des 20. Jahrhunderts in der internationalen Arbeiterbewegung abgeführt wurde.[9]

Es erscheint fraglich, ob man — wie dies einige Autoren vorschlagen — das Gesetz vom tendenziellen Fall der Profitrate als die „höchste Konkretion" der Marxschen Geschichtstheorie bezeichnen kann.[10] Eine solche „objektivistische" bzw. ökonomistische Deutung übersieht, daß der Marxismus als Anleitung zum umwälzenden Handeln konzipiert wurde. Systemzusammenbrüche, Katastrophen und ähnliche „Naturereignisse" sind darin von bloß untergeordneter Bedeutung.

Allerdings nimmt der tendenzielle Fall der Profitrate innerhalb des ökonomischen Systems von Marx einen wichtigen Platz ein: Marx entfaltet hier den Gedanken vom transitorischen Charakter des Kapitalismus. Gerade um sein immanentes Prinzip, die Produktion von Mehrwert zu verwirklichen, ist das Kapital gezwungen, die Produktivität der gesellschaftlichen Arbeit und die organische Zusammensetzung des Kapitals fortwährend zu steigern und damit seine eigene Grundlage, die abstrakte Arbeit, immer mehr zu untergraben. Mit der beständigen Zunahme des konstanten auf Kosten des variablen Kapitalbestandteils stellt sich, wie Marx es ausdrückt, „ein stets größerer Teil [des Kapitals, d. Verf.] in Arbeitsmitteln und ein stets geringerer Teil desselben in lebendiger Arbeit dar". Die unbezahlte Arbeit (der Mehrwert) nimmt also im Verhältnis zum Wert des vorgeschossenen Gesamtkapitals immer weiter ab und das Kapital saugt so im Verhältnis zu seiner Größe immer weniger Mehrwert auf. Selbst wenn die Masse des Profits steigt, muß die Profitrate fortgesetzt fallen. Die Profitrate ist aber für Marx die „treibende Macht" des kapitalistischen Produktionsprozesses. Wenn daher an einem bestimmten historischen

Punkt „die Kapitalbildung ausschließlich in die Hände einiger weniger, fertiger Großkapitale fiele, für die die Masse des Profits die Rate aufwiegt, wäre überhaupt das belebende Feuer der Produktion erloschen, sie würde einschlummern."[11]

Es ist kaum anzunehmen, daß Marx bei dieser Vision eines natürlichen Todes des Kapitalismus daran gedacht haben könnte, daß über hundert Jahre nach der Niederschrift des „Kapital" das kapitalistische Wirtschaftssystem noch immer existieren werde. Wir müssen uns also fragen, ob die Annahmen, die Marx bei der Formulierung des Gesetzes vom tendenziellen Fall der Profitrate trifft, richtig sind. In eine mathematische Formel umgesetzt, lautet das Marxsche Argument folgendermaßen:

$$p = s' (1 - q)$$

s' = Mehrwertrate
q = Organische Zusammensetzung des Kapitals

Marx setzt voraus, daß die Mehrwertrate (s') konstant bleibt. Daraus folgt, daß die Profitrate (p) fallen muß, sobald die organische Zusammensetzung des Kapitals (q) steigt. Eine gleichbleibende Mehrwertrate impliziert, daß der Reallohn der Arbeiter im Ausmaß des Produktivitätszuwachses steigt, was jedoch im allgemeinen nicht der Fall ist. In einem anderen Zusammenhang, im Abschnitt über die „Produktion des relativen Mehrwerts", geht Marx auch tatsächlich von der Annahme einer steigenden Mehrwertrate aus.[12] Wenn aber die Mehrwertrate im Gefolge eines Anwachsens der Arbeitsproduktivität steigt, so ist die Richtung, die die Profitrate nimmt, unbestimmt. Marx hat diesen Umstand insofern berücksichtigt, als er die Erhöhung des „Exploitationsgrades" der Arbeit unter die dem tendenziellen Fall der Profitrate „entgegenwirkenden" Faktoren gereiht hat.[13] Wenn jedoch die entgegenwirkenden Tendenzen so stark sind, daß sie die Wirkungen des Gesetzes über einen längeren historischen Zeitraum aufzuheben vermögen, so müssen die Formulierung dieses Lehrsatzes und die daraus gezogenen Schlußfolgerungen als nicht sehr überzeugend bezeichnet werden.

Historische Einwände gegen das Gesetz vom tendenziellen Fall der Profitrate

Neben der grundsätzlichen Kritik gibt es noch andere, gleichsam historische Einwände gegen das Gesetz vom tendenziellen Fall der Profitrate. Sie besagen im wesentlichen, daß die Marxschen Annahmen nur auf eine bestimmte Phase des kapitalistischen Entwicklungsprozesses zutreffen, nämlich für das 19. Jahrhundert. Während des von Marx beobachteten Zeitraums waren nämlich Kräfte am Werk, die auf der einen Seite eine ständige Erhöhung der organischen Zusammensetzung des Kapitals bewirkten und auf der anderen Seite eine mit diesem Prozeß korrespondierende Änderung der Mehrwertrate verhinderten:

Das 19. Jahrhundert war durch den historisch einmaligen Transformationsprozeß einer vorwiegend kleinbäuerlich und handwerksmäßig organisierten Wirtschaft in eine auf dem Fabriksbetrieb beruhende Produktionsweise charakterisiert. Hand in Hand damit wurde auch die rückständige Infrastruktur, also das Energie-, Transport- und Kommunikationswesen, revolutioniert. Auf diese Weise konnte die Investitionsgüterindustrie durch lange Zeit eine Ausdehnung annehmen, die in keiner Beziehung zur vergleichsweise bescheidenen Entwicklung der Konsumgüterindustrie stand.[14]

Das zweite „historische" Argument gegen die Annahme eines tendenziellen Falls der Profitrate betrifft den Umstand, daß Marx die These, der Wert der Arbeitskraft falle nicht im selben Verhältnis wie die Produktivität steige, aus dem Gesetz vom abnehmenden Ertrag in der Landwirtschaft ableitet. Diesem Umstand konnte aber nur in einer Periode entscheidende Bedeutung zukommen, in der ein großer Teil des Arbeitslohnes für die Anschaffung von Lebensmitteln aufgewendet werden mußte.[15]

Die konjunkturelle Krise

So wie in seiner Theorie einer langfristigen Krisentendenz im Kapitalismus kommt bei Marx auch in der Konjunkturbetrachtung der Bewegung der Profitrate eine entscheidende Bedeutung zu. „Die Schranke der kapitalistischen Produktionsweise", schreibt er im dritten Band des „Kapital", „tritt hervor [...] darin, daß die Entwicklung der Produktivkraft der Arbeit im Fall der Profitrate ein Gesetz erzeugt, das ihrer eignen Entwicklung auf einem gewissen Punkt feindlichst gegenübertritt und daher beständig durch Krisen überwunden werden muß." Die Höhe der Profitrate entscheide „über Ausdehnung und Beschränkung der Produktion [...] statt das Verhältnis der Produktion zu den gesellschaftlichen Bedürfnissen, zu den Bedürfnissen gesellschaftlich entwickelter Menschen. Es treten daher Schranken für sie ein schon auf einem Ausdehnungsgrad der Produktion, der umgekehrt unter der andren Voraussetzung weitaus ungenügend erschiene. Sie kommt zum Stillstand, nicht wo die Befriedigung der Bedürfnisse, sondern wo die Produktion und Realisierung von Profit diesen Stillstand gebietet."[16]

Die periodisch auftretenden Wirtschaftskrisen sind bei Marx abgeleitet aus dem Grundwiderspruch des kapitalistischen Systems. Die Konjunkturtheorie, die in gelegentlichen und unsystematischen Bemerkungen angesprochen wird, geht davon aus, daß es nach einer Phase der Hochkonjunktur notwendigerweise zu einer Krise kommen muß. Im allgemeinen interpretiert Marx diese Krise als eine *Unterkonsumtionskrise*. „Der letzte Grund aller wirklichen Krisen", heißt es an einer Stelle, „bleibt immer die Armut und Konsumtionsbeschränkung der Massen gegenüber dem Trieb der kapitalistischen Produktion, die Produktivkräfte so zu entwickeln, als ob nur die absolute Konsumtionsfähigkeit der Gesellschaft ihre Grenze bilde."[17]

Die Unterkonsumtionskrise bildet, wie Otto Bauer (und im Anschluß an ihn Paul Sweezy) gemeint haben, nur die Kehrseite einer *Überproduktionskrise* in der Investitionsgüterindustrie.[18] Denn es kann gezeigt werden, daß in der Phase der Hochkonjunktur — bei Strafe des sofortigen Zusammenbruches der Prosperität — die Mehrwertrate steigen muß. Die Folge davon ist ein überproportionales Wachstum der Produktion gegenüber dem Zuwachs an Massenkaufkraft.

Die Ursache der Krise ist in den Schwankungen der Profitrate während des Konjunkturzyklus zu suchen. Am Beginn des Aufschwungs sinkt die organische Zusammensetzung des Kapitals als Folge der Einstellung neuer Arbeiter. D. h., die Profitrate steigt auch bei gleicher, ja selbst bei sinkender Mehrwertrate. Sind die bestehenden Anlagen ausgelastet, so setzt die weitere Vergrößerung der Produktion die Erweiterung der bestehenden oder die Errichtung neuer Fabriken voraus. Hand in Hand mit der Aufstellung neuer Produktionsanlagen geht im allgemeinen deren technische Vervollkommnung; die organische Zusammensetzung des Kapitals steigt. Die Profitrate kann nun nur noch steigen (oder gleichbleiben), wenn die Mehrwertrate wächst.

Das Mißverhältnis zwischen Gütermenge und Kaufkraft entsteht also schon während der Prosperität; es wird aber erst in der Krise sichtbar. Diese bricht aus, wenn die Profitrate zu sinken beginnt, weil die Mehrwertrate nicht mehr genügend stark angehoben werden kann, um die wachsende organische Zusammensetzung des Kapitals zu kompensieren. Der Konjunkturumschwung muß demnach zu einem Zeitpunkt eintreten, wo ein Zustand der Vollbeschäftigung erreicht ist und daher die Löhne stark steigen.[19]

Wenn die Profitrate sinkt, gehen die Investitionen zurück, d. h. die Krise nimmt ihren Ausgang im Produktionsmittelsektor. Durch die sinkende Beschäftigung in diesem Bereich vermindert sich die Nachfrage nach Konsumgütern usw. Diese nach unten gerichtete Spirale kommt erst zum Stillstand, wenn durch eine genügend große Senkung des Arbeitslohnes und durch die Vernichtung und Entwertung des fixen Kapitals die Voraussetzungen für einen neuen Aufschwung geschaffen sind.[20] Wie aber kommt der Mechanismus der Wirtschaft wieder in Schwung? Welches sind die Voraussetzungen für eine Besserung der Konjunktur? Ein Anreiz zur Vergrößerung der Produktion entspringt der Räumung der im Konjunkturabschwung geschaffenen Lagerbestände: aufgrund der Veralterung und Abnützung der alten Maschinen besteht ein gewisser Zwang zur Anschaffung neuer Produktionsmittel. Da in der Krise viele Betriebe stillgelegt wurden, verteilt sich die wachsende Nachfrage auf eine geringere Anzahl von Fabriken. Wenn die Kapazitätsauslastung steigt, fällt die organische Zusammensetzung des Kapitals, und wenn die Impulse, die von der Investitionstätigkeit ausgehen, stark genug sind, kommt es zu einer durchgreifenden Besserung der Konjunktur.

Dieses Modell zur Erklärung der Marxschen Konjunkturtheorie trägt vereinfachte Züge. Der *monetäre Sektor* wurde vollkommen vernachlässigt. Gerade diesem kommt jedoch bei der Wirtschaftsbelebung nach einer Krise eine wichige Bedeutung zu: Da die Kapitalisten bei Ausbruch der Krise ihr Kapital nicht mehr investieren, sondern in Geldform zurückhalten und da in der Krise die Nachfrage nach Kredit gering ist, herrscht Geldflüssigkeit; die Zinsen sinken. Die niedrigen Zinsen erleichtern und stimulieren das Wiedereinsetzen der Investitionstätigkeit. In ähnlicher Weise erlaubt die *Kreditexpansion* (Kreditschöpfung der Banken und Geldschöpfung der Notenbank) eine „künstliche" Verlängerung der Prosperität durch eine spekulative Anheizung des Investitionsklimas. Auch die Auswirkungen der *Monopolisierung* und des *Staatsinterventionismus* auf den Verlauf des Konjunkturzyklus sowie die Probleme der *Internationalisierung des Kapitals* (multinationale Konzerne) blieben außerhalb der Betrachtung. Alle diese Phänomene müssen jedoch bei der konkreten historischen Konjunkturforschung berücksichtigt werden.

Die „langen Wellen" der Konjunktur

Einem Phänomen wandte Marx ganz besondere Aufmerksamkeit zu: der Veralterung des Produktionsapparates, die eine anregende Wirkung auf das Wiederingangsetzen der Investitionstätigkeit ausübt. Marx spricht in diesem Zusammenhang vom „moralischen" und „physischen" Verschleiß des fixen Kapitals als einer wesentlichen Ursache für den zyklischen Verlauf des Wachstumsprozesses im Kapitalismus. „Durch diesen eine Reihe von Jahren umfassenden Zyklus von zusammenhängenden Umschlägen", schreibt er, „in welchen das Kapital durch seinen fixen Bestandteil gebannt ist, ergibt sich eine *materielle Grundlage der periodischen Krisen* [...] Es sind zwar die Perioden, worin Kapital angelegt wird, sehr verschiedene und auseinanderfallende. Indessen bildet die Krise immer den Ausgangspunkt einer großen Neuanlage, also auch — die ganze Gesellschaft betrachtet — mehr oder minder eine neue materielle Grundlage für den nächsten Umschlagszyklus."[21] Marx geht also davon aus, daß viele technische Neuerungen, Erfindungen und Verbesserungen, die während der Krise ungenützt bleiben, am Beginn des Aufschwungs in den Produktionsprozeß eingeführt werden. Auf diese Weise kommt es zu einem stoßartigen Auftreten technischer Neuerungen, die einen Aufschwung von Produktion und Beschäftigung zur Folge haben.

Der Umschlagzyklus des fixen Kapitals, dessen Dauer Marx mit ungefähr *zehn Jahren* annimmt, scheint ein Verbindungsglied zu jenem Phänomen zu bilden, das unter dem Begriff der *langen Wellen der Konjunktur*, der *Schumpeter-* bzw. *Kondratieff-Zyklen*, in die volkswirtschaftliche Literatur eingegangen ist. Denn am Beginn aller *längerfristigen Aufschwungsphasen* des Kapitalismus standen *Revolutionen in der Technik*, die sowohl zum Entstehen gänzlich neuer Produktionszweige führten, als auch eine Umwälzung und Erneuerung des gesamten gesellschaftlichen Produktionsapparates zur Folge hatten, sozusagen eine „qualitative" Änderung der Arbeitsproduktivität hervorriefen.[22]

Der erste, der sich mit dieser langen Wellenbewegung beschäftigte, war der russische Marxist Parvus (A. Helphand). Er formulierte seine Gedanken zum ersten Mal im Jahr 1896 in der „Sächsischen Arbeiterzeitung" und führte sie 1901 in der Broschüre „Die Handelskrisis und die Gewerkschaften" weiter aus.[23] Kurze Zeit vor dem Ausbruch des Ersten Weltkrieges veröffentlichte dann der holländische Marxist J. van Gelderen unter dem Pseudonym J. Fedder in der Zeitschrift „De Nieuwe Tijd" eine Artikelserie, in der er die eher skizzenhaften Theoreme von Parvus vertiefte. Van Gelderen untermauerte seine Ansichten mit statistischem Material. Er wies unter anderem nach, daß jeder längeren Expansionsperiode eine starke Ausdehnung der Edelmetallproduktion vorangegangen war, d. h., daß die Aufschwungsphasen begleitet waren von einer expansiven Geldpolitik. Van Gelderen verwies auch auf die vom Agrarsektor (Urbarmachung neuer Anbaugebiete) ausgehenden Nachfrageimpulse und auf das Entstehen neuer Industriezweige am Beginn einer langfristigen Aufschwungsphase.[24] Kaum eine der in der Zwischenkriegszeit formulierten Theorien der langen Wellen (Schumpeter, Kondratieff, de Wolff) ist grundsätzlich über die Überlegungen van Gelderens hinausgegangen. Erwähnenswert erscheinen lediglich einige Überlegungen des bekannten Gewerkschaftsökonomen Wladimir Woytinski, der die monetären Beobachtungen van Gelderens vertiefte und erweiterte.[25]

In neuerer Zeit hat sich insbesondere E. Mandel aus marxistischer Sicht mit dem Problem der langen Wellen auseinandergesetzt und folgende Einteilung der Entwicklung des Industriekapitalismus seit dem Ende des 18. Jahrhunderts vorgeschlagen:[26]

Expansion
1793 — 1825
1848 — 1873
1894 — 1913
1940 (1945) — 1966

Stagnation
1826 — 1847
1874 — 1893
1914 — 1939
1967 —

Obwohl ein „statistischer" Beweis für diese lange Periodizität nicht gelungen ist,[27] zeigt die historische Evidenz das Vorhandensein solcher langer Wellen. Allerdings erscheinen die Bestimmungsgrößen der Kondratieff-Zyklen noch nicht genügend untersucht. Offenbar sind immer eine Reihe von Ursachen, die gleichzeitig auftreten müssen, für die langfristigen Wachstumsschwankungen verantwortlich. Manche Autoren wie Leo Trotzki vertraten sogar die Ansicht, daß bei dieser Wellenbewegung auch außerökonomische Ereignisse wie Kriege oder Revolutionen eine wichtige Rolle spielen.[28] Die entscheidenden Impulse dürften jedoch von großen technologischen Umbrüchen ausgegangen sein:

— in den letzten Jahrzehnten des 18. Jahrhunderts von der Einführung der maschinellen Massenproduktion, insbesondere in der Textilindustrie;

— in den Fünfziger- und Sechzigerjahren des 19. Jahrhunderts vom Eisenbahnbau in Europa;

— in der „belle epoque", den beiden letzten Jahrzehnten vor dem Ersten Weltkrieg, vom Entstehen neuer Industrien wie Elektrotechnik und Chemie;

— in den ersten beiden Jahrzehnten nach dem Zweiten Weltkrieg von der Anwendung technologischer Innovationen (Elektronik, Düsenmotor, synthetische Stoffe), die zum Teil schon während der großen Depression der Dreißigerjahre entwickelt worden waren, vom Anbrechen des Automobilzeitalters und der damit zusammenhängenden städtebaulichen und verkehrstechnischen Revolution.

Schlußfolgerungen

Ein kurzes Referat muß notwendigerweise viele Fragen offen lassen. Eine Reihe wichtiger Fragen konnte überhaupt nicht zur Sprache gebracht werden, wie jene nach etwaigen Veränderungen des Konjunkturzyklus durch die Monopolisierung, durch die Verfeinerung des Kreditmechanismus, durch die Geldpolitik der öffentlichen Hand, durch staatliches Krisenmanagement etc. Jeder Zyklus — ob „kurz" oder „lang" — hat seine eigene Geschichte. Er muß vom Wirtschaftshistoriker genau untersucht werden. Die Marxsche Theorie kann hiebei eine Fülle von Anregungen und Denkanstößen vermitteln. Die meisten bürgerlichen Konjunkturtheorien zeichnen sich durch den Umstand aus, daß sie ein Moment des Wirtschaftsablaufes verabsolutieren; der Ansatz von Marx ist umfassender.

Dies müßte sich selbst dann als Vorteil erweisen, wenn sich Marx in manchen Fragen geirrt haben sollte

ANMERKUNGEN

1 *M. Bronfenbrenner (Hrsg.), Is the Business Cycle Obsolete?*, New York-London 1969.

2 Zu Österreich bzw. Österreich-Ungarn vgl. *Nachum T. Gross, Economic Growth and the Consumption of Coal in Austria and Hungary, 1831—1913*, in: The Journal of Economic History Nr. 31 (Dezember 1971), S. 898 ff. *Richard Rudolf, The Pattern of Austrian Industrial Growth from the Eighteenth to the Early Twentieth Century*, in: Austrian History Yearbook Nr. 11 (1975), S. 3 ff.

3 Als jüngstes Beispiel bezüglich der Donaumonarchie siehe: *J. Komlos, The Habsburg Monarchy as a Customs Union*, Princeton University Press 1983.

4 *R. Rosdolsky, Zur Entstehungsgeschichte des Marxschen „Kapital"*, Bd. I, Frankfurt/Main 1968, S. 27.

5 Marx beschreibt das Kreditwesen als Erscheinung, die sich anfangs „verstohlen, als bescheidene Beihilfe der Akkumulation [...] einschleicht, [...] aber bald eine neue [...] Waffe im Konkurrenzkampf wird, und sich schließlich in einen ungeheuren Mechanismus zur Zentralisation des Kapitals verwandelt." (*K. Marx, Das Kapital*, 1. Bd., MEW 23, Berlin (DDR) 1962, S. 655).

6 a. a. O., S. 656.

7 Siehe dazu: *E. März, Österreichische Industrie- und Bankpolitik in der Zeit Franz Josephs I.*, Wien-Frankfurt-Zürich 1968.

8 *Marx-Engels, Ausgewählte Werke* in sechs Bänden, Bd. 1, Frankfurt/Main 1970, S. 422.

9 Die beste Zusammenfassung der Zusammenbruchsdebatte findet sich u. E. bei *P. Sweezy, Theorie der kapitalistischen Entwicklung*, Köln 1959, S. 149 ff.

10 *C. Deutschmann, Die Weltwirtschaftskrise als Problem der marxistischen Krisentheorie*, in: Krisen und Krisentheorien, Frankfurt/Main 1974, S. 163.

11 Marx, Das Kapital, 3. Bd., MEW 25, S. 226 und 269.

12 a. a. O., 1. Bd., S. 331 ff. und explizit 629 f.

13 Andere „entgegenwirkende" Faktoren sind laut Marx die „Verwohlfeilerung" der Elemente des konstanten Kapitals, das Drücken des Arbeitslohnes unter seinen Wert, die relative Überbevölkerung (Arbeitslosigkeit) und der „auswärtige Handel". Siehe: a. a. O., 3. Bd., S. 242 ff.

14 *J. M. Gillman, Das Gesetz des tendenziellen Falls der Profitrate*, Frankfurt/Main 1968. Gillmans Berechnungen blieben nicht unwidersprochen. Siehe z. B. Deutschmann, a. a. O., S. 167 ff.

15 Siehe dazu: *E. März, Einführung in die Marxsche Theorie der wirtschaftlichen Entwicklung*, Wien 1976, S. 292 ff.

16 Marx, Das Kapital, 3. Bd., S. 268 f.

17 a. a. O., S. 501.

18 *O. Bauer, Zwischen zwei Weltkriegen?*, Bratislava 1936, S. 51 ff; Sweezy, a. a. O., S. 116 ff. Eine Auflistung der verschiedenen möglichen Krisen- bzw. Konjunkturtheorien bei Marx bietet: *K. Kühne, Die ökonomischen Theorien Marx im Lichte der modernen Wirtschaftswissenschaft*, in Karl Marx, Ökonomische Schriften, Stuttgart 1970, S. LXIX ff.

19 Marx, Das Kapital, 2. Bd., S. 409 f.

20 a. a. O., 3. Bd., S. 259 ff.

[21] a. a. O., 2. Bd., S. 185 f.

[22] Siehe: *O. Bauer, Wird die Weltwirtschaftskrise überwunden werden?* in: Arbeiter-Zeitung vom 24. Mai 1931; ähnlich in: ders., Zwischen zwei Weltkriegen?, S. 20 ff.

[23] *Parvus, Die Handelskrisis und die Gewerkschaften*, München 1901.

[24] *E. Mandel, Der Spätkapitalismus*, Frankfurt/Main 1972, S. 116 f.

[25] *Archiv der sozialen Demokratie*, Bonn, Nachlaß Woytinski Wladimir, Mappe 4 (Unveröffentlichte Materialien): *Grundrisse eines Aktionsprogramms zur Belebung der Wirtschaft*, S. 69—98.

[26] Mandel, a. a. O., S. 123 ff.

[27] Siehe dazu: *A. Kleinknecht, Überlegungen zu einer Renaissance der „langen Wellen" der Konjunktur (Kodratieff-Zyklen)*, Berlin 1979.

[28] Zitiert bei Mandel, a. a. O., S. 121.

Martin BONDELI (Schweiz)

ZUR METHODENDISKUSSION BIS MITTE/ENDE DER SIEBZIGERJAHRE

Einleitung

Die Anfänge einer tiefergreifenden Analyse und Diskussion der Marxschen Methoden der politischen Ökonomie, insbesondere die Erörterung ihres Verhältnisses zur Hegelschen „Logik“, liegen in den frühen Sechzigerjahren. In den Siebzigerjahren hat sie sich zu einer breiteren und materialreichen Kontroverse entwickelt, die nicht zuletzt durch die diversen Ansätze der „neuen“ Kapitallektüre innerhalb der marxistischen Theorien angeregt worden ist. Heute, so scheint es, ist die Brisanz um die Methodendebatte weitgehend verschwunden. Hinterlassen hat sie lediglich einen beträchtlichen Berg von Sekundärliteratur zum „Kapital“, eine Unzahl von Analysen einzelner Aspekte aus dem Kontext verschiedener Wissenschaften, die einen einigermaßen homogenen Diskussionszusammenhang schier verunmöglichen. Verhärtete Fronten disparater Standpunkte, hin und wieder aufflackernde MEW-Zitatenkriege, verzettelte Detailanalysen sind denn auch wesentlich konstitutiv für dessen gegenwärtige Situation, die infolgedessen gerade nicht dazu angetan ist, die Methodenproblematik — anstatt reproduktiv — kritisch weiterzureflektieren, geschweige denn mittels materialer Analysen für praktisch-politische Fragen fruchtbar zu machen. Positiv bleibt wohl einzig festzuhalten, daß alle Diskussionen die Vielschichtigkeit der Marxschen Methode, ihre sozialen und historischen Prämissen etwas transparenter machen konnten sowie das Tabu von der unbekannten bzw. „großen“ Methode faktisch durchbrochen haben. Zuvor nämlich, so konnte *Rosdolsky* 1967 schreiben, existiere „... gewiß keine Frage der ökonomischen Theorie von Marx, die stiefmütterlicher behandelt worden wäre als die Frage seiner Methode im allgemeinen und ihre Beziehung zu Hegel im besonderen“.[1] Zur Zeit der Niederschrift des „Kapital“ und unmittelbar danach hatten Methodenfragen allein schon deshalb eine marginale Bedeutung, weil Marx und Engels metatheoretisch relativ spärlich damit umgingen. Einzig in Vorworten zu den Bänden des „Kapital“[2], in den Briefen über das „Kapital“[3], in der Engelschen Rezension von 1859 (MEW 13, S. 468 ff.) und natürlich im Kapitel über die Methode innerhalb der „Einleitung“ des Rohentwurfs (GR, S. 21 ff.) finden sich, abgesehen von verstreuten methodischen Erläuterungen in den Texten, aufschlußreiche Hinweise. Dazu kommt wesentlich, daß mit und nach dem Erscheinen des „Kapital“ andere Fragen, wie die Popularisierung der Marxschen

Theorie (v. a. durch Kautsky), die Krisen und der Zusammenbruch des Kapitalismus (*Baranowsky*), mithin vorwiegend praktischere Überlegungen zur Zukunft der Arbeiterbewegung weit wichtiger waren.

Unmittelbar nach der Jahrhundertwende überwiegt nach wie vor das ökonomietheoretische Interesse mit Arbeiten über die Reproduktionsschemata des 2. Bandes des „Kapital" (*Hilferding, Luxemburg, Grossmann, Bauer*),[4] ebenso innerhalb der ‚klassischen Kontroverse' zwischen *Böhm-Bawerk* und *Hilferding* über die Marxsche Werttheorie und die Transformationsproblematik von Wert-Preis, Mehrwert-Profit.[5] Grossmann, der diese Kontroverse weitergeführt hat, bemerkte dabei die bisherige Gedankenlosigkeit über die Marxsche Forschungsmethode,[6] kommt jedoch in seiner Schrift „Die Wert-Preis-Transformation bei Marx und das Krisenproblem" methodisch nicht über die Feststellung hinaus, der Weg vom Abstrakten zum Konkreten laufe vom Wesen zu den Erscheinungen und das zentrale daran sei, die „Vermittlungen", die „Mittelmitglieder" zu finden, also als richtige Vermittlung von Werttheorie und konkreten Phänomenen.[7]

Weg von der ökonomietheoretischen Diskussion führt in den Zwanzigerjahren die Schrift von *F. Petry*, „Der soziale Gehalt der Marxschen Werttheorie",[8] der neben dem quantitativen v. a. auf das qualitative Wertproblem bei Marx Wertformanalyse im Gegensatz zu Ricardo verweist. In diese Zeit fällt auch die Verbindung des „Kapital" mit der „Logik" Hegels durch den berühmten Aphorismus *Lenins* in den philosophischen Heften, man könne das 1. Kapitel des „Kapital" nicht vollständig begreifen, „ohne die ganze Logik von Hegel durchstudiert und begriffen zu haben", was auf orthodoxer Seite der III. Internationale zu einem neuen methodischen Ansatz der Kapitallektüre führt.[9]

Einen Konnex Marx-Hegel nehmen gleichfalls die „Linksradikalen" *Lukács* und *Korsch* mit betont sozialphilosophischer Ausrichtung in ihren Frühwerken „Geschichte und Klassenbewußtsein" und „Marxismus und Philosophie" in ihr Methodenverständnis auf. Als zentrales Problem der Methode verstehen sie das „Verändern der Wirklichkeit", das Erkennen auf Veränderung hin, was zugleich eine Absage an den „bornierten Empirismus" und den Idealismus jeglicher Art bedeuten soll. Im Mittelpunkt der Erkenntnisproblematik der Methode steht bei Lukács die Kategorie der „konkreten Totalität", die Bewegung vom Unmittelbaren zur konkreten Vermittlung.[10] Die dialektische Methode hat dabei ihren Bezug zu dem sie bedingenden gesellschaftlichen Gegenstand, der kapitalistischen Gesellschaft, was neben der Preisgabe des Widerspiegelungstheorems Lenins auch zu einer Verwerfung der Naturdialektik führt. Die Kategorie der „Verdinglichung", die Lukács aufgrund des „Fetischcharakter der Ware" im 1. Kapitel des „Kapital" als Hauptmoment der „Kernstruktur" der kapitalistischen

Gesellschaft hervorhebt, ist schließlich richtungsweisend für die „Kritische Theorie“ und deren Kapitallektüre (*Schmidt, Reichelt, Backhaus* u. a.).

In den Sechziger- und Siebzigerjahren, nachdem auch die Marxschen Frühschriften und der „Rohentwurf“, die in den Dreißigerjahren ediert wurden, zur Kenntnis genommen worden sind, entstehen erste zentrale Werke zur Entstehungsgeschichte des „Kapital“ (R. Rosdolsky, Zur Entstehungsgeschichte des Marxschen ‚Kapital‘ (1967); *Wygodski*, Die Geschichte einer großen Entdeckung (1965 bzw. 1967); W. *Tuchscheerer*, Bevor das ‚Kapital‘ entstand (1968)) sowie zu methodologischen und logischen Fragen (J. *Zelený*, Die Wissenschaftslogik und das ‚Kapital‘ (1962); M. M. *Rosental*, Die dialektische Methode der politischen Ökonomie bei Karl Marx (1969); *Althusser/Balibar*, Das Kapital lesen (1968); H. *Reichelt*, Zur logischen Struktur des Kapitalbegriffs bei Karl Marx (1970).) Diese Werke werden vorwiegend in den Siebzigerjahren ergänzt und erweitert durch einen Schub von Einzelstudien. Die partiell kontrovers laufenden Studien, die zudem von diversen Fachrichtungen (Ökonomie, Soziologie, Geschichtswissenschaft, Philosophie) geprägt sind, stützen sich auf bereits bestehende Theorietraditionen (Marxismus-Leninismus, Kritische Theorie, Trotzkismus) oder entwickeln sich als Gegenpositionen (Althusser-Schule, Neoorthodoxe, Systemtheoretiker u. a.).[11]

Was speziell die Methode der politischen Ökonomie innerhalb dieser verschiedenen methodologischen Ansätze betrifft, so hindert auch hier die gekennzeichnete zersplitterte Situation ein klärendes Verständnis über ihren präziseren Gegenstand und Erklärungsanspruch. Eine relativ grobe Sichtung ergibt dabei mindestens drei Diskussionsebenen, die einander gegenüberzustellen wären:

— Die Methode als Weg vom Abstrakten zum Konkreten bezieht sich auf das Verhältnis von Theorie und Empirie, speziell exemplifiziert durch den Übergang innerhalb des „Kapital“ von Bd. I zu Bd. III (quasi Fortsetzung der ‚klassischen Kontroverse‘). Kontrovers ist hierbei die Akzentuierung von Forschung und Darstellung.

— Die Methode als Weg vom Abstrakten zum Konkreten (meistens gemeint: vom Einfachen zum Komplexen) ist prozessual zu verstehen, bezieht sich auf einen diachronischen Ablauf, der die Vorgeschichte des Kapitalismus mitenthält.

Das Verhältnis von abstrakt/konkret wird hierbei gekoppelt mit demjenigen von logisch/historisch. Gegenstand der Untersuchung ist in diesem Kontext meist die Wertformanalyse im ersten Kapitel des „Kapital“. Die Kontroverse auf dieser Diskussionsebene dreht sich um die Identität oder Nichtidentität von Logischem und Historischem.

— Die Methode als Gegenstand der Metareflexion, insbesondere als Reflexion ihres Zusammenhangs mit dem gesellschaftlichen Gegenstand der Untersuchung, problematisiert am Zusammenhang von Hegelscher und Marxscher Methode; als erkenntnistheoretische Reflexion und Frage nach ihrer Struktur usw. Grundlage dieser Diskussionsebene sind in erster Linie die Marxschen und Engelschen Texte über die Methode. Die Kontroverse betrifft in diesem Fall nicht bloß einen Aspekt, sondern sie als ganze.

Werden diese drei Ebenen nicht systematisch unterschieden, so ergeben sich, wie dies in der Diskussion der Kapitallogik nur allzuoft der Fall ist, leicht Reduktionen der einen Ebene auf die andere. Weder wird dann das Gemeinsame noch die spezifische Differenz adäquat erfaßt. Untersuchungen über die Methode führen dann jeweils zu *der* Methode. Daß es im Marxschen „Kapital" *die* Methode nicht geben kann, indiziert nicht bloß die „Umstülpung" der Hegelschen absoluten Methode, sondern eben schließlich auch die Vielschichtigkeit, die die verschiedenen Untersuchungsgegenstände im „Kapital" methodisch verlangen.

Wenn im folgenden eine kleine Übersicht über verschiedene Positionen und Aspekte zur Methodenproblematik im „Kapital" gegeben wird, sollen diese obengenannten Differenzierungen als inhaltlich strukturierender Raster vorausgesetzt werden. Desgleichen werden schwerpunktmäßig diejenigen Aspekte und Problemstellungen herausgegriffen, die mit dem anschließend zu behandelnden Marxschen Text „Zur Methode der politischen Ökonomie" in einem Zusammenhang stehen bzw. auf ihn eingehen. Es handelt sich darin um die generellen Fragen betreffend

— abstrakt/konkret innerhalb des Bereichs von Darstellung und Forschung

— logisch/historisch innerhalb des Bereichs von Darstellung und Forschung

— den Gegenstand, die Struktur der Methode, ihre erkenntnistheoretischen Implikationen, ihre Prämissen und Grenzen.

Literaturbericht

Ein nur allzubekanntes Phänomen vieler Studien zum „Kapital" besteht darin, daß Methodenfragen zwar im Zentrum der Untersuchung stehen, das Marxsche Kapitel „Zur Methode der politischen Ökonomie" aber weiterhin „stiefmütterlich" behandelt wird. An thematischen Bezügen, Zitaten, Querverweisungen fehlt es diesbezüglich bestimmt nicht, das Aufsteigen vom Abstrakten zum Konkreten ist ja längst ein gängiger Topos in der Marxforschung, und die Abgrenzung von Marx gegenüber Hegel wird gerade anhand der Passagen dieses Kapitels sehr oft expliziert. Auffallend ist daran aber immer wieder, daß der Text nie als Ganzes — einigermaßen Geschlossenes — behandelt und zudem meist nur kommentierend wiedergegeben wird.

Als ein Beispiel dazu sei *W. Tuchscheerers* ansonsten umfassende und informative Studie „Bevor das ‚Kapital' entstand" genannt. Skizzenhaft wird hier der Marxsche Text reproduziert (S. 332—336) und ein wenig referierend aufbereitet. Eventuelle Konfrontationen innerhalb des Textes oder mit anderen MEW-Textstellen werden dabei nicht vorgenommen. Als Quintessenz stellt sich schließlich heraus, daß Marx sich von den methodologischen Prinzipien in der „Einleitung" in bezug auf die Ausarbeitung des während Jahren erforschten Materials in den „Grundrissen" und im „Kapital" habe leiten lassen (S. 336). Man könnte hier Tuchscheerer zugute halten, daß er in seiner Studie andere Entwicklungslinien der Marxschen ökonomischen Theorie als wesentlich erachtet. Dennoch ist seine „Auseinandersetzung" mit dem Methodenkapitel typisch für viele ökonomisierende und methodologisierende Marxisten-Leninisten.

Auf die „Dialektik des Abstrakten und Konkreten im ‚Kapital' von Marx" geht *E. W. Iljenkow* (1971) näher ein. Nach der Abgrenzung des Begriffspaares abstrakt/konkret von „vormarxistischen" und „neukantianischen" Verständnissen (S. 88) definiert er das Abstrakte, das zum Konkreten aufsteigt, als ein „Mittel des theoretischen Prozesses" (S. 91), das schließlich im Weg des Denkens als „verschwindendes Moment" gesetzt ist. Iljenkow unterstreicht, daß beide Bewegungen — konkret/abstrakt und abstrakt/konkret — sich stets durchdringen; die schließliche Akzentuierung des Weges vom Abstrakten zum Konkreten als der wissenschaftlich richtigen Methode begründet er damit, daß die Dialektik in einem solchen dualen Verhältnis immer die herrschende Seite bezeichne, quasi das Moment der Einheit der Gegensätze. Das dominierende Abstrakte (letztinstanzlich) wird aus dem Axiom der Dialektik abgeleitet (S. 90), eine Begründung, die nun aber gerade aufzeigt, daß bei Iljenkow die Reflexion auf einen gesellschaftlichen und historischen Bezug der Methode nicht mehr stattfindet. So überzeugend er die Verhältnisse von abstrakt/konkret, induktiv/deduktiv (S. 103/5), Forschung/Darstellung (S. 96) in ihrer subtilsten Durchdringung darlegt, so fragwürdig ist es, den Primat der abstrakten Seite durch ein dialektisches Axiom, ein „‚natürliches' Gesetz der theoretischen Entwicklung der Menschheit ..." (S. 107) zu begründen. Weder wird damit der historisch-soziale Entstehungszusammenhang dominierender Abstrakta geklärt, noch die Methode mit ihren Prämissen und Grenzen adäquat erfaßt. Sie wird so zu einem universellen Erkenntnisinstrument, das ja schon die wesentliche Wirklichkeit wiedergibt.

Einen umfassenderen Ansatz, der auch das Verhältnis von logisch/historisch einschließt, verfolgt *J. Zelený* (1973). Von Interesse für das Methodenkapitel ist vornehmlich die Problematisierung des Ausgangspunktes innerhalb der von ihm bezeichneten strukturell-genetischen Methode des „Kapital", deren Ziel die „innere Struktur", die prozessuale Entwicklung des Kapitalismus (Entstehen,

Werden, Vergehen) sein soll (S. 21 ff.). Diese Struktur als „allgemeiner Typ der kapitalistischen Verhältnisse“ (MEW 25, S. 152) versucht er als logisch-historische Einheit zu fassen. In bezug auf den Ausgangspunkt der Methode fügt er eine nicht unwesentliche Differenz zwischen Ricardo und Marx an. Innerhalb der „wissenschaftlich richtigen Methode“ gehe Marx von der einfachen Bestimmung als Zelle, Elementarform, der Ware, aus, hingegen Ricardo von der einfachen Bestimmung, die er als fixes Wesen fasse. (S. 52 f.) Die Unterscheidung allerdings zwischen einfach-abstrakt und einfach als reale Zellform bleibt, trotz der Kritik am ‚fixen Wesen‘, bei Zelený recht unklar, und zwar insbesondere in bezug auf das Verhältnis logisch/historisch. Obschon er treffend feststellt, daß die Zelle durch den Hinblick auf das entwickelte, komplexe Ganze abstrakt, d. h. logifiziert wird (S. 57), hält er an der Einheit von logisch und historisch relativ unproblematisiert fest, ohne die Warenentwicklung in einen realhistorischen Zusammenhang zu stellen. Das Realhistorische wird von ihm schließlich zur Ergänzung des Logisch-Historischen wohl eher als „zerstörende Zufälligkeit“ (Engels) nachträglich einbezogen. Zelený beschreibt diesen Prozeß als „unaufhörliches Oszillieren zwischen der abstrakten dialektischen Entwicklung und der sinnlichen-konkreten historischen Wirklichkeit“ (S. 59), allerdings ist trotzdem der Primat des Logisch-Historischen herauszuspüren. Zelený muß hier zugute gehalten werden, daß er die Legitimität des Realhistorischen innerhalb der strukturell-genetischen Analyse anerkennt, ja dadurch sogar Grenzpunkte der Methode, insbesondere im Falle der ursprünglichen Akkumulation, indiziert. (S. 60 f.)

Zum Verhältnis von Logischem und Historischem nimmt auch *K. Holzkamp* (1974) in seiner Polemik gegen J. Bischoff Stellung. Holzkamp bemängelt an J. Bischoff den Ausschluß des Historischen aus dem Begründungszusammenhang der Kritik der politischen Ökonomie sowie die damit verbundene Reduktion von der historischen Forschung auf reine „Illustration“ (S. 1, 9). Aus der längeren Polemik, bei der Bischoff sinnverfälschendes Textinterpretieren (Marx gegen Engels oder gar Marx gegen Marx) zum Vorwurf gemacht wird, schälen sich allmählich zwei klarere Varianten des Verhältnisses von logisch/historisch mit unterschiedlichen Bezugspunkten heraus: eine im Sinne der Formgenese, der Entwicklung der Ware zum Geld und zum Kapital, in welcher die Reihenfolge von logischen und historischen Kategorien korrespondiert (gestützt auf die Engelsrezension MEW 13, S. 468 ff.) und eine im Sinne des Aufsteigens vom Abstrakten zum Konkreten, in der die Reihenfolge als Verhältnis der Kategorien innerhalb der bürgerlichen Gesellschaft bestimmt wird, was das Umgekehrte ihrer historischen Dominanz wäre (GR, S. 28).

Holzkamp nun sieht hier lediglich einen scheinbaren Gegensatz, der sich auflöse, wenn die beiden Reihenfolgen aufeinander projiziert würden, was ihm natürlich nur aufgrund einer doch etwas zu gewaltsamen Reduktion derart „mühelos“ gelingt. (S. 19 f.) Nach vollbrachter Tat müssen schließlich die „historische Form“ und die „störenden Zufälligkeiten“ (MEW 13, S. 475), die sich bei der Engelschen Version von der „logischen Form“ der Vereinfachung halber abtrennen mit der Marxschen (GR) umgekehrten historischen Reihenfolge, die „für den Analyseansatz keine Rolle“ spiele (S. 19), identifiziert werden. Das Logische bzw. Logisch-Historische wäre dann, mit Engels zu sprechen, die vereinfachende Widerspiegelung des Realhistorischen, und die historisch dominante Kategorie bei Marx (GR), die umgekehrt zum Logischen steht, hätte dann lediglich den Charakter der „störenden Zufälligkeit“. Mit anderen Worten: Holzkamp konstruiert aus dem Logisch-Historischen ein Realhistorisches und hängt das *tatsächlich Realhistorische* (die historisch dominante Kategorie) als „historische Form“ oder „störende Zufälligkeit“ an. Dieses Unternehmen wird schließlich noch untermauert, indem die „Grundrisse„ und insbesondere das Methodenkapitel als adäquate Erklärungsgrundlage in Zweifel gezogen werden: „Wer mit ‚Grundriß‘-Zitaten unter Ausnutzung ihrer sprachlichen Kraft wie mit „absoluten“ Aussagen operiert, der erzeugt bei sich selbst Verworrenheit und bei anderen Verwirrung“ (S. 22, Anm. 41). Die Absurdität der Holzkampschen Interpretation wird erst recht sichtbar, wenn sie auf Vorkapitalistisches bezogen wird. Wenn in Gesellschaftsformationen, wo Ware-Geld-Beziehungen eine marginale Rolle spielen, die Formgenese der Ware „im ganzen und großen“ (Engels) die *wirkliche* historische Entwicklung, d. h. die Geschichte ihrer Arbeits- und Produktionsweise, Lebensform usw., widerspiegeln soll, so ist das im großen und ganzen doch etwas zu viel an ökonomistischer Reduktion. Der einzig positive Schluß aus der ganzen Polemik Holzkamps gegen Bischoff wäre lediglich darin zu sehen, daß er die historische Dimension innerhalb der Methode nicht als bloß illustrative geltend zu machen versucht, sondern dem Historischen einen eigenständigen und auch logischen Stellenwert beimißt.

Zu einem Rundschlag gegen die „kapitallogische“ Entwicklung der Siebzigerjahre hat *P. Ruben* (1977) angesetzt. Die Problematik dreht sich allerdings weniger um einzelne Aspekte des Marxschen Methodenkapitels denn um — wie der Titel besagt — verschiedene weltanschauliche Positionen, die an der Frage des Werts aufeinanderprallen. Nach allseitiger Kritik bringt er es allerdings, abgesehen von den gelegentlichen Hinweisen, es wäre an der Zeit, sich vermehrt auf die formale Logik zu konzentrieren und ein positiveres Verständnis zu den Naturwissenschaften zu erarbeiten (S. 53), zu keinem eigenen methodologischen Ansatz für eine Kritik der politischen Ökonomie. Mit seinem zu analytischen Denkinstrumentarium gelangt er höchstens dazu, Widersprüche in die behandelten Interpreten hineinzuprojizieren und sie nachträglich dialektisch aufzulösen. Da er den Doppelcharakter der Ware bzw. der Arbeit, wie von Marx im 1.

Kapitel des „Kapital“ analysiert, ignoriert, ist seine krampfhafte Apologie des Werts bzw. der Geldform auch innerhalb einer sozialistischen Gesellschaft keineswegs verwunderlich. Eine „Formdifferenz“ für den Wert in bezug auf kapitalistische und sozialistische Gesellschaften will er immerhin durch die Art und Weise der Wertaneignung zulassen. Sonst aber hat der Protest gegen den Wert bei ihm keine Chance: „Wenn man die Genesis solcher Lage [kollektive Aneignung, M. B.] in der Gegenwart empirisch studieren will, so beachte man das Verhältnis der Werktätigen im realen Sozialismus zur Notwendigkeit der Aufwandsbestimmung und Aufwandsreduktion im Produktionsprozeß. Hier findet man die wahre Auflösung des Wertproblems, nicht aber in den Träumen von der Ersetzung der Abstraktion durch die private Sinnlichkeit.“ (S. 64)

Aufschlußreich in bezug auf den Aufbauplan und die Planänderung des „Kapital“, für die Entwicklung vom „Rohentwurf“ zum „Kapital“, ist *R. Rosdolsky*s Werk „Zur Entstehungsgeschichte des Marxschen ‚Kapital‘“. Bei der Deutung der Planänderung widerspricht er sowohl der Auffassung von H. Grossmann, Marx gliedere das „Kapital“ nach Kriterien der „Erkenntnis“, die „Grundrisse“ nach der Empirie, dem zu behandelnden Stoff (S. 40 f.), wie auch derjenigen von F. Behrens, der ursprüngliche Plan halte sich eng an die traditionelle Einteilung der politischen Ökonomie, während das „Kapital“ nach „wissenschaftlich-methodischen Gesichtspunkten gegliedert sei (S. 41). Obschon auch Rosdolskys eigene Erklärung, mit der Analyse des industriellen Kapitals sei für Marx die zur „Selbstverständigung“ dienende Struktur überflüssig geworden — das Buch vom Grundeigentum ging partiell in den 3. Band des „Kapital“ ein, das Buch von der Lohnarbeit in den ersten, Staat, auswärtiger Handel und Weltmarkt fielen weg (S. 78) —, nicht sonderlich überzeugend klingt, ist er immerhin darum bemüht herauszuheben, daß die „Grundrisse“ von der Methode her keineswegs hinter dem „Kapital“ zurückstehen, ja daß sie in ihrer Programmatik gar über dieses hinausgehen (S. 44).

Die inhaltliche Seite der „Methode“ ist auch bei Rosdolsky vorwiegend referierend. Allerdings nimmt er einen interessanten Hinweis aus den „Grundrissen“ auf (GR, S. 138 f.), wonach gezeigt wird, daß das Aufsteigen vom Abstrakten zum Konkreten in mehreren Schritten stattfindet (S. 44), nämlich als Weg von den allgemeinen Kategorien (Tauschwert, Preis) zum Austausch und zur Produktion, als derselbe Weg innerhalb der Produktion, die vom Tauschwert erfaßt wird, als Weg innerhalb des Staates usw. Alle diese Bereiche müßten dabei sowohl als Resultat wie Voraussetzung analysiert werden. Innerhalb des Kapitals selber wäre der Weg vom Abstrakten zum Konkreten ebenfalls noch zu vollziehen, was im Marxschen Plan als Weg vom „Kapital im allgemeinen“ zur Konkurrenz, zum Kreditwesen und Aktienkapital auch konzipiert wird. (Briefe über das Kapital, S. 87 ff.) Betreffs logisch/historisch problematisiert Rosdolsky

v. a. das Verhältnis von Grundeigentum, Lohnarbeit und Kapital (S. 54 ff.). Die Übergänge vom Kapital zum Grundeigentum, vom Grundeigentum zur Lohnarbeit werden von Marx sowohl „dialektisch" wie auch „historisch" verstanden. Dialektisch als das Umgreifen der beiden Formen durch das Kapital als Medium, historisch als Rückwirkung des Kapitals auf seine Voraussetzungen Lohnarbeit und Grundeigentum, beispielsweise als Übertragung des städtischen Kapitals auf den Agrarsektor. (MEW 24, S. 120)

In Abgrenzung von ökonomischem Empirismus und abstraktem Ricardianismus legt Rosdolsky nachdrücklich das Augenmerk auf die Formunterschiede der Kategorien und deren gesellschaftlich-historische Entstehungs- und Bewegungszusammenhänge. Dies führt ihn schließlich auch zu einer grundlegenden Kritik an jenen Sowjetökonomen, die „aus dem ‚suprahistorischen' Substrat der Wertbestimmung auf den suprahistorischen Charakter der Wertform schließen." (Rosdolsky, Einige Bemerkungen über die Methode ..., 1972, S. 15).

Als Bewegung des „Kapitals im allgemeinen" zu seinen konkreten Erscheinungsformen interpretiert *E. Mandel* den Kernpunkt der Marxschen Methode, womit er vor allem den Wandel des Kapitalismus, die Entwicklung des Welthandels, die Konkurrenz, die Krisen usw. über die Marxsche Zeit hinaus erfassen will. („Der Spätkapitalismus", S. 7 f.) Den Weg vom Abstrakten zum Konkreten expliziert er dementsprechend als Verhältnis von Theorie und Empirie, wobei er gegenüber modellplatonischen Vorstellungen einer derartigen Erkenntnisbewegung akzentmäßig die empirisch-historische Seite sehr stark herausstreicht. Mit Recht weist er darauf hin, daß dem Aufsteigen vom Abstrakten zum Konkreten der umgekehrte Weg, und dies nicht bloß als „Ausgangspunkt", vorausgegangen ist (S. 11 f.). Die „dünnen Abstrakta" wären demnach keineswegs so dünn wie dies nominell suggeriert wird. Mandel unterstreicht — was seiner historisch-empirischen Lesart korrespondiert — die Einheit von induktiv/deduktiv, logisch/historisch, reduziert allerdings die Vieldeutigkeit der Begriffspaare zu sehr auf *eine* Sichtweise: „Sie [die Marxsche Dialektik — M. B.] ist die *Einheit* dieser beiden Methoden. Und da die induktive Analyse nur eine historisch-induktive sein kann, weil für Marx sämtliche Beziehungen immer historisch bestimmte Beziehungen sind, handelt es sich bei dieser Dialektik um eine Einheit von Theorie und historischer Empirie." (S. 12) Mandel geht von seiner Methodik her nicht bloß in bezug auf den sich entwickelnden Gegenstand über Marx hinaus, sondern er versucht auch, den analytischen Teil der Methode weiterzuentwickeln. Zur Marxschen Deskription der Forschung und Darstellung fügt er die „praktisch-empirische Verifizierung der Analyse an der sich abwickelnden konkreten historischen Bewegung" und die „Entdeckung neuer, empirisch relevanter Daten und neuer Zusammenhänge (S. 15) hinzu, worin er natürlich vornehmlich die neuen Phänomene innerhalb der spätkapitalistischen Phase einzubeziehen sucht".

Von historischem Interesse für das Methodenkapitel sind zusätzlich seine Studien zur ursprünglichen Akkumulation. (1971) Mandel beschreibt diverse Akkumulationsschübe in der abendländische Geschichte, lenkt dabei die Aufmerksamkeit aber auch auf außereuropäische Erscheinungen der Entwicklung des Kaufmanns- und Wucherkapitals, das an der Peripherie der altertümlichen Gesellschaften sich in der Zirkulationssphäre reckt (Byzanz, Islamreich, Indien, Indonesien, China, Japan, Aztekenreich) (S. 78). Neben den vorwiegend gewaltsamen Akkumulationen in der Antike spielen in bezug auf die ursprüngliche Akkumulation die im 9./10. Jh. geschehenen Plünderungen, See- und Sklavenraub als Grundlage des italienischen Banken- und Kaufmannskapitals eine entscheidende Rolle (S. 74). Eine zweite einschneidende Phase liegt im 15./16. Jh. Handels- und Bankenkapital dringen hier allmählich in die handwerkliche und agrarische Produktionssphäre ein, ein Prozeß, der mit der industriellen Revolution (für England Mitte/Ende 18. Jh.) erneut schubkräftig wird (S. 75). Die Bedingungen für den Übergang zum Industriekapitalismus sind allerdings vielsträngiger. Geldaufhäufungen durch ungleichen Tausch, Plünderungen durch Kolonialsysteme, Plünderung der eigenen Bevölkerung (z. B. englisches Pachtsystem), die ganze Kapitalkonzentration auf Europa hin, bilden nur eine Seite. Zur anderen Seite gehören selbstverständlich auch sämtliche Trennungsprozesse der Arbeitenden von Grund und Boden und von den Produktionsinstrumenten, d. h. die Herausbildung des „freien Arbeiters", die eine relativ „kapitalunabhängige" Logik und Dynamik erhält. (vgl. dazu 24. Kapitel des „Kapital", GR. S. 375 ff.) (S. 71, Anm. 2). Mit der Stellung des Staates als Verteidiger der Konkurrenz unterstellt Mandel einen weiteren dynamisierenden Triebfaktor für den Übergang zum Industriekapitalismus. Die von Marx dargelegte Dynamik von „entwickelt" (Kooperation, Arbeitsteilung, Technologie) und „reif" (reine Kapitalentwicklung) setzt, damit eine Durchdringung hin zum Industriekapitalismus stattfinden kann, nach Mandel aus globaler Optik eine politische Klasse und einen starken Staat voraus, was für die westeuropäischen Verhältnisse eben zutrifft. Mit anderen Worten: ein sozioökonomischer Gesamtkomplex muß vorhanden sein. (S. 91)

Vor einem anderen Hintergrund haben auch *F. Eberle* (1973) bzw. *F. Eberle/E. Hennig* (1974) ihre methodologischen Erörterungen zum „Kapital" unter dem Gesichtspunkt des Verhältnisses von Theorie und Empirie expliziert. Anknüpfend an die „klassische Kontroverse" (Böhm-Bawerk contra Hilferding) liegt ihre Intention in einer adäquateren Erfassung der Marxschen Vorgänge von Forschung und Darstellung. Im Blickpunkt der Untersuchung steht hierbei v. a. der 3. Band des „Kapital", mit dem, nach dem Interpretationsschema der Autoren, Marx den Weg vom Abstrakten zum Konkreten im Rahmen der Wertkategorien vornimmt. Der Weg vom Abstrakten zum Konkreten, als

„begriffene Realität (1973, S. 366) gedeutet, muß demnach Entwicklungsfortschritte aufzeigen, die bekannten „Mittelglieder“ finden. Obschon Marx aus seinem Plan auch im 3. Band des „Kapital“ Erscheinungen des „Kapital im allgemeinen“ ausschließt (z. B. die Konkurrenz, die Krisen) (S. 368) und immer noch ein ideal-durchschnittliches Kapital zum Gegenstand hat, sind die Vermittlungsschritte, so die Autoren, in Abgrenzung und als Kritik der klassischen politischen Ökonomie geleistet, so insbesondere als Übergang vom Wert zum Preis oder vom Wert zu den Produktionskosten. Marx lieferte also nicht bloß „theoretische Konzepte“ (Poulantzas) sondern Entwicklungsschritte von der Theorie zur Empirie. (S. 371) Die Positivität der Theorie kennt allerdings ihre Grenzen, was im weiteren problematisiert wird. Die „invisible hand“, die den Anschein von Positivität erweckt, hat ihren realen Kern, ist Gesellschaft in nuce. Da die „Naturwüchsigkeit“ des Wertgesetzes mit Adorno nicht „à la lettre“ genommen werden darf (Adorno, 1975, S. 346), kann eine Transmission auf den Typus sozialistischer Gesellschaften sinnvollerweise nicht behauptet werden; ebensowenig eine Geltung des Wertgesetzes innerhalb der einfachen Warenproduktion als *historische Formation*, auch wenn einige Marx-Engels Passagen dem entgegenlaufen. (vgl. MEW 25, S. 186, 909)

Der erste methodologische Problemkomplex wird anhand des Verhältnisses von Ricardo/Marx von den Autoren noch präzisiert. Die Marxsche Methode soll v. a. vor dem Hintergrund der nationalökonomischen Methodenkontroverse, die mit Ricardo einsetzte und von Marx rezipiert worden sei, interpretiert werden, was von einer rein philologischen Aneignung Marxens her oder einer Sichtung aus dem Hegelschen Kontext heraus gerade nur unzureichend vorgenommen werden könne. (1974, S. 27 f., 41) Die methodologische Hauptargumentation von Marx gegenüber Smith und Ricardo bezieht sich auf den unvermittelten Gegensatz von theoretischen Abstrakta und realökonomischen Phänomenen, der zu zahlreichen Reduktionen, Äquivokationen usw. innerhalb des Feldes ökonomietheoretischer Termini (vornehmlich Wert, Preis, Tauschwert, Marktpreis, Mehrwert, Profit) führe. Obschon die beiden Theoretiker analytisch die einzelnen Termini relativ rein herauspräpariert haben, sei gerade keine spezifische Differenzierung zwischen Theorie, historischer Darstellung und illustrativem Material ersichtlich. Dies gelte in erster Linie für Smith (S. 28), bei dem die Methodenkontroverse Theorie/Empirie im Kern angelegt, jedoch nicht problematisiert sei. Erst in der Nachfolge von Smith habe sich diesbezüglich eine Diskrepanz herausdestilliert mit einer eher abstrakt-theoretischen (Ricardo, Mill) und einer empiristischen Richtung (Malthus, Chalmers). In der Folge wird auf die Ambivalenz der Werttheorie bei Smith verwiesen, insbesondere auf seine Arbeitswerttheorie, die für den Naturzustand eine logisch befriedigende Lösung sei, für die kapitalistische Gesellschaft sich jedoch auf die phänomenologische

Trinität von Arbeitslohn, Profit und Rente als Quelle der Tauschwerte berufen müsse und damit beide Seiten nicht vereinbaren könne bzw. das Problem der Vereinbarung gar nicht aufgreife. (S. 29) Ricardo wird in Abgrenzung und Weiterentwicklung der theoretischen Seite von Smith als Vorläufer der deduktiven Schule klassifiziert. (S. 35) Die Vereinheitlichung der Wertquelle auf Arbeit hin sei bei ihm akzentuierter, abgesehen von der von Marx monierten Leerheit der Begriffe. Ricardo und seine Schüler seien diesbezüglich denn auch von der empirischen Schule als zu spekulativ beurteilt worden (z. B. von Malthus) (S. 37). Für Marx aber bleibe Ricardo trotz (oder besser wegen) seiner Abstraktion seinen Gegnern überlegen. (S. 43) Die Marxsche Position wird im Anschluß daran als kritische Mittelstellung und Überwindung des Methodenstreites zwischen abstrakter und empirischer Schule angesiedelt. Zentrale Kategorie ist mithin, was der stärkeren Beachtung Ricardos korrespondiert, die *Darstellung*, die sich auf Forschung zwar stützt, diese aber dennoch letztlich strukturiert: „Der Begriff Darstellung intendiert die theoretische Lösung und positive Aufhebung des Dilemmas von Empirie und Theorie [...] Für ein allererstes Verständnis soll also festgehalten werden, daß Marx mit seiner Darstellung bezweckenden Arbeitsweise auf der Notwendigkeit theoretischer Abstraktion beharrt und den Empirismus verwirft. Ricardos Position [...] bestimmt auch Marx' Theorieverständnis. Indem aber dieses Verständnis als Darstellung bezeichnet wird, greift es zugleich über Ricardo und jede spekulative Philosophie hinaus und schließt die systematische Bearbeitung von Empirie ein." (S. 44 f) Zielpunkt Marxens wäre also stets die konkrete Abstraktion, ein Modus der theoretischen Darstellung, der programmatisch bereits in der stark historisch bestimmten Arbeitsweise der „Deutschen Ideologie" nachzuweisen ist (z. B. MEW 3, S. 27), wie die Autoren bemerken, und im „Elend der Philosophie" an den ökonomischen Kategorien gegen Proudhon geltend gemacht wird. Die überzeitlichen bürgerlichen Kategorien Proudhons werden mittels der Darstellung nicht bloß als solche erfaßt, sondern durch die Hinwendung zur Forschung und Aufdeckung ihrer gesellschaftlichen Kategorialität als historische neu erarbeitet. In der Frage der Abfolge von Prinzipien, Kategorien in der Geschichte hält Marx diesbezüglich gegen Proudhon fest: „Alle diese Fragen ergründen, heißt das nicht, die wirkliche, profane Geschichte der Menschen eines jeden Jahrhunderts erforschen, diese Menschen darstellen, wie sie in einem Verfasser und Schausteller ihres eigenen Dramas waren? Aber von dem Augenblick an, wo man die Menschen als Schausteller und Verfasser ihrer eigenen Geschichte hinstellt, ist man auf einem Umweg zum wirklichen Ausgangspunkt zurückgekehrt, weil man die ewigen Prinzipien fallengelassen hat, von denen man ausging." (MEW 4, S. 135) Das Verhältnis von Darstellung und Forschung, das im Methodenkapitel implizit als vertiefte Reflexion weiterentwickelt und im „Kapital" metatheoretisch nochmals expliziert wird, wird von den Autoren insofern nicht in seiner Strukturvielfalt ausgeschöpft, als nicht weiterverfolgt wird, wieso innerhalb der Durchdringung von Darstellung und Forschung das Moment der Darstellung stärker herausgehoben wird, ein Sachverhalt, der methodenimmanent und aus der Anknüpfung von Marx an Ricardos deduktive Methode nicht zureichend geklärt werden kann. Ebenso wird das Fragefeld logisch/historisch, das im Methodenkapitel einen zentralen Stellenwert einnimmt, zu sehr auf das Begriffspaar Theorie/Empirie bezogen und damit reduziert. (S. 69) Immerhin wird aber in den Begriff der Darstellung die historische Dimension als geschichtsphilosophische Implikation der „totalisierenden Betrachtungsweise", als Abfolge von Produktionsweisen, Antagonismus zwischen Produktivkräften und Produktionsverhältnissen, Klassenkämpfe usw. aufgenommen. Präzisierend halten die Autoren zwei „Abstraktionsleistungen" von Darstellung auseinander: "eine auf der Mikroebenevon Empirie und allgemeinen Aussagen und eine auf der Makroebene der geschichtsphilosophischen Aussagen über die Abfolge progressiver Gesellschaftsformationen", letztere gekoppelt an einen „Sinnentwurf" mit Fluchtpunkt und „Aussagen über dieTendenz realer historischer Strukturen". (S. 71/76) Die historische Dimension erweckt damit allerdings etwas zu sehr den Eindruck einer angehängten „regulativen Idee".

In eher indirekter Weise hat sich *H. D. Bahr* (1975) gegen die Methodenauffassung von Eberle/Hennig gewendet. Er bringt darin zum Ausdruck, daß das Verhältnis von Theorie/Empirie dem methodologischen Problemstand Marxens kaum angemessen sei, philosophisch Gefahr laufe, hinter Kants Hume-Kritik zurückzufallen, indem das ‚Apriorische' nun als ‚historisch-empirische' Erscheinung gedeutet werde (S. 155). Allerdings unterstellt Bahr mit daraus abgeleiteten Vorwürfen des ‚Modelldenkens' einerseits, des platten Empirismus andererseits den Autoren ein zu neopositivistisches Theorie-Empirie-Verständnis und trifft deshalb mit seiner Kritik weitgehend ins Leere.

Vorbehalte gegen eine adäquate Wiedergabe des Verhältnisses Smith-Ricardo-Marx durch Eberle/Hennig haben weit substantieller *H. Reichelt/J. Hirsch* (1975) angebracht. Sie monieren u. a. die zu dominant skizzierte Beziehung Ricardo-Marx und führen als Beleg die größere Verwandschaft Smith-Marx in der Frage der Entwicklung des Wertgesetzes als Schlüssel zum Mehrwert ins Feld. (Th ü M, Teil 1, S. 53) (S. 192) Daß sich Marx bei seinem methodologischen Selbstverständnis auf die zur Entfaltung gelangte nationalökonomische Methodenkontroverse Ricardischer Herkunft beziehe, sei mehr Vermutung denn einigermaßen erhärtete Tatsache. Zudem sei gerade jene Stelle, wo Marx explizit und in methodologischer Abgrenzung auf Ricardo rekurriere, nicht ausgeführt — eine Stelle, die indes ein differenzierteres Verhältnis von Marx zu Ricardo dokumentieren könnte: „Ricardo *abstrahiert* mit Bewußtsein von der Form der Konkurrenz, von dem Schein der Konkurrenz, um die *Gesetze als solche* aufzufassen. Einerseits ist ihm vorzuwerfen, daß er nicht weit genug in der Abstraktion ist, also zum Beispiel, wenn er den *Wert* der Ware auffaßt, gleich auch schon durch Rücksicht auf allerlei konkrete Verhältnisse sich bestimmen läßt, andererseits, daß er die Erscheinungsform *unmittelbar, direkt* als Bewähr oder Darstellung der allgemeinen Gesetze auffaßt, keineswegs sie entwickelt. In bezug auf das erste ist seine Abstraktion zu unvollständig, in bezug auf das zweite ist sie formale Abstraktion, die an und für sich falsch ist." (Th ü M, Teil 2, S. 96 ff.) Voraussetzung und Resultat einer derartigen Klassikerbearbeitung, so argumentieren Hirsch/Reichelt weiter, sei schließlich das unhistorische Verständnis von Theorie und Empirie, das die Autoren vertreten, ausgedrückt in ihrem Begriff der „Darstellung", dessen zentrale Abstraktionsleistung sich kaum von derjenigen der ökonomischen Vorläufer Marxens unterscheide und die Kritik nur als gechichtsphilosophisches Äußeres impliziere. (S. 202)

Die Diskussion über Methodisches als Verhältnis von Theorie und Empirie ist schließlich am Gegenstand der Wert-Preis-Transformation weitergeführt, durch ihre zusehends fachökonomische Ausrichtung allerdings für umfassendere Methodenfragen eines gesellschaftlichen Ganzen der Kritik der politischen Ökonomie eher unbedeutender geworden. (vgl. v. a. Gesellschaft 13)

Die Wertform als mystifiziertes gesellschaftliches Verhältnis — als Verdinglichung — kann als ideologiekritisch pointiertes Leitmotiv gelten, unter dem die Vertreter der *‚Kritischen Theorie'* ihre Reflexionen zur Methode des „Kapital" anstellen. In ihrer sozialphilosophischen Problemstellung, die, wie erwähnt, wesentlich bei den frühen Lukács und Korsch fundiert ist, wird der Entwicklungslinie Hegel-Feuerbach-Marx besondere Aufmerksamkeit geschenkt. Analog zur Orthodoxie der Marxisten-Leninisten wird die strukturelle Affinität zwischen Hegelscher „Logik" und dem Marxschen „Kapital" geltend gemacht, dies allerdings mit unterschiedlichen Prämissen und Konsequenzen. Während die Orthodoxie das Hegelsche System und dessen absolute Identität von Logik, Dialektik und Erkenntnistheorie zum Ausgangspunkt nimmt und anschließend zur nominellen materialistischen Umstülpung schreitet, versuchen die Vertreter der ‚Kritischen Theorie', vorwiegend an den „kritischen" Hegel der „Wesenslogik" anknüpfend, den Bruch und den veränderten Stellenwert, den das Hegelsche System mit der Marxschen Umstülpung erfährt, nachzuweisen.

Zum Erkenntnis- und Wissenschaftsbegriff des „Kapital" nimmt in diesem Sinne *A. Schmidt* (1972) Stellung. Schmidt siedelt den Wissenschaftsbegriff der Kritik der politischen Ökonomie außerhalb der traditionellen methodologischen Gegensätze induktiv/deduktiv, nomothetisch/idiographisch an und definiert ihn vielmehr als Begriff eines „gesellschaftlichen Ganzen", der gerade „die arbeitsteiligen Grenzen zwischen den Disziplinen in ihrer ideologischen Funktion durchschaut". (S. 31) Auf seiner Suche nach einem authentischeren Marx, die er damit intendiert, hält er vorgängig im Hinblick auf eine adäquatere Marxinterpretation an der Tatsache fest, daß die berühmten Vor- und Nachworte des „Kapital" in ihrem Problemstand hinter den materialen Analysen zurückbleiben, insbesondere auch die „irreführende Redeweise" des „Kokettierens" (Marx) in bezug auf Hegel. (S. 32) Tatsächlich beruhe ja das „Kapital" auf der Struktur der „Großen Logik" Hegels, wobei die enge Anlehnung Marxens an Hegel durch die Neurezeption der Hegelschen Schriften durch Marx Mitte der Fünfzigerjahre zusätzlich belegt sei. (vgl. etwa Briefe über das Kapital, S. 79) Die Beiziehung der Theorien über den Mehrwert, die Briefe über das „Kapital" sowie die „Grundrisse", macht er des weiteren geltend, seien unerläßliche Hilfsmittel zur Klärung wichtiger Fragen innerhalb der Marx-Diskussion, so daß sich bisherige Streitigkeiten rein philologisch klären ließen (S. 33). Den Vorwurf des „Ökonomismus", der „einseitigen" Bestimmung historischer Triebkräfte, der gegen Marx oft erhoben wird, weist Schmidt an die Struktur des zu analysierenden Objekts weiter. Es handle sich um eine „Abstraktion, die nicht der Theoretiker, sondern die gesellschaftliche Wirklichkeit tagtäglich vollzieht". (S. 33) Demnach ist die Marxsche Methode in ihrem Umfang und ihrer Struktur eben an den zu behandelnden Gegenstand gebunden. Innerhalb der Vermittlung von Darstellung und Forschung streicht Schmidt die Darstellung besonders hervor. (S. 36) Ihr allein kommt das Strukturmoment des analysierten Materials zu, lediglich sie entfaltet, wie dies bereits in der „Deutschen Ideologie" vermerkt wird, „die Sache in ihrer Totalität". (MEW 3, S. 38) und treibt in ihrer materiellen Bestimmtheit, wie Marx an Lassalle berichtet, zur Kritik des dargestellten Systems (Briefe über das Kapital, S. 80).

So sehr der Stoßrichtung der Schmidtschen Methodenbehandlung hier zuzustimmen ist, so wenig klären allerdings seine programmatischen Aussagen und vorwiegend deskriptiv auseinandergelegten Methodenteile die Methode als Komplex, als Beziehung der Teile aufeinander. Das Verhältnis von Logischem und Historischem wird beispielsweise nur als formelle Erweiterung des Problemnestes Darstellung/Forschung tangiert. Relativ unklar bleibt auch das Verhältnis von Wesen und Erscheinung, in welchem nicht sichtbar wird, unter welchem ontischen Status und aufgrund welcher Prämissen der Begriff des „Wesens" eingeführt wird. Auch wenn das Wesen nicht als „Hinterwelt" (Nietzsche) gefaßt wird, sondern als Prozessuales, Produziertes, stellt sich diese Frage erneut und ist wohl durch den Hinweis auf die produzierte schlechte Wirklichkeit — „Ironisch ist Marx Begriffsrealist" (Schmidt) — erkenntnistheoretisch nicht zureichend gelöst. (vgl. S. 49 ff.) In „Geschichte und Struktur" (1971) hat Schmidt immerhin das Verhältnis von Logischem und Historischem etwas ausführlicher behandelt. Hierin vertritt er einen „kognitiven Primat" des Logischen vor dem

Historischen, zurückgeführt auf die relative Autonomie des Erkenntnisprozesses gegenüber dem Objekt. (S. 41) Der Weg der Erkenntnis vom Abstrakten zum Konkreten deutet er in bezug auf logisch/historisch als Weg von der Ware zum Austausch, Geld, Warenzirkulation, Kapital, als Weg der Konkretisierung, der historisch nach vorne, in die Tiefe und schließlich zurück zur „ursprünglichen Akkumulation" treibt. (S. 42) Die Nichtidentität von logisch/historisch ist mithin notwendig, um überhaupt die Bewegung zum Fluchtpunkt hin darstellen zu können. Ohne das Begreifen des Kapitals keine Rekonstruktion der Bewegung hin zum Kapital! Bezüglich der Identität von logisch/historisch bleibt Schmidt, in gewisser Anlehnung an die Engelssche Rezension, äußerst verbaldialektisch. (S. 45) Es nützt wenig, darauf hinzuweisen, die Logik des Kapitals berühre ständig die Geschichte, oder Marx und Engels seien „ausgewiesene Historiker" usf. (S. 45) Interessant wird eine Untersuchung der Identität erst, wenn wir präzisieren, inwiefern Logik des Kapitals und Geschichte sich berühren und inwiefern die historische Seite systematisch und nicht bloß als „Illustration" im Marx-Engelsschen Werk einbezogen worden ist.

Ausführlicher wird die Position der ‚Kritischen Theorie' zur Methode der Kritik der politischen Ökonomie von *H. Reichelt* (1973) dargestellt. Ähnlich wie Schmidt faßt Reichelt die Methode in einem unmittelbaren Zusammenhang zu dem darzustellenden Gegenstand und dessen funktionaler Bestimmung: „Wenn Marx es auch nie so deutlich expliziert, so darf man doch unterstellen, daß er unter der dialektischen Methode nicht eine Verfahrensweise von überzeitlicher Geltung verstand, sondern weit mehr eine Methode, die so gut oder so schlecht ist, wie die Gesellschaft, der sie entspricht. Geltung hat sie nur dort, wo sich ein Allgemeines auf Kosten des Individuellen durchsetzt. Als idealistische Dialektik ist sie die philosophische Verdoppelung der realen Verkehrung; als materialistiche Dialektik Methode auf Widerruf, die mit den Bedingungen ihrer Existenz verschwinden wird." (S. 81) Da die Methode vom Gegenstand ohne Deformationsgefahr nicht abzulösen ist, kann es nach Reichelt bloß darum gehen, Knotenpunkte des Gesamtprozesses nachzuvollziehen. Einer dieser Punkte betrifft das Verhältnis von Wesen und Erscheinung. Am Beispiel der Konkurrenz und der Bewegung der Einzelkapitale wird demonstriert, wie von der Oberfläche zum Wesen vorzustoßen wäre, damit die Erscheinung schließlich zur Erscheinung des Wesens wird — eine Hegelsche Denkfigur. Essentialismuskritik treffe bei diesem Vorgang insofern nicht zu, als der Gegenstand, die bürgerliche Kopfstandform, ein solches Verhältnis geradezu aus ideologiekritischer Optik erfordere (S. 86) (vgl. dazu MEW 25, S. 825). Der Wesensbegriff als ideologiekritische „Tiefenstruktur" ist unabdingbarer Bestandteil, allerdings ein Begriff, der durch seine Bestimmtheit seine Historizität transparent macht; letztlich ein Begriff auf „Widerruf". Auch hier stellt sich dieselbe Frage wie bei

Schmidt. Wie wird der Wesensbegriff begründet, wenn er nicht bloß funktional, als schlechte Realität, verstanden werden soll?

Ein anderer Knotenpunkt umfaßt das Verhältnis von Logischem und Historischem. Reichelt bemerkt dazu, daß die Existenz einer Lohnarbeiterschaft, des „freien" Arbeiters, Voraussetzung ist für die begriffliche Darstellung des kapitalistischen Gesamtsystems, die begriffliche Darstellung andererseits nicht identisch sein kann mit der historischen Genesis des Kapitals und der Lohnarbeit, eine Unterscheidung, die sich im Marxschen Frühwerk nicht finde. (S. 132) Wie Schmidt kommt auch Reichelt auf die Identität und Nichtidentität von logischer und historischer Methode in eher referendierender Weise zu sprechen, eine Weise, die nicht die Anwendung auf einen materialen Gegenstand intendiert, sondern sich eng an metatheoretische Äußerungen der Klassiker hält. (vgl. S. 132 ff.) Unter Einbeziehung der Engelsschen Rezension und einschlägiger Passagen aus den „Grundrissen" (GR, S. 162 ff., 363 ff.) faßt er die Einheit von Logischem und Historischem dergestalt, daß die immanente Logizität der bürgerlichen Gesellschaft und ihre Geschichte, oder besser: die Darstellung des Prozesses, der historisch zum Kapitalismus führt, in die „wirkliche Geschichte" hineinragt, die „wirkliche Geschichte" mittels des Begriffs des Kapitalismus überhaupt erst darstellbar ist. Die logische Geschichte aber zeigt selbst ihre Bedingungen und Grenzen, was durch die „Grundrisse" weiter erläutert wird: „Innerhalb des Systems der bürgerlichen Gesellschaft [...] folgt auf den Wert unmittelbar das Kapital. *In der Geschichte gehen andere Systeme vor*, die die materielle Grundlage der unvollkommeneren Wertentwicklung bilden. Wie der Tauschwert hier nur nebenherspielt neben dem Gebrauchswert, erscheint nicht das Kapital, sondern das Grundeigentumsverhältnis als seine reale Basis [...]. Die Geschichte des Grundeigentums, die die allmähliche Verwandlung des feudalen Landlords in den Grundrentner, des erbsässigen halbtributären und oft unfreien Leibpächters in den modernen Farmer, und der dem Grunde angehörigen angesessenen Leibeigenen und Fronbauern in Ackerbautaglöhner nachwiese, wäre in der Tat die Geschichte der Bildung des modernen Kapitals. Sie würde die Beziehung zum städtischen Kapital, Handel etc. in sich schließen. Wir haben es aber hier mit der gewordenen, auf ihrer eigenen Grundlage sich bewegenden bürgerlichen Gesellschaft zu tun." (GR, S. 163 f.) Aufgabe einer Systematik der vollständigen Realgeschichte wäre es demnach, Bedingungen, Entstehungsprozesse, die nicht oder nicht unmittelbar unter dem Produktionsprozeß des Kapitals stehen, als wesentliche Bestandteile einzubeziehen. Bedingungen, die die Herausbildung eines Kapitalverhältnisses begünstigen, verteidigen oder bekämpfen. So beispielsweise die Klassenkämpfe als konstitutiver Bestandteil der Realgeschichte, die letztlich in der Siegesgeschichte des

Kapitals endet. Ein bißchen mehr „Kommunistisches Manifest" müßte in die Kritik der politischen Ökonomie einfließen, damit tatsächlich die „wirkliche Geschichte der Produktionsverhältnisse" geschrieben werden könnte.

Speziell zur Problematik von Erscheinung und Wesen im „Kapital" äußert sich *H. J. Krahl.* (1971) Sein Hauptgewicht liegt auf der Warenform, die als Verdinglichung, als Mystifikation sozialer Verhältnisse, in ihrem Wesen zu fassen wäre und sich dabei ideologiekritisch durchschaut: „An der Dialektik von Wesen und Erscheinung als dem Inbegriff der Kritik hängt Marx zufolge das Selbstverständnis einer Wissenschaft, die als Wissenschaft auftreten will. Das ist ein antipositivistisches Programm, das gegen Saint-Simon bis Comte gerichtet war und das heute noch die modernen Positivisten trifft." (S. 141 f.) Krahl, auf Hegelsche Wesenslogik rekurrierend, folgt der kritischen Implikation des Weges von der Erscheinung zum Wesen, der reflexiv Erscheinung als Schein entlarvt. Die Kapitalbewegung wäre, in dieser Denkfigur verbleibend, der von der idealistischen Philosophie undurchschaute Schein, materialistisch durchschaut: der „reale Schein": „Das Kapital ist die daseiende Phänomenologie des Geistes, es ist die reale Metaphysik. Das Kapital ist ein Schein, weil es keine reale Dingstruktur hat, gleichwohl beherrscht es die Menschen." (S. 144) Krahl verfolgt damit, dies sei nebenher vermerkt, ähnlich wie der junge Lukács und Sohn-Rethel, die Verbindung von Warenform und philosophischer Denkform in nicht ganz unproblematischer Rückwärtsprojektion: „Sie [die Verdinglichung — M. B.] vollzieht sich gleichsam in einer gigantischen Denkbewegung von Thomas von Aquin bis Hegel und setzt sich in die Warenanalyse um." (S. 145) Der Begriff der Realabstraktion, den er nicht explizit erwähnt, steht damit im Zentrum seiner Analyse.

Marx Kritik an Hegel setzt, Krahl zufolge, innerhalb der Hegelschen Logik mit einer entscheidenden Relativierung des Anfangs, dem wechselseitigen Übergang vom Sein ins Nichts, ein. Das Unbestimmte des Anfangs wäre nicht ein Nichts, die Hegelsche Unbestimmtheit, sondern ein endliches, undurchschautes Etwas. Das Hegelsche Sein, das durch das Wesen nun entmystifiziert wird, das Unbestimmte als Unbestimmtheit, wird zum endlich Bestimmten des Unbestimmten, kurz: der absolute Anfang der Hegelschen Logik wird zum absolut-endlichen des Kapitals. (S. 147 f.)

Wenn Krahl auch mit diesem Denkweg das „Wesen" des Kapitals sehr einseitig bestimmt, quasi nur als Weg der Negation — das „Wesen" des Kapitals müßte in seiner realen Scheinhaftigkeit eben trotzdem auf eine dringliche Struktur untersucht werden —, so sind seine Überlegungen zu Genesis und Geltung, die daraus folgen, für einen erweiterten forschungslogischen Ansatz von Interesse. Während bei Hegel letztlich die Genesis in der Geltung aufgehoben wird, ist dies für

Marx nur innerhalb der perspektivischen Geschichtsanalyse der Fall. Nicht systemimmanent sind jedoch die beiden Pole getrennt. Historisch geht das Kapital dem Grundeigentum voraus, logisch der Wert dem Grundeigentum. Historisch liegt der Wert in der Zirkulationssphäre, logisch in der Produktionssphäre. (S. 151) Letztlich sei bei Marx aber die Genesis geltungskonstitutiv: „Marx unterscheidet zwischen Genesis und Geltung, aber er sagt: Die Genesis ist geltungskonstitutiv, denn die Genesis der Entfaltung des Grundeigentums konstituiert die kapitalbildenden Klassen." (S. 152) Der Primat der Genesis allerdings führt bei Krahl, im Gegensatz zu vielen Orthodoxen, in keinen historisch logifizierten Determinismus, wenn er schließlich die Geltung als das Anerkanntsein des historisch Gewordenen definiert: „Geltung ist ein gesellschaftlicher Organisationsbegriff. Wenn etwas nicht anerkannt ist, ist es nicht wirklich." (S. 152)

„Undurchschauten Objektivismus" und eine partielle Ausgrenzung des Empirischen in der Methode der Darstellung sind Vorwürfe, die O. Negt (1972) in seinem „Koreferat" zu A. Schmidt dem Marxschen „Kapital" gegenüber geltend zu machen versucht. Die Objektivismuskritik basiert auf der Hegelschen Abwertung der erkenntnistheoretischen, transzendentalen Fragestellung Kantischer Provenienz, die Marx weithin übernimmt. Jedenfalls gehe Marx nicht so weit, „auf die Bedingung der Möglichkeit des Begriffs oder des Begreifens des Begriffs oder seiner Beziehung zur gesellschaftlichen Wirklichkeit zu reflektieren." (S. 47) Negt schränkt allerdings seine Kritik insofern ein, als zu Marxens Zeit die Gesellschaftswissenschaft noch gar nicht einen empirischen Stand erreicht hätte, der eine Reflexion auf das eigene Verfahren erfordert. (S. 44) Marx knüpfe demnach, dies vertritt Negt gegen A. Schmidt, an einen relativ unkritisch übernommenen naturwissenschaftlich orientierten Begriff des „Gesetzes" an. Der damit verbundene Ökonomismusvorwurf, den A. Schmidt an die zu kritisierende Wirklichkeit weitergibt, wird von Negt unter den genannten erkenntnistheoretischen Prämissen erneut erhoben, woraus auch innerhalb einer Realität auf „Widerruf" die berechtigte Frage resultiert, was denn eigentlich das Verhältnis von Kapital und Arbeit zum „Wesen" inthronisiere und alles andere zur Erscheinung herabsetze. (S. 45) Der Verweis auf verdinglichte Wirklichkeit ist hierzu unzureichend; Negt versucht deswegen, neben dem Rekurs auf die Empirie, ein gewisses praktisches „Selbstverständnis der bürgerlichen Ökonomie", das auch für Marx prägend wird, die theoretische „Übersetzung praktischer Probleme der bürgerlichen Gesellschaft" als eine Bedingung zu unterstellen. (S. 46) Was Negt hiermit unter „undurchschautem Objektivismus" zusammenfaßt, findet nach ihm seinen Ausdruck im Primat der Darstellung gegenüber der Forschung und der damit implizierten Abwertung des Empirischen als bloßes Medium des Zulieferns von Material. Demgegenüber schwebt ihm die Vorstellung einer Dialektik von Theorie und Empirie vor, in der das empirische Material über die „jeweils fixierte Theorie hinaustreibt". (S. 46)

Obschon Negt mit dieser seiner Kritik eher eine gewisse Garde von Neomarxisten trifft denn Marx selber, ist ihr eine Berechtigung insofern nicht abzusprechen, als zahlreiche Äußerungen von Marx und Engels zur Methode das ihr vorangehende Selbstverständnis sowie die faktisch geleistete empirische Forschung und Vermittlung zu sehr verbergen oder als zu nebensächlich ansprechen. Wie der Theoriebegriff der Methode durch ihre empirisch-forschungslogische und ihre historische Dimension erweitert und korrigiert werden müßte, ist paradigmatisch bei *Negt/Kluge* (1981) entwickelt worden. Dies nicht bloß durch Methodenreflexion, sondern mittels umfangreicher materialer Analysen. Die Autoren verfolgen u. a. eine historische Dimension, die bei Marxens Überlegungen zur „ursprünglichen Akkumulation" angelegt ist. Es handelt sich um die „Geschichte der Trennungsprozesse" im Zusammenhang mit der Herausbildung des Arbeitsvermögens, die als ein entscheidendes Stück Realgeschichte der Kapitalbildung historisch vorausläuft und sich innerhalb des Kapitalismus unter den Kategorien des Kapitals stets neu reproduziert. (S. 28 ff., 35) Kapital heißt hier realistischer: Systeme der Disziplinierung, Unterwerfung, des Krieges, der Ausbeutung der Dritten Welt. Die „ursprüngliche Akkumulation" ist in diesen Bereichen, in der Reproduktionssphäre, in Permanenz vorhanden.

Die Verdinglichungsproblematik anhand der Wert- und Geldform ist wesentlich vertieft und speziell am Gegenstand der Wertformanalyse des „Kapital" expliziert worden von *H. C. Backhaus* (1969, 1974, 1975, 1978). Backhaus bemüht sich darum, Fehlinterpretationen der Marxschen Wert- und Geldtheorie — die er als unverbrüchliche, einzelwissenschaftlich nicht auftrennbare Einheit versteht (1974, S. 61) — von seiten bürgerlicher, linksricardianischer und marxistischer Autoren aufzudecken und eine authentischere Marxinterpretation zu geben. Es handelt sich dabei um Fehlinterpretationen, die seiner Meinung nach bereits bei der Engelsschen Substanzialisierung des Wertbegriffs für die „einfache Warenproduktion", die er in den ersten drei Kapiteln des „Kapitals" lokalisiert, angelegt sei. (S. 55) Gleichzeitig grenzt er sich gegen einen arbeitswert- und geldtheoretisch zu unvermittelten Begriff der „gesellschaftlichen Totalität" der ‚Kritischen Theorie' (v. a. Horkheimer und Adorno) ab. (S. 65)

Die von ihm geleistete Abgrenzungs- und Rekonstruktionsarbeit kann von dieser Ausgangsposition her an drei eng zusammenhängenden Diskussionslinien verfolgt werden. Dies betrifft erstens die Rekonstruktion der Wertformanalyse und ihres mit der Einführung der „Wertsubstanz" implizierten sozialen Gehalts, zweitens die Bezugnahme auf die genetisch entwickelte Geldtheorie und die damit inaugurierte Lösung des „Geldrätsels" und drittens das Verhältnis von logischen und historischen Kategorien, das mit der Problematik der „einfachen Warenproduktion" angesprochen ist.

Zum ersten Punkt hält Backhaus fest, daß der Weg vom Abstrakten zum Konkreten erst für die Reihenfolge Wert-Tauschwert-Preis verständlich sei, daß damit aber das erkenntnisleitende Motiv — „warum dieser Inhalt jene Form annimmt" — noch nicht angesprochen sei, ja die Dialektik der Wertform im Hintergrund stehe. (1969, S. 131) Bestärkt werde die Ausschaltung zudem durch die mißverständliche Darstellung des ersten Kapitels, wo die Bewegung vom Tauschwert zum Wert und zur Wertform nicht mehr als dialektische Bewegung vom unmittelbaren Sein zur vermittelten Existenz transparent werde. Nicht erstaunlich sei deshalb die verkürzte Rezeption, die lediglich vom Einfachen zum Komplexen aufsteigt oder vom Wesen (Wert) zur Erscheinungsform (Wertform), ohne den qualitativen Sprung zu sehen. Dialektische Methode könne sich allerdings nicht darauf beschränken, die Erscheinung auf das Wesen zurückzuführen, sondern müsse das Wesen in seinem Entstehungszusammenhang herleiten, was konsequenterweise heißt, das Wesen in all seinen Erscheinungsformen und Entwicklungen zu erklären. (vgl. dazu *W. Schwarz* (1974)) Anhand der Frage der Konkurrenz der Einzelkapitalien lenkt Schwarz sehr treffend seine Aufmerksamkeit auf die methodischen Entwicklungsschritte, die Marx in Abgrenzung zu den klassischen Polit-Ökonomen vornimmt. Marx kritisiert hierbei stets wieder die lediglich „formauflösende Methode" der bürgerlichen Ökonomie. Daß die ihre Antinomien zwischen Form (hier im Sinne von Erscheinungen) und wesentlichen Inhalten nicht lösen können, hängt damit zusammen, daß sie die Formen nicht genetisch entwickeln, d. h. als Konstitutionsprozeß und Resultante des Wesens; eine Denkweise, die den überhistorischen Charakter der bürgerlichen Begriffe antasten und gefährden würde. (S. 240—43) Im Begriff der Wert*form* steckt eben — dies macht Marx gegen Ricardo deutlich — nicht bloß die Erscheinung, das Akzidentielle von etwas, sondern eine reale Qualität, die die Formhaftigkeit des Werts ausdrückt. (vgl. MEW 23, S. 95)

Unter dem zweiten Punkt kritisiert Backhaus das Ignorieren oder mangelhafte Interpretieren der Marxschen Geldtheorie, welches schließlich immer wieder zu einer referierenden Behandlung des Kapitals über den „Fetischcharakter der Ware" führt. (1969, S. 134, 1974, S. 62) Er rekurriert demgegenüber auf die Auflösung des „Geldrätsels" bei Marx im Rahmen der Entwicklung der Geldform als sozialer Form. Innerhalb des Geldstreites zwischen Nominalisten und Metallisten (1974, S. 61) ist nach ihm die Marxsche Geldtheorie „nonnominalistisch " intendiert. Ihr zentrales Movens geht darauf hinaus, das Grunddilemma bürgerlicher Geldtheorien aufzulösen, was indirekt auch die *marxistische* Geldkontroverse trifft. (S 70 f.) Der Auflösung liegt selbstredend, als praktischer Kern des Streits, eine Ideologie- und Gesellschaftskritik zugrunde. Die „kunterbuntesten" Vorstellungen vom Geld, welche die Vertreter der politischen Ökonomie hegen, werden durch die Entdeckung des Geldes als soziale Form endgültig verabschiedet, eine geldtheoretische Sichtweise, die eben auf Kritik der Darstellung hin angelegt ist.

Auf den Zusammenhang von Wert- und Geldtheorie gelenkt, unterzieht Backhaus im weiteren die *marxistischen* und subjektivistischen Werttheorien, die er als „prämonetäre Werttheorien" bezeichnet, einer Kritik. (1975, S. 112) Kennzeichnend für diese Theorien ist eine „wirkliche oder fiktive Naturalwirtschaft", in welcher der Wertbegriff als real-historischer Ausgangspunkt genommen wird. (S. 144, Anm. 1) Backhaus beharrt demgegenüber auf einer Einheit von Wert und Geld derart, daß Geld für Werttheorie erst konstitutiv sei. (1978, S. 39) Damit befinden wir uns mitten in der Problematik des Verhältnisses von Logischem und Historischem. Da Backhaus einen prämonetären „Wert" nicht unterstellt, ordnet er die logischen Implikationen und Bewegungen der Warenanalyse einem je schon entwickelten kapitalistischen Verhältnis zu. Damit wird auch die in der Engelsschen Rezension behauptete Einheit von logischen und historischen Kategorien, die für die Geschichte der Ware, im Gegensatz zur Geschichte als Abfolge von Produktionsweisen, noch einigermaßen plausibel erscheint, präzisierend als falsche Historisierung des Logischen zurückgewiesen. Backhaus interpretiert demzufolge die Warenanalyse als eine Kritik der prämonetären Werttheorien, die auch deutlich in Marxens Absicht stehe. Als prämonetäres Ding oder Entwicklungsdynamik läßt sich Ware und der Übergang von Ware zu Geld *real* nicht fassen. (1975, S. 149 f., Anm. 5) Ware besitzt keine immanente historische Triebkraft in vorkapitalistischen Produktionsweisen, höchstens das Erwerbsinteresse oder den Akkumulationsbetrieb Handelstreibender. Gegen *W. F. Haug*, der in seinen „Vorlesungen zur Einführung ins ‚Kapital'" (1974) die logisch-historische Einheit der Wertformanalyse vorführt (S. 110 f.), bemängelt er eine adäquate historisch-empirische oder ethnologische Grundlage dieser These (1978, S. 53 f.). Ähnliche Vorwürfe gegen eine immanente Entwicklung der Wertform ließen sich auch beim Übergang von der Geldform zur Kapitalform anbringen, da aus der Zirkulationssphäre allein keine zureichende Triebkraft entsteht, die den Weg vom Wert als Austausch, Geldanhäufung, Kreditwesen usw. zum Kapital beschreiten könnte.

Die „logische" Leseart von Backhaus wird schließlich nur an einem Punkt aufgeweicht, nämlich bei der „allgemeinen Wertform", welcher er historische Gültigkeit jenseits der bloßen Illustration zuschreibt. (1978, S. 45) Ansonsten jedoch hütet er sich vor einer „Historisierung" des „Logischen" innerhalb der Wertformanalyse, wobei er sich in gewissem Sinne auch von Marx abgrenzt, der an diesem Gegenstand mit einer Einheit von Logischem und Historischem

„kokettiert“ habe. (1978, S. 45 f.) Im weiteren wendet er sich auch gegen nominalistische und strukturalistische Versuche, eine Art „abstrakte Recheneinheit“ vor dem Geld (als Ding) nachzuweisen. Bereits bei Marx sind nominalistische Versuche von Steuart und Urquhart nicht auf Gegenliebe gestoßen, die ihre Position durch den Verweis der Existenz einer „abstrakten Recheneinheit“ beim „Angolageld“ und am Beispiel der Berber — sie kennen eine „ideal bar“, eine bloß vorgestellte Eisenbarre — beweisen wollten. (1978, S. 73; vgl. auch GR, S. 681, 700, 730). Gegen Lévi-Strauss, der von strukturalistischer Seite her Geld zu Zeichen verhimmle und damit der nominalistischen Position entgegenkomme, hält Backhaus fest, es bedürfe vorgängig genauer Analysen, ob ethnologische Fakten von geldtheoretischen Vorurteilen her gedeutet worden und ob ethnologische Untersuchungen generell für diese Fragestellung geeignet seien. (1978, S. 74)

Um hierzu ohne Rückfall auf ein bloßes Beharren von Positionen und Reproduzieren von geeigneten Zitaten mehr Klarheit zu schaffen, wäre wohl eine umfangreiche Sichtung von historischem und ethnologischem Material, sofern dies vorhanden ist, vonnöten. Vorher jedoch wäre es unter Umständen dienlich und würde eventuell die Sache erleichtern, wenn differenzierend geklärt wird, wovon genau gesprochen wird, wenn der Wert oder das Wertgesetz in historisch früheren Epochen aufgespürt werden soll. Gewichtige Unterschiede ergeben sich wohl, wenn der Wert als Ding mit immanenter Dynamik, als Wertmaßstab, der Werte nach der Arbeitszeit mißt (vgl. dazu MEW 23, S. 85), als bloße Austauschformen, wie sie der Wertformanalyse zugrundeliegen oder schließlich als Prozeß der Abstraktion vom Gebrauchswert, als „Drittes“ zwischen den Gebrauchswerten, (Problematik steigender Realabstraktion) aufgefaßt wird.

Der Bruch mit der marxistischen Orthodoxie einerseits, dem hegelianisierten Marx andererseits ist ein untrügliches Kennzeichen der Marxinterpretation der Schule um *L. Althusser*. Ausgehend vom behaupteten epistemologischen Einschnitt (G. Bachelard) im Marxschen Werk mit den „Thesen über Feuerbach“ und der „Deutschen Ideologie“ wird ein antihumanistischer, antihistoristischer und antiökonomistischer Marx rekonstruiert, was einer dezidierten Hinwendung zur wissenschaftlichen Methode, die vom Begriff der Ideologie und der Philosophie abzutrennen wäre, korrespondiert. Wissenschaft wird dabei als Feld „theoretischer Praxis“ konzipiert, was auf ihren funktionalen Charakter hinweist wie auf ihre funktionale Struktur: Sie soll jenseits des Begriffspaars Erscheinung/Wesen oder eines erkenntnistheoretischen Wahrheitsbegriffs angesiedelt sein.

Vor diesem Hintergrund hat *N. Poulantzas* (1972) zur Methode des „Kapital“ Stellung genommen. Poulantzas betont vorgängig, daß das „Kapital“ nicht, wie traditionellerweise vertreten, ein historisches oder ökonomisches Werk sei, sondern ein theoretisches im ephatischen Sinne, da eine „relative Autonomie der Vorgänge des Denkens gegenüber der Wirklichkeit" (S. 22) unterstellt sei. Darstellung und Forschung sind demnach Vorgänge innerhalb *eines* methodischen Denkprozesses, das Verhältnis von Logischem und Historischem wäre quasi ein Scheinproblem: „Im ganzen ‚Kapital' befindet man sich immer im Bereich einer Theorie, und es handelt sich um einen Übergang im Inneren der wissenschaftlichen Abstraktion vom Konzept der Struktur und ihrer allgemeinsten Wirkungen zum Konzept ihrer besonderen Wirkungen." (S. 24 f.) Poulantzas unternimmt damit den Versuch, die „ökonomistische" und die „historizistische" Variante der Interpretation des „Kapital" als Ideologie, sprich: Projektion der Forschungspraxis in den Gegenstand, zu demaskieren. (S. 58 f.) Die „ökonomistische" unterstelle eine Anthropologie des „homo oeconomicus", die „historizistische" eine Anthropologie des „Menschen, der seine Geschichte selber macht." (S. 63) Beide benötigen zudem in unterschiedlicher Art ein Telos oder ein auf sich zentriertes „Subjekt", ein Abbildprinzip — vorwärts und/oder rückwärts als „Entzifferung der Vergangenheit". (S. 63) Poulantzas entwickelt abgrenzend ein Theorie- und Geschichtskonzept, das auf Diskontinuitäten, eine Dezentrierung des „Subjekts", eine „strukturale Kausalität" mit „Determinanten" und „Dominanten" hinausläuft. Gegenstand der „theoretischen Konstruktion eines Objekts in der Geschichte" wäre demnach eine komplexe Struktur, die in verschiedenen Produktionsweisen zu erfassen ist. (S. 68)

Bereits vor Poulantzas hat *L. Althusser* (1968, 1974, 1977) den Prozeß der Wissenschaftsproduktion bei Marx untersucht und später teilweise zusammen mit *E. Balibar* (1972) weiterentwickelt. Die Crux der Marxschen Methode liegt für ihn in der bekannten „Umstülpung" der Hegelschen Dialektik, der Herausarbeitung ihres „rationellen Kerns". Für Althusser endet dieser Vorgang bei Marx mit einem Bruch mit dem Hegelschen Telos und der Struktur des Widerspruchs. Das zu erkennende Objekt ist ein „komplex strukturiertes Ganzes" (1968, S. 137 ff.) und demnach nicht auf den einfachen Begriff zu bringen, da die einfachen Kategorien, wie Marx darlegte, „nie existieren außer als abstrakte, einseitige Beziehung eines schon gegebenen konkreten, lebendigen Ganzen". (GR, S. 22, 15) Gegenstand und Widerspruch gilt es also weg von dieser Einfachheit als Besonderes zu erörtern, als eine dezentrierte Struktur, deren Einzelteilen eine relative Autonomie zukommt. Einfache Determinierungen sind damit selbstredend ausgeschlossen. Die Marxsche Umformungsarbeit erstreckt sich, so Althusser, in Anknüpfung an die theoretische Tradition nicht auf die Arbeit von Hegels Dialektik an Ricardos Ökonomie, sondern es entsteht „eine ganz andere Dialektik". (1974, S. 54 f.) Herauszuschälen an Hegel bliebe einzig der vom Telos befreite „Prozeß ohne Subjekt", den bereits Lenin mit seiner „materialistischen" Lektüre der Hegelschen Logik im Auge gehabt habe. (S. 83 f.) Der Prozeß der Erkenntnis, das Aufsteigen vom Abstrakten zum Konkreten, liegt nun für Althusser genau in dem an mehreren Gegenständen bereits exemplifizierten Übergang vom Einfach-Allgemeinen zum Konkreten- oder Komplex-Allgemeinen; er ist damit in extenso ein Transformationsprozeß innerhalb von Allgemeinheiten, von der Allgemeinheit des theoretischen Rohstoffs über die Allgemeinheit des Produktionsinstrumentes zur Allgemeinheit als „Gedankenkonkretum", zu einer „qualitativ neuen wissenschaftlichen Allgemeinheit". (1968, S. 131, 72 f.)

Dieser Weg der Erkenntnis, darauf wird von Althusser immer wieder Wert gelegt, ist ein Weg der *Produktion* der Theorie, was er paradigmatisch in der Marxschen „Verarbeitung von Anschauung und Vorstellung in Begriffe" (GR, S. 22) ausgebildet sieht, auch wenn sich die Marxsche Begrifflichkeit etwas dagegen sperrt. (S. 73 f.) Die anfängliche „Bevölkerung" (GR, S. 21) ist als Anschauung und Vorstellung eine „Abstraktion", der Althusser den Status des Konkreten oder Gelebten, d. h. den Status des „Ideologischen", zuschreibt. (S. 73)

Akzentmäßig ist der Weg der Erkenntnis gleichfalls Produktion der *Theorie*. Dies nun führt zu erkenntnistheoretischen Konsequenzen. Das Reale, Konkrete, „der wirkliche Ausgangspunkt" (GR, S. 22) und das „reale Subjekt", das „nach wie vor außerhalb des Kopfes in seiner Selbständigkeit" (S. 22) besteht, also das Realkonkrete ist nach Althusser scharf zu trennen vom Konkretum als „Gedankenkonkretum". An dieser Stelle fügt er seine Überlegungen zum Verhältnis von Erkenntnis- und Realobjekt ein. (S. 74) Indem er die scharfe Trennung beider Begriffe postuliert und damit die traditionelle Erkenntnistheorie ausschalten will, gerät er allerdings speziell in bezug auf die erläuterte Marxstelle *faktisch* auf eine Position der Gleichsetzung von Realobjekt mit einem „Ding an sich", einem Unbewußten, mithin auf eine erkenntnistheoretische Problematik zurück. Der Marxsche Passus, der „das reale Subjekt" außerhalb des Kopfes setzt, tut dies nur, insofern sich dieser bloß „spekulativ", „theoretisch" verhält. (GR, S. 22) Verhält er sich praktisch (d. h. unhegelianisch), so ist das „reale Subjekt" sehr wohl theoretisierbar, trotz des Primats des Begriffs in der Erkenntnisbewegung. Der antiideologisch motivierten Trennung von Erkenntnis- und Realobjekt ist allerdings generell insofern zuzustimmen, als damit ein unkritisches erkenntnistheoretisches Modell, das die Produktion der Erkenntnis des Realen mit der Produktion des Realen selbst, dem bewegten Objekt selbst (Hegels „Illusion") verwechselt, nicht mehr zu verteten ist. Daß der erkenntnistheoretische Aspekt hingegen letztlich nur mit einem Rückfall hinter sein eigenes kritisches Moment auszuschalten ist, demonstriert nicht bloß das obige Beispiel. Althusser muß denn schließlich auch immer wieder mit einem, wenn auch umgedeuteten, erkenntnistheoretischen Wahrheitsbegriff kokettieren, so beispielsweise mit Lenins „relativer" und „absoluter Wahrheit". (1974, S. 29, 75) Daß die erkenntnistheoretische Problematik nicht wegzudenken ist, zeigt auch die tendenzielle Aufhebung der Trennung zwischen Erkenntnis- und Realobjekt an, das momentane „Verschwinden" des Erkenntnisobjekts im Realobjekt, ein Prozeß, dessen Richtung Althusser allerdings infolge seiner antiteleologischen Haltung relativ unklar beschreibt. (S. 76) Der Prozeß wird strukturell, etwa als „Hinzufügen" von Erkenntnis zu Ende gedacht (ebenda), was schließlich doch dem Muster einer traditionellen Erkenntnistheorie entgegenkommt (kumulatives Wissen, damit die Realität breiter und tiefer erkannt wird). Dem könnte entgegengehalten werden, Althusser fasse in antierkenntnistheoretischer Absicht Wissenschaft bloß funktional als Verteidigungssystem im Streit der Theorien ähnlich dem darwinistischen Modell der Wissenschaftstheorie (Kuhn, Lakatos, Toulmin) auf. Kumulatives Wissen hätte dann die Funktion eines Ausbaus des Verteidigungssystems. Dies kann jedoch letztlich nicht in der Althusserschen Intention liegen, da er ja die Philosophie als „Kampfplatz" definiert und der Wissenschaft demgegenüber die Beschäftigung mit einem Objekt zuschreibt. (1974, S. 34)

Wenn die Althussersche Überbetonung der Theorie gegenüber dem zu erkennenden Gegenstand und der Geschichte auch nicht geteilt werden muß, so kommt ihr doch ein Analyse- und Darstellungsmoment zu, das für das Verständnis der Marxschen Methode fruchtbar ist, insbesondere dort, wo der historische Gegenstand die Abfolge von Produktionsweisen repräsentiert. Der anti-empiristisch konzipierte Darstellungsbegriff umfaßt nämlich gleichwohl den zu analysierenden Gegenstand in zahlreichen Funktionen und Mechanismen, wenn er als „Weise der Präsenz einer Struktur in deren Wirkungen, also die strukturelle Kausalität" 61972/II, S. 253 f.) bestimmt wird. Die damit implizierten Begriffe der „Überdeterminierung", „Dominanz" sind für den Ansatz einer adäquateren Geschichtsrekonstruktion nicht unwesentlich, so etwa für die Beispiele, die mit der Metapher der „allgemeinen Beleuchtung" und dem „Äther", die den Gegenstand modifizierend bestimmen, eine Rückwärtsanalyse anzeigen. (GR, S. 27) Mit diesen Begriffen wäre besonders auch an den Beispielen des Eigentums und Besitzes und des Geldes (GR, S. 23) zu operieren. Und wenn schließlich Althusser/Balibar mit dem Begriff der „Darstellung" deutlich zu machen versuchen, daß bei Marx für die vorkapitalistischen Produktionsweisen allenfalls ein Entwurf vorliege, eine Theorie des Übergangs von einer Produktionsweise zur anderen nicht vorhanden sei, (1972, S. 266) so werden die Neueinschätzungen für das Verhältnis von Logischem und Historischem leicht ersichtlich.

Der Bruch im Marxschen Werk, was Gegenstand, Subjekt und Methode betrifft, hat *J. Rancière* (1972) ausführlich an den Begriffen der „Entfremdung", „Verkehrung“ usw. dargelegt. Daß der Gegenstand der politischen Ökonomie in den Marxschen Frühschriften zwar vorhanden, aber nicht klar umrissen ist, läuft nach Rancière einher mit der anthropologischen Problematik der Entfremdung, d. h. mit einer anthropologischen Leseart ökonomischer Begriffe. Er versucht zu demonstrieren, wie aus der Einarbeitung von anthropologischen Termini in ökonomische gewisse „Amphibolien“ resultieren (S. 19 ff.), so daß die Ökonomie schließlich zu *einer* Weise der Entfremdung gestempelt wird. Der Entfremdungsbegriff ist dabei nach dem Modell eines Subjekts, das sein Wesen oder seinen Gegenstand außer sich setzt, konzipiert, ein Modell, das auf diverse Gegenstände hin modifiziert werden kann. (S. 18) Die Folge dieses Konzepts ist nun aber, daß das wissenschaftlich zu bearbeitende Objekt permanent hinter dem Objekt der Erfahrung verschwindet und selbst nicht zur Entfaltung gelangt. (S. 33) Den Grund dieser Verhinderung sieht Rancière in der pejorativen Bedeutung der „Abstraktion“ des jungen Marx, die das Erbe des Feuerbachschen Sensualismus zu sein scheint. (S. 35) Im Übergang zum Marx des „Kapital“ erörtert er zwei Aspekte, die diesem Modell der Entfremdung oder Verkehrung vorausgesetzt werden müssen. Das eine betrifft die Veränderung des Subjektbegriffs, (S. 41) das andere den Übergang zur bestimmten Abstraktion, die nicht — Rancière nimmt hier explizit bezug auf Della Volpe — als Mittelding von Spekulation und Empirie aufgefaßt werden soll, sondern als Beschreibung, Aufdeckung einer Kernstruktur, die sich in ihrer realen Existenz verkehrt und verbirgt. Es kann demnach nicht mehr darum gehen, eine apriorische Spekulation durch Geschichte und Empirie in ihrem Ewigkeitscharakter zu durchbrechen, und den wirklichen historisch-dynamischen Gegenstand zu finden, sondern umgekehrt, durch den Gegenstand und dessen verkehrte Form sollen die Verkehrungen entwickelt werden.

Rancière legt demgemäß Nachdruck auf die *Form*, innerhalb derer sich der Wert darstellt (S. 42 ff.), nämlich die Form als verkapptes Produktionsverhältnis. Dies ist nach ihm der zentrale Abgrenzungspunkt Marxens von den „Klassikern“ sowie der Ausgangspunkt seiner eigenen Wissenschaft. Diesen Ausgangspunkt bezeichnet der Autor im folgenden als Struktur und deren Manifestationsweisen „innerhalb eines ihr nicht homogenen Raumes“. (S. 48) Sie ist die Bedingung der Möglichkeit, daß Ungleiches gleich wird (Bsp. Tauschwert als Mittler von zwei Gebrauchswerten), ja der Möglichkeit, den Gegenstand überhaupt als spezifisch kapitalistischen zu bestimmen. Es handelt sich zusammenfassend um eine Struktur (im Klartext: um Produktionsverhältnisse), deren Wesen es ist, in ihrer gegenteiligen Form zu existieren. Die Verkehrung ist somit nicht auf eine anthropologische Ursache zurückzuführen, auf ein Subjekt, das dem fremden Gegenstand gegenübersteht, oder einen Akt des Subjekts, sondern es ist hierbei die Rede von einer Verkehrung, die prozessual im Gegenstand selbst stattfindet, und deren Ursache „abwesend" oder „verschleiert" ist. (S. 48) Rancière bringt hierzu den Begriff des „Irrationellen" ins Spiel. (S. 64) Die Verkehrung ist keine Tat des Subjekts, sondern eine immanente Bewegung der Produktionsverhältnisse, die in ihrer Ursächlichkeit „irrationell" ist. Das Subjekt ist als Folge davon immer bloß Träger der Struktur. (S. 80 ff.) Selbst dort, wo es konstituierend eingreift, hält es sich lediglich an einen Handlungsspielraum, der perspektiv den Oberflächenerscheinungen zukommt. Am Gegenstand des „Fetischcharakter der Ware" (MEW 23, S. 85 ff.) und des Kapitalfetischismus („Tinitarische Formel") (MEW 25, S. 822 ff.) wird diese aus dem Gegenstand zu entwickelnde Verkehrung noch verdeutlicht. Der „sinnlich-übersinnliche" Gegenstand deutet auf das bereits strukturierte Objekt, in dem die Verkehrung selbst liegt. (S. 54) Die gesellschaftlichen Verhältnisse erscheinen als Sachen (eine reale Erscheinung), die Sache nimmt umgekehrt gesellschaftlichen Charakter an. Dies ist eine Ausdrucksweise, die den Produktionsverhältnissen in ihrer realen Verkehrung korrespondiert. Analog zur Erscheinung der Verhältnisse als Sachen erscheint der Mehrwert als Profit, Zins usw., eine Form der eigenenen Verdeckung, der ungleiche oder scheinhafte Tausch im Lohnverhältnis als realer Tausch in der Zirkulationssphäre. Die Schlußfolgerung, die Rancière daraus zieht, ist, daß hier ein völlig anderer Entfremdungs- oder Verkehrungsbegriff vorliegt, als innerhalb des anthropologischen Feldes; eine Tatsache, die Marx selbst unzureichend expliziert habe, wenn er partiell in den anthropologischen Termini weiterreflektiere. (S. 115, 118)

Bei diesem Versuch, das Subjekt vollständig aus dem Verkehrungsvorgang zu eliminieren, stößt Rancière allerdings auf etliche Schwierigkeiten, die vor allem bei seinem reduzierten Verständnis des Historischen zum Vorschein kommen, ausdrücklich bei seiner Ablehnung der Möglichkeit, die Warenanalyse auf Vorkapitalistische anzuwenden. Die einfache Warenproduktion beispielsweise wird in ihrer vorkapitalistischen Bestimmung und Bedeutung nicht problematisiert (S. 67 ff.), sondern bloß als untergeordnete Gleichzeitigkeit, als „einfachste Form einer bestimmten Produktionsweise, der kapitalistischen Produktionsweise" (S. 69) bedeutet. Unterstrichen sieht er diese Auffassung in einer Marxstelle (MEW 25, S. 887), wo die Ware allgemein und besonders als „Produkt des Kapitals" mit der Verdinglichung in Zusammenhang gebracht wird. Die Bedeutung der Warenproduktion für vorkapitalistische Produktionsverhältnisse ist allerdings für Marx — dagegen spricht auch der genannte Passus nicht — evident. Die bestimmtere Frage wäre hier, in welcher Form dies zutrifft. Dies aber müßte an einer betreffenden historischen Gesellschaftsformation untersucht werden, worauf an anderer Stelle bereits hingewiesen wurde. Die Schwierigkeiten des Autors mit dem Historischen hängen mit dem überspitzten Verständnis eines durch die Struktur dominierten Subjekts zusammen. Die

Struktur muß ja schon vorausgesetzt sein, was einen möglicherweise konstitutiven Teil der Subjekte stets ausschließen kann. Der kritische Einwand würde hier lauten, ob nicht die Existenz der Struktur in ihrer verkehrten Form immer auch die nichtverkehrte einschließt und damit deren konstitutive Form — vereinfacht: die Produktion der Produktionsverhältnisse. Das gesellschaftliche Subjekt steht ja nicht bloß unter der Struktur der Warenverhältnisse, sondern produziert diese in einem vermittelten Sinne auch. Auch wenn beim frühen Marx das Subjekt immer in bezug auf die „Gattung" oder das „ensemble" definiert wird — dies übrigens ein gerade nicht sensualistisches Erbe Feuerbachs —, so handelt es sich im Warenverhältnis nicht um eine Struktur, die den positiven Beweis zu erbringen hätte, daß der Mensch Träger von Produktionsverhältnissen ist. Rancière scheint das „zoon politikon", das im Begriff des Menschen schon beim frühen Marx steckt, zu vergessen und führt schließlich als Beweis für das schon strukturierte Subjekt die Verkehrtheit an, die zu verschwinden hat, und mit ihr aller „Spuk" und „Zauber" des „sinnlich-übersinnlich" Strukturierten. (MEW 23, S. 90,94)

Bei seinem Bruch mit dem Althusserianismus hat Rancière (1975) denn auch diese Überlegungen selbstkritisch wiederaufgenommen. Nicht zuletzt durch Einflüsse des Maoismus, der 68er-Bewegung und die Erfahrung des Althusserianismus als revisionistische Ideologie der Arbeiterbewegung ist seine Rückgewinnung und Neuakzentuierung des subjektiv-klassenkämpferischen Moments motiviert. Dies hat auf der Theorieebene zur Folge, daß der Bruch zwischen frühem und spätem Marx partiell eingeebnet wird (S. 64), in der methodologischen Systematik Wissenschaft und Ideologie wieder konvergieren. (S. 25) Der „Fetischcharakter der Ware" wird korrespondierend nicht mehr als die Undurchsichtigkeit, der „gesellschaftlichen Struktur im allgemeinen" beschrieben, sondern als „Wirkungsweise der Produktionsverhältnisse, d. h. des Klassengegensatzes Arbeiter/Nichtarbeiter". (S. 16) Der ideologisch-klassenkämpferische und herrschaftkonstituierende Rest, der den wissenschaftlichen Marx implizit und explizit durchzieht, wird damit ohne die textuelle und terminologische Ausmerzungstendenz wieder aufgegriffen. (S. 66 f.)

Die Eliminierung der anthropologischen Finalität, eines jeglichen unilinearen Rationalitätsbegriffs schlechthin, bildet auch für *M. Godelier* (1972) Prämisse wie Ergebnis seiner Analyse der Methode der Kritik der politischen Ökonomie. Sein Versuch, das „Kapital" „verkehrt herum" zu lesen, d. h. die am Gegenstand arbeitende und zugleich „unsichtbare" Methode herauszumodellieren, (S. 127) steht einer unmittelbaren Rezeption metatheoretischer Marx-Engels-Texte zur Methode fern, bietet jedoch fruchtbare Ansätze für eine vertiefte und erweiterte Form gerade dieses Vorgehens. Die von Godelier analysierte Methode umfaßt ein äußerst komplexes, vielschichtiges Gebäude, das *systematisch* auf zwei

Methodenteile zu reduzieren ist: auf eine hypothetisch-deduktive und eine dialektische Methode.

Die *hypothetisch-deduktive Methode* soll demonstrieren, daß Deduktionen überhaupt nur auf der Grundlage von Hypothesen möglich sind. Deduktionen sind eine Form der Reproduktion des Realen und treffen dieses immer nur partiell und mit einer begrifflichen Eigendynamik belastet. Godelier unterscheidet dabei innerhalb des „Kapital" drei verschiedene Ebenen der hypothetischen Erkenntnis. Die erste betrifft den allgemeinen Typus des kapitalistischen Systems, der von den spezifischen Inhalten, Widersprüchen oder der nationalen Ausprägung absieht; die zweite bildet die Werttheorie in ihrer Beziehung zur Sphäre der Reproduktion; die dritte schließlich einzelne ökonomische Kategorien, die funktional auseinander abgleitet werden (Verhältnis von Profitrate und Mehrwertrate). (S. 163—170) Alle Hypothesen basieren auf einem Ordnungsschema, das die Reihenfolge der Kategorien innerhalb einer Struktur (z. B. Wert-Mehrwert-Profit; Produktion-Austausch-Konsumtion) bestimmt. Dieses Ordnungsschema ist logisch und chronologisch zugleich, vorzustellen als zwei Vektoren: einen simultanen und einen sukzessiven. (S. 172 ff.) In bezug auf die obengenannten Strukturen ist die logische Zeit für die chronologische letztlich ausschlaggebend. Was chronologisch der Reihe nach auftritt, ist logisch durch das Verhältnis der Strukturteile untereinander determiniert, d. h.: Die Produktion determiniert als Strukturteil logisch und zeitlich die anderen Teile insgesamt, als isolierter sukzessiver Ablauf variiert die Reihenfolge. Godelier stellt differenziert dasjenige Feld dar, das in anderer Terminologie bereits als Verhältnis von Theorie und Empirie beschrieben worden ist.

Die *dialektische Methode* bezieht sich auf einen Erkenntnisbereich, der unterhalb der Deduktionen und an den Stellen ihrer Bedingung lokalisierbar ist. Sie umfaßt präziser die wechselseitige Abhängigkeit von Strukturteilen und Strukturen in deren Totalität und analysiert dabei die Identitäten, Widersprüche, Wechselwirkungen. (S. 189 ff.) Im Gegensatz zur hypothetisch-deduktiven, die sich rein auf die Strukturanalyse, die Bewegung und Ordnung der Begriffe des ökonomischen Systems, beschränkt, erfaßt sie Wechselwirkungen mehrerer Strukturen, die inneren und äußeren Widersprüche des Systems, die Entstehungsbedingungen, Krisen, Auflösungsbedingungen usw. (S. 231) Sie bewegt sich insgesamt in einem Bereich, der die Lokalisierung und Relativierung der Deduktionen vornimmt, und verhindert eine bedenkenlose Übertragung der politischen Ökonomie auf Vorkapitalistisches. (S. 343)

Die Konzeption dieser dialektischen Totalitätssicht ist für das Verhältnis von Logischem und Historischem, wie wir es bisher behandelt haben, von wesentlicher Bedeutung. Indem Godelier die Gesellschaftsformen als Totalität von Strukturen und spezifischer Anordnung begreift, das Ökonomische aus dem

Nichtökonomischen definiert (S. 115), verhindert er eine ökonomistische Variante des unilinearen Rationalitätsprinzips. Daß von einer Determinierung des Ökonomischen nicht historisch umfassend die Rede sein kann, belegt schon der nicht klar auszugrenzende Bereich der Ökonomie in vorkapitalistischen Gesellschaftsformen, insbesondere die „polyzentrische" Ökonomie archaischer Gesellschaften. In diesen bilden Basis und Überbau eine vollkommene Einheit, da die Verwandtschaftssysteme unmittelbar mit der Ökonomie verflochten sind, einen separierten Bereich des Ökonomischen gar nicht zulassen, sondern die Ökonomie als Teil ihres komplexen Systems beinhalten. Dies zeichnet sich selbst bis in Bereiche ab, die aus der Optik der kapitalistischen Produktionsweise als klares Zentrum der Ökonomie bestimmbar sind. Tausch-Geld-Beziehungen beispielsweise sind schichtspezifisch differenziert, oder nur bestimmte Güter können mit bestimmten anderen getauscht werden. Es existiert dadurch auch kein universelles Geld. (S. 59, 344) Erst mit entfalteter Warenproduktion, d. h. mit Beginn der kapitalistischen Produktionsweise, entsteht ein autonomer, klar bestimmbarer Bereich des Ökonomischen, auf den das Strukturganze des Systems zugeschnitten ist. Godelier skizziert die Entwicklung und Entgegensetzung derart, daß mit der Komplexität der Strukturen der Arbeitsteilung und der Marktverhältnisse ein einfach Ökonomisch, ein relativ reiner Begriff von Ökonomie, sich entwickelt. Umgekehrt ist innerhalb einfach organisierter Gesellschaften in bezug auf Markt und Arbeitsteilung die Ökonomie hochkomplex. (S. 350) In diesem Sinn nur kann, so Godelier, das Höhere das Niedere erklären, die politische Ökonomie den Ausgangspunkt der anthropologischen Ökonomie bilden. Am Ziel angelangt genügt allerdings die politische Ökonomie nicht mehr, und die anthropologische Ökonomie muß der politischen für eine Perspektive auf der Basis mehrerer Möglichkeiten auf die Füße helfen.

Die Relation von Erkenntnissen im hypothetisch-deduktiven Verfahren zu realen geschichtlichen Gegenständen, mithin zur erkenntnistheoretischen Problematik, sowie zur Soziologie und den Humanwissenschaften bildet einen weiteren Eckpunkt der dialektischen Methode. (S. 208 ff., 231 f.) Das hypothetisch-deduktive Verfahren, das den systematischen Teil einer Theorie liefert, ist weder die Logik des Begriffs noch die Produktion des Inhalts, sondern Re-produktion des Inhalts. (S. 158) Godelier postuliert die Einheit von „Denkverfahren" und der „Natur des Gedachten". (S. 161) Daß eine derartige Behandlung der erkenntnistheoretischen Problematik allerdings zu allgemein bleibt und daß durch die starke Akzentuierung des Darstellungsbegriffs für die Erkenntnis des Gegenstandes (S. 162 f.) die empirische Seite (Forschung) ausgeschaltet wird, ist bereits im Zusammenhang mit Althusser erörtert worden.

Kritisch zu hinterfragen wäre auch das Verhältnis von Wissenschaft und Philosophie bzw. Anthropologie. Godelier, der jeglicher Anthropologie im Sinne der Unterstellung eines wahren menschlichen Wesens ablehnend begegnet, sieht auf der anderen Seite sehr wohl, daß bestimmte philosophische Hypothesen in der Kritik der politischen Ökonomie enthalten sind. Der Mensch als Naturwesen, als praktisches Subjekt, ist im Innersten der Theorie „eingehüllt“, (S. 226, 232 f.) was einen Konstitutionsproblematik des Subjekts impliziert. Daß Godelier in diesen Fragen nicht reduktionistisch verfährt, zeigt sich auch an anderer Stelle, wo er zwischen der systemtheoretisch orientierten Rationalität eines nicht-intentionalen Widerspruchs (zwischen Produktivkräften und Produktionsverhältnissen) und der Rationalität eines intentionalen Widerspruchs (innerhalb der Produktionsverhältnisse mit bestimmter Finalität) oszilliert. (S. 98 ff., 109) Diese zwei Rationalitäten werden allerdings schließlich nicht mehr durchdringend aufeinander bezogen. Die Hypothese einer bestimmten nicht-intentionalen und intentionalen Rationalität, die zu einem „multilinearen Evolutionismus“ (S. 367) führen soll, bringt die intentionale Rationalität nicht hinreichend in die Methode ein. Die intentional motivierten Kategorien der Verkehrung und Verdinglichung bleiben beispielsweise innerhalb des Darstellungsprinzips nahezu unreflektiert.

Im Sprung von Hegel zu Marx sieht *R. Bubner* (1973) den Nervenpunkt Marxscher Methodik. Aus seiner vorwiegend hegelianischen Optik kann es ihm allerdings, im Gegensatz zur Althusser-Schule nicht darum gehen, das reflexiv-kritische Moment der Hegelschen „Logik“ aus der Marxschen Methode zu eliminieren. (S. 52 ff.) Anknüpfend an die Marxsche Lassalle-Kritik führt Bubner seine Methodenreflexion innerhalb des Spannungsfelds von dialektischer Darstellung und Kritik der ökonomischen Wissenschaft aus. (S. 145) Bei der Hegelianisierung Ricardos — ein Unternehmen, das Marx Proudhon und Lassalle zuschreibt — wird übersehen, daß adäquate Kritik eines Systems mit der adäquaten Darstellung des Gegenstandes zusammenfallen muß. Diese Kritik käme demnach nicht einfach von außen, gleichsam an das System herangetragen, sondern fände zugleich im Innern, in der Bearbeitung des Systems statt. (S. 46 f.) Kritik und Konstitution einer Wissenschaft wären in diesem Vorgang identisch. Die Herausarbeitung eines neuen Systems führt, wenn wir diesen Schritt weiterverfolgen, nicht einfach zum wahren Sachverhalt, zum richtigen Wesen hinter dem falschen, sondern ihr Wesen wäre gerade die Kritik des falschen Systems. Dabei allerdings kann Kritik nicht verbleiben, will sie nicht wieder in eine abstrakte Form zurückfallen, sondern sie muß ihren vorgängig gesetzten Maßstab durch den Gegenstand hindurch zur Bestimmtheit führen. (S. 48) Dabei bedarf es der systematischen Darstellung eines Materials, der wissenschaftlichen Darstellung des zu kritisierenden Gegenstandes. Die Darstellung muß — aus ihren Prämissen verstanden werden, im Falle von Marx heißt dies, daß die veränderte historische Realität auf sie prioritär einwirkt. (S. 51) Während Hegel noch der bürgerlichen Gesellschaft, deren System der Bedürfnisse und Wissenschaft (Smith, Say, Ricardo), lediglich Verstandestätigkeit bzw. „Scheinen der Vernünftigkeit" (Hegel, Grundlinien der Ph. d. Rechts § 189) zukommen läßt und sie deshalb in der philosophischen Vernunft des Staates aufhebt, spürt Marx den Vernunftschein am scheinhaften Gegenstand selbst auf. Dieses Resultat der wissenschaftlichen Systematisierung des Gegenstandes ist nach Bubner aber ohne die Prämisse der historischen Diagnose des sich herausbildenden Kapitalismus, quasi als paradigmatische Voraussetzung einer wissenschaftlichen Systematik, nicht möglich. (S. 51) Bubner definiert demnach die „Kritik der politischen Ökonomie" als „Realwissenschaft", die innerhalb dieser Prämissen vornehmlich die Wirklichkeit des Kapitalismus beschreibt, hingegen für eine sozialistische Gesellschaft, den Abbau der Entfremdung, lediglich einige Perspektiven enthält. (S. 52)

Das „quid juris" dieser „Realwissenschaft" beschränkt sich, aufgrund der genannten Prämisse, auf die Wahrheit der Durchsetzung, auf eine praktische Wahrheit ähnlich der „praktisch wahr" gewordenen „Arbeit sans phrase". (GR, S. 25) Eine derartige Begründung der „Realwissenschaft" wäre jedoch immer noch dogmatisch, wenn nicht als weitere Prämisse ein Telos oder eine Anthropologie, die schließlich zur Rechtfertigung der Diagnose unumgänglich sind, mitreflektiert würde. (S. 58 f.) Im Telos, das Bubner generell als Prämisse der „Realwissenschaft" bei Marx würdigt, macht er jedoch auf ein Mißverständnis aufmerksam. Die genetisch-anatomischen Vergleiche, etwa das Marxsche „Affenbeispiel", verdeckten nämlich gerade, daß die Stufe vollster Entwicklung einen negativen Charakter habe. (S. 58) Bubner rekurriert in diesem Zusammenhang auf den von Adorno inspirierten Begriff der „negativen Teleologie" (vgl. Adorno, 1975, S. 313 ff.), mit welcher auch Marx das spekulative Prinzip des Widerspruchs durchbreche. (S. 59) (Hierzu wäre es vor allem interessant zu untersuchen, welche Kategorien bzw. welche Sinngehalte der Kategorien (z. B. Arbeit, Wert) ein negatives oder positives Telos beinhalten.)

Die Konvergenz zwischen Hegelscher Logik und dem „Kapital" wird von Bubner, ähnlich wie bei Krahl, an der Wesenslogik festgemacht. Indem er jedoch das Wesen als bloße Vermittlung, als permanentes „Einholen der Voraussetzungen" bestimmt — „Das Einholen der Voraussetzung vermittelt das Ganze der Vermittlung mit den vorausgesetzten Momenten, d. h. sie läßt das Unmittelbare als Schein durchsichtig werden. Kein Wesen wird gegen den Schein aufgeboten, sondern die bürgerliche Gesellschaft [...] zeigt ihr scheinhaftes Wesen" (S. 84) — verfällt auch er der Tendenz, trotz Einführung der „Realwissenschaft" die dingliche Struktur des kritischen Wesens zu vernachlässigen. Dies manifestiert sich etwa in der Überbetonung des kritischen Moments der Darstellung und des Moments der Selbstreflexion der Methode, was faktisch zu einer marginalen

Bewertung der Forschung und der Empirie führt, die, wenn auch nicht hinreichende, so doch notwendige Bedingungen einer kritischen Darstellung sein müßten. Die „Ware" zum Beispiel, bei der die Methode eigentlich am Werk sein soll, (S. 78) wäre bloß der erste Schritt der „Realwissenschaft", und zwar ein Schritt in noch sehr apriorischer Form. Die von Bubner postulierte „Realwissenschaft" bleibt einigermaßen rhetorisch und in ihrer vorwiegend deskriptiven Struktur etwas zu sehr der Dynamik und Normativität beraubt. Geschichte und Empirie erscheinen als Illustration einer selbstreflexiven Darstellung.

Dem Marxschen Verhältnis zur Hegelschen Dialektik versucht *H. F. Fulda* (1974) anhand der bekannten „Umstülpung" auf die Spur zu kommen. Vorgängig macht der darauf aufmerksam, daß die Kritik der Hegelschen Dialektik beim frühen und späten Marx in zentralen Punkten übereinstimme, da bereits der frühe Marx gerade nicht als Feuerbachianer die positive Seite der Hegelschen Dialektik zu entdecken begann. (S. 205)

Mit der Deskription des Umstülpungsvorgangs will Fulda aufzeigen, daß nicht bloß das Substrat der dialektischen Behandlung und Struktur, sondern die Dialektik selbst (ihre Form) bei Marx verändert wird. Die von ihm verwendete „Handschuh-Metapher" soll demonstrieren, wie in Hegels spekulativer Dialektik das Wirkliche sich zur Äußerlichkeit verkehrt, so daß nachträglich ein inneres Wesen suggeriert wird, faktisch eine Mystifikation, eine harmonische Einheit äußerlicher Gegensätze. (S. 206) Die „Umstülpung" bringt das Wesen nach außen, zur Erscheinung (hin); im Inneren wird dadurch das Wesen als Kern der Erscheinung erkannt, mithin der Widerspruch nach innen versetzt. (S. 207) Streng genommen verschwindet hiermit der Gegensatz von innen nach außen. Dieses Verfahren, zur Hauptsache ein negatives, kritisches, wäre nun, so Fulda, das Rationelle an der Hegelschen Dialektik. (S. 208) Das Mystische wird durch die „Umstülpung" und das Endprodukt der neuen Darstellung nach außen gesetzt, so daß der Schein als solcher sichtbar geworden ist.

Das Strukturmerkmal Marxscher Dialektik wäre demnach ihre „Negativität", die mit der kritischen Form der Darstellung zusammenfällt. Eine Art einzelwissenschaftlich angereicherter, „subjektiver Methodenbegriff" wäre dabei für diese Einheit konstitutiv. (S. 209) Die Kritik treibt zwar, nach dem Diktum von Marx, zur Darstellung, allerdings nicht, um darin unterzugehen, sondern um zu einem bestimmteren Widerspruch zu führen. Darstellung ist somit nicht einfach die Siegestheorie des Kapitalismus oder der systemimmanente Aufstieg zum Sozialismus, sondern sie ist die Entwicklung eines Systems von Widersprüchen und ihr „zum Prozeß kommen". (GR, S. 139) Fulda drückt dies ähnlich wie Bubner aus, indem er sie als „Katastrophentheorie" bezeichnet. (S. 209) Er geht mit dieser Akzentuierung des Widerspruchs jedoch insofern über Bubner hinaus, als er die empirisch-historische Seite, wenigstens programmatisch, stärker betont. Die Einbeziehung der Einzelwissenschaften in die Darstellung kann nicht bloß (hegelianisch) Illustration sein, wenn die Darstellung zum „hen kai pan" der Dialektik kommen soll. (S 209 f.) Die Darstellung fixiert zudem ihre Punkte, wo die historische Betrachtung eintreten muß. Die Methode geht zwar aufs Ganze, umfaßt jedoch, wie Fulda schließlich feststellt, nicht das Ganze des „Kapital". (S. 210)

Anhand seiner einführenden Interpretation des 1. Kapitels des „Kapital" erörtert *H. Brinkmann* (1975) u. a. ein spezielles, das Verhältnis von Logischem und Historischem betreffendes Problem. In einem Exkurs zu Aristoteles (S. 101 ff. und 27) verdeutlicht er, daß dessen Verständnis des Tauschwerts entsprechend dem akzidentiellen Charakter des Handels in der „Polis" oder im „Haus" mit einem „äußerlichen" Verhältnis des Werts identifiziert wird. Tauschwert und Geld sind für Aristoteles logisch lediglich eine Art „Mittelinstanz", gleich dem Mittelglied eines Syllogismus. Keine von einem Gegenstand abgeleitete Gültigkeit kommt ihm zu, sondern er ist als „nomisma" nur ein „geltend" Gesetztes (nomos) (vgl. Aristoteles, Nik. Ethik, Buch V, 1133 a, S. 12—29 ff.). Seine Entstehung beruht auf dem „Bedarf", wobei eine Art Konsensusmodell diesem „Gleichheit" verleiht. Es ist dies eine Einheit des Tauschenwollens wie auch eine des meßbaren Bedarfsvergleichs. Wie diese zweite Einheit zustandekomme, sofern nicht ein imaginärer „gerechter" Tausch unterstellt werde, so Brinkmann, führe Aristoteles nicht mehr aus (S. 102 f.). Diese mangelnde Klärung des Abstraktionsvorgangs, des Geldes als eines real existierenden „Dritten" in der Zirkulation und Produktion, entschuldigt Marx damit, daß die „historische Schranke" der griechischen Gesellschaft die Einsicht in die „gleiche menschliche Arbeit" eben nicht zuließ (MEW 23, S. 74). Die politische und ethische Sphäre dominieren bei Aristoteles interpretatorisch das Geldverhältnis. Der ethisch begriffene Tausch läßt aber ebenso auf eine untergeordnete Rolle der Geldverhältnisse de facto schließen. Brinkmann, der an anderer Stelle nachdrücklich festhält, Logisches und Historisches seien in der Wertformanalyse, der allein er Logisches zuerkennt, klar zu trennen (S. 144, 177), problematisiert diese Behauptung allerdings am Gegenstand der von ihm kommentierten aristotelischen Überlegungen nicht mehr weiter. Zu fragen wäre hier nämlich, welche Rolle in welchem untergeordneten Verhältnis die Waren- und Wertproduktion in der „Polis" gespielt hat. Inwieweit die Produktionssphäre davon durchdrungen ist? Sofern Lohnarbeit, die Gleichheit der Arbeit für den Tauschwert, bedeutend ist — ein Sachverhalt, den Aristoteles an anderer Stelle selbst auszudrücken scheint (Politik, 1. Buch, S. 1258 b) — könnte von einer rein logischen Lektüre des 1. Kapitels des „Kapital" bezüglich vorkapitalistischer Verhältnisse nicht mehr gesprochen werden.

Brinkmann erläutert stattdessen für das Verhältnis logisch-historisch die Unterscheidung Marxens von Hegel (S. 174 ff.). Wenn er gegen die logisch-historische Gleichsetzung bei Hegel (vgl. Logik I, S. 84 ff.) die Nichtidentität bei Marx herausstreicht (S. 177), so bleibt er infolge des Ignorierens der Ware als untergeordnetem Verhältnis und ihrer spezifischen Bestimmung in diesem Verhältnis (Austausch als Handel und/oder Lohnarbeit, Austausch über Zeitbestimmungen und/oder andere Bewertungen) unbestimmt.

In der Kritik des Apriorismus sieht *G. Della Volpe* (1973) den Kern materialistischer Methodologie. Aprioristische Deduktionen sind zu entmystifizieren, indem sie sich innerhalb eines verborgenen logischen Mechanismus als Überbauten entwickeln lassen. Um von derartigen allgemeinen („generischen") Abstraktionen zu historisch-bestimmten zu gelangen, beruft sich Della Volpe auf eine „historische Erfahrungswissenschaft" oder „positive Wissenschaft", die allein Fundament einer „Humanwissenschaft" sein kann (S. 10 f.). Der historischen Abstraktion kommt dabei im Gegensatz zur hypostasierten nur der Status einer Hypothese zu, die durch die ökonomische und soziale Erfahrung zu bestätigen und korrigieren ist (S. 14). Della Volpe untersucht die Apriorismus-Kritik bereits beim jungen Marx (insbes. „Kritik des Hegelschen Staatsrechts"), wo Marx gegen Hegel den Vorwurf der Versubjektivierung des Prädikats erhebt, der Verhimmelung realer Phänomene im idealen Staat (S. 33 f.). Der junge Marx versucht demgegenüber, bereits konkretere Begriffe wie „bürgerliche Gesellschaft", „Privateigentum", „Teilung der Arbeit" kritisch zu setzen. Das Durchbrechen des Hegelschen Mythos ist jedoch noch rudimentär und als „Verkehrung" oder „Entfremdung" noch sehr unbestimmt entwickelt. Eine weitere Stufe der Apriorismus-Kritik sieht Della Volpe im „Elend der Philosophie", wo Proudhons „Metaphysik der politischen Ökonomie" innerhalb der Problematik von Logischem und Historischem in der Unterscheidung einer „Abfolge der Ideen" von der „Ordnung der Zeit" präzisierend thematisiert wird (S. 44 ff.). Die Geschichte als „Abfolge der Ideen" bei Proudhon läuft, was Marx auch gegen Lassalle brandmarkt, auf die schlichte „Fleischwerdung" eines Prinzips hinaus.

In der „Einleitung" zur „Kritik der politischen Ökonomie" wird diese frühe Kritik als Kritik der *Methode* am Gegenstand der politischen Ökonomie expliziert (S. 54 ff.). Der Weg vom Abstrakten zum Konkreten, der das Konkrete zum „realen Ausgangspunkt" nimmt, ist dadurch gerechtfertigt, daß das Konkrete ein Konkretes des Zusammenhangs, der Zusammenfassung ist. Dies nicht nur, weil das Konkrete eben bloß durch Begriffe zu erfassen ist, sondern weil wir es mit einem zum Begriff drängenden konkreten Gegenstand zu tun haben. Dahinter steht nicht zuletzt eine Polemik gegen die Robinsonaden der bürgerlichen Ökonomie und die Aufforderung, das Subjekt auch in der Vereinzelung als zusammenhängendes zu sehen (S. 58). Della Volpe schreibt den Weg vom „vorgestellten Konkreten" zu den „dünnen Abstrakta" den bürgerlichen Ökonomen zu, was natürlich nur haltbar ist, wenn er, wie Althusser, beide Teile als zwei Seiten desselben ideologischen Prozesses interpretiert. Dies wird denn auch bestätigt, wenn die Abstrakta keinesfalls als leer, sondern als „unverdaut", konkret und zugleich tautologisch-aprioristisch weiterbestimmt werden (S. 59). An anderer Stelle allerdings bezieht er den Weg vom Abstrakten zum Konkreten auf einen Erkenntnisprozeß, der eher im Sinne von induktiv-deduktiv zu lesen wäre. Dokumentiert wird dies dadurch, daß er dabei die Methode als Kreislauf konkret-abstrakt-konkret verstanden haben will und dementsprechend ein Modell der wechselseitigen Durchdringung von Abstraktion und empirisch-historischer Berichtigung vertritt (S. 60). Dieses Modell überträgt Della Volpe auch auf das Verhältnis logisch-historisch. Die historische Richtigstellung der ökonomischen Kategorien entspricht dem obengenannten Kreislauf, was aber präziser bedeutet, daß die durch die Empirie konstituierte Kategorie nicht durch eine chronologische Abfolge belastet ist (S. 62 f.) Das an der Apriorismus-Kritik geschärfte Problembewußtsein Della Volpes geht hier allerdings nicht so weit, die „Versöhnung" von Logischem und Historischem in einem Konstrukt aufgehen zu lassen, indem das Historische die bekannte Rolle der „Zufälligkeit" spielt (S. 63). Die Arbeit „sans phrase" scheint ihm ein Fall zu sein, in dem die logisch-historische Einheit geleistet ist (S. 63, vgl. auch das Beispiel der produktiven Arbeit, S. 75 ff.). Eine überbetonte Unterordnung der vorangehenden Stufen unter die letzte bringt allerdings wieder die Gefahr des Apriorismus, da unter Umständen nicht mehr demonstriert wird, daß eine bewußte Reduktion auf gewisse geschichtsbildende Merkmale vorgenommen worden ist, die in der letzten Stufe dominant zur Entfaltung kommen (S. 64). Davor warnt auch Marxens Beispiel der Religionsgeschichte (GR, S. 26). Die letzte Stufe stellt die vorangehenden „einseitig" dar, sofern sie nicht selbstkritisch operiert. Dies muß von Marx quasi als Aufforderung gelesen werden, den vorangehenden Gegenstand der politischen Ökonomie komplexer, vielseitiger zu verstehen und widerspricht einem unilinearen „Affenbeispiel". Der Unilinearismus wäre hier lediglich das „fait accompli", das aber weder rückwärts noch vorwärts ein „objektives Verständnis" der Geschichte ergibt.

Der Begriff der „Versöhnung" des Logischen und Historischen, wie Della Volpe ihn faßt, ist auf diesen Gegenstand bezogen letztlich aber doch irreführend und der Verweis auf eine „bestimmte Abstraktion" nur verbal bestimmt. Die Gleichsetzung Gegenwart-Vergangenheit, die bei ihm angesprochen wird, müßte die Vergangenheit auch auf ihre nichtgegenwärtige Problematik ansprechen und deren Dominanz untersuchen, wenn ein „objektiveres" Geschichtsbild gezeichnet werden soll. Dies zeigt sich u. a. beim Verhältnis von Grundeigentum und

Kapital, wo Della Volpe eine logisch-historische Einheit faktisch nicht ausführen kann (S. 65). Dies ist als Indiz zu werten, daß mit dem „versöhnten" Logisch-Historischen die tatsächliche Geschichte eben nicht genügend erfaßt und die umgekehrte Dominanz in der historischen Reihenfolge zur Dominanz in der bürgerlichen Gesellschaft (vgl. GR, S. 28) nicht hinreichend reflektiert wird.

Nah an der Hegelschen Philosophie vollzieht *R. Meiners* (1980) die Hauptzüge der Marxschen Methode nach. Nachdrücklich akzentuiert er die bloß „formelle" Unterscheidung von Darstellung und Forschung. Der Forschungsprozeß wird mit dem Aufsteigen vom Konkreten zum Abstrakten identifiziert, tendenziell ein Prozeß der Analyse, der Darstellungsprozeß als Weg vom Abstrakten zum Konkreten ist tendenziell synthetisch (S. 109 ff.). In beiden Prozessen sind stets beide Seiten, die analytische und die synthetische, am Werk. Der Forschungsprozeß ist nicht ohne den Bezug zu allgemeinen Wesenskategorien denkbar, sowenig wie der Darstellungsprozeß ohne den Bezug zur forschenden Analyse. Das Abstrakte, das in der „offenbar richtigen wissenschaftlichen Methode" (GR, S. 21) die Spitze einnimmt, ist ein zwar noch äußerliches, aber dennoch durch den vorangehenden Forschungsprozeß bereits innerlich gegliedertes. Die Unterscheidung liegt demnach auf dem Schwerpunkt der Bearbeitung, was zudem durch den Marxschen Schaffensprozeß um die ökonomischen Studien herum verdeutlicht werden kann. Schwerpunktmäßig befindet sich Marx von 1851—57 in einer Forschungsetappe, ab 1863 in einer Periode, in der das Darstellungsproblem zentral wird.

Der Weg vom analysierten Material zur kategorialen Wesensbestimmung ist aber nicht bloß von der Forschung präformiert, sondern auch durch die Tradition der bürgerlichen politischen Ökonomie, die bereits Wesenskategorien liefert. Diese Vermittlungen müssen vorausgesetzt werden, um den Weg vom zufälligen Begriff der „chaotischen Vorstellung" zum — zwar äußerlichen aber schon kategorialen — Wesen zu begreifen. Im Fortgang vom Abstrakten zum Konkreten, der Herstellung eines inneren Begriffs oder Wesens, unterscheidet sich Marx von seinen „klassischen" Vorgängern (S. 198 ff). Die berühmten „Vermittlungsschritte" drücken gerade aus, daß einfache Deduktionen nicht möglich sind. Im Resultat des inneren Begriffs — und dies ist die tatsächliche kritische Implikation — ist der Einblick in den Entstehungszusammenhang und die Entwicklung des Gegenstands gegeben. Diese kritische Seite ist mit dem Resultat des Konkretums letztlich auch anvisiert. Wenn Meiners hierzu anschließend festhält, in den „Grundrissen" bleibe diese Differenzierung durch den Primat des Weges vom Abstrakten zum Konkreten, der bei Smith und Ricardo ja auch gegeben ist, unklar (S. 207 f.), so ist ihm vorzuwerfen, daß er zu wenig Rücksicht auf das ideologiekritisch-antihegelianische und antideduktive Moment des „Gedankenkonkretums" nimmt, wo diese Differenzierung implizit angesprochen wird. *Getrennt* betrachtet ist im Fortgang vom Konkreten zum Abstrakten die Analyse am Werk. Sie ist die Vereinzelung, Isolierung der Teile des noch diffusen Ganzen (S. 140 ff.). Die im Methodenkapitel angesprochene „Bevölkerung" (GR, S. 21) ist vorerst ein unbestimmtes Ganzes, ein unbestimmt Abstraktes. Die nähere Bestimmung der „Bevölkerung" führt zu einer Zerlegung in einzelne Glieder und Zerlegung dieser in weitere Unterglieder usw. Diese Bestimmungen sind in bezug auf das Ganze nur einseitig oder zufällig, gegeneinander isoliert, mithin isoliert abstrakt. Im besten Fall führen sie zu verstandesmäßigen Gesetzen. Daher muß die synthetische Denkweise auf den Plan treten. Damit aus der Analyse ein synthetisches Wesen entspringe, die „Verarbeitung von Anschauung und Vorstellung in Begriffe" (GR, S. 22) gelinge, muß bereits ein intentionales Verständnis, eine Richtung der Analyse vorausgesetzt werden. Bei Marx spielen hier neben einem philosophischen Verständnis die Kategorien der bürgerlichen Ökonomie eine wesentliche Rolle. Daß die Richtung der Analyse dadurch geprägt wird, ist daraus ersichtlich, daß die analysierten Teile der „Bevölkerung", die „Klassen", „Lohnarbeit", „Kapital", „Austausch", „Teilung der Arbeit", „Preise" etc. (GR, S. 21) keineswegs empirisch-zufällige Bestimmungen sind, sondern bereits — wenn auch zu leere oder noch empirisch behaftete — Wesensbegriffe der bürgerlichen Ökonomie.

Der Gang der synthetischen Erkenntnis ist allerdings vorerst noch selbst äußerlich, das Ganze ist als Ganzheit noch keine historisch bestimmte und begriffene Abstraktion, kein Allgemein-Konkretes. Um dies darzustellen, muß die Synthese in eine „dialektisch-genetische" umschlagen (S. 200 ff.). In Unterschied zur Deduktion nimmt Marx demnach eine Entwicklung des Wesens in seinen Erscheinungsformen vor — die Entwicklung seiner Konstituierung und seiner Konsequenzen. Die bessere Synthese, die zur historisch bestimmten Abstraktion führt, unterstellt ein dynamisches Modell und damit zugleich die bestimmte Kritik am dargestellten Gegenstand.

Auffallend im ganzen Erkenntnisprozeß ist die Vieldeutigkeit des Abstraktionsbegriffs. Meiners bemerkt generell dazu, daß beim methodenreflektierenden im Gegensatz zum frühen Marx die Abstraktion positiver verwendet wird, ohne daß dabei der wesentliche Punkt der Hegelkritik verloren ginge (S. 160). Abstraktion wäre etwa positiv gefaßt das „Gedankenkonkretum", relativ neutral das Instrument der Erkenntnis oder die „verständige" Abstraktion (das sind Begriffe, die allen Epochen zukommen, wie z. B. Arbeit, Produktion) (S. 162). Eindeutig negativ bleibt die „ausschließende" Abstraktion, z. B. Wert als Abstraktion vom Gebrauchswert, die das logische Fundament der Realabstraktion darstellt.

Da der synthetische Teil der Methode genetisch zu entwickeln ist, wird selbstredend die Frage logisch-historisch in den Blickpunkt gerückt. Obschon Marx der spekulativen, absoluten Methode Hegels eine endliche, historisch-gesellschaftlich relativierte entgegenstellt, ist er, so Meiners, in den „Grundrissen" oft noch einer Begriffsdialektik anheimgefallen. Dies allerdings teilweise wissentlich. Die Verweise auf Begriffsbewegungen, die zu beweisende Resultate vorwegnehmen und deshalb umgeschrieben werden müssen, legen davon Zeugnis ab (S. 202 ff.). Dem korrespondierend ist der mit dem „Kapital" erfolgte Übergang vom „Wert" zur „Ware" als anfängliche Kategorie zu verstehen (vgl. dazu GR, S. 763, wo dies bereits angezeigt wird). Der Wert als systematische Kategorie sei, so schlußfolgert Meiners, für den historischen Aspekt der Genesis zu begrifflich. Um zu demonstrieren, daß es um eine Bewegung realer Handlungsverhältnisse geht, ist die Ware und deren Austauschprozeß geeigneter (S. 255). Der Eindruck einer „Konstruktion a priori" (MEW 23, S. 27) verschwindet damit jedoch nicht, so daß die Frage der Historisierung der Logik der Warenanalyse weiterhin relevant bleibt und durch eine konkretere Darstellung gerade nicht bereinigt werden kann. Meiners tangiert diese Problematik insofern, als er bemerkt, daß die Warenanalyse in sehr allgemeiner Form vorliegt und demnach auf einen vorkapitalistischen und kapitalistischen Gegenstand hin zu spezifizieren sei (S. 246).

Eine einfache Gleichsetzung von Logischem und Historischem wie bei Hegel, der die Stufen der logischen Idee mit der Geschichte der philosophischen Systeme identifiziert (Hegel, Enzyklopädie, § 14, § 86 Zusatz 2), ist durch derartige Historisierungen nicht möglich. Realhistorisch haben wir es nur partiell mit einem — hegelianisch gesprochen — zu sich kommenden Kapital zu tun. Die wirkliche Geschichte ist komplexer, vielschichtiger, mit verschiedenen Dynamiken bestückt. Die Bewegung der Ware vom Einfachen zum Zusammengesetzten ist nur *ein* Strang der historischen Konkretisierung. Arbeitsprozeß, Eigentum, ursprüngliche Akkumulation müssen als Konkretum ebenso entwickelt werden — als Konstituens der Kapitalverhältnisse.

Der logisch-genetische Gang der Methode ist damit nicht bloß nach vorne gerichtet (z. B. Ware-Geld-Kapital), sondern auch immer in die Tiefe. Geld z. B. kann sich nach vorne entwickeln zum Kapital, ohne die Tiefendimension miteinzubeziehen. Erst die Bewegung in die Tiefe, d. h. durch die Erfassung der Produktions- und Eigentumssphäre u. a., wird das Geld zum Kapital als akkumulierendes Kapital. Die Warengeschichte ist demnach in horizontaler und vertikaler Richtung in toto zu schreiben — zunehmend die ganze Gesellschaftsform durchdringend. Dies ist *ihre* Realgeschichte, was zugleich heißt, daß Realgeschichte insgesamt noch nicht erschöpft ist. Wo das Historische nicht der Produktionsprozeß *des* Kapitals ist, sondern dessen Bedingung, wird die Marxsche Umkehrung der Reihenfolge der Kategorien plausibel. Meiners geht schließlich auch auf dieses Verständnis des Historischen ein (S. 278). Es handelt sich letztlich um die Geschichte, die zum „Urkapital" und zum „freien Arbeiter" führt.

A. Sohn-Rethel (1972) hat im Zusammenhang mit der Verdinglichungsproblematik des „Fetischcharakter der Ware" den methodologisch zentralen Begriff der „Realabstraktion" geprägt. Mit aller Deutlichkeit spricht er aus, daß die „reinen" Abstraktionen, mithin die wissenschaftlichen Denkformen, auf einer abstrakten gesellschaftlichen Abstraktionsform, auf der Warenform und der strukturell verbundenen Teilung von Hand- und Kopfarbeit, beruhen (S. 38, 40). Seine Grundthese, daß die wissenschaftlichen Denkformen relativ unmittelbar aus der Warenform abzuleiten seien, ist insofern fruchtbar, als so die innerhalb der marxistischen Diskussion tabuisierte Naturwissenschaft von ihrer Denkstruktur her auch als ideologisches Überbauphänomen behandelt wird (S. 15, 17). Andererseits jedoch läßt sie infolge zu linearer Analogien abstrakter Handlungs- und Denkformen zahlreiche Fragen offen, die gerade für die methodische Problematik des Verhältnisses von Logischem und Historischem näher zu erörtern wären. Im folgenden kann lediglich auf einige wenige Problempunkte dieser geschichtstheoretisch umfassenden These eingegangen werden.

Problematisch für das Verhältnis von Logischem und Historischem scheint in erster Linie die allgemein historische Aufwendung der Realabstraktion innerhalb der Wertform zu sein. Die „reine" Abstraktion wird innerhalb einer Geschichtsspanne vom 7./6. Jh. v. Chr. bis zur Gegenwart mit der Geldform als initiierende und letztlich ausschlaggebende Grundlage in Verbindung gebracht. Sohn-Rethel geht es demnach ums Ganze. Die Wertform in ihrer historischen Durchdringung und Durchsetzung ist determinierend für die Trennung von Hand- und Kopfarbeit, für wissenschaftliches Denken, die Durchrationalisierung und Quantifizierung des ganzen Arbeitsbereichs. Im Rahmen der ideologischen Wissenschaft bildet sie das Zentrum der ionischen Naturphilosophie, schwerpunktmäßig der aufkeimenden mechanistischen Naturwissenschaft des 16. Jh., insbesondere schließlich der Kantischen Transzendentalphilosophie und, in die Gegenwart hineinreichend, der neupositivistischen Mathematisierungen. Ebenso global, wie diese These auftritt, wäre ihr entgegenzuhalten, daß es adäquater wäre, die Entwicklung der Realabstraktion durch das Ineinandergreifen bzw. gegenseitige Begünstigungen von verschiedenen Systemen der Abstraktion zu erfassen, so beispielsweise als Zusammenspiel von Abstraktion der Wertform und Abstraktion der Arbeitsteilung, Institutionalisierung usw. Abstraktion wäre demnach nicht einfach als *die* Form (= gesellschaftliche Synthesis), quasi das (kantisch) Apriorische zu begreifen, sondern als mehrere bestimmte Abstraktionsleistungen, Trennungen vom Inhaltlichen, die in ihrem Zusammenwirken erst die gesellschaftliche Realabstraktion konstituieren.

Diese zu ausgeprägte Linearität bei Sohn-Rethel wird bei der Übertragung der Realabstraktion auf die Antike besonders offensichtlich. Der Warenfetisch des 1. Kapitels des „Kapital" wird auf die geldförmige einfache Warenproduktion der griechischen Gesellschaft transponiert, die daraus entspringenden verdinglichten Denkformen entsprechen dabei den Grundidentitäten der vorsokratischen Philosophen (S. 230, 233 ff.). Entscheidend für diesen Sachverhalt ist, so Sohn-Rethel, die Entstehung der Geldform innerhalb der Warenproduktion, die für das 7./6. Jh. v. Chr. feststellbar ist. Vor dieser Zeit existiere, trotz hochgradiger Arbeitsteilung (z. B. bei den altorientalischen Völkern), keine strenge Scheidung von Hand- und Kopfarbeit, die mit einer „reinen" Abstraktion korrespondieren würde (S. 129 ff.). Entsprechend sind Abstraktionen wie Symbole, Berechnungen usw. noch wenig oder kaum vom bestimmten Inhalt getrennt (vgl. dazu W. Büchel, Gesellschaftliche Bedingungen der Naturwissenschaft, München 1975). Erst der Übergang von den „Aneignungsgesellschaften" zu „Produktionsgesellschaften" (Primärproduktion auf individueller Grundlage) führe zur Realabstraktion und damit zu „reinen" Denkformen. Ausschlaggebend ist die im Zuge dieser Entwicklung entstandene Geldform. Erst dort, wo Realabstraktion in Form von Metallgeld sichtbar wird, d. h. erst eigentlich sich konstituiert, ist die Basis für die Möglichkeit des „reinen" Denkens gegeben (S. 94 f.).

Ohne auf diese Komplexität der These und die Mehrdeutigkeit der hier verwendeten Begriffe ausführlich eingehen zu können, muß insgesamt kritisch festgehalten werden, daß Sohn-Rethels Übertragung der Realabstraktion auf die griechische Gesellschaft die materielle und logische Bedeutung der Warenform realhistorisch überschätzt und zugleich einer ahistorischen Fixierung des Begriffs der „Realabstraktion" verfällt. Keineswegs kann in der griechischen Gesellschaft der Austauschprozeß der Warenprodukte zu einer Funktion der „gesellschaftlichen Synthesis" hochstilisiert werden (S. 142). Sohn-Rethel setzt in diesem Kontext mit der Realabstraktion bereits in der Zirkulationssphäre an, im Gegensatz zu Marx etwa, der Realabstraktion (der Begriff kommt bei ihm explizit nicht vor) als Gesamtprozeß zwischen Kapital und Arbeit auf den Begriff bringt, dort, wo abstrakte Arbeit „praktisch wahr" (GR, S. 25) wird. Marx lokalisiert sie damit in der Produktionssphäre: Das Verhältnis Lohnarbeit-Kapital ist kein Tauschverhältnis, sondern ein Produktionsverhältnis, das als Tauschverhältnis existiert. (vgl. *J. Halfmann/T. Rexroth* (1976) S. 60, 62).

Gewisse Plausibilität kommt der These der zunehmenden Bedeutung der ökonomischen Sphäre in der griechischen Gesellschaft ab dem 7./6. Jahrhundert, die auch ihr Denken beeinflußt, gewiß zu. *J. P. Vernant* (1982) hat in ähnlicher Weise dargelegt, daß der Formationsprozeß des griechischen Logos mit ökonomischen Krisen, der Wiederaufnahme des Seehandels, der Herausbildung einer Handwerkerschicht und der Einführung des gemünzten Geldes einherläuft (S. 68—71). Daraus jedoch die Möglichkeit der Formalisierung des Denkens allein mit der Warenform zu identifizieren, ist übertrieben. Als Konstituanten müßten für diesen Zusammenhang ebenso die Herausbildung handwerklicher Technik, die Institutionalisierung des Wissens, gesellschaftliche Umwälzungen, die sich in der Staats- und Rechtssphäre niederschlagen und auf der Herausbildung von intern relativ egalitären Klassen basieren, beigezogen werden.

Halfmann/Rexroth haben unter Einbezug neuerer wissenschaftstheoretischer Positionen aufzuzeigen versucht, daß der Abstraktionsvorgang bei Sohn-Rethel ein Wissenschaftsverständnis des kantischen „transzendentalen Subjekts", quasi eine idealtypische Form, die in der Warenform gleichfalls zu finden wäre, voraussetzt (S. 53 f). Durch das Hantieren mit dieser fertigen Form werde nun die Dimension der Wissenschaftsproduktion, der Wissenschaftsinstitution gerade ausgeschaltet. Daß hier ein Subjekt oder eine Gemeinschaft von Subjekten institutionell geformt wird, um diese Denkleistung der Abstraktion zu vollbringen, ist nicht mehr transparent. Diese Organisationsform von Wissenschaft, bzw. des Wissenschafts*betriebs*, dürfte m. E. auch für die Abstraktionsleistungen der griechischen Denker von Bedeutung gewesen sein. Vernant hat in seiner Untersuchung über das griechische Denken auf die Bedeutung der griechischen „polis" hingewiesen mit ihrer inneren städtischen Organisation und rechtlichen Verfassung, die tendenziell mit einem auf Öffentlichkeit drängenden Gleichheitseffekt innerhalb der bestehenden Klassen einhergeht (S. 44 ff.). Mit dem Bruch mykenischer Kosmogonien, die das Eine im obersten Herrscher oder der Herrscherfamilie personifizieren, entstehe mit der „polis" erstmals die Vorstellung der Gleichheit (vor dem Gesetz oder in bezug auf die politische Partizipation) (S. 48, 57) als das oberste Allgemeine oder Eine. Gerade dieses Prinzip des Gesetzes (nomos) als Oberstes kann ebenso als Grundlage des „reinen" Denkens aufgefaßt werden (S. 134). Es wäre hier falsch, daraus zu folgern, der Gleichheitsgedanke der politisch-juristischen Sphäre könne die Tauschabstraktion, die mit dem Geld erstmals verkörpert wird, erklären. Wenn Vernant die Entwicklung des Geldes im Rahmen der Bemühungen des „Gesetzgebers" betrachtet, „die Regeln des Zusammenlebens zu fixieren und für alle Dinge ihr Maß zu finden" (S. 95), so ist damit höchstens der Vorgang der Ausbreitung oder „Demokratisierung" des Geldes angesprochen, jedoch nicht die Gleichheit als Abstraktion vom Gebrauchswert, die mit dem Geld mehr oder minder latent vorliegt. Daß diese Abstraktion im Geld aber nicht derart „sichtbar" ist, wie Sohn-Rethel meint, zeigen nicht bloß die vorwiegend ethischen Reflexionen über die Gleichheit des Geldes bei den griechischen Denkern (vgl. Aristoteles).

Ähnlich wie H. Brinkmann und A. Sohn-Rethel beschäftigt sich auch *P. C. Seel* (1980) mit einer materialistischen Umdeutung des kantischen „transzendentalen Subjekts". Seel will die Methode der Kritik der politischen Ökonomie weder rein als Werkzeug noch als Gegenstand im Rahmen einer Weltanschauung, noch als ein beliebig applizierbares Denkgerüst oder Regelsystem behandeln (S. 11 f.).

Die Methode wird zwar an den Gegenstand angelegt, aber stets so, daß aus dem Dargestellten, den Basisprozessen der Gesellschaft selbst die Bedingungen der Kritik transparent wird (S. 14). Damit erfüllt sie das von *K. Korsch* formulierte Postulat der Selbstanwendung marxistischer Theorie (1975, S. 97, 108 ff.), das eine falsche oder uneingelöste Konvergenz von Wissenschaft (materialistischer Geschichtsauffassung) und Parteilichkeit (praktisch-revolutionären Prämissen) aufzuheben intendierte.

Im folgenden befaßt sich Seel anhand des Marxschen Methodenkapitels mit verschiedenen Denkwegen, die zum Verhältnis von begrifflicher Abstraktion und gesellschaftlicher Arbeit führen (S. 23 ff). Ein erster Ansatzpunkt ist die Althussersche Unterscheidung von Real- und Erkenntnisobjekt. Seel stützt sich hierbei auf eine Reflexion über das *„gegebene"*, konkrete Ganze (GR, S. 22), das immer außerhalb des Kopfes bestehen bleibt. Wer „gibt" hier wem?, assoziiert er an dieser Stelle. Offenbar ist das „Geben" zugleich ein Verbergen. Ist dieses außerhalb „Gegebene" eine „Schande des Kopfes", der das Dargebotene nicht zu nehmen weiß, in „seiner einzigen möglichen Weise aneignet" (GR, S. 22), oder ist es die „Schande des Nehmenden", der sich nur „spekulativ" verhält? So lautet die gefolgerte differenzierte Frage. Seel deutet damit an, daß auf der von Althusser vorgenommenen fixierten Bestimmung der Differenz nicht stehenzubleiben ist (S. 29 ff.). Das Konkrete, das bei der Erörterung des Verhältnisses von Logischem und Historischem als Realhistorisches wieder mithineinspielt, bleibt in seinem Außerhalb nicht unangetastet. Der von Marx gelegentlich angedeutete Fall der Nichtentsprechung von logischer und historischer Abfolge der Kategorien besagt zudem auch noch nicht, daß die beiden Pole grundsätzlich getrennt sind. Vielmehr steckt in dieser Differenz und ihrer Aufhebung eine Konstitutionsproblematik des Objekts, die, so Seel, bei Althusser untergehe. Bei Althusser finde sich lediglich eine gesellschaftlich determinierte Problemstellung in bezug auf den Zugang zum Objekt, jedoch keine gesellschaftlich determinierte Konstitution des Objekts selbst (S. 38).

Einen anderen Weg zum Verhältnis von gesellschaftlicher Arbeit und abstrakten Denkformen sucht Seel über die Begriffspaare Darstellung-Forschung, Kritik-System zu erhellen (S. 26 ff.). Die Kritik umfaßt verschiedene prozessuale Momente, die nicht ohne den Blick auf die durch sie hergestellte Ganzheit zu analysieren sind. Die Forschung z. B. darf nicht ohne ihre Ausrichtung auf Kritik als stoffliche Aneignung verstanden werden, sie ist nicht bloß Materialsichtung und -aufbereitung, sondern darin je schon Kritik der abstrakten Wesensbegriffe, der „dünnen" Abstrakta. Im Prozeß der Darstellung wird das systematische Moment der durch die Forschung bewirkten Kritik des Gegenstandes in seiner Vekehrung, mithin als Basis des „falschen Bewußtseins" hergeleitet (vgl. dazu MEW 23, S. 393, Anm. 89). Damit befindet sich Seel wieder an seinem Ausgangspunkt: der Theorie der gesellschaftlichen Genesis der abstrakten Denkformen. Dorthin gelangt er selbstredend auch, wenn er den Passus über den geschichtlichen Charakter der Kategorie „Arbeit" (GR, S. 25) miteinbezieht. Seel sieht hierin drei Ebenen der Abstraktion (S. 32 ff.). Die „verständige" Abstraktion im Sinne eines subsumtionslogischen Begriffs, die bestimmte Abstraktion im Sinne eines historisch spezifizierten Begriffs und schließlich die Abstraktion als Bestimmtheit selbst, was in etwa der Sohn-Rethelschen Definition der Realabstraktion korrespondiert. Letztere würde somit als Grundlage der Konstitution der abstrakten Denkformen Anwendung finden.

Welche reduktionistische Tendenz in der Ableitung abstrakter Denkformen aus der Organisationsform gesellschaftlicher Arbeit heraus sich ergeben kann, ist bereits bei Sohn-Rethel zur Sprache gekommen. Damit soll keineswegs vorschnell die Existenz der Realabstraktion in bezug auf die von Seel angesprochenen Stellen im Methodenkapitel bestritten werden. Eine Kritik muß vielmehr darauf hinauslaufen, den Begriff der Realabstraktion historisch zu spezifizieren und zu modifizieren. Auf das obige Beispiel bezogen, müßte die dritte Ebene der Abstraktion nochmals auf die zweite zurückgeführt werden, d. h. die Abstraktion als Bestimmtheit ist selber noch ein Modus einer bestimmten Abstraktion.

Dies führt uns auch zu einer anderen kritischen Frage, die bereits im Kontext eines bloß ideologiekritisch motivierten Verständnisses der gesellschaftlichen Vermittlung oder des gesellschaftlichen Wesens gestellt worden ist. Bei einem derartigen Verständnis ergibt sich leicht die Gefahr, einem überdimensionierten Darstellungs- oder Formbegriff zu verfallen, der eine erkenntnis- oder formbestimmende Forschung oder Empirie unterbewertet. Seel schreibt der Forschung zwar ein kritisches Moment zu, geht jedoch nicht darauf ein, daß sie auch in der Darstellung selbst erkenntnisleitende Funktionen ausübt. Die Frage des Verhältnisses von Theorie und Empirie und ihre erkenntnistheoretischen Implikationen dürfen hier nicht ausgeschaltet bleiben.

LITERATURVERZEICHNIS

K. Marx, Grundrisse zur Kritik der politischen Ökonomie (zit. GR)

Marx-Engels-Werke (MEW) Bd. 3 (Deutsche Ideologie), Bd. 4 (Elend der Philosophie), Bd. 13 (Vorwort, Engelsrezension), Bd. 23—25 (Kapital), Bd. 26 (Theorien über den Mehrwert) (zit. Th ü M.), Briefe über das Kapital

T. W. Adorno, Negative Dialektik, Frankfurt a. M. 1975

L. Althusser, Für Marx, Frankfurt a. M. 1968; Lenin und die Philosophie, Reinbek 1974; Über den Prozeß der Erkenntnis, in: Ideologie und ideologische Staatsapparate, Hamburg-Berlin West 1977

Aristoteles, Politik, hsg. v. Gigon, München 1976, 2. Aufl.; Nikomachische Ethik, übers. Dirlmeier, Stuttgart 1969

H. G. Backhaus, Materialien zur Rekonstruktion der Marxschen Werttheorie 1—3; Gesellschaft 1 Frankfurt a. M. 1974; Gesellschaft 3 Frankfurt a. M. 1975; Gesellschaft 11 Frankfurt a. M. 1978; Zur Dialektik der Wertform, in: Beiträge zur marxistischen Erkenntnistheorie, hsg. v. A. Schmidt, Frankfurt a. M. 1969

H. D. Bahr, „Theorie und Empirie" oder Die Vorboten der verödeten Dialektik, in: Gesellschaft 4, Frankfurt a. M. 1975

W. Becker, Kritik der Marxschen Wertlehre, Hamburg 1972

H. Brinkmann, Die Ware, Gießen 1975

R. Bubner, Dialektik und Wissenschaft, Frankfurt a. M. 1973

G. Della Volpe, Für eine materialistische Methodologie, Berlin-West 1973

F. Eberle, Hrsg. Aspekte der Marxschen Theorie 1, Frankfurt a. M. 1973; Methodisches zur Wert-Preis-Transformation, in: Gesellschaft, Beiträge zur Marxschen Theorie 13, Frankfurt a. M. 1979

F. Eberle, E. Hennig, Anmerkungen zum Verhältnis von Theorie und Empirie, in: Gesellschaft 2, Frankfurt a. M. 1974

H. F. Fulda, These zur Dialektik als Darstellungsmethode (im „Kapital" von Marx), in: Hegeljahrbuch 1974

M. Godelier, Rationalität und Irrationalität in der Ökonomie, Frankfurt a. M. 1972

W. F. Haug, Vorlesungen zur Einführung ins „Kapital", Köln 1974

J. Halfmann, T. Rexroth, Marxismus als Erkenntniskritik, München 1976

G. W. F. Hegel, Wissenschaft der Logik I, Hegel, Werke in 20 Bänden, Frankfurt a. M. 1969, Bd. 5; Grundlinien zur Philosophie des Rechts, a. a. O., Bd. 7; Enzyklopädie der philosophischen Wissenschaften I, a. a. O., Bd. 8

K. Holzkamp, Die historische Methode des wissenschaftlichen Sozialismus und ihre Verkennung durch J. Bischoff, in: Argument 84, Berlin 1974

E. W. Iljenkow, Die Dialektik des Abstrakten und Konkreten im „Kapital" von Marx, in: A. Schmidt (Hrsg.), Beiträge zur marxistischen Erkenntnistheorie, Frankfurt a. M. 1971, 3. Aufl.

K. Korsch, Marxismus und Philosophie, 6. Aufl., Frankfurt a. M. 1975

H. J. Krahl, Bemerkungen zum Verhältnis von Kapital und Hegelscher Wesenslogik, in: Negt (Hrsg.), Aktualität und Folgen der Philosophie Hegels, 2. Aufl., Frankfurt a. M. 1971

W. I. Lenin, Werke, Bd. 38

G. Lukács, Geschichte und Klassenbewußtsein, Neuwied 1970 ([1] 1923)

E. Mandel, Der Spätkapitalismus, Frankfurt a. M. 1972; Die Marxsche Theorie der ursprünglichen Akkumulation und die Industrialisierung der 3. Welt, in: Folgen einer Theorie, Essays über „Das Kapital" von Karl Marx, 4. Aufl., Frankfurt a. M. 1971

R. Meiners, Methodenprobleme bei Marx und ihr Bezug zur Hegelschen Philosophie, München 1980

O. Negt, Koreferat zu A. Schmidt, in: Kritik der politischen Ökonomie heute. 100 Jahre „Kapital", hsg. v. W. Euchner und A. Schmidt, Frankfurt a. M. 1972

O. Negt, A. Kluge, Geschichte und Eigensinn, Frankfurt a. M. 1981

F. Petry, Der soziale Gehalt der Marxschen Werttheorie, Erstveröff. Jena 1916, Schwarze Presse

N. Poulantzas, Koreferat zu R. Rosdolsky, Theorie und Geschichte. Kurze Bemerkungen über den Gegenstand des „Kapital", beide in: Kritik der politischen Ökonomie heute, a. a. O.

J. Rancière, Der Begriff der Kritik und die Kritik der politischen Ökonomie, Berlin-West 1972

H. Reichelt, Zur logischen Struktur des Kapitalbegriffs bei Karl Marx, 4. Aufl., Frankfurt a. M. 1973

H. Reichelt, J. Hirsch, Theorie und Empirie. Bemerkungen zu dem Aufsatz von F. Eberle und E. Hennig in „Gesellschaft" 2, in: Gesellschaft 4, Frankfurt a. M. 1975

P. Rosdolsky, Zur Entstehungsgeschichte des Marxschen „Kapital", Frankfurt a. M. 1973

P. Ruben, Über Methodologie und Weltanschauung der Kapitallogik, in: Sozialistische Politik 42, 1977

A. Schmidt, Zum Erkenntnisbegriff der Kritik der politischen Ökonomie, in: Kritik der politischen Ökonomie heute, a. a. O.; Geschichte und Struktur, München 1971

W. Schwarz, Das „Kapital im allgemeinen" und die „Konkurrenz" im ökonomischen Werk von Karl Marx, in: Gesellschaft 1, a. a. O.

P. C. Seel, Erkenntniskritik als Ökonomiekritik, Gießen 1980

A. Sohn-Rethel, Geistige und körperliche Arbeit, Frankfurt a. M. 1972

W. Tuchscheerer, Bevor „Das Kapital" entstand, 2. Aufl., Berlin-Ost 1973

J. P. Vernant, Die Entstehung des griechischen Denkens, Frankfurt a. M. 1982

J. Zelený, Die Wissenschaftslogik und „Das Kapital", Frankfurt a. M. 1973

ANMERKUNGEN

Für nützliche Hinweise zur Methodenfrage und Korrekturvorschläge am Text möchte ich Frau Prof. Judith Jánoska-Bendt, Bern, bestens danken.

1 R. Rosdolsky, zur Entstehungsgeschichte des Marxschen „Kapital", Frankfurt a/M. 1973, 3. Aufl., Bd. 1, S. 8

2 vgl. dazu MEW 23, S. 11—46, MEW 24, S. 8—28, MEW 25, S. 7—30, 897—919

3 Marx-Engels, Briefe über das „Kapital", Berlin-Ost 1954

4 vgl. E. Mandel, Der Spätkapitalismus, Frankfurt a/M. 1972, S. 22 ff.

5 Hrsg. F. Eberle, Aspekte der Marxschen Theorie 1, Frankfurt a/M. 1973, S. 7 ff.

6 a. a. O., S. 7

7 a. a. O., H. Grossmann, Die Wert-Preis-Transformation bei Marx und das Krisenproblem, S. 195—198

8 F. Petry, Der soziale Gehalt der Marxschen Werttheorie, Erstveröffentlichung Jena 1916, Schwarze Presse

9 Lenin, Werke Bd. 38, S. 170; vgl. auch S. 226 f., 229, 240, 316, 319, wo sich Hinweise auf Methodisches zum Kapital finden lassen.

10 vgl. G. Lukács, Geschichte und Klassenbewußtsein, Neuwied 1970, S. 69 f.

11 Stellvertretend für die „kritisch-rationalistische" Position in der Diskussion um die Methodologie des „Kapital" sei hier der Beitrag von *W. Becker* („Kritik der Marxschen Wertlehre", Hamburg 1972) angeführt.

Beckers Kritik der Marxschen Wert- und Warentheorie, die sich ausschließlich auf das ‚Kapital' bezieht, ist ein Versuch, mittels logisch-empirischer Analyse die „irrationale Konstruktion" des Marxschen Grundwiderspruchs von Wert und Gebrauchswert aufzuzeigen. Nach seiner Meinung ist die marxistische Theorie in bezug auf diesen Gegensatz nie fundamental genug angegriffen worden. Für Becker ist ein Nachweis der „Irrationalität" des Widerspruchs Wert-Gebrauchswert deswegen so bedeutend, weil aus ihm die wohl wichtigsten Theorien und Forderungen des Marxschen Lehrgebäudes abgeleitet werden: so die Deduktion der Geldform, der Fetischcharakter der Ware, die Mehrwerttheorie, der Klassenwiderspruch und die daraus gewonnene Forderung nach dem Sozialismus/Kommunismus.

Den Vorwurf der Irrationalität des Widerspruchs Wert-Gebrauchswert beginnt der Autor mit einem Vergleich der marxistischen Arbeitswertlehre mit den verschiedenen klassisch bürgerlichen (Locke, Petty, Smith, Ricardo). In der Arbeitswertlehre von Marx will er bei dieser Gegenüberstellung eine dogmatische Weiterführung der Arbeitswertlehren von Smith und Ricardo sehen: „Derjenige Verfechter der ökonomischen Arbeitswertlehre, der diese Theorie in den Rang eines volkswirtschaftlichen Grunddogmas erhebt, ist Karl Marx." (S. 37) Die Dogmatisierung bestehe darin, daß Marx bei der Erklärung des Tauschwertbegriffs durch die Arbeitszeit von jeder historischen Entwicklung absehe und die Arbeit für jede Entwicklungsphase der Wirtschaftsgeschichte als wertbildenden Faktor einsetze. Die Arbeitswertlehre von Marx habe sich damit in der Hypostasierung des Tauschwertes, der zu einer objektiven Eigenschaft der Ware wird, festgefahren: „Man kann durchaus sagen, daß Marxens Einführung des werttheoretischen Tauschwertbegriffs eine Dogmatisierung der Arbeitswertlehre beinhaltet, eine Dogmatisierung, welche hinter die von Smith explizit gemachte innere Logik dieser Theorie wieder zurückfällt." (S. 38) Ein derartiger Tauschwertbegriff ist für Becker abzulehnen, weil bestimmte unhaltbare Prämissen in ihm angelegt seien: „Er (Marx) geht sowohl davon aus, daß die im Gebrauchswert vergegenständlichte Arbeitsqualität sich *vollständig* auf die in Zeiteinheiten ausdrückbare Arbeitsquantität abbilden läßt, als auch davon, daß die Arbeit *alleiniges* Wertmaß ist, weil sie die einzige Wertursache darstellt." (S. 44) Er meint zudem, daß durch die Prämisse der utopischen Antizipation entqualifizierter Arbeit es erst möglich werde, von einem Widerspruch zwischen privater Aneignung und gesellschaftlicher Produktion zu sprechen (vgl. S. 46). Zusammenfassend hat diese „fatale Konstruktion" ihren Entstehungszusammenhang also darin, daß Marx 1) den Wert auf entqualifizierte Arbeit reduziert, 2) Arbeit als einzige Wertursache ansieht, aus der alle Wertbildungen monokausal abgeleitet werden, 3) Wertmaß und Wertursache problemlos identifiziert werden (im Sinne der Einheit der Widersprüche).

Becker hält die dialektische Einheit von Wertmaß und Wertursache, die sich aus der Dialektik Wert-Gebrauchswert ergibt, für logisch unhaltbar (Selbstbegründung) und empirisch unzureichend (abgesehen von der realen Marktsituation). Den logischen „Irrationalismus" zeigt er im folgenden an der Doppelbedeutung der Wertgleichung

20 Ellen LW = 1 Rock
20 Ellen LW = 1 Rock wert

Für Marx sind diese Gleichungen Identitäten in differenter Form. Nach Becker gibt es hier keine Identität. In der ersten Gleichung handelt es sich bezüglich der Bewertung um ein Drittes, den identischen Bewertungsmaßstab (z. B. Arbeitszeit); in der zweiten ist der Gebrauchswert Rock Quantität, selber Bewertungsmaßstab. Daß etwas zugleich Drittes (Bewertungsmaßstab) und Gebrauchswert, in dem sich das Dritte ausdrückt, sein kann, ist für ihn unmöglich: „Es ist völlig klar, daß der Faktor ‚1 Rock' aus der ersten Formel aufgrund seines logischen Stellenwertes nichts mit dem Wertmaßstab ‚1 Rock' aus der zweiten Formel zu tun haben kann. Für Marx handelt es sich jedoch um identische Bestimmungen, die lediglich ‚verschiedene Rollen spielen' sollen. Das wird dadurch bewirkt, daß ‚1 Rock', der in der ersten Formel bewerteter Faktor ist, identisch mit dem Gebrauchswert ‚1 Rock' sein soll, der in der zweiten Formel ausschließlich als Bewertungsmaßstab auftritt (S. 58) [...] Unter logischem Gesichtspunkt führt Marxens Ineinssetzung von Faktor und Maßstab in der Konsequenz zu einer Ununterscheidbarkeit beider, denn was Bewertungsfaktor ist, soll ja zugleich auch Bewertungsmaßstab sein. Man kann unter dieser

Voraussetzung den Unterschied beider nicht mehr ziehen. Versucht man jedoch — wie Marx —die Identität von Faktor und Maßstab unter Aufrechterhaltung ihrer Bedeutungsdifferenz gleichwohl zu denken, so gerät man in den seit den Anfängen des europäischen Philosophierens bekannten und berüchtigten Teufelskreis der logischen Selbstbezüglichkeit.“ (S. 59)

Becker deutet die Dialektik von Gebrauchswert und Wert als eine Mischform zwischen kontradiktorischem Widerspruch und konträrem Widerspruch. Aus der Unmöglichkeit der Annahme, daß ein Gegenstand Gebrauchswert und Tauschwert zugleich sein könne, folgt, daß Becker die Äquivalentform und damit notwendigerweise die Entwicklung des Geldes von der einfachen Wertform zur Geldform verwerfen muß. Dasselbe gilt für den Fetischcharakter der Ware, in dem er — durch die Aufhebung des Widerspruchs von Gebrauchswert und Wert, der Aufhebung der Äquivalentform und des Marktes — eine Selbstwiderlegung und Selbstaufhebung der Marxschen Wertlehre sehen will: „Der Gegensatz der Äquivalentform ist nicht, wie Marx lehrt, die objektive Bestimmtheit der bürgerlichen Warenform, sondern ein von ihm gewaltsam konstruierter Gegensatz, der fälschlich als die objektive Bestimmung der Ware ausgegeben wird. Er reflektiert lediglich die Gegensätzlichkeit und Widersprüchlichkeit — mit anderen Worten: die Unhaltbarkeit — der Prämissen der Marxschen Warentheorie. Was sich mit dem Fetischcharakter eigentlich enthüllt, ist einzig und allein der Fetischcharakter von Marxens eigenem Begriff von der Ware. Dieser Begriff kann bestenfalls als abgeschafft gelten, wenn der ‚Fetischcharakter der Ware‘ für abgeschafft erklärt werden soll. Und das Kuriose besteht darin, daß Marx, ohne es zu wissen, mit der Abschaffung des Warenfetischismus im Kern die Abschaffung, sprich: die Ablehnung und Verwerfung, seiner eigenen Theorie von der Ware, fordert. Lediglich die bekannte dialektische Methode der argumentativen Entlastung, die es ermöglicht, die offenbar gewordene Falschheit einer Theorie oder eines Begriffs zur Negativität und Widersprüchlichkeit der Sache bzw. des Sachverhalts umzufunktionieren, erlaubt es Marx, um das Eingeständnis herumzukommen, daß hinter der postulierten ‚Aufhebung‘ der kapitalistischen Warenform nichts anderes steckt als die Selbstaufhebung seiner dialektischen Warentheorie.“ (S. 102)

Die schließlich fatalste Konsequenz dieser Dialektik besteht Becker zufolge in der Mehrwerttheorie. Das kritische Moment, so meint er, liege bei dieser Theorie nicht in der Wertdifferenz zwischen dem Tauschwert der Ware Arbeitskraft und dem durch ihren Gebrauch erzeugten Warenwert. Es sei vielmehr in der Gegensatzbestimmung der Warenform, unter die auch die Ware Arbeitskraft subsumiert werde, zu finden. Da die Unterscheidung von Arbeit und Arbeitskraft bei Marx nun ebenfalls durch die objektive Wertlehre erzwungen werde (Wert der Ware Arbeitskraft wird durch die Kosten der Reproduktion festgesetzt), führe die Mehrwertlehre zu einer „Rechtfertigungstheorie des kapitalistischen Profits“ (vgl. S. 125 f. und 136).

Konkretisierend schlußfolgert Becker: „Es gilt also in aller Klarheit zu sehen und festzuhalten, daß Marxens Übertragung des generellen Fetischcharakters der Ware — der Gegensatzbestimmtheit der Äquivalentform — auf die besondere Ware Arbeitskraft auf der Basis seiner eigenen theoretischen Voraussetzungen gar nicht möglich ist. Damit ergibt sich das erstaunliche Resultat, daß die Marxsche Mehrwerttheorie keine theoretische Basis für eine Kritik des kapitalistischen Profits enthält, und daß sie in ihrem Kern das ist, als was sie zunächst bloß erschien: eine gigantische Rechtfertigung und mithin eine Ideologie des kapitalistischen Mehrwerts und des darin eingeschlossenen Profits.“ (S. 40)

Beckers Vorwurf gegen Marx, er verabsolutiere den Begriff des Tauschwertes und damit die entqualifizierte Arbeit, muß auf einiges Unverständnis stoßen. Dies gilt auch für den Fall, daß er diese vermeintliche Dogmatisierung auf ein Selbstmißverständnis Marxens zurückführen kann. Daß Marx im ‚Kapital‘ (darauf bezieht sich Becker ausschließlich) stets den Wert und seine verschiedenen Formen von den je spezifischen Produktionsverhältnissen abhängig macht und somit in den historisch-gesellschaftlichen Rahmen stellt, wird wohl nur bestreiten, wer selbst mißverständliche Werttheorie als etwas Ahistorisches zu begreifen versucht. Freilich läßt sich Arbeitsqualität nicht vollständig auf Arbeitsquantität abbilden. Nur übersieht Becker, daß Marx mit diesem Abstraktionsvorgang (Wert der Ware = Arbeitszeit) nicht eine objektive Wertlehre theoretisch begründen, sondern das von den handelnden Wirtschaftssubjekten produzierte und reproduzierte Wertgesetz der bürgerlichen Produktionsweise aufzeigen will. Das grundsätzliche Mißverständnis Beckers besteht darin, daß er den Tauschwert nicht in seiner praktischen (außerökonomischen) Bedeutung, als verdinglichte soziale Form, erfaßt. Dies gilt besonders für den Fetischcharakter der Ware. Dieser liegt nicht nur in der Dialektik von Gebrauchswert und Wert, sondern in der Verdinglichung dieses Gegensatzes, in der Verwandlung von gesellschaftlichem Sein zu dinglichem, von konkreter Arbeit zu abstrakter, wobei dieser Vorgang ein für die handelnden Produzenten unbewußter bleibt. Im Fetischcharakter der Ware ist auch nicht die ‚Selbstaufhebung' der Marxschen Werttheorie enthalten (für Marx ist deren geschichtlicher Charakter selbstverständlich, so daß man von einer ‚Selbstaufhebung' gar nicht zu sprechen braucht); was aufgehoben werden soll, um dem Fetischcharakter der Ware ein Ende zu setzen, ist die privat arbeitsteilige Produktion — die Warenproduktion — überhaupt.

Leonid M. MINAJEW (UdSSR)

FRAGEN DER METHODOLOGIE DER ERFORSCHUNG DER WELTGESCHICHTE IN DEN ARBEITEN VON KARL MARX

Die Geschichte hat dem historischen Materialismus außergewöhnlich viel zu verdanken, der die theoretische Grundlage der marxistischen historischen Wissenschaft darstellt. Die Geschichte ist zu einer wahren Wissenschaft geworden, nachdem der Marxismus die Basis der Einheit der Welt des Menschen, der gesellschaftlichen Welt und zugleich die Basis der gesamten historischen Tätigkeit der Menschen erschlossen hatte: Diese Basis wird von objektiven Produktionsbedingungen des materiellen Lebens geschaffen. Bei der Begründung der historisch-materialistischen Lehre von der Gesellschaft steht der von Karl Marx herausgearbeitete Begriff der ökonomischen Gesellschaftsformation im Mittelpunkt. Die gesellschaftlich bedingte Produktion, die Produktionsweise des materiellen Lebens „bedingt den sozialen, politischen und geistigen Lebensprozeß überhaupt.“[1]

Der Marxismus hat eine prinzipielle Antwort auch auf die Fragen der Wechselbeziehungen zwischen der gesetzmäßigen Aufeinanderfolge der gesellschaftlichen Formationen und dem konkreten Verlauf der Weltgeschichte gegeben. Dieser konkrete Verlauf der Weltgeschichte konnte nicht identisch sein mit dem Prozeß der gesetzmäßigen Aufeinanderfolge und Ablösung der ökonomischen Gesellschaftsformationen.

Vor allem diese Problematik hat den Historikern, ja und auch anderen Gesellschaftswissenschaftlern Schwierigkeiten bereitet und wird auch in unserer Zeit weiterhin lebhaft diskutiert.

Die Geschichte ist nicht als glatter, gleichmäßiger Prozeß verlaufen. Die ökonomischen Gesellschaftsformationen haben einander nicht zu gleicher Zeit auf der ganzen Erde abgelöst. Die Entwicklung der Produktivkräfte zeitigte als eines ihrer Ergebnisse eine Vertiefung und Bereicherung der Kontakte zwischen den Völkern. Das wiederum hatte eine Rückwirkung auf die Produktivkräfte, auf die geistige Entwicklung und auf das gesamte Leben der Gesellschaft. Doch hieraus ergeben sich viele Fragen, vor die sich Historiker aller Richtungen und Schulen in verschiedenen Formen und mit unterschiedlichen Zielen gestellt sahen.

Die materialistische Auffassung der Geschichte mußte den Schlüssel zum Verständnis auch dieser unendlich schwierigen und widersprüchlichen Struktur der menschlichen Gesellschaft, der Dialektik von inneren Beziehungen in der zersplitterten Welt liefern. Sie mußte ebenso die Haltlosigkeit jener Theorien entlarven, wonach man im „Chaos der Geschichte" und in den fortdauernden Konflikten zwischen den Völkern keine allgemeine Gesetzmäßigkeit der historischen Entwicklung finden könne und welche die nationalistischen, chauvinistischen Schlußfolgerungen oktroyieren.

Die Transformation der historischen Wissenschaft unter Einwirkung des Marxismus besteht auch darin, daß der Marxismus die im Laufe der Geschichte entstandenen und sich entwickelnden verschiedenartigen internationalen gesellschaftlichen Prozesse organischen Charakters erhellt hat. Diese Prozesse gehen über die einfachen Kontakte, Bindungen, Wechselwirkungen bzw. Konfrontationen der abgesonderten Gesellschaften hinaus. Diese Wechselbeziehung zwischen der Entwicklung der ökonomischen Gesellschaftsformationen und dem konkreten Verlauf der Weltgeschichte hat der Marxismus erklärt und ergründet als eine wichtige Seite der Vergesellschaftung der Produktion und der gesamten menschlichen Tätigkeit.

In der „Deutschen Ideologie" werden wichtige Ideen über die zwei Phasen der gesamten welthistorischen Prozesse hervorgebracht: über die ursprüngliche Phase der einzelnen, voneinander abgesonderten Existenz der Stämme und Völker und über die nachfolgende Phase — die mit der Durchsetzung der kapitalistischen Verhältnisse anbrechende Phase der weltgeschichtlichen Existenz.[2] Diese Ideen erfuhren ihre Weiterentwicklung im „Manifest der Kommunistischen Partei".[3]

Die Entstehung und Entwicklung des Kapitalismus wurden nicht nur unter dem Gesichtspunkt der politischen Ökonomie betrachtet. Karl Marx sah den Kapitalismus auch als Ergebnis tiefgreifender und allseitiger welthistorischer Prozesse.

Die Ideen der „Deutschen Ideologie" über die zwei Phasen in der Geschichte der Menschheit sind in der Literatur, die sich mit Methoden zur Erkenntnis der Geschichte der Gesellschaft befaßt, bislang noch unzureichend beleuchtet.

Unserer Ansicht nach müssen aber diese fruchtbringenden Ideen breiter bei jeglichen Versuchen genutzt werden, die Vorstellungen von Karl Marx und Friedrich Engels über die Gesetzmäßigkeiten der Weltgeschichte, die in der Vergrößerung und Festigung der Wechselbeziehungen und der gegenseitigen Beeinflussung der einzelnen Völker und Länder ihren Niederschlag finden, systematisch zusammenzufassen.

Eine Weltgeschichte hat es, sagt Marx, nicht immer gegeben. Sie ist das Resultat einer langwährenden gesellschaftlichen Entwicklung.[4]

Die Geschichte beginnt erst dann, wenn sich einzelne Gruppen von Menschen abtrennen. In der Urgemeinschaft gab es noch keine reale Einheit, keine reale Gesamtheit der Menschheit. Die historische Entwicklung „geht naturwüchsig vor sich [...], geht [...] von verschiedenen Lokalitäten, Stämmen, Nationen, Arbeitszweigen etc. aus, deren jede anfangs sich unabhängig von den anderen entwickelt und erst nach und nach mit den andern in Verbindung tritt.“[5]

Die Entwicklung der Produktivkräfte führt zu einer Zunahme der Kontakte, Beziehungen und zur gegenseitigen Abhängigkeit zwischen den Gebieten, Ländern und Völkern.

Überhaupt aber kommt es in den vorkapitalistischen Epochen nur zu vereinzelten internationalen Einwirkungen. Die objektive Grundlage dieser Einwirkungen entspricht den unterentwickelten ökonomischen Verhältnissen jener Zeit. Wie sehr sich auch die Kontakte und Beziehungen in den vorkapitalistischen Epochen mehrten, konnten sie noch nicht zu einem einheitlichen Weltsystem der sozialökonomischen Verhältnisse führen. Die ökonomische Isoliertheit bleibt stärker als die gegenseitige ökonomische Abhängigkeit. Sowohl in der Sklavenhaltergesellschaft als auch in der Feudalgesellschaft gibt es noch kein einheitliches Weltsystem, keine reale Gemeinsamkeit der Menschheit.

Mit dem Beginn der kapitalistischen Entwicklung wird in der Menschheitsgeschichte die Phase eines isolierten, abgesonderten Daseins abgeschlossen. Nach und nach nimmt die qualitativ neue Phase einer weltgeschichtlichen Existenz Gestalt an.[6]

Für immer ist die Existenz isolierter Zivilisation unmöglich geworden. Jedes Volk gerät in Abhängigkeit von dem, was bei anderen Völkern vor sich geht. Nunmehr existiert die Gesellschaft bereits als reale Gesamtheit. Das Schicksal einer jeden Gesellschaft wird immer mehr zu einem internationalen Schicksal.

Hierbei wird entgegen den oberflächlichen Schlußfolgerungen einiger dem Kosmopolitismus verfallener Theoretiker die innere Logik der Bewegung jeder einzelnen Gesellschaft, ihrer eigenen Entwicklungsstimuli, ihrer Spezifik nicht mit einem Schlag „aufgehoben“.

Der welthistorische Prozeß entsprang einer vorangehenden unterentwickelten Phase, als seine Einheit allein durch die allgemeine objektive Notwendigkeit, allein durch das analoge Wirken allgemeiner historisch-natürlicher Gesetzmäßigkeiten bedingt war und allein darin auch zum Ausdruck kam. Es entstand und verstärkte sich allmählich der innere objektive Zusammenhang der Evolution aller Völker. Der Weltmarkt und die internationale Arbeitsteilung brachten die vielfältige und zusammenhanglose Entwicklung der Länder und Völker in Verbindung und Vermittlung. Sie verliehen der bis dahin formlosen Ganzheit der Welt konkrete Formen und ließen diese Ganzheit immer unmittelbarer werden. Von der einfachen Koexistenz der Länder und Völker des Erdballs, bei der die Verhältnisse nur in zufälligen und mechanischen Formen des Konglomerats bestehen, erhebt sich die internationale Kommunikation auf die Stufe der Kausalität, ununterbrochener kausaler Zusammenhänge, regulärer Wechselwirkungen und gegenseitiger Abhängigkeiten, die immer inhaltsvoller und tiefergreifend, immer allgemeiner werden und in eine organische Vereinigung hinüberwachsen. Die Welt ist keine einfache Summe der Länder und Völker mehr. Schrittweise entsteht ein Weltsystem ökonomischer, politischer und geistiger Wechselwirkungen.

Den Grundstein dieser Phase legt die Herausbildung des Weltmarktes, der die historisch erste, früher als alles andere entstandene Komponente des Weltsystems darstellt. Der Marxismus deckte die immense historische Rolle der Herausbildung des Weltmarktes auf. Karl Marx schrieb: „Die eigentliche Aufgabe der bürgerlichen Gesellschaft ist die Herstellung des Weltmarkts, wenigstens seinen Umrissen nach, und einer auf seiner Basis ruhenden Produktion.“[7]

Die Entwicklung des Weltmarktes bedeutet, daß immer neue Wirtschaftsbeziehungen zwischen Ländern und Völkern, die bis dahin in keinerlei Beziehungen standen und häufig nichts voneinander wußten, entstehen und sich festigen. Die bei der Entwicklung des Weltmarktes entstehenden Wirtschaftsbeziehungen verleihen der gesamten Kommunikation zwischen den Völkern beispiellose Ausmaße. Diese Kommunikation wird zu einem immer inhaltsreicheren und sehr komplizierten gesellschaftlichen Prozeß.

Die entscheidende Rolle bei dieser qualitativen Umgestaltung der Welt spielten jedoch weder unmittelbar der Weltmarkt noch die Austauschverhältnisse als solche. Weder der Weltmarkt noch der nationale Markt bringen diese allgemeine gegenseitige Abhängigkeit hervor. Nicht sie bestimmen deren Auswirkung. Letztlich ist diese Abhängigkeit ein Produkt der kapitalistischen Verhältnisse, ein Produkt der Trennung des Produzenten von den Produktionsmitteln und den Mitteln zum Lebensunterhalt. In der Entwicklung der Produktivkräfte wurde ein riesiger Sprung vollzogen, der in der Herausbildung der kapitalistischen Großproduktion auf der Grundlage der maschinellen Produktion seinen Niederschlag fand. Diese kapitalistische Großindustrie war, wie Karl Marx im „Kapital“ nachgewiesen hat, jener machtvolle Hebel, mit dessen Hilfe der natürlich bedingten Abgesondertheit einzelner Länder, Völker und Kontinente ein für allemal ein Ende gesetzt wurde. Die Geschichte war nunmehr keine relative Geschichte einzelner, voneinander isolierter Pflanzstätten der Kultur, sondern wurde wirklich zu einer Weltgeschichte.

Parallel mit der Entwicklung des Weltmarktes und im Zusammenhang mit ihr prägen sich die Nationen der kapitalistischen Gesellschaft in Europa und später auch außerhalb seiner Grenzen aus und entwickeln sich, verankert durch die Herausbildung der nationalen Gemeinsamkeit des Wirtschaftslebens. Der Weltmarkt festigt sich weiter und ist durch qualitativ neue Beziehungen gekennzeichnet. Ende des 19. Jh. wächst er in das kapitalistische Weltwirtschaftssystem über. Dieser außerordentlich wichtige Wendepunkt in den Weltwirtschaftsbeziehungen bedeutete auch, daß sich auf dem Boden der stärker werdenden kapitalistischen internationalen Arbeitsteilung ein einheitlicher Mechanismus weltweiter Ausbeutung herausbildete.

Der internationale Handel und die internationale Arbeitsteilung beschleunigten maßgeblich den Fortschritt, lösten eine beschleunigte Steigerung der Arbeitsproduktivität aus, bestimmten die Spezialisierung der Produktion ganzer Länder und brachten Einsparung von gesellschaftlicher Arbeit mit sich. Nicht von ungefähr wurden die Verdienste dieser beiden Prozesse von den Klassikern der politischen Ökonomie Adam Smith und David Ricardo gepriesen. Allerdings „übersahen" jene, die den kapitalistischen Fortschritt über den grünen Klee lobten, daß die bestehenden Eigentumsverhältnisse die Ausbeutung der einen Völker durch die anderen bedingten.[8] Die Schlußfolgerungen daraus hat bereits der Marxismus gezogen. Der kapitalistische Fortschritt erwies sich als Fortschritt der einen Gruppe von Völkern auf Kosten einer anderen Gruppe und stand unweigerlich im Zusammenhang mit den Verhältnissen der internationalen Ausbeutung.

Das Wachstum der internationalen Wirtschaftsbeziehungen bedeutete auch Entwicklung der internationalen Arbeitsteilung. Diese entstand im Zusammenhang damit, daß die Produktivkräfte über die nationalstaatlichen Rahmen hinauszuwachsen beginnen. Nach und nach bilden sich weltweite Produktionsverhältnisse heraus. Damit werden die Verhältnisse der kapitalistischen Produktion und Aneignung gleichsam auf die internationale Ebene übertragen. (Karl Marx hat festgestellt, daß sich diese Verhältnisse als Verflechtung von abgeleiteten, übertragenen, nicht ursprünglichen Produktionsverhältnissen entwickeln.[9])

Die Wirtschaftsbeziehungen bringen in der internationalen Sphäre die stabilste gesellschaftliche Wechselwirkung zwischen den Menschen hervor und versetzen diese in bestimmte Beziehungen. Der Unterschied zwischen den inneren Impulsen und den äußeren Entwicklungsbedingungen wird immer relativer und bedingter. Die Wirtschaftsbeziehungen des Weltmarkts flechten sich in die inneren ökonomischen Widersprüche eines jeden Landes ein. Schritt für Schritt verwandelt sich die internationale Arbeitsteilung in ein unveräußerliches Element der gesellschaftlichen Reproduktion eines jeden Landes.

Die internationale Arbeitsteilung konnte nur in einer bestimmten historischen Form aufkommen. Sie reproduzierte unweigerlich die antagonistischen Verhältnisse jener Gesellschaften, durch die sie geboren und beschleunigt wurde — der sich entwickelnden bürgerlichen Gesellschaften. Sämtliche alten lokalen, nationalen und sonstigen Formen und Abarten des Privateigentums wurden vom Kapital restlos vernichtet oder ihm fest untergeordnet. Unter der Herrschaft des Kapitals nahm das Privateigentum schließlich ein kosmopolitisches Wesen und einen wahrlich allumfassenden Charakter an als einzige Höchstgrenze und als wichtigste, dominierende und letztlich sogar einzige Bindung aller Ausbeuterverhältnisse.

Dem Problem der Entwicklung des Weltmarktes und jenen gewaltigen Umwälzungen der ökonomischen, sozialen und geistig-ideellen Verhältnisse, die mit der Durchsetzung der maschinellen Großindustrie verbunden sind, schenkte Marx solch große Aufmerksamkeit natürlich nicht allein deshalb, weil er wißbegierig war und seine Studien möglichst maximal abrunden wollte. Dort, wo sich Karl Marx der Problematik Weltmarkt zuwendet, sehen wir nahezu jedesmal, wie er den Rahmen der politökonomischen Thematik sprengt und tiefstschürfende Verallgemeinerungen zu Kernfragen der materialistisch-historischen Konzeption vom Fortschritt der menschlichen Gesellschaft vornimmt. Wir wissen, daß im Plan für das „Kapital" ursprünglich vorgesehen war, daß die Erforschung der Verhältnisse auf der Ebene des Weltmarktes diese ganze gigantische wissenschaftliche Arbeit abschließt.

Man geht wohl nicht fehl in der Annahme, daß solch eine Komposition des „Kapitals" nicht aus irgendwelchen formalen Erwägungen heraus anvisiert wurde, sondern organisch der Absicht des Autors entsprang, seine Schlußfolgerung über den unausbleiblichen Untergang des Kapitalismus und über den Sieg des Kommunismus so tief wie nur möglich zu begründen.

Karl Marx zeigt auf, daß bei einer Weltherrschaft des Kapitals das Wirken der ökonomischen und anderen gesellschaftlichen Gesetze bei den Nationen, die den kapitalistischen Weg eingeschlagen haben, dahin führt, daß sich die Grundlagen der gesellschaftlichen Organisation annähern und angleichen und sich die Produktionsbedingungen und anderen sozialen Bedingungen annähern. Die inneren Ausbeutungsverhältnisse und die internationalen Produktionsverhältnisse ziehen überall ihnen entsprechende soziale und Klassenverhältnisse nach sich. In allen Ländern, in denen die kapitalistische Entwicklung einsetzte, entstand nach und nach auch eine im allgemeinen gleichartige Konstellation der gesellschaftlichen Kräfte. Immer offensichtlicher tritt bei allen Völkern zutage, daß bei ihnen ein- und derselbe Klassengegensatz besteht, jener zwischen dem Proletariat und der Bourgeoisie. Die Wirtschaftsordnung des Kapitalismus reproduziert fortwährend den Klassenantagonismus zwischen Bourgeoisie und Proletariat, und das in allen Ländern. Überall gleich ist das Wesen der vorherrschenden Produktionsweise: die Ausbeutung der Klasse der Lohnarbeiter durch die Klasse der Kapitalisten. Diese antagonistischen Klassen werden überall zu den subjektiven Hauptfaktoren der gesellschaftlichen Verhältnisse und der gesellschaftlichen Umgestaltungen.

Eine dieser beiden Klassen bringt ein weltweites Unterdrückungssystem hervor. Die andere Klasse wird zum Träger der weltweiten Befreiungsmission.

Der Kapitalismus ist nicht die erste Ordnung in der Geschichte der Gesellschaft, wo Privateigentum und Ausbeutung des Menschen durch den Menschen herrschen. Aber erst im Kapitalismus kann „das Privateigentum seine Herrschaft über den Menschen vollenden und in allgemeinster Form zur weltgeschichtlichen Macht werden."[10]

Da jedoch eine Weltherrschaft des kapitalistischen Eigentums errichtet wurde, bedeutete dies, daß sich der Grundwiderspruch des Kapitalismus zu einem Grundwiderspruch für die gesamte Menschheit wurde. Deshalb muß denn auch die Befreiung von der kapitalistischen Ausbeutung ein welthistorischer Prozeß sein. Das ist auch der objektive Hauptgrund dafür, daß der *revolutionäre Weltprozeß* als ein einheitlicher Prozeß der sozialistischen und der kommunistischen Umgestaltung der gesamten menschlichen Gesellschaft geboren wurde.[11]

Karl Marx und Friedrich Engels haben aufgedeckt, daß die gesellschaftliche Rolle des Proletariats welthistorisch ist, daß eben diese unterdrückte Klasse die gesamte Menschheit von kapitalistischer Ausbeutung und von jeglicher Unterdrückung überhaupt befreien und die Schaffung einer neuen Gesellschaft auf der ganzen Erde anführen wird. Die Weltgeschichte hat die Herausbildung der Arbeiterklasse vorbereitet, die dann selbst die Weltgeschichte verändert. Gerade diese Schlußfolgerung über die welthistorische Mission des Proletariats ist die wichtigste im Marxismus.[12] Diese Schlußfolgerung bestimmt im Gegensatz zu jenen Interpretationen, die den Marxismus entweder als „ökonomische Theorie" oder als eine „Abart der philosophischen Anthropologie" abtun, den Klassencharakter der revolutionären Weltanschauung von Karl Marx.

Die Schlußfolgerung über die welthistorische Befreiungsrolle der Arbeiterklasse ist unlösbar damit verbunden, wie Marx die Frage über das Wesen des proletarischen Internationalismus löst. In den letzten Jahren hat sich die Diskussion zu dem alten Thema zugespitzt, ob der proletarische Internationalismus einen objektiven Inhalt besitze, ob er materielle Grundlagen in der gesellschaftlichen Realität habe oder ob er als eine ausgesprochen ideologische Erscheinung entweder als politisches Prinzip oder als ein gewisses „Symbol des marxistischen Glaubens" oder als ein Propagandatrick anzusehen sei. Eine Analyse der Werke von Karl Marx zeigt, daß das System seiner Anschauungen eine unwiderlegbare

Argumentation dahingehend enthält, daß die Ideologie und Politik des proletarischen Internationalismus die internationalen Klasseninteressen widerspiegelt, daß die internationale Klassensolidarität der Arbeiter durch die Bedingungen der gesellschaftlichen Produktion genährt und reproduziert wird, daß die objektiven Voraussetzungen dieser Solidarität mit der Entwicklung dieser Produktion erstarken.

Die titanische Arbeit von Karl Marx ist entsprechend den neuen historischen Bedingungen von Wladimir Lenin fortgesetzt, vertieft und weiterentwickelt worden. Das bezieht sich auch auf solche uns unter dem gegebenen Aspekt interessierende Leitsätze des Marxismus, wie jene über die Einheit des historischen Prozesses bei aller Vielfalt seiner Formen, über die materiellen Grundlagen der gemeinsamen Interessen des Proletariats aller Länder und über die objektive Notwendigkeit des internationalen Zusammenschlusses der Arbeiter. Wladimir Lenin hat eine ganzheitliche Konzeption des welthistorischen Prozesses ausgearbeitet, mit der die reale Weltgeschichte verallgemeinert wurde.

Lenins Methode der Erforschung lebendiger Erscheinungen dieser Geschichte hat den inneren notwendigen Zusammenhang dieser Erscheinungen freigelegt und sie in eine gesetzmäßige Reihe theoretischer Kategorien eingeordnet. Hierbei hat diese Methode aber die organische Einheit von allgemeintheoretischer Betrachtungsweise und unmittelbarer Wahrheitstreue ermittelt: die geographisch-historische Formbestimmtheit, die konkret historische Entwicklung der einzelnen Länder. Die Analyse des monopolistischen Stadiums des Kapitalismus, der internationalen Wirtschaftsbeziehungen und der gesamten Weltlage führte Lenin zu einer Entdeckung epochaler Bedeutung: zur Entdeckung des Gesetzes der ungleichmäßigen ökonomischen und politischen Entwicklung des Kapitalismus. Hierbei wurde zugleich auch die Bedeutung dieses Gesetzes für die Erarbeitung einer internationalen revolutionären Strategie der Arbeiterklasse klargestellt, einschließlich der Schlußfolgerung, daß der Sozialismus zunächst in einigen Ländern oder in einem einzelnen Land siegen kann.

Eine gigantische wissenschaftliche Leistung Lenins besteht darin, daß er den besonderen Typ des gesetzmäßigen Zusammenhangs entdeckt hat, in dem die Entwicklung der Menschheit in der Zeitgeschichte und der Geschichte der Neuzeit ihren Abschluß findet. Gemeint ist die Entdeckung der welthistorischen Epoche. Sie setzte entsprechend den neuen historischen Erfahrungen die Idee von Karl Marx und Friedrich Engels über das welthistorische Dasein fort und vertiefte sie.

Der Begriff der welthistorischen Epoche brachte erstmals in die theoretischen Vorstellungen über die weltweite gesellschaftliche Entwicklung die Kategorie einer qualitativ determinierten konkret historischen Zeit. Dieser Begriff umriß auf einen Schlag das gesamte komplizierte Bild der Welt im gegebenen Abschnitt ihrer Geschichte. Er lieferte den Schlüssel für das Verständnis der maßgeblichen Tendenzen des historischen Prozesses, die sich ihren Weg durch das Chaos verschiedenartiger Ereignisse und den Kontrast der gleichzeitig bestehenden unterschiedlichen Formen und Stufen der gesellschaftlichen Entwicklung bahnten.

Der Leninsche Begriff einer welthistorischen Epoche umfaßt folgende Hauptelemente:

— die Vorstellung vom Inhalt der Epoche, von ihrem Grundwiderspruch, von der Hauptrichtung der gesellschaftlichen Entwicklung in der jeweiligen Epoche und vom Charakter der Epoche (von den Hauptbesonderheiten der historischen Bewegung in der jeweiligen Epoche);

— die Vorstellungen vom Charakter der sozialen Hauptbewegungskräfte der Epoche, vor allem von der in ihrem Mittelpunkt stehenden Klasse, und von der durch diese hochwichtige Besonderheit bestimmten Gruppierung der sozialen Kräfte, die in jeder historischen Epoche anders ausfällt.

Wladimir Lenin hat aufgezeigt, daß der Anbruch einer neuen Epoche eine qualitative Veränderung der historischen Weltlage bedeutet. Damit wurde die falsche Vorstellung vom „glatten Dahinfließen" der historischen Zeit (genauer: das Fehlen einer wissenschaftlichen Vorstellung von der historischen Bewegung) überwunden. Es sonderten sich die Schlüsselmomente, die Punkte der qualitativen Übergänge im historischen Prozeß heraus, wenn in der objektiven Rolle der sozialen Bewegungen eine Änderung eintritt. In der Algebrasprache gesprochen kann sich diese Änderung sogar in einem veränderten Vorzeichen der jeweiligen sozialen Formel niederschlagen.

Die Konzeption der welthistorischen Epoche schuf Wladimir Lenin während seiner Arbeit an den theoretischen Grundlagen und der Methodologie der revolutionären Politik, Strategie und Taktik der Arbeiterbewegung, der Vorhutpartei, und zwar sowohl im internationalen als auch im nationalen Maßstab. Lenin erschloß die Dialektik des objektiven Daseins sowohl im „Allgemeinen" als auch im „Besonderen" solcher Kategorien des Internationalen wie der Weltwirtschaftsorganismus, das internationale Proletariat und der internationale Klassenkampf.

Wladimir Lenin definierte die gegenwärtige Epoche als Epoche des Übergangs vom Kapitalismus zum Sozialismus im Weltmaßstab; als Epoche, deren herangereiftes objektives Erfordernis der Sozialismus darstellt; als Epoche unaufhaltsamer sozialökonomischer, politischer, kultureller und sittlicher Erneuerung der Welt; als Epoche, in deren Mittelpunkt die Arbeiterklasse gerückt ist, während sich die Bourgeoisie in eine analoge Lage versetzt sieht wie die, in der sich die Feudalherren in der Periode der Durchsetzung des Kapitalismus der freien Konkurrenz befanden — in der Lage einer untergehenden, verdrängten reaktionären Klasse. Das ist eine Übergangsepoche, deren Inhalt der Widerstreit des Neuen mit dem Alten, des Kommenden mit dem Vergehenden bildet.

ANMERKUNGEN

1 K. Marx: Zur Kritik der politischen Ökonomie. Vorwort, in: MEW, Bd. 13, S. 8 f.
2 Siehe: K. Marx/F. Engels: Die deutsche Ideologie, in: MEW, Bd. 3, S. 36 ff.
3 Siehe: K. Marx/F. Engels: Manifest der Kommunistischen Partei, in: MEW, Bd. 4, S. 466.
4 Siehe: K. Marx: Grundrisse der Kritik der politischen Ökonomie, Moskau 1939, S. 30.
5 K. Marx/F. Engels: Die deutsche Ideologie, in: MEW, Bd. 3, S. 72.
6 Siehe: K. Marx/F. Engels: Die deutsche Ideologie, in: MEW, Bd. 3, S. 36.
7 K. Marx an F. Engels, 8. Oktober 1858, in: MEW, Bd. 29, S. 360.
8 Siehe: K. Marx/F. Engels: Reden über Polen, in: MEW, Bd. 4, S. 416.
9 Siehe: K. Marx: Grundrisse der Kritik der politischen Ökonomie, S. 29.
10 K. Marx: Ökonomisch-philosophische Manuskripte aus dem Jahre 1844, in: MEW, Ergänzungsband, S. 533.
11 Siehe: W. I. Lenin: III. Kongreß der Kommunistischen Internationale, 22. Juni—12. Juli 1921. Referat über die Taktik der KPR, 5. Juli, in: Werke, Bd. 32, S. 507.
12 Siehe: W. I. Lenin: Die historischen Schicksale der Lehre von Karl Marx, in: Werke, Bd. 18, S. 576.

Wolfgang KÜTTLER (DDR)

FORMATIONSTHEORIE UND GESCHICHTE IM WERK VON KARL MARX

Dieser Beitrag faßt theorie- und methodengeschichtliche Forschungen zusammen, deren Gegenstand die Entwicklung der Kategorie „ökonomische Gesellschaftsformation“ in ihrer geschichtstheoretischen und historiographischen Anwendung durch Marx, Engels und Lenin ist.[1] Wir konzentrieren uns dem Anlaß und dem Thema der Konferenz entsprechend auf das Werk von Karl Marx, wobei selbstverständlich von der direkten Mitwirkung und den gleichzeitigen eigenen Schriften von Friedrich Engels nicht abgesehen werden kann.

Der gewählte Schwerpunkt ist repräsentativ für das geschichtswissenschaftliche Erbe von Marx. Denn die Kategorie „ökonomische Gesellschaftsformation“ und die darin verdichtete Formationstheorie nehmen einen zentralen Platz in der materialistischen **Geschichtsauffassung** des Marxismus-Leninismus ein. Ausgehend von der gesellschaftlichen Praxis des Menschen in der Geschichte, vom materiellen Produktions- und Reproduktionsprozeß der menschlichen Gesellschaft erfaßt die Formationslehre den objektiven Struktur- und Entwicklungszusammenhang der Geschichte im stufenweisen Fortschreiten vom Niederen zum Höheren.

Untersuchungen, die das Ziel verfolgen, diese bahnbrechende Leistung in ihrem Entstehungsprozeß zu verfolgen, haben ein dreifaches Anliegen. Erstens soll der gesamte Kontext der geschichtstheoretischen und historiographischen Arbeiten in der Wechselbeziehung von revolutionärem Kampf, praxisbezogenen Problemen, Theorieentwicklung und Wissenschaftsgeschichte aufgezeigt werden. Zweitens geht es darum, das Entstehen des begrifflichen und methodologischen Instrumentariums historischer Forschung auf Basis der Formationstheorie nachzuvollziehen. Drittens sind die Untersuchungen darauf gerichtet, einen Beitrag zur Umsetzung Marxscher Methoden und Ansätze in die aktuelle geschichtswissenschaftliche Forschungspraxis zu leisten, was besonders die theoretischen und methodologischen Grundlagen betrifft, auf denen die Diskussion über Formationsfolge und geschichtliche Anwendung des Formationsbegriffs geführt wird.[2] Unter dem Aspekt der Entwicklung der Formationstheorie und entsprechender historischer Arbeiten lassen sich deutlich vier Perioden im Schaffen von Marx — und Engels bis zu Marx' Tod — unterscheiden: 1842/43—1847/48; 1848—1852, 1853—1869. 1870—1883 (bzw. bei Engels bis 1884/85). In der ersten entstehen mit den Grundlagen des historischen Materialismus auch die wichtigsten Elemente der Formationstheorie und der entsprechenden Auffassung des weltgeschichtlichen Prozesses, zuerst einheitlich dargestellt, wenngleich noch nicht voll auf den Begriff gebracht in der „Deutschen Ideologie“ und zur programmatischen Kritik des Kapitalismus und revolutionären Prognose verdichtet im „Manifest der Kommunistischen Partei“. Die Impulse gaben Marx’ Kritik an Hegel und den Junghegelianern, die Erfahrungen des Elends der Arbeiter und die beginnende Erforschung der bürgerlichen Gesellschaft. Historische Fragestellungen leiteten sich aus der Revolutionsgeschichte Frankreichs und deren Reflexion durch französische und deutsche Historiker sowie aus Beobachtungen der aktuellen Zustände in Deutschland und Frankreich (bei Engels in England) am Vorabend der europäischen Revolution von 1848/49 ab.

Die zweite Phase wird vom aktuellen Geschehen dieser Revolution bestimmt. Der revolutionäre Kampf und die daraus zu ziehenden Konsequenzen bestimmen Marx’ und Engels’ zeitgeschichtliche Schriften. Die französische und die deutsche Revolution sind der Gegenstand; das gewonnene theoretische und methodische Rüstzeug findet großartige Anwendung in konkreten Gesellschafts- und Klassenanalysen, so in Marx: „Die Klassenkämpfe in Frankreich 1848—50“ und „Der 18. Brumaire des Louis Bonaparte“, wo auch der Formationsbegriff zuerst explizit zu finden ist, in Engels’ „Der deutsche Bauernkrieg“ und „Die Reichsverfassungskampagne“ sowie in beider Artikelserie „Revolution und Konterrevolution in Deutschland“. Die Formationstheorie, deren wichtigste Begriffe 1849 in „Lohnarbeit und Kapital“ erläutert werden, erhält eine konkrete revolutionsgeschichtliche Fundierung.

Die dritte Phase wird durch die Arbeit am Marxschen Hauptwerk „Das Kapital“ und die vorbereitenden Schriften wie besonders die „Grundrisse der Kritik der Politischen Ökonomie“ und „Zur Kritik der politischen Ökonomie“ bestimmt. Die bisher als Hypothese vorgelegte Konzeption wird zur wissenschaftlichen Theorie ausgearbeitet und erhärtet. Die Formationsanalyse des Kapitalismus lenkt den Blick zugleich auf Grundfragen der früheren Formationen. Marx untersucht asiatisch-orientalische Verhältnisse besonders am Beispiel Indiens (1853), ferner Probleme der antiken und feudalen Produktionsweise sowie des Übergangs vom Feudalismus zum Kapitalismus. Im Vorwort „Zur Kritik der Politischen Ökonomie“ formuliert er 1859 explizit seine Konzeption der Formationsfolge von asiatischen, antiken und feudalen Produktionsweisen sowie die aus der Kritik des Kapitalismus resultierende Prognose der kommunistischen Gesellschaft.[3] Zur gleichen Zeit interessieren ihn auch die verschiedenen Ausgangssituationen der Formationsentwicklung, die jeweils durch ursprüngliche Gemeinwesen gegeben sind.[4]

Die Epochenwende, die sich mit der Pariser Kommune anzeigt, würdigt Marx 1871 in seiner dritten berühmten zeit- und revolutionsgeschichtlichen Arbeit

„Der Bürgerkrieg in Frankreich". Die erste proletarische Revolution und die Entwicklung starker sozialistischer Parteien konzentrieren sein Interesse auf Fragen der künftigen kommunistischen Formation; konkreter als bisher nach formationstheoretischen Aspekten wird das Bild dieser Gesellschaftsordnung und der zu ihr hinleitenden revolutionären Epoche 1875 in den „Randglossen zur Kritik des Gothaer Programms" gegeben. Das Spätwerk von Marx steht außerdem im Zeichen zweier weiterer, zugleich allgemein-theoretischer und geschichtswissenschaftlicher Aufgaben. Einmal geht es um die Vollendung der Arbeit am „Kapital", deren Dimension sich durch die globale Ausweitung des Kapitalismus, insbesondere durch die Entwicklungen in den USA und in Rußland, beträchtlich ausweitet. Marx hat den Plan, die Genesis der kapitalistischen Grundrente an Rußland auf ähnliche Weise zu illustrieren wie die Entstehung der großen Industrie am Beispiel Englands.[5] Neue Entdeckungen über die Geschichte der Urgesellschaft (Kovalevskij, Morgan) rücken die Untersuchung dieser ersten Formation der Menschheitsgeschichte in den Vordergrund der wissenschaftlichen Aufmerksamkeit. Anfragen russischer Revolutionäre, ob es möglich sei, auf Basis der in Osteuropa teilweise erhalten gebliebenen Dorfgemeinde den Weg zum Sozialismus abzukürzen, sind zusätzliche Impulse zu einer umfassenden Beschäftigung mit der Anwendung der Formations*theorie* als weltweiter Formations*geschichte*. Marx nimmt sich vor, in Ergänzung der bisherigen Arbeit, die der Entwicklung der Klassengesellschaften gewidmet war, die Geschichte der Urgemeinschaften zu untersuchen.[6] Engels erfüllt partiell dieses Vorhaben in seiner berühmten, 1884 erschienenen Arbeit „Der Ursprung der Familie, des Privateigentums und des Staates".[7]

Marx' formationsgeschichtliche Studien sind von einem hohen Grad an Kontinuität gekennzeichnet. Unter dem Aspekt moderner Forschungsprobleme und der theoretischen bzw. methodologischen Ansätze zu deren Lösung ist es wichtig, drei unterschiedliche historische Bestimmungen des Formationsbegriffs herauszuarbeiten, die von der „Deutschen Ideologie" bis zum Spätwerk festzustellen sind: Formation als „Formierung" der Gesellschaft im Unterschied zur Natur, als Produktions- und Reproduktionsprozeß der Gesellschaft; Formation als Grundtyp nach der Dominanz von Gemein- oder Privateigentum an Produktionsmitteln (primäre, sekundäre, modern kommunistische Formation) und Formation im engeren Sinne, als eine der großen geschichtlichen Entwicklungsstufen der Menschheit. Letztere Bedeutung ist die geläufige und wissenschaftlich allgemein angewandte Bestimmung; sie liegt allen weitergehenden Verallgemeinerungen zugrunde. Aber alle drei Aspekte ergeben zusammen erst einen umfassenden Zugang zur Formationsgeschichte insgesamt, in der Einheit von gesonderter Analyse bestimmter Gesellschaften als konkrete Typen ökonomischer Gesellschaftsformationen, als theoretische und historische Analyse einer Formation für sich genommen, als Formationsfolge und im Kontext des gesellschaftlichen Fortschritts sowie schließlich in der dialektischen Beziehung von Welt-, Kontinental-, National- und Regionalgeschichte. Von hier aus ergeben sich die Aufgaben, der Gegenstand und das Methodensystem einer historischen Formationsanalyse, d. h. der Untersuchung großräumiger Strukturen und längerfristiger Prozesse nach formationstheoretischen Kriterien. Die Erforschung des Werdegangs Marxscher geschichtstheoretischer Arbeiten ist auf diese Weise zugleich Werkstattanalyse und methodologische Fundierung aktueller marxistisch-leninistischer Geschichtsforschung.

ANMERKUNGEN

1 Die folgenden Ausführungen stützen sich besonders auf: Probleme der Geschichtsmethodologie, hgg. v. E. Engelberg, Berlin 1972; Evolution und Revolution in der Weltgeschichte. Ernst Engelberg zum 65. Geburtstag, hgg. v. H. Bartel, H. Helmert, W. Küttler und G. Seeber, 2 Bde, Berlin 1976 (besonders Bd. 1); Probleme der geschichtswissenschaftlichen Erkenntnis, hgg. v. E. Engelberg und W. Küttler, Berlin 1977; Formationstheorie und Geschichte. Studien zur historischen Untersuchung ökonomischer Gesellschaftsformationen im Werk von Marx, Engels und Lenin, hgg. v. E. Engelberg u. W. Küttler, Berlin 1978; H. Heitzer, W. Küttler, Eine Revolution im Geschichtsdenken, Marx, Engels, Lenin als Historiker, in Vorbereitung 1983. Das geschichtswissenschaftliche Erbe von Karl Marx. Studien, hgg. v. W. Küttler (in Vorbereitung, 1983); Studien zur vergleichenden Revolutionsgeschichte der Neuzeit 1500—1917, hgg. v. M. Kossek, Berlin 1974.

2 Vgl. u. a. Ökonomische Gesellschaftsformationen. Theorie und Geschichte, hgg. v. Institut für Marxistische Studien und Forschungen, Frankfurt/Main 1981 (Theorie u. Methode V).

3 Vgl. K. Marx, F. Engels, Werke, Berlin 1956 (im folgenden MEW), Bd. 13, S. 9.

4 Vgl. K. Marx, Formen, die der kapitalistischen Produktionsweise vorhergehen, in: ders., Grundrisse der Kritik der Politischen Ökonomie, Berlin 1953, S. 375—413.

5 Vgl. F. Engels, Vorwort [zu: K. Marx, Das Kapital, 3. Bd.], in: MEW, Bd. 25, S. 14.

6 Vgl. K. Marx, [Entwürfe einer Antwort auf den Brief von V. I. Sassulitsch], in: MEW, Bd. 19, S. 385 ff., bes. S. 386.

7 Vgl. F. Engels, Zur ersten Auflage 1884, in: MEW, Bd. 21, S. 27.

Jens Rahbek RASMUSSEN (Dänemark)

DOOMED TO STAGNATION? THE INADEQUACY OF SOME CURRENT MARXIST NOTIONS OF PRE-CAPITALIST HISTORY OUTSIDE EUROPE

I

The economist John Hicks noted in 1969 that Marxism was often chosen as the point of departure for macro-historical work, and admitted that this was hardly surprising „since there is so little in the way of an alternative version that is available." Still he thought it extraordinary that no such alternative had emerged to rival Marxism, in spite of the phenomenal expansion of the social sciences; and he wondered, quite legitimately, whether all the new knowledge established in a century of intensive research could be fitted into the picture of world history drawn by Marx.[1]

This was indeed a question that Marxists ought to have asked themselves, but few did. Marx' explanations of macro-historical problems such as the transition from feudalism to capitalism, or the evolution of Asia, were simply accepted as true, and critical remarks from academic historians were regarded as attacks on Marxism as such. It tended to be overlooked that these problems had been side issues in Marx' work, and therefore were hardly to be compared with the sustained effort to analyze capitalism. What Marx himself had regarded as merely indications of problems to be solved by future research, was now too often regarded as the final word. Effectively banned from academic positions and largely out of touch with mainstream historiography, Marxists had the advantage of being able to tackle macro-historical questions ignored by academic specialists. But the disadvantage of being cut off from dialogue with professional historians was at least as great. As Hobsbawm has rightly remarked, „if there is a public which expects to be talked at in Marxist jargon, and which expects to be convinced by Marxist arguments, this tends to encourage the writing of jargon and uncritical stuff." Nowhere was this more evident than in discussions of pre-capitalist social formations, especially those outside Europe.[2]

Around 1960 when interest in macro-history began to revive at the universities, there existed only one Marxist periodization of history, according to which all societies were destined to pass through five universal stages: primitive communism, slave society, feudalism, capitalism and socialism. Academic historians in the West rejected it as a typical piece of dogmatism, but the more they criticized it, the more vigorously it was defended. Thus a *circulus vitiosus* was established: empirical and theoretical attacks on the schema were countered by declaring it an indispensable element of historical materialism. Corrections and modifications of it became virtually impossible, thus widening the gap between it and the results of research.

But Marxist historians too began to question the validity and fruitfulness of the five-stage-schema. Experts on areas like China or the Middle East failed to find slave societies comparable to those of Greece and Rome. And if all societies had gone through the stages of slavery and feudalism, how was it that capitalism developed spontaneously only in Europe? Problems like these combined with the re-publication of *Grundrisse*, and the challenge from Wittfogel's *Oriental Despotism*, to make possible, in the more liberal climate after 1956, a full-scale, intra-Marxist debate on the periodization of history.

In 1964, the debate opened simultaneously in France, in England and in the Soviet Union. The German Democratic Republic followed a few years later, though largely unnoticed in the West. It came to be known as the debate on the Asiatic mode of production (henceforth AMP), „zu Unrecht, doch gleichzeitig auch mit gutem Grunde", to quote the Czech historian Jan Pecirka.[3] Wrongly because the debate was about all pre-capitalist social formations, not only the Asiatic; but at the same time with some justification in that it was Marx' ideas on the AMP which came to constitute the spearhead of attack against the unilinear periodization.

The debate began in an optimistic mood. Marx' ideas on Asiatic societies, having been suppressed by Stalinism, could now be set free and help create a new marxist historiography unhampered by dogmatism and political interventions. Yet the discussions barely went on for a decade, they stopped before any significant conclusions could be reached, and there is no sign today that they will be revived. Why was this?

I shall argue — in a paper deliberately provocative and where the documentation has been kept to a minimum — that the crucial limitation of the debate has been the inability of most debaters to perceive the difference between a Marxian and a Marxist interpretation, the failure to apply the same standard of evaluation to Marx' words on the subject that would have been applied to everybody else. As indicated, later Marxists tended to accept what Marx had said on a subject, particularly in fields which, like the pre-capitalist history of Asia, were thought to be of only marginal interest. Engels remarked in 1877 that the political economy of non-capitalist social formations still remained a desideratum, but the warning went unheeded.

The consequence was that it became exceedingly difficult to integrate new academic research into the interpretation of world history outlined by Marx. Minor details could be corrected, but major re-interpretations were not possible. This proved disastrous for the study of non-European history, which at the time of Marx' death had after all hardly begun. The Marxist „theory" of pre-capitalist history had to be produced from scattered remarks, asides in journalistic articles, drafts and letters, which were collected and ruthlessly harmonized. No remark, however casual, seemed too insignificant: indeed, in the case of Japan, a fourline-footnote in *Capital* sufficed to make it the one „feudal" exception in Asia.[4]

Instead of analyzing pre-capitalist societies with the tools of historical materialism, the debate came to concentrate upon what Marx and Engels had said about them. „Der Streit geht um das richtige Verständnis der Marxschen Lehre von den Gesellschaftsformationen", said the Hungarian expert on agrarian China, Ludwig Madjar, in 1929; and forty years later, his fellow countryman Ferenc Tökei chose to subtitle his investigations of pre-capitalist social formations „Beiträge zu Interpretationsproblemen Marxscher Formulierungen".[5] Did Marx and Engels stick to their conception of the AMP, or did the reading of Morgan's *Ancient Society* convince them that world history proceeded unilinearly? Scholastic questions like this came to dominate the debate, and defined the scope of acceptable interpretations.

II.

This mode of debate dominated in both of the two great discussions on the subject, in the Soviet Union from 1925 to 1931, and in the more universal debate after 1964. This goes against the usual interpretation of the first debate which maintains that its outcome was dictated by purely political considerations. I believe this to be wrong. The view that the twenties and thirties saw a militant and dogmatic Marxism encroaching upon all scholarly activities, resulting in an unflexible „Stalinist" orthodoxy, is no longer tenable. It is true that many non-party scholars were ousted in the late twenties, especially during the purge of the Academy of Sciences, but this was hardly what Stalin wanted. Rather it was the result of a grassroot movement among younger scholars trying to build up an uncompromising Marxist stance in all fields. It was precisely these endeavours that Stalin put an end to in the thirties when non-Marxist scholars were reinstated, leading in the field of history to the downfall of Pokrovskij and his school. It is thus unlikely that Stalin engineered the outcome of the debate on the AMP, but he accepted it, and the inclusion of the five-stage schema into his „Dialectical and Historical Materialism" made it impossible to question its validity.[6]

The discussions on the AMP touched on a sensitive political issue, the Comintern strategy in China. The reason why the Chinese communists were told to ally themselves with the Kuomintang was that it was regarded necessary to support the supposedly bourgeois, anti-feudal revolution. An interpretation of China as „Asiatic" might create doubts about the correct strategy, and accusations of Trotzkyism were routinely made against supporters of the Asiatic interpretation. The identification of the two views was false: Madjar was both pro-AMP and a supporter of Comintern's China strategy, while neither Radek nor Trotzky thought that China was „Asiatic". Indeed, the argument that China was Asiatic rather than feudal was first used, in a *Pravda* article in 1927,[7] *against* the opposition. The whole debate which ended with the Leningrad discussion in 1931 was slightly confused, but it is difficult to see any master-minding of the debate by Stalin or other leaders. Admittedly, debates in the USSR in those years were often enough conducted in „Aesopian" language, commenting on current political issues while apparently concerned with a purely scholarly subject. But one gets the impression that most of the discussions about the AMP did represent genuine attempts to establish a Marxist interpretation of Chinese history.

But if it did, why did the „feudal" interpretation triumph? Klaus Weissgerber has pointed to the theoretical weaknesses of the concept and the lack of empirical foundation, and without wishing to deny that non-scholarly considerations played their part I believe he is right. The „Asiatic" interpretation of Chinese society carried little conviction. The AMP, it was generally agreed, was characterized by 1) lack of private property in land, 2) autonomous, self-sufficient villages without internal class divisions, exploited by the state which, 3) provided the general conditions of production by organizing the irrigation. So if but one of these three elements was absent, it was possible for the „feudal" side to conclude that it could not be Asiatic and, therefore, had to be feudal. There were only these two Marxian labels available for China (the idea of a universal slave formation came only in the late thirties). To have interpreted China as a society *sui generis*, i. e. neither Asiatic nor feudal, would have required a mental leap which none of the debaters was able to make. Even Eugen Varga, the Hungarian-born Comintern economist, who had been one of the staunchest advocates of the AMP concept, and who survived to re-open the Soviet debate in 1964, could not escape these limitations. Reviewing Madjar's book on the agrarian economy of China, he admitted that he now believed China to be feudal rather than Asiatic, precisely on the strength of Madjar's own work: „Aus den sorgfältig und gewissenhaft gesammelten Angaben über die Pachtverhältnisse ist klar zu ersehen, daß vieles in der gegenwärtigen Situation in China den Bedingungen des mittelalterlichen Lebens in Europa ähnelt."[8]

III.

Exactly the same way of arguing can be observed in the post-1964 debate. True, the French sinologist Jean Chesneaux said that if the AMP had not existed Marxists would have had to invent it; the point is that they would not have dared to invent it without the textual authority from Marx. Very quickly, the AMP became the same kind of conceptual catchall that feudalism had been previously. The only societies Chesneaux could think of that required a new label were certain Polynesian societies and Mongol society before Djengis Khan. Similarly, the anthropologist Maurice Godelier introduced certain new „transitory" modes of production, the „classical" and the „German", both of which, however, are mentioned in *Grundrisse*. It seems not to have occurred to him that there could exist, say, specific „Chinese" and „Japanese" social formations, even if Marx never mentioned them.[9]

To my knowledge, only one serious suggestion of a genuinely „new" mode of production was made in the whole debate. The sinologist Günter Lewin (GDR) observed in 1965 that whereas ancient China, up to about 350 B. C., seemed to fit the description of the AMP, there emerged in the following period an entirely different social formation which he tentatively named „vorkapitalistische Gesellschaftsformation Chinas", and which in his view existed up to about 1850. He elaborated his ideas in a number of articles and in a book of the formative years of the Song dynasty. But the suggestion was not taken up, and at a conference on pre-capitalist societies in 1973, Lewin's attempt to add to the traditional social formations — now including the AMP, though it was renamed „altorientalische Klassengesellschaft" — was given short shrift. It was described as „rather revolutionary" (*recht umstürzlerisch*)[10] — not, it seems, a term of praise in the GDR.

The general view today among Soviet marxists seems to be that although no „supra-historical formula of the number [...] of social formations" exists, it is safest to stick to five or six, avoiding two alternatives: either fewer formations (e. g. a primary, secondary and tertiary formation, with capitalism included in the secondary) or a larger number which is supposed to lead to an „inflation" of the concept. Also, it is necessary to postulate a succession of social formations. As it was put at a Soviet conference in 1973, it is the idea

„von der Entstehung qualitativ unterschiedlicher sozialer Systeme, ihrer Entwicklung und ihrer gesetzmäßigen Ablösung durch eine vollkommenere ökonomische Gesellschaftsformation [...] (die) die Unvermeidbarkeit des Übergangs der Menschheit vom Kapitalismus zum Sozialismus theoretisch begründet."[11]

So, to be acceptable a formation must constitute a necessary stage of evolution without which mankind in general could not have developed historically. How is it possible to fit the AMP into this? In the GDR, where the AMP is today fully accepted and incorporated into works like the new *Weltgeschichte bis zur Herausbildung des Feudalismus*, the AMP or oriental class society is seen as the first class society. Next comes, as usual, slave society, but specifically restricted to Greece and Rome while in the rest of the world we have „Fortbestehen und Ausdehnung der altorientalischen Klassengesellschaft"; then we have, regardless of this difference, a universal trend towards feudalism (from about AD 500). True, in some parts of the world feudalism never emerged (America and Oceania), and in other parts it wasn't universal (Asia and Africa); still the *Weltgeschichte* sees this as one uniform process. No explanation is given of why Europe emerges as the first (and only spontaneous) capitalist society, or of the differences between the various „Oriental" societies. Under the present rules — textual authority plus *Gesetzmäßigkeit* — this is probably as far as it goes. What is needed to establish an adequate periodization is a change of the rules.[12]

IV.

Trying to find out what Marx and Engels actually said about pre-capitalist Asia is an exercise in intellectual history, legitimate to be sure but of limited interest. Nevertheless it has been a central issue in the debate, and must be confronted — if only to show that most interpretations in fact represent a retrogression, a less sophisticated view of world history than Marx' own.

First let me emphasize, at the risk of being accused of banalities, that the analysis of capitalism was at the centre of Marx' activity. The various remarks on pre-capitalist societies serve several purposes: showing that capitalism is neither natural nor eternal, but destined to succumb to another mode of production; illustrating phenomena in capitalism by contrasting them with pre-capitalism; or showing how „sprouts" of capitalism emerge in earlier formations. The remarks are found in drafts, letters — even, in the case of the Zasulich correspondence, drafts of letters(!) — newspaper articles, excerpts, and purely illustrative footnotes in *Capital.* They do not add up to a proper theory of pre-capitalist history, in Asia or elsewhere.

But Marx' and Engels' views on these subjects were, though not unchanging and certainly not without weaknesses and inner contradictions, on the whole more consistent than has often been assumed. There is no evidence that either Marx or Engels ever gave up their idea of an AMP, sketched out in letters and articles in 1853; and they most emphatically did not discard the notion upon reading Morgan's *Ancient Society* in the seventies.

In building up his concept of the AMP, Marx drew heavily on the traditional European interpretation of the Orient and „what were supposed to be its cardinal features, that is, its antiquity and resistance to change, the despotic nature of its governments and the absence of private property in land". It is not always realized how widespread these notions were when Marx wrote. He found them in Montesquieu, Adam Smith, Richard Jones, Hegel, and others, but the ideas had even reached the German *Gymnasium*, where Engels had to learn, in 1835, that India and China had no history![13]

Briefly, in the Asiatic societies irrigation, a necessary precondition for agriculture because of the climate, had to be organized by the state. Therefore it was the state bureaucracy which appropriated the surplus product from the peasants, who lived in economically self-sufficient villages where land was in common possession, and agriculture was combined with craftsmanship and rural industry. No division of labour, and consequently no class divisions, could come into being in these villages; so instead of class struggles, one finds only wars of conquest and peasant uprisings incapable of changing the social structure. The combination of crafts and cultivation prevented towns in the Western sense from emerging: cities in Asia were parasitic growths without an independent and dynamic bourgeoisie, and entirely dependent on the state. The dynamic element required to bring Asia out of its stagnation must be introduced from the outside, viz. by European capitalism.

Marx' picture of this society contained only one original element, and that of doubtful value. He thought, as Marian Sawer has pointed out, „that the state had attained its pre-eminence in Asiatic society because of the need for the central power to provide for the conditions of production such as irrigation and communication". In contrast, Richard Jones had maintained „that the interventionist role of the Asiatic state in agriculture derived from its controlling interest in agriculture, not vice versa".[14] Furthermore, in his later work on Asian societies Marx encountered two problems which forced him to modify the clear-cut distinction between European development and Asian stagnation.

First, it turned out that something like private property did exist in India — the only Asian country he had more than a superficial knowledge of. And secondly common property seemed to be a universal phenomenon which was not specific to India or Russia, but had existed also in the early history of the Romans, Germans, Celts etc. India was the only country where the phenomenon could still be studied, but the various forms of Roman and German property could be traced back to forms of Indian common property. This view which Marx formulated as early as 1859 was in fact confirmed by academic research in the next twenty-five years. A review article from 1884 concluded that „the *Feldgemeinschaft* [...] had spread to all parts of the world and probably constituted a general evolutionary stage in the history of mankind".[15]

But this meant, of course, that pre-capitalist society had not been that different in Europe and Asia; and in *Capital* we find Marx stressing that the union of agriculture and domestic industry, usually considered to be typical for Asia, was the necessary precondition for the mode of production based on natural economy „im europäischen Altertum und Mittelalter sowohl wie noch heutzutage in der indischen Gemeinde". It was precisely the split between agriculture and industry, enforced by capitalism, that was a novelty, considered by several Continental economists to be a „tollkühnes gesellschaftliches Wagstück [...] eine unbegreiflich riskierte Existenzweise".[16]

The idea that Marx and Engels gave up their notion of an AMP on reading Morgan has been surprisingly popular, both with those applauding and those deploring the decision. Unfortunately it is nothing but a myth, based on a careless reading of Engels' *Anti-Dühring* (1877/78) and *Ursprung der Familie, des Privateigentums und des Staats* (1884). In both books, Engels' assumption is that there have been two distinct processes of state formation: one where functionaries appointed by society to be in charge of certain common tasks (warfare, irrigation or whatever) become an autonomous stratum, exploiting the society instead of serving it, and another based on the emergence of two antagonistic classes, free men and slaves. The first process, the establishment of a „bureaucracy" or „aristocracy", is seen as universal, and to drive home this point Engels mentions as examples of servants turned masters „the oriental despot or satrap, the Greek head of a tribe, the Celtic clan chief." This stage still exists in the Orient; but in Europe, the evolution has gone further, through the slave stage to feudalism and capitalism. It is the latter, and that only, that is described in *Ursprung der Familie [...]* — in fact Engels himself regrets that reasons of space have compelled him to leave out Asia. The purpose of the book was to show, primarily, that family and marriage were just as „historical" phenomena as property relations and the state, and to document this, Engels drew partly on Morgan's studies of Iroquois society, partly on his own knowledge of ancient and medieval European history (Marx had been the Orient expert in their partnership). Nothing indicates that Engels thought of these books as in any sense a revision of what he and Marx had written earlier.[17]

Nor do Marx' so-called „ethnological excerpts" point to a change of view. In my view, they do not point anywhere at all. Seized upon with the same uncritical enthusiasm as was *Grundrisse*'s chapter on pre-capitalist social formations in the sixties, these excerpts in fact testify to little else than that Marx excerpted a lot — like all scholars in the pre-Xerox era. At the same time that he excerpted Morgan, Maine and other anthropologists, he also read and made notes from a popular history of the world (550 pages), and from a textbook on geology (330 pages)! But at least once in these excerpts, Marx states clearly that India can not be regarded as a „feudal" society — a passage which has created great difficulties for adherents to the orthodox five-stage periodization, even to the point where some of them have tried to maintain that Marx actually said the exact opposite![18]

V

„A science which hesitates to forget its founder is lost", a British scientist once said. It may seem a singularly inappropriate quote at a conference like this. But let me remind you that the conference is called, not „Marx and history", but „Marxism and history". And if we wish to produce serious Marxist studies of pre-capitalist history outside Europe, we would do well to pretend that Marx never wrote a word on the subject. Few if any of his insights in that field represented a major step forward from the bourgeois scholars he relied upon; even fewer will stand up to criticism today. To go on repeating the same clichés from the same few texts will not help us. (Nor, of course, will new clichés: one shudders to think what the new MEGA may turn up in way of hitherto unknown excerpts and jottings from Marx' hand).

Today, non-Marxist historians have a comfortable lead where the history of the Orient is concerned. The challenge of the 80's will be to narrow that lead. It can be done only if we stop repeating what Marx said, and start imitating what he did: analyze social formations, hitherto but imperfectly understood, on the basis of the most advanced contemporary knowledge.[19]

NOTES

1 J. Hicks, *A Theory of Economic History* (1969), 3—4.

2 Interview with Hobsbawm in *Radical History Review*, no. 19 (Winter 1979), 126.

3 J. Pecirka, „Von der asiatischen Produktionsweise zu einer marxistischen Analyse der frühen Klassengesellschaften", *Eirene* 6 (1967), 141.

4 Marx/Engels, *Werke* 23: 745 n. 192.

5 R. Kössler, *Dritte Internationale und Bauernrevolution* (1982), 191. F. Tökei, *Zur marxistischen Geschichtstheorie*, I—III (1977); cf. his recent contribution to *Journal of Contemporary Asia* 12 (1982).

6 J. Barber, „The Establishment of Intellectual Orthodoxy in the U. S. S. R. 1928—1934", *Past and Present*, no. 83 (May 1979); S. Fitzpatrick, ed., *Cultural Revolution in Russia 1928—1931* (1978).

7 M. Sawer, *Marxism and the Question of the Asiatic Mode of Production* (1977), ch. 2; Kössler (see note 5), 207 ff., 275.

8 K. Weissgerber, „Zwischen Urgesellschaft und Kapitalismus. Die sowjetischen Diskussionen über die vorkapitalistischen Gesellschaftsformationen, I. 1917—1941", *Ethnographisch-Archäologische Zeitschrift* 15 (1974), 655—690; quotation at p. 662 f.

9 *Sur le „mode de production asiatique"* (C. E. R. M., 2. ed. 1974); J. Chesneaux, *Du passé faisons table rase?* (1976).

10 G. Lewin, *Die ersten fünfzig Jahre der Song-Dynastie* (1973), where his essays are also reprinted. Criticism in E. Engelberg, „Probleme der gesetzmäßigen Abfolge der Gesellschaftsformationen", *Zeitschrift für Geschichtswissenschaft* 22 (1974).

11 W. Küttler, „Formationsanalyse in der Geschichtswissenschaft", in: L. Lambrecht (ed.), *Gesell-*

schaftsformationen in der Geschichte (1978), 87; cf. *EAZ* 15 (1974), 570. Bessonow & Simina, in: *Sowjetwissenschaft. Gesellschaftswissenschaftliche Beiträge* 5 (1974), 546. — See in general K. Weissgerber, „Zwischen Urgesellschaft und Kapitalismus ... II. 1945—1973", *EAZ* 16 (1975), 117—202 and K. Naumann, „Formationsgeschichte — Entwicklungszentren — Weltgeschichte", in: Lambrecht (1978), 7—34.

12 *Weltgeschichte bis zur Herausbildung des Feudalismus* (1977), 667 and passim. Cf. E. C. Welskopf, „Schauplatzwechsel und Pulsation des Fortschritts", in: E. Schulin, ed., *Universalgeschichte* (1974), and Yu. Semenov, „The theory of socio-economic formations and world history", in: E. Gellner, ed., *Soviet and Western Anthropology* (1980), 29—58.

13 R. Gunawardana, „The Analysis of Pre-Colonial Social Formations in Asia in the Writings of Karl Marx", *Indian Historical Review* 2 (1975/76), 367. Engels' history notes can be found in the new *MEGA*, Abt. IV, Bd. 1, 449—451.

14 M. Sawer (note 7), 39, 44.

15 H.-P. Harstick, ed., *Karl Marx über Formen vorkapitalistischer Produktion* (1977), xlvi.

16 Marx/Engels, *Werke* 25: 794 f.

17 H. Draper, *Karl Marx's Theory of Revolution: State and Bureaucracy* (1977), chs. 21—23 passim, and pp. 629—664, the best exegesis of what Marx and Engels said. Cf. also the texts in S. Avineri, ed., *Karl Marx on Colonialism and Modernization* (1969), and A. Bailey & J. Llobera, *The Asiatic Mode of Production: Science and Politics* (1981) for the later debate.

18 Harstick (note 15); L. Krader, ed., *The Ethnological Notebooks of Karl Marx* (1972), cf. the review in the journal *Saeculum* 26 (1975), 386—402, by E. Lucas, as well as that by M. Rubel in *Economies et sociétés* 7:10 (Oct. 1973), 1969—1970. — For one attempt to explain this statement away, see E. Werner, „Methoden und Möglichkeiten komparativer Mediävistik", *ZfG* 21 (1973), 543; for a correct reading see G. Lewin in *EAZ* 14 (1973), 186 f.

19 Pioneer attempts of this kind are Perry Anderson, *Passages from Antiquity to Feudalism* (1974) and *Lineages of the Absolutist State* (1974; with a good discussion of the AMP and Japanese feudalism); Immanuel Wallerstein, *The Modern World-System*, I—II (1974—80, to be completed in four volumes); and, on a slightly smaller scale, F. Moulder, *Japan, China and the Modern World-Economy* (1977). Unfortunately, works of this kind tend to be either ignored or perfunctorily dismissed by Soviet Marxists, and one suspects that a similar fate may befall such non-Marxist contributions as E. Boserup, *Population and Technology* (1981) and E. Jones, *The European Miracle: Economies, Environments and Geopolitics in Europe and Asia* (1981). Yet it could well be argued that these books have done more to advance the understanding of world history than has the entire „official" debate on pre-capitalist social formations.

Peter SIPOS (Ungarn)

EINIGE FRAGEN DER ENTWICKLUNG DER MARXISTISCHEN GESCHICHTSWISSENSCHAFT IN UNGARN

Im Zeitalter der kapitalistischen Gesellschaft hatte sich in Ungarn eine Geschichtsschreibung marxistischer Anschauung als wissenschaftliche Disziplin nicht entwickelt. Die der Arbeiterbewegung angehörende oder mit ihr sympathisierende Intelligenz setzte sich aus Pädagogen, Volkswirtschaftlern, Philosophen, Soziologen, Juristen, Ärzten, Schriftstellern und Publizisten zusammen — Berufshistoriker befanden sich unter ihnen nicht. Die Geschichtswissenschaft blieb gegenstandsmäßig stark beschränkt, indem die Politikgeschichte im Mittelpunkt ihres Interesses stand und man die Entwicklung der Wirtschaft und der Gesellschaft außer acht ließ.

Die revolutionäre Periode von 1918/19 war zu kurz zu einer Entfaltung marxistischer Geschichtsschreibung. Es wurden Konzepte zur Bearbeitung der ungarischen Geschichte im Zeichen des historischen Materialismus verfertigt, der Sieg der Gegenrevolution hat aber deren Durchführung verhindert.

Die herrschende Ideologie der sich zwischen August 1919 und Wende 1944/45 an der Macht befindenden konterrevolutionären Diktatur des Horthy-Systems, die sogenannte christlich-nationale Staatsidee, drängte den Marxismus, ja sogar den bürgerlichen Radikalismus und den Liberalismus in eine innere Emigration. Demgemäß räumte man der Geistesgeschichte einen hegemonialen Platz ein, während die positivistische und die marxistische Geschichtsauffassung gleichermaßen außer Betracht gesetzt und gebrandmarkt wurden. Der historische Materialismus wurde beschuldigt, die Rolle der geistigen Kräfte, die Bedeutung der Individualität völlig zu negieren, also eine nur mit einem einzigen Faktor rechnende Erklärung auf der Basis des „wirtschaftshistorischen Monismus" zu geben.[1]

Im Zeitraum des konterrevolutionären Systems nahm die politische und gesellschaftliche Rolle der offiziellen Geschichtsschreibung zu. Die die Wiederherstellung des historischen Ungarns, die Revision des Trianoner Friedensvertrages bezweckende Politik stützte sich in der Artikulierung ihrer Forderungen in bedeutendem Maße auf ein System historischer Argumente. So entstand zwischen der staatlichen Politik und der Geschichtsschreibung eine neuartige Wechselwirkung, ein Abhängigkeitsverhältnis.

Die Geschichtsschreibung wurde nicht zum Bestandteil der in der Literatur, in der Kunst und in mehreren Zweigen der Gesellschaftswissenschaft dauerhafte Werte schaffenden sozialistischen Gegenkultur. Die Arbeiterbewegung verfügte nämlich weder im Zeitraum des Dualismus noch nach 1919 über entsprechende materielle Mittel und qualifizierte Wissenschaftler zur Zustandebringung und Erhaltung von Forschungsplätzen sowie fachwissenschaftlichen Institutionen. Trotzdem wurden in sozialdemokratischen, bürgerlich radikalen und kommunistischen Zeitschriften, sowohl in Ungarn als auch in der Emigration, marxistische Studien zu historischen Themen publiziert. Fallweise kam es auch zur Publikation historischer Bücher und Broschüren. Die Verfasser dieser Werke waren keine Historiker, sondern Ideologen und Publizisten.

Die sozialistischen, sozialdemokratischen, kommunistischen Denker, Volkswirtschaftler, Journalisten haben Material bezüglich einzelner Perioden, Persönlichkeiten der nationalen Geschichte vor allem mit der Zielsetzung bearbeitet, die Tätigkeit der Arbeiterbewegung in der Entwicklung der ungarischen Gesellschaft festzulegen, für die sozialistischen Kräfte und die Arbeiterklasse eine autonome, fortschrittliche und revolutionäre Überlieferungslinie zu schaffen und die Ziele und Aufgaben unter Berücksichtigung des so gewonnenen historischen Hintergrundes zu formulieren. Am Ende der Dreißigerjahre ist die Klärung der Art und der treibenden Kräfte der voraussichtlichen revolutionären Wandlungen aktuell geworden. Im Laufe dieser Arbeit, in der József Révai, der leitende Ideologe der KMP (der Ungarischen Partei der Kommunisten) eine führende Rolle hatte, kam es zur marxistischen Neubewertung des Reformzeitalters [des ungarischen Vormärz], der Revolution und des Freiheitskampfes von 1848/49, sowie des dem Ausgleich von 1867 folgenden halben Jahrhunderts.

Über einige Fragen der internen Geschichte der Arbeiterbewegung schrieben den Gewerkschaften und der Sozialdemokratischen Partei angehörende Journalisten, Funktionäre, mit traditionschaffender und lehrender Absicht. Diese Werke haben besonders über die Frühphase der sozialistischen Organisation sowie über die Geschichte der Vereine, der Wirtschaftskämpfe der einzelnen Berufe wertvolles Material bewahrt.

Seit der Wende 1944/45 haben die revolutionären politischen und gesellschaftlichen Wandlungen neue Verhältnisse für die Entwicklung der marxistischen Geschichtsschreibung geschaffen. Der Ursprung der marxistischen Fachgeschichtsschreibung wurde jedoch durch die folgenden traditionellen Faktoren beeinflußt: 1. Fachwissenschaft und Marxismus stehen einander fremd gegenüber; 2. enge Beziehung zwischen Geschichtsschreibung und Politik; 3. bedeutende Rolle des historischen Zuges in der allgemeinen Denkweise; 4. in der Geschichtsbetrachtung der Kommunisten erhielt das Reformzeitalter und 1848, deren Bewertung von marxistischem Standpunkt aus als gelöst betrachtet wurde, schon vor der Befreiung eine zentrale Rolle.

Auf der Tätigkeit der Ungarischen Kommunistischen Partei [MKP] lastete nach 1945, daß sie, aus der Illegalität kommend, sich erst nun öffentlich den Verleumdungen der letzten 25 Jahre widersetzen konnte.

Die Leitung der MKP stellte deshalb den Beweis des patriotischen und nationalen Charakters der Partei in den Vordergrund. Im Laufe der Argumentation nützte sie die obenerwähnten traditionellen Momente der historischen Motive sowie die hervorragende Rolle der 48er Überlieferungen in der Wertordnung des allgemeinen Denkens. Aufgrund all dessen schien es offensichtlich, daß für die Kommunisten die Übernahme der Erbschaft des 1848/49er Freiheitskampfes, der bürgerlichen Revolution und deren Leiters, Lajos Kossuth (liberaler, kleinadliger Politiker) die Legitimation zur Lenkung des Schicksals der Nation erteilen konnte.[2] Die zur Feier des Zentenariums des Freiheitskampfes zusammengestellten Thesen betonten, daß die Revolution von 1848 die Vorläuferin der ungarischen Volksdemokratie sei, deren Werk die ungarische Volksdemokratie fortsetzt und vervollkommnet. In den Mittelpunkt der Ehrung soll die Rolle und die Gestalt von Kossuth gestellt werden. Die Fehler von 1848 soll man „mit Pietät und mit historischer Maßhaltung“ kritisieren.[3]

Die revolutionäre sozialistische Tradition, besonders die Räterepublik, blieb also nicht nur deshalb aus der historischen Argumentation der MKP ausgeklammert, weil der Führer der ungarischen Kommune, Béla Kun, dem konzeptionellen Prozesse zum Opfer fiel, sondern auch deswegen, weil die Betonung der Traditionen von 1918/1919 den Beweis des patriotischen und nationalen Charakters der Partei behindern konnte. Wie dies ein leitender Ideologe festgestellt hatte: Durch die Kritik der Aktionen von 1918/19 besannen sich die Kommunisten der Jahre 1848/49, in deren Neubewertung sie den Weg gesucht und gefunden haben, welcher zum Verständnis der Aufgaben der ungarischen Arbeiterschaft führte.

Die Konzentration auf 1848 wurde auch dadurch gefördert, daß auf diesem Gebiet das Fehlen der marxistischen Fachgeschichtsschreibung keinen hindernden Faktor darstellte. Die bürgerlichen Geschichtsforscher hatten ja beträchtliches Tatsachenmaterial erschlossen, welches sich zur Deduktion und zum Beweis der präkonzipierten Lehrsätze als genügend erwies. Die oberflächlichen, politisch inspirierten Bewertungen haben sich verknöchert und wurden für die sich entfaltende marxistische Geschichtswissenschaft zu obligatorisch übernehmbaren Lehrsätzen.

Ab 1948 sicherte der Sieg der sozialistischen Revolution die Hegemonie des Marxismus im wissenschaftlichen Leben, so auch in der Geschichtsschreibung.

Es entstanden neue Institutionen, Werkstätten mit der Aufgabe, die ungarische Geschichte auf der Basis des Marxismus-Leninismus, sich auf weitläufige neue Forschungen gründend, neu zu bearbeiten. Zur Diskussion stand also nicht nur die Umwertung des von den bürgerlichen Geschichtsforschern erschlossenen Materials, sondern auch die Ausarbeitung — aufgrund einer bisher nicht verrichteten Quellenerschließung — jener Themenkreise, welche die bürgerliche Geschichtsschreibung als sekundär oder als völlig irrelevant betrachtet hatte (so die Wirtschafts- und Gesellschaftsgeschichte, die Arbeiter- und Bauernbewegungen), ferner die Ausweitung der zeitlichen Grenzen der Forschung auf die neueste Zeit, auch auf die Pflege der Zeitgeschichte.

Die Anweisungen der die Lenkung der Geschichtswissenschaft innehabenden Ideologen von 1948/49 enthielten grundlegend richtige marxistische Prinzipien. Es ist beachtenswert, daß die maßgeblichen Darlegungen die Hauptbezüge der Geschichtsanschauung von Marx und Engels, ferner die sich auf die Geschichtsschreibung beziehenden Gedanken von Lenin erörterten, sich jedoch auf die philosophischen Werke von Stalin, so auf das Kapitel „Dialektischer und historischer Materialismus" in der durch ihn verfaßten Parteigeschichte nicht beriefen.

Es bedeutete eine begründete Zielsetzung, die ungarische Geschichte vom Standpunkt der Arbeiterklasse aus neuzuschreiben im Geiste des Sozialismus, der Demokratie, der Freundschaft der Völker, auf der Basis der geschichtlichen Wahrheit, der Achtung der Fakten — wie dies die maßgeblichen Dokumente betonten. Die neue Anschauung verkündete den Bruch mit dem Provinzialismus und stellte anstatt des Gesichtspunktes des „ungarischen Globus" die mit der Geschichte der Nachbarvölker und der Weltgeschichte bestehenden und zu erforschenden Beziehungen und Zusammenhänge in den Vordergrund.

Die Festlegung der Konturen der wahrheiterschließenden und bewußtseingestaltenden Funktionen der Geschichtswissenschaft entsprach den im strengsten Sinne aufgefaßten beruflichen Anforderungen sowie den Gesichtspunkten der Wissenschaftlichkeit. Gewiß wäre die Beweisführung der Überlegenheit des Marxismus noch wirksamer, überzeugender gewesen, wenn sich die Verdrängung der Prinzipien und Methoden der bürgerlichen Geschichtsschreibung nicht mit administrativen Mitteln, sondern in prinzipiellen Diskussionen vollzogen hätte und die Ablehnung der bürgerlichen Anschauung sich nicht in einer Brandmarkung mit Attributen wie „feudal-klerikal" oder „imperialistisch-kosmopolitisch" erschöpft hätte, sondern es zu ihrer Widerlegung mit wissenschaftlicher Begründung gekommen wäre.

Freilich existierte die marxistische Geschichtsschreibung nicht isoliert, sondern in einem politisch-gesellschaftlichen Milieu, dessen geistiges Leben seit der zweiten Hälfte von 1949 vom Dogmatismus, vom „linksgerichteten" Sektierertum beherrscht war.

Seit dieser Zeit bedeutete der Marxismus während mehrerer Jahre keine Anschauung, sondern er wurde mit dem obligatorischen Zitieren der Klassiker bzw. dann mehr und mehr Stalins identisch. Sogar die Äußerungen der Leiter der kommunistischen Partei über einige historische Persönlichkeiten und Ereignisse mußten als ständig zu zitierende Richtungsweisungen betrachtet werden. „Die Geschichtswissenschaft", können wir in einem zeitgenössischen Artikel lesen, „kann nicht nur in den allgemeinen Fragen der Theorie, sondern auch in ihren eigenen Fachfragen von den Klassikern des Marxismus-Leninismus und den Leitern unserer Partei das meiste lernen."[4] Diese Auffassung kommt noch prägnanter in der Behauptung zum Ausdruck, daß die Leiter der Partei „durch ihre richtungsweisenden Äußerungen und Bemerkungen die entscheidenden Wendungen der ungarischen Geschichte beleuchtet haben."[5]

Am Anfang der Fünfzigerjahre gestaltete sich auch das Verhältnis zur sowjetischen Geschichtswissenschaft ungünstig. Es war zweifellos begründet, daß die ideologische Leitung auf das Studium der vor 1945 beinahe unzugänglich gewesenen sowjetischen historischen Werke aufmerksam machte. Die ebenfalls durch den Personenkult beeinflußte Methode der sowjetischen Historiker wurde dagegen zur verbindlichen Norm, ihre Ansichten erstarrten ebenfalls in einigen konkreten Fragen zu dogmatischen Lehrsätzen.

Die Beziehung zwischen der Theorie und dem historischen Material verzerrte sich. Die Theorie diente nicht der Durchleuchtung, der Deutung der aufgrund der Quellen freigelegten Fakten, sondern die Aufgabe der Historiker bestand im Nachweis solcher Fakten, und wenn auch den Quellen Gewalt antuend, die die Thesen und Präkonzeptionen bestätigen sollten.

Aber die Aufgabe der Geschichtsschreibung bestand nicht nur in der Bestätigung der prinzipiellen Konstruktionen, sondern auch im unmittelbaren Dienst an der Tagungspolitik, in der direkten Apologetik und im Historisieren. In der Formulierung einer der leitenden ideologischen Persönlichkeiten: „Die historischen Fragen müssen immer vom politischen Standpunkt der Partei, vom Standpunkt ihrer Aufgaben her aufgeworfen und gestellt werden."[6]

Die Geschichtsschreibung wurde in ihrer Themenwahl und ebenso in der Bearbeitung der einzelnen Fragen durch all diese Verzerrungen auf eine Zwangbahn gelenkt. Als Folge der teleologischen Auffassung der Bedeutung der Geschichte konzentrierte sich die Forschung auf die Untersuchung solcher Themen, die zur Rechtfertigung der Wirtschaftspolitik, die die in außerordentlich raschem Tempo durchgeführte Industrialisierung als zentrales Ziel betrachtete, geeignet schienen. Der Apologetik des Voluntarismus diente aber jene Theorie, die die Freilegung des objektiven Verlaufes der Wirtschaftsentwicklung als Ökonomismus bezeichnete, weil, wie man sagte, „der Klassenkampf, der Kampf der reaktionären und der fortschrittlichen Kräfte, der unterdrückenden und der unterdrückten Klassen, in der Geschichte der Klassengesellschaften der organische Teil, die Triebkraft der Entwicklung der Produktivkräfte, der Veränderung der Produktionsverhältnisse sei."[7]

Eine Wissenschaftspolitik solcher Anschauung sicherte das unveränderte Primat der Politikgeschichte, die Vernachlässigung der Wirtschafts- und Gesellschaftsgeschichte. In der Politikgeschichte standen die gegen die Habsburger geführten Unabhängigkeitskämpfe im Vordergrund. Die Ursache dessen war die Ansicht, daß es in absehbarer Zeit zu einem neuen Weltkrieg kommen kann und die Traditionen der Unabhängigkeitskämpfe im Kampf gegen die Imperialisten als Kraftquelle und Lehre dienen können. Das alles weist zugleich auf die einflächige Auslegung der bewußtseinformenden Rolle der Geschichte hin, wonach die Geschichte eine zusammenhängende Menge von Beispielen, Analogien sei, aus der man die vom Standpunkt der Volkserziehung her als positiv bezeichneten Traditionen heraus„picken" kann und die retrograden Momente der Geschichte in den Schleier der Vergessenheit gehüllt werden können. So konstruierten sich in der Wirklichkeit nichtvorhandene positive Linien, auf diese Weise wird es verständlich, daß über die gegenrevolutionäre Diktatur der Jahre zwischen 1919—1944 nur einige pamphletartige Schriften in den Fünfzigerjahren erschienen, während die Geschichte der extrem rechts gerichteten, faschistischen Bewegungen völlig unerforscht blieb.

Die Zielsetzung, welche die wirklichkeitstreue Rekonstruktion der Lage und der Bewegungen der werktätigen Klassen als eine wichtige Aufgabe der Geschichtsschreibung bezeichnet hat, realisierte sich auf eine ungleiche Weise. Die Analyse der Lebensverhältnisse der Arbeiterschaft und des Bauerntums wurde aber durch solche — bis auf den heutigen Tag lebendige — Stereotypien ersetzt, daß „ihre Lage sich fortwährend verschlechterte", „die Ausbeutung stets zunahm".

Die Schilderung der Entwicklung des revolutionären Flügels der Arbeiterbewegung wurde dadurch gehemmt, daß — wie wir darauf schon hingewiesen haben — viele seiner Führer den konzeptionellen Prozessen zum Opfer fielen. Die Gestaltung des historischen Bildes der sozialdemokratischen Partei und der Gewerkschaftsbewegung wurde wiederum durch die bekannte Theorie des „Sozialfaschismus" verhindert. Einer der Führer der MDP erörterte 1952, wie wichtig es sei, die verräterische Haltung der Sozialdemokratie in den meist verschärften historischen Etappen des Klassenkampfes zu demonstrieren: zwischen 1914—18 waren sie die Agenten des Imperialismus, dann die Meuchelmörder der Proletarierrevolution, die Hilfstruppen des weißen Terrors von Horthy, nach 1945 die getarnten Verbündeten der Reaktion.[8] Die Aufgabe der Geschichtsschreibung der Arbeiterbewegung war dabei, diese Anschauung mit Fakten zu bezeugen.

Aufgrund all dessen kann man kaum darüber staunen, daß — welches Gebiet der Geschichtsschreibung wir auch immer betrachten — Ende der Vierzigerjahre, Anfang der Fünfzigerjahre keine bleibenden Resultate enthaltenden Werke enstanden. Die in dieser Zeit publizierten Monographien, Studien, Artikel sind aber aus historiographischer Hinsicht doch bedeutend — sie beweisen die Sorgen der Anfangsphase des Verschmelzens des Marxismus und der Fachgeschichtsschreibung, die „Kinderkrankheiten" der ungarischen marxistischen Geschichtswissenschaft.

So wie die in der Geschichtsschreibung beobachtbaren Probleme mit den Verzerrungen der Politik der kommunistischen Partei in engem Zusammenhang standen, förderte ebenso der seit 1953 sich entfaltende, zur Überwindung des Personenkults und des Dogmatismus führende politische Vorgang die Erneuerung der marxistischen Geschichtsschreibung.

Das Innenleben der Geschichtswissenschaft wurde von 1953 bis zum Anfang der Sechzigerjahre in erster Linie durch die Diskussion gekennzeichnet. In diesen Polemiken wurde nicht die Stellung der Grundprinzipien der marxistischen Geschichtsanschauung in Frage gestellt, und man hat die Anwendbarkeit des historischen Materialismus auf die ungarische geschichtliche Entwicklung nicht bezweifelt. Auch dies ist ein Beweis dafür, daß nicht irgendwelche konjunkturelle Anpassung, sondern die Überzeugung die Akzeptierung des Marxismus seitens der überwiegenden Mehrheit der Historiker angeregt hatte. Die Historiker wandten sich aber desto entschiedener gegen die Anforderung und Praxis der vulgären, schematischen Anwendung des Marxismus. Es klärte sich stufenweise, daß die marxistische Geschichtsanschauung und die im strengsten Sinne genommenen Facherfordernisse in der Quellenerschließung, der Quellenkritik und der Rekonstruktion der Vergangenheit sich gegenseitig bedingen und gemeinsam die wahrheitsgemäße Bearbeitung der ungarischen Geschichte ergeben können.

In den letzten zwei Jahrzehnten hat die ungarische Geschichtswissenschaft bedeutende, dauerhafte und auch international anerkannte Erfolge erzielt.

Die folgenden Hauptzüge kennzeichnen in unseren Tagen das historische Denken:

— die einheitliche Betrachtung der wirtschaftlichen, gesellschaftlichen, politischen, geistigen Erscheinungen, die komplexere Erschließung ihrer wechselseitigen Wirkungsmechanismen;

— der Drang nach der Erkenntnis der sich in die Länge ziehenden Vorgänge;

— die Interdisziplinarität, besonders die Anwendung der Gesichtspunkte der Soziologie;

— die europäische und die regionale Betrachtungsweise, von der die Art der Konzeptionen der bürgerlichen Geschichtsschreibung betreffend auch die nationale Frage abgelehnt wird;

— die Anerkennung, daß die marxistische Geschichtsschreibung in den verschiedenen Problemenkreisen auch mehrerlei Standpunkte herausbilden kann;

— das Fehlen in Fachfragen jegliches „schiedsgerichtlichen" Forums, offiziellen „ärarischen" Standpunktes;

— der Drang nach der Bearbeitung der früher als Tabu betrachteten Problemkreise;

so zeigt sich ein bedeutender Fortschritt in der Wirtschaftsgeschichte der Zeit nach 1945 und in der Erörterung der innen- und außenpolitischen Fragen der sich bis 1948 erstreckenden Periode.

ANMERKUNGEN

1 A magyar történetirás uj utjai, Bp. 1932, 21 f.
2 Társadalmi Szemle, 1946, 7, 508.
3 Párttörténeti Intézet Archivuma 274, 21/71.
4 Társadalmi Szemle, 1952, 1, 55.
5 a. a. O., 56.
6 MDP Központi Elöadói Iroda Történelmi Munkaközösség vitájának jegyzökönyve, Bp. 1950, 74.
7 a. a. O.
8 MDP Központi vezetösége 1952, jun., 27—28. ülésének jegyzöjönyve. 25.

Frank DEPPE (BRD)

MARXISMUS UND GESCHICHTE DER ARBEITERBEWEGUNG (Thesen)[1]

1.

„Wir kennen nur eine einzige Wissenschaft, die Wissenschaft der Geschichte.“ Mit dieser programmatischen Aussage eröffnen Marx und Engels die Auseinandersetzung mit der spekulativen Philosophie.[2] Die „wirkliche, positive Wissenschaft“ beginnt mit der „Darstellung der praktischen Betätigung, des praktischen Entwicklungsprozesses der Menschen“. Die materialistische Geschichtsauffassung will die Gesellschaft in ihrem eigenen Struktur- und Entwicklungszusammenhang begreifen. Ihr Gegenstand ist die bürgerlich-kapitalistische Gesellschaft. Von der „rationalen Gestalt“ der Hegel'schen Dialektik sagt Marx im Nachwort zur zweiten Auflage des „Kapital“: „Sie schließt in dem positiven Verständnis des Bestehenden zugleich auch das Verständnis seiner Negation, seines notwendigen Untergangs ein; (sie faßt) jede gewordene Form im Flusse der Bewegung, also auch nach ihrer vergänglichen Seite auf“.[3] Das „ökonomische Bewegungsgesetz der modernen Gesellschaft“[4] liefert — so Marx — den Schlüssel zum Verständnis der historischen Herausbildung und Verallgemeinerung der bürgerlichen Gesellschaft als auch ihrer geschichtlichen Entwicklungswidersprüche, die den Kapitalismus als zu überwindende, als historisch aufhebbare Gesellschaftsformation erkennen lassen. Diese konkrete Analyse hält Marx auch in dem bekannten Kapitel „Epochen ökonomischer Gesellschaftsformation“ in den „Grundrissen“ (S. 375 ff.) durch; denn hier behandelt er die Auflösung des „naturwüchsigen Gemeinwesens“, der „natürlichen Einheit der Arbeit mit ihren sachlichen Voraussetzungen“, als den historischen Prozeß der Konstitution des Kapitalverhältnisses, der entwickeltsten Form des Privateigentums. Nicht diese Einheit „bedarf der Erklärung oder ist Resultat eines historischen Prozesses, sondern die Trennung zwischen diesen unorganischen Bedingungen des menschlichen Daseins und diesem tätigen Dasein, wie sie vollständig erst gesetzt ist im Verhältnis von Lohnarbeit und Kapital“. (a. a. O., S. 389) Marx verwarf also den „Universalschlüssel einer allgemeinen geschichtsphilosophischen Theorie, deren größter Vorzug darin besteht, übergeschichtlich zu sein“.[5]

2.

Die Geschichte der Arbeiterbewegung vollzieht sich jedoch nicht nach Maßgabe eines „Naturgesetzes". Marx wußte wohl, daß die Vergesellschaftungsstrukturen und Entwicklungsgesetze, die er auf der Ebene der Gesellschaftsformation analysierte, „in letzter Instanz" die geschichtlichen Handlungsbedingungen und -möglichkeiten der Menschen, deren Willensverhältnisse und Bewußtseinsformen determinieren, daß aber — wie Engels in der „Heiligen Familie" schrieb: „Die Geschichte nichts tut [...] es ist nicht etwa die Geschichte, die Menschen zum Mittel braucht, um ihre — als ob sie eine aparte Person wäre — Zwecke durchzuarbeiten, sondern sie ist nichts als die Tätigkeit des seine Zwecke verfolgenden Menschen".[6] Die Kritik des „alten", mechanischen Materialismus, mit der Marx die „Feuerbachthesen" einleitet, rückt die materiell-gesellschaftliche Praxis (Arbeit) und die politische Praxis (Revolution) ins Zentrum der Theorie. Der Klassenkampf ist ebenso wenig wie die sozialistische Theorie, die er hervorbringt, Produkt einer wissenschaftlichen „Entdeckung", sondern die politische Form, zu der sich das Verhältnis von Lohnarbeit und Kapital gestaltet, die Form, in der der objektive Klassenantagonismus der kapitalistischen Gesellschaft ausgetragen wird. Indem die Arbeiterklasse sich organisiert, sich Wissen über den historischen Charakter des Kapitalismus aneignet und beginnt, ihre Interessen als „Klasseninteressen" zu verteidigen, „konstituiert sie sich als Klasse für sich selbst";[7] sie wird zum bewußten Subjekt geschichtlicher Praxis. Die wissenschaftliche Erkenntnis der inneren Entwicklungswidersprüche des Kapitalismus verbindet sich mit dem Kampf einer „Klasse, deren geschichtlicher Beruf die Umwälzung der kapitalistischen Produktionsweise und die schließliche Abschaffung der Klassen ist — das Proletariat" — so Marx 1873 im Nachwort zur zweiten Auflage des Kapital.[8]

3.

Der Zusammenhang zwischen Marxismus und Arbeiterbewegung scheint — aus der Perspektive der Konstitution der modernen Arbeiterklasse und -bewegung — evident; denn die Theorie von Marx und Engels konzipiert die Einheit von Welt-Interpretation und Welt-Veränderung als Historisierung, Vergesellschaftung und als politisch-praktischer Vergegenständlichung des wissenschaftlichen Denkens. Sie ist „bewußtes Erzeugnis der historischen Bewegung".[9] Im „Manifest" schreiben Marx und Engels: „Die theoretischen Sätze der Kommunisten beruhen keineswegs auf Ideen, aus Prinzipien, die von diesem oder jenen Weltverbesserer erfunden oder entdeckt sind. Sie sind nur allgemeine Ausdrücke tatsächlicher Verhältnisse eines existierenden Klassenkampfes, einer unter unseren Augen vor sich gehenden geschichtlichen Bewegung".[10]

4.

Marx und Engels haben keine Geschichte der Arbeiterbewegung ihrer Zeit verfaßt. Gleichwohl bildet ihr Werk bis heute eine — auch für die sozialgeschichtlich-empirische Forschung — unverzichtbare Quelle zum Studium der Entwicklung des Kapitalismus, der Klassenverhältnisse, der Entwicklung der nationalen Arbeiterbewegungen sowie der Strategien der herrschenden Klassen und der Entwicklung verschiedener Typen des bürgerlichen Staats ihrer Zeit. Ihre sog. „politischen Schriften" — bei Marx vor allem die „Frankreich-Schriften", bei Engels besonders die Arbeiten über die englische und die deutsche Arbeiterbewegung — vermitteln immer auch Einsichten in den Zusammenhang zwischen der historischen Entwicklung des Kapitalverhältnisses und den Bedingungen der Klassenkämpfe.

Im „Kapital" hat Marx am Beispiel der englischen Entwicklung die geschichtliche Konstitution der Arbeiterklasse im Prozeß der „sog. ursprünglichen Akkumulation" (24. Kapitel), den Zusammenhang von Produktivkraftentwicklung und Arbeitsteilung und Qualifikation der Arbeitskraft (12. und 13., Kapitel), den Kampf um den Arbeitstag (8. Kapitel) und schließlich die innere Struktur der Arbeiterklasse als „abhängige Variable" vom „allgemeinen Gesetz der kapitalistischen Akkumulation" (23. Kapitel) historisch aufgearbeitet und illustriert. Aber diese Darstellung folgt nicht der äußerlichen Logik des historischen Prozesses — und insofern kann das „Kapital" nicht als Analyse der Geschichte des englischen Kapitalismus gelten. Die Darstellung folgt hingegen der inneren Logik des „Geheimnisses" der „Profitmacherei", der Produktion, Aneignung und Akkumulation des Mehrwerts.

In ihren früheren Schriften haben Marx und Engels gelegentlich — zum ersten Mal im Kapitel „Arbeiterbewegungen" in Engels' „Lage der arbeitenden Klasse in England",[11] dann erneut im „Manifest"[12] — verschiedene Entwicklungsstufen im Konstitutionsprozeß der Klasse für sich, im Übergang von der „elementaren" zur organisiert und bewußt handelnden Arbeiterbewegung, behandelt. Die tatsächliche historische Entwicklung nach 1848 — zumal in England — hatte sie freilich belehrt, daß es keine objektive Gesetzmäßigkeit des linearen Aufstiegs von der elementaren zur bewußt handelnden Arbeiterbewegung, von der gewerkschaftlichen zur politischen Organisation, vom defensiven zum revolutionären Kampf gibt. Engels hat später die Irrtümer eingestanden, die ihm und Marx in der Bewertung der revolutionären Möglichkeiten des Jahres 1848 unterlaufen sind[13] und er hat zahlreiche politische Prophezeiungen aus der „Lage der arbeitenden Klasse", die nicht eingetroffen sind, seiner damaligen „jugendlichen Hitze" zugeschrieben.[14] „Die Geschichte hat uns klar gemacht, daß der Stand der ökonomischen Entwicklung auf dem Kontinent damals noch bei weitem nicht reif war für die Beseitigung der kapitalistischen Produktion."[15]

5.

Was kann der Historiker der Arbeiterbewegung vom Marxismus lernen? Bislang wurde deutlich, daß für Marx und Engels die konkret historische Forschung in einem doppelten Beziehungszusammenhang steht: 1. im Kontext der formationstheoretischen Bestimmung des historischen Charakters der bürgerlich-kapitalistischen Gesellschaft; 2. im Kontext der wirklichen Klassenbewegung und -organisation; denn Marx und Engels nahmen Partei, indem sie wissenschaftlich und politisch für die revolutionäre Arbeiterbewegung wirkten.

Gleichwohl wußten sie um die Gefahr der Dogmatisierung und Verflachung des wissenschaftlichen Sozialismus, die sich aus der Spannung zwischen der marxistischen Gesellschafts- und Geschichtstheorie — und ihrem Bezug auf die objektiven Vergesellschaftungsprozesse sowie auf die geschichtlichen Entwicklungstendenzen des Kapitalismus — und den Aufgaben der konkret historischen und politischen Analyse ergeben mußte. Engels hat namentlich in seinem Alterswerk die Warnung ausgesprochen, „daß die materialistische Methode in ihr Gegenteil umschlägt, wenn sie nicht als Leitfaden beim historischen Studium behandelt wird, sondern als fertige Schablone, wonach man sich die historischen Tatsachen zurechtschneidet“. [16]

Im dritten Band des „Kapital“ findet sich eine bekannte Passage, in der Marx „die spezifische ökonomische Form, in der unbezahlte Mehrarbeit aus den unmittelbaren Produzenten ausgepumpt wird“, als das „innerste Geheimnis, die verborgene Grundlage der ganzen gesellschaftlichen Konstruktion und daher auch der politischen Form des Souveränitäts- und Abhängigkeitsverhältnisses ...“ charakterisiert. Seine anschließende Bemerkung ist freilich für die sozialwissenschaftliche und historische Forschung von besonderer Bedeutung: „Dies hindert nicht, daß dieselbe ökonomische Basis [...] durch zahllose verschiedene empirische Umstände, Naturbedingungen, Racenverhältnisse, von außen wirkende geschichtliche Einflüsse usw., unendliche Variationen und Abstufungen in der Erscheinung zeigen kann, die nur durch Analyse dieser empirisch gegebenen Umstände zu begreifen sind“.[17]

Während hier von Marx ein umfangreiches Arbeitsprogramm für die individualisierende geschichts- und sozialwissenschaftliche Erkenntnis skizziert wird, hat Engels in seiner „Feuerbach“-Schrift sowie in zahlreichen Altersbriefen die Komplexität der geschichtlichen Prozesse — und damit auch der historischen Forschung — bewußt betont, um jene Kritik abzuwehren, die den historischen Materialismus auf einen mechanistischen und ökonomistischen Determinismus reduziert. „Die Menschen machen ihre Geschichte, wie diese auch immer ausfalle, indem jeder seine eigenen, bewußt gewollten Zwecke verfolgt, und die Resultate dieser vielen in verschiedenen Richtungen agierenden Willen und ihrer mannigfachen Einwirkung auf die Außenwelt ist eben die Geschichte".[18] Engels konzediert, daß er und Marx bei der Konzentration auf die „ökonomischen Grundtatsachen" die „formelle gegenüber der inhaltlichen Seite vernachlässigt" habe;[19] das heißt: es bleibt eine wesentliche Aufgabe der wissenschaftlichen Analyse, die konkreten Vermittlungsformen von ökonomischer Basis und politischen, rechtlichen und kulturellen „Überbauelementen" zu bestimmen, deren Wechselwirkung und auch relative Eigenständigkeit, d. h. auch deren „historische Wirksamkeit" zu verfolgen.[20]

In diesem Zusammenhang qualifiziert Engels den „18. Brumaire des L. Bonaparte" als ein „ganz ausgezeichnetes Beispiel" der „Anwendung" der Theorie von Marx.[21] Marx verfolgt hier die einzelnen Phasen des politischen Prozesses, die Kräftekonstellationen, Parteien, Fraktionen und die Rolle der politischen Persönlichkeiten bis ins Detail. Gleichwohl zeigt er, wie — angesichts dieses „bunten Gemisch[s] schreiender Widersprüche" — allerdings „vor einer näheren Betrachtung der Situation und der Parteien [...] dieser oberflächliche Schein [verschwindet], der den Klassenkampf und die eigentümliche Physiognomie dieser Periode verschleiert". Nachdem er den Zusammenhang von Klassenverhältnissen und „Überbau"-Formen auch für die politischen Verhältnisse konstatiert, fügt er hinzu: „Und wie man im Privatleben unterscheidet zwischen dem, was ein Mensch von sich meint und sagt, und dem, was er wirklich ist und tut, so muß man noch mehr in geschichtlichen Kämpfen die Phrasen und Einbildungen der Parteien von ihrem wirklichen Organismus und ihren wirklichen Interessen, ihre Vorstellung von der Realität unterscheiden".[22]

6.

Engels verdanken wir einen weiteren, wichtigen Hinweis auf das Verhältnis von wirklicher, sozialer Bewegung und Theorie, der auch für die Arbeit des marxistischen Historikers nicht übersehen werden sollte. In einem Brief an Paul Lafargue schreibt er: „Diejenigen, die mehr oder weniger die korrekte Theorie im Hinblick auf ihre dogmatische Seite besitzen, (werden) zur Sekte [...], weil sie diese lebendige Theorie der Aktion, die Arbeit mit der Arbeiterklasse in jedem möglichen Stadium ihrer Entwicklung nur begreifen können als eine Sammlung von Dogmen, die auswendig zu lernen und aufzusagen sind, wie eine Beschwörungsformel oder ein katholisches Gebet. Deshalb geht die wirkliche Bewegung außerhalb der Sekte weiter und wendet sich mehr und mehr von ihr ab".[23] Diese Bestimmung des Marxismus als „lebendige Theorie der Aktion" schließt die Entwicklung der Theorie und der konkret-historischen Analyse in die Dynamik der Klassenbewegung ein, und sie richtet die Aufmerksamkeit des Historikers auf den Sachverhalt, daß die Geschichte der Arbeiterbewegung nicht in der Rekonstruktion ihrer Organisationsentwicklung sowie ihres jeweils vorherrschenden, strategischen Selbstverständnisses aufgeht, sondern daß die wirklichen sozialen und politischen Bewegungungen in der Arbeiterklasse einen wesentlichen Bereich auch der historischen Forschung darstellen.

Diese Bestimmung schließt zugleich das Programm der kritischen Erneuerung, der kritischen Assimilation der Theorie an die historisch je konkreten Bedingungen der Entwicklung der kapitalistischen Gesellschaft und der Klassenauseinandersetzungen ein — freilich unter der Voraussetzung, daß die grundsätzliche Perspektive dieser Theorie, die aus der Analyse der inneren Struktur der kapitalistischen Gesellschaft, des Klassengegensatzes von Kapital und Arbeit und der darauf basierenden sozialistischen Perspektive der gesamtgesellschaftlichen Umwälzung resultiert, in diesem Prozeß der „kritischen Assimilation" nicht aufgegeben, sondern weiter entwickelt wird.

In der Geschichte der Arbeiterbewegung und des Marxismus vollzog sich dieser Prozeß immer wieder auch in der Form der Auseinandersetzung mit der jeweils herrschenden „Orthodoxie". Die Faszination, die z. B. von Lenin ausging, gründete sich nicht nur auf den Erfolg der Oktoberrevolution. Sie war zugleich durch seine Fähigkeit vermittelt, neue Anforderungen und Konstellationen des Klassenkampfes zu durchdenken und politisch-strategisch zu wenden (Bruch mit dem „Eurozentrismus" der II. Internationale; Theorie der proletarischen Hegemonie in der bürgerlichen Revolution am Beispiel der russischen Revolution des Jahres 1905; Imperialismusanalyse; Theorie des Zusammenhangs von imperialistischem Krieg und proletarischer Revolution), ein Höchstmaß an Flexibilität in der politischen Analyse mit der Verteidigung der Marx'schen Orthodoxie gegen den Reformismus zu verbinden (Staat und Revolution, 1917) und schließlich gegen den objektivistischen Attentismus der II. Internationale den subjektiven Faktor zu rehabilitieren.

Als Gramsci 1917 die bolschewistische Revolution als eine „Revolution gegen das ‚Kapital'"charakterisierte, polemisierte er zugleich gegen jenen „offiziellen" Marxismus, der den historischen Materialismus in a) ein (reformistisches) Evolutionskonzept, und b) in einen attentistischen Fatalismus verwandelt hatte. In den „Kerkerheften" setzt er sich mit Bucharins Umdeutung des Marxismus in eine allgemeine Soziologie, d. h. in einen „vulgären Evolutionismus" auseinander. Gramsci durchdenkt die Probleme der revolutionären Strategie der Arbeiterbewegung vor dem Hintergrund ihrer Niederlage gegenüber dem Faschismus. Er notiert: „Die Geschichte interessiert uns nicht aus objektiven, sondern aus ‚politischen' Gründen".[24] Die Identität von „sozialökonomischem Inhalt" und „ethisch-politischer Form", die er als „historischen Block" bezeichnet, bildet für ihn den Bezugspunkt der Rekonstruktion der verschiedenen historischen Perioden (vor allem der italienischen Geschichte).

Gramscis Bedeutung liegt vor allem darin, daß er sich dem neuen Problem der Komplexität von Vergesellschaftungsprozessen in den hochentwickelten kapitalistischen Gesellschaften des „Westens“ stellt. Herrschaft wird nicht ökonomistisch und instrumentell, als bloße Form der gesellschaftlichen Klassenherrschaft, bestimmt. Vielmehr analysiert Gramsci den historisch je konkreten Typ von Herrschaftsorganisation und berücksichtigt dabei die Integrations- und Führungsfähigkeit einer Klasse gegenüber anderen Klassen und in der Gesamtgesellschaft. Indem er die Frage stellt, wie sie eine „Klasse zum Staat macht“, bezieht er zugleich die Frage nach der Herstellung von Klassenbündnissen, nach der Funktion der Intellektuellen und der Ideologien und schließlich nach den historisch spezifischen Verknüpfungen zwischen zentralisierter Staatsgewalt und der ideologisch-moralischen Führungsfähigkeit einer Klasse in der „bürgerlichen Gesellschaft“ (und in den Institutionen der Vergesellschaftung) in seine politische Theorie ein.

Die Beschäftigung mit Lenin und Gramsci führt den marxistischen Historiker der Arbeiterbewegung also nicht nur in den Zusammenhang entscheidender Auseinandersetzungen und Wendepunkte in der nationalen und internationalen Arbeiterbewegung des 20. Jahrhunderts, sondern vermittelt ihm zugleich wertvolle Anregungen, um Engels Hinweis auf die „lebendige Theorie der Aktion“ im Forschungsprozeß methodisch zu reflektieren und anzuwenden. Erinnert sei nur an Gramscis Anregungen zur Erforschung der „Geschichte einer Partei“.[25] Er fordert dazu auf, „die soziale Gruppe zu berücksichtigen, deren Ausdruck und fortgeschrittenster Teil die Partei ist“, lenkt aber zugleich die Aufmerksamkeit auf das „komplexe Bild des gesamten gesellschaftlichen und staatlichen Ensembles (und oft auch mit internationalen Verflechtungen)“, in dem die Partei agiert. Die von Gramsci konzipierte Synthese von Klassen- und Gesellschaftsgeschichte liefert so auch den Schlüssel zu einem neuen Typus der Nationalgeschichte, indem sie „die fortschreitende Reifung des Gewichts der Arbeiterklasse und ihrer Organisationen in der nationalen Geschichte“ thematisiert (Agosti/Bavo).

7.

Die Historiographie der Arbeiterbewegung kann auch dazu beitragen, einige jener Mißverständnisse zu korrigieren, die sich in der neueren Diskussion über die „Krise des Marxismus“ in der Auffassung verdichten, der Marxismus sei aufgrund seiner „ökonomistischen“ und „klassenreduktionistischen“ Beschränkungen prinzipiell außerstande, ideologische Widerspruchskonstellationen in der entwickelten kapitalistischen Gesellschaft und „neue soziale Bewegungen“, die nicht eindeutig als Klassenbewegungen zu definieren sind, zu erkennen und sich ihnen politisch zu öffnen. Die historische Forschung ist jedoch eine unerläßliche Voraussetzung, um die folgenden Zusammenhänge genauer zu erfassen und auch für die aktuellen Diskussionen fruchtbar zu machen:

— Die Politik ist keine passive und mechanische Widerspiegelung der ökonomischen Verhältnisse und Krisenprozesse in der kapitalistischen Gesellschaft. Die Ökonomie determiniert den Inhalt der Klassenauseinandersetzungen „in letzter Instanz" — das heißt: der Prozeß der antagonistischen Vergesellschaftung ist die Basis der konfligierenden Klasseninteressen und der Kampf der Arbeiterbewegung zielt stets auch auf die Umwälzung der privaten Eigentums- und Aneignungsverhältnisse sowie der auf ihnen beruhenden Machtstrukturen (von der Ebene des Betriebes bis zur Ebene des Staates). Zugleich repräsentiert die Arbeiterbewegung ein Prinzip kollektiver Interessenwahrnehmung und -organisation, das der „Atomisierung" der Individuen in der Konkurrenz entgegenwirkt. Gleichwohl werden diese ökonomischen „Basisinteressen" durch die politischen und ideologischen Vergesellschaftungsprozesse stets gefiltert und gebrochen. In der Politik stellen sich die Interessen „in allgemeiner Form" dar. In ihr vedichten sich jeweils konkrete Machtverhältnisse und Kräftekonstellationen, herrschende ideologische Deutungsmuster und Wertvorstellungen, Spontaneität und organisiertes Handeln.

Die politische Krise ist daher keine bloße „Verlängerung" der ökonomischen Krise. Sie zeichnet sich stets — wie wir u. a. aus der komparativen Revolutionsforschung wissen — durch einen Verlust hegemonialer Führungs- und Integrationsfähigkeit auf seiten des „Blocks an der Macht", durch eine Umgruppierung der sozialen und politischen Kräfte, die diesen Block konstituieren, und durch die Konzipierung neuer Herrschaftsstrategien aus. Das System bricht zuerst „von der Spitze her" auseinander, wobei die Auseinandersetzung innerhalb des herrschenden Blocks um die Lösung ökonomischer Krisenprozesse sowie um die Methoden und Formen der Auseinandersetzung mit den oppositionellen Strömungen und Volksbewegungen eine entscheidende Rolle spielt. Der Umschlag der politischen in eine revolutionäre Krise vollzieht sich stets dann, wenn durch Massenaktionen der „Subalternen" der Zusammenbruch des alten Machtapparates, die Spaltung der ihm zugehörenden ideologischen Apparate beschleunigt wird und damit antagonistische Strategien aufeinanderstoßen und mit direkter Gewalt ausgetragen werden. Die Verschlechterung der sozialen und ökonomischen Lage der Volksmassen ist eine wichtige, aber längst nicht die einzige Bedingung ihrer politischen Aktivierung. Der Bruch mit dem herrschenden Wertesystem und den Alltagsideologien vollzieht sich meist über die Erfahrung politischer Krisenprozesse (z. B. Niederlage im Krieg), die in die Alltagserfahrungen selbst eingreifen.

— Politische Ideologien, Strategien und Klassenauseinandersetzungen können nicht ausschließlich auf die sozialökonomischen Basisinteressen einer

Klasse bzw. auf die Grundkonstellation des Antagonismus von Kapital und Arbeit reduziert werden. Die Politik ist nicht nur das Feld des Kampfes um die Macht, sondern auch das Feld der Vereinheitlichung konkurrierender Interessen, der organisierten „Blockbildung“ von fraktionellen Interessen und ihrer Spaltung (auch innerhalb einer Klasse, wie die Konfrontation und Bündnispolitik konkurrierender Arbeiterparteien zeigt). Poltik zu machen, heißt daher stets: über die bloße Behauptung des Klasseninteresses hinaus den Anspruch auf die Führung und Organisation der gesamten Gesellschaft, auf die „Schaffung einer neuen Geschichte“ (Gramsci), theoretisch und praktisch geltend zu machen. Die Arbeiterklasse tritt daher niemals als objektive sozialökonomische Kategorie in die Klassenauseinandersetzungen ein: Ihre innere Struktur determiniert Fraktionierungen in der Klasse, die in unterschiedlicher Bewußtseins- und Organisationsformen ihren Ausdruck finden. Außerdem gibt es in den sozialen und politischen Kämpfen stets auch partielle Interessensüberschneidungen zwischen verschiedenen Klassen und Klassenfraktionen. Daher agiert die Arbeiterbewegung immer als Teil einer Bündniskonstellation, die Gramsci als den „Block der Subalternen“ bezeichnete.

— Jede Periode der Entwicklung der bürgerlich-kapitalistischen Gesellschaft kennt eine spezifische Verknüpfung von ökonomischen und politischen Strukturen, die zugleich die Kampfbedingungen der Arbeiterbewegung und den Verlauf der Kampfzyklen in der Auseinandersetzung zwischen Kapital und Arbeit bestimmen. Dazu gehört nicht nur der Entwicklungsstand der Produktivkräfte und des Kapitalverhältnisses, sondern auch der Umfang wie die innere Struktur der Klasse und schließlich das politische System selbst (Form des Staates, Funktionieren des Staates im ökonomischen Reproduktionsprozeß, Rolle der Bürokratie, das System der ideologischen Staatsapparate, der „Block an der Macht“, das politische Kräfteverhältnis von bürgerlichen Parteien/Verbänden und Arbeiterbewegung, Rolle der Intellektuellen). Die Hegemonie besteht in jeder dieser Perioden nicht nur in der Sicherung der politischen und Staats-Macht im engeren Sinne, sondern auch in der Reproduktion eines verhaltens- und handlungsrelevanten „Wertsystems“, das die Lebensweise der vergesellschafteten Individuen durchdringt und zugleich die Politisierung des grundlegenden Klassenantagonismus zeitweilig neutralisiert.

Der Zyklus der Klassenkämpfe, der meist mit dem ökonomischen Krisenzyklus nicht vollständig übereinstimmt, folgt dem Zyklus der Etablierung und Erosion eines historisch-spezifischen Typs der Hegemonie. Vor allem dann, wenn nach einer längeren Periode ökonomischer Depression und Stagnation die „Reinigungsfunktion“ der Krise (Vernichtung von überakkumuliertem Kapital, Ausschaltung von Machtpositionen vor allem der gewerkschaftlichen Arbeiterbewegung) sowie die Etablierung eines neuen Hegemonietyps (in der nationalen wie der internationalen Politik) durch Methoden der direkten, außerökonomischen Gewalt durchgesetzt werden soll, gewinnen die Kämpfe der Arbeiterklasse — und der mit ihr verbündeten sozialen und politischen Kräfte — eine neue politische Dimension, die einen neuen Kampfzyklus einleitet.

8.

Das Verhältnis von Theorie und Praxis in der Geschichte des Marxismus umgreift immer auch das Verhältnis von Intellektuellen zur geschichtlichen und gesellschaftlichen Praxis und namentlich zur Praxis und Organisation der Arbeiterbewegung. Die führenden Köpfe des Sozialismus waren — von wenigen Ausnahmen abgesehen — Intellektuelle bürgerlicher Herkunft. Marx und Engels haben sie im „Manifest" als einen „kleinen Teil der herrschenden Klasse" bezeichnet, der sich in Zeiten, „wo der Klassenkampf sich der Entscheidung nähert", von ihr losgesagt „und sich der revolutionären Klasse anschließt, der Klasse, welche die Zukunft in ihren Händen trägt". Lukács hat später diesen Gedanken in seiner „Klassenverratsthese" variiert: „Intellektuelle können nur als Individuen revolutionär werden; sie müssen aus ihrer Klasse austreten, um an dem Klassenkampf des Proletariats teilnehmen zu können".

Gramsci hat diese verengte Sichtweise überwunden, indem er seine Untersuchungen zum Verhältnis von „politischer" und „bürgerlicher Gesellschaft", also zum Hegemonieproblem, zur Rolle der Kultur und zur Rolle der Partei (die er als den „kollektiven Intellektuellen" bezeichnete) mit der Frage nach der Funktion der Intellektuellen verknüpft hat. Seine Unterscheidung von traditionalen und organischen Intellektuellen, schließlich seine Bestimmung des neuen, organischen Intellektuellen der zur Macht strebenden, neuen Klasse führt ihn daher nicht nur zur Erkenntnis der Rolle der „ideologischen Apparate" (z. B. der Kirche) und der Intellektuellen in der Geschichte des italienischen Staates, sondern auch zur Ausarbeitung jenes Programms der „intellektuellen und moralischen Reform", das die Arbeiterbewegung im Kampf um die Hegemonie vertreten soll.

Für den Historiker der Arbeiterbewegung bedeutet die Beschäftigung mit diesem Problem nicht nur den Zugang zu spezifischen Aspekten der Nationalgeschichte und den Vermittlungsformen von Herrschaft. Sie konfrontieren ihn zugleich mit jener Spannung, die in der Verbindung von wissenschaftlichem Sozialismus und wirklicher Arbeiterbewegung immer wieder auszutragen war. Es gibt keine Weiterentwicklung des Marxismus, keine „kritische Assimilation der Theorie", ohne intellektuelle Anstrengung. Die Erkenntnis neuer gesellschaftlicher, politischer, ideologischer Entwicklungstendenzen und Aufgaben der Arbeiterbewegung beinhaltet notwendig die Kritik an vorherrschenden, historisch verfestigten, bürokratisch sanktionierten Denkmustern und strategischen Vorstellungen.

Die Entwicklung und Rolle der Intelligenz ist stets ein wichtiger Gradmesser für den Zusammenhang von Produktivkraftentwicklung und gesellschaftlicher Reproduktion; ihr Bewußtsein, das Ausmaß der politischen und ideologischen Polarisierung in der Intelligenz ist stets ein Indikator für die Stabilität des herrschenden Hegemonietyps. Die Beziehung zwischen der Arbeiterbewegung und der Intelligenz vermittelt einerseits Einsichten über Bewußtseinsformen, die in den Mittelklassen vorherrschen, andererseits beleuchtet sie die Fähigkeit der Arbeiterbewegung, die Potenz der wissenschaftlichen Arbeit in eine Produktivkraft ihrer eigenen Emanzipationsbestrebungen zu verwandeln.

ANMERKUNGEN

1 Ich verzichte in diesem Thesenpapier auf umfangreiche Literaturhinweise und beschränke mich dabei weitgehend auf die Texte von Marx und Engels.
2 MEW, 3, S. 18 und 27.
3 MEW, 23, S. 28.
4 a. a. O., S. 15 f.
5 MEW, 19, S. 112.
6 MEW, 2, S. 98.
7 MEW, 4, S. 181.
8 MEW, 23, S. 22.
9 MEW, 4, S. 143.
10 MEW, 4, S. 475.
11 MEW, 2, S. 430 ff.
12 MEW, 4, S. 470 f.
13 MEW, 7, S. 516.
14 MEW, 2, S. 642.
15 MEW, 7, S. 516.
16 MEW, 37, S. 411.
17 MEW, 25, S. 799 f.
18 MEW, 21, S. 297.
19 MEW, 39, S. 96.
20 MEW, 37, S. 463 ff.
21 MEW, 37, S. 464.
22 MEW, 8, S. 138 f.
23 MEW, 38, S. 101.
24 QC, III, S. 1723.
25 QC, III, S. 1629 f.
26 MEW, 4, S. 471 f.

Heinz HEITZER (DDR)

KARL MARX UND DIE ZEITGESCHICHTE

Die meisten speziellen historischen Arbeiten von Karl Marx (und ebenso von Friedrich Engels) hatten Fragen der Zeitgeschichte zum Inhalt. Die theoretischen Schwerpunkte ergaben sich für Marx und Engels aus den praktischen Bedürfnissen des proletarischen Klassenkampfes. Entscheidender Bezugspunkt bei der Analyse der Ereignisse und Prozesse war die proletarische Revolution. Im zeitgenössischen ebenso wie im vergangenen Geschehen „Wurzeln, Voraussetzungen und Perspektiven der proletarischen (und zugleich ‚menschlichen') Emanzipation bloßzulegen",[1] war der leitende Gedanke.

Bis etwa zur Pariser Kommune erwarteten Marx und Engels, daß die universelle proletarische Revolution in Frankreich beginnen werde. Nicht zuletzt aus diesem Grund galt revolutionären Ereignissen und Prozessen im damaligen Frankreich, genauer: den Auseinandersetzungen zwischen Revolution und Konterrevolution im Umkreis der Revolution von 1848/1849 und der Pariser Kommune Marx' größte Aufmerksamkeit. Ihnen sind seine drei klassischen historischen Arbeiten gewidmet: „Die Klassenkämpfe in Frankreich" (1850) — die Engels überhaupt als Marx' ersten Versuch bezeichnete, ein Stück Zeitgeschichte vermittelst seiner materialistischen Auffassungsweise aus der gegebenen ökonomischen Lage zu erklären[2] —, „Der achtzehnte Brumaire des Louis Bonaparte" (1852), „Der Bürgerkrieg in Frankreich" (1871) — bis heute Modelle für zeitgeschichtliche Analysen.

Voraussetzungen für wissenschaftliche Zeitgeschichtsschreibung waren für Marx wie für Engels 1. die möglichst vollständige Sammlung und Verwertung des Faktenmaterials, 2. die Anwendung der dialektisch-materialistischen Theorie und Methode, 3. die Analyse der grundlegenden ökonomischen Prozesse. Die dialektisch-materialistische Theorie war für sie kein „Universalschlüssel", mit dessen Hilfe sich leicht alle Probleme lösen ließen, kein Ersatz für das intensive Studium des konkreten Geschichtsverlaufs. Marx und Engels waren über den zu ihrer Zeit fortgeschrittensten Wissensstand auf dem laufenden, sie studierten alle verfügbaren Materialien — nach Möglichkeit Originaldokumente — äußerst gründlich. Einblick in die Arbeitsmethode von Marx geben die umfangreichen Entwürfe für sein Werk „Der Bürgerkrieg in Frankreich", die er bereits in den Tagen der Pariser Kommune angefertigt hatte.[3]

Charakteristisch für die zeitgeschichtlichen Arbeiten von Marx sind die Konkretheit der Analyse, besonders der Klassenanalyse (mit der Marx und Engels in der Regel ihre historischen Arbeiten begannen), das heute als komplexes Herangehen bezeichnete Erfassen aller relevanten Bereiche des gesellschaftlichen Lebens, bis zu Fragen des Informationssystems, der Statistik oder der Geographie, das Bloßlegen der bestimmenden gesellschaftlichen Konflikte und die subtile Analyse der politischen, ideologischen und anderen Formen, in denen sie ausgetragen wurden, insbesondere die außerordentlich gründliche und weitgehende Differenzierung der politischen Kräfte, die treffende Kennzeichnung der agierenden Personen bis zur Aufdeckung der Wechselwirkung zwischen den persönlichen Eigenschaften einzelner Politiker und der von ihnen betriebenen Politik, wobei hier nur an die brillanten Einschätzungen des dritten Napoleon, Thiers' und Bismarcks erinnert werden soll. Nicht zuletzt gehört zu diesen Charakteristika die meisterhafte Beherrschung der sprachlich-stilistischen Gestaltungsmittel, die die klassischen zeitgeschichtlichen Arbeiten von Marx in den Rang von literarischen Kunstwerken erhebt.

Es war pralle, lebensvolle Geschichte, die Marx schrieb, keine Reduktion der Vielfalt des Geschehens auf abstrakte „Faktoren“ oder „Strukturen“, keine (ihm später wieder und wieder unterstellte) „monokausale Betrachtungsweise“, keine Geschichtsdarstellung im Sinne eines „ökonomischen Automatismus“. Seine zeitgeschichtlichen Werke bilden eine eindrucksvolle Widerlegung der Meinung, daß die unzureichende Quellenlage und der Einfluß politischer Leidenschaften eine objektive Erforschung und Darstellung der jüngsten Geschichte nicht zuließen.

Ebensowenig wie es zwischen dem Wissenschaftler und dem Politiker Marx eine Scheidewand gab — das eine bedingte vielmehr wechselseitig das andere — ebensowenig betätigte sich Marx jeweils nur als Spezialist der Geschichtsschreibung oder der Politischen Ökonomie oder der Philosophie. Einerseits lag seinen historischen Arbeiten die gesamte, von ihm und Engels ausgearbeitete Theorie zugrunde, andererseits dienten ihm seine historischen Arbeiten zur Konkretisierung und Weiterentwicklung dieser Theorie. So wurzelte die weitere Ausarbeitung der Marxschen Auffassungen vom Klassenkampf, vom Staat und von der Revolution sowie von der Partei des Proletariats und ihrer Strategie und Taktik wesentlich in den von ihm analysierten Erfahrungen der Pariser Kommune.

Da in der Zeitgeschichte die Einheit von Vergangenheit, Gegenwart und Zukunft unmittelbar gegeben ist, waren die zeitgeschichtlichen Analysen von Marx wie von Engels in der Regel mit wissenschaftlichen Prognosen verbunden. Diese galten vor allem zu erwartenden Auseinandersetzungen zwischen den Staaten und innerhalb der herrschenden Klassen sowie dem Heranreifen der Bedingungen für die proletarische Revolution. Geradezu verblüffend sind die oft bis ins Detail zutreffenden Voraussagen von Marx bzw. Engels über die Politik Bismarcks, die sich abzeichnende Revolution in Rußland und den ersten

Weltkrieg. Freilich schloß der Mut zur Prognose auch die Möglichkeit von Irrtümern ein. Insbesondere bei der Bestimmung des Zeitpunkts und des regionalen Verlaufs der Revolution irrten Marx und Engels wiederholt. Doch scheuten sie auch nicht die Korrektur ihrer Meinung angesichts neuer Erfahrungen und Erkenntnisse.

ANMERKUNGEN

1 Manfred Kossok: Karl Marx und die Grundlegung wissenschaftlicher Revolutionsauffassung, in: Zeitschrift für Geschichtswissenschaft, Berlin, Jg. 1980, H. 2, S. 99.

2 Friedrich Engels: Einleitung [zu „Die Klassenkämpfe in Frankreich 1848—1850" von Karl Marx (Ausgabe 1895)]. in: Marx, Engels, Werke, Bd. 7, Berlin 1960, S. 511.

3 Vgl. Karl Marx/Friedrich Engels: Tagebuch der Pariser Kommune. Zusammengestellt und eingeleitet von Erich Kundel unter Mitarbeit von Hans-Dieter Krause, Ruth Stolz und Evelin Barth, Berlin 1971.

FOLGENDE REFERATE WURDEN SCHRIFTLICH ABGEGEBEN, JEDOCH WÄHREND DER KONFERENZ NICHT VORGETRAGEN

Marta BIZCARRONDO (Spanien)

MARX EN ESPANA: UNA REVISION

[aufgrund eines fehlerhaften Manuskripts nicht vollständig]

„Liebes Löhr, Ich mache Dir mein Compliment wegen Pauls Artikeln in der *Emancipación*, die uns Allen sehr gefallen haben und in der Wüste der abstrcten Deklamation, die bei den Spaniern herrscht, sehr erfrischend sind" (Carta de F. Engels a Laura Lafargue, London, 11. März 1872).

„No es exagerado decir que, objectivamente considerado, el marxismo ha llegado a ser un nuestros días tan indiscutible como puede serlo, por ejemplo, la teoría del átomo" (Fernando Claudın, en *Nuestras Ideas*, revista del P. C. de España, may-jun. 1957).

No nos parece inourrier en reduccionismo al afirmar que las posibilidades de recepción del marxismo se han visto fuertemente condicionadas en España por el atraso en el desarrollo capitalista del país respecto a su entorno de Europa occidental. Por supuesto, a través de una serie de mediaciones políticas (conformación autoritaria del aparato de Estado) y orgánicas (fragmentación y ausencia de cohesión en unas organizaciones obreras que reproducen el atraso y la focalización de las transformaciones capitalistas) que determinan que, hasta la década de 1960 y salvo en el breve paréntesis de la Segunda República, el marxismo tiene una presencia muy debil en el panorama ideológico español. Faltó en las decadas centrales del siglo XIX una mentalidad burguesa avanzada, que suscitase las precondiciones de la recepción. Los demócratas influidos por el socialismo utópico se detuvieron en el umbral de las transformaciones capitalistas, trazando un proyecto de orden natural, racionalista, correspondiente a la revolución burguesa entrevista solo como posibilidad. Le recepción fundamental, entre 1850 y 1870, corresponde a la obra de Proudhon, que permitía abordar las tensiones del incipiente orden industrial sin una elaboración económica y política suficiente. De ahí „el desierto de declamación abstracta" que denuncia Engels, refiriéndose a medios republicanos y obreros cuando está a punto de constituirse el primer grupo „marxista" español.[1] Nada debe extrañarnos, en consecuencia, que en España fuera facil la victoria de Bakunin sobre Marx.

[nicht rekonstruierbar] ... del partido „marxista" español fundado en 1879, el Partido Socialista Obrero (P. S. O. E.). Su definición ideológica no altera demasiado los fundamentos de una posición ligada a la Alianza de la Democracia Socialista, en cuanto a la cosmovisión idealista, el rechazo de lo real y la marginación de los análisis de la realidad económica. De Marx, el pequeño partido toma el elemento de la participación política — pero sin asumir la problemática del Estado — y la previsión del triunfo del proletariado, como precipitado inevitable de la lucha de clases. La complejidad de la economía española, en que se abren paso penosamente las relaciones de producción capitalistas, es reducida a un esquema bipolar de burgueses y proletarios, donde estos últimos tienen asegurada la victoria siempre que preserven „la organización" para el asalto final. Por eso la lectura de Marx se hace a través de Jules Guesde, que proporciona el radicalismo político y la interpretación del sistema de distribución según la ley de bronce de los salarios. Con frecuencia, más que ante un partido marxista, se tiene la impresión de tropezar con un bakuninismo conservador, a la hora de rechazar toda implicación en la política burguesa. Bajo la prolongada dirección del tipógrafo Pablo Iglesias (1880—1925), el P. S. O. E. se presenta como un partido rígidamente obrerista, que crece con suma lentitud, no obteniendo hasta 1910 su primer diputado.[2]

Correlativamente, el interés de la „intelligentsia" burguesa hacia la obra de Marx resulta mínimo. En noviembre de 1914, el joven economista Ramón Carande podrá hacer el siguiente balance, comentando el aparente hastío que los debates sobre el marxismo pueden provocar en medios intelectuales europeos, según Tugan-Baranowsky: „En ningún otro pueblo europeo, tal vez, parecerían más ociosas que en nuestro (tales apreciaciones). La pobreza de la producción científica española no puede verse desmentida, naturalmente, cuando se trata de los estudios económicos. No es sorprendente, por lo mismo, que el nombre de Marx evoque para muchos lectores españoles, nada más que movimientos políticos y organización proletaria: la Internacional, a lo sumo. De Marx, como filósofo y economista, como forjador de la ciencia social, sabido es que, en España, apenas se ha escrito; sin perjuicio de que, más de una vez, se haya proclamado, en periódicos y conferencias, como incuestionable, la bancarrota del marxismo". El recuento bibliográfico de Carande ratificaba la ausencia de Marx en un letrado, varios folletos y conferencias a cargo de reformadores sociales (Adolfo Posada, Francisco Bernis, Felipe Sanchez Román) y un censo escaso de traducciones.[3]

Desde las publicaciones ligadas al P. S. O. E. tampoco hubo un esfuerzo eficaz por superar la penuria inicial. Pablo Iglesias se vio pronto apartado de la lectura de artículos teóricos, absorbido por la labor de dirección y organización. Tampoco creía que a los obreros fuera preciso proporcionarles otra coa que „las verdades elementales" que pudieran hacerles actuar con ahinco dentro de las organizaciones de clase, el partido y el sindicato, la Unión General de Trabajadores (U. G. T.). Claro que a partir de 1910, el PSOE sale de su aislamiento, acuerda alianzas con partidos republicanos y se abre a los intelectuales. Pero las ideas que estos traen nada tienen que ver con la obra de Marx. Y en más de una ocasión llegarán al P. S. O. E. buscando simplemente el instrumento eficaz de reforma que no proporcionan los partidos republicanos. Lo anterior no significa una ausencia de colaboraciones y artículos procedentes del socialismo marxista europeo, en la prensa del P. S. O. E. Pero falta por completo una implicación en esos cambios teóricos que van registrándose en Francia, Alemania e Italia. Es sintomático que cuando en 1909 el propio Iglesias presenta la traducción de *La doctrina socialista* de Kautsky, tras recordar que en España „se le ha dado a la masa proletaria las verdades marxistas escuetas, sin complicaciones demostrativas“, insista en un criterio ecléctico, recordando que tambien Bernstein está en el partido socialista. La revisión de la doctrina, concluye Iglesias, corresponde a los Congresos del partido.

La difusión de la obra de Marx a través de traducciones no ofrece una imagen más optimista. En su estudio bibliográfico sobre el tema, Pedro Ribas reconstruye la suerte sufrida por la primera versión aceptable del primer tomo del *Capital*, realizada por el argentino Juan B. Justo, con una tirada posiblemente inferior a dos mil ejemplares en 1897—98, de los que el sobrante de 800 es regalado a *El Socialista*, en 1903 [...] figurando todavía el volumen de saldo anunciado por el periódico en 1931. Mayor fortuna tuvo el resumen de Gabriel Deville, del que se suceden las ediciones a comienzos de siglo. En Cuanto al *Manifiesto comunista*, sigue un ritmo de una sola edición cada cinco años, con un vacío entre 1906 y 1923, que contrasta con la ... [nicht rekonstruierbar]

II. Marx en la „República de trabajadores“

El 14 de abril de 1931 es proclamada la Segunda República española. A fines de año, el diario católico *El Debate* puede lamentarse del auge adquirido por el pensamiento marxista: „Las editoriales, dedicadas especialmente al libro social, bastante numerosas, han trabajado intensamente. De sus obras, las más leídas han sido las nuevas ediciones de los libros fundamentales del socialismo. Marx y Engels se han puesto de moda, y no solo entre el gran público, sino tambien entre las clases sociales acomodadas. Buena prueba de ello es que una edición de *El Capital* se haya agotado rapidísimamente, al precio de 40 pesetas. La curiosidad despertada por el plan quinquenal ruso ha originado una gran demanda de obras a él relativas; pero aquí los lectores han preferido las baratas. La propaganda comunista por medio del folleto es intensísima en nuestro país [...]“.[5] En consecuencia, interés sin precedente hacia Marx por parte de capas profesionales e intelectuales; interés creciente hacia la construcción del socialismo en la U. R. S. S. por parte de las clases populares. Respecto a lo primero, el editor Manuel Aguilar evocará en su autobiografía el éxito entonces alcanzado con la edición íntegra del *Capital*, vendida a 60 ptas., que en pocos meses le da las treinta mil pesetas de beneficios necesarias para comprar un magnífico Chrysler Imperial. „La cantidad incesante de obras de caracter marxista que se publican en España — escribe un recensionista anónimo en 1932 — es un indicio bien concreto del interés que por el estudio del comunismo existe entre la clase obrera y gran parte de la burguesía radical".[6]

La explosión de la literatura marxista se inscribe en el proceso de rápido crecimiento editorial y literario que caracteriza a la España de 1930, al caer la dictadura del general Primo de Rivera. Con la caida del régimen monárquico, queda abierta la perspectiva de unos cambios que, en principio, deberían alcanzar a la estructura socioeconómica, satisfacer las demandas de las capas populares. Como ha escrito el historiador J. C. Mainer, „La idea de vivir una época de mutaciones definitivas dio un auge excepcional al libro político de actualidad que se mantendría largo tiempo".[7] No siempre con un objetivo doctrinal único, ya que es frecuente que el esfuerzo bibliográfico-revolucionario de las editoriales no partidarias conjugue títulos de Lenin, simplemente expositivas e incluso críticas.

Sobre todo es *una recepción del marxismo a la hora soviética*. Influyen en ello tanto la tradicional desconexión entre el socialismo español y las líneas de evolución del socialismo europeo, como el prestigio que adquiere el experimento soviético al finalizar la década de 1920.[8] Tiene así lugar en España una paradójica conjunción de la herencia de Pablo Iglesias con el mito positivo de la Rusia de los Soviets. Por un lado, y a pesar de sus constantes elogios hacia las socialdemocracias europeas, el P. S. O. E. no ha encontrado una línea teórica que le conecte con su evolución. El notable esfuerzo de Fernando de los Ríos en *El sentido humanista del socialismo* (1926) no tendrá continuadores, y hombres autocalificados como „marxistas", Julian Besteiro y Luis Araquistain, se limitan exclusivamente a introducir aquello que sirve para apuntalar sus respectivas posiciones de coyuntura. Así, Besteiro impulsa la traducción de *El programa de Erfurt*, de Kautsky, o elogia el „planismo" de Henri de Man a modo de antídoto contrarrevolucionario, sosteniendo una visión cientifista de la evolución social. De manera que la socialdemocracia va a enconrarse en condiciones difíciles para sostener la competencia con la imagen en ascenso de la U. R. S. S., que brilla ante los obreros españoles como mundo nuevo, sin la explotación, las crisis y el fascismo que caracterizarían al agónico capitalismo. El viaje a la U. R. S. S., habilmente organizado para encubrir los aspectos dramáticos de la realidad soviética, gana a los mejores publicistas del socialismo: Julian Zugazagoitía, Rodolfo Llopis, Julio Alvarez del Vayo. Más aun a partir de enero de 1933, cuando la subida de Hitler al poder muestre a los trabajadores la ineficacia de las defensas democráticas, el fracaso de la socialdemocracia alemana, por contraste con la solidez inquebrantable de la dictadura del proletariado. La irradiación de cuyo prestigio va sin duda más allá del radio de las organizaciones obreras.

No cabe minimizar, sin embargo, el papel de difusión y propaganda desempeñado por las editoriales del P. C. E., incluso cuando éste era, en 1931—32, un pequeñ0 partido ultraizquierdista con unos pocos miles de afiliados. Se llegó a una división del trabajo bastante operativa con la editorial privada Cenit como agente de difusión principal del marxismo teórico, mientras que las publicaciones de divulgación eran editadas por los semanarios comunistas o en el cua ... [nicht rekonstruierbar]

la Komintern. Eran libros pequeños y baratos, con un costo entre 1 y 2,5C ptas, que privilegiaban los temas relativos a la construcción del socialismo en Rusia, en sus aspectos tanto doctrinales (Stalin, Lenin, Bujarin, Riazanov) como prácticos (condiciones de vida obrera, papel de los cuadros, de la lucha religiosa o acción contra mencheviques y saboteadores). La literatura marxista clásica tiene un papel marginal, reduciéndose al *Origen de la familia* y al inevitable *Manifiesto*. Luego vendrán los folletos relativos a la política comunista de cara a la realización en España de la revolución soviética.

Más coherencia teórica tiene la labor de Editorial Cenit que „a partir de 1931 — como subraya Tuñón de Lara — planteó un vasto esfuerzo de edición relativa a ciencias sociales y particularmente al marxismo", si bien „eran libros caros, bien presentados, cuya difusión se limitaba de hecho a los medios intelectuales".[9] La sección principal consistía en una „Biblioteca Carlos Marx", dirigida personalmente por el profesor comunista Wenceslao Roces, tambien traductor, más tarde, de *El Capital*. En Marzo de 1932 la colección contaba con tres títulos, la *Bibliografía de Marx*, de Mehring la *Historia de la Commune*, de Lissagaray, y la edición crítica del *Manifiesto comunista*, con prólogo de Roces, notas de Riazanov, estudio de Labriola y apéndices. Pero a los fabulosos precios para la época de 30 y 25 pesetas! La versión Roces de *El Capital* se inicia en 1933, por entregas. Claro que como compensación estaban otras ediciones económicas, las „lecturas populares Cenit" (con el éxito de *Cemento* de Gladkov) y los „cuadernos de cultura proletaria".

En esta labor de divulgación, no cabe olvidar a los grupos de inspiración trotskista, cuya labor editorial desborda ampliamente su peso político real. „Mientras el Partido Comunista — advertía el órgano de la Oposición Comunista, en febrero de 1932 —,reflejando la degeneración teórica de la Internacional y de sus Secciones, abandona toda labor de educación marxista de sus militantes, la Oposición Comunista se preocupa de explicar a los trabajadores teóricamente sus problemas". Eran 18.000 ejemplares de la revista *Comunismo*, 55.000 de folletos a precios módicos, 947 obras teóricas de precio inferior a 5 ptas., 519 de más de 5 ptas, 722 obras de Trotsky. Como es lógico, Trotsky es el eje de la difusión, seguido por el teórico autóctono Andrées Nin, protagonista asimismo de una intensa ... [nicht rekonstruierbar]

Sin embargo, el P. S. O. E., fuerza hegemónica en el movimiento obrero no anarquista, permanece al margen de esa ebullición ideológica. Hay solo esfuerzos individuales que primero se dirigen — como el libro *Nosotros los marxistas*, de Antonio Ramos Oliveira — a justificar la pasividad del partido en la década anterior contra la dictadura o, como veíamos, a describir con tintes favorables la construcción del socialismo en Rusia. El balance de libros socialistas publicados durante la República, descontando los de polémica interna en 1935—36, es muy corto en número y calidad. „España ha dejado de ser católica — comentará *El Socialista*, en mayo de 1934 — para convertirse al socialismo". Pero pocas guías ofreció el diario a sus lectores. Si tomamos las listas de libros ofrecidas a sus lectores, por comparación con las del P. C. E. y trotskistas, sorprende el eclecticismo socialista, con la inclusión de antiguallas (la trece edición del *Catecismo socialista* de Carretero), al lado de Nietzsche, Kropotkin y Rousseau. Sigue Deville en primer plano. No falta Lenin. Pero el socialismo europeo del momento figura en forma muy deficitaria: dos folletos de Leon Blum, unos títulos aislados de Kautsky, De Man y Yaurès. Nada tiene de raro que la radicalización de la amplia base socialista provocase un éxodo de militantes y organizaciones hacia el area comunista, cuando ésta asienta su estrategia con el Frente Popular. En particular la izquierda socialista había de recurrir al modelo soviético como ejemplo de racionalización y coherencia antifascista. No había otro recurso: puede verse en la *Revista de Economía Socialista*, que en 1933—34 publican los trabajadores bancarios de la U. G. T.

Y será la izquierda socialista quien realice el esfuerzo „marxista" de mayor alcance, con la publicación de la revista mensual *Leviatán* desde mayo de 1934, dirigida por Luis Araquistain, principal consejero de Largo Caballero.[10] Sirve tambien para constatar debilidades, con una guía bibliográfica socialista en que al lado de obras obsoletas (Azcárate, Henry George), hay claras ausencias (Otto Bauer) y libros „peligrosos". Y con una „Selección de textos filosóficos de Marx", que denota un gran interés en los lectores socialistas hacia el marxismo, pero tambien su baja formación, siendo un repertorio de citas ordenadas temáticamente. Lo mismo encontramos en informes sobre formación en la guerra.[11]

[La reflexión de base marxista es la excepción hasta el fin de la *desnudo* (1935).] Y un comunista catalán heterodoxo, Joaquín Maurin, ensayará un primer esbozo de interpretación marxista del pasado y el presente del movimiento obrero español, con su libro *Hacia la segunda revolución* (1935). En vísperas de la guerra civil, Marx era mucho más una referencia para la lucha revolucionaria que la base de una cultura suficientemente arraigada en medios obreros e intelectuales.

III. Cierre, años dorados y crisis

3. La prolongada dictadura del general Franco supuso un corte radical para la difusión de Marx en España. En palabras del dictador, pronunciadas en mayo de 1939, la victoria de los militares sublevados había venido a sacar al país de „la charca criminal del marxismo". Para su cercano colaborador Carrero Blanco, el „voluminoso galimatías" de la doctrina de Marx era responsable, con la masonería, de que en España hubiera habido cambios de régimen, destronamientos, atentados, jefes de gobierno asesinados y ocho Constituciones entre 1812 y 1936. Eran las „torres de Babel" que atenazaban a España y que la dictadura militar venía a suprimir. No había, pues, campo para la menor tolerancia hacia las ideas u organizaciones que remotamente pudieran relacionarse con la obra de Marx. Hasta la década de 1960 tal prohibición domina la vida cultural pública en España.

Por espacio de un cuarto de siglo, el cierre fue eficaz. A ello contribuyó tambien la ausencia de una tradición intelectual ligada al movimiento obrero y al materialismo histórico. No es casual que al borde del cambio, en 1960, el entonces teórico comunista „Federico Sanchez" (Jorge Semprun) considerase como adversario inmediato al raciovitalismo de Ortega y Gasset, en cuanto doctrina liberal-burguesa que entonces aparecía como alternativa a la ideología totalitaria del régimen.[12] En ausencia de estudios universitarios de sociologia, la historia académica prescindía totalmente de Marx — tanto en su vertiente oficial como en la liberal orteguiana —, y solo excepcionalmente en los estudios de economía se daba cabida a su mención. Al comenzar los años 60 era famosa en la Facultad de Ciencias Económicas de Madrid *la* clase que el profesor Sampedro consagraba a los conceptos económicos de Marx. La demanda superaba ya claramente a una oferta sumamente temerosa.

Quedeban la clandestinidad y el exilio. En cuanto a este último, borrada pronto la presencia socialista, el monopolio del marxismo fue afirmándose en manos del Partido Comunista de España, pero sin excesivas innovaciones respecto al discurso heredado de los años 30. Los dirigentes innovadores, como Santiago Carrillo, ofrecían cambios tácticos más que de cosmovisión y estilo.[13] Con todas sus limitaciones, el mundo de la clandestinidad fue más fertil, formándose grupos minoritarios que, visibles en la crisis de 1956, jugarán un papel cada vez más activo en los años 60. El citado artículo de Semprun es útil para constatar la capacidad del P. C. E. para conjugar la recepción de la nueva demanda del marxismo como fundamento del cambio con el mantenimiento de los viejos tópicos sobre la desintegración inevitable de la sociedad burguesa, donde habría de inscribirse fatalmente la caida de Franco. „Y es que ha llegado el momento — concluía Semprun —, tanto en lo que se refiere a las condiciones objetivas como a nuestras posibilidades reales, de que el marxismo irrumpa en la vida intelectual y cultural con la autoridad y la fuerza de que, realmente, dispone".

El rápido crecimiento económico, las tensiones sociales y las nuevas formas de organización obrera en los años 60 dieron la razon a Semprun. Desde la llegada al Ministerio de Información de Manuel Fraga (1962) se fueron abriendo márgenes de tolerancia, primero a las ediciones francesas e inglesas de Marx — de donde surgió una primera difusión semilegal mediante traducciones universitarias —, luego con la importación de obras seleccionadas o completas; por último, ya en la segunda mitad de la década, en una lucha título a título con la censura, por parte de un enjambre de nuevas editoriales, de las que la mayoría se dejó la existencia en el trance. Fue un avance centímetro a centímetro, cerrado solo temporalmente por el estado de excepción de 1969. Primero se autoriza, por ejemplo, la edición del *Manifiesto comunista* con la documentación y apéndices de Riazanov; era costosa y al parecer para gente especializada. De inmediato el precedente se utilizaba para sacar el *Manifiesto* en bolsillo. Otro tanto irá sucediendo con Lenin, Trotzky, Rosa Luxemburgo, y con el pensamiento marxiano de Lukacs, Gramsci o Marcuse. Con frecuencia se utilizaban sin revisar las traducciones realizadas en los años 30 o se hacían versiones del francés. La era de las ediciones críticas llega solo en los años 70. Y tampoco el desarrollo es uniforme. Así, la difusión de Gramsci, iniciada por Sacristán y seguida por Solé Tura, tiene lugar preferentemente en el ámbito catalán y se situa en los bordes heterodoxos del P. S. U. C. (partido comunista catalán), sin apenas presencia de intelectuales del P. C. español.[14] Por fin, en medios académicos, se inicia la recepción económica e historiográfica de Marx, tambien aquí con el avance catalan que supone la linea de recepción marcada por la conjunción de Vicens Vives y Pierre Vilar.

Se sientan así en una década, entre 1965 y 1975, los fundamentos de una intelligentsia crítica de inspiración marxista. Los estudiantes universitarios fueron aquí por delante de los profesores: Madrid y Barcelona pudieron así participar dignamente, y con una referencia plural pero forme a Marx, en el 68 europeo. En esta recuperación intelectual el P. C. E. jugó un notable papel, inspirando una de la empresas editoriales simbólicas del periodo, Ciencia Nueva, cuya labor se prolongaría después por otras empresas semi-oficiales con menor éxito, ya en los 70. El vuejo P. S. O. E. siguió sin dar pruebas de vida. Pero la nueva efervescencia juvenil pro-marxista se canalizó a través de varias organizaciones — frecuentemente con proyección editorial —, animadas por gente que en buena proporción ha acabado incoporándose al movimiento socialdemócrata tras la muerte de Franco, particularmente por lo que toca al Frente de

Liberación Popular (el „felipe"), de gran auge entre 1966 y 1969, no muy alejado de lo que supondrían — salvada la clandestinidad —, el P. S. U. francés y el P. S. I. U. P. italiano.[15] Debe subrayarse que, con la excepción de un sector comunista, el atractivo del modelo soviético, tan vivo en los años 30, ha desaparecido para las nuevas generaciones.

Paradójicamente, la transición democrática ha supuesto una reabsorción de ese impulso. En particular desde 1978, con el alejamiento de toda expecativa revolucionaria a corto plazo, se produce un descenso en la vigencia social de Marx, observable tanto en los planos políticos como universitarios. Van desintegrándose las opciones marxistas-leninistas primero, la „eurocomunista" después, mientras asciende el resucitado P. S. O. E. con una definición socialdemócrata a la alemana que el sobresalto sentimental del Congreso ordinario de 1979, defendiendo la definición „marxista" del partido, no logra alterar. No es tanto una revancha de „nouveaux philosophes" como la reconversión tecnocrática, entre positivista y desengañada, a posiciones reformadoras. Las publicaciones y las editoriales que participaran en la anterior fase de ascenso se hunden una tras otra. El horizonte intelectual se aparta de Marx, con la única excepción sensible de la historiografía. En cualquier otro campo del trabajo social en España sería impensable la vigencia y eco logrados por una obra marxista ortodoxa como el reciente libro *La historia*, de Josep Fontana.[16] Es, en cierto modo, un regreso a los orígenes de los años 60, por supuesto en otras circunstancias infinitamente más favorables para la labor intelectual.

ANMERKUNGEN

1 Friedrich Engels, Paul et Laura Lafargue, *Correspondance*, t. I, 1868—1886, Editions Sociales, Paris, 1956, S. 28.

2 Sobre el guesdismo en vease España el núm. 8—9 de *Estudios de Historia Social*, Madrid, 1979.

3 Ramón Carande, „Prólogo del traductor" a *Los fundamentos teóricos del marxismo*, Hijos de Reus Ed., Madrid, 1915, Carande fue uno de los impulsores de la Escuela Nueva, organismo creado en 1910 para fomentar la participación de intelectuales en el movimiento socialista español. Vive aun ahoy, tras desempeñar un papel capital en el campo de la historia económica.

4 Pedro Ribas, *La recepción del marxismo en España; Madrid, 1981.*

5 *El Debate*, Madrid, 1 enero 1932.

6 *Comunismo*, Madrid, junio 1932, S. 47. Es parte de la crítica a la *Introducción al materialismo histórico* de A. Thalheimer.

7 José Carlos Mainer, *La edad de plata (1902—1931)*; Barcelona, 1975, S. 274.

8 Para una versión más amplia de este punto, bease nuestro trabajo „Análisis económico y socialismo en la Seunda República", en *Estudios de Historia Social*, núm. 14, S. 221—322.

9 Manuel Tuñón de Lara, *Medio siglo de cultura española (1886—1936)*; Ed. Tecnos, Madrid, 1970, S. 274 f.

10 Cfr. nuestra edición crítica de *Leviatán*, en Verlag Detlev-Auvermann, Glashütten im Taunus, 1974.

11 Archivo P. S. O. E., Fundación Pablo Iglesias, Madrid, AH-26.

12 „Federico Sánchez", „Marxismo y lucha ideológica", *Nuestras Ideas*, Bruxelles, oct. 1960, pp.

9—18. Una exposición ejemplar de marxismo dogmático en Fernando Claudín, „En torno a algunas cuestiones fundamentales del marxismo“ (*Nuestras Ideas*, may—jun. 1957) apoyándose entonces en que „la práctica — de la construcción socialista — ha demostrado la exactitud científica del marxismo“.

13 Aun estaban lejanos los tiempos de su obra más renovadora, *Eurocomunisma y Estado*, Ed. Crítica, Barcelona, 1977.

14 Tambien del nucleo catalán surge el intento más ambicioso, no sin ribetes de dogmatismo, de una revista reórica marxista, *Materiales*, surgida en 1977 con la figura central del filósofo Manuel Sacristan, pronto autoexcluido del P. C. E.

15 En medio de una maraña de infraliteratura histórica pueden citarse las aproximaciones a este proceso de Paul Preston, Manuel Tuñon de Lara y José María Maravall, desde ángulos muy diversos.

16 Josep Fontana, *La historia*, Ed. Crítica, Barcelona, 1982. Obra cercana en muchos aspectos al reciente *Ritorno a Marx*, del historiador italiano Gian Mario Bravo.

Jan GALANDAUER (CSSR)

DIE ANFÄNGE DER TSCHECHOSLOWAKISCHEN MARXISTISCHEN GESCHICHTSSCHREIBUNG

Gegen Ende des 19. Jahrhunderts nahm die Geschichtsschreibung die erste Stelle unter den Wissenschaftsdisziplinen des tschechischen nationalen Gesellschaftslebens ein. Der ganze Prozeß der nationalen Wiedergeburt, der dem tschechischen Volk im Verlauf von einigen Jahrzehnten den Zutritt in die Gemeinschaft der modernen bürgerlichen Länder verschafft hatte, war unzertrennlich mit der mächtigen ideologischen Funktion der Geschichtsschreibung verbunden. Das monumentale Werk von František Palacký hatte das gesamte tschechische politische und Kulturleben beeinflußt und bildete einen bedeutenden Faktor der Ideologie des tschechischen Nationalismus. Die historische Schule von Jaroslav Goll vermittelte dann die Errungenschaften der modernen positivistischen Geschichtsschreibung. Während in den entwickelten Ländern bereits eine Krise der traditionellen Geschichtsschreibung eingetreten war, war das in den tschechischen Verhältnissen nicht der Fall. Das tschechische Volk verfügte zwar über eine moderne, entwickelte Gesellschaftsstruktur, es besaß jedoch keinen selbständigen Staat und war völlig vom nationalen Kampf in Anspruch genommen. Aus diesem Grunde war in der tschechischen Geschichtsschreibung, die in der Gesellschaft eine Integrationsfunktion erfüllte, die sich in den Spitzen der internationalen Geschichtsschreibung widerspiegelnde Krise der traditionellen Geschichtsschreibung noch nicht eingetreten.

Die Tatsache, daß die tschechische Geschichtsschreibung ihren anerkannten Platz im tschechischen Gesellschaftsleben gesichert hatte, ist der Hauptgrund, warum zu diesem Zeitpunkt in der tschechischen akademischen Geschichtsschreibung nur minimal und ausnahmsweise der Einfluß des Marxismus verzeichnet werden kann. Das Zentrum der wissenschaftlichen, und besonders der historiographischen Aktivität bildete die Prager tschechische Universität, die erst im Jahre 1882 — nach der Teilung der bisher doppelsprachigen Karl-Ferdinand-Universität in einen tschechischen und einen deutschen Teil — entstanden war. Die künftigen Historiker-Generationen konnten nur ganz ausnahmsweise etwas über den Marxismus erfahren, denn der Großteil der Professoren wußte entweder überhaupt nichts von seiner Existenz oder hatte nur völlig oberflächliche Vorstellungen darüber. Als z. B. Professor J. Durdik mit dem Materialismus polemisierte, betrachtete er noch in den Neunzigerjahren E. Dühring als dessen Hauptrepräsentanten und hatte keine Ahnung von dem kritischen Werk Friedrich Engels. Nur zwei Professoren befaßten sich in ihren Vorträgen eingehender mit dem Marxismus — der konservative Volkswirtschaftler Albin Bráf an der juridischen und T. G. Masaryk an der philosophischen Fakultät. Beide nahmen allerdings einen negativen Standpunkt gegen den Marxismus ein. Masaryks „Soziale Frage" (Sociálni otázka) war dann eine direkte Polemik gegen den Marxismus.

E. Hobsbawm wies in seinem Referat mit Recht darauf hin, daß der Einfluß des Marxismus sehr deutlich in den Werken der bürgerlichen Historiker, die den Marxismus als Weltanschauung abwiesen, zum Ausdruck kam, z. B. dadurch, daß sie vom Marxismus die Fragestellung, die Methode, Akzent auf Sozial- und Wirtschaftsgeschichte, usw. übernahmen. Dies geschah in der tschechischen akademischen Geschichtsschreibung nur ausnahmsweise und gelegentlich. Nicht nur in der Zeit bis zum Zusammenbruch der Habsburger Monarchie, sondern auch in der Tschechoslowakischen Republik verblieb der absolute Großteil der bürgerlichen Geschichtsschreibung auf den Positionen des Nationalismus und Positivismus verhaftet, und noch in den Dreißigerjahren zeigte sich ein indirekter Einfluß des Marxismus in den historischen Werken nur ausnahmsweise.

Das Eindringen des Marxismus in die Geschichtsschreibung ist vor allem mit der organisierten Arbeiterbewegung verbunden. Die Tschechoslawische Sozialdemokratie war seit dem Beginn der Neunzigerjahre eine Massenpartei. In ihrer ideologischen und propagandistischen Tätigkeit zeigten sich Bemühungen, Kritik an der nationalistischen Auffassung der tschechischen Geschichte zu üben und eine sozialistische Auffassung der tschechischen Vergangenheit zu konzipieren. Die Tschechoslawische Sozialdemokratie war jedoch nicht fähig, sozialistische Historiographie hervorzubringen, dafür hatte sie weder institutionelle, noch personelle Voraussetzungen. Die Intelligenz war in ihren Reihen nur spärlich vertreten und wurde von der praktischen Tätigkeit in der Tagespolitik völlig in Anspruch genommen. Außerdem waren für die Tschechoslawische Sozialdemokratie Pragmatismus und ein abwertendes Verhältnis zur Theorie und jedweder ernsten ideologischen Tätigkeit charakteristisch. Diese zahlenmäßig starke, gut organisierte und materiell kraftvolle Partei gab zwar eine große Menge von Propagandamaterial, aktuellen Broschüren und populären Publikationen zweitrangigen Wertes heraus, war jedoch bis zum Zweiten Weltkrieg nicht imstande gewesen, wenigstens die Herausgabe der Grundwerke von K. Marx und F. Engels zu sichern. In den Neunzigerjahren wurde „Das Kommunistische Manifest", im Jahre 1906 Šmerals Übersetzung des Werkes F. Engels „Der Ursprung der Familie, des Privateigentums und des Staates" und kurz vor dem Krieg die Übersetzung des ersten Teils des „Kapitals" herausgegeben (1914).

Die gesamte historiographische Produktion, die bis zum Jahre 1914 entstanden war, ist mit der Persönlichkeit Bohumir Šmerals (1880—1941) verbunden. Dieser führende Politiker war sich voll der Bedeutung der Theorie bewußt und erkannte, welch große Bedeutung die Entfaltung der marxistischen Geschichtsschreibung für die tschechische Arbeiterbewegung hätte. In seinem Beitrag „Der Marxsche historische Materialismus" (Marxuv dějinný materialismus, 1908) erläuterte Šmeral das Grundwesen der marxistischen Geschichtswissenschaft. In den Jahren 1908—1909 publizierte er dann zwei große Studien zur Geschichte der Arbeiterbewegung, „Materialien zur Geschichte der Arbeiterbewegung in Österreich" (Materialie k dějin dělnického hnuti v Rakousku) und „Die nationale Frage in der Sozialdemokratie bis zum Hainfelder Kongreß" (Národnostni otázka v sociálni demokracii až do sjezdu hainfeldského). Diese Publikation war aktuell-politisch motiviert — in jener Zeit kulminierten die nationalen Konflikte innerhalb der Sozialdemokratie in Österreich. Vom geschichtsfachlichen Aspekt aus bedeuten diese Šmeralschen Abhandlungen die erste historische und marxistisch-analytische Auswertung der zeitgenössischen Arbeiterpresse der Sechziger- bis Achtzigerjahre.

Nach der Gründung der Kommunistischen Partei der Tschechoslowakei, die großen Nachdruck auf die Entfaltung ideologischer Tätigkeit legte, lieferte B. Šmeral mit einer ganzen Reihe weiterer Artikel einen wichtigen Beitrag zur Entfaltung der marxistischen Geschichtsschreibung. Er schrieb Artikel zum 50. Gründungstag der Sozialdemokratie Österreichs, zum 35. Gründungstag des Arbeiterblattes „Svoboda", zum 75. Jahrestag der I. Internationale und zu anderen Themen aus der Geschichte der österreichischen und tschechischen Arbeiterbewegung. Obwohl es sich um Beiträge von bescheidenem Ausmaß handelte, die heute bereits inhaltlich überholt sind, so liegt ihre Bedeutung darin, daß sie offen marxistische Ausgangspunkte für die historische Problematik proklamierten. Einen wertvollen Beitrag für die Geschichte der tschechischen Politik in den Jahren des Ersten Weltkrieges, der bis auf den heutigen Tag seine Bedeutung hat, bildet die kommentierte Edition von Dokumenten über die Tätigkeit des Tschechischen Verbandes (Český svaz) und der politischen Korrespondenz (1924).

Im Jahre 1938, zur Zeit der Münchener Krise, kam B. Šmeral in einer Artikel-Serie, die im „Rudé právo" veröffentlicht wurde, auf die Persönlichkeit des großen tschechischen Historikers František Palacký zurück. Er betonte die Bedeutung dessen Werkes im Zusammenhang mit der Verteidigung des tschechoslowakischen Staates gegen die von seiten Hitler-Deutschlands drohende Gefahr. Trotz mancher kritischer Vorbehalte in bezug auf die ideologischen Ausgangspunkte bezeichnete Šmeral das Werk F. Palackýs als einen dauernden Beitrag auch für die marxistische Geschichtsschreibung.

Von den Vertretern der älteren Generation der Arbeiterpolitiker und -publizisten war es besonders der vormalige deutsche Sozialdemokrat, spätere Kommunist Karl Kreibich (1883—1966), der zu den Mitbegründern der tschechischen marxistischen Geschichtsschreibung zählte. Kreibich verfaßte einige Artikel, Studien und Übersichten, die den tschechisch-deutschen Beziehungen im Jahre 1848, der Geschichte der tschechischen und der deutschen Arbeiterbewegung und der Arbeiterpresse gewidmet waren.

Die Kommunistische Partei der Tschechoslowakei war zum Unterschied von der Vorkriegspartei der Tschechoslawischen Sozialdemokratie für manche junge Intellektuelle ideologisch und politisch sehr anziehend. Bereits in der Zeit der Formierung der Partei entstand in den ersten Nachkriegsjahren in Prag der Marxistische Akademiker-Verein. Hier vereinten sich junge Intellektuelle, die sich marxistisches Wissen angeeignet hatten und die versuchten, auf dieser ideologischen und methodologischen Grundlage die gesellschaftswissenschaftliche Forschung weiterzuentwickeln.

Vor allem war es Jan Šverma (1903—1944), ein juristisch gebildeter Journalist und aktiver kommunistischer Politiker, später im Slowakischen Volksaufstand gefallen, der bemerkenswerte Resultate auf dem Gebiet der marxistischen historischen Forschungsarbeit erreichte. Švermas Studie „Das Jahr 1848 in Böhmen" (Rok 1848 v Čechách, 1938) ist der erste Versuch der tschechoslowakischen Geschichtsschreibung, die Revolutionsjahre 1848—1849 in einer marxistischen Interpretation wiederzugeben. Besonders große Aufmerksamkeit widmete J. Šverma der Darlegung des Standpunktes, den K. Marx im Jahre 1848 dem tschechischen Volk gegenüber eingenommen hatte und verteidigte diesen gegen die ahistorische Beschuldigung der angeblich tschechenfeindlichen Stellungnahme.

An die Resultate dieser Studie knüpfte Šverma mit seiner weiteren Studie „Die tschechische Frage im Lichte des Marxismus" (Česká otázka ve světle marxismu, 1933) an. Von marxistischen Positionen aus werden hier die Entwicklung der tschechischen Politik und die Anschauung in bezug auf die staatsrechtliche Stellung des tschechischen Volkes analysiert. Bei der Darlegung der tschechischen Frage im 19. Jahrhundert zeigte Šverma, auf welche Weise sich die Klassen- und Wirtschaftsinteressen der tschechischen Bourgeoisie in der Politik der tschechischen bürgerlichen Parteien und in deren Verhältnis zur tschechischen Frage widerspiegelten.

Auf die Geschichte der tschechischen Politik im 19. Jahrhundert kam Šverma noch einmal während seiner Moskauer Emigration zurück, und zwar in der Abhandlung „Die slawische Idee in der tschechischen Politik" (Slovanská myšlenka v české politice). Damals, in der Zeit der Hitler-Okkupation und des antinazistischen Kampfes der Sowjet-Armee wollte er aufzeigen, welche Rolle die demokratisch erfaßte slawische Idee in der Geschichte des tschechischen Volkes seit den Zeiten der nationalen Wiedergeburt bis zur Gegenwart gespielt hatte.

Fachlich geschult als Historiker war der Journalist Kurt Konrad — mit eigenem Namen Kurt Beer (1908—1941). Konrad widmete sich besonders der Hussitenzeit, die er vom marxistischen Gesichtspunkt aus behandelte. Seine Arbeiten erschienen während seines Lebens nur teilweise. Sein literarisches Vermächtnis wurde erst Anfang der Fünfzigerjahre veröffentlicht. Der Bürgerkrieg in Spanien inspirierte K. Konrad zum Studium der spanischen Geschichte und faßte die Resultate dann in seinem Buch „Die spanischen Revolutionen" (Španělské revoluce, 1937) zusammen.

Für die tschechoslowakische marxistische Geschichtsschreibung war es wichtig, daß der Marxismus in der Publizistik der Kommunistischen Partei der Tschechoslowakei in der Tagespresse, den theoretischen Revuen und propagandistischen Abhandlungen zum Ausdruck kommen konnte. Die Hauptträger der Geschichtsschreibung waren vor allem geschulte Historiker, die sich an den Hochschulen und Forschungsinstituten geltend machen konnten. Daraus erklärt sich, daß sich hier der Marxismus viel schwerer durchsetzte als auf dem Gebiet der Literaturwissenschaft, der Literatur- und Kunstkritik und anderer Gesellschaftswissenschaften, wo sich auch Nichtprofessionelle betätigen konnten und außerdem Publikationsmöglichkeiten in der kommunistischen Presse bestanden. Der starke Einfluß des Marxismus in diesen gesellschaftswissenschaftlichen Forschungsdisziplinen beeinflußte jedoch auch indirekt die Geschichtsschreibung. Vor allem war es die bedeutsame und ausdrucksvolle schöpferische Persönlichkeit Zdeněk Nejedlýs (1878—1962), der seine Zeitschrift „Var" der jungen Generation von Marxisten erschloß. In dem umfangreichen Werk Nejedlýs, das aus der Überwindung ursprünglich positivistischer Ausgangspunkte hervorgegangen war, kamen Nejedlýs Bemühungen um eine kritische Überwindung des ideologischen und methodischen Erbes der Gollschen Schule und um die Aneignung des Marxismus voll zum Ausdruck.

Im Jahre 1936 — im Zusammenhang mit der Vorbereitung des I. Kongresses der tschechoslowakischen Historiker — trat eine Gruppe junger Historiker, die sich programmatisch zum Marxismus bekannte, an die Öffentlichkeit. Sie gründeten die sogenannte Historische Gruppe, die die Zeitschrift „Geschichte und Gegenwart (Dějiny a současnost) herausgab.

Führende Persönlichkeit dieser Historischen Gruppe war Václav Husa (1906—1965), der an Reife und Fachwissen die übrigen Mitglieder überragte. Im Jahre 1937 veröffentlichte er einen programmatischen Kampfartikel „Die Klassenkämpfe — ein Tabu für die tschechoslowakische Geschichtsschreibung" (Třidni boje — tabu československého dějepisectvi). In diesem Beitrag kritiserte er die Gollsche Linie der positivistischen Geschichtsschreibung, betonte das allseitige Studium der Wirtschafts- und Sozialgeschichte, besonders das Studium der Klassenkämpfe und Revolutionen und forderte eine Revision der tschechoslowakischen Geschichte vom Gesichtspunkt des historischen Materialismus aus.

Diese Prinzipien versuchte V. Husa in seiner Schrift „Die Bauernunruhen in Böhmen 1525" (Selské pozdviženi v Čechách kolem r. 1525) zu realisieren.

Zu dieser Historischen Gruppe gehörten ferner: Václav Čejchan (1904—1973), der sich in seinen Forschungen vor allem auf die Revolutionsereignisse der Jahre 1848—1849 konzentrierte; Josef Charvát (geb. 1904), der die Vorbereitung der Neuerscheinung von Palackýs Werk vorgenommen hatte; Jan Pachta (1906—1980), der Verfasser der Studie „Sozialpsychologie und Geschichtsforschung" (Sociálni psychologie a dějezpyt); Oldřich Řiha (1911—1974), ein Fachmann auf dem Gebiet der Wirtschaftsgeschichte, u. a.

Der vielversprechende Aufschwung der Historischen Gruppe wurde durch die Naziokkupation vereitelt. Erst nach der Befreiung konnten die sich zum Marxismus bekennenden Historiker ihr Schaffen voll entfalten und dort anknüpfen, wo die Entwicklung im Jahre 1938 gewaltsam unterbrochen worden war.

Das historische Schaffen der Mitglieder der Historischen Gruppe liegt an der Grenze zweier Epochen der Geschichte der tschechoslowakischen Geschichtsschreibung. In der zweiten Hälfte der Dreißigerjahre veröffentlichten sie ihre Kritik der bisher absolut vorherrschenden Geschichtsschreibung, die einerseits durch Nationalismus, andererseits durch Positivismus der Gollschen Schule gekennzeichnet war. Für ihr eigenes, auf dem Marxismus beruhendes Schaffen konnten die jungen Historiker nur die ersten Schritte machen. Nach der Befreiung der Tschechoslowakei und besonders nach dem Februar 1948 beherrschte der Marxismus die tschechoslowakische Geschichtsschreibung. Die Mitglieder der Historischen Gruppe, die in den Dreißigerjahren als junge Historiker die Forderung nach einem marxistischen Ausgangspunkt der historischen Facharbeit aufgestellt hatten, konnten nun diese Forderung in ihrem eigenen Schaffen realisieren und gleichzeitig als Lehrer mithelfen, neue Generationen junger Historiker heranzubilden.

Dick GEARY (Großbritannien)

MARX AND THE NATURAL SCIENCES: THE CASE OF KARL KAUTSKY

Karl Kautsky (1854—1938) was the leading populariser of Marxism after the death of Engels, the acknowledged theorist of the world's largest socialist party, the German Social Democratic Party (SPD), before the First World War and editor of the influential theoretical magazine *Die Neue Zeit* from its inception in 1883 until 1917. From the Italian socialists he was accorded the somewhat dubious title of ‚the Pope of socialism'. Much of Kautsky's work consisted in a relatively faithful regurgitation of Marx's central ideas: the theory of surplus value, relative impoverishment, the concentration of capital. In his analysis of the contemporary world Kautsky continued to insist that only a social revolution would rid mankind of exploitation, the class state and periodic crises. Where he was to differ from Lenin and others, of course, was the political form which such a revolution should take. However, what has been claimed about the Kautskyite version of Marxism is not simply that it was untrue to Marx on this or that particular question but also in its general view of historical development. Kautsky is charged with a fatalistic misreading of the master, one which certainly provided a biting critique of existing social arrangements and yet which also said nothing about questions of tactics. Indeed, whenever specific tactical manoeuvres were suggested, as in the mass-strike debate within German Social Democracy in 1905/06 and again in 1910/11, Kautsky tended to produce a mass of arguments which amounted to call for inaction: the SPD was to ‚organize' and ‚educate' the proletariat but for the moment no more than that. Above all it had to wait.

That Kautsky's Marxism thus became a form of ‚passive radicalism' (Anton Pannekoek) is beyond dispute. As early as 1881 Kautsky is to be found saying: ‚Unsere Aufgabe ist es nicht, die Revolution zu organisieren, sondern uns für die Revolution zu organisieren';[1] and this point remained with him. Thus in 1904 Kautsky saw the alternative facing the SPD not as ‚to fight or not', but ‚to prepare for the fight or not'.[2] He believed that

‚Unsere wichtigste praktische Frage ist derzeit noch weit weniger die der Eroberung der Macht, als die Eroberung der Volksmassen.'[3]

Now this position might have been simply one of commendable caution. But the very number of occasions on which Kautsky repeated the same arguments against those who suggested a more active strategy — whether of a reformist kind, as in the case of Bernstein, or of a revolutionary variety, as with Luxemburg — suggests otherwise. What characterised Kautsky's thinking was a degree of caution that bordered upon impotence. Thus in his introduction to the French edition of his critique of revisionism, he wrote:

‚Le devoir de la socialdémocratie consiste, non pas à hâter l'inévitable catastrophe, mais à la retarder le plus possible, c'est-à-dire à éviter avec soin tout ce qui pourrait ressembler à une provocation ou à un semblant de provocation.'[4]

On occasion even August Bebel, who has often been accused of the same ‚fatalistic optimism' or ‚optimistic fatalism', recognized Kautsky's silence on tactical questions: as he said of a series of renowned articles by the theorist in 1903, ‚er hat die Frage, Was nun?' aufgeworfen, aber doch keine rechte Antwort gefunden.'[5] The same could be and was said of a work which was greatly admired by Lenin and which Kautsky wrote in 1909: in *Der Weg zur Macht* Kautsky predicted the onset of increasingly bitter domestic class rivalries, increased imperialist competition and war. For his pains the SPD executive, afraid of the reaction of the Wilhelmine authorities, attempted to prevent publication or to have certain passages removed. Yet this same work said nothing concrete about the actual road to power, contained not a single sentence about revolutionary tactics. This was realised by the lawyer who advised the party leadership on the dangers of prosecution under the press laws:

‚Es ergibt sich daraus meines Erachtens unzweifelhaft, daß es sich in derselben um eine Untersuchung über die Tendenzen handelt, welche den Eintritt der Revolution wahrscheinlich machen und um die voraussichtliche Darlegung der Formen, des Tempos und der Wirkungen derselben, keinesfalls aber um eine Handlung, oder die Aufforderung zu einer Handlung, oder die Vorbereitung zu einer solchen, durch welche die gewaltsame Änderung der Verfassung des Deutschen Reiches, oder eines Bundesstaates, oder der in demselben bestehenden Thronfolge unmittelbar zur Ausführung gebracht werden soll.'[6]

Kautsky's caution became quite clear in the mass-strike debate. As early as 1893 Kautsky had called for a debate on the mass-strike, a tactic he claimed would have a great role to play in the future.[7] In 1905, when precisely such a debate raged within the SPD, Kautsky defended Roland-Holst's book on the general strike against the party executive, attacked those who tried to prevent discussion of the tactic and was instrumental in its support at the 1905 party congress.[8] It soon became clear, however, especially in his altercations with Rosa Luxemburg, that he only envisaged the mass-strike as a defensive weapon, as a last resort. Not only that, but he drew up an enormously long list of preconditions, without which a general strike would be impossible. It could only be successful where spontaneous, where there was general and not simply proletarian discontent, where *all* workers, who had further to be disciplined and united, participated and above all where the regime was already weak. Such, according to Kautsky, was most decidedly not the case in Germany's Second Reich.[9] With such a list of preconditions, it is difficult to see how such a tactic could ever have been contemplated anywhere!

Yet this was not the limit of Kautsky's refusal to contemplate action. Having admitted the theoretical possibility of a mass-strike if the bourgeoisie or the state attempted to dissolve those democratic institutions that provided the SPD with its mass support, he went on to say that the enemy, seeing the inevitability of defeat, might give up without a fight, that a foul policy of repression was bound to fail against the united forces of a class with ‚economic necessity' on its side and that such a policy would in any case lead to state bankruptcy and the dislocation of the German economy.[10] Thus the inevitability of proletarian victory that Kautsky had preached so confidently against the accepticism of Bernstein became an argument for inaction.

This picture of Kautsky as fatalist has to contend with some legitimate objections. In the first place, as Hans-Josef Steinberg has shown, many of the revisionists in the SPD subscribed to an even less dialectical vision of historical evolution, whereas Kautsky did see the necessity for social revolution.[11] Secondly, the Editor of *Die Neue Zeit* did stress the need for *political* action to weld the proletariat into a class. He decisevely rejected the economism of trade union action and did not believe that revolutionary consciousness could be won through purely industrial struggle. Indeed, as is well known, it was Kautsky who prefigured Lenin in the development of the theory of ‚consciousness from without'.[12] At a general level throughout his life he went out of his way to distinguish between ‚fatalism' and the materialistic conception of history. In his vast writings are innumerable statements to the effect that man's conscious action was able to transform his environment, that social laws did not operate with the same iron necessity as those of nature.[13] He was at pains to point out the difference between fatalism and determinism, did not deny that certain fortuitous factors could influence the course of history and claimed that even a single individual could influence social development for decades.[14] At various times Kautsky insisted that Marx had not anticipated the collapse of capitalism through purely automatic economic causes;[15] and he wrote.

‚Wenn man mit dem Begriff der ökonomischen Notwendigkeit operiert, muß man sich vor allem davor hüten, den ökonomischen Prozeß als einen starren Mechanismus aufzufassen.'[16]

Men did make their own history.[17]

Such qualifications were clearly faithful to Marx and obviously cannot be ignored completely. But it must be stressed that in practice, when confronted with concrete demands for action, Kautsky often forgot these very points. We have already seen how ‚economic necessity' intruded to excuse inaction in the mass-strike debate. It did so in other contexts too. Thus it was not necessary for socialists to advocate the overthrow of the Bolshevik régime of the Soviet Union in 1925, a régime Kautsky regarded as both repressive and counter-revolutionary, for ‚objective' economic developments would bring about a change of government.[18] Kautsky was even foolish enough to ridicule the idea of a five-year plan on the grounds of its voluntarist deviation![19] The same (il)logic characterised Kautsky's response to the Nazi seizure of power: in 1934 he believed that for the time being social democrats should concentrate their energies on propaganda and leave the destruction of the fascist régime to inexorable economic laws.[20] Thus when it came to the crunch Kautsky did talk and act as if economic laws could not be transformed by human artifice. The words ‚necessity' and ‚inevitability' appear with astounding regularity in Kautsky's writings and surely indicate the substance of their content.

I take this ultimately fatalistic rendering of Marxism to be a clear deviation from the work of the master, which obviously cannot be gone into here. This does raise the question, however, of why such a version ever gained credence with even a single intellectual, let alone how it became the ideology of a mass movement. To imagine that Kautskyite Marxism was in some way a gratuitous betrayal is both bad history and bad Marxism. It is true that Kautsky's personality may have had something to do with his caution: he was manifestly not a man of action. Indeed, according to his own testimony he even found public speaking difficult. [21] As Bernstein wrote to him,

‚Bei dir ist die wissenschaftliche Arbeit Hauptberuf ... Du dringst von der Theorie aus immer tiefer in dieser ein' — [22]

However, even if Kautsky was temperamentally cautious — some would say cowardly — this would hardly explain why a theory such as his would at least ostensibly hold sway in the counsels of Social Democracy. In fact the theory of passive radicalism made a certain kind of peculiar sense in the constitutional and power-political arena of Wilhelmine Germany. Germany's Second Reich possessed a powerful military machine; but perhaps more importantly those opposed to the SPD were not only to be found — predictably — amongst the ranks of big business and the agrarian élite, but also amongst peasant farmers and white-collar workers, many of whom had been mobilised, or had mobilised themselves, into various *Nationale Verbände* before the First World War.[23] Even without Kautskyite Marxism German Social Democracy would have found itself isolated and impotent before the defeat of 1918. Thus a policy of adventurous activism might well have proved counter-productive. In fact, Kautsky's assessment of the difficulties of revolutionary action in Wilhelmine Germany was not peculiar to him. Parvus, who regularly sided with Rosa Luxemburg, did admit that ‚für Rosa existiert die politische Situation überhaupt nicht';[24] and, according to Trotzky, at least, Lenin thought likewise.[25] Under such circumstances it was difficult to see what precisely German Social Democracy could have done before the First World War that was different. In a sense, therefore, what made sense of Kautskyite Marxism, was the situation in which the SPD found itself.

This was true for other reasons. The combination of radical and reformist elements in German Social Democracy before the First World War also reflected the fact that in many ways the SPD could engage in political activity in the open — unlike, for example, its Bolshevik counterparts — could compete for votes in parliamentary elections and was able to develop massive bureaucratic empire. Such factors obviously made the adoption of an unambiguously revolutionary program difficult, as did the very varied political systems that prevailed in the different *Länder*. On the other hand, various forms of persecution, the fact that the Reichstag was not sovereign and the political as well as social isolation of the SPD[26] all made an avowedly reformist strategy equally inapposite. In a sense the contradictions of Kautskyite Marxism reflected this dichotomy: revolutionary in criticism, silent on revolutionary tactics.

Yet such an explanation of Kautsky's limited — one might even say castrated — brand of Marxism is clearly unsatisfactory, precisely because there were those, like Parvus, Pannekoek, Luxemburg, who, finding themselves in the same situation, nonetheless advocated more direct action and who saw that the consequence of inaction was impotence. What may have excluded any such realisation from Kautsky's mind was the fact that his model of social change, despite some vague remarks to the contrary, was borrowed from the natural sciences — or to be more precise, some crude and positivistic readings of the same.

In the 1870s Kautsky is known to have read Darwin's *Origin of Species* and *The Descent of Man.* Perhaps more importantly, he became acquainted with Haeckel's *History of Creation* (1868) and the works of Ludwig Büchner. Both authors stressed the similarities that characterised organic and inorganic life and that all things, mankind therein included, were subject to natural laws. At this stage Kautsky's knowledge of Marx was minimal — he first read *Kapital* in 1875. But even later, after a much more thorough grounding in the Marxist classics, the natural sciences, and in particular the work of Darwin, exercised a profound influence upon the SPD's leading theorist. Darwin's writings came to Kautsky as nothing less than a ‚revelation', on which he accepted with great enthusiasm.[27] Subsequently he claimed that Marxism had only *modified* his Darwinism; and *Die Neue Zeit* was established to propagate *both* Marxism and a knowledge of Darwin.[28] In his early days, at least, Kautsky regarded Darwin's influential discoveries as significant for the study of human society, as well as nature, and even described social science as ‚ein besonderes Gebiet der Naturwissenschaft'.[29] According to Kautsky Marx's great achievement had been to unite the natural and the social sciences and to recognize the unity of what happened in nature and society.[30]

Again objections can and have been raised against an attempt to explain Kautsky's Marxism in terms of such a reliance on a particular reading of the natural sciences, and especially on the work of Darwin.[31] In 1890 Kautsky himself maintained that Marxism and Darwinism were utterly distinct; and subsequently he attacked those whom he described as ‚darwinistelnden Soziologen'.[32] He insisted that social development had its own particular laws, and that Marxism was a method, not an infallible list of laws that governed the universe.[33] At times he even came close to describing the ‚laws' of social development as mere explanatory hypotheses.[34] But ultimately he did believe that those laws had an objective existence that governed human behaviour. Early Kautsky described the laws of society as ‚Naturgesetze' of a kind that were fundamentally the same as those of nature; and he repeated the point later.[35] Such laws, he believed, could be known with sufficient accuracy to predict the future.[36] And that is why Kautsky could advocate inaction in 1905, 1925 and 1934.

Such an undialectical perception of history has often been related not only to the influence of evolutionary theory on Kautsky but also to that of Engels. According to some — Western — accounts, it was Engels who transformed a vibrant body of dialectical thought into a set of mechanical laws.[37] There can be no doubt that Kautsky was greatly influenced — if not converted to Marxism — by Engels' *Anti-Dühring*[38] and that this is of considerable significance; for in that work Engels had attempted to extend *the* dialectic to the study of physics, mathematics and indeed all branches of the natural and social sciences, as he did also in the *Dialectics of Nature*. Engels not only likened Marx to Darwin but also thought that

‚Marx treats the social movement as a process of social history, governed by laws not only independent of human will, consciousness and intelligence, but rather, on the contrary, determining that will, consciousness and intelligence.'[39]

For Engels the Marxian dialectic had little to do with Marx's concept of *praxis* and man's dynamic role in the transformation of the world; it was simply a general statement of laws which possessed ‚legislative powers with respect to the realm of facts'.[40] And Kautsky would doubtless have agreed that ‚dialectics reduces itself to the science of the general laws of motion, both of the external world and of human thought'.[41] For Engels ‚dialectics' simply meant that ‚everything moves, changes, comes into being and passes away'.[42]

Whether a real conflict exists between such ideas and those of Marx is, of course, the subject of immense dispute. What is certainly true, however, is that some of those who advocated a more *active* socialist strategy did distance themselves from such a ‚scientistic' and ‚positivistic' reading of Marx. On the right Bernstein, obviously influenced by neo-kantianism, drew a clear distinction between ideology and science, and in particular disputed man's ability to recognize laws of social development sufficiently accurately to predict the future.[43] Georg Lukacs, in his earlier writings,[44] and Karl Korsch[45] launched an attack on deterministic Marxism from the left: to apply the method of the natural sciences to the study of society was necessarily ‚bourgeois' in its objective consequences and ignored the transformative role of human praxis. What is far from clear, however, is whether such a ‚scientistic' understanding of Marx *necessarily* implies political quietism. For example, Lenin's general remarks about the nature of social development often and not surprisingly resemble those of Kautsky. He often spoke of the ‚inevitability' of social revolution, of ‚laws' which regulated human action and spoke of the materialist conception of history as a ‚scientifically demonstrated proposition'.[46] And yet there can obviously be no doubt that when confronted by immediate tactical questions, Lenin did advocate specific strategies of *action*. (The same might be said of Luxemburg).

If this is true, it suggests several different things. In many cases different Marxist theories of history are not the prerequisite for successful revolutionary action in one case and failure in the other. Similar views have been used to justify utterly different practices, both successful and unsuccessful. Action, therefore, may be the consequence of opportunity, not of a particular ideology. This further implies that whatever influence evolutionary theory in the natural sciences may have had on Kautsky, it is not sufficient to explain the ‚revolutionären Attentismus' of both his thinking and the political practice of the SPD.

NOTES

1 Der Sozialdemokrat, Zürich, 1881, No. 8, p. 1.
2 Die Neue Zeit — henceforth NZ — 22 (1904), 2, p. 581.
3 Ibid., 1, p. 1.
4 Le Marxisme et son critique Bernstein (Paris, 1900), p. XII.
5 Quoted in Jürgen Kuczynski, Die Geschichte der Lage der Arbeiter unter dem Kapitalismus, pt. I, vol. 4 (Berlin, 1962), p. 171.

[6] Letter from Joseph Herzfeld to August Bebel, 2 March 1909, quoted in Ursula Ratz, ‚Briefe zum Erscheinen von Karl Kautskys *Weg zur Macht*‘ in International Review of Social History 12 (1967), p. 453 ff.

[7] Kautsky to Victor Adler, 26 November 1863, in Friedrich Adler (ed), *Victor Adler. Briefwechsel mit August Bebel und Karl Kautsky*, Vienna, 1954, p. 129.

[8] See Kautsky's introduction to Henriette Roland-Holst, *Generalstreik und Sozialdemokratie*, Dresden, 1905.

[9] Adler Briefwechsel, p. 129; *NZ* 22 (1904), 1, p. 733 f.; *NZ* 23 (1904), 2, p. 439; *NZ* 29 (1920), 2, p. 34; *NZ* 31 (1913), 2, p. 568; *Der politische Massenstreik*, Berlin, 1914, p. 95.

[10] *NZ* 21 (1903), 2, p. 390; 22 (1904), u, p. 657; 25 (1907), u, p. 461; 30 (1912), 2, p. 691; 31 (1913), p. 561.

[11] Hans-Josef Steinberg, Sozialismus und Sozialdemokratie vor dem Ersten Weltkrieg, 2nd, ed, Hannover, 1969.

[12] *NZ* 19 (1902), p. 90 and p. 123; 20 (1902), 1, p. 80.

[13] *NZ* 15 (1897), 1, p. 228; Vermehrung und Entwicklung in Natur und Gesellschaft, Stuttgart, 1910, p. 11; Die materialistische Geschichtsauffassung, vol. I, Berlin, 1927, p. VII and p. 787.

[14] Bernstein und das sozialdemokratische Programm, Stuttgart, 1899, p. 14 f.; Das Erfurter Programm, 4th ed, Stuttgart, 1902, p. 140 f., The Social Revolution, London, 1909, p. 41; Der Weg zur Macht, Hamburg, 1909, p. 36; Die proletarische Revolution, Berlin, 1922 p. 5; Die Gesellschaft (1929), 2, p. 493.

[15] Bernstein, p. 45; Erfurter Programm, p. 105.

[16] Nationalstaat, imperialistischer Staat und Staatenbund, Nürnberg, 1915, p. 17.

[17] Gesellschaft (1929), 2, p. 493.

[18] Die Internationale und Sowjetrußland, Berlin, 1925, p. 12 und pp. 29—35.

[19] Gesellschaft (1931), 2, p. 436 f.

[20] Grenzen der Gewalt, Karlsbad, 1934, p. 44; Kampf. Internationale Revue 1 (1934) p. 9.

[21] Kautsky to Adler, 13 October 1893, in Adler, Briefwechsel, p. 121.

[22] Bernstein to Kautsky, 26 July 1924. Kautsky Nachlaß, Internationale Institut voor Sociale Geschiednis, Amsterdam, KA. DV. 525.

[23] On nationalist leagues and whether they were instruments of elite-manipulation or spontaneous pressure groups see H.-U. Wehler, Das deutsche Kaiserreich, Göttingen, 1973; H.-U. Wehler, Bismarck und der Imperialismus, Cologne, 1969; Hans-Jürgen Puhle, Agrarische Interessenpolitik und preussischer Konservatismus, Bonn, 1966; Richard J. Evans, Society and Politics in Wilhelmine Germany, London, 1978; Geoffrey Eley, Reshaping the German Right, Yale, 1980, and ‚Nationalist Pressure Groups in Germany‘ in Paul Kennedy and Anthony Nicholls (eds), Nationalist and Racialist Movements in Britain and German before 1914, London, 1981.

[24] Parvus to Kautsky, 14 June 1910. KA. DXVIII. 462.

[25] Trotzky to Kautsky, 21 July 1910: ‚Lenin ist der Meinung, daß Sie in bezug auf die Einschätzung des politischen Moments recht behalten‘: KA. DXXII. 168.

[26] For an account of the repressive policies of the Imperial state see above all Klaus Saul, Staat, Industrie, Arbeiterbewegung im Kaiserreich, Düsseldorf, 1974.

[27] Erinnerungen und Erörterungen (Benedikt Kautsky ed), Amsterdam, 1960, p. 214; Das Werden eines Marxisten, Leipzig, 1930, p. 4.

[28] Vermehrung, p. VII; Steinberg, Sozialismus, p. 52.

[29] Erinnerungen, p. 76; *NZ* 1 (1883), p. 73.

[30] Die historische Leistung von Karl Marx, Berlin, 1908, p. 8; Die materialistische Geschichtsauffassung, 1, p. VII.

[31] See in particular Gary P. Seenson, Karl Kautsky, Pittsburgh, 1978 and Steinberg, Op. Cit.

[32] Steinberg, p. 52; *NZ* 3 (1885), p. 108; 13 (1895), 1, 710 ff.; 19 (1901), 2, p. 22.

[33] *NZ* 15 (1897), 1, p. 228; Vermehrung, p. 11; Die materialistische Geschichtsauffassung, I, p. VII.

[34] *NZ* 24 (1906), 1, p. 677; Die Agrarfrage, Stuttgart, 1899, p. VII; Karl Marx' ökonomische Lehren, 12th ed, Stuttgart, 1908, p. 24: ‚Ein jedes naturwissenschaftliche oder gesellschaftliche Gesetz ist ein Versuch, Vorgänge in der Natur oder der Gesellschaft zu erklären.'

[35] Vermehrung, p. 11.

[36] *NZ* 27 (1909), 1, p. 188.

[37] See, for example, Iring Fetscher, ‚Von der Philosophie des Proletariats zur proletarischen Weltanschauung' in: Marxismusstudien 2 (1957), pp. 26—60; Z. A. Jordan, The Evolution of Dialectical Materialism, New York, 1967; George Lichtheim, Marxism. A Historical and Critical Struggle, London, 1964.

[38] Erinnerung, p. 221.

[39] Marx/Engels, Selected Works, vol. I, Moscow, 1962, p. 454.

[40] Z. A. Jordan, Op. Cit., p. 90.

[41] Marx/Engels, Selected Works, 2, p. 387.

[42] Anti-Dühring, Moscow, 1962, p. 33.

[43] See in particular *Wie ist wissenschaftlicher Sozialismus möglich?*, Berlin, 1901.

[44] Geschichte und Klassenbewußtsein, Berlin, 1968.

[45] Karl Korsch, Die materialistische Geschichtsauffassung, Leipzig, 1929, and Marxismus und Philosophie, Leipzig, 1930.

[46] See, for example, Lenin, Selected Works 1, Moscow, 1950, pt. 1, p. 110.

Abdalla HANNA (Syrien)

DIE VERBREITUNG DES MARXISMUS IM OSTARABISCHEN RAUM

Bis zur Mitte des 19. Jahrhunderts dominierten im ostarabischen Raum mit seiner vorkapitalistischen Produktionsweise mittelalterliches Gedankengut und die islamische Lehre.

Mit der Erweiterung der Ware-Geld-Beziehung und der Offensive des europäischen Kapitals begann auch die Vorbereitung der Ideen der französischen Revolution. So begann die Epoche der arabischen Renaissance, die bis zum Ausbruch des Ersten Weltkrieges andauerte. Bis zum Ersten Weltkrieg konnte sich im arabischen Raum die Arbeiterschaft noch nicht als Klasse formieren. Doch die sozialistischen Ideen wurden bereits durch revolutionäre Demokraten verbreitet.

I

1890 veröffentlichte die Kairoer Zeitung „al-Muayid" einen Artikel, verfaßt von „Einem radikalen Sozialisten". Der Anonyme brachte Zitate aus „Das Kapital", propagierte den Kommunismus und griff die Lehre Saint Simons an.

1899 schrieb der in Kairo lebende libanesische Arzt Schibli Schmayil (1860—1917) in der Zeitung „al-Basir" einen Artikel „Über die Klassenkämpfe zwischen den Arbeitern und den Besitzern des Kapitals."

Schmayil war ein Anhänger der Lehre Darwins und der erste namentlich bekannte und bedeutende Propagandist sozialistischer Ideen im ostarabischen Raum.

Bekannt ist sein Artikel aus dem Jahre 1908 über den Sozialismus. Es ist bewundernswert, wie kühn Schmayil seine sozialistischen Ideen unter den Bedingungen des rückständigen Orients propagierte. Farah Antun (1873—1922), ein gleichfalls in Ägypten lebender libanesischer Journalist und Schriftsteller, beeinflußt von Tolstoi, Renan und Marx, machte in seinen Romanen die Klassenteilung der Gesellschaft deutlich und stellte die Moral der oberen und der unteren Klassen dar. Besonders bedeutend sind seine Versuche, die Gedanken von Karl Marx über Mehrwert, Profit und allgemeines Eigentum in arabischer Sprache zu erläutern. Er schrieb: „Wir sagen mit dem Philosophen Karl Marx: Die Betriebe der Nation, ihre Werke, ihre Geschäfte und ihre Ländereien ... dürfen nicht Privateigentum sein. Die Nation soll sie verwalten und die Profite an ihre Söhne verteilen."

1915 schrieb der ägyptische Lehrer Mustafa al Mansuri ausgehend von Engels Arbeit „Entwicklung des Sozialismus von der Utopie zur Wissenschaft“ sein Buch „Geschichte der sozialistischen Doktrinen“.

Ein anderer wichtiger Propagandist sozialistischer Ideen vor dem Ersten Weltkrieg war Nikola Hadad. Er setzte sich vor allem mit den Angriffen der reaktionären muslimischen Geistlichkeit des ägyptischen Scheichs al Taftanasi auseinander.

Die Gedanken dieser genannten Propagandisten und anderer, die heute nicht mehr namentlich zu erfassen sind, fanden bei der übergroßen Rückständigkeit der Bevölkerung und der über alles dominierenden Rolle der Religion vor dem Ersten Weltkrieg nicht den Weg zu breiteren Teilen des Volkes. Sie blieben auf die frühbürgerliche arabische Aufklärungsbewegung beschränkt. Abgesehen von kleinen Gruppen lebender Intellektueller und kleinbürgerlicher Revolutionäre in Ägypten war der Marxismus bis zum Ersten Weltkrieg im ostarabischen Raum unbekannt.

II

Der Sieg der Oktoberrevolution in Rußland, die Gründung der kommunistischen Internationale und die Bildung kommunistischer Parteien in den arabischen Ländern leiteten die 2. Phase der Verbreitung sozialistischen Denkens ein.

Nach der Oktoberrevolution und unter den Bedingungen des antiimperialistischen Kampfes kristallisierten sich die marxistischen Ideen aus dem gesamten progressiven Gedankengut heraus. Dabei ist zu bemerken, daß Marxismus und Leninismus miteinander verbunden waren.

1920 wurde die „Ägyptische Sozialistische Partei“ aus Vertretern der verschiedensten ideologischen Richtungen gegründet. 1922 vollzogen die marxistisch-leninistschen Kräfte nach starken Auseinandersetzungen innerhalb der sozialistischen Partei den Anschluß dieser unter dem neuen Namen „Ägyptische Kommunistische Partei“ an die kommunistische Internationale.

1922 wurde Lenins Buch „Staat und Revolution“ in Ägypten ins Arabische übersetzt. In seinem Vorwort schrieb der Übersetzer Ahmad Rifat: „Lenin wie Marx ... verteidigen den unterdrückten und gequälten Humanismus.“

Nach der Niederlage der ägyptischen Arbeiterbewegung 1924 wurde Bilad al Scham (Syrien, Libanon, Palästina) zum Zentrum der sozialistischen Tätigkeit.

Am 15. Mai 1925 erschien erstmals in Beirut die Zeitung „Al-Insaniya“ (Humanité). Sie war eine Wochenzeitschrift im Dienste der Arbeiter und Bauern und erschien unter dem Motto: „Proletarier, vereinigt Euch!“

1933, im Jahre des 50. Todestages von Karl Marx, übersetzte der Kommunist Halid Bakdasch in Damaskus das Kommunistische Manifest. Die gute und genaue Übersetzung trug dazu bei, daß die marxistischen Ideen unter den Arbeitern und bei den revolutionär-demokratischen Kräften im allgemeinen festen Fuß faßten.

In der Serie „Grundlagen des Marxismus“ wurden mehrere Werke der Klassiker ins Arabische übersetzt und in Damaskus und Beirut veröffentlicht. 1939, direkt vor Ausbruch des Zweiten Weltkrieges, erschien der 1. Teil des „Kapitals“ in Damaskus.

Doch die Verbreitung des Marxismus beschränkte sich nicht nur auf die Übersetzung und Veröffentlichung wichtiger Werke und Dokumente. Viele revolutionäre Intellektuelle waren dabei aktiv. Von ihnen ist besonders Salim Hayata hervorzuheben, der zwischen 1933 und 1935 drei Bücher veröffentlichte. Er hat dazu mehrmals erklärt, daß er den Marxismus als Instrument benutze, um die Ereignisse zu analysieren. In seinem Buch „Rechtloses Abessinien“ (Beirut, Dez. 1935) schrieb er, daß dieses Buch in den unruhigen Nächten der Welt entstanden wäre, beeinflußt von den Inspirationen des Orients und seiner Renaissance, den Ideen von Karl Marx und dem Kampf Abessiniens gegen das Weltkapital.

Eine wichtige Rolle für die Ausbreitung der revolutionären Ideen spielte auch die Zeitschrift „al-Talia“, die in Damaskus von 1935 bis 1939 erschien. In ihr wurden Artikel von Marxisten und anderen linken Humanisten aus den arabischen Ländern und dem Ausland veröffentlicht.

III

Bis Ende der Fünfzigerjahre waren die Kommunisten und ihnen nahestehende Intellektuelle die alleinigen Träger und Propagandisten der marxistischen Ideen.

Die Ausbreitung der marxistischen und leninistischen Ideen war unter den Bedingungen des antiimperialistischen Kampfes und gegen den Widerstand der religiösen Reaktion und der nationalistischen arabischen Kräfte erfolgt. Doch waren bis zu dieser Zeit die Ideen des Panarabismus im ostarabischen Raum vorherrschend.

Nach den großen sozioökonomischen Umwälzungen im Gefolge des Zweiten Weltkrieges nahm der Marxismus einen hervorragenden Platz in den ideologischen Auseinandersetzungen ein. Die Annahme des Marxismus wurde zur Haupterscheinung der Sechzigerjahre. Große Teile des nationalen Kleinbürgertums, das dem Panarabismus huldigte, nahmen den Marxismus insgesamt oder Teile von ihm in ihr Programm auf.

Daraus erklären sich auch die marxistischen Dokumente und theoretischen Schriften der Baathpartei und der Nasseristen. Noch deutlicher waren diese Erscheinungen in der „Bewegung der arabischen Nationalisten“ und ihren palästinensischen Organisationen.

In den Siebzigerjahren kam es zu einem Anwachsen der panislamischen Ideen, die ihren Ursprung im osmanischen Reich vor 1918 hatten. In dieser Zeit gab und gibt es viele Faktoren, die die weitere Verbreitung des Marxismus beeinflussen. Einige, die die weitere Verbreitung und Realisierung des Marxismus hindern, will ich nennen:

— Zahlenmäßige Dominanz der Kleinbesitzenden (Bauern und Kleinbürgertum in den Städten) und ein zähes Festhalten großer Teile dieser Bevölkerung an konservativen Ideen.

— Schwache Struktur der Arbeiterklasse.

— Offensive des Petrodollars, verbunden mit den Ideologien rückständiger Beduinenmonarchien.

— Viele Arbeiter exportieren ihre Arbeitskraft in die Erdölländer wegen der dort sehr guten Verdienstmöglichkeiten und importieren insgesamt hohe Geldsummen in ihre Heimatländer, die die sozialen Probleme verschleiern helfen und dem Konsumationsdenken Vorschub leisten.

— Formierung der parasitären Schichten, die den Staatsapparat beherrschen und es oft verstehen, fortschrittliche Errungenschaften zu lähmen.

— Geheime oder offene Unterdrückung sozialistischer Ideen in einigen Ländern des ostarabischen Raumes.

Joop MORRIEN (Niederlande)

MARX AND THE NETHERLANDS — THE DUTCH MARXIST SCHOOL

„Men make their own history but they do not make it just as they please; they do not make it under circumstances chosen by themselves, but under circumstances directly encountered, given and transmitted from the past.“ So wrote Karl Marx in „The Eighteenth Brumaire of Louis Bonaparte“ in 1852.[1]

He did not mean it directly to his own life, but for him at the time and for us now, I would say, these words are of great truth. We did not and could not choose the circumstances of our lives, which are quite different from the 19th century's. For me as a member of the Communist Party studying history and writing about it, I hope to contribute to making future. For me that is in a sense discussing the past, in this case, Marx's past and his intellectual and political labour, with emphasis on his views about development of society.

Marx in his famous „Introduction to the Critique of Political Economy“ in 1859 wrote: „Frederick Engels, with whom since the appearance of his brilliant sketch on the criticism of the economic categories (in the Deutsch-Französische Jahrbücher) I maintained a constant exchange of ideas by correspondence, had by another road (compare his The Condition of the Working Class in England) arrived at the same result as I, and when in the spring of 1845 he also settled in Brussels, we resolved to work out in common the opposition of our view to the ideological view of German philosophy, in fact, to settle accounts with our erstwhile philosophical conscience.“[2]

And Engels, later in his Note to the preface to the German edition of the Communist Manifesto in 1890 — seven years after Marx's death — submits: „This proposition [materialist interpretation of history] which, in my opinion, is destined to do for history what Darwin's theory has done for biology, both of us had been gradually approaching for some years before 1845. How far I had independently progressed towards it, is best shown by my ‚Conditions of the Working Class in England'. But when I again met Marx at Brussels, in spring [of] 1845, he already had it worked out, put it before me in terms almost as clear as those in which I have stated it here.“[3]

As Marx and Engels directly participated in daily political life, their statements are also often dictated by the existing political situation and as such often superseded by the actual development of events. Their principal and strategic conceptions, however, can give insight into and understanding for their revolutionary period and can be considered a source for study and experience in our days. The capricious course of history in a number of cases took another turn than could be predicted or foreseen at the time. Being here in what once was part of the Austro-Hungarian Monarchy and of the complicated geographical condition in Central Europe I will point to the foundation of independent states inhabited by Slavic peoples. Marx and Engels in their time ironically wrote about „historically not existing nations“ without any future. But the Czechs, Yougoslavs, and others proved to be Slavic peoples with a future and ability to form own nations and states.[4]

Marx as an historian published only a few studies, but in a number of works he made historical analyses or references to generally reliable historical sources. In the 17th century the Netherlands revolted with success against Spain thus becoming a leading capitalist nation and democratic republic. Industry and commerce flourished, but were chiefly based on colonial monopoly. In his *Kapital* (vol. I) Marx gives a penetrating description of the history of the colonial administration of Holland and of the Dutch situation. He writes: „The colonial system ripened like a hot-house, trade and navigation. The ‚societies Monopolia‘ of Luther were powerful levers for concentration of capital. The colonies secured a market for the budding manufactures and due to the monopoly of the market wealth accumulated. The treasures captured outside Europe by undisguised looting, enslavement, and murder floated back to the mother-country and were there turned into capital. Holland which first fully developed the colonial system in 1648 stood already in the acme of its commercial greatness. [Holland] was in almost exclusive possession of the East Indian trade on the one hand and commerce between the South-East and the North-West of Europe on the other. Its fisheries and marine manufactures surpassed those of any other country. The total capital of the Republic was probably more important than that of all of Europe put together. Gülich forgets to add that by 1648 the people of Holland were more over-worked, poorer and more brutally oppressed than those of all the rest of Europe put together.“[5]

Although a minor state in Europe, the Netherlands was also in the imperialist stage of capitalism a colonial power of the first order. In 1914 the Dutch Marxist Herman Gorter wrote in a pamphlet translated in German and English that „colonial policy is always carried out by means of robbery and plunder, murder and the most terrible exploitation“.[6] Dutch colonial power at the turn of the century vested its power over the whole of the Archipelago and established „The Dutch East Indies“. The colonial authorities propagated a „mission of civilisation“ and economic necessity which was unmasked among others by Gorter's pamphlet. He had studied Marx and written about „Historical Materialism" in order to explain to the workers the essence of Marxism and to arm them with a scientific outlook. With Anton Pannekoek, Henriette Roland-Holst, Van Ravesteijn, Wibaut, Saks, Wijnkoop, Frank van der Goes and others Gorter belonged to the socalled Dutch Marxist School. This „School" has been of great importance to the development of Marxist thinking in the Netherlands and being rooted internationally on the eve and during the First World War it played a role in Indonesia.

Marx has been in the Netherlands long before Marxism arrived. He had established many connections there and had family members living in our country whom he frequently visited. As a boy of 17 he had spent a holiday in the town of Nijmegen with his mother's relatives. He could read Dutch, and two of his sisters had married Dutchmen. Being a passionate and outstanding letter writer he dispatched his letters also from Holland. While travelling in a tow boat in 1843 he wrote a famous letter to Rüge dealing with „national pride" and „national shame" as well as Dutch and German citizenship.[7] I mention the tow boat in order to stress once again how rapidly and profoundly society developed. In the town of Zaltbommel there is the house where Marx spent many weeks with his uncle, the banker Lion Philips. The house is still there and it displays a plaque with following inscription: „In this house were born the brothers Gerard and Anton Philips on 9. 10. 1858 and 14. 3. 1874 [respectively], the founders of the Philips-Combine in Eindhoven employing 400.000 people in more than 60 countries. This plaque is unveiled on the 100th birthday of Anton Philips by his nephew of the same name." Men is not free to choose the family to be born in, but it is certainly ironic that an enterprise of so close a relative became a paragon sample of capitalism which was the subject of Marx's main theoretical work and which he so vigourously fought against.

The far most important visit to the Netherlands of both Marx and Engels was in 1872 for the congress of the (First) International at the Hague. This was the largest and most representative Congress of the First International, and in effect, its last. Journalists came from many countries and were forced to draw on their imagination for stories since they were not admitted to the private sessions. Secret-police agents of Germany, Austria-Hungary, Russia, France, Belgium and, of course, the Netherlands were present doing their best to discover the identity of the delegates and what they were saying. In the Netherlands a petition forbidding the entire congress had failed. It is generally known that the discussion focused on anarchism and, what I will call now for convenience, Marxism. As the instrument for gaining power and as a means of the political struggle of the workers the congress chose the political party.

After the congress closed most of the delegates went to Amsterdam to take part in a public meeting organized by the Dutch Council of the International. It was one of the rare occasions where Marx addressed a public meeting. He laid emphasis on the lessons of the Commune thereby showing that the organisation of the proletariat and of international solidarity were essential for victory. According to Marx the aim of the struggle was to win political power and create a classless society. As he put it: „But we did not maintain that the ways towards the goal are quite the same. We know that one should reckon with the institutions, the morals, the traditions of the various countries and we do not deny that there are countries like America, England and if we were more acquainted with your institutions, I would perhaps add Holland, where the workers could reach their goal by peaceful means."[8]

There exist no minutes of the speech, and the words were taken from press reports. Later these words became an issue of debate. As I see it, there's no denying that the circumstances in various countries differ and that each revolutionary movement has to study its own peculiarities and trace its own route. Marxist thought became the domineering ideology in the socialist working-class movement, but from that very moment severe discussions started about the interpretation of Marxism in the Netherlands as in other countries. In 1882 the Social Democratic League (S. D. B.) was founded at the inspiration of Domela Nieuwenhuis, translator of parts of The Capital and correspondent with Marx and Engels. A supporter and admirer of Marx for many years, he became more and more an anarchist. The Social Democratic Labour Party (de SDAP), founded in 1894, was the product of a split within the SDB. Seeking to dissociate social-democracy from the anti-parliamentary mainstream within the League, the new party regarded itself Marxist and emerged from the 1896 London Congress of the Second International as a section of the International. Within the Dutch social-democracy the term „Marxist" was heavily debated and especially around the monthly „De Nieuwe Tijd" (The New Time) appeared what developed as the „Dutch Marxist School". In a preface (1896) Frank van der Goes wrote: „‚De Nieuwe Tijd' will be the magazine in which the principles, embodied in the programm of the Social Democratic Labour Party in the Netherlands, will be elucidated in another way as is possible and desirable in a weekly. So without being a party organ, it can be beneficial to its endeavours, especially among workers, who want more from the socialist press than a purely propaganda paper can supply." Articles should be published under the „exclusive responsibility" of the authors.[9]

By 1900 the editorial board of „De Nieuwe Tijd" was coalescing into a left-opposition bloc. In some respects authors tended to define Marxism in terms of a position taken by Karl Kautsky, taking into account Dutch reality. They maintained close ties with German social-democrats and later on there was a process of shifting towards the Rosa Luxemburg grouping. Both, SDAP leader Troelstraz's role in the 1903 railway strike action and the Russian revolution of 1905, intensified the debate. A new opposing faction emerged, led by Wijnkoop, Ceton, and the historian Van Ravesteijn. They published the weekly „De Tribune“ (The Tribune), and the group is often referred to as the Tribunisten (Tribunists), who in 1909 following a more or less forced expellation founded the „Social Democratic Party of the Netherlands“ (SDP).

Sometimes the SDP is wrongly said to have remained unrecognized by the Second International. Although it did not join the latter as a section, the SDP was affiliated and its representatives participated in international congresses. From these years dated the acquaintance of Wijnkoop, Gorter, Henriette Roland-Holst and others with Lenin. The SDP attracted international attention after the outbreak of the First World War, when — unlike most other parties of the Second International — it branded that war as imperialistic, supported the idea of fighting the own governments to end the war and to stimulate a socialist revolution.

The SDP made a principled stand against Dutch colonial rule and stood up for the independence of Dutch colonies. In my judgement that is one of the most striking points of Dutch Marxist School and of applying Marxist thought to a specific situation. The 1901 program of the Social Democratic Labour Party did not reject the colonial system, but envisaged its development with a program for colonial reform and preparation for self-government.[10] At the SDP congress in Leiden in June 1914 the SDP-members demanded: „Indonesie, los van Holland“ (Secession of Indonesia from the Netherlands).[11] As Herman Gorter wrote in the same year:

„1. Protest against colonial violence and exploitation. 2. Action in defence of the natives and for their liberation as long as they are too weak for revolutionary action. 3. Support of any revolutionary action on part of the natives assisting them in their struggle for political and national independence the very moment they begin revolutionary activities.“[12]

In May 1914 Dutch members of both the SDAP and the SDP founded the ISDV in Indonesia — de Indische Sociaal Democratische Vereniging (Indies Social Democratic League). It was the first Marxist organisation in Asia with a growing membership of Indonesians in which both wings of Dutch social-democracy played an active part, until in 1917 the right wing withdrew.

In 1920 the ISDV changed its name into Communist Party of Indonesia (PKI). The solidarity between Dutch and Indonesian revolutionary Marxists had laid a basis for common struggle and established ties between communist parties in a suppressing country as well as in a suppressed one. For the Durch Marxist School the words of Marx, viz. „A people suppressing another people cannot really be free“, had been a guideline.

In their days the Dutch and Indonesian Marxists had no attention for the conception of both Marx and Engels concerning the Asiatic mode of production. The land problem in Indonesia is a complicated one, partly the result of feudal remnants, village communities, princedomes and socalled adat-regulations (customary law), which differ in each part of the big archipelago. Dutch scholars and specially educated officials did research on adat-regulations and land-propriety seeking to establish collaboration between colonial imperialist rule on the one hand and feudal princes as well as landlords on the other. At the end of the 19th century a special law was adopted to grant land to foreigners for planting sugar, coffee, tea etc. Angry farmers on Java put up resistance by burning down sugar-cane fields. The village situation started to change a bit when money-goods-household penetrated. Landless peasants remained as land-less as they were before and concentration of land in the hands of landowners continued.

The early Marxist movement in Indonesia did not elaborate a specific vision on that specific economic social relations. It was only in the late fifties that Indonesian revolutionaries started thorough research on the complicated conditions in the countryside. Very interesting has been the Marxists' approach to the Islamitic movement in Indonesia. During the awakening of Indonesian nationalism smooth cooperation between ISDV/PKI and the Sarekat Islam (Islam Association) developed. Van Ravesteijn in a lecture about the „Eastern Problem“ (November 1922, Moscow) pointed out the economic and political demands of the Islam movement. It is not clear if he had knowledge of some remarks of Marx and Engels concerning the Islam revolt in Arabia.[13]

In Indonesia later on the relations between right wing Islam and communists and revolutionary nationalists aggravated, but a thorough study of Islam movements in the light of historic development should be very important.

Frankly speaking, the Dutch Marxist School as a specific phenomenon in Dutch working-class history did neither nationally nor internationally get the attention it deserves. As for the Netherlands this is due to some reasons: on the one hand, for a long time the Communist Party did not stimulate its members into studying that part of history, all the more so as certain views of the Dutch Marxist School were considered sectarian and (after 1935) a hindrance to approaching social-democracy. Moreover, in the mid-twenties leaders such as Gorter, Pannekoek, Henriette Roland-Holst came for various reasons into conflict with Lenin. On the other hand, working-class history had been chiefly dealt with in memory-literature by social-democratic leaders (Troelstra, Vliegen, Oudegeest) who had not the slightest intention to give a real account of the representatives of the Dutch Marxist School.

After 1945 and especially in the last years we witnessed a growing interest by Dutch historians and students. Some special books have been published and the Institute of Political and Social Research (IPSO) introduced the periodical Cahiers about the history of the communist party.[14]

For quite a long time there has been no real theoretical debate within the communist party about the value and the lacunae of Marxism for analysing history, it figured in the Marxist-leninist variant as a political and organisational concept for the practice of the party. The communist party has a broad history — struggle against colonialism and fascism and brave resistance during the German occupation — but no comprehensive studies were done in that area and history was made dependent on political conjuncture. Neither was there an active debate between Marxism and other progressive conceptions of history in the light of marxist practice and theory.

There is an effort to change that situation and with IPSO we want to play a part in it. For us in the Netherlands, we are lucky to have in Amsterdam the International Institute of Social History (IISG) which holds a vast assemblage of original papers and publications of Marx and Engels and their companions thus enabling us to consult the institute archives for the interpretation and reinterpretation of documents, writings, and personal correspondance. Meanwhile, discussions arose among historians whether one should concentrate on documents, resolutions and leading articles in writing history or focus on the miserable life and the struggle of common working people. Do documents say enough about a certain stage of history and can we get a glimpse at the circumstances in which they were adopted? Is history not to help „laymen" to get a sharper insight in themselves and in the problems of this time? Not, of course, by just handling quotations. Sometimes it is necessary to prove a point of view or to elucidate what Marx meant or could have meant. Nevertheless, transporting statements from one period to another remains precarious.

In discovering economic laws of development Marx not only described the past but looked upon the future doing that detached from speculative questionary. In a letter of 1881 Domela Nieuwenhuis asked Marx „Suppose, you were called to be the head of the government, what would be your first work to free (liberate) the poor people." Replied Marx „What one at a certain given moment in the future has to do depends of course fully upon the given historical circumstances. The question, however, is put forward in the void of air, so he puts in fact a would-be problem in which the only answer can be the critic for the question itself. We cannot solve equation when the elements of its solution are not enclosed in its data."[15]

NOTES

1 Karl Marx: De achttiende Brumaire van Louis Bonaparte. Tweede verbeterde druk. Pegasus 1970. Blz. 19.
2 Karl Marx: Bijdrage tot de kritiek op de politieke economie. Pegasus 1979, Blz. 8.
3 Karl Marx: Het Communistisch Manifest. Vijftiende verbeterde druk. Pegasus 1975. Blz. 27. The preface appeared also in the 1890 German edition.
4 Among others: F. Engels: „Der demokratische Panslawismus". MEW. Band 6, Dietz Verlag, Berlin 1975. S. 270. Also: J. Morrien: Natie en Nationale onafhankelijkheid. Pegasus 1978.
5 Karl Marx: Het Kapitaal — een kritische beschouwing over de economie Unieboek BV 1980. Blz. 588.
6 H. Gorter: Het imperialisme, de wereldoorlog en de sociaal-democratie. Derde verbeterde druk. Brochurehandel SDP. 1914. Blz. 12.
7 Brief an Rüge in „Deutsch-französische Jahrbücher". „Op de trekschuit naar D. in maart 1843". Pegasus 1975. Blz. 33.
8 Quotation from French magazine „La Liberté" — 15. September 1872.
9 De Nieuwe Tijd 1896. No. 1. „Vooraf". Signed v. d. G.
10 De Nieuwe Tijd 1901 publiceerde het program.
11 De Tribune 27 Juni 1914. Report about the congress. Also: J. Morrien: Indonesie los van Holland. Pegasus 1982.
12 H. Gorter: Het imperialisme, de wereldoorlog en de sociaal-democratie. Blz. 14.
13 De Oostersche Kwestie. Referaat uitgesproken op het Wereldcongres der Kommunistische Internationale gehouden in Nov. 1922 door W. van Ravesteijn. Brochurehandel Kommunistische Partij in Nederland.
14 Cahiers over de geschiedenis van de CPN No. 9 — Mei 1980 — was specially dedicated to the SDP.
15 Letters published in „Politiek en Cultuur" 1935.

Lajos VARGA (Ungarn)

ÜBER DIE MARX-INTERPRETATION DER SOZIALDEMOKRATEN DES JAHRHUNDERTBEGINNS IN UNGARN

Die ungarische Sozialdemokratie zu Anfang dieses Jahrhunderts hat nicht nur das auch zahlenmäßig stark anwachsende ungarische Proletariat zu einer selbständigen, organisierten politischen Kraft gestaltet, sondern wurde auch zu einem bestimmenden Faktor des verschiedentlich orientierten Lagers des demokratischen Fortschritts. Neben dieser mit historischem Maße bewertbaren Leistung des gesellschaftlichen und politischen Lebens hat die Sozialdemokratische Partei Ungarns [MSZDP] auch im politischen, historischen Denken des zeitgenössischen Ungarn neue Grundlagen gelegt. Diese Erneuerung der Weltsicht bedeutet nichts anderes als die Einbürgerung, Verbreitung, Darlegung, Deutung des Marxismus und bildete den Anfang seiner mit den Verhältnissen von Ungarn zusammenhängenden Interpretation.

Die Bekanntmachung der Lehre von Marx in Ungarn fiel auch schon in den Anfangszeiten vorwiegend der Partei der Arbeiterschaft zu. In der dem Ersten Weltkrieg vorangehenden Epoche hatten in Ungarn die offiziellen oder inoffiziellen Betreiber der Gesellschaftswissenschaften den Marxismus bei ihrer weitläufigen Tätigkeit in sehr geringer Zahl und in sehr geringem Maße angewendet. Die Lehren von Marx wurden von ihnen nicht verstanden beziehungsweise simplifiziert gedeutet. In der Arbeiterbewegung von Ungarn waren, verglichen mit ihrer politischen Rolle und ihrem politischen Einfluß, unverhältnismäßig wenige Intellektuelle, obwohl sich ihre Rolle seit dem Beginn unseres Jahrhunderts erfreulich verstärkte. Das heißt, die potentiellen Theoretiker der Bewegung waren zur Befriedigung der unausbleiblichen Bedürfnisse der täglichen politischen und Werbetätigkeit genötigt, was einen bedeutenden Teil ihrer Zeit und ihrer Energie in Anspruch nahm, daher konnte eine anspruchsvollere, sich vertiefende Forschung und Analyse ihrerseits nur partiell erfolgen. Der größere Teil der Werke mit theoretischen Ansprüchen trägt, teils auch deswegen, einen deskriptiven, publizistisch-populärwissenschaftlichen Charakter; sie waren unmittelbar mit einem konkreten Ereignis oder einer konkreten Erscheinung der Landespolitik verbunden, und so wurden sie auch mit einem direkten Anspruch auf Aktualität verfaßt. Dies alles ist zugleich auch ein Zeichen dafür, daß in Ungarn sich selbständig keine eigene charakteristische Strömung der sozialistischen Bewegung (z. B. Revisionismus oder Bolschewismus; Austromarxismus oder Syndikalismus) herausgebildet hat. Diese später charakteristisch wahrnehmbaren Wesenszüge zeigten sich schon bei den Anfängen im XIX. Jahrhundert, als es zur Darstellung einiger grundlegenden Lehrsätze von Marx kam.

Durch die nunmehr organische Verbundenheit der Theorie — der materialistischen Deutung der Geschichte — mit der Praxis — dem auf wissenschaftlichen Grundlagen basierenden Klassenkampf — wurde die Lehre über die Ablösung der kapitalistischen oder im weiteren Sinne Klassengesellschaft auf ein reales Fundament gesetzt. Die theoretischen Äußerungen der Sozialdemokratischen Partei Ungarns [MSZDP] Anfang dieses Jahrhunderts — z. B. das Parteiprogramm von 1903, die Diskussion über das Programm — ließen keinen Zweifel über die Marxsche Interpretation des Klassenkampfes. Ernö Garami, eine führende Persönlichkeit der Partei, stellte in einigen seiner vom Anfang des Jahrhunderts datierten theoretischen Artikel und in seiner Marx-Biographie fest, daß die Reformarbeit der Partei für keinen Augenblick einen Verzicht auf die letzten Ziele der Bewegung: auf die Abschaffung des Privateigentums der Produktionsmittel, auf die Abschaffung der kapitalistischen Gesellschaftsordnung, bedeute. Die demokratischen Rechte „können niemals Ziele, sondern immer nur Mittel des Klassenkampfes der Arbeiter sein" — konstatierte Zsigmond Kunfi im Mai 1918 in seiner Studie über Marx — „der um die Eroberung der politischen Macht geht, also um den Ausschluß von dem Besitze der Macht der Klasse, die zur Gewährung dieser Rechte und Freiheiten gezwungen war." (Kunfi Zsigmond: Egy élet tanulságai: Marx. [Lehren eines Lebens: Marx] Zeitschrift „Szocializmus", Mai 1918.) Mit anderen Worten, jedes kleine Teilereignis — so klang die Argumentation — bedeutet eine Annäherung an das ferne Endziel. Der revolutionäre Charakter der Arbeiterklasse wird nicht durch die angewandten Mittel (Kunfi macht auch darauf aufmerksam, daß Marx keineswegs zu jenen gehörte, die die Gewalt nur zu Kriegszeiten anerkannt hatten), sondern durch das große Vermächtnis der historischen Entwicklung: dem Endziel bestimmt. Aber in Beziehung mit dieser Frage erhebt sich schon die evolutionistische Interpretation der Entwicklung, die Klarlegung der Zusammenhänge zwischen Reform und Revolution, Vaterland, Nation, Internationalismus, die zeitgenössische Aktualität des Marxismus.

Das MSZDP-Programm von 1903, welches auf der Grundlage des vom Geiste des Marxismus befruchteten Erfurter Programmes bearbeitet wurde und dessen Hauptgrundsätze bis 1948 gültig blieben, zeugte nicht nur von der ideellen-theoretischen Entwicklung der sozialistischen Bewegung in Ungarn, sondern es popularisierte auch die marxistische Geschichtsauffassung in weiten Kreisen. Es verkündete die Notwendigkeit der Eroberung der politischen Macht, einer Eroberung, die durch Brechung des Widerstandes der herrschenden Klassen verwirklicht werden kann. Zur Methode der Erkämpfung der politischen Macht gab das Programm keine eindeutige Antwort und konnte auch keine solche geben, dadurch hielt es die Anwendung sowohl von friedlichen als auch von gewaltsamen Methoden für möglich. Man interpretierte die Reformen als einen unentbehrlichen Teil des gesellschaftlichen Umschwungs, obwohl die MSZDP bestrebt war, die politischen Voraussetzungen des friedlichen Übergangs zum Sozialismus ohne größere Zusammenstöße, durch notwendige und häufige Anwendung des Stimmrechts, des Parlamentarismus, der Massenbewegungen, der Generalstreiks und durch umfassende soziale Reformen, durch Stärkung der Positionen der Arbeiterklasse zu erschaffen.

Der evolutionistische Standpunkt der politischen Entwicklung wurde durch die wirtschafts-deterministische, an Karl Kautsky erinnernde, aber auch ihn vereinfacht deutende Auffassung der historischen Notwendigkeit fundamentiert und verstärkt.

Die wirtschafts-deterministische Auffassung — die bemüht war als der wahre, der wissenschaftliche Marxismus aufzutreten — hat auch die Klassenverhältnisse der heimischen kapitalistischen Gesellschaft einseitig dargestellt. Sie vereinfachte den Prozeß des Untergangs der Klein- und Mittelbetriebe, und dadurch sah sie in der gewaltigen Menge der Kleinbesitzer bloß den künftigen Proletarier, sozusagen auch damit die bipolar dargestellten Klassenverhältnisse bestätigend. Daher konnte diese mechanistische Auffassung die verwickelten und komplizierteren gesellschaftlichen Widersprüche nur teilweise erschließen. Diese Anschauung — die in der Leitung der MSZDP und einiger Gewerkschaften zahlreiche Befürworter hatte — hat die inneren Widersprüche der kapitalistischen Produktionsweise, die zum Umsturz der kapitalistischen Gesellschaft unerläßlichen objektiven Voraussetzungen dermaßen überschätzt, daß sie der automatischen Katastrophentheorie nahe kam.

Der Wirtschaftsdeterminismus führte objektiv zur Unterschätzung der politischen Aktivität und der selbständigen Handlung, hie und da zu ihrer Lahmlegung. Die fatumartige Überbetonung der wirtschafts-deterministischen Auffassung der historischen Notwendigkeit schmälert die Entfaltung und Ausbreitung des zur Handlung bereiten Individuums, der die Initiative ergreifenden Organisation und Bewegung. Die wirtschafts-deterministische Auffassung birgt in sich die Gefahr der Versachlichung, der Verdinglichung der aktiven Bewegung und kann in der politischen Praxis die ideologische Basis des politischen Reformismus sein. Die praktische Bewegung erzielte aber auch trotz dieser Auffassung beträchtliche Ergebnisse in ihrem Kampf gegen die kapitalistische Gesellschaft.

Es ist zu bemerken, daß das theoretische Sich-nach-Kautsky-Richten in vielen Fällen mit einer gewissen Toleranz für Bernstein, respektive für den Revisionismus einherging. Garami selbst schrieb 1908: „Wie das Wort ‚Marxismus‘ ein unbestimmter Ausdruck ist, ebenso unbestimmt ist der ‚Revisionismus'. Es ist unmöglich festzustellen, wo der eine beginnt und wo der andere. Unmöglich auch schon deshalb, weil auch die scheinbaren Grenzlinien sich ständig verschieben." (Garami Ernö: Revizionizmus. [Revisionismus] Zeitschrift „Szocializmus", Nr. 11. Jahrg. 1908/1909. — A Magyar Munkásmozgalom Válogatott Dokumentumai. [Ausgewählte Dokumente der Ungarischen Arbeiterbewegung.] Band 4/A, S. 246., Budapest, 1966)

Der Evolutionismus des politischen Reformismus hat sich da geirrt, als er — eben im Gegensatz zur Marxschen Deutung der Dialektik — die vierteljahrhundertelange Entwicklung der kapitalistischen Wirtschaft und Gesellschaft vor dem Ersten Weltkrieg absolutierte. Zu der als fest scheinenden Praxis des politischen Reformismus hatte die Stabilität der kapitalistischen Wirtschaft, ihre noch mehr oder weniger in die Höhe steigende Entwicklungsperiode, ihre Konjunktur eine Möglichkeit geboten, und als diese Möglichkeit verging, geriet auch der Reformismus in eine Sackgasse.

Jenö Varga, der marxistische Volkswirt, später von Weltruf, hatte in den Vorkriegsjahren die prinzipiellen Schranken der sich in verschiedenen Parteiforen regelmäßig zeigenden dogmatischen Deutung des Marxismus erkannt. Schon damals wurde er als Volkswirtschaftsexperte der MSZDP betrachtet, in seinen vielfältigen und weitläufigen Studien, Büchern erschloß er auf einem hohen theoretischen Niveau unter anderem die neuen Erscheinungen des Monopolkapitalismus. Seine wirtschaftshistorischen, wirtschaftstheoretischen Werke waren zugleich solche Schriften, die sich mit dem politischen Kampf am engsten verbanden. Die zusammenfassende Konklusion seines Werkes „A magyar kartellek" (Die ungarischen Kartelle/1912) lautet: „Die von den Kartellen und Trusts geschaffenen riesigen Produktivkräfte darf man nicht zurückentwickeln, wie das die reaktionäre kleinbürgerliche Auffassung meint, sondern man soll die Verfügung den Händen des zahlenmäßig winzigen Kapitalistenheeres entnehmen und die riesigen Produktivkräfte zugunsten der ganzen arbeitenden Volksgemeinschaft nutzbar machen. [...] Der Kartell-Kapitalismus muß, zusammen mit der ganzen bürgerlichen Gesellschaft, zunichte werden."

Jenö Varga mystifizierte nicht die Überlegenheit des Großbetriebes in der Landwirtschaft, obgleich er sie auch nicht in Frage gestellt hat, er konstatierte die Zunahme der Zahl der Kleinbetriebe, aber er verwies auch auf die anwachsende Pauperität. Er brach mit der doktrinären Auffassung, die in der Bauernschaft entweder den künftigen Proletarier oder den Dorfbourgeois sah. Er gab sich damit nicht zufrieden, daß man die Dorfagitation nur auf die Landarbeiterschaft erstreckte. Er machte auch darauf aufmerksam, daß die Arbeiterschaft ohne die Bauernschaft nicht imstande sein wird, die Herrschaft der Ausbeutung zu stürzen. Jenö Varga unterstützte, von der Basis der dauerhaften Bündnispolitik mit der Bauernschaft ausgehend, auch in Hinsicht auf die Erfordernisse des unerbittlichen Kampfes gegen den Großgrundbesitz die großgrundbesitzfeindliche Bewegung der Bauernschaft, die Bodenverteilungsbestrebungen inbegriffen. Er war der Meinung, daß der Rückgang des Großgrundbesitzes den Rückgang der politischen Macht der Großagrarier und den demokratischen Fortschritt mit sich brächte. Dies alles hatte im damaligen Ungarn eine große Bedeutung.

Zsigmond Kunfi, die Lehren des Krieges und der unter friedlichen Verhältnissen geführten reformistischen Politik analysierend, formulierte eine Neudeutung des politischen Kampfes, als er die Vorbereitung der Massen auf die Übernahme der politischen Macht zur Aufgabe setzte. Er meinte, daß in dieser Vorbereitung die Kritik der kapitalistischen gesellschaftlichen und Staatsordnung eine viel größere Bedeutung habe, als die momentanen Teilreformen. In der gegebenen Lage — im Frühling von 1918 — inmitten der Kriegskrise, ist die unmittelbare Vorbereitung der Eroberung der Macht aktuell geworden.

Ervin Szabó, an dessen „marxistischer Schule“ eine ganze Generation, vor allem der sozialistischen ungarischen Intellektuellen, aufwuchs und den György Lukács „geistigen Vater von uns allen“ nannte, empfand schon seit 1903 die sich auf den Wirtschaftsdeterminismus gründende Darlegung des Marxismus als ungenügend. In seinen Büchern, verschiedenen Schriften, in seinen zur zweibändigen Marx-Engels Auswahl geschriebenen Notizen wandte er sich entschlossen gegen die als marxistisch kanonisierte dogmatische Orthodoxie, gegen den den Marxismus „überprüfenden“ Revisionismus, gegen den politischen Reformismus. Ervin Szabó betrachtete den Marxismus nie als irgendeine abgeschlossene Wissenschaft, in der ewige Rezepte zu finden seien. Er hielt allerlei Dogmatismus dem Marxismus fremd und wandte das Wesen der Marxschen Methode in der konkreten Untersuchung der Gesellschaft, der Wirtschaft an. Das bedeutete zugleich, daß er auch ein ständiger und sorgfältiger Analytiker der in der objektiven gesellschaftlichen Wirklichkeit sich vollziehenden Vorgänge, Erscheinungen und Wandlungen war. Sein forschender Geist gab sich nicht zufrieden mit den als Erbe erhaltenen Wahrheiten des herkömmlichen Marxismus der Jahrhundertwende, wenn einige reformistische Führer der Bewegung „sorgfältig erwägen, ob je eine Aktion die wirtschaftliche Entwicklung nicht stören werde. [...] Das ist das, was sie Realpolitik, positive Arbeit nennen, wenn die einst revolutionäre Arbeiterklasse sich allmählich zum patriotischen, friedfertigen, gehorsamen Menschen umhaart, wenn das Schlagwort der Revolution durch die Reform abgelöst wird.“ (Marx és Engels Válogatott Müvei [Ausgewählte Werke von Marx und Engels] Band II. Notiz von Ervin Szabó, S. 323—324, Budapest, 1909).

Ruhelos, sich in Aufruhr befindend, forschte und suchte Szabó die Rolle des handelnden Individuums in der Bewegung. Er empfand die zentralistisch geleitete, eine straffe Disziplin fordernde Sozialdemokratische Partei als eng und verschlossen. Er war der Meinung, daß die straffe Disziplin zur Vorbereitung der Revolution nicht genügte, sondern die bewußte Handlung der auf einen hohen Grad des Selbstbewußtseins gehobenen Massen der Arbeiter nötig sei, die die kritisch denkenden Individuen zur Entwicklung brächten. Der Sozialismus — lautete seine Argumentation — braucht keine Soldaten, sondern Insurgenten, freiwillige Kämpfer.

Ervin Szabó bestritt nie die Wichtigkeit des Kampfes um die demokratischen Rechte, er hat auch die Zusammenarbeit mit den bürgerlichen oppositionellen Parteien anerkannt. Auch geschichtlich fand er die Existenz der Sozialdemokratischen Partei als notwendig, obwohl er diese Partei nicht als Organ des Klassenkampfes, sondern der Klassenkooperation betrachtete und vermeinte, daß ihre Rolle nur für die Periode der Erkämpfung der demokratischen Rechte gälte.

Sein schaffender Geist hatte sich jedoch nicht völlig vom Wirtschaftsdeterminismus befreit, als er der Meinung war, daß die meist entwickelten Länder der sozialistischen Bewegung als Beispiel dienten, obgleich er wahrnahm, daß eben die den Weg der kapitalistischen Entwicklung später betretenden, in ihrem politischen Überbau bedeutend rückständigen mittel- und osteuropäischen Länder über die entwickelten sozialdemokratischen Bewegungen, über einen erheblicheren gesellschaftlichen Radikalismus verfügten.

Im Syndikalismus glaubte er, das für die ungarische Arbeiterbewegung geeignete Vorbild zu finden. Er meinte, daß die Grenzen des Marxismus mindestens dermaßen ausdehnbar seien — er kannte ja doch gründlich und detailliert seine früher als marxistisch akzeptierten sozialistischen Strömungen —, daß Theorie und Praxis des Syndikalismus innerhalb derer bliebe und jenseits des Sozialdemokratismus weise. Er lehrte, daß die wahre, die Kampf-Organisation der Arbeiterklasse, die für die Arbeiter- und sozialistischen Ziele kämpfende Gewerkschaft sei, die die Arbeiterschaft im ewigen geistigen Training der Rebellion hält und sie zum großen Zusammenstoß, zur direkten Aktion, zum Weltstreik und nicht zum Wahlrechtskampf, zum parlamentarischen Kampf führt. Die Gewerkschaft ist — seines Erachtens — nicht nur das wirksamste Mittel für den Kampf gegen das Kapital, sondern auch das wichtigste Wirtschaftsorgan der zukünftigen Gesellschaft. Diese Analyse, hie und da esoterische Auffassung des revolutionären Kampfes war — trotz ihrer zahlreichen richtigen Feststellungen — einseitig.

Die ungarische Sozialdemokratie zu Anfang dieses Jahrhunderts hat den Marxismus immer öfter auf die sozialen Verhältnisse in Ungarn angewandt und ihn mit der ungarischen historischen Entwicklung oder seitens der offiziellen Geschichtsschreibung totgeschwiegenen Ereignissen konfrontiert. So wandte sich die sozialdemokratische Publizistik immer öfter der Revolution von 1514, das heißt dem Bauernaufstand des Dózsa, der Untersuchung der politischen und gesellschaftlichen Ideen der ungarischen Jakobiner vom XVIII. Jahrhundert, den sich hauptsächlich mit Wirtschaftsfragen beschäftigenden fortschrittlichen Denkern der „Reformzeit" am Anfang des XIX. Jahrhunderts, dem revolutionären Demokratismus von Petöfi und seinem Zirkel, den Bahnbrechern der frühen sozialistischen Bewegung zu. Auch diese Aufzählung veranschaulicht — ungeachtet all ihrer Einseitigkeit — die auf einer Klassenkampf-Theorie basierenden Grundsätze der sozialdemokratischen Geschichtsauffassung.

Die Bewegung von 1848 bedeutete eine Schlüsselfrage. Die Sozialdemokraten haben bald erkannt, daß die Entlarvung des in bedeutenden Kreisen der Unabhängigkeitspartei zur Geltung gelangenden Pseudopatriotismus eben im Interesse der Gewinnung der Arbeiterschaft für sie eine wichtige Aufgabe sei. Das beste Exempel dafür war die Kritik der Verfälschung der Ereignisse von 1848 im nationalistischen Sinne. Die sozialdemokratische Publizistik — ein bedeutender Teil der Arbeiten wurde von Ervin Szabó verfaßt und in seinem Werk bot er die erste marxistische Zusammenfassung der Geschichte von 1848 — wies das antifeudale Ringen der Massenbewegungen nach, das sich in der Revolution abgespielt hat. Als erste beschäftigte sie sich auch mit der Geschichte der Arbeiterbewegung in der Revolution von 1848. Diese historische und politische Forschung war nicht ohne Vereinfachung und Einseitigkeit. Zwar war es richtig, sich gegen die, nationalistische und die nationale Einheit glorifizierende Fälschung von 1848 zu wenden, doch war die Bewertung, die in 1848 den Aufstand der Stände gegen die Habsburg-Monarchie sah, falsch. Szabó hat den bürgerlichen Charakter der Revolution nicht bemerkt und insbesondere unterschätzte er den Unabhängigkeitskampf, den der progressive Kleinadel in der Revolution gespielt hatte. Die einseitige, voreingenommene Bewertung der Rolle Kossuths — die auch mit dem Standpunkt von Marx in Konflikt geriet — war eine auch politische Schäden verursachende Unterschätzung der revolutionären Traditionen.

Die neuartige Zusammenfassung der Lehren der Revolution bedeutete zugleich eine generelle Stellungnahme gegen den Nationalismus der ungarischen herrschenden Klassen sowie der ungarländischen nationalen Minderheiten. Neben der Klassenunterdrückung haben die Sozialdemokraten die Unterdrückung der Nationalitäten anerkannt, sie setzten sich für ihre Gleichberechtigung, andere für ihre Autonomie ein. Ihre Mehrheit wies die Beschuldigung, unpatriotisch zu sein, zurück und verkündete einen plebejischen Patriotismus, dessen „Ziel nicht die Zerstörung, nicht der Verrat des Vaterlandes", betonte Ernöß Garami 1909,

„sondern seine zur Blüte Bringung ist [...], freilich nicht des Vaterlandes der Privilegien, der Vorrechte, der Unterdrückung, der Ausbeutung.“ Diese Auslegung des Patriotismus verband er mit den Ideen des proletarischen Internationalismus.

Die MSZDP hat in ihrer praktischen Politik, neben der alleinigen Vertretung der proletarischen Klasseninteressen — unter den komplizierten gesellschaftlichen und Nationalitätenverhältnissen des dualistischen Systems — auf der Basis des Programmes der Ausbreitung der Demokratie ihre Politik der demokratischen Zusammenarbeit mit den verschiedenen Kräften der ungarländischen Progression geschaffen. Trotz ihrer zahlreichen schweren Widersprüche machte die Zusammenarbeit in breiten Kreisen bewußt und bezeugte in der Wirklichkeit die historische Rolle der im Sinne des Marxismus wirkenden Massenpartei im Kampf für die gesellschaftlichen Reformen. So drang die Lehre von Marx im vor den Revolutionen stehenden Ungarn nicht nur in das politische Denken ein, sondern war auch ein immanenter Teil der für den gesellschaftlichen Fortschritt geführten Politik.

Das Jahr 1914, der Ausbruch des Ersten Weltkrieges und noch mehr die Revolutionsperiode 1917—1919 deutet dann auch in der theoretischen Tätigkeit der ungarländischen sozialistischen Bewegung das Heranbrechen einer neuen Periode an.

DISKUSSION

HOBSBAWM (Großbritannien)

[siehe Referat]

AVINERI (Israel)

Liebe Kolleginnen und Kollegen, da ich zehn Minuten habe und besser Englisch spreche als Deutsch, werde ich mir erlauben, englisch zu sprechen. Hebräisch ist noch kürzer, aber da würden wir noch viel mehr Probleme haben.

[Spricht dann doch deutsch weiter]

Die Absicht meines Beitrages war, die allgemeinen theoretischen Schriften von Marx mit seinen journalistischen Schriften über China und Indien zu verbinden. Trotzdem muß ich bemerken, daß das Problem, ob Marx eine einheitliche Geschichtsphilosophie hatte, in einer sehr interessanten Weise von ihm gerade in ein paar seiner Briefe über Rußland eigentlich zum ersten Mal besprochen wird, auch in den verschiedenen Kopien der Briefe an Vera Sassulitsch [?] sowie auch in einem unveröffentlichten Brief von 1877 an die russische revolutionäre Zeitung Otjetschestwennyje Sapiski. Dort sagt Marx etwas, was vielleicht ungewöhnlich von ihm anzusehen ist, daß man nämlich sein historisches Werk, hauptsächlich das „Kapital", nicht als eine allgemeine Geschichtsphilosophie, als ein Passepartout für die Geschichtsentwicklung ansehen soll, sondern nur als eine historische Studie zur Entwicklung des Kapitalismus in Westeuropa, und daß deshalb die Schlußfolgerungen nicht automatisch auf eine nichtwesteuropäische Situation, d. h. auf die osteuropäische und spezifisch auf die russische Situation, automatisch anzuwenden sind. Mehr wird dort in diesem Brief eigentlich nicht gesagt. Was ich da von meinem Referat ganz kurz herausheben möchte, ist die geschichtsphilosophische Problematik, die Marx konfrontiert, wenn er sich mit der nichteuropäischen Welt beschäftigt. Das sieht man ganz klar, wenn man seinen Satz zur Kritik der politischen Ökonomie heraushebt. Dort sagt Marx, in großen Umrissen können asiatische, antike, feudale und modern bürgerliche Produktionsweisen als progressive Epochen der ökonomischen Gesellschaftsformation bezeichnet werden.

Wir sind, wenn wir Marx studieren, sehr vertraut mit der antiken, feudalen und modernen bürgerlichen Produktionsweise. Aber hier kommt eine vierte Produktionsweise vor, die asiatisch heißt, die, wie ich dann im Referat detailliert darzustellen versuche, von Marx sehr viel besprochen wird in seinem Artikel über China und Indien. Das interessante an dieser vierten Produktionsweise ist, daß der Terminus ein geographischer ist, asiatisch, nicht ein analytischhistorischer wie antik, feudal oder modern bürgerlich. Aber weiters: In diesem Satz zur Kritik der politischen Ökonomie behauptet Marx, daß diese vier Produktionsweisen asiatisch, antik, feudal und modern bürgerlich progressive Epochen der ökonomischen Gesellschaftsformation sind. Das heißt, daß eine jede von diesen vier Produktionsweisen dialektischerweise aus der anderen, der früheren, hervorkommt. Wie Kollege Hobsbawm vorher gezeigt hat, haben wir manchmal in den historischen Studien von Marx Lücken über diese Übergangsperioden, aber doch werden sie ganz klar postuliert. Im Fall der asiatischen Produktionsweise ist es klar, daß Marx der Meinung war, daß die asiatische Produktionsweise eine nicht dialektische ist. In dieser Hinsicht, daß die asiatische Produktionsweise, wie Marx selbst darstellt, eine stagnierende statische und nicht weiter entwickelnde Produktionsform ist. Und das ist ganz klar, daß für Marx Indien und China keine historische Entwicklung haben. Die asiatische Produktionsweise existierte in Indien und China laut Marx Tausende Jahre und wurde von einer anderen Produktionsform nicht überkommen und nicht geändert. Und das Problem ist ein doppeltes: Erstens möchte ich behaupten, daß der Hintergrund von Marxens Auffassung der asiatischen Produktionsweise als stagnierende und statische von seinem Hegelschen Hintergrund kommt, wie viele andere Sachen bei Marx, manchmal mögen wir sagen die guten, wie auch manchmal die schlechten, auch das kommt von Hegel, weil es ganz klar ist, daß in der Hegelschen Gechichtsphilosophie die orientalische Welt eine statische Welt ist, und zwar was Marx durch seine ökonomischen Studien in eine wirtschaftliche Interpretation der Geschichte umwandelt, ist die Idee einer statischen Gesellschaft, die sich durch Jahrhunderte und Jahrtausende nicht ändert. Das ist nicht Bernier, wie Marx und Engels manchmal behaupten, sondern ganz klar einfach nur Hegel. Ich will nur paar Zitate von Hegel da bringen:

„China ist zugleich ein Reich der Dauer. Es kann sich nicht aus sich verändern. Auf der anderen Seite steht dieser räumlichen Dauer die Form der Zeit gegenüber. Diese Staaten, ohne sich in sich oder im Prinzip zu verändern, sind in unendlicher Veränderung gegeneinander, in unaufhaltsamen Konflikten, die ihnen schnellen Untergang bereiten. Auch diese Geschichte ist selbst noch überwiegend geschichtslos, denn sie ist nur die Wiederholung desselben majestätischen Unterganges. Diese Unruhe ist eine ungeschichtliche Geschichte." Oder in einem anderen Passus: „Mit dem Reiche China hat die Geschichte zu beginnen, denn es ist das älteste, soweit die Geschichte Nachricht gibt, und zwar ist sein Prinzip von solcher Substantialität, daß es zugleich das Älteste und Neueste für dieses Reich ist. China und Indien liegen gleichsam noch außer der Weltgeschichte. Es ist in China wie in Indien kein Fortgang zu ändern. Indien ist in der Reihe der geistigen Gestalten eine frühe Gestalt, absolut ist sie alt, aber sie ist ein Statisches, Bestehendes geblieben." Und das ist dann eine ganz ähnliche Sprache, zwar mit einem ökonomischen Ansatz, in Marxens Artikel über Indien und China. Das Problem ist dann ganz klar: Wenn Marx einen Sozialismus postuliert, der universell ist und universalistisch Sieger sein soll, wie kommt dann eine sozialistische Revolution zu einem Siege in einer Welt, die statisch ist und innerlich keine immanente Dialektik hat. Wie wird die asiatische Form der Gesellschaft zu einer anderen umgewandelt? Die Antwort, und das ist das Paradoxe und das Problematische in Marx, daß die Antwort dann durch den Imperialismus gegeben wird. Es ist der Imperialismus, hauptsächlich der britische Imperialismus, und das ist sehr klein in dem Artikel über Indien, in dem Marx die Waffe der Umwandlung der asiatischen Gesellschaft sieht. Und deshalb sieht man in Marx eine sehr ambivalente Einstellung zum britischen Imperialismus hauptsächlich in Indien, das war viel relevanter damals als in China. Ambivalent, daß er klarerweise nicht die Ziele der englischen Handelsschichten sowie auch der politischen Schichten in der Eroberung von Indien unterstützt. Daß er klarerweise die Barbarei der englischen Unterdrückung der Indienmutiny von 1856/57 scharf kritisiert. Doch gibt es bei Marx keine Idealisierung der indischen oder chinesischen Gesellschaft in ihrer Existenz vor dem Einbruch des Imperialismus in diese Gesellschaften, im Gegenteil, Marx sieht, wie bereits festgestellt, wie der Einbruch des englischen Imperialismus die indische und chinesische Gesellschaft von ihrer statischen asiatischen Produktionsweise in eine dialektisch sich verändernde Gesellschaft umwandelt und die Ansätze zu einer politischen Einheit wie zu einer ökonomischen Umwandlung in der chinesischen und hauptsächlich in der indischen Gesellschaft setzt. Da muß man ganz klar sehen, daß vom theoretischen Standpunkt Marx dem Imperialismus in dem nichteuropäischen Raume dieselbe Funktion zuschreibt, die er dem Kapitalismus in der westeuropäischen Sicht beimißt. So wie für Marx die industrielle Revolution, die bürgerliche Revolution und der Kapitalismus eine conditio sine qua non für die Möglichkeit eines sozialistischen Ansatzes im Westen ist, weil nur durch den Aufschwung des Kapitalismus ein Proletariat zur Welt kommt und nur das Proletariat revolutioniert und radikalisiert sein kann. Ergo ist der Kapitalismus für Marx, und das ist ganz klar aus dem Kommunistischen Manifest, die conditio sine qua non für einen sozialistischen Sieg, speziell weil nur der Kapitalismus laut Marx einen Weltmarkt, einen universalen Weltmarkt schafft und ohne einen Weltmarkt gibt es keine Weltrevolution.

Dasselbe, und das ist sehr wichtig hervorzuheben, dasselbe ist nach Marx die objektive Funktion des Imperialismus in Indien. Da gibt es keine klarerweise Billigung des Imperialismus, sondern eine nicht-moralisierende Anerkennung des Impakts des Imperialismus in Indien, der so ist wie der Impakt des Kapitalismus in den westlichen Ländern. Die Parallele geht weiter: So wie es für Marx im Gegensatz zu anderen utopischen Sozialisten mit all seiner Kritik des Kapitalismus keine Idealisierung der vorkapitalistischen Ära in Europa gibt, gibt es auch keine Idealisierung der vorimperialistischen asiatischen oder afrikanischen Gesellschaft. Das muß man heute betonen, weil einer der Gründe der Marxschen Auseinandersetzung mit so vielen anderen sozialistischen Schulen — hauptsächlich der Fourieristen und der Proudhonisten und gewissermaßen auch der Owenisten — damit verbunden war, daß bei vielen Frühsozialisten eine Idealisierung der sozusagen romantisierten feudalen Dorfgemeinschaft existiert, und bei Marx gibt es klarerweise diese Romantisierung nicht. Das Problem, das sich uns von einer historischen Retrospektive stellt, ist das folgende: Daß Marx eine dialektische Einstellung zum Imperialismus so wie zum Kapitalismus hat, ist, wenn man dialektisch denkt, klarerweise anzuerkennen. Aber hatte da Marx nicht ein paar Möglichkeiten des Kapitalismus unterschätzt? Und ich glaube, der Rudolf Hilferding war der erste, der darauf hingewiesen hat. Hat Marx die Möglichkeiten des Kapitalismus sich innerlich zu verändern und defensiv zu handeln ohne zusammenzubrechen nicht unterschätzt? Eines ist doch klar: Es ist nicht anzunehmen, daß Marx sich vorgestellt hat, daß anno 1983 noch ein Neokapitalismus, ein Spätkapitalismus, in der westlichen Welt herrscht. Und so glaube ich, daß Hilferding Recht gehabt hat, daß man einen Teil der Marxschen Einstellungen zum modernen Staat, zur Polarisierung in Proletarier und Bourgeoisie, die Marx postuliert hat, eigentlich heute in einer viel differenzierteren Art postulieren soll. Hat Marx nicht auch die Möglichkeiten des Imperialismus unterschätzt, doch weiter die ökonomische Basis der nichteuropäischen Länder zu kontrollieren auch in einer Zeit, wo die politische Kontrolle nicht mehr in den Händen der West-Kolonialmächte ist. Bei Marx ist es klar, daß so, wie die Bourgeoisie im Westen ihre eigenen Totengräber erschafft, im Proletariat, das auch der Fall in Indien und China sein wird. Ich glaube, die Situation ist viel komplexer. Von diesem Standpunkt aus möchte ich noch eine Bemerkung machen: Eine der Gefahren der marxistischen Geschichtsschreibung und einer marxistischen Einstellung zur Zeitgeschichte ist eine simplifizierende Einstellung, die zu einer moralisierenden Geschichtsschreibung führt: Daß man das Verständnis für die Kräfte der Geschichte mit einer einfachen, moralisierenden Kritik dieser Kräfte verwechselt — eine der historischen Größen von Marx war vielleicht, daß er diesen Unterschied machen konnte: Erstens gegenüber dem europäischen Kapitalismus, den historischen Platz dem europäischen Kapitalismus zuzuerkennen, aber kritisch zuzuerkennen ohne Idealisierung oder Romantisierung; dasselbe gilt auch der Darstellung der nichteuropäischen Geschichte. Aber — und das hat der alte Hegel auch gesagt — jeder Philosoph, jeder Geschichtsschreiber ist ein Kind und Sohn seiner eigenen Zeit. Marx hat in einer europäisch zentristischen Welt gelebt. Es ist eigenartig zu sehen, wieviel Marx über die nichteuropäische Welt geschrieben hat. Aber wenn man heute positiv den Marxismus als eine Geschichtsauffassung anerkennt, muß man sich auch sehr kritisch gegenüber diesen Ansätzen im Marxismus klar sein, die aus der Atmosphäre des 19. Jahrhunderts stammen. Heute kann man nicht mehr über vier Methoden oder Produktionsweisen — asiatisch, antik, feudal oder bürgerlich — sprechen. Das ist so ganz viktorianisch, das ist ganz im 19. Jahrhundert verankert. Und die Kritik, die wir an Marx üben, soll auch anerkennen, daß Marx selbst die Grenzen seiner eigenen Zeit und seiner eigenen Kultur und seiner eigenen intellektuellen Welt nicht überspringen kann. Wäre es anders, möchte es nicht marxistisch sein zu behaupten, daß Marx 100 Jahre vor einer bestimmten Entwicklung sie voraussehen konnte, ohne daß die materielle historische Basis da wäre. Und trotzdem ich mich in meinem Referat sehr an Marx' Zitate gebunden habe, glaube ich, daß nur, wenn man sich erstens an Marx' Zitate bindet, man über sie weitergehen kann, weil eine simple Einstellung, die von einem chinesischen oder indischen Feudalismus oder einer afrikanischen Sklavengesellschaft spricht, ohne die differenzierte Art, in der Marx selbst über diese Gesellschaften schreibt, es uns nicht ermöglichen wird, heute eine Weiterentwicklung des Marxismus aufgrund der Kritik, aber auch Kenntnis der Marxschen Schriften zu setzen. Besten Dank.

OHNO (Japan)

I.

Liebe Kolleginnen und Kollegen, wir Japaner forschen nach Karl Marx und schreiben viele Bücher und Aufsätze, aber leider, weil wir nur auf japanisch schreiben, haben Sie keine Gelegenheit, sie zu lesen. Wir Japaner legen mehr Wert auf Karl Marx als auf Marxismus. In Marx können wir nicht nur die Originalität des Marxismus finden, sondern auch jetzt noch neue Aspekte entdecken. Weiter halten wir es für wichtig, den Entstehungsprozeß der Marxschen Theorie zu untersuchen. Dadurch können wir seine Theorie und auch seine Entwicklung erkennen.

Heute möchte ich Marx' Geschichtsauffassung, besonders die Geschichte der Gesellschaftsformationen behandeln.

Man sagt, daß Marx' Auffassung der Geschichte der Gesellschaftsformationen folgende Reihenfolge habe: ursprüngliche kommunistische Gemeinschaft, asiatische, antike, feudale Gesellschaften, kapitalistische Gesellschaft und kommunistische Gesellschaft, oder: ursprüngliche klassenlose Gemeinschaft, drei oder vier auf den Klassengegensätzen beruhende Gesellschaften und dann höhere klassenlose Gesellschaft.

Diese Bezeichnung beruht nach meiner Meinung auf den Produktionsverhältnissen oder den Eigentumsverhältnissen an den Produktionsmitteln. Von diesem Standpunkt aus teilt man die Vorgeschichte der menschlichen Gesellschaft in klassenlose Gemeinschaft und Klassengesellschaften oder in die auf dem Gemeineigentum beruhende Gemeinschaft und die auf dem Privateigentum beruhende Gesellschaft, d. h. in zwei Stufen, ein.

Aber die Vorgeschichte der menschlichen Gesellschaft kann in anderer Weise, vom Standpunkt des Abhängigkeitsverhältnisses aus, in auf persönliche Abhängigkeit beruhende Gesellschaften eingeteilt werden. Die erstere umfaßt die ursprüngliche kommunistische Gemeinschaft, antike und feudale Gesellschaften, und die letztere ist die kapitalistische Gesellschaft, so sehen wir auch hier zwei Stufen.

Beide Bezeichnungen kann man bei Marx leicht finden. Demgegenüber will ich hier eine andere, auf der Produktionsweise beruhende Einteilung der Vorgeschichte entwickeln.

II.

Es geht zunächst darum, wie Marx die Gesellschaften in der menschlichen Geschichte auffaßt. Marx schreibt in „Lohnarbeit und Kapital“, daß die Produktionsverhältnisse in ihrer Gesamtheit die Gesellschaft bilden.

Marx führt eine Kategorie Gesellschaftsformation ein, die aus einer Analogie mit der Erdformation in der Geologie stammt. Jede Gesellschaft bildet eine Formation in der menschlichen Geschichte. Also betrachte ich die Gesellschaftsformation bei Marx als die Gesellschaft auf einer besonderen Entwicklungsstufe in der Geschichte der Menschheit.

Wenn wir voraussetzen, daß Marx' Begriff Gesellschaftsformation seinen Ursprung im Begriff der geologischen Formation hat, ergibt sich, daß erstens bei der Kategorie Gesellschaftsformation sowohl eine Reihenfolge der Gesellschaften in der menschlichen Geschichte wie auch eine Reihenfolge in der Erdgeschichte unterstellt wird. Diese Reihenfolge der Gesellschaften ist zunächst die der Weltgeschichte. Marx beschreibt diese im Vorwort der Kritik der politischen Ökonomie. In großen Umrissen können asiatische, antike, feudale und moderne bürgerliche Produktionsweisen als progressive Epochen der ökonomischen Gesellschaftsformation bezeichnet werden. Zweitens gehört jede nationale Gesellschaft nach herrschender Produktionsweise und Produktionsverhältnis zu einer bestimmten Gesellschaftsformation.

Aber die Reihenfolge der Geschichte von einer Nation ist nicht immer gleich mit jener der Weltgeschichte. Da gilt es, diesen Widerspruch zu lösen.

III

Wir erinnern uns daran, daß die Produktionsverhältnisse, die die Gesellschaft bestimmen, einer bestimmten Entwicklungsstufe ihrer materiellen Produktivkräfte entsprechen. Also drückt die Reihenfolge der Gesellschaften die Reihenfolge der Entwicklungsstufen ihrer materiellen Produktivkräfte aus. Z. B. stellt das feudale Produktionsverhältnis eine höhere Entwicklungsstufe der materiellen Produktivkräfte dar als das antike Produktionsverhältnis. Daher können wir leicht die auf der Entsprechung zwischen Produktionsverhältnissen und Produktivkräften gegründete Auffassung finden.

Aber wir können feststellen, daß Marx anstelle der Entsprechung zwischen Produktivkräften und Produktionsverhältnissen in den Sechzigerjahren eine neue Formulierung, die Entsprechung zwischen Produktionsweise und Produktionsverhältnis entwickelt. In dieser neuen Formulierung wird der Begriff Produktionsweise weder in der Einheit Produktionsverhältnis—Produktivkraft noch in der Struktur der Produktivkraft aufgelöst. Der Begriff Produktionsweise bei Marx wird durch die gesellschaftliche und stoffliche Seite bestimmt. Die gesellschaftliche Seite derselben entspricht dem Produktionsverhältnis und die stoffliche Seite wird in der realen Gestalt des Produktionsprozesses gezeigt.

Marx analysierte in den Sechzigerjahren nicht nur die dem Produktionsverhältnis entsprechende Produktionsweise, sondern auch die stoffliche Seite derselben, d. h. die spezifisch kapitalistische Produktionsweise. Außerdem stellt Marx im Vorwort der Kritik der politischen Ökonomie fest, daß die Grundform der kapitalistischen Produktionsweise die Kooperation ist. Diese Erkenntnis hat doppelte Bedeutung. Mit der Kooperation von vielen Lohnarbeitern beginnt die gesellschaftliche Produktion in entfremdeter Form. Zugleich erkennt Marx, daß insbesondere in den Kulturanfängen der Menschheit die Kooperation als Produktionsweise des unmittelbaren Lebens stattfand, jedoch historisch die kapitalistische Kooperation, im Gegensatz zur kleinen Bauernwirtschaft und zum unabhängigen Handwerksbetrieb, als die Kooperation selbst erscheint.

Was Marx hier zeigt ist, daß in der Geschichte der Menschheit erst die Kooperation, dann die kleine Produktion und wieder die Kooperation in kapitalistischer Form stattfinden. Deshalb kann ich sagen, daß hier drei Stufen der Vorgeschichte der menschlichen Gesellschaft durch die fundamentale Form der Produktionsweisen bezeichnet werden. Die zweite Stufe, worin die kleine Produktion stattfindet, umfaßt verschiedene Produktionsweisen, d. h. antike und feudale. Die kleine Produktion wird durch verschiedene Produktionsverhältnisse subsumiert und ist begründet auf die Formen der verschiedenen Klassengegensätze, deren Hauptformen die Sklaverei und Leibeigenschaft sind.

Diese Auffassung von den drei Stufen der Vorgeschichte der menschlichen Gesellschaft können wir in Marx' Hauptwerk „Das Kapital" und in seinen Briefentwürfen an V. I. Sassulitsch finden.

Zum Schluß betrachte ich Marx' Auffassung der kommunistischen Gesellschaft. Die Negation der kapitalistischen Produktionsweise stellt die kollektive Produktion und das kollektive Eigentum an den Produktionsmitteln wieder her als eine höhere Form der Urgemeinschaft.

Zugleich sagt Marx im 1. Band des „Kapital", Geschichtliche Tendenz der kapitalistischen Akkumulation, daß die Negation der kapitalistischen Produktionsweise nicht das Privateigentum wieder herstellt, wohl aber das individuelle Eigentum auf der Grundlage der Errungenschaften der kapitalistischen Ära. Was ist dieses wiederhergestellte individuelle Eigentum? Darüber haben wir lange Jahre in Japan gestritten. Ich komme zu dem Ergebnis, daß das individuelle Eigentum als die Aneignungsweise der kleinen Produktion stattfindet, und dies wird als kommunistische Aneignungsweise wiederhergestellt, dabei natürlich nicht mehr auf Grundlage der kleinen Produktion, sondern auf Grundlage der kapitalistischen Ära, d. h. der Kooperation und des Gemeinbesitzes der Erde und der durch die Arbeit selbst produzierten Produktionsmittel. Also wird kommunistische Aneignungsweise als individuelles Eigentum an genossenschaftlichem Reichtum bezeichnet. Danke.

YOUNG (Großbritannien)

[siehe Referat]

ROJAHN (Niederlande)

Liebe Kolleginnen und Kollegen, ich möchte jetzt hier nicht meinen Beitrag in extenso referieren. Ich muß mich hier entschuldigen, daß er so lang geraten ist, aber es ist zugleich ein Beitrag zu der Marx-Nummer der International Review of Social History, unserer Zeitschrift, und da verschiedene andere Beiträge ausfielen, mußte ich immer mehr von dieser Nummer selbst vollschreiben, deshalb also diese 50 Seiten. Der ganze Beitrag beruht natürlich auf der Voraussetzung, daß es für die Marxismus-Diskussion durchaus nicht völlig irrelevant ist, was Marx selbst gesagt und geschrieben hat, und daß eine fundierte Diskussion von einer Exegese der Texte selbst nicht völlig abstrahieren kann. Gerade der Fall der sogenannten Pariser ökonomischen, philosophischen Manuskripte zeigt ja zur Genüge, wie sich eine Fülle von Literatur entwickeln kann, eigentlich in einem Vakuum, einem leeren Raum, und wenn man da also nachguckt, worauf sich das Ganze stützt, dann bleibt eigentlich nicht so viel übrig. Ich habe diese Diskussion, die Anfang der Dreißigerjahre begann und vor allem dann in den Fünfziger-, Sechzigerjahren weiterging, habe ich im ersten Teil dargestellt, und der zweite Teil enthält dann so eine Beschreibung der Manuskripte, deren Originale sich bekanntlich im JSG *) in Amsterdam befinden, der dritte Teil versucht, die Reihenfolge des Verhältnisses dieser Manuskripte zu den in dieser Zeit entstandenen Exzerpt-Heften festzustellen, und der vierte Teil endlich gibt einen Überblick über die Genese dieser frühesten Marxschen Hefte, die wahrscheinlich von Anfang 1844 bis zum Sommer 1844 entstanden sind.

Es scheint mir nicht sinnvoll, hier in die Details einzugehen. Vielleicht kann ich mich darauf beschränken, noch einmal die Resultate zusammenzufassen. Es ergibt sich, daß zunächst einmal diese Manuskripte kein selbständiges Werk darstellen, auch nicht den Rohentwurf des Werkes, das Marx in der Vorrede, die ganz zum Schluß entstanden ist, nämlich erst im August 1844, angekündigt hat, sondern meines Erachtens geht es bei diesen Manuskripten um erste Versuche einer Ordnung, einer intellektuellen Verarbeitung dessen, was er gerade gelesen hatte und was für ihn damals noch ziemlich neu war. Denn man kann schon davon ausgehen, daß Marx nicht Anfang 1844 davon ausging, quasi nach einem Blick auf die Tagesordnung der Weltgeschichte, jetzt planmäßig seine Fünfjahrespläne seiner Weltanschauung auszuarbeiten, sondern daß dieser Prozeß, in der sich diese Weltanschauung eher allmählich herauskristallisierte, daß dieser Prozeß sehr viel komplizierter verlaufen ist, wobei er natürlich von gewissen Ideen ausging, aber zugleich erst einmal Material sammelte, sich dann durch diese Lektüre inspirieren ließ und je nach den Anregungen, nach den Impulsen, die er aus dieser Lektüre empfing, nun seine Lektüre fortsetzte. Z. B. als er das erste Manuskript geschrieben hat, ja da hatte er noch fast gar nichts gelesen, da hatte er den Say gelesen, den Traité d'économie politique, dann hatte er die deutschen Nationalökonomen gelesen und dann die erste Hälfte, oder sagen wir, das erste Drittel des Smith'schen Werkes in der französischen Übersetzung. Das heißt, schon bei diesem ersten Manuskript ist es schwer, davon auszugehen, daß es eine Zusammenfassung, eine Synthese systematischer nationalökonomischer Studien sei. Was vielmehr interessant ist, daß ihm damals die fundamentale Bedeutung der drei Einkommensarten für die Klasseneinteilung der Gesellschaft klar geworden ist, die er bis in das 52. Kapitel vom „Kapital", Band 3, festgehalten hat und eigentlich auch, soweit ich sehe, nicht so wesentlich mehr ausgebaut, erweitert, ergänzt hat. Bei dem zweiten Manuskript wird im allgemeinen angenommen, daß das nun das große Werk sei. Aber wie so vieles, ist gerade dieses große Werk verloren gegangen. Die Hypothese, die hier begründet wird, nämlich daß diese vier Seiten eine Fortsetzung des Exkurses zu den Exzerpten aus dem Werk von James Mill sind, das bleibt eine Hypothese, das will ich ganz deutlich hier klarstellen, aber meines Erachtens ist es eine Hypothese, die die geringsten Probleme ihrerseits erzeugt, während die Probleme, die aus der Annahme eines 43seitigen Heftes resultieren, die habe ich ausführlich genannt. Und dann das dritte Manuskript, wieder eines von denen, die nun nicht verloren gegangen sind, ja da ist ganz deutlich zu sehen, daß Marx da nichts ausgearbeitet hat, sondern daß er geschrieben hat, was ihm gerade durch den Kopf ging. Und zwar begann er mit Zusätzen zu seinen nationalökonomischen Texten, ging dann zur Erörterung des Kommunismus, dort fängt er mitten im Satz an, fängt an so eine Nummerierung 1., 2., 3., 4. und das geht dann, die Absätze werden immer länger, dann werden zwei Seiten, drei Seiten, dann wieder mal eine halbe Seite und das setzt dann so eine Weile fort bis 7., obwohl das keine Funktion mehr hat. Er geht dann von dieser Erörterung des Kommunismus über zur Hegel-Kritik, wobei man aus einer genauen Datierung der Manuskripte genau zeigen kann, daß das nicht ein immanenter, sachlicher Übergang vom Kommunismus zur Hegel-Kritik war, sondern daß er gerade einen Brief bekommen hat, der ihn in der Absicht bestärkt hat, nun eine Broschüre gegen Bauer zu schreiben, und daß ihn seitdem immer mehr diese Hegel-Kritik, die das Kernstück seiner Bauer-Kritik war, immer mehr in Anspruch nahm, so daß im zweiten Teil dieses Manuskripts er sich vorzugsweise über Hegel ausgelassen hat, aber es ist absoluter Unsinn, daß Marx damals bereits ein systematisches Werk geschrieben hat, in dem er Nationalökonomie auf Philosophie bewußt beziehen wollte, daß er sozusagen den ersten Entwurf eines Systems damals planmäßig ausgearbeitet hat. Es läßt sich zeigen, daß ihn damals viele Sachen gleichzeitig beschäftigten und faszinierten, und es ist eigentlich erstaunlich, wie viele Autoren bemerkenswert fanden im Laufe der Diskussion, daß alle diese Probleme in Marx' Kopf nicht zusammenhanglos durcheinandergingen, sondern daß er schon versucht hat, sie aufeinander zu beziehen, und daß daraus eventuell der Eindruck eines Systementwurfes entstehen könnte. Den Abschluß bildet dann die ganz bewußte Vorrede, und selbst in dieser Vorrede war sich Marx immer noch nicht ganz klar, was er eigentlich wollte. Es ist interessant, er fängt an, er nimmt in den ersten Sätzen erneut Bezug auf seineEinleitung aus den Jahrbüchern von 1844, und er schreibt dort, daß er diese Arbeit dann abgebrochen hat, einfach weil dann die Vermengung der nur gegen die Spekulation gerichteten Kritik mit der Kritik der einzelnen Materien zu kompliziert und zu undurchsichtig sei. Aber in der gleichen Vorrede, ein paar Absätze weiter, tut er seine Absicht kund, der Broschüre über Nationalökonomie ein Schlußkapitel über die Hegelsche Dialektik anzufügen, obwohl ja eigentlich die Hegelsche Dialektik wahrscheinlich das Kernstück der Spekulationen ist, die er gerade in den ersten Sätzen hatte rauslassen wollen. Meines Erachtens geht daraus hervor, daß der Abbruch der

Ausarbeitung der Kritik der Hegelschen Rechtsphilosophie anfangs 1844 auf äußere Anlässe zurückzuführen ist, also z. B. der Abbruch, die Einstellung der deutsch-französischen Jahrbücher, zum anderen aber auch einfach darauf, daß Marx gewisse Probleme noch nicht in einer für ihn befriedigenden Form gelöst hatte, so daß die quasi nur formalen Probleme, von denen er schreibt, zu einem Gutteil wahrscheinlich auch inhaltliche Probleme waren. Jedenfalls setzten ihn erst seine nationalökonomischen Studien in die Lage, Hegel so zu kritisieren, wie er es in dem dritten Manuskript getan hat.

GLASER (Österreich)

Verehrte Kolleginnen und Kollegen, ich möchte Ihnen eine sehr kurze, gedrängte Zusammenfassung meines Papiers geben, das Ihnen ja zugänglich ist, und dann noch eine Ergänzung vornehmen zum Leidwesen der Veranstalter, die mir aber doch sehr wichtig erscheint. Als Ausgangspunkt betrachte ich in meinem Papier das denktheoretische Syndrom, das im weitesten Sinne, wie ich glaube, die Denkstruktur des Austromarxismus charakterisiert, und das aus drei Elementen besteht:

1. einem erkenntnistheoretischen Pluralismus, 2. einer soziologisch-ökonomischen Geschichtsauffassung, und 3. einer humanistischen Ethik. Der Themenstellung meines Referates und der Tagung entsprechend habe ich mich vornehmlich mit dem zweiten dieser Elemente beschäftigt, der soziologisch-ökonomischen Geschichtsauffassung, aber auch das erste, den erkenntnistheoretischen Pluralismus, dabei berücksichtigt. Es ergab sich, daß der Austromarxismus sich erkenntnistheoretisch weit entfernt vom orthodoxen Marxismus-Leninismus und dessen Anschauungen, die sich auf den Diamat begründen, den dialektischen Materialismus. Das bedeutete auch eine eigenständige, eigenwillige Interpretation der sogenannten materialistischen Geschichtsauffassung, was schon bei Karl Kautsky und später besonders bei Max Adler, aber dann auch natürlich bei den Historikern Ludo Moritz Hartmann und Karl Grünberg beobachtet werden konnte. So wollte man gelegentlich sogar den Ausdruck materialistische Geschichtsauffassung vermeiden und neutraler bloß von einer ökonomischen Geschichtstheorie sprechen. Diese Geschichtsauffassung wird im Austromarxismus demnach als eine Geschichtstheorie betrachtet, die fordert, daß die Geschichtsschreibung auf empirischen Grundlagen aufbauen muß und der Geschichtsablauf als soziologisch-ökonomischer Prozeß begriffen wird. Dabei erweisen sich vornehmlich die komplizierten Beziehungen zwischen dem sogenannten materiellen Unterbau

und dem ideologischen Überbau als Problem: Seien diese Beziehungen kausale Abhängigkeiten oder Richtwirkungen oder Wechselwirkungen. In der historischen Literatur, die von Austromarxisten verfaßt wurde, wird dieses Problem meist nur höchst unzulänglich gelöst. Entweder schrieb man über diese Fragestellung nur in extrem theoretischer Weise, wie etwa Max Adler oder Otto Neurath, oder begnügte man sich mit der Darstellung eines großen Nebeneinander von Unterbau- oder Überbaufakten, wenn man nicht überhaupt nur eine Quellen- und Zitatsammlung mit verbindendem Text lieferte, mit welchen Worten Karl Grünberg seinerzeit den ersten Band von Ludwig Brügels „Geschichte der österreichischen Sozialdemokratie" kritisierte. Einzig Otto Bauers historische Schriften, vor allem seine „Österreichische Revolution", könnten vielleicht als repräsentative austromarxistische Leistungen auf dem Gebiete der Geschichtsschreibung betrachtet werden. Otto Bauers Studie über das Weltbild des Kapitalismus jedoch öffnete den Blick auf einen Bereich der historischen Forschung, auf dem im Umfeld des Austromarxismus auch andere Persönlichkeiten Bemerkenswertes zustande gebracht haben, z. B. die von mir in meinem Papier erwähnten Paul Szende, der aus Ungarn emigrierte, und Edgar Zilsel. Es handelt sich um das Gebiet der Ideen- und Wissenschaftsgeschichte und daran anschließend um die Kunstgeschichte und die Kunstsoziologie. Ich glaube, daß in diesem Bereich die von Marx beeinflußten Geschichtsinterpretationen vielleicht überhaupt ihre originellsten Aussagen zu machen vermögen, und ich hätte daher sehr begrüßt, wenn Herr Hobsbawm in seinem Vortrag über diese Disziplinen wenigstens einen Satz erwähnt hätte. Gestatten Sie mir, daß ich speziell die aus dem Austromarxismus herausgewachsene Kunstgeschichte, die entsprechend der Betrachtungsweise der austromarxistischen Historik als Kunstsoziologie betrieben wird, als erwähnte Ergänzung hier anbringe. Ich fühle mich deshalb dazu berechtigt, weil erst in den letzten Wochen, also in der Zeitspanne zwischen der Ausarbeitung meines Referates und der jetzigen Tagung, ein Buch erschienen ist, daß sich mit einem solchen kunstsoziologischen Thema beschäftigt und dessen Autor gleichsam als ein Altaustromarxist bezeichnet werden könnte. Ich beziehe mich auf das Werk „Musik im Wandel der Gesellschaft. Grundzüge der Musiksoziologie", dessen Verfasser Kurt Blaukopf ist, derzeit Professor für Musiksoziologie an der Wiener Hochschule für Musik. Blaukopf, Jahrgang 1914, hat die Theoretiker des klassischen Austromarxismus noch persönlich gekannt und z. B. bei Max Adler noch Vorlesungen gehört. Als blutjunger Student der Musikwissenschaft publizierte er bereits 1935 eine freche Studie — könnte man sagen — mit dem Titel „Die Endkrise der bürgerlichen Musik und die Rolle Arnold Schönbergs". Seine Thesen, die er zum Teil von Hanns Eisler bezog, waren damals: Der geistige Zerfall der bürgerlichen Welt hat auch die Widersprüche in der bürgerlichen Musik offenbar werden lassen.

Die Form der Symphonie ist zerbrochen, die mechanische Negation der Harmonik in Schönbergs Atonalität führt zur Endkrise der bürgerlichen Musik, wörtlich: „Erst jetzt ist der ganze musikalische Überbau in allen seinen Teilen dem kapitalistischen Unterbau nachgerollt." Es ist interessant, daß sich damals Ernst Křenek, der bekannte Komponist, der damals dem Sozialismus einigermaßen nahestand, mit Blaukopfs Ansichten kritisch, im prinzipiellen nicht nur ablehnend auseinandersetzte und diesbezüglich schrieb — ich zitiere Křenek:

„Sicher ist die dialektische Methode, die der Verfasser, wie auch seine meritorischen Anschauungen, aus dem marxistischen Denken gewonnen hat, als heuristisches Prinzip von großem Wert. Sie führt jedoch in ihrer formelhaften Anwendung zu einer Zerfällung ihrer Objekte, deren Schematismus den Blick auf die Wirklichkeit verbaut."

Blaukopf hat im Laufe der Jahre, ja Jahrzehnte, in denen er seine musiksoziologischen Forschungen weiterführte, er war übrigens in der Emigration beim israelischen Rundfunk beschäftigt — diesen von Křenek erwähnten Schematismus immer mehr verlassen, seine Betrachtungsweise verfeinert und nach vielen Publikationen, die diesen Weg begleiteten, in seinem letzten Werk, das ich hier erwähnt habe, den doch gelungenen Versuch einer Synthese musiksoziologischen Denkens vorgelegt. Durchaus im Sinne der austromarxistischen Ansätze zur Kunstsoziologie, wie sie auch schon Edgar Zilsel betrieb, war er von Gedanken bewegt, die die Kunstsoziologie von der philosophischen Spekulation zur empirisch gestützten Wissenschaft führen sollten. Und ich gebe bloß ein Beispiel seiner diesbezüglichen Überlegungen. Nun hat Herr Hobsbawm wohl in seinem Vortrag gesagt, daß der Marxismus heute eigentlich erst dort beginnt, wo Marx-Zitate nicht mehr genügen, aber natürlich ist es sicher kein Verbrechen, wenn man sich gelegentlich doch auf Marx direkt berufen kann, besonders wenn man sich dabei auf ein Gebiet bezieht, das bisher in der Marx-Rezeption eher vernachlässigt wurde. Also z. B. auf kunstsoziologische Bemerkungen von Marx. Das tut Blaukopf, und er zitiert eine Marx-Stelle, die durchaus von einem vulgär-marxistischen Schematismus weggeführt hat und nun folgendermaßen lautet: Marx: ‚Aber die Schwierigkeit liegt nicht darin zu verstehen, daß griechische Kunst und Epos an gewisse gesellschaftliche Bedingungen geknüpft sind. Die Schwierigkeit ist, daß sie für uns noch Kunstgenuß gewähren und in gewisser Beziehung als Norm und unerreichbare Muster gelten.' Blaukopf setzt dann mit eigenen Worten, an dieses Zitat anknüpfend, fort: „Wenn Kunstwerke ihre gesellschaftliche Resonanz auch dann noch beibehalten, wenn die gesellschaftlichen Voraussetzungen ihrer Entstehung längst zu existieren aufgehört haben, dann ergibt sich daraus, daß das einmal geschaffene Kunstwerk selbst zum Faktor der weiteren künstlerischen Entwicklung werden kann und muß." Soweit Blaukopf.

Für diejenigen unter Ihnen, die sich vielleicht spezieller noch über dieses Thema informieren wollten, habe ich hier einige Verlagsprospekte dieses erwähnten Buches. Und ich bin damit eigentlich schon am Ende meiner Überlegungen. Sie merken, daß Blaukopf zu den Autoren zählt, die im Austromarxismus nicht selten gewesen sind, die, wie Hobsbawm ausgedrückt hat, die Bedeutung von Faktoren des Überbaus besonders betont wissen wollen, wobei sie sich durchaus und mit Recht auf Marx berufen können. Und Sie merken vielleicht auch, daß mit der Erwähnung dieses Werkes Blaukopfs auch die geistige Ausstrahlungskraft des Austromarxismus bis in unsere Tage dokumentiert werden konnte. Danke schön.

JEMNITZ (Ungarn)

[siehe Referat]

TYCH (Polen)

Also ganz kurz in diesen fünf Minuten, die uns gestattet sind, zu dem Referat von Prof. Hobsbawm. Natürlich, für einen Historiker der Arbeiterbewegung war für mich besonders interessant, wie das Marxsche Verstehen von Geschichte politisch in der Arbeiterbewegung und, konkret gesagt, in den Parteiprogrammen der europäischen Arbeiterbewegung in der Zeit der dynamischen Ausbreitung des Marxismus, also zwischen den Achtzigerjahren und 1914, wirkte. Jedes politische Programm einer Arbeiterpartei bedeutet doch vor allem ein gewisses Verhältnis zur Geschichte, zur Geschichte des eigenen Landes und zur Geschichte überhaupt und zur Möglichkeit der Schicksalswandlung des Menschen. Ich habe mich vor kurzem im Zusammenhang mit einer polnischen Arbeit mit einer vergleichenden Analyse der europäischen sozialistischen Programme, beginnend eben mit den Achtzigerjahren bis 1914, beschäftigt. Und aufgrund dieser Erfahrung würde ich sagen, daß beginnend mit dem Programm der Partie ouvrier française von 1882 über das Hainfelder-Programm, Erfurter-Programm, das Programm der russischen Partei von 1903 und allen verwandten Programmen bis 1914, in fast allen diesen europäischen sozialistischen oder sozialdemokratischen — wenn Sie wollen — Programmen vor 1914 fünf von der Marxschen Geschichtsauffassung übernommene Hauptkategorien direkt oder indirekt bemerkbar waren. Vor allem war das selbstverständlich die Kategorie der sozialen Klasse und des Klassenkampfes, zweitens die Kategorie der ökonomischen Gesellschaftsformation — auch wenn sie nicht ganz direkt zu sehen war, wirkte sie in allen Parteiprogrammen —, drittens — ich weiß nicht, wie ich es nennen soll — das zweistufige Begreifen der Weise, in der sich der soziale Fortschritt verwirklicht, ich meine die evolutionäre und die revolutionäre Phase der sozialen Wandlungen und deren dialektischen Zusammenhang. Die programmatische Auslegung dieses zweistufigen Prozesses fand ihren Ausdruck in der Gliederung der Parteiprogramme in zwei Teilen, und zwar in der Deklaration des Endzieles und in der Formulierung der direkten Ziele des Kampfes. Viertens zu bemerken war auch ein gewisser historischer Determinismus, ich sage ein gewisser, der vor allem zu bemerken war in der Überzeugung, daß die Welt objektiv in Richtung nicht nur der Sozialisierung der Produktion, sondern auch des Eigentums geht. Und endlich das fünfte Element, charakteristisch für alle diese Parteiprogramme, war das von Marx übernommene universalistische Verstehen der Geschichte. Teilweise wurde das heute schon besprochen, dieser Europazentrismus hat mit der Sache zu tun gehabt. Konkret aber war das die Voraussetzung dafür, daß das Schicksal der kapitalistischen Formation sich in einem universellen Maßstab abspielen wird. Expliziter oder impliziter ist das in jedem sozialdemokratischen Programm vor 1914 zu vermerken. Die strategische politische Auslegung dieser Voraussetzung war doch die Losung „Proletarier aller Länder vereinigt Euch", das war doch ein bestimmtes strategisches Programm, nicht nur sozusagen ein Glaubensbekenntnis. Diese Katalogisierung scheint trivial zu sein. Aber ich habe versucht herauszufinden, aus welchen Bausteinen die zumindest äußere Einheit der Zweiten Internationale gebaut war. Von diesen Prämissen ging ich aus, um diese Konstruktion zu bauen. Das war der erste Grund, warum ich es wichtig fand, diese Sachen einzuordnen. Zweitens wollte ich herausfinden, welche Bausteine des Marxschen historischen Denkens in der ganzen oder fast ganzen sozialistischen Bewegung vor 1914 zumindest theoretisch am breitesten wirkten und akzeptiert wurden und auch diesen politischen Grund der Einheit der Zweiten Internationale bildeten. Ein dritter Grund war auch, um besser zu sehen, welcher von diesen Bausteinen auf welchen Flügel der Arbeiterbewegung später, nach der Spaltung, Einfluß hatte und welche aus den Programmen der Arbeiterklasse fielen.

SKRZYPCZAK (BRD)

Meine Damen und Herren, im Unterschied zu Karl Marx' Thesen über Feuerbach besitzen die Thesen unseres verehrten Kollegen Hobsbawm einen wohl unbestreitbaren Vorzug. In ihrer Ausgewogenheit kann ihnen, wie es mir scheint, nahezu jeder fast uneingeschränkt zustimmen, fast. In meinem Fall konzentrieren sich die Bedenken auf einen Satz, und zwar auf den ersten Satz des Thesenkomplexes: Die materialistische Geschichtsauffassung, heißt es dort zunächst, ist der Kern von Karl Marx' Denken. Der Kern, das Zentrum, der Mittelpunkt seines Denkens ist, dies meine Gegenthese, die Emanzipation in Verbindung mit dem kategorischen Imperativ, alle Verhältnisse umzuwerfen, wo der Mensch ein erniedrigtes Wesen ist — ein Aspekt, der in die Statuten der internationalen Arbeiterassoziation mit der präzisierten Formulierung Eingang gefunden hat, daß die ökonomische Emanzipation der Arbeiterklasse der große Endzweck ist, dem jede politische Bewegung als bloßes Mittel unterzuordnen ist. Im Zentrum des Marxschen Denkens steht wie die politische Bewegung so auch die materialistische Geschichtsauffassung nur insoweit, als sie in der Zweck-Mittel-Relation eine unverzichtbare Komponente ist. Die materialistische Geschichtsauffassung ist der Kern von Marx' Denken und, heißt es dann weiter, in diesem hohen Maße ist Geschichte, als der eigentliche Gegenstand der Geschichtswissenschaft, der Zentralpunkt seiner Theorie. Der Satz klingt ebenso plausibel wie in den Ohren des professionellen Historikers ungemein schmeichelhaft, und er ließe sich in der Betonung des Stellenwertes der materialistischen Geschichtsauffassung noch um einiges verstärken. Nach Meinung von Friedrich Engels z. B., ist ja die historische Theorie von Marx sogar als die Grundbedingung jeder zusammenhängenden, konsequenten revolutionierenden Taktik zu betrachten. Und dennoch läßt sich die These, Geschichte der Zentralpunkt der Marxschen Theorie, mit einem begründbaren Fragezeichen versehen. Gewiß, Marx und Engels haben in der deutschen Ideologie das für Historiker äußerst eingängige Wort geprägt, wir kennen nur eine einzige Wissenschaft, die Wissenschaft der Geschichte. Allerdings haben Engels und Marx diesen Satz später gestrichen, die mathematische, die astronomische, ja jedwede Wissenschaft besitzt natürlich ihre historischen Aspekte, ohne sich jedoch in Geschichte auflösen zu lassen, wie denn auch der größte historische Enthusiast, muß er sich einer medizinischen Operation unterziehen, das Skalpell eines Chirurgen zweifellos der Feder des besten Medizinhistorikers vorziehen wird. Es gibt in der Tat mehr als je nur eine Wissenschaft, die da Geschichte heißt. Es gibt da z. B. die Wissenschaft der politischen Ökonomie, für die ebenfalls gilt, daß sie ihre historischen Aspekte, aber auch ihre Eigenständigkeit besitzt, und diese politische Ökonomie hat ebenfalls im Zentrum, im Kern des Denkens von Marx gestanden mit und neben der materialistischen Geschichtsauffassung, untrennbar mit ihr verknüpft, jedoch mit ihr nicht identisch, als weiteres unverzichtbares, konstitutives Instrument im Dienste des großen Zwecks der Emanzipation. Im Denken von Marx gehen, formal betrachtet, drei zeitliche Momente eine zielgerichtete Verbindung ein: Vergangenheit, betrachtet durch die scharfe Lupe der materialistischen Geschichtsauffassung als Orientierungshilfe für die Gegenwart, die ökonomisch-radikal analysiert und politisch gestaltet Prognosen ermöglichen soll, die Wege bahnt im Dienste des kategorischen Imperativs — ich wiederhole, alle Verhältnisse umzuwerfen, in denen der Mensch ein erniedrigtes Wesen ist. Eines jedenfalls steht fest: das aufrüttelnde und das heute noch nachhallende Losungswort des Kommunistischen Manifests lautete und lautet jedenfalls nicht: Historiker aller Länder, vereinigt Euch.

HEITZER (DDR)

[Anfang wegen Bandwechsels nicht aufgezeichnet]

Ich gehöre auch zu denen, die weitgehend damit einverstanden sind, was Herr Hobsbawm gesagt hat, und finde seine Ausführungen sehr anregend. Zwei Bemerkungen gestatten Sie mir: Kollege Hobsbawm sagte, daß Marx seine Arbeiten nicht als Fachhistoriker geschrieben hat. Das ist in der Tat so, das läßt sich auch aus dem Briefwechsel, aus Äußerungen von Bekannten nachweisen, daß er keinerlei Ehrgeiz hatte, etwa in den Fachorganen der Zunft rezensiert zu werden oder Mitglied von wissenschaftlichen Vereinigungen zu werden, vielleicht bei der ITH, wenn es die damals schon gegeben hätte. Aber auf jeden Fall fühlte er sich der Zunft der Historiker in keiner Weise zugehörig. Ich bin auch einverstanden mit der Feststellung, daß es unzulässig ist, zwischen Marx, dem Ökonomen, dem Soziologen, dem Historiker zu unterscheiden. Er hat diesen Unterschied nie gemacht. Aber die Frage ist, was war Marx dann, als was hat er dann Wissenschaft, darunter auch Geschichtswissenschaft, betrieben. Meine Antwort ist elementar, aber da sie gefehlt hat in dem Referat, möchte ich das doch betonen. Marx war nun doch einmal, wie er selbst erklärt hat, wie das Engels in seiner berühmten Grabrede zu Karl Marx betont hat, in erster Linie Arbeiterführer. Er war in erster Linie führender Kopf der Arbeiterbewegung seinerzeit, und in diesem Sinne, in diesem Auftrag, unter diesem Zeichen hat er Geschichte erforscht, hat er Geschichte geschrieben, hat er Geschichte propagiert. Es ist eine, entschuldigt, elementare Wahrheit, diese Einheit von Politiker und Wissenschaftler bei Marx, die kann man mißbilligen, die kann man kritisieren, die kann man verurteilen, Marxisten billigen sie, aber auf jeden Fall muß man sie ins Kalkül ziehen, will man dem Marxschen Werk gerecht werden. Vor allem hängt Geschichtsschreibung bei Marx ganz unmittelbar zusammen mit seinen Revolutionserwartungen, mit seiner Revolutionskonzeption. Bekannt sind ja die Schlüsselsätze aus den Grundsätzen des Kommunismus, variiert dann in späteren Arbeiten, daß die heranreifende proletarische Revolution wahrscheinlich in den entwickeltsten Ländern beginnen werde, in Frankreich, in England, in Deutschland. Vor allem aus diesem Grunde widmeten sich Marx und auch Engels in erster Linie der Geschichte dieser Länder. Bis zum Ende des Krimkrieges standen England, Frankreich und Deutschland fast ausschließlich im Zentrum des historischen Interesses von Marx und Engels, seit dem Krimkrieg widmeten sie auch der Geschichte Rußlands große Aufmerksamkeit. Wie gesagt, das kann nicht aus innerwissenschaftlichen Gründen erklärt werden oder aus einer individuellen Interessenlage oder aus Neigungen, sondern aus dem Revolutionskonzept in der Geschichte dieser Länder suchten sie Antwort auf aktuelle und perspektivische Fragen des Klassenkampfes. Das war das entscheidende, das treibende Motiv. Und so sehr ich Herrn Hobsbawm zustimme, daß die von Marx begründete materialistische Erklärung in der Geschichtsschreibung weitgehend Eingang gefunden hat, sie muß auch Eingang finden, wenn man Marx selbst erklären will und sein Lebenswerk. Eine zweite Frage: Marx, meinte Kollege Hobsbawm, habe sich kaum als Historiker im eigentlichen Sinne betätigt, kaum historische Arbeiten im eigentlichen Sinne geschrieben. Da muß ich doch fragen, was sind die „Klassenkämpfe in Frankreich", was ist der „18. Brumaire", was ist der „Bürgerkrieg in Frankreich". Sind das historische Werke oder was sind sie? Sie behandeln die unmittelbare Gegenwart, die kaum zurückliegende Vergangenheit zu Marx' Zeiten, ja, aber wann beginnt die Geschichte? Ist da eine Regel, müssen da 5 oder 50 oder 100 Jahre vergangen sein? Alles Geschehene, wissenschaftlich analysiert, ist historische Untersuchung. Und ich glaube mich nicht zu irren, wenn ich annehme, daß auch unter Nichtmarxisten auf jeden Fall der „18. Brumaire", zuweilen auch die „Klassenkämpfe" und der „Bürgerkrieg" als klassische Geschichtswerke gelten. Natürlich sind gerade diese Analysen der unmittelbar zurückliegenden Vergangenheit mit dem Risiko behaftet, daß Irrtümer möglich sind. Auf der Grundlage unzureichender Quelleneinsichten — Marx hatte bekanntlich keinerlei Einblicke in Archive, die waren ihm nicht möglich —, auch deshalb, weil bestimmte Prozesse noch nicht abgeschlossen sind, sich deren Wirkungen erst später zeigen. Marx war sich, wie viele seiner Äußerungen belegen, dieses Risikos, das Irrtümer einschloß, durchaus bewußt. Ich frage aber, wo ist eine Wissenschaft überhaupt möglich ohne Risiko. Ich glaube also, daß auch in dieser Hinsicht wir selbst aus den Irrtümern von Marx heute noch lernen können.

GALLISSOT (Frankreich)

A la suite des rapports de Hobsbawm et de rapport de Shlomo Avineri je voudrais parler aussi des contradictions de l'universalisme marxiste. Il faut distinguer l'universalisation du marxisme, des problèmes du l'universalisme. L'universalisation ou bien l'internalisation du marxisme traite de la pénétration des idées marxistes, de la diffusion du marxisme et du reste s'intéresse assez peu aux limites, aux obstacles que rencontre le marxisme dans cette pénétration. Il y a deux grands véhicules de cette diffusion du marxisme. Le véhicule du mouvement ouvrier qui manifeste donc le caractère central du prolétariat et le véhicule des mouvements nationaux des libérations, des mouvements d'indépendance qui ont généralisé le marxisme à l'échelle mondiale, mais qui ont deplacé le centre de gravité du marxisme du prolétariat vers cette autre prolétariat qui serait les peuples dominés. Le point difficile dans cette analyse de l'interprétation de l'internalisation du marxisme c'est que le marxisme à même temps est devenu institutionel. Un marxisme d'organisation. Donc défini par un magistère qui est celui des partis ou des états qui se réfèrent au marxisme. Je crois que ces problèmes devraient être étudiés, en prenant apte qu'il y à de par le monde et dans le temps, dans l'espace et dans le temps à travers les générations comme disait [nicht rekonstruierbar] qu'il y a des marxismes. Et c'est l'essence que voudrait avoir le colloque que l'on prépare à Paris, à partir des universités Paris 8 et Paris 7, sur Marx et le marxisme. Pour voir justement les usages du marxisme et non pas se prononcer en fonction de principes doctrinaux ou d'un magistère d'organisation. Mais cela laisse entière la question de fond qui est celle de marxisme histoire qui est la question de l'universalisme. C'est-à-dire la capacitè à partir de l'oeuvre de Marx, de rendre compte de toute l'histoire et l'histoire de toute l'humanité. C'est donc là que se pose le problème de la vision universelle que peut avoir le marxisme. On peut traiter ce problème en faisant des études géopolitiques de ce que Marx a dit sur l'Asie comme Shlomo Avineri, je le moi même fait pour l'Algérie, Marx et l'Algérie, c'est des choses absolument indispensables de partir des connaissances que Marx avait à l'epoque et des jugements qu'il a tiré de ses connaissances. Mais on rencontre immédiatement la limite de ces connaissances et se ne sera pas les problèmes que j'évoquerait. Ce que j'évoquerait ce n'est pas la limite des connaissances d'époque mais les limites epistémologiques d'époques. C'est-à-dire la limite scientifique dans le marxisme abordant une histoire mondiale. Les deux grands problèmes de cette limitation epistémologique: le premier problème à déjà était évoqué, c'est celui du capital au centrisme. C'est-à-dire d'une pensée qui est elaborée sur l'analyse du développement du capitalisme européen. Marx le reconnait lui-même et ce pourqoi il est possible aujourd'hui d'invoquer le vieux Marx qui est le Marx des historiens contre le jeune Marx du reste que l'on vient de rendre à l'histoire tout à l'heure à travers les variations des manuscrits de 1844. Le jeune Marx a était exalté philosophiquement. Le vieux Marx marque les limites de la recherche historique. Quand il écrit à [nicht rekonstruierbar] que son explication n'est valable que pour le milieu historique qui correspond du développement de l'Europe occidentale. Donc Marx introduit une notion qui est celle du milieu historique quand est il de l'évolution des autres milieus historiques. Voyez — donc à ce point l'histoire devient pluriel. Et non plus une histoire reglée comme par les principes d'être une histoire qui serait la clef du capitalisme. Les deux consequences découlent de la vision capitalocentriste. La première c'est celle qui a rendu le prolétariat centrale. Elle est effectivement un des noyaux de la pensée de Marx. Mais cette conception du prolétariat centrale s'est souvent développée après Marx vers une sorte de conception de ce que j'appelerai une prolétariatcratie comme on parle d'une théocratie. C'est-à-dire d'une vision qui fait du prolétariat le commandement de la société, le principe d'organisation de la société présente et future et qui oublie certainement la complexité des rapports de classe et surtout les rapports aux ensembles sociaux et les différences de société. Je ne développe pas ce point. Mais par exemple il est celui qui bloque l'étude des changements du prolétariat depuis Marx. Et peut-être de cette autre changement qui est le remplacement du prolétariat dans une certaine fonction historique de commander les forces politiques qui est assumée par des intelligentia est de plus en plus aussi bien dans la révolution qui se réclame du socialisme que dans les états du tiers-monde. L'autre conséquence du capitalocentrisme c'est ce que Hobsbawm à décrit sous la definition de la société moderne que Marx à effectivement exalté comme avènement de la citoyennité politique, comme avènement de l'individu libèré des liens communautaires, tous les hommes deviennent égaux. Il y à dans cette pensée donc la continuation des ideologies de lumière et une égalité des hommes individuels. J'évoque simplement cela pour montrer que par là on oublie les liens sociaux qui ne sont pas des rapports de classe. Qu'on oublie les liens sociaux qui relèvent de l'ensemble des liaisons collectives et des liaisons culturelles. Que l'on oublie aussi que l'histoire de l'humanité s'est développée à travers des formes communautaires, des formes collectives et qu'aujourd 'hui encore la principale collectivité politique s'apelle nation. Donc le saise de sens là, les limites liés à ce que je simplifie sous la formule de capitalocentrisme. L'autre grand problème qui a était à peine evocué ici et celui de l'evolutionisme qui se trouve dans la pensée de Marx y compris dans sa pensée finale historique celle des années 1880 que continue l'oeuvre d'Engels et en particulier „L'origine de la famille, de la proprieté privée et de l'état".

Ce sont Marx et Engels qui sont parallèle au développement du Darwinisme ce n'est pas pour cette forme originelle surtout que je pose le problème de l'evolutionisme mais c'est pour les formes derivées jusqu'à aujourd'hui qui ont multipliées les combinaisons d'états, les combinaisons de période. Comme si le grand problème de l'historiographie marxiste était de périodiser et surtout de se faire succeder des états, des sociétés, des modes de productions. Donc s'est presque le subproduit de l'évolutionisme que je critique plus que la racine évolutioniste dans la pensée de Marx. Quant à la pensée de Marx et de celle d'Engels dans ses années 1180 il y à au moins deux moyens de contrebattre l'évolutionisme. C'est au moins les formes qu'il appris par la suite. Le premier moyen et la je me separai de ce qu'a dit à l'introduction Eric Hobsbawm. Ce de n'est pas considérer que le seul noyau, comme tout à l'heure, le seul noyau du marxisme s'est la détermination par la production desbiensmateriéls. Mais comme disait Engels en ouvrant „L'origine de la famille, la proprieté privée et de l'état" s'est aussi la reproduction des hommes. Donc la reproduction des formes sociales, la reproduction des formes sociales, ra reproduction des liens collectifs. Il y à une reproduction sociale et pas seulement une reproduction materiélle. Et s'est peut-être une façon de sortir des impasses du déterminisme économique que déposait ses formes de reproduction sociale et de reproduction culturelle. Le deuxième point qui permet peut-être dans le marxisme d'origine de sorti des contradictions de l'évolutionisme. C'est l'attention que Marx mourant et Marx inachevé, l'oeuvre de Marx inachevé et l'attention qu'Engels ont portée à ce que il appele „les formes de commune" et „les formes de la communauté". Non pour la beaute de la communauté primitive. Je pense que l'ethnologie moderne à mis bas ou à abbattu toutes les idées que l'on pouvaient se faire sur les communautés primitives ou sur la communauté primitive. Il n'y à pas deux communités primaires. On ne rencontre jamais que des communautés complexes diversifiée, composité et l'on est somme tout aujourd'hui par l'études des autres sociétés devant un ensemble des combinaisons communautairés qui est bien loin de ce qui peut se ressoudre par les allusions aux étapes de la communauté primitive et de la succession des formes de commune. Mais il y à l'idée de l'importance des liens communautaires, des liens ethniques, des rapports interethnique et des differances culturelles dans ces referances donc à Marx au forme de commune.

Pour terminer je voudrais évoquer trois directions dans lesquelles les traveaux du Marx — les traveaux des historiens marxistes vont aujourd'hui en quelque sorte en rupture de ce qui a était cette contraction du capitalisme — du capitalocentrisme et les contractions de l'évolutionisme. La première forme de l'élargissement, c'est d'aller plus loins que ce qu'a évoqué Eric Hobsbawm en disant que l'on pouvait somme tout renouveler l'étude de la crise ou de la transition du féodalisme au capitalisme. Et effectivement de nombreux historiens ce sont appliqués à renouveler cette transition et à là faire éclater et voir à retrouver une histoire mondiale. Mais ce n'est pas seulement revenir sur cette transition qu'il faut. Les autres sociétés qui n'obeissent pas à la transition du capitalisme — du féodalisme au capitalisme imposent que l'on reconaisse que le capitalisme est le premier mode de production mondiale et que les autres modes de productions, les autres sociétés ne peuvent pas s'analyser en terme de mondialisation qu'ils ne sont que des développements des sequences de développement historique, correspondant à une pluralité d'un développement et à différants milieus. Et — mais Marx cela dit lui-même — mais on ne peut plus briquoler en quelque sorte pour faire sortir d'un féodalisme qui serait priviligé d'une quelque sorte exclusive toute l'histoire du capitalisme. Il faut reconnaître les limites du capitalocentrisme. Le deuxième problème d'elargissement je passe très vite car il résulte de toutes les traveaux recents de l'histoire du mouvement ouvrier lui-même. C'est qu'on ne peut plus faire l'histoire uniquement par l'analyse du prolétariat privilegié et bloqué dans ces formes originelles. On ne peut plus faire l'histoire du prolétariat seul. On est obligé de faire l'histoire de rapports sociaux. Et même l'histoire des échanges sociaux et des rapports culturels. Donc de faire l'histoire de la culture ouvrière et l'histoire des cultures. Mais cela, je crois que tous les historiens aboutissent à ce constat.

La troisième dimension qui permet de dépasser les limites c'est vraiement de prendre en charge les faits collectifs qui ne resultent pas directement des rapports de classe ou directement des rapports de production. Prénons un exempie simple. Aujourd'hui les pays, les états qui se réclament du marxisme entrent en guerre les uns contre les autres ou tout au moins supposent. Il y à une force des faits collectifs et des collectivités politiques et il y à bien une nécessité d'analyser le rapport de la nation à l'état et il y à bien la nécessité d'une antrcpologie politique qui permettra de se rendre compte de ces affrontements à l'intérieur même donc du monde ou des pays qui se reclament du socialisme. Si l'oeuvre de Marx prétend à l'universalisme nous ne pouvons pas être des internationalistes vainquus. Or nous sommes à la fin des internationales et nous sommes aussi ces nouveaux afrontements dont je viens de parler.

KÜTTLER (DDR)

Meine Damen und Herren. Aus dem Referat von Herrn Hobsbawm möchte ich zuerst zustimmend eine sich durch die Ausführung durchziehende Grundthese hervorheben. Nämlich, daß, wenn wir das Thema unseres Kolloquiums „Marx und die Geschichtswissenschaft" im engeren Sinne behandeln, heute, 100 Jahre nach seinem Tode, die besondere Verpflichtung darin besteht, seine Methode weiterzuentwickeln, schöpferisch auf die Lösung moderner Forschungsprobleme anzuwenden und den Marxismus als theoretische und methodologische Orientierung aufzufassen. Ich sehe das als eine außerordentlich wichtige Orientierung an, der ich voll zustimme. Ich möchte davon ausgehend einige kurze Bemerkungen machen über die methodologische Anwendung des Marxschen Formationsbegriffs und der Marxschen Formationstheorie auf die Geschichtswissenschaft und dabei auch eingehen auf einige Thesen, die in einigen Referaten erwähnt wurden und aufgestellt wurden über die Anwendbarkeit des Marxismus auf außereuropäische Probleme, über die Frage der Europaorientierung oder des Europazentrismus bei Marx. Ich möchte zunächst 3 Thesen in den Mittelpunkt stellen, was der Formationsbegriff bedeutet:

1. Er ist ein methodologischer Schlüssel, der Brief [nicht rekonstruierbar] vom Jahre 1877 bedeutet gerade dies. Wenn Marx sagt, ich habe keine universelle Formel für alle Völker, alle Zeiten und alle Perioden entwickelt, betont er zugleich im engeren Sinne, daß das, was er im 24. Kapital des Kapitals gesagt hat, über die ursprüngliche Akkumulation und ihre Form, sich auf Westeuropa und England bezieht. Aber damit hat er nicht etwa gesagt, daß die Methode, die er anwendet, und die theoretische Orientierung nur für Westeuropa gelten oder nur für Westeuropa angewendet wurden oder nur von Westeuropa aus abstrahiert wurden, sondern gerade darin besteht positiv die Aussage: die methodologischen Grundlagen, die ich entwickelt habe, gilt es, konkret und immer wieder neu auf andere Gesellschaften, andere Perioden und die Entwicklung anderer Völker anzuwenden. Denn es ging ja hier um die Fragen, die die russischen Revolutionäre dieser Zeit gestellt haben — muß Rußland unter allen Umständen alle Fährnisse und Gegensätze des Kapitalismus durchmachen, gibt es nicht eine revolutionäre Chance der russischen Bauern, falls ihre Revolution siegt — und Marx setzte hinzu, falls das Proletariat in den entwickelten kapitalistischen Ländern auch siegt. Das ist im Grunde genommen ein Vorgriff auf bestimmte Konstellationen unserer Epoche, die es gerade methodologisch anzuwenden gilt auf das Verhältnis von Revolution und Evolution in unserer gegenwärtigen Zeit und im Verhältnis zu entwickelten Ländern und der Dritten Welt, die ja in Rede stand.

2. Der Formationsbegriff ist eine neue Qualität, eine neue Antwort auf die Frage nach der Struktur und der Entwicklung der Geschichte. Und ich möchte zu dem sehr interessanten Referat von Herrn Ohno bemerken, daß es, glaube ich, einseitig wäre, diesen Begriff abhängig zu machen von dem geologischen Begriff der Schichten und Formationen. Es stimmt, daß Marx dieses Bild mehrfach gebraucht hat, er hat aber auch den biologischen Entwicklungsbegriff benutzt, und er hat schließlich sehr viele Begriffe aus Hegels Weltgeschichtskonzeption schöpferisch angewendet. In einer gewissen Dreidimensionalität des Formationsbegriffs: Formation bedeutet für ihn zuerst im allgemeinsten Sinne den Produktions- und Reproduktionsprozeß der menschlichen Gesellschaft überhaupt, das heißt, die Herauslösung des Gesellschaftlichen, die Formierung des Menschen als gesellschaftliches Wesen aus der Natur. Formation bedeutet zweitens im engeren Sinne, das ist die „minor group", die Herr Ohno richtig erwähnt, Formation als System der Produktionsweise, als Struktur und Entwicklungseinheit und Stufe, in der wir im engeren Sinne den Formationsbegriff heute wissenschaftlich anwenden und in der die Reihenfolge der Formation im gleichen Rang steht. Aber es gibt auch bei Marx und Engels von der „Deutschen Ideologie" angefangen, wo der Formationsbegriff noch nicht explizit ausgeführt wird, bis zu den [nicht rekonstruierbar] Briefen noch eine andere, eine zusam-

menfassende Formulierung von Stufen der Formation, unterschieden vor allem nach den Grundtypen des Eigentums an Produktionsmitteln, ob sie Gemeineigentum oder Privateigentum sind. In dieser Hinsicht habe ich, haben wir in unseren Forschungen auch noch eine besondere These über die Frage sekundärer und primärer Formation entwickelt, auf die ich jetzt, der Kürze der Zeit wegen, nicht eingehen kann. Vielleicht besteht in der Diskussion morgen dann noch Gelegenheit.

3. Es ist, meiner Ansicht nach, nicht dem dialektischen Anliegen von Marx und der Komplexität des Formationsbegriffes angemessen, wenn man auf der einen Seite die strukturelle Sicht auf das System der Produktionsverhältnisse und auf der anderen Seite die genetische Sicht auf die Entwicklungsstufen voneinander trennt. Beides konstituiert den Formationsbegriff. Und zwar auch nicht nur im Sinne von Ökonomie als Grundstruktur, das Beiwort ökonomisch bedeutet nichts anderes, als daß die Ökonomie letztlich die Grundlage gibt. Aber unter Gesellschaftsformation wurde immer auch, und das wurde heute auch schon öfters mit Recht hervorgehoben, die Basis-Überbau-Korrelation auch mit den verschiedenen Formen der Rückwirkung der Überbau-Verhältnisse auf die Basis verstanden.

Zusammenfassend letztlich noch eine Bemerkung zur Frage der Europaorientierung. Das Geschichtsdenken von Marx, seine methodologische Orientierung, trifft, ich möchte das genauso zugespitzt sagen, wie Herr Avinerie zugespitzt gesagt hat, im Grunde genommen nicht für die Entwicklungsprozesse außerhalb Europas heute noch zu. Das Geschichtsdenken, die methodologische Orientierung, gilt auch gerade für diese Prozesse der Überlagerung des Neuen und des Alten. Wir müssen aber heute, und ich fasse zusammen, was schon gesagt wurde, eine methodologische Übersetzung und Übertragung Marxscher und nicht nur Marxscher Anregungen und Ansätze in die Lösung moderner Forschungsprobleme vornehmen, denn wir können Marx nicht vorwerfen, daß er alle Antworten, die der Imperialismus heute auf sozialistische Revolutionsprozesse findet, nicht gesehen hat. Diese Frage ist nur dann voll zu diskutieren, wenn man zu Marx dazunimmt die Antworten jener führenden Marxisten, die danach gegeben worden sind, vor allen Dingen Lenins.

GLASER (Österreich)

Eine Bemerkung zum Papier von Kollegen Geary, der leider nicht hier ist. Er hat über Kautsky und dessen Biologismus geschrieben. Und zwar hat er den Fatalismus, der die politische Haltung und das Denken Kautskys prägte, vornehmlich aus den naturwissenschaftlich-biologischen Ansichten Kautskys abgeleitet, speziell aus dessen Darwinismus. Dieser Argumentation könnte man durchaus folgen, wenn sich nicht nachweisen ließe, daß Kautsky gar kein strenger Darwinist war bzw. keiner blieb. In der Literatur über Kautsky kann man lesen, daß er sich schon etwa um 1890 vom Darwinismus abgewendet hat, was Geary, sich übrigens auf die Forschungen von Steinbergs stützend, auch vermerkt. Um so verwunderlicher ist es, daß Geary dennoch kein Wort über Kautskys Hinwendung zu lamarckistischen Gedanken verliert. Er stellt sich damit allerdings durchaus in die Tradition der Kautsky-Forschung, die sich über diese Wendung im Denken Kautskys kaum den Kopf zerbrochen hat. Lediglich in einer Rezension Zoltán Rónais über Kautskys materialistische Geschichtsauffassung findet sich ein Hinweis diesbezüglich, auf die Beziehung zwischen Kautsky und dem Neo-Lamarckismus des 20. Jahrhunderts. Welche Konsequenzen sich im Denken Kautskys davon ableiten lassen, untersucht jedoch Rónai auch nicht weiter. Auch ich möchte mich darüber hier nicht äußern, weil man dabei in ein Labyrinth verschiedenster Theorien geraten könnte. Z. B. hat man im Austromarxismus sehr viele Sympathien lamarckistischen Gedanken entgegengebracht. Es ist daher vielleicht kein Zufall, daß Kautskys erste massive Absage an den Darwinismus schon 1890 im Österreichischen Arbeiterkalender erschien. Gustav Eckstein ist eher als Lamarckist zu bezeichnen als als Darwinist, und Eckstein war mit Kautsky ja bekanntlich in der „Neuen Zeit" eng liiert. Andererseits denke man, welche Rolle etwa im Stalinismus der Neo-Lamarckist Lüsenko gespielt hat. Wie immer das auch sein mag, an Geary, der leider nicht hier ist, wäre also die Frage zu stellen, ob sich auch aus dem Lamarckismus Kautskys die fatalistische Einstellung erklären ließe, die Geary eben hinsichtlich Kautsky fixiert.

HOBSBAWM (Großbritannien)

Also das ist eine Art Zwischenbilanz, denn es ist natürlich möglich, daß noch andere Kollegen zu meinem Referat Stellung nehmen. Ich wollte natürlich in meinem Referat womöglich vermeiden, besonders in Kontroversen einzugreifen, die oft schon sehr lange zwischen Marxisten laufen, und die oftmals nicht sehr viel Neues bringen, wenn die gleichen Zitate immer wieder in neuer Verbindung zitiert werden. Und ich möchte auch weiter hier nicht sozusagen polemisch wirken. Zu einigen der Referate bzw. der Diskussionsbeiträge habe ich nichts zu sagen außer meine Zustimmung oder mein äußerstes Interesse. Das trifft zu selbstverständlich auf das Referat Rojahns, das mir — wenn es sich als wahr erweisen sollte, was wir ja nicht beurteilen können — in der Marx-Forschung wirklich bedeutend Neues zu bringen scheint. Das wird noch viel diskutiert werden, das ist sicher das originellste der Referate, die wir hier haben. Und auch der Diskussionsbeitrag Tychs, der mir äußerst interessant erscheint, weil es als Historiker doch ungeheuer wichtig ist zu wissen, was eigentlich von Marx' Gedankengut in die Arbeiterbewegung einging und wie es dort verarbeitet wurde, ob mit Recht oder Unrecht. Eben so eine Analyse ist da sehr wichtig. Von den anderen größeren Problemen selbstverständlich ist das Problem des sogenannnten Eurozentrismus oder Kapitalzentrismus von Marx. Ja, ich glaube, da müssen wir in gewisser Hinsicht selbstverständlich zustimmen. Marx beschäftigte sich in erster Linie mit der Gesellschaft der westlichen Länder, und er agierte auch in mancher Hinsicht grundlegend aus seiner Zeit heraus, sowohl intellektuell als auch anders, und in dieser Hinsicht drückte er auch vieles aus, was damals Gemeingut aller Denker war. Ich meine z. B. die Idee der Entwicklung der Evolution im schon diskutierten Sinne und anderes auch. Aber ich glaube, man muß doch sehr dem Kollegen Küttler zustimmen, wenn man sagt, daß das durchaus nicht bedeutet, daß, erstens einmal, Marx nicht über andere Sachen nachdachte, und zweitens, daß seine Methode nicht anwendbar wäre und daß sich nicht auch Indizien in seinen Gedanken befinden, wie man diese Methode anwendet für andere Zeiten und andere Teile der Welt. Das ist natürlich nicht sehr leicht. Ich muß sagen, ich habe einmal vor vielen Jahren versucht, die historischen Teile der Grundrisse, diesen kleinen Wink über die vorkapitalistischen Formen, auf Englisch herauszugeben und mir ein bißchen durchzudenken, zu erkären, das ist die schwierigste Arbeit, die mir je passiert ist. Und ich muß sagen: Erstens einmal ist es ganz klar, daß sich in dieser Arbeit Marx nicht lediglich mit dem Westen beschäftigt, sondern auch Andeutungen gibt, wie man andere, nicht-europäische Gesellschaften zu untersuchen hätte oder untersuchen könnte. Was aber ganz besonders klar ist, meiner Ansicht nach, ist, daß Marx daraus keine einfache unilineare Theorie der historischen Entwicklung hat, daß Marx ebensosehr an den Gesellschaften interessiert ist, die sich nicht so direkt aus inneren Widersprüchen zum Feudalismus, zum Kapitalismus weiterentwickeln wie die anderen. Das ist eine sehr komplizierte und interessante Frage. Daß man vieles von dem, was Marx seinerzeit konkret über diese Abläufe der Gesellschaftsformationen schrieb, nicht wörtlich annimmt, das ist wieder eine andere Frage. Z. B. die ganze Problematik der Diskussionen über die asiatische Produktionsweise ist ja zum großen Teil eine politisch fundierte Problematik. Als diese Problematik in den Fünfzigerjahren wieder auftauchte, tauchte sie ja nicht deshalb auf, weil die Leute plötzlich neue Fakten über Asien entdeckten, sondern im Gegenteil, weil sie in einem gewissen Stadium mit der Marx-Polemik in der Sowjetunion, wo die asiatische Produktionsweise abgeschafft wurde oder abgeschafft worden zu sein schien, aufräumen wollten. Daher gibt es in vielen Ländern, ganz besonders in Frankreich und Italien, eine Übertreibung der asiatischen Produktionsweise. Alles das hat viel mehr mit der

Geschichte der marxistischen Tradition zu tun als mit einer Untersuchung über die Wirklichkeit der asiatischen Geschichte. Ich möchte da nicht viel weiter sagen. Ich möchte nur sehr kurz Stellung nehmen zu ein oder zwei Sachen, die da über mein Referat gesagt worden sind. Ich glaube, man kann als selbstverständlich annehmen, daß Marx schon zu seinen Lebzeiten nicht nur wissenschaftlich, sondern auch politisch tätig war. Man sollte das aber nicht so weit treiben, daß man behauptet, die ganze wissenschaftliche Arbeit Marx' wäre nur tagespolitisch fundiert. Manchmal ist das wohl so, aber ich glaube, man kann das kaum vom „Kapital" und den gesamten Vorarbeiten behaupten. Daß die tagespolitischen Arbeiten Marx', wie zum Beispiel der „18. Brumaire" und „Die Klassenkämpfe in Frankreich" heute als wichtige, und nicht nur von Marxisten als wichtige geschichtliche Werke betrachet werden, unterstreicht nur, was ich seinerzeit versucht habe zu sagen, nämlich, daß die marxistische Methode zutiefst historisch ist, und daher sogar in der Analyse der tagespolitischen Zusammenhänge diese sozusagen historisch erfaßt. Diese Schriften wurden aber ganz bewußt nicht als Geschichte, nicht einmal als Zeitgeschichte geschrieben, sondern sie wurden geschrieben als eine Analyse der Vorgänge. Genauso wie man heute, sagen wir einmal nach dem Jahre 1973, nach der Niederschlagung der Unidad Popular in Chile nicht versuchte, nur kurz mal zu erklären, warum das einmal so geschah. Daß das von Marxisten geschichtlich, historisch gesehen werden muß, das ist ganz klar. Das ist aber nicht das gleiche, wie wenn ein Professor in München Zeitgeschichte über die nationalsozialistische Machtergreifung schreibt, das ist, glaube ich, etwas anderes. Wichtiger erscheint mir doch die Bemerkung von Skrypczak, obwohl ich sie nicht gerne annehme, daß es etwas anderes gibt im Marxismus, nicht nur den historischen Materialismus, daß dieser nicht der Kern des Marxismus ist. In einem Sinne lehne ich das ganz ab, ich glaube, er ist es, und die Tatsache, daß Marx sich im Zug dieser materialistischen Geschichtsauffassung ganz besonders mit der Anatomie der bürgerlichen Gesellschaft, nämlich mit der politischen Ökonomie, beschäftigt hat, das geht ja auch aus dem Vorwort der Kritik der politischen Ökonomie klar hervor. Das hat die allgemeinen Tendenzen seiner Arbeit bestimmt. Er machte sich zum, wenn sie wollen, Fachökonomen, obwohl er das auch abgelehnt hätte, eben weil er bestimmte Probleme, die sich aus dieser allgemeinen Einstellung ergaben, näher untersuchen, theoretisch untersuchen mußte. Aber da bleibt doch das Problem des Widerspruches zwischen der historischen wissenschaftlichen Einstellung und dem, was Skrypczak den kategorischen Imperativ nennt. Ich glaube nicht an die kategorischen Imperative als philosophisch, aber es besteht meiner Ansicht nach ein Widerspruch, der für den Marxismus in der Geschichtswissenschaft weniger wichtig ist als für allgemeinere Diskussionen über den Marxismus, ein Widerspruch zwischen der Definition des Endzieles, die Marx glaubt, aus der wissenschaftlichen Analyse der gesellschaftlichen Entwicklung ableiten zu können. [Bandwechsel] Das läßt sich wissenschaftlich fundieren, daß daher der Kapitalismus dem Untergang geweiht ist in der einen oder anderen Art. Dann aber kommt in die gleiche Prognose die Tatsache hinein, daß 1. das Proletariat sozusagen einziger Träger dieses Überganges ist und 2. dieser Prozeß der Enteignung der Enteigner, die Expropriation der Expropriateure, dann folgerichtig und historisch den Sozialismus mit seinem Übergang zum Kommunismus zur Folge hat. Diese letzteren Folgerungen können richtig sein, aber sie haben nicht die gleiche wissenschaftlich-analytisch-historische Fundierung wie die ersten. Ich meine, Marx hat das Proletariat in gewisser Hinsicht als Vehikel, als Träger der neuen Gesellschaft und der Abschaffung der Klassengesellschaft entdeckt, bevor er noch etwas vom Proletariat wußte und bevor er noch viel von der Volkswirtschaft wußte. Ich will nicht sagen, daß das falsch ist, ich will nur sagen, da sind zwei verschiedene epostemologische Begriffe dabei und in diesem Sinne, und nur in diesem Sinne hatte doch, glaube ich, Althusser ein bißchen recht, wenn er sagte, zwischen dem frühen Marx und dem späteren Marx besteht ein Unterschied. Nämlich der spätere Marx hat versucht, mit großem Erfolg und zum großen Teil wissenschaftlich das zu untermauern, was der frühe Marx, sagen wir einmal, in einer anderen Art erkannt hatte und sich zum Ziel auserkoren hatte. In diesem Sinne, glaube ich, haben wir hier ein wirkliches Problem, das in der Marx-Diskussion sicherlich noch weitergeführt werden wird. Aber das, wie ich schon sagte, mich als Historiker Marx', als Geschichtswissenschaftler nicht direkt betrifft. Sonst möchte ich hier nichts sagen, bloß daß ich abschließend auch sehr gerne Herrn Küttler zustimme, der mir sehr viel Nützliches zu sagen scheint, und daß mir im allgemeinen die Diskussion bis jetzt ein sehr schönes und gutes Niveau zu zeigen scheint und hoffentlich auch so weitergehen wird.

AVINERI (Israel)

Ganz kurz ein paar Bemerkungen zu einem Punkt, der von Kollegen Gallissot vorgebracht wurde und indirekt von Kollegen Küttler. Ich bin vollkommen der Meinung, daß das, was Marx über die nicht-europäische Welt schreibt, heute vollkommen überholt ist, daß die Methode von Marx anzuwenden ist, wenn man historische und politische Studien der nicht-europäischen Welt, der Dritten Welt heute, versucht. Das Problem ist, das ich bis heute weder von marxistischer Seite noch von nichtmarxistischer Seite ein magnum opus, das „Kapital der Dritten Welt", sehen kann, das ist das Problem. Und das Problem ist eigentlich das Programm. Das Programm steht da noch weit offen. Ich glaube nicht, daß wir heute mit einer Marxschen Methode ein ähnliches Werk über die Dritte Welt haben, wie wir es über das 19. Jahrhundert in Marx' „Kapital" haben. Ich will da noch ganz kurz etwas über ein anderes Problem sagen, das indirekt im Kommentar vom Kollegen Gallissot vorgebracht wurde, und das ist das Problem des Nationalismus. Denn wenn man die Marxsche Geschichtsauffassung sieht, ist es klar, daß bei Marx eine vollkommene Unterschätzung und Bagatellisierung des Nationalismus spürbar ist. Da sind vielleicht soziologische, psychologische Gründe dahinter, die das nicht feststellen wollen. Das Problem des Nationalismus hat etwas zu tun, wie ich gleich zeigen werde, mit der Dritten Welt, weil die Triebkraft in der Dritten Welt heute eine nationale oder eine nationalistische ist, nicht weniger wie eine soziologische oder soziale Protestbewegung. Bei Marx selbst kann man da zwei Epochen sehen. Und den Unterschied muß man hervorbringen. Erstens bis 1848: Das Frappante bei Marx ist, in seinen Schriften, inklusive dem Kommunistischen Manifest, die bis vor der Revolution 1848 erschienen sind, gibt es kein Wort vom Nationalismus. Kein Wort von einer nationalen Bewegung oder nationalen Befreiungsbewegung. Im Kommunistischen Manifest ist das einzige, was so schief über den Nationalismus gesagt wird, daß durch die universalistische Kraft des Kapitalismus jeder nationale und regionale Unterschied vollkommen verwischt wird. Und dann bricht die Revolution von 1848 aus, und wie man sieht, wenn man die Schriften von Marx in der neuen Rheinischen Zeitung liest, ist Marx davon langsam überzeugt, daß das Nationalproblem in Deutschland und in Italien ein Hauptproblem wird. Und nach 1848, stillerweise, ohne methodologischen Durchbruch und ohne die methodologischen Fundamente zu ändern, gibt es im Marxschen System einen Platz, einen untergeordneten Platz, aber einen Platz für den Nationalismus, die sogenannte instrumentalistische Einstellung zum Nationalismus: daß nationale Einigung in Deutschland, in Italien, die Lösung der Irlandfrage in Großbritannien wichtig ist, um ein proletarisches Klassenbewußtsein in diesen Gesellschaften zu haben. Solange die Bourgeoisie und auch das Proletariat in Italien, in England und in Deutschland durch die nationale Frage verwirrt werden, kann man zu einem eigentlichen proletarischen Klassenbewußtsein nicht kommen. Aber das ist doch vollkommen instrumentalistisch. Und ich will da eine kleine Bemerkung machen: Moses Hess, der von Marx manchmal zu Recht als einer der kleinen Propheten so bagatellisiert wird, hat in punkto Nationalismus in einem ziemlich vergessenen Buch, „Rom und Jerusalem", anno 1862 erschienen, das Problem des Nationalismus innerhalb einer sozialistischen revolutionären Theorie aufgegriffen in einer Art, die Punkte hat, die meines Erachtens nach im Marxismus selbst, im orthodoxen Marxismus, nicht da sind. Und in diesem Sinne, wenn man von Hegel abstammt wie beide, Marx und Hess, gibt es bei Hess einen Punkt, der bei Marx eigentlich in seiner Revolutionstheorie verschwindet. Der Hauptpunkt der Sozialentwicklung und des Sozialbewußtseins bei Hegel ist doch eigentlich die Vermittlung, die durch die bürgerliche Gesellschaft, im Staat, im Volksgeist usw. existiert. Bei Marx wird diese Vermittlung durch das Klassenbewußtsein vollzogen.

Aber da gibt es bei Marx ein Problem: Solange eine Klassengesellschaft noch existiert, ist die Klasse eine Vermittlung zum Universum, weil die Klasse doch eigentlich partikularistisch ist? Und durch die Klassen, durch das Klassenbewußtsein, wird das subjektive Bewußtsein sozusagen universalisiert oder — mit Hegel gesagt — objektiviert. Was bei Marx eigentlich nicht existiert: Was geschieht bei einer proletarischen Revolution, bei der die Klasse, der Teil der Gesellschaft, mit der Gesellschaft identisch ist. Wo geht da die Vermittlung? Und da, glaube ich, ist bei Marx ein abstraktes Universum ohne Vermittlung geblieben. Hess stellt sich eine Vermittlung durch die Nation vor, und weil in der Nation — nicht in einem nationalistisch-chauvinistischen Sinn gesprochen — wird der Mensch schon in der jetzigen Klassengesellschaft zu etwas Transindividualistischem erzogen. Im Nationalismus gibt es einen Ansatz zu einer Handlungsart, die nicht individualistisch und atomisierend ist, sondern ein Gemeinwesen vor sich hat, daß dann klarerweise durch einen Chauvinismus im Nationalismus vollkommen zerstört sein kann. Aber es gibt da einen Ansatz, daß der Nationalismus die Schule ist, so wie Mazzini und auch Hess sagen, für eine allgemeine Humanität, die durch einen konkreten historischen Ansatz vermittelt wird. Und ich glaube, das ist ein Punkt, der nicht nur für die allgemeine Geschichte des Nationalismus, sondern auch für die Dritte Welt sehr wichtig ist. Wenn man heute die Dritte Welt nur in orthodoxen Klassenbegriffen verstehen will, ohne den Ansatz des Nationalismus in dieser Gesellschaft in Südamerika, in Afrika, in Asien, kann man meines Erachtens nicht eine materialistische Geschichtsschreibung dieser Welt heute da vorlegen. Da gibt es ein Element, das nicht reduzierbar sein kann nur auf verschiedene Stufen der Produktionsweise, weil damit ist dann auch nicht zu erklären — wie es einer der Kollegen vorher bemerkt hat —, daß es dazu kommt, daß sozialistische oder kommunistische Länder einander bekriegen. Da ist etwas, was über diesem ganz mechanistischen Materialismus da ist, und ich bin der Meinung, daß, wenn man heute versucht, den Marxismus oder die marxistische Geschichtsschreibung zu einer neuen Renaissance zu bringen, dieser Punkt der relativen Autonomie des Nationalismus nicht nur auf Produktionsverhältnisse reduziert werden darf, weil da bekommt man wieder nur ein verzerrtes Bild der nichteuropäischen Welt. Danke.

MALYSCH (UdSSR)

Da mein Referat zu spät abgeliefert worden ist, möchte ich hier einiges aus seinem Inhalt berichten. Und nachher habe ich einige Bemerkungen, ganz objektive, aber durchaus freundschaftliche, zu einigen Referaten.

In einem in der Bundesrepublik Deutschland edierten Buch habe ich vor einigen Tagen eine sehr treffende Aussage von Wolfgang Abendroth gelesen, und zwar: Der Mann, der vor einem Jahrhundert starb, ist noch so lebendig wie kaum ein anderer, der seit so vielen Jahren kein Wort mehr gesagt und keine Zeile geschrieben hat. Viele Probleme sind schwieriger und komplizierter geworden, als sie einst waren, als Karl Marx die Bewegung verließ, für deren politische, gesellschaftliche und geistige Entwicklung er das Rüstzeug erarbeitet hat. Wir können diese Probleme nur bewältigen, wenn wir auf der Basis des Werkes von Karl Marx weiterdenken und uns seine Methode aneignen. Wir ehren die Person von Marx nicht als ein Monument, sondern als einen Mitgestalter unserer Verhältnisse, einen Riesen an Denkkraft, der für das Verständnis der Gegenwart viel zu sagen hat. Heute ist Marx alltägliche geistig-politische Richtschnur von Millionen. Das heißt natürlich nicht, daß der Marxismus überhaupt keine Wissenslücke hat, daß Marx und Engels keine Fehler bzw. Irrtümer begangen haben. Es gibt den Begriff der „asiatischen Produktionsweise“, aber niemand weiß, was das bedeutet. Es gibt Sachen, wie Prof. Hobsbawm richtig sagte, die in den Papierkorb gehören. Unter der großen Anzahl von Wirkungssphären von Marx als Wissenschaftler nimmt die Erforschung der Entstehung und Entwicklungsgeschichte der bürgerlichen Gesellschaft einen bedeutenden Platz ein. Seine Tätigkeit auf diesem Gebiet war von Anfang an parteilich und untergeordnet der Lösung der historischen Aufgabe, die Wahrheit des Diesseits zu etablieren.

Eigentlich war Marx, wie es von Professor Hobsbawm mit Recht gesagt wurde, kein Berufs- oder Fachhistoriker. Er wurde als Jurist und Philosoph ausgebildet. Sein Lebenswerk war jedoch die politische Ökonomie. Nichtsdestoweniger sind unvergänglich seine Verdienste für die heutige Geschichtswissenschaft. Marx war ja ein intimer Kenner der Weltgeschichte. Sein bedeutender Beitrag zu dieser Wissenschaft ist nicht nur die vorzügliche Untersuchung einzelner, zuweilen spezieller Seiten und Ereignisse der Vergangenheit und Gegenwart. Er war ein einzigartiger Sachverständiger und Interpret ganzer historischer Epochen, vor allem des Kapitalismus. Von grundlegendem methodologischen Gewicht, wie es schon von anderen Referenten unterstrichen wurde, ist die Schaffung von Marx, Hand in Hand mit Engels, des historischen Materialismus, der materialistischen Auffassung der Weltgeschichte. Zum ersten Mal in der Geschichte der Wissenschaft betrachtete Marx die Geschichte als einen naturgeschichtlichen Prozeß, bei dem das Wirken von objektiven Gesetzmäßigkeiten letzten Endes durch das Streben der menschlichen Klassen nach Befriedigung ihrer spezifischen Interessen, die sich wiederum auf der konkreten Basis der materiellen Produktion in allen ihren Erscheinungsformen herausbilden, entsteht. Von grundsätzlicher Bedeutung ist die These von Marx, daß nicht das, was gemacht wird, sondern wie und mit welchen Arbeitsmitteln es gemacht wird, die ökonomischen Epochen unterscheidet. Die Marxsche Auffassung der Weltgeschichte ist eine konsequente einheitliche Theorie, die nicht nur die europäischen Bedingungen bespricht, sondern genauso für andere Kontinente und Regionen gültig ist, welche Differenz speziell sie auch hatten. Eine geschlossene und folgerichtige Darlegung der Geschichte des Kapitalismus gibt Marx in seinem Hauptwerk „Kapital". Ebenhier ist die Marxsche Lehre über den Kapitalismus als eine notwendige Entwicklungsstufe der menschlichen Gesellschaft gefaßt, werden Vorgeschichte, Anfänge, Triebkräfte und Inhalt dieser Stufe mit den historischen Tendenzen der kapitalistischen Akkumulation dargestellt. Die historische Welt des Kapitalismus wird hauptsächlich mit Hilfe der deduktiven Methode durch Analyse solcher Kategorien wie Ware, Wert, Mehrwert, Kapital, konkrete Erscheinungsformen des Mehrwerts und Markts in ihrem Einfluß auf die Ware-Geld-Kategorien aufgedeckt. Das „Kapital" ist deshalb nicht nur ein großes politisch-ökonomisches Werk, sondern auch die größte historische Abhandlung. Wenn Marx auch keine solchen Standardwerke wie „Klassenkämpfe in Frankreich", „Das revolutionäre Spanien", „Der 18. Brumaire", der „Bürgerkrieg in Frankreich" hinterlassen hätte oder wenn seine vier Hefte auch nicht existierten, könnte er doch nur dank dem „Kapital" allein mehr als verdientermaßen der hervorragendste unter den Gelehrten der Weltgeschichtswissenschaft genannt werden. Dabei soll betont werden, daß die rein historischen Rückblicke von nicht so großer Tragweite sind, wie Marx grundsätzlich neue, revolutionäre, einheitliche, ich betone einheitliche, Geschichtswissenschaft, die Forderungen in die Tat umgesetzt und den Vorteil überzeugend zur Schau gestellt hat, als er Schritt für Schritt das ökonomische Bewegungsgesetz der kapitalistischen Gesellschaft, nicht nur Englands allein, sondern des gesamten Kapitalismus untersuchte. Als Vorspiel der Geschichte des Kapitals erscheint die sogenannte ursprüngliche Akkumulation. Diesem Thema ist im „Kapital", wie bekannt, ein Sonderkapitel gewidmet, das dicht und ungewöhnlich markant musterhaft auf der Basis einer großen Menge einzigartiger Quellen geschrieben worden ist. Die markantesten Prozesse und Momente der ursprünglichen Akkumulation charakterisierte Marx zusammenfassend im geflügelten Wort, das Kapital liefere von Kopf bis Zeh aus allen Poren Blut und Schmutz. Die Imperialisten haben nicht im Sinne des Kollegen Avineri, sondern im Sinne von Lenin und des Leninismus, indem sie gewinnsüchtige ökonomische und politische Ziele verfolgen, zwei Weltkriege, die schrecklichsten und blutigsten der Geschichte der Menschheit, entfesselt.

Von großer Bedeutung für die Charakteristik der historischen Welt des Kapitalismus ist die Marxsche These über die zwei Formen des Zwanges und der

Subsumtion der Arbeit und des Kapitals, die formelle und reelle Subsumtion. Das berühmte 13. Kapitel des ersten Bandes des „Kapital“ stellt einen glänzenden historischen Abriß über die Einführung von Maschinen, Technik und Technologie, eine historische Skizze der technischen und sozialen Seite der industriellen Revolution Ende des 18., Anfang des 19. Jahrhunderts dar. Die Marxschen Schlußfolgerungen erhalten ihre grundlegende Bedeutung für die Analyse der Widersprüche des heutigen technisch-wissenschaftlichen Fortschritts auf der Grundlage des Kapitalismus. Sie bieten eine unwandelbare wissenschaftliche Grundlage für die Analyse des Elends und der Not der Werktätigen in der modernen kapitalistischen Welt, insbesondere des erstrangigen Problems dieser Welt, der chronischen, ständig wachsenden Massenarbeitslosigkeit. Die kapitalistisch angewandte moderne Technik verdrängt die Arbeiterschaft aus den Betrieben. Diesem Problem gegenüber sind alle Ärzte des sozialen Leidens des Kapitalismus, die neokeynesianischen konservativen Monetaristen, hilflos. Bei der Bestimmung der historischen Tendenzen des Kapitalismus hat Marx bewiesen, daß in der bürgerlichen Gesellschaft die Kraft des objektiven Verlaufs der Dinge solche Produktionsverhältnisse gestaltet, die in der Folge die Minen sind, um sie zu sprengen, der Begriff die materiellen und geistigen Bedingungen der Legation der Lohnarbeit und des Kapitals sind selbst Resultate seines Produktionsprozesses. Der Begriff geistige Bedingungen bedarf einer, selbst wenn nicht großen, so doch zusätzlichen Erläuterung, weil es die Behauptungen noch gibt, daß Marx den Gesichtspunkt des ökonomischen Determinismus von reinstem Wasser vertrete. Der wirkliche Sachverhalt ist anders.

Der Determinismus, richtig aufgefaßt und ausgelegt in der marxistischen Theorie, bedeutet nämlich Anerkennung von materiellen Faktoren der Zerstörung des Kapitalismus sowie Verständnis der Rolle der geistigen, subjektiven Momente. Seit dem Zeitpunkt, wo Marx, wie man zu sagen pflegt, zum Marx wurde, ist die Lehre von der sozialistischen Revolution des Proletariats der wichtigste Bestandteil seiner Theorie. Die Revolution ist ein politischer Akt. Der Sozialismus, sagt Marx, bedarf dieses politischen Akts so, wie sie der Zerstörung und der Auflösung der alten ökonomischen politischen Verhältnisse bedarf. Zu den unentbehrlichen geistigen Faktoren einer sozialistischen Umwälzung zählt Marx auch das Vorhandensein eines Proletariats, das sich seiner langen und historischen Mission als Totengräber des Kapitalismus bewußt ist, und einer selbständigen politischen Partei, die imstande ist, Volksmassen auf den Sturm der bürgerlichen Gesellschaft vorzubereiten. Der Gründung aber solch einer Partei war die ganze Tätigkeit von Marx und von 100 Kommunisten in der Ersten Internationale gewidmet. Dafür setzte er alle seine Kräfte ein, für die Bildung von sozialdemokratischen Parteien in den einzelnen Ländern. Aus dem ökonomischen Bewegungsgesetz der kapitalistischen Gesellschaft, dem Gesetz, das unbedingt auch geistige, subjektive Bedingungen in Betracht zieht, folgert

Marx exakt wissenschaftlich die Ablösung dieser Gesellschaft durch die sozialistische. Und nun zum Schluß eine Bemerkung, ein paar Worte zu dem Referat des Kollegen Rojahn aus Amsterdam. Im großen und ganzen ist das eine solide Arbeit über die ökonomisch-philosophischen Manuskripte aus dem Jahre 1844. Aber der Text des Referats ist gar nicht leicht zu erfassen. Die Stellungnahme des Autors ist nicht in allen Punkten konsequent — das ist meine persönliche Meinung — und klar orientiert. Es entsteht der Eindruck, daß er ein bißchen opportun ist und versucht, allen Geschmäckern zu entsprechen. Ich bin einverstanden mit dem Kommentieren dieser Arbeit von Marx. Aber ich möchte dem Kollegen Rojahn doch zwei Vorwürfe aussprechen. 1. Er weicht aus, diese Manuskripte selbständig einzuschätzen. Meines Erachtens sind sie nicht mehr als die erste Stufe des Beginns der Marxschen politischen Ökonomie. Das waren die Skizzen des geplanten Werkes der Kritik der Politik und der politischen Ökonomie in zwei Bänden. Aber keinesfalls war dies die zentralste Arbeit von Marx überhaupt, das gilt sogar nicht einmal für die Vierzigerjahre. In dieser Zeitperiode war die zentralste Arbeit von Marx und Engels das Manifest der Kommunistischen Partei. 2. Kollege Rojahn hat einen Mont Blanc von Fällen herangezogen. Dafür ist er ohne weiteres zu loben. Leider fehlen aber zwei neueste Werke, und zwar nicht von geringer Bedeutung: der Band 24 der russischen Ausgabe von Marx und Engels und, was besonders bedauerlich ist, das Fehlen der Verweise auf den Megaband. Der zweite Band der ersten Abteilung, wo eine neue Wiedergabe des Textes vorhanden ist, wo ein ausgiebiger Kommentar vorhanden ist sowie eine neue Gliederung der Manuskripte, z. B. steht die berühmte Vorrede schon nicht am ersten Platz, sondern wo sie sein sollte, in der Mitte der Manuskripte. [Rest des Referates infolge schlechter Bandqualität nicht rekonstruierbar.]

ROJAHN (Niederlande)

Es ist natürlich eine große Ehre, daß Herr Malysch auf mein Referat so ausführlich eingegangen ist. Ich möchte aber zunächst einmal feststellen, es tut mir natürlich leid, daß Herr Malysch zu denen gehörte, die das Referat erst hier bekommen haben. Wir haben es verschickt im Dezember, und damals hatte es wirklich keinen Sinn, außerhalb Westeuropas das Referat zu versenden, wahrscheinlich wäre es nicht mehr zur rechten Zeit angekommen. Wahrscheinlich deshalb hatte Herr Malysch nur wenig Zeit, sich in das Referat zu vertiefen, und daraus mag das Mißverständnis erklärlich sein, daß ich in diesem Referat die Manuskripte Marx zentralste Arbeit nannte. Es ist, glaube ich, deutlich, daß es sich in diesem ersten Teil um einen Literaturbericht handelt. [Bandwechsel]

... etwas Lob zu verteilen, sondern einfach, weil der Ablauf dieser Diskussion besonders interessant ist, und ich glaube, daß gerade, was die Landshut/Mayersche Ausgabe betrifft von 1932, wird in dem Referat sicher nicht Kritik gespart. Immerhin waren vor den Bearbeitern der Mega Landshut/Mayer die einzigen, die Zugang zu den Originalmanuskripten hatten. Und es ist schon die Diskrepanz bemerkenswert zwischen der Bewertung der Manuskripte als zentralster Marxscher Arbeit und der ziemlich dürftigen Beschreibung der Manuskripte, die in dieser Ausgabe gegeben wird. Natürlich erhebt der Überblick über die Literatur keinen Anspruch auf Vollständigkeit, sonst wäre das Referat noch länger geworden. Es sind also viele Ausgaben der Manuskripte nicht erwähnt. Zeitlich habe ich den Überblick abgeschlossen da, wo mein eigenes Interesse für die Manuskripte begann, das war 1974/75. Auf den Megaband weise ich in Fußnote 72 ausdrücklich hin. Der die Manuskripte selbst enthaltende Band 1/2 soll demnächst folgen, als dieser Beitrag abgeschlossen war. Selbst als ich aus Amsterdam abfuhr, lag der Band in Amsterdam noch nicht vor, sodaß ich auch nicht darauf eingehen konnte. Auf den Band, der die Exzerpte enthält, verweise ich mehrfach in den Fußnoten. Ich habe die Absicht, wenn ich jetzt also den Band 1/2 auch nur zur Kenntnis nehmen kann, im Anschluß an diesen Beitrag in der Review, die beiden Bände zu besprechen. Zu dem Exzerptband, den ich bereits kenne, ist da bestimmt einiges zu sagen und auch einiges kritisch anzumerken. Bei dem anderen Band bleibt das dahingestellt. Sonst wäre es natürlich schön gewesen, wenn Herr Malysch seine inhaltlichen Bedenken, vor allem den sehr pauschalen Hinweis auf logische Inkonsequenzen und Widersprüche, noch etwas spezifiziert hätte. Ich denke nicht, daß dieses hier das letzte Wort ist, aber für überzeugende Argumente, glaube ich, bin ich stets empfänglich. Danke.

DEAC (Rumänien)

Au siècle dernier alors que justement d'implantaient les idées révolutionnaires du socialisme scientifique conçues par Karl Marx et Friedrich Engels, le peuple roumain prennait conscience de son entité, de sa continuité, de l'unité originaire et culturelle de tous les habitants des trois principautés: Walachie, Moldavie et Transsylvanie, mobilisant toutes ses energis révolutionnaires, s'opposant par une ferme combat à la grossière immixtion des grandes puissances, forgeant par devers la volonté de ces dernières son propre sort, comme il l'entendait, c'est-à-dire celui d'un peuple uni et d'un Etat national complètement indépendant. Compte tenu de cette vigoureuse affirmation, Karl Marx manifestait un intérêt particulier à l'égard du peuple roumain et il étayait sa lutte pour la liberté et l'independance nationale, voyant dans ce combat une notable composante du mouvement européen pour l'émancipation des peuples opprimés.

Karl Marx a relevé dans ses ouvrages l'ancienneté du peuple roumain, son unité et sa continuité historique sur le mème territoire qu'il peuplait depuis des millenaires, de même que sa lutte héroique pour l'accomplissements de ses desiderata fondamentaux, notamment son affirmation en tant qu'un peuple unitaire par la réalisation de son état unitaire et totalement indépendant.

Aux côtés de Friedrich Engels, Karl Marx a fait état de l'espace carpatho-danubien pontique, habité depuis d'antiquité par des peuples roumains. Les Walaches ou Daco-Roumains qui forment en majorité la masse de la population de la region comprise entre le cours inferieur du Danube et le Dnjestr, écrivait-il, sont un peuple de religion orthodoxe et parlent une langue d'origine latine, semblable à bien des égards à l'italien. Ceux de Transsylvanie et de Bukovine sont soumis à l'Autriche, ceux de Bessarabie à l'Empire russe tandis que ceux de Moldavie et de Walachie, les deux soeurs principautés de la race daco-roumaine, aient acquis une existence politique en leurs propres princes. Etudiant les rapports juridiques existant entre la Moldavie et la Walachie d'une part et la Porte ottomane de l'autre, concrétisés par les traités conclus entre celles-ci, Marx souligna que ces pays ne faisaient pas partie de l'Empire ottoman en démontrant la situation d'Etats autonomes des principautés roumaines. Citant à l'appui les prévisions et les clauses desdites traités, Marx estimait notamment: Les principautés danubiennes sont des Etats souvérains sous la suzeraineté de la Porte à laquelle elles payaient tribut, mais à condition que la Porte les défende contre tous les ennemis extérieurs quels qu'ils fussent et qu'en même temps, elle ne se mèle pas de leurs affaires intérnes. Karl Marx salua la révolution des Roumains de 1848 en des termes enthousiastes. Les Walaches renversent l'ancien Gouvernement et en mettent en place provisoirement un nouveau. Ils veulent changer du tout au tout l'ancien système. Soulignant l'ardeur révolutionnaire qui embrasa le peuple roumain, Marx et Engels relevaient que l'ésprit révolutionnaire a aussi pénétré dans ces principautés ainsi que l'atteste la résolution de 48. D'amples commentaires et nombre d'appréciations furents faites par Marx concernant le déroulement de la révolution en Transsylvanie. L'ampleur prise par les mouvements nationaux dans l'Empire des Habsbourg ébranla de fond en comble cet édifice de domination d'un si grand nombre de peuples. Les mouvements nationaux, tchèque, magyars, roumains, polonais, italiens, serbes, slovaques, ukrainiens s'affermirent. Tous ces peuples visaient à conquérir leur liberté nationale, leur indépendance et souvérainete étatique. Marx consignait les insultes proférées des siècles durant par des nobles magyars à l'adresse du peuple roumain de Transsylvanie qu'ils considerent sur son propre sol comme une nation tolérée. Les Roumains étaient dénommés comme plébe vagabonde bien qu'ils eussent formés les deux tiers de la population de la Transsylvanie, tandis que les Hongrois, les Saxons, les Szeklers, les Grecs et les Armeniens ne formaient que l'autre tiers. A juste titre Marx et Engels relevaient que cette attitude visant à déconsidérer le peuple roumain produisit parmi les Roumains tout comme parmi les autres peuples opprimés de l'empire des Habsbourg, une vive indignation qui se manifesta par la lutte ouverte contre l'agresseur. Dans les articles publiés pendant la guerre de Crimé, Marx visait pas à pas le combat mené par le peuple roumain pour l'unité et l'indépendance. Il protesta tout d'abord contre l'occupation des Principautés par les troupes ottomanes, tsaristes et autrichiennes. Marx estimait que la nation walache peut jouer un rôle exceptionnellement important pour la solution définitive des problèmes de cette région. Pour prouver la force de résistance et l'importance numérique du peuple roumain, Marx écrivait en 1856 dans l'article intitulé „Les principautés danubiennes" que l'idiome daco-roumaine était alors utilisé par près de 11 millions d'hommes, répandus en Turquie, Autriche et Russie. Dans l'existence autonome des Principautés de Moldavie et de Walachie lesquelles possédaient leurs propres institutions politiques, dans le soulèvement farouche contre l'oppression nationale des Roumains habitant les provinces roumaines sous l'occupation étrangère comme dans la pénetration de l'esprit révolutionnaire pleinement attesté par la révolution de 48, Marx voyait les indices du développement de facteurs decisifs qui allaient nécessairement conduire à la fondation de l'Etat unitaire national roumain et à la conquête d'une entière indépendance étatique.

BOUVIER (BRD)

[siehe Referat]

MASLOV (UdSSR)

Ich möchte als erstes Professor Hobsbawm unterstützen, indem er gesagt hat, Marx braucht nicht, daß wir ihn nur zitieren und interpretieren, sondern das beste, was wir für Marx' Ehre tun könnten, wäre, seine Methode anzuwenden, um die Gegenwart zu begreifen. Vielleicht deswegen wage ich nicht über Ereignisse, die vor hundert Jahren hier passierten, zu sprechen, sondern über ein Problem, das viele Arbeiter im Westen, viele Arbeiter in der ganzen Welt heute bewegt, und das heißt das Problem der Mitbestimmung, das Problem, das alle politischen Parteien, alle Gewerkschaften heute nicht gleichgültig läßt. Diese Frage, was ist Mitbestimmung, wartet leider bis jetzt noch auf ihre Antwort. Das heißt, es gibt viele Meinungen zum Problem Mitbestimmung, und ich möchte nur zwei Fragen hier aufgreifen, und zwar: Erste Frage: Was ist Mitbestimmung als solche, Mitbestimmung, participation, usw. Es gibt ja viele Begriffe, die verschiedenen Inhalt haben, und deswegen möchte ich zuerst einmal erklären — natürlich aufgrund der Marxschen Analyse der Produktion und der Leitung der Produktion —, was ist Teilnahme der Arbeiter an der Leitung der Produktion. Denn Mitbestimmung ist nur eine Abkürzung dieses Begriffes. Und die zweite Frage, die ich berühren möchte, ist, ob im Kapitalismus im Westen Mitbestimmung oder, um es voll zu sagen, Teilnahme der Arbeiter an der Leitung der Produktion möglich ist. Ist Mitbestimmung im Westen nur sogenannte angebliche Teilnahme an der Leitung der Produktion, nur Partnerschaft oder ist Mitbestimmung heute eine Form des Klassenkampfes geworden, und wenn ja, welche Rolle können hier die Parteien, die verschiedenen Arbeiterparteien, spielen. Ich möchte diese Fragen jetzt berühren, weil die Praxis zeigt, daß das Problem Mitbestimmung heute leider mehr von Nichtmarxisten erläutert wird. Und was die marxistischen Werke angeht, so können wir nur einige ernste Bücher, die sich mit dem Problem Mitbestimmung befassen, nennen. Also erstens: Was eigentlich ist Mitbestimmung? Gehen wir davon aus, daß — wie Marx definiert hat — Mitbestimmung Teilnahme an der Leitung der Produktion bedeutet. Das heißt, wir müssen zuerst einmal ganz eindeutig definieren, was bedeuten Leitung und Produktion, und erst dann Teilnahme an der Leitung der Produktion definieren. Also, wie kann man meiner Meinung nach den Begriff Produktion definieren. Natürlich hat das schon Marx gemacht, deswegen brauche ich nur zu wiederholen. Marx hat ja gesagt, daß Produktion eine zweckmäßige Tätigkeit der Menschen ist, die Gebrauchswerte mit den Arbeitsinstrumenten schaffen. Davon ausgehend sollen wir akzeptieren vielleicht, daß in jeder Produktion drei Systeme vorhanden sind, wenn wir schon Systemanalyse hier anwenden, und zwar: Weil Menschen und Produktionsmittel immer Voraussetzung für die Produktion sind, so bilden Menschen und Mittel drei verbundene, aber doch ziemlich selbständige Systeme, und jedes System braucht sehr spezifische Einwirkung, um zu funktionieren. Diese Systeme sind: 1.) Systeme der Produktionsmittel: Jede Produktion braucht ganz konkrete Maschinen, Rohstoffe und andere Produktionsmittel, um das Ziel der Produktion, sei es Erzeugung von Möbel oder Stahlerzeugung, zu ermöglichen. 2) System Mensch-Maschine, das ist die Gesamtheit von Menschen, die ganz konkrete Fähigkeiten besitzen, und die Maschinen, die diese Fähigkeiten brauchen. Da sind entweder Stahlarbeiter oder Schuhmacher, je nach Art der Produktion. Aber wenn wir nur das System der Produktionsmittel und das System Mensch-Maschine kennen, dann kennen wir noch bei weitem nicht die Produktion selbst, weil gleiche Maschinen, gleiche Menschen auch im gleichen Land, in Österreich zum Beispiel, unterschiedliche Resultate haben können. Woran liegt das? Die

Maschinen sind gleich, die Menschen sind, nehmen wir an, auch hundertprozentig gleich, was ihre Vorbereitung, Altersniveau usw. angeht. Also geht es dann um das dritte System, das auch objektiv ist, und das heute mehr und mehr Bedeutung gewinnt, und zwar das System Mensch-Kollektiv. Das System Mensch-Kollektiv widerspiegelt die Verhältnisse zwischen den Menschen selbst in der Produktion, und diese Beziehungen zwischen den Menschen sind sehr unterschiedlich. Diese Beziehungen können freundschaftlich oder sehr feindlich sein, partnerschaftlich oder klassenbewußt usw. Die Produktion ist also ein Prozeß, bei dem diese drei Systeme vorhanden sind. Was ist aber dann die Leitung der Produktion? Zuerst mal aber, was ist die Leitung? Die Leitung, wie die allgemeine Definition lautet, ist zielgerichtete Einwirkung auf ein System, um ein Ziel zu erreichen. Daraus folgt, Leitung der Produktion bedeutet in diesem Fall Einwirkung auf das System der Produktionsmittel, auf das System Mensch-Maschine und auf das System Mensch-Kollektiv, um das Ziel der Produktion zu erreichen. Wie Karl Marx schon festgestellt hat, bleibt das Ziel der Produktion im Kapitalismus die Erzeugung von Mehrwert und Plusmacherei, wie Karl Marx geschrieben hat, und dieses Ziel bleibt auch heute. Wenn jemand Beweise braucht, die kann man finden in der Fachliteratur über Management und Leitung auch heute bei Nichtmarxisten. Und deswegen können wir schon daraus eine Definition der Mitbestimmung ableiten. Mitbestimmung ist demnach eine Tätigkeit der Arbeiter oder ihrer Vertreter, die gemeinsam, aber nur gemeinsam mit der Administration Entscheidungen treffen, die diese drei Systeme betreffen. Und da entsteht die Frage, ob solche Mitbestimmung im Kapitalismus möglich ist, ob Mitbestimmung also mehr als partnerschaftliche Politik im Westen sein kann. Meiner Meinung nach kann man sagen, im Westen gibt es schon Mitbestimmung, man kann nicht bestreiten, daß bestimmte Formen der Mitbestimmung schon heute existieren. Und deswegen bin ich der Meinung, daß wir unbedingt zwei Arten von Mitbestimmung unterscheiden können, sollen und müssen; Mitbestimmung im weiteren Sinne und Mitbestimmung im engeren Sinne. Mitbestimmung, die betrifft gemeinsames, ich betone gemeinsames Entscheiden der Vertreter der Arbeit und des Kapitals bezüglich zweier oder eines Systems, bezeichne ich als Mitbestimmung im engeren Sinne, und solche Mitbestimmung existiert schon heute im Westen, in den entwickelten kapitalistischen Ländern. Mitbestimmung aber, die alle drei Systeme betrifft, diese Mitbestimmung kann im Kapitalismus im Prinzip nicht existieren. Warum? Was das System der Produktionsmittel angeht, so realisiert die herrschende Klasse ihr Eigentum auf die Produktionsmittel, was auch in vielen Verfassungen der Länder verankert ist, selbst oder durch die Manager, indem die herrschende Klasse selbständig diese Entscheidungen, die Investitionen und andere Probleme des Gebrauchs der Produktionsmittel angehen, trifft, und das ist schon die Frage der Macht. Und die Bourgeoise will ihre Macht mit niemandem teilen. Aber was die anderen zwei Systeme betrifft, System Mensch-Maschine und Mensch-Kollektiv, so ist es möglich, schon heute im Westen diese Mitbestimmung zu praktizieren, und die Gewerkschaften und die anderen Arbeiterorganisationen können nur beitragen, daß diese Mitbestimmung zugunsten der Arbeiterklasse und nicht zugunsten der Unternehmer praktiziert wird.

Zum Schluß möchte ich sagen, daß der Kampf der Werktätigen für die Mitbestimmung heute, meiner Meinung nach, eine neue Form, eine neue Fläche der Äußerung des von Karl Marx entdeckten Grundwiderspruchs des Kapitalismus ist. Damals, als Karl Marx geschrieben hat, hat er festgestellt, der Grundwiderspruch des Kapitalismus ist ein Widerspruch zwischen dem gesellschaftlichen Charakter der Produktion und der ‚privateigentümlichen' Form der Aneignung. Jetzt ist eine neue Form dieses Widerspruches zutage gekommen, und zwar der Widerspruch zwischen dem Wunsch der Arbeiter, eine entsprechende Rolle in der Produktion zu spielen, nicht nur Objekt der Leitung zu sein, sondern auch Subjekt zu werden, und zwischen dem Wunsch des Kapitals, seine eigene Position auch weiterhin zu behalten. In diesem Kampf erkämpft die Arbeiterklasse, wie Engels betont hat, zuerst einen Teil der Macht, um später um die ganze Macht zu kämpfen, um in die Lage zu kommen, die bestehenden Gesetze entsprechend ihren eigenen Interessen und Bedürfnissen zu ändern. Und die Richtigkeit dieser Feststellung von Friedrich Engels, dem nächsten Nachfolger von Karl Marx, wurde in den sozialistischen Ländern bestätigt, wo Mitbestimmung im weiteren Sinne eine Realität geworden ist. Danke.

JEMNITZ (Ungarn)

Certain reference on the problem of the Third World and the problem of the National Question and Marx. It was said that in the socialist movement and partly even by Marx it was underestimated. Now, I don't want to get involved in this great and very problematic question. I would only raise another approach, and this is that in the nineteenth century naturally we have the whole Eastern Europe which is not quite different from this question on the nationalities and the national problems. I don't want to get even in this question in general aspect, but while listening to the report of our colleague Deac some ideas concerning Marxist methodology entered my mind. Firstly of all, when Marx and Engels took up this problem they didn't have one specific nationality in mind but the historical process of Europe at large. And when Marx went for problems on the ‚Forty-Eight' Revolution he didn't think of Romania exclusively but of whole

Europe. In this case I would plead for a return to the methodology of Marx. Regarding the comprehensive problem of nationalities, the national and the social approach I would like to raise quite another question: It is a well-known problem for the whole Eastern Europe that at the beginning the proletarian movement had to make certain accords to get rid of the nationalist influence in all of these countries. So it happened in Poland, even in Hungary and in Romania as well. And when the first Socialist-Marxist historians and publicists of the time came back and wrote their papers on the ‚Forty-Eight Revolution', I'm convinced there was neither much difference nor distance between, let us say Erwin Subbeau [?], Georgiu Dejj [?], and Orakovsky [?] or someone else in the first steps of the beginning of the labor-movement. And I don't comprehend why this distance is getting greater and greater in our day. [Wegen schlechter Bandqualität nicht rekonstruierbar]

DOBRIJANOW (Bulgarien)

[siehe Referat]

KLOPČIČ (Jugoslawien)

1847—1895, das ist eine geraume Zeit, beinahe ein halbes Jahrhundert Geschichte und deshalb ist der Vortrag ziemlich umfangreich, auf 33 Seiten und in 11 Kapitel geteilt. Meistens sind es die Aussagen von Engels, nicht von Marx, die der Forschung unterstanden und Engels setzte sie fort, auch nach dem Tode von Marx. Deshalb wurden diese Umstände auch beim Titel in Sicht genommen. Damit ist natürlich keine Kluft zwischen Marx und Engels in der erörterten Frage gemeint, sondern nur der Tatbestand. Der Ausdruck „geschichtslose Völker oder Nationen" stammt von Hegel und wurde von unseren beiden Klassikern ungenügend kritisch übernommen. Es geht um Völker, die in der Vergangenheit keinen Staat gebildet haben und auch keine führende Schicht — Aristokratie, Bürgertum — besaßen. Zu solchen geschichtslosen Völkern unter den Slawen zählten Engels und Marx die Tschechen, Slowaken und Ukrainer in Mitteleuropa, die Slowenen, Serben, Kroaten, Herzegowiner und teilweise Bulgaren in Süd- und Südosteuropa. Die Russen und die Polen gehörten zu geschichtlichen Völkern. Die Erklärungen über die geschichtslosen slawischen Völker sind zahlreich. Ich konnte 54 Stellen finden, dem Inhalt nach sehr einseitig. Würden wir ihnen die Ansichten von Marx und Engels über die großen europäischen Nationen oder über die irische Frage hinzufügen, fänden wir jedoch zusammengenommen keine systematische Lehre der nationalen Politik, kein nationales Programm. Die ersten Äußerungen von Marx und Engels zu diesem Thema erfolgten nach Ende des Jahres 1847 und im Anfang des Jahres 1848. Laut der festen Überzeugung von der zu erwartenden Revolution, besonders in Deutschland — bekannt ist die diesbezügliche Stelle im „Manifest der Kommunistischen Partei" —, formulierten Marx und Engels die Aufgabe der Revolution in Deutschland gegenüber den unterdrückten, in der Mehrzahl slawischen Nationen. Die Deutschen hoffen, schrieb Engels, daß es Deutsche sein werden, die Österreich stürzen und die Hindernisse im Wege der slawischen und italienischen Freiheit wegräumen. Ähnliche Aufgaben habe Preußen zu den Polen. Ohne die Freiheit dieser Nationen wird auch die Freiheit Deutschlands und der Deutschen nicht zustandekommen. So klar und scharf schrieb insbesondere Engels in zwei bemerkenswerten Artikeln. Er prophezeite den Untergang Österreichs mit den Worten: „Der Henker steht vor der Tür". Die Revolution brach aus, das Bürgertum, unterstützt durch breite Volksmassen, eroberte viele demokratische Positionen und bei den meisten Völkern wurde die Befreiung der Bauern vom feudalen Joch durchgeführt. Aber die nationale Befreiung blieb aus. Die Konterrevolution, auf gewisse Positionen verzichtend, nützte andere Machtmittel aus, um die Revolution niederzuwerfen. Sie nützte aus die nationalen Gegensätze, d. h. die verschiedenen Interessen der Nationen, um sie für die Erhaltung Österreichs zu gewinnen, und so kam es zum tragischen Ergebnis. Die slawischen Nationen, in ihrem Inneren einer bürgerlichen Entwicklung unterworfen, wurden aus endogenen Ursachen objektiv zu Helfern der Konterrevolution in Österreich und Ungarn. Am Ende bekamen sie auch von der Gegenrevolution keine nationale Freiheit. Dieser Umschwung führte Engels und Marx einerseits zu wütenden Beschuldigungen der slawischen Völker, ausgenommen die Polen, auf der anderen Seite schonten sie keineswegs die deutsche Bourgeoisie. Sie übergossen sie mit starker Kritik und kräftigen Ausdrücken, wahrscheinlich vorher nie gehörten: Spießbürger, Philister, keine schmachvollere Erbärmlichkeit als die der deutschen Bourgeoisie, usw. Namentlich Engels, aus der damaligen Geschichtsschreibung schöpfend, klebte den slawischen Nationen den Titel der geschichtslosen Völker an, die dem Untergang geweiht seien. So schreibt er: „Außer den Polen, den Russen und höchstens den Slawen der Türkei hat kein slawisches Volk eine Zukunft, aus dem einfachen Grunde, weil bei allen übrigen Slawen die ersten historischen, geographischen, politischen und industriellen Bedingungen der Selbständigkeit und Lebensfähigkeit fehlen. Völker, die nie eine eigene Geschichte gehabt haben, die von dem Augenblick an, wo sie die erste roheste Zivilisationsstufe ersteigen, schon unter fremde Botmäßigkeit kommen oder erst durch ein fremdes Joch in die erste

Stufe der Zivilisation hineingezwungen werden, haben keine Lebensfähigkeit, werden nie zu irgendeiner Selbständigkeit kommen können." Die Bezeichnung „geschichtslos" für die meisten slawischen Nationen wurde noch durch die im vorhinein, a priori, angenommene Auffassung von Engels über den konterrevolutionären Charakter dieser Völker bekräftigt. Diese Auffassung erstand als Dogma und beherrschte andere Engelssche Ansichten in dieser Frage. Sie wurde bis jetzt, wenn ich mich nicht irre, keiner genügenden Kritik unterzogen. Die Slawen, schrieb Engels im Jahre 1849 — wir erinnern nochmals daran, daß wir hier stets die Polen ausschließen —, waren immer gerade die Hauptwerkzeuge der Konterrevolution. Unterdrückt zu Hause, waren sie in der Fremde die Unterdrücker aller revolutionären Nationen, soweit der slawische Einfluß reichte. Also die meisten slawischen Völker wurden von Engels als geschichtslos und konterrevolutionär bezeichnet. Engels schrieb im Februar 1849 über die Kroaten, daß sie eine von Natur aus konterrevolutionäre Nation seien. Ist dieses von Natur aus vorgesehene Schicksal einiger Nationen nicht ein Bruchteil der Hegelschen Ansichten? Gibt es hier keinen Idealismus im philosophischen Sinne? Führt uns solche Betrachtung nicht zu den Kanonen der Religion, die von Gott gewählte Stämme oder Völker anerkennen? Die Abneigung Engels' gegen die genannten slawischen Völker zeigen auch Ausdrücke über sie wie folgende: „Fast nomadische Barbarei der Kroaten und Bulgaren", „Völkerabfälle", „längst verkommene Nationen", „Natiönchen", „Zwergstämme", „eigensinnige Tschechen und Slowenen", „bosnisches Raubgesindel", und sogar im Jahre 1885 „Räubergesindel" usw. Im Referat habe ich alle diese Fehler aufgeführt und die Quellen dazu natürlich genannt. Engels blieb jahrzehntelang bei diesen Ansichten und betrachtete weiter, ich zitiere ihn, „solche seit Jahrhunderten von der Geschichte wider ihren eigenen Willen nachgeschleiften Natiönchen" als negative Erscheinung, dem Untergang überlassen. Im Februr 1882 stellte sich Engels im Brief an Karl Kautsky die Frage, ob der den keine Sympathie für die kleinen slawischen Völker und Volkstümer habe, und beantwortet sie sogleich ganz ehrlich, verdammt wenig. Die letzten Jahrzehnte des 19. und das neue 20. Jahrhundert geben uns genügend Tatsachen, daß die europäischen Slawen sich behaupteten, sich entwickelten, in die vorderen Reihen der Zivilisation eindrangen und ihr Bestehen als Staatsnationen affirmierten, womit sie den falschen Schatten des geschichtslosen Schicksals wegwarfen und zu historischen Objekten und Subjekten geworden sind. Was führte Engels zu diesem Fehler? Ist es Schuld des deutschnationalen Sentimentes, in den Kinder- und Jünglingsjahren kennengelernt? Ist es die Überzeugung eines gewaltigen Vorsprunges der deutschen Kultur angeblich vor allen anderen europäischen gewesen? War der Einfluß von Hegel, des universalsten Kopfes seiner Zeit in der Betrachtung der Geschichte, noch immer anwesend? Können wir von einer wuchtigen Enttäuschung über die Rolle der geschichtslosen Nationen in den Revolutionsjahren

1848/49 reden? Hatte diese Enttäuschung keine Grenzen? Gab es einen Mangel an Kritik der damals vorhandenen geschichtlichen Quellen, die die Slawen im vorhinein als Konterrevolutionäre behandelten? Gab es einen Mangel an Selbstkritik? Oder waren und sind es diese Voreingenommenheiten zusammen oder einzeln gewesen, die Engels einen zusätzlichen negativen Strich zu seiner mächtigen Figur als Denker und Revolutionär verliehen? Mir scheint die letzte der erörterten Möglichkeiten als die realste. Ich könnte diese Fehler Engels' nicht mit einem Wort oder Ausdruck definieren, denn das möchte das Wesentlichste im Engelsschen Denken und Handeln verschatten oder wegschieben. Nein, die revolutionäre Leistung von Friedrich Engels war zu tief, zu breit, zu umwälzend und jener von Karl Marx gleich, um sie durch eine Teilcharakteristik zu ersetzen. Die Größe von Engels bleibt hoch und ungestüm. Man denke bloß an seine Dialektik der Natur. Im Referat werden auch andere Fragen aufgeworfen und beantwortet, z. B. über den Nationalismus, über die Politik des russischen Zarismus auf dem Balkan, dann Marx' Ansichten zur irischen Frage, die Unterschätzung der Bauernschaft sowie die Unterschätzung der Rolle der Intelligenz bei den slawischen Völkern. Einen der besten Beweise der Lebensfähigkeit der geschichtslosen und konterrevolutionären slawischen Nationen brachten diese Nationen selbst auf, indem sie in die nationalen und Klassenkämpfe aktiv eingetreten sind und auf nationaler Basis eigene sozialdemokratische Parteien gründeten. Das geschah in den Neunzigerjahren des vorigen Jahrhunderts und in den ersten Jahren dieses Jahrhunderts. So zogen die Grundprinzipien von Marx und Engels siegreich in die Reihen der genannten Völker ein. Was wahrlich ein gesellschaftliches und politisches Phänomen darstellte. Darauf wäre auch Friedrich Engels stolz. Karl Kautsky konstatierte im Jahre 1902 in seinem Artikel „Die Slawen und die Revolution", daß, ich zitiere, „das Schwergewicht des revolutionären Denken und Handelns immer mehr zu den Slawen rückt, das revolutionäre Zentrum wandert von Westen nach Osten, namentlich nach Rußland zu". Diese Prophezeiung wurde zur Wirklichkeit und sie hatte ihre historische Geltung in einer bestimmten historischen Periode, zeugte aber von der Lebensfähigkeit aller Teile der Menschheit und von der Lebensfähigkeit des immer suchenden Marxismus.

GRUBER (USA)

The title of my paper is „Marxism in the American University 1945—82: A Deceptive Triumph". I'm going to give only a very rapid aperçu of what I have written down; I'm not going to talk about the nature of the Marxism that is practised in the United States, I'm going to talk about where and how it is practised, i. e. the process of transmission which has not been dealt with very extensively so far.

There is no doubt, if one looks at the situation of the American university in 1982, that Marxism has been enormously successful in establishing itself as something extremely legitimate in the American university. No matter what form of measure one wants to take, one is struck by that reality. Just to give a few examples: The leading organisation of American Historians, of ‚Americanists' in the United States, ‚The Organisation of American Historians' with some 12.000 members, the three past Presidents have been Marxists. There is not one academic journal which does not have Marxists prominent on its editorial boards, there are no national prizes which are awarded for the best books, publications and journal articles which do not go to Marxists. Senior professors in universities from one end of the country to the other are Marxists. This is not a matter of them proclaiming their Marxism publicly and necessarily, but there is no doubt from their publications or from their activities that they are Marxists. The curriculum, both undergraduate and graduate, of American universities is strongly influenced by Marxist thought, by Marxist theóry, by Marxist methodology. The voluminous historical publications that appear month by month include at all times an increasing number of Marxist publications. So by whatever standard of measure one wants to apply, Marxism has been extremely successful in establishing itself in the American universities. The question is, how did this happen and what does this mean. What I will show rather rapidly is how this development of Marxist success has taken place, at the same time, a countervailing force, how the quality and nature of the American university itself has changed very radically in such a way as to vitiate much of the accomplishment of Marxist establishment in the university to begin with. So we are dealing here with two contradictory forces, the success of Marxism on the one hand and the denigration of the university in its place in American society on the other hand. The strange thing is that this advent of Marxism in the American university is very recent, one might say that we are talking about three decades and that it begins rather unceremoniously in the mid-1950s. Also, that the Marxism which now prevails in American universities has virtually few ancestors in the university, for obvious reasons. The various witch-hunts and razzias against Leftists in American universities and in American society go back to the 1920s: The Palmer raids and ‚red-hunts' of the 1920s, the sanitizing of the American Leftists from American universities at the beginning of the Second World War and most importantly the McCarthy period, roughly concurrent with the Korean War, during which American left academics were frightened or hounded out of American universities. That has been much reported and discussed and much described, how some of the leading figures in History were hounded out of the university. The anti-leftist and anti-intellectual hysteria which prevailed during the Korean War abated towards the end of the 1950s, not because the universities were courageous, not because liberal professors at the universities were courageous — they had, if anything, been silent bystanders to the witch-hunt which had prevailed — but because of an event which had nothing to do with scholarship. It was the launching of the first Sputnik in 1957 which came as a revolutionary event in the United States and tended to legitimize the universities not as places of scholarship but as workshops where scientists and ideologists might be prepared in the Cold War struggle, in the armaments race which was ensuing. The new generation of Marxist professors who appeared in the universities in the mid-1950s falls into roughly three decades: the first founder group which appeared in the mid-1950s, one might draw a collective sketch of them, not a full portrait, shunned political identification with organised bodies, partly as a response to what had preceded during the McCarthy period, partly in response to the 20th Party Congress of the Soviet Party, partly in response to the Hungarian Rising. The climate was such that this young professiorate that appeared on the scene quite clearly decided, not collectively but individually, to discriminate between their work in the university and political activity on the outside: not to be drawn into any infantile Leftism in the still very precarious climate that prevailed in the university at that time. Another aspect of this collective portrait might be that the approach to Marxist theory and methodology was a critical one, it was an openness to the full exegesis of Marxist thought going back to the 19th century and up to the present. It was a view of the life in the university in a very special sense: the liberal creed of the university had always talked about the university as being a special place where knowledge was going to be developed and disseminated in a critical atmosphere, that the university played a unique rôle in capitalist society, in and outside of society, able to take critical positions. The Marxist professoriate that appeared in the mid-1950s wanted, if anything, to develop this further, to create for itself an environment in which it could function, in which it could practise its particular orientation to History, its Marxist orientation to History.

What had the founders of the mid-1950s accomplished by the end of the decade, in what sense had there been an impact on the university at all? Perhaps the most significant impact was on the study of History itself. In graduate studies there have been subjects which had never been studied, or hardly been studied, which had been denigrated or considered taboo: the history of the working-class, mass-movements, trade unions; class-conflict, Socialist and Communist movements, race. That was true for subjects at the doctoral level; they were discouraged by History Departments, considered trivial, unimportant, flimsy. The undergraduate curriculum was equally affected and that perhaps was of more consequence. Capitalism as a temporal phenomenon for example, is something which had hardly been considered, Marx was not in any undergraduate curriculum. I have to underline here the importance of historical studies in the American university. Traditionally and characteristically, History Departments are the largest departments or were so, it was a required subject for all students. So, therefore, the undergraduate curriculum and its transformation, its opening-up to the larger panoply of subjects of a social, political and critical nature was tremendously important. So it is the enrichment of the curriculum both at the doctoral and undergraduate level which is perhaps one of the quiet accomplishments during that first decade. Moreover, the full richness of Marxist thought was introduced to the university, all the various critical revisions over the last hundred or so years. Most of all, the first decade of Marxist professors demonstrated by their own publications and teaching that Marxism had to be taken seriously. Any quick recollection of books published between 1955 and 1965 gives quite a brilliant array, quite an original array of works by American Marxist professors. But this work was very isolated, most Marxist professors had the feeling of working in a vacuum, of being disconnected with others who might share their point of view. So in the mid-1960s there was created by a group of professors in the Metropolitan New York area a Socialist Scholars' Conference, the idea being that such an organisation would bring together those who were kindred spirits, who would criticise each other's work and help each other and establish some kind of fraternal network on a national basis. I'm talking about a very vast country, where contacts are not all that easy. This Socialist Scholars' Conference was created in 1965 with the idea of holding annual congresses on the East Coast, primarily in New York, to bring together historians, social scientists and humanists of a Marxist persuasion for an exchange of views and the establishment of such a network. For the first conference the organisers assumed that we might be able to get some 200 people together nationally. It was something of a shock when between 900 and 1200 assembled at Columbia University in September 1965. The purpose of the Socialist Scholars' Conference was quite clear, the statement of purpose of the first programme said: „We wish to show our students, our colleagues and our fellow-Americans in non-academic areas that alternative socialist interpretations have a validity, a vitality,an integrity which have unfortunately been underestimated too long." Unfortunately it became clear already at the first conference that there were two different audiences which had appeared there. There were professors and advanced graduate students and then there was a large mass of undergraduate students and old Leftists from the New York Metropolitan area which were bound to attend any such convocation. Even though the conference had talked about the fact that no polemics were intended, that this was not a political organisation, that it was open to all views and that its sole aim was scholarship, it was interpreted largely by those who were not professors or senior graduate students as being somehow a rassemblement for staging some future action, of being activistically engaged.

It is understandable that undergraduates should have thought so in the increasingly super-heated social atmosphere in the United States. You had the conjunction of three developments at the time: the Civil Rights Movement, spearheaded by SNCC, the beginning of the Anti-Vietnam War Movement in the universities, which had just started in March 1965 at the University of Michigan with the teach-in movement. What was the third? Well, it escapes me for the moment. The student revolt against the university, I shouldn't overlook that, which had begun with the ‚free speech' movement in Berkeley, that is, the demand that the university itself be largely transformed, made less autocratic and more consonant with the contemporary interests of the students. The conflict of interest within the Socialist Scholars' Conference continued, and in the next two years it became apparent as the organisation itself grew larger: the 1966 Conference drew 2.000 participants, the 1967 Conference 3.000 participants, there were something like 16 or 18 panels of scholarly and not so scholarly presentations and the conflict of interest between activism and scholarship persisted. By 1970 the Socialist Scholars' Conference hat withered away, faded away, one might say and it died neither with a bang nor with a whimper. It faded away like many quick-flowering enterprises of the American Left, its fatal melody appeared to be an injection of the same combination of dogmatism and sectarianism, romantic desire for instant success, an obsession with the 11th Thesis on Feuerbach which has plagued and continues to plague Marxism in the United States. And yet the Socialist Scholars' Conference was not a failure. Although it did not create the basis of a mass-movement, although it did not create the theory for such a mass-movement — that was never its intention — it did create that network of Marxist historians, social scientists and humanists throughout the country which was the intention of the organisers in the first place. By the mid-1970s all three decades of the current Marxist generation in the university were in place. The founding ones of the mid-1950s had, by this time, become senior members of the professoriate, in a position to hire younger faculty members or to influence the hiring of faculty members. The middle generation was torn and perhaps has been the most damaged of the groups: between appreciating the ground that had been broken in making Marxism respectable in the university, on the one hand, by their somewhat elders and, on the other hand, torn by the activism of the very young undergraduates who were massively protesting against the Draft, against the Vietnam War, Civil Rights etc. So, with the idea that there was a struggle in the streets, in which they ought to participate, there was the university to which they were drawn professionally, and with their desire as historians this middle generation did not fare too well and has suffered in the meantime. The younger generation of students, undergraduates at that time, after the Vietnam struggle ended in the early 1970s, returned to a large extent to universities, finished their education and have, in the last decade, become junior faculty members in increasingly fewer numbers, as the economic crisis has affected the university.

There was one strong echo, and I will mention it only very briefly, of the Socialist Scholars' Conference. By the mid-1970s clearly that notion among historians in the United States that Marxism is just Soviet ideology had disappeared. Although most historians did not share the orientation, the theory or the commitment to Marxist methods of Marxist historians, there was a certain level of respect which has continued to the present. The after-echo of the Socialist Scholars' Conference was the creation in the mid-1970s or the attempt to create a Marxist journal which would have its basis in history and which would be largely culture-critical. It, „Marxist Perspectives", was a unique journal in many ways, most of all because of the dedication and commitment of a large number of people in its production. I don't think there are many academic journals which could claim to have 200 active workers who actually worked for it, which meant not only the editorial work which was of a special kind, attempting to be helpful to those who submitted papers, not merely to pass judgements, for instance. But also the fund-raising and the dedication with which people gave lectures and gave their fees and participated in a dozen different ways, with a representation from about two-thirds of the American States of universities which were somehow associated with the editorial work of this journal. It was just a demonstration of how far Marxism had become an established force in the university, the fact that it was able to attract this commitment from the professoriate. The editorial statement of ‚Marxist Perspectives' which I would like to read sort of sums up the current outlook of Marxists in the American university. „Marxism cannot guarantee those correct answers without which dogmatists seem to find life unbearable, nor can it guarantee that the ultimate and most painful questions of life have any scientifically verifiable answers at all. But it does claim, after more than a century of remarkable victories, that it can define better than any alternative world-view the nature of the questions confronting humanity in this epoch of mortal danger und unprecedented possibilities for a better life. And it claims further that its method, at once historical and dialectic, enables it to pose the questions which intellectuals must face, if they are not to abdicate their responsibility to interpret the world and thereby to contribute towards changing it for the better."

Well, one might well ask, with all the success of Marxism, its phenomenal development, I'm certain that European colleagues have been a little skeptical about what I have been talking about all along. After all, is not the United States the country that has given the world the antics of Groucho, Chico and Harpo, but one hardly thinks of the United States as having done anything about Karl at all. This phenomenal success is to a large extent vitiated by the countervailing tendency in the United States, where the university is increasingly industrialized and that the liberal creed of a semi-autonomous institution, which can be critical of society, which has some independent standing, which is involved in the creation of knowledge and its dissemination, most of that has simply disappeared at the same time as Marxism was establishing itself as a force in the university. How did that come about? Again we have to go back to the Second World War and the impact of Government on both private and public universities in the United States. With Sputnik the level of Government interest in the university became enormous, by 1960 75 % of all university research was being funded by the Government. During the next decade the level of increase was 10 %, by 1970 the major universities of the U. S. received 50 % of their budget from federal resources. Here we are not talking about a mysterious Santa Claus who brings bags of gold to universities, we are essentially talking about the defence-related branches of American Government which made heavy investments in science, but not only the natural sciences but also the social sciences as well were affected, because of the way the national government viewed the struggle after 1957.

It was a struggle in material and ideological terms, area-studies programmes and language-studies programmes, largely populated by students drawn from government agencies such as the military. They played a large role in the transformation of the university. Why was the university transformed? Simply because there was more money, because there were certain strings tied to this money: the rapid production of students, the denigration of the social sciences whereas History and the social sciences had played a central role in university studies before, whereas there was a core of knowledge which was supposed to be shared by everyone. Over the period of two decades quantity of production of technical experts, quantity of produced and sponsored research was far more important than slow development, growth or the quality of products being produced by the university. But most pernicious was the fact that the money came with supervision, the kind of supervision which transformed the structure of the university. Universities traditionally had been somewhat anarchistic organisations, predicated on the very pleasant ‚österreichische Schlamperei'. That largely disappeared under the impact of Government funds, so that a new infrastructure of managers has appeared which talk in very industrial terms about products, production and talk about the activities of professors in industrial terms: how many student hours are produced and what goals professors set for themselves by the year; large forms need to be filled out. The government funding created the bureaucracy, a new bureaucracy, new paper-work and since that middle-bureaucracy had to be rationalised, ultimately the highest bureaucracy had to be rationalised. The typical University Rector and Dean and Provost was a senior faculty member of prestige and respect, he operated on the principle of ‚primus inter pares‘ with his colleagues. The new university administrator has hardly any experience as a professor at all, if he ever was a professor, he is there to manage the funds in the most advantageous way. So what is happening at the university is that the professoriate itself plays a very peripheral — one might say, only a ceremonial — role in determining the activities, programmes and goals of the university, in a sense a kind of very transparent, liberal figleaf over a very utilitarian organisation. Hand in hand with the impact of the Government is the mass of students which appeared and the creation of what has been called ‚supermarket education‘ in the universities — an increasing vocationalisation, so that studies which hardly seem legitimate in the university — Mortuary Science, Domestic Science, Business, Physical Education and the like — have Doctoral Programmes and Doctoral Studies. The current university no longer has any kind of coherent body or knowledge which unifies it, it is a Tower of Babel of different specialised, vocational interests. So these two aspects — the vocationalisation of the university and the impact of the Government —, both have necessitated the kind of directorial, managerial group which has undermined the power of the professoriate. Faculty senates exist almost everywhere and are able to discuss, sometimes with brilliant Demosthenean speeches, all subjects related to university life. But the decision-making, the allocation of budget, are in the hands of the managerial group. For that reason we have two really countervailing tendencies that I have briefly, and I regret to say, perhaps poorly sketched for you: a quite astonishing placement and acceptance of Marxism in the university in the form of a widespread professoriate, at the same time, that the function and position of the professoriate and the position of the university, however the position of the university as a semi-autonomous institution was partially realised, has virtually disappeared. The American university is now quite fully integrated into all the other institutions of the capitalist society, without any doubt. On that note I end my talk, thank you.

STENDER-PETERSEN (Dänemark)

Vor 10 Jahren noch konnte ein dänischer Historiograph und Professor behaupten, daß „in der westlichen Welt reine marxistische Deutungen von konkreten historischen Geschehensverläufen nur sehr selten gewesen seien“, obwohl er einräumte, daß die Einflüsse des Marxismus in der Praxis bedeutend gewesen wären.

Ich bezweifle, daß der Historiograph heute noch dasselbe behaupten würde.

Auch Dänemark hat seit den Studenten- und Jugendempörungen um 1968 einen Aufschwung des Marxismus in der Geschichtsschreibung und damit auch in der Geschichtsforschung erlebt. In diesen 10—14 Jahren sind neue Zeitschriften, Verlage und Buch-Cafés mit revolutionären marxistischen Büchern entstanden. Man kann sogar von einer förmlichen Auseinandersetzung mit der bisherigen bürgerlichen Geschichtsschreibung und -forschung und ihren Unterlassungssünden sprechen.

Eine Übersicht, 81 von unserer dänischen Gesellschaft zur Förderung der Geschichte der Arbeiterbewegung herausgeben, „Vorwärts und niemals vergessen", gibt Status und Perspektive über die Forschung von 100 Jahren in der Geschichte der dänischen Arbeiterbewegung, näher bestimmt über die Geschichtswissenschaft mit Thema Arbeiterbewegung in Dänemark seit 1871 bis in die Siebzigerjahre unseres Jahrhunderts, wieder. In dieser neomarxistischen Geschichtsschreibung sind die Arbeiterbewegung und teilweise auch die Arbeiterklasse selbst zentrale Themen gewesen, und diese Themen werden von überwiegend marxistischen Positionen aus beleuchtet, die Themen selbst laden ja förmlich ein, die marxistische Theorie zu benutzen. Bei uns ist ferner von einer Art marxistischem Pluralismus in der Geschichtsschreibung die Rede.

Ein Charakteristikum der marxistischen Geschichtsschreibung in Dänemark ist die Beschäftigung junger Forscher mit dem Phänomen des Reformismus bzw. Lassalleanismus in der dänischen Arbeiterbewegung im 19. und 20. Jahrhundert. Einige von ihnen charakterisieren die dänische Sozialdemokratie als eine bürgerliche oder verbürgerlichte Arbeiterpartei. Ein starker Revisionismus/Reformismus in der Arbeiterbewegung wirkte lange sehr hemmend auf die Entwicklung marxistischer Theorien in der Geschichtsschreibung, aber Versuche wurden vorgenommen. Ich kann zum Beispiel Gustav Bang, einen sozialdemokratischen Politiker und Historiker, nennen. Er hat 1905—15 einige inspirierende Arbeiten u. a. über die Feudal- und Reformationszeit in der Kautskyschen Marxismusversion geschrieben. Und auch der Historiker und ebenfalls sozialdemokratische Politiker Hartvig Frisch folgte Bang mit „Europas Kulturgeschichte", 1928 herausgegeben, und anderen Arbeiten. Und dann hat Erik Arup 1925—32 eine sehr kritische Geschichte Dänemarks (bis ca. 1623) geschrieben. Es folgte eine krasse Auseinandersetzung mit der lange herrschenden idealistischen Richtung in der Geschichtsschreibung. Seitdem hat eine Arupsche materialistische Richtung die Forschung und Geschichtsschreibung bei uns sehr stark geprägt. Das materielle Leben des Volkes — nicht länger die Ideen und die „großen" Männer — wurde ins Zentrum gestellt. Aber Arup und seine Schüler waren keine Marxisten. Sie beschäftigten sich mit der Ausarbeitung minutiöser Tabellen über den Sundzoll, Sundzollrechenschaften, mit Preis- und Industriegeschichte, mit Agrar- und Bauerngeschichte.

Neuere bürgerliche dänische Geschichtswissenschaftler wurden von diesem Materialismus, teilweise auch vom Marxismus, stark geprägt. Diese Richtung steht dem Marxismus nur zögernd gegenüber und ist geneigt, sein „Schema“ über die Entwicklung von der Urgesellschaft über die Sklavengesellschaft, den Feudalismus und den Kapitalismus bis zum Sozialismus als eine deduktive Konstruktion Toynbeescher oder Spenglerscher Prägung aufzufassen.

Die Kulturgeschichte hat bei uns weit zurückreichende Wurzeln, geht zurück bis 1879, aber trotzdem hat die Sozialgeschichte erst mit einer dänischen Sozialgeschichte in sieben Bänden 1979—82 durchgeschlagen. Der letzte Sprößling dieser materialistischen Richtung ist eine geplante „Kulturgeschichte des Handwerkes in Dänemark“ in 4 Bänden. Und in der Lokalgeschichte, übrigens auch in der Frauengeschichte, hat eine marxistische Richtung durchgeschlagen mit einer Initiative, die an die englischen „History Workshops“ und „Oral History“ anknüpft.

Bei uns in Dänemark ist die Forschung in den letzten 10—14 Jahren wesentlich dänisch zentriert geworden, doch sind auch außereuropäische oder Weltereignisse nicht ganz unbekannte Themenkreise bei uns. 1976—80 kam eine internationale Geschichte des Sozialismus, von jungen Universitätsmarxisten geschrieben, heraus. Quellensammlungen mit Texten der utopischen Sozialisten, dänischen Frühsozialisten, von Sozialisten und Kommunisten, nicht zuletzt auch von Marx und Engels, Lenin und Luxemburg, Nicolai Bucharin, Karl Korsch sowie von Stalin, Mao, Dimitroff, Tito und vielen anderen, sind herausgegeben worden. Eine dänische Trotzki-Biographie kam 1972, von einem 90jährigen Marxisten, dem Arzt Georg Motlved, herausgegeben. Ich selbst habe mich auch mit der trotzkistischen Theoriebildung beschäftigt. Mit seiner Theorie der permanenten Revolution hat Trotzki ja — bei Überwindung der Marxschen europäischen Egozentrizität durch Trotzkis Ausbruch aus Marx’ historischem Gedankengebäude — eben den Marxismus weitergeführt und wesentlich bereichert. Marx hatte ja die allgemeinen Probleme der Unterentwicklung nur sporadisch berührt, und hier hat Trotzki selbständig den Marxismus weiter ausgebildet und eine marxistische Theorie der Rückständigkeit und der Unterentwicklung der 3. Welt ausgearbeitet. Er beschäftigte sich mit den Problemen und der Möglichkeit eines Sieges der proletarischen Revolutionen, kombiniert mit den Bauernkriegen in Asien, in den unentwickelten Ländern. Laut Trotzki ist es in den unentwickelten Ländern der Diktatur des Proletariats möglich, via die bürgerlich-demokratische Revolution die Macht zu ergreifen, gestützt auf den Bauernkrieg. Genau wie es später in Vietnam und im mächtigen China geschehen ist, wohl auch in Jugoslawien, in Kuba usw.

Ausländische Themen werden in der marxistischen Historiographie bei uns nicht versäumt. Wichtige Ereignisse der Weltgeschichte, wie z. B. die Pariser Kommune, die Oktoberrevolution, der Internationalismus der dänischen Arbeiterbewegung im 19. Jahrhundert, das Verhältnis der Kommunistischen Partei Dänemarks zur Komintern sind von marxistischen Forschern in Spezialarbeiten beleuchtet worden. Auch marxistische Studien der Sklavengesellschaft wie auch des Feudalismus sind erschienen. Aber die Übersetzungen von Werken ausländischer marxistischer Forscher sind nicht minder wichtig. Schon 1931 übersetzten Jungmarxisten Maurice Dobbs kurzgefaßte Europageschichte. 1977 kam Eric Hobsbawms interessante „Bandits" auf dänisch heraus. Aber es fehlt eben eine eigentliche marxistische Weltgeschichte. Auch eine marxistische Geschichte Dänemarks fehlt noch bei uns, obwohl Vorarbeiten dazu vorliegen und namentlich Studien zur dänischen Geschichte herausgegeben worden sind. Noch fehlen marxistische Behandlungen von Teilaspekten der dänischen Arbeiterbewegung. Aber mit dem Fortschritt der marxistischen Historiographie wird auch diesem Mangel abgeholfen.

Ich hoffe, mit diesen wenigen Bemerkungen einen Eindruck gegeben zu haben von der Lage der marxistischen Geschichtswissenschaft in Dänemark.

PANTIN (UdSSR)

[Anfang wegen schlechter Bandqualität nicht rekonstruierbar] ..., die vor Plechanow standen, dürfen nicht verkleinert werden — es ging nicht einfach um die Anerkennung des Marxismus als theoretische Doktrin, sondern um die Anwendung der Theorie von Marx zur Analyse der russischen Wirklichkeit. Es gab viele Probleme, und verwunderlich war nicht, daß Plechanow und seine Mitstreiter sie nicht alle lösten, sondern daß sie trotz allem eine Position umreißen konnten, auf deren Grundlage eine Vorwärtsbewegung möglich war, sowie daß sie ein konkretes politisches Programm und eine Taktik erarbeiten konnten.

Die marxistische Konzeption Plechanows entstand in jener Epoche, als eine selbständige Arbeiterbewegung in Rußland noch nicht existierte, als die Entwicklungsweise der russischen Revolution auf der Grundlage der allgemeinen historischen Theorie bestimmt werden mußte. Damit verknüpft sind die Vorzüge der ersten russischen Marxisten, damit verknüpft sind aber auch deren Mängel: Abstraktheit, Schematismus, der in der Hauptsache propagandistische Charakter ihrer Arbeiten. In der Literatur, sowohl in der sowjetischen als auch in der ausländischen, wurde nicht wenig über die politischen und ideologischen Meinungsverschiedenheiten Plechanows und Lenins, über den Kampf zwischen

Menschewismus und Bolschewismus in der russischen Arbeiterbewegung geschrieben. Aber nur wenige analysierten die methodologischen Wurzeln der tiefen Divergenzen zwischen Plechanow und Lenin. Der Standpunkt Plechanows entsprach den Maßen und Verhältnissen der vorimperialistischen Epoche, die an der Wende des 19. zum 20. Jahrhundert bereits zur Vergangenheit zu werden begann. Sein charakteristischer Zug, historisch im Kampf mit dem Subjektivismus der Volkstümlerbewegung, also Narodniki, Populisti, entstanden, ist eine mechanistische Konzeption der historischen Notwendigkeit unter der Maske der Objektivität. Plechanow und den Menschewiki schien es, daß sie, indem sie dem soziologischen Subjektivismus der Volkstümler den gesetzmäßigen Lauf der Dinge gegenüberstellen, der objektiv ist und nicht von irgendeinem Willen abhängt, in Buchstabe und Geist der historischen Theorie von Marx folgen. Aber sie vergaßen, daß gnoseologisch dieses Bild nur wahr ist bei einem abstrakten Hervortreten der Prozesse der gesellschaftlichen Entwicklung, wenn man historische „Zufälligkeiten" nicht beachten muß, wie z. B. beschleunigte oder verzögerte Entwicklung der Prozesse, die eine oder andere Form von Umgestaltung usw. Die Methode der soziologischen Untersuchung Lenins war prinzipiell anders. Sie basierte auf einem neuen, modernen Verständnis von Notwendigkeit und Freiheit. Lenin als politischer Denker einer neuen Formation geht davon aus, daß der Arbeiterklasse in der russischen Revolution die Führung aller lebensfähigen Kräfte der Nation bevorsteht und es keine andere Kraft gibt, die fähig ist, die Prozesse zu lenken. Als Politiker schließt er in die Sphäre der historischen Praxis nicht nur die Realisierung schon ermittelter Möglichkeiten ein. Sein Gesichtskreis wird nicht von der Anwendung des realen Ganges der Ereignisse im Interesse des Proletariats begrenzt, er ist bedeutend weiter, denn er umfaßt nicht nur das Gegebene, sondern auch das, was sein muß, d. h. er betrachtet die historische Entwicklung der Gesellschaft in Verbindung mit der potentiell möglichen Umgestaltung durch die praktische Tätigkeit der revolutionären Klassen. Es entsteht eine neue, vollkommen andere Messung des historischen Prozesses, im Prinzip fremd dem alten mechanistisch-deterministischen Bild, sein alternativer Charakter.Wiederholungen, Regelmäßigkeiten, auf denen die Gesellschaftswissenschaft basiert, können in Übereinstimmung mit Lenins Denken schon nicht mehr als abstrakter Selbstzweck betrachtet werden, als unabhängig existierend vom Zustand des Gesellschaftssubjektes (der Klassen und ihres Kampfes). Nicht Gesetzmäßigkeit plus individuelle Abweichungen, hervorgerufen durch die vorangegangene Geschichte und die Tätigkeit des Menschen, sondern die Gesetzmäßigkeit als Konflikt und Resultante objektiver Tendenzen, die in sich verschiedene Möglichkeiten der historischen Bewegung beinhaltet, eben dies muß nach Lenin zum Gegenstand der marxistischen politischen Analyse werden. Es ist kennzeichnend, daß Lenin im Unterschied zu Plechanow und den Menschewiki der marxistischen Theorie nicht die Aufgabe stellte vorauszusagen, wie sich wirklich der Ablauf der Ereignisse vollziehen wird. Er verstand, daß in der Epoche der Revolution, wenn der offene Kampf der Klassen und Parteien, verstärkt durch Leidenschaft, Verstand und Phantasie von Millionen, alles entscheidet, eine derartige objektive Prognose jeden historischen Sinn entbehrt. Streng gesagt, betreffen seine Voraussagen nicht das Wirkliche, den streng determinierten Ablauf der Ereignisse, sondern nur das alternativ Mögliche. Die Zukunft tritt nicht als vorprogrammiertes Schema auf, sondern als Gesamtheit realer Alternativen, real in jenem Sinne, daß jede von ihnen einem objektiv möglichen Ablauf der ökonomischen Evolution entspricht. Die Entwicklung des Prozesses wird bestimmt vom Kampf der Klassen und Massen für die Verwirklichung einer dieser Alternativen. Hieraus rührt die für Lenin charakteristische Zielstrebigkeit zum Verständnis einer jeden historischen Erscheinung als eine von den möglichen in der Reihe der anderen, im Prinzip realisierbaren Erscheinungen. Hieraus auch die strenge Zielrichtung der Leninschen Theorie auf eine bestimmte Handlung und gleichzeitig Beachtung der Möglichkeit einer anderen, weniger optimalen Variante der historischen Entwicklung, sozusagen das Überschlagen einer Lösung der gleichen Aufgaben. Von diesem Gesichtspunkt kann man die Zukunft schon nicht mehr nur als Glied einer natürlichen Reihe von Ereignissen betrachten, die ihren Anfang in der Vergangenheit hat und streng bedingt ist von dieser Vergangenheit. Der ökonomische Determinismus, den die Orthodoxen für unbedingt und als ausreichende Begründung für die materialistische Geschichtsanalyse betrachten, war nach Lenins Meinung viel zu weit oder viel zu eng, um die Eigenart der Gesetzmäßigkeiten der gesellschaftlichen Entwicklung zu umfassen. Jedes große historische Ereignis stellt zweifellos etwas Ganzes dar, organisch gewachsen aus der Gesamtheit der Fakten der Vergangenheit und der Gegenwart, aber auch der Tendenzen der Zukunft. Aber jedes große Ereignis beinhaltet eine gewaltige Anzahl von Elementen einer zielgerichteten Entwicklung, die neue Maßstäbe, neue Möglichkeiten besitzen und ein ganzes Spektrum von Zukunftsvarianten eröffnen. Zum Abschluß sei bemerkt: Die Feststellung der Sphäre der Wirklichkeit, in der der Ablauf der Ereignisse von der Lösung der Widersprüche auf politischer Ebene bestimmt wird, hängt ab von der Tiefe, dem Ausmaß der fortschrittlichen Umgestaltungen, die ökonomische Entwicklung aber tritt lediglich als allgemeine Determinante der gesellschaftlichen Evolution auf. Dieses Modell bereicherte in Lenins Arbeiten die Methodologie der marxistischen Analyse. Das volle Realitätsbild bei Lenin ist nicht nur durch das Bild des Objektes selbst an sich dargestellt, sondern auch durch jenes der Erkenntnisbedingungen und in der Potenz durch das Bild der objektiv-subjektiven Umgestaltung. Der ökonomische Determinismus stellt im vorliegenen Fall lediglich eine besondere Art einer breiteren historischen Gesetzmäßigkeit dar. Wie A. Gramsci bemerkte, wird der Marxismus bei Lenin zur vollen Einsicht der

Widersprüche, wobei der Philosoph selbst, als Individuum verstanden oder als ganze soziale Gruppe, nicht nur den Widerspruch erfaßt, sondern sich selbst als Element des Widerspruches nimmt und dieses Element zum Erkenntnisprinzip erhebt und folglich zum Wirkungsprinzip.

WEBER (Österreich)

Ich möchte Ihnen das Ergebnis einiger Überlegungen präsentieren, die Eduard März und ich zur Krisentheorie bei Karl Marx und ihrem Erkenntniswert für die Geschichtswissenschaft gemacht haben. Der Kollege Hobsbawm hat gestern ganz allgemein festgestellt, daß die materialistische Geschichtsauffassung von Karl Marx auf die historische Forschung nicht nur der Marxisten, sondern auch der bürgerlichen Wissenschaftler einen großen Einfluß ausgeübt hat. Wir haben uns überlegt, wie das für die marxistische Krisentheorie ausschaut. Wie Sie wissen, gibt es zwei Aspekte der Krisentheorie bei Karl Marx. Einen langfristigen Aspekt und einen eher kurzfristigen, der sich auf die Konjunkturzyklen bezieht. Beide Krisentheorien sind eigentlich zum Teil nur skizzenhaft und zum Teil sehr verstreut im Werk von Karl Marx vorhanden, so daß es nicht einfach ist, das zu rekonstruieren. Relativ einfach geht es noch bei der langfristigen Krisentheorie, die verknüpft ist mit dem sogenannten tendenziellen Fall der Profitrate, aus dem Karl Marx dann die Vergänglichkeit des kapitalistischen Systems ableitet. Er bringt dieses Gesetz des tendenziellen Falls der Profitrate in eine mathematische Form, bei der er bestimmte Annahmen trifft wie jene, daß die Mehrwertrate konstant bleibt, und aus der Art, wie er die Formen präsentiert, ergibt sich, daß, wenn die organische Zusammensetzung des Kapitals steigt, bei konstanter Mehrwertrate die Profitrate fallen muß. Und er stellt in diesem Zusammenhang einige entgegenwirkende Tendenzen, die dem Fall der Profitrate entgegenstehen, vor. Nun ist es aber so, daß eine Konstanz der Mehrwertrate, wie sie Marx unterstellt, sehr unwahrscheinlich ist. Das würde nämlich bedeuten, daß der Reallohn im Ausmaß der Produktivitätssteigerungen ebenfalls steigen müßte. In der Wirklichkeit ist es aber so, daß die Mehrwertrate zum Steigen tendiert, und Marx selbst macht diese Annahmen auch im ersten Band des „Kapital" in dem Kapitel über die Produktion des relativen Mehrwerts. Wenn aber diese Annahme, die ich jetzt getroffen habe, stimmt, dann ist die Richtung, die die Profitrate nimmt, sehr unbestimmt, sie fällt nur dann, wenn das Steigen der organischen Zusammensetzung des Kapitals relativ größer ist als das Wachstum der Mehrwertrate. Es gibt aber, abgesehen von dieser eher mathematischen Überlegung, auch historische Einwände, die unabhängig voneinander von Eduard März und von Paul Swiesi Anfang der Siebzigerjahre präsentiert wurden. Sie besagen folgendes: Das Gesetz vom tendenziellen Fall der Profitrate gilt nur für das 19. Jahrhundert, nämlich in dem Sinn, daß das sehr rasche Wachstum der organischen Zusammensetzung damit zusammenhängt, daß kleinbäuerliche und handwerksmäßige Betriebe eben durch das sehr rasche Wachstum der kapitalistischen Industrie abgelöst werden. Diese These scheint bestätigt zu werden durch einige empirische Untersuchungen, etwa die von Gilman, der sich auf die amerikanische Entwicklung bezieht und die Profitrate im 19. und 20. Jahrhundert berechnet hat. Der zweite historische Einwand ist der, daß Marx seine These, daß der Wert der Arbeitskraft nicht im selben Verhältnis falle, wie die Produktivität steigt, aus dem Gesetz vom abnehmenden Ertrag in der Landwirtschaft herleitet. Und es ist aber natürlich klar, daß dieses Gesetz eine sehr große Bedeutung nur so lange haben kann, als ein relativ großer Teil des Arbeitslohns für den Ankauf von Lebensmitteln verwendet wird. In dem Ausmaß, in dem dieser Anteil des Lohns, der für Lebensmittel aufgewandt wird, fällt, verliert natürlich auch diese Annahme von Marx an Bedeutung.

Ich will mich nun den Theorien des Konjunkturzyklus, der eine Krisentheorie impliziert, bei Marx zuwenden. Diese Theorie des Konjunkturzyklus beruht auf der spezifischen Kapitalismusanalyse von Marx als eines Prozesses der fortschreitenden Akkumulation von Kapital, der von einem Prozeß der Konzentration des Kapitals begleitet ist, was bedeutet, daß eine fortschreitende Vergesellschaftung der Produktivkräfte stattfindet. Und der Widerspruch zwischen der gesellschaftlichen Produktion und der privaten Aneignung nimmt im Verlauf des Akkumulationsprozesses hauptsächlich drei Erscheinungsformen an: Erstens kommt es infolge der Planlosigkeit des kapitalistischen Systems zu einer disproportionalen Entwicklung der Produktionszweige. Zweitens wächst mit steigender Mechanisierung der Produktion die Produktivkraft der Gesellschaft, während die Kaufkraft der Massen in enge Grenzen gebannt bleibt. Drittens tritt im Verlauf des Akkumulationsprozesses, also des jeweiligen Konjunkturzyklus, ein Sinken der Profitrate ein, das die Investitionsbereitschaft der Unternehmer mindert. Dieses Sinken der Profitrate stellt sich ein als Folge der Verteuerung der Produktionskosten im Zuge des Akkumulationsprozesses, also vor allen Dingen des Anziehens der Löhne in der Hochkonjunktur. Marx hat schon im Kommunistischen Manifest darauf hingewiesen, zusammen mit Friedrich Engels, daß der kapitalistische Akkumulationsprozeß mit Krisen verknüpft ist. Es heißt dort: Seit Dezennien ist die Geschichte der Industrie und des Handels nur die Geschichte der Empörung der modernen Produktivkräfte gegen die modernen Produktionsverhältnisse. Es genügt, die Handelskrisen zu nennen, welche in ihrer periodischen Wiederkehr immer drohender die Existenz der ganzen bürgerlichen Gesellschaft in Frage stellen. Im „Kapital" hat Marx dann diese Andeutungen, die im Kommunistischen Manifest getroffen werden, ausgeführt, aber er hat trotzdem, wie ich meine, keine geschlossene Konjunktur- und damit Krisentheorie entwickelt. Was sich ableiten läßt aus den verstreuten Bemerkungen ist die Theorie einer Unterkonsumtion, wie sie an einer Stelle folgendermaßen im „Kapital" formuliert wird: Der letzte Grund aller wirklichen Krisen, schreibt da Marx, bleibt immer die Armut und Konsumtionsbeschränkung der Massen gegenüber dem Trieb der kapitalistischen Produktion, die Produktivkräfte so zu entwickeln, als ob hier die absolute Konsumtionsfähigkeit der Gesellschaft ihre Grenze bildete. Die Unterkonsumtionskrise ist aber, wie Otto Bauer und im Anschluß an ihn Swiesi gezeigt haben, nur ein Sonderfall der Disproportionalitätskrise, weil die Tendenz zu Überproduktion im Investitionsgütersektor mit dem kapitalistischen Akkumulationsprozeß untrennbar verbunden ist. Der Grund dafür liegt in den Schwankungen der Profitrate. Am Beginn des Konjunkturzyklus, wenn also die Beschäftigung noch sehr niedrig ist, sinkt die organische Zusammensetzung des Kapitals, indem Arbeiter eingestellt werden, sobald aber die Anlagen ausgelastet sind, die bestehenden, ist eine Erweiterung der Produktion nur möglich über eine Erweiterung und Neuanlage von Kapital, was immer zusammenhängt mit einer technischen Vervollkommnung der Produktionsanlagen. D. h., daß die organische Zusammensetzung des Kapitals steigt und daß in diesem Zusammenhang auch die Mehrwertrate steigen muß. Wenn aber die Löhne im Verlaufe des Konjunkturzyklus ansteigen, so kann ab einem bestimmten Punkt die Ausbeutungsrate nicht mehr genügend erhöht werden. Das heißt, die Profitrate sinkt, die Investitionsbereitschaft sinkt und die Krise geht üblicherweise vom Investitionsgütersektor aus und löst eine allgemeine Krisenerscheinung aus. Diese nach unten gerichtete Bewegung kommt erst zum Stillstand, wenn durch die Senkung der Löhne unter den Wert und die Vernichtung und Entwertung des fixen Kapitals Voraussetzungen für einen neuen Aufschwung geschaffen werden. Für diesen Aufschwung gibt es einige Gründe: das eine ist die Lagerräumung, das zweite ist die Abnutzung der Maschinen, das dritte ist eine Geldflüssigkeit, die im Verlauf der Krise einsetzt, und ein Sinken der Zinsen. Da aber selbst in der Krise die Konkurrenz zwischen den noch existierenden Unternehmen weitergeht und die Zinsen niedrig sind, steigt wiederum die Investitionsbereitschaft, und der Zyklus beginnt von neuem. Ich möchte die Aufmerksamkeit in diesem Zusammenhang auf einige Bemerkungen von Marx konzentrieren, die sich auf den moralischen und physischen Verschleiß, wie er es nennt, des fixen Kapitals konzentrieren. Und zwar schreibt er: Durch diesen eine Reihe von Jahren umfassenden Zyklus von zusammenhängenden Umschlägen, in welchen das Kapital durch seinen fixen Bestandteil gebannt ist, ergibt sich eine materielle Grundlage der periodischen Krisen. Es sind zwar die Perioden, in denen das Kapital angelegt wird, sehr verschiedene und auseinanderfallende, indessen bildet die Krise immer den Ausgangspunkt einer großen Neuanlage. [Wegen schlechter Bandqualität nicht rekonstruierbar]

Es gäbe noch eine Menge zu sagen, ich möchte aber, da die Zeit kurz ist, damit schließen und nur noch bemerken, daß natürlich jeder industrielle oder jeder Konjunkturzyklus seine eigene Geschichte hat und einer eigenen Erforschung bedarf und daß das Konzept, das Marx entwickelt, natürlich nicht etwas ist, was man sozusagen über die Wirklichkeit drüberstülpen kann, sondern man muß das genau untersuchen. Aber man erhält durch die Theorie von Karl Marx eine Fülle von Anregungen und Denkanstößen, die dem Historiker die Arbeit erleichtern, vor allen Dingen deshalb, weil die Konjunkturtheorie, soweit sie entwickelt ist, bei Marx nicht einseitig ist, wie manche bürgerliche Theorien, die nur ein Moment der Entwicklung herausheben, sondern eben den allseitigen Prozeß der Entwicklung im Auge hat.

ZARNOWSKA (Polen)

Ich behandle den Marxismus in der Geschichtswissenschaft in Polen vom Zweiten Weltkrieg bis heute. Erstens ist dies eine interessante Frage. Einerseits spielt der Marxismus in Polen die Rolle einer gewissermaßen staatlichen Mythologie, andererseits aber bildet die polnische Gesellschaft eine pluralistische, hinsichtlich der Weltanschauung sehr differenzierte Gemeinschaft, in der Vergangenheit wie auch jetzt. Und noch ein Aspekt: Diese Gesellschaft ging in den Jahren 1944 bis 1982 durch eine harte Schule einer ganzen Reihe von gesellschaftlich-politischen Erschütterungen, die auch Weltanschauungs-Erschütterungen waren. Ein weiterer sehr wichtiger Faktor: die besondere Rolle der katholischen Kirche, die in Polen eine große und manchmal sogar überwiegende Stellung in der Gesellschaft hat, und nicht nur unter der werktätigen Bevölkerung, sondern auch unter der Intelligenz und sogar unter den Intellektuellen. Zweitens, gleich nach dem Zweiten Weltkriege hatten wir es in der polnischen Geschichtswissenschaft meistens mit einer Kontinuität der Vorkriegsströmungen zu tun. An den Universitäten war die Stellung der Vertreter des neuen Systems sehr schwach. Wir sollen aber nicht vergessen, daß der Marxismus in der Geschichtswissenschaft in Polen kein neues Phänomen war. Vor dem Kriege wurden die Lehrstühle in den anderen Universitäten in der Regel durch Gegner des Marxismus besetzt, aber es gab bestimmte Gruppen von Forschern, eher am Rande des Universitätsmilieus, die so oder so verstandene marxistische Methodologie angewendet haben. Diese Historiker waren in der Regel mit der sozialistischen oder mit der kommunistischen Arbeiterbewegung verbunden. Ihre Arbeiten betreffen vor allem die Geschichte der Arbeiterbewegung oder der Volksbefreiungsbewegung im 19. oder 20. Jahrhundert. Nach dem Zweiten Weltkrieg versuchten die der Kriegsgefahr entgangenen und neue Marxismusanhänger eine eigenartige Reedukation der polnischen Geschichtswissenschaft, die bisher von gegen den Marxismus gerichteten Strömungen beherrscht wurde, zu initiieren. Dieser Prozeß ging natürlich Hand in Hand mit den allgemeinen politischen Wandlungen. Schon im Jahre 1948, am 17. Kongreß der polnischen Historiker in Breslau, standen viele Beiträge unter dem Einfluß des Marxismus. Viele Referenten und Teilnehmer forderten, ökonomische Determinanten der historischen Tatsachen zu berücksichtigen und ihnen den entsprechenden Stellenwert beizumessen. Dies schien damals die wichtigste Forderung der marxistischen Ideologie zu sein. Man begann, sowjetische historische Literatur anzuführen, die für viele Historiker bisher ganz unbekannt war. Dieser Prozeß, mit marxistischer Methodologie stufenweise vertraut zu machen, und zwar in den fragmentarischen, vereinfachten, vulgarisierten Formen, hätte sich sicherlich weiterentwickelt, aber der politische Umsturz der Jahre 1948/49 erlaubte dies nicht. Damals propagierte man die marxistische Ideologie in Wissenschaften, Bildung, Kulturpolitik etc. als verpflichtend. In diesem Rahmen ideologischer Umwandlungen hatte die sogenannte methodologische Konferenz an der Wende 1951/52 eine große Rolle gespielt. An dieser Konferenz haben neben Historikern auch politische Aktivisten teilgenommen. Dort versuchte man, gleichförmige marxistische Methodologie durchzusetzen, aber wo diese bisher nicht hinreichte, bearbeitete man eilig neue Thesen, Beurteilungen und Feststellungen. Es kam zum Aufdrängen von Anschauungen oft primitiver und unreifer Thesen. Doch wäre es nicht richtig, diesen ideologischen Wendepunkt, diesen ideologischen Umbruch nur durch den Druck zu erklären. Viele Historiker der älteren Generation sahen im Marxismus eine Ideologie, die die Rolle eines universalen Schlüssels für die Erklärung jedes Phänomens der Vergangenheit wie auch der Zeitgeschichte bildet. Mit seiner Kohäsion und Konsequenz hatte der Marxismus eigentlich keinen Konkurrenten in der Sphäre der wissenschaftlichen Methodologie. Ich abstrahiere da von der populärwissenschaftlichen und oft vulgarisierten Form, in der er damals unter anderem durch halb gelehrte Marxisten unterrichtet wurde. In den Jahren 1950—1956 beging man viele Fehler, als man den Marxismus in der Geschichtsschreibung anzuwenden versuchte. Besonders einseitig betonte man die Wirtschaftsgeschichte. In der Geschichte der polnischen Arbeiterbewegung, überhaupt in der Zeitgeschichte, war es schwer, die Grenze zwischen Wissenschaft und Propaganda zu ziehen. In der Mitte der Fünfzigerjahre entstand in Polen ein Ferment auch in der Sphäre der gesellschaftlichen Wissenschaft. Im Milieu der Historiker bildeten die jungen Historiker, bisher die „Janitscharen des Marxismus" genannt, die größte Kraft, die nach Überwindung der Fehler und Abweichungen strebte. Man muß betonen, daß dieser ganze Mentalitätsumbruch mit der Losung, die Fehler des praktischen Marxismus zu überwinden, verbunden war und nicht mit der Losung, die methodologische Konkurrenz zu entwickeln. Die meisten Verunstaltungen und sogar Verfälschungen waren im Gebiet der Zeitgeschichte und besonders in der Geschichte der Arbeiterbewegung. Und darum begann im Gebiete dieses Problemkomplexes der Kampf um die Wiederherstellung der historischen Wahrheit, um Gleichberechtigung der historischen Traditionen verschiedener Strömungen der Arbeiterbewegung, besonders auch der polnischen sozialistischen Partei. Der Kampf wurde nicht gegen den Marxismus, sondern um dessen Erneuerung geführt. Während aufeinanderfolgender politischer Krisen in Polen wiederholte sich dieser Prozeß mehrmals. Diese Krisen waren immer auch Mentalitätskrisen und damit auch Krisen des wissenschaftlichen Bewußtseins. In gewissem Grade betrifft dies auch die letzte im Jahre 1980 in Polen begonnene Krise. Die letzten zwei Jahre bestätigen die Dauerhaftigkeit der marxistischen methodologischen Strukturen in der polnischen Historiographie. In diesen Jahren erschienen die Revisionen der Beurteilung vieler Ereignisse, die manche als falsch oder als tendenziös einschätzten, aber man bemerkt keine neuen methodologischen Vorschläge. Aus der in weltanschaulicher Hinsicht sehr heterogenen oppositionellen Bewegung konnte keine methodologische Alternative zur polnischen Historiographie entstehen. Es ist keine Konkurrenz für die marxistische Methodologie auf dem Gebiete der historischen Wissenschaft in Polen zu sehen. Danke.

BONDELI (Schweiz)

Ich möchte zwei Hinweise anführen zur Methode bei Karl Marx. Ich habe dazu ein Papier geschrieben über die Methode der politischen Ökonomie. Es bezieht sich auf verschiedene Positionen, die zur Methode ausgeführt wurden in den Siebzigerjahren, und speziell ist es geschrieben über die Einleitung zur „Kritik der politischen Ökonomie“, worüber wir gestern schon im Zusammenhang mit Herrn Hobsbawm gesprochen haben. Es handelt sich um den dritten Teil, die Methode der politischen Ökonomie. Ich möchte jetzt nicht dieses Referat ausführen, sondern ich habe mir vorgestellt, daß ich zu ein, zwei Punkten, die gestern in der Diskussion gefallen sind, aus dem Kontext meines Papiers Stellung nehme. Zum ersten: Herr Hobsbawm hat die These vertreten, der Kern des Marxismus sei die materialistische Gechichtsauffassung. Dagegen stand eine These von einem Kollegen, dessen Namen ich leider nicht mehr weiß, der gesagt hat, der Kern des Marxismus ist der kategorische Imperativ, alle Verhältnisse umzustürzen, die aus dem Menschen ein erniedrigtes Wesen machen, dieser bekannte Passus aus der Einleitung zur „Kritik der Hegelschen Rechtsphilosophie“. Und weiter wurde dann gesprochen über den epistemologischen Bruch, der mit der Althusser-Schule in der Marxismusdiskussion eingetreten ist. Und ich würde jetzt hier eigentlich die These vertreten, es ist auch für die Geschichtswissenschaft wichtig, daß die These des kategorischen Imperativs einfließen kann. Ich möchte eigentlich behaupten, daß bei Marx eine anthropologische Problematik auch eigentlich im System, im „Kapital“ vorzufinden ist. Es gibt einen bekannten Hinweis in einem Brief von Marx an Lassalle, wo er sagt, was ich tue ist, das System des Kapitalismus darzustellen, aber zugleich so darzustellen, daß die Darstellung Kritik ist. D. h., er forscht mit einem bestimmten Darstellungsprinzip, er stellt Geschichte in einer bestimmten Weise dar. Und der Darstellungsbegriff ist für Marx methodologisch zentral, ich möchte hier auf die Stelle im Vorwort zum „Kapital“ hinweisen, wo er formell zwischen Darstellung und Forschung unterscheidet. Also hier, finde ich, ist gerade diese anthropologische Kritik des frühen Marx nicht untergegangen, man findet sie dann unter den Kategorien Verdinglichung oder Verkehrung im „Kapital“ wieder. Ich denke an das erste Kapitel über den Fetischcharakter der Ware oder im dritten Band des „Kapital“ an das Kapitel über die Trinitarische Formel. Ich finde das auch zentral, weil wenn das nicht deutlich gesagt wird, nicht mehr gesehen wird, wie sich Marx abgrenzt, z. B. vom deduktiven ökonomischen System bei Ricardo, Smith oder John Stuart Mill, und wie er sich auf der anderen Seite auch abgrenzt gegen den sogenannten „bornierten Empirismus“, wie er selber sagt. Mich hat das eigentlich zu einer zweiten Überlegung geführt: Und zwar wurde gestern sehr oft gesprochen über die Methode, die man anwenden soll, anstatt einfach die Schriften zu zitieren und dogmatisch einzelne Inhalte wiederzugeben. Meine Überlegung geht dann dorthin, daß ich frage, ja ist denn Methode überhaupt vom Inhalt abtrennbar, macht nicht gerade der Inhalt selber die Methode aus, und zweitens habe ich mich weiter gefragt, wie funktioniert eigentlich diese Methode, wie geht Marx eigentlich vor, und das ist auch eine inhaltliche Frage. Das ist nicht so, als ob man die Methode als Instrument abtrennen könnte und dann beliebig anwenden auf bestimmte historische Gegenstände. Ich möchte dazu aus meinem Papier nur einige Aspekte der Methode anführen, um zu zeigen, wie die Methode arbeitet. Ich nehme hier wieder das dritte Kapitel aus der Einleitung und möchte das daran exemplifizieren. Marx kommt dort zu Beginn auf das bekannte methodische Topos, nämlich das Aufsteigen vom Abstrakten zum Konkreten. Nun, das kann sehr viel bedeuten. Für einige Interpreten bedeutet das, Marx hat so etwas wie einen Begriff des Kapitals im allgemeinen und kann den spezifizieren auf verschiedene Länder. Das kann aber auch heißen, Marx beschreitet einen Weg von Wert, Mehrwert zu Profit, d. h., manche Autoren schauen sich hier das Verhältnis vom ersten Band zum dritten Band des „Kapital“ an. Wieder andere verstehen es als Prozeß durch verschiedene Sphären innerhalb des Basis-Überbau-Systems, die fortschreiten vom Kapital zum Eigentum zum Produktionsprozeß und schließlich zur ursprünglichen Akkumulation. Andere wieder sehen es als eine Art Genese, als Entstehung, Entwicklung und Auflösung der kapitalistischen Produktionsweise. Andere sehen es im ideologiekritischen Sinn, was ich oben bereits angedeutet habe. Zusammenfassend kann gesagt werden, daß es zwei Richtungen gibt, eine, die behandelt dieses Aufsteigen als Verhältnis von Theorie und Empirie, eine andere geht eher weg von der Deduktion und erarbeitet ein genetisches Modell. Dann, zum zweiten Teil der Methode: Der zweite Aspekt bezieht sich auf das Verhältnis von logischen und historischen Kategorien, und das ist, meine ich, für die Geschichtswissenschaft interessant. Engels zum Beispiel bemerkt in seiner Rezension zur „Kritik der politischen Ökonomie", daß die Reihenfolge der Kategorien chronologisch, also historisch, und logisch übereinstimmt. Marx in den „Grundrissen" trennt zwischen logischer und historischer Methode, indem er sagt, das geschichtliche Verhältnis wird bestimmt durch das Verhältnis der verschiedenen Kategorien innerhalb der bürgerlichen Produktionsweisen. D. h., wenn man daraus Schlüsse zieht, Marx geht hier eigentlich weg von einem ökonomischen Geschichtsmodell, Marx arbeitet mit einem System, wie das vielleicht die Althusser-Schule am besten ausgedrückt hat, mit Dominanten und der Anweisung bestimmter Rollen innerhalb der Produktionsweisen. Ein weiterer Aspekt ist das, was gestern hier diskutiert worden ist im Zusammenhang mit Unilinearismus — Multilinearismus. Die Beispiele von Marx, die bürgerliche Produktionsweise wäre der Schlüssel zu den vorangehenden Produktionsweisen, — er bringt hier den Vergleich Mensch-Affe —, lassen umgekehrt nicht schließen, daß aus dem Affen notwendigerweise der Mensch folgen müßte. Das ist ein Schluß, den unter anderem Karl Korsch gezogen hat. Damit entfernt sich Marx klar von einer unilinearistischen Geschichtskonzeption. Marx hat an anderen Stellen dann wieder angegeben, daß die geschichtliche Methode deduktiv vorgehen kann, aber daß sie dabei ihre Grenzen kennt, daß von einem bestimmten Punkt an Realgeschichte hereintreten muß. Ein dritter Themenkomplex bezieht sich auf die Selbstreflexion der Methode; Methode vergewissert sich zum Beispiel über ihre Bedingungen, wie sie überhaupt entsteht, sie setzt auch eine gewisse Abgrenzung gegenüber dem Hegelschen System, darauf möchte ich jetzt nicht mehr länger eingehen. Kurz zusammengefaßt: Ich meine damit, wir müßten, wenn wir über Methode sprechen, auch inhaltlich bestimmen, was mit Methode gemeint ist und wie die Methode verfährt. Und vielleicht wenn wir das tun, merken wir dann, daß wir die Methode eventuell nicht nur anwenden müssen auf neue Inhalte, sondern daß wir die Methode vielleicht auch korrigieren müssen. Und ich möchte hier nur auf eine Problematik anspielen. Wie zum Beispiel wird der Marxismus heute fertig mit sozialen Bewegungen, wie verhält er sich zur Ökologiebewegung, wie zur Friedensbewegung, wie zur Jugendbewegung, die für die Schweiz in den letzten Jahren sehr aktuell war und noch aktuell bleibt. Das ungefähr die Ausführungen und die Diskussion. Vielen Dank.

MINAJEW (UdSSR)

Der Marxismus hat eine prinzipielle Antwort auch auf die Fragen der Wechselbeziehungen zwischen der gesetzmäßigen Aufeinanderfolge der gesellschaftlichen Formationen und dem konkreten Verlauf der Weltgeschichte gegeben. Dieser konkrete Verlauf der Weltgeschichte konnte nicht identisch sein mit dem Prozeß der gesetzmäßigen Aufeinanderfolge und Ablösung der ökonomischen Gesellschaftsformationen. Die Geschichte ist nicht als glatter, gleichmäßiger Prozeß verlaufen. Die ökonomischen Gesellschaftsformationen haben einander nicht zu gleicher Zeit auf der ganzen Erde abgelöst. Die Geschichte wirft ein Bild von jener wechselweisen Beeinflussung der Stämme, Völker und Nationen ab, die in Gesellschaften getreten sind, die unterschiedlichen Formationen zugehörten bzw. sich in verschiedenen Reifestufen einer und derselben Formation befanden. Zu dieser Beeinflussung hat eine jede Formation ihre eigenständigen historischen Erfahrungen beigesteuert. Die Entwicklung der Produktivkräfte zeitigte als eines ihrer Ergebnisse eine Vertiefung und Bereicherung der Kontakte zwischen den Völkern. Das wiederum hatte eine Rückwirkung auf die Produktivkräfte, auf die geistige Entwicklung und auf das gesamte Leben der Gesellschaft. Doch hieraus ergeben sich viele Fragen, vor die sich Historiker aller Richtungen und Schulen in verschiedenen Formen und mit unterschiedlichen Zielen gestellt sahen. Geht es nun um einen pluralistischen Verlauf der Entwicklung von absolut verschiedenartigen Gesellschaften, für den die Kategorie einer allgemeinen Gesetzmäßigkeit nicht taugt, oder aber handelt es sich um Wechselbeziehungen, in die zur gleichen Zeit bestehende, verschiedene konkrete Gesellschaftsformationen treten? Geht es um eine allgemeine Geschichte oder um eine Weltgeschichte? Ist von Bedeutung allein die allgemeine Gesetzmäßigkeit oder aber allein die Individualität des Augenblickes, des Faktes, der Situation, des Syndroms, wo in jedem Augenblick sämtliche Fakten, Augenblicke und Situationen zufällig und chaotisch zusammenfließen? Wie wird das Wirken allgemeinsoziologischer Gesetze im konkreten Verlauf des welthistorischen Prozesses reflektiert (und nicht nur im Verlauf der besonderen nationalen Entwicklung von einzelnen Ländern und Völkern)? Die materialistische Auffassung der Geschichte mußte den Schlüssel zum Verständnis auch dieser unendlich schwierigen und widersprüchlichen Struktur der menschlichen Gesellschaft, der Dialektik von inneren Beziehungen in der zersplitterten Welt liefern. Sie mußte ebenso die Haltlosigkeit jener Theorien entlarven, wonach man im Chaos der Geschichte und in den fortdauernden Konflikten zwischen den Völkern keine allgemeine Gesetzmäßigkeit der historischen Entwicklung finden könne, welche die nationalistischen chauvinistischen Schlußfolgerungen oktroyieren. Die Transformation der historischen Wissenschaft unter Einwirkung des Marxismus, ein qualitativer Umschwung in ihr nach Karl Marx, besteht auch darin, daß der Marxismus die im Laufe der Geschichte entstandenen und sich entwickelnden verschiedenartigen internationalen gesellschaftlichen Prozesse organischen Charakters erhellt hat. Diese Prozesse gehen über die einfachen Kontakte, Bindungen, Wechselwirkungen bzw. Konfrontationen der abgesonderten Gesellschaften hinaus. Diese Wechselbeziehung zwischen der Entwicklung der ökonomischen Gesellschaftsformationen und dem konkreten Verlauf der Weltgeschichte hat der Marxismus erklärt und ergründet als eine wichtige Seite der Vergesellschaftung der Produktion und der gesamten menschlichen Tätigkeit, als wichtige Seite der Entwicklung der Natur des Menschen als Gesamtheit der gesellschaftlichen Verhältnisse. In der „Deutschen Ideologie" werden wichtige Ideen über die zwei Phasen des gesamten welthistorischen Prozesses hervorgebracht: über die ursprüngliche Phase der einzelnen, voneinander abgesonderten Existenz der Stämme und Völker und über die nachfolgende Phase — die mit der Durchsetzung der kapitalistischen Verhältnisse anbrechende Phase der weltgeschichtlichen Existenz. Diese Ideen erfuhren ihre Weiterentwicklung im „Manifest der Kommunistischen Partei", später im „Kapital" und in einer Reihe weiterer Werke von Karl Marx und Friedrich Engels. Die Entstehung und Entwicklung des Kapitalismus wurden nicht nur unter dem Gesichtspunkt der politischen Ökonomie betrachtet. Karl Marx sah den Kapitalismus auch als Ergebnis tiefgreifender und allseitiger welthistorischer Prozesse. Die Ideen der „Deutschen Ideologie" über die zwei Phasen in der Geschichte der Menschheit sind in der Literatur, die sich mit Methoden zur Erkenntnis der Geschichte der Gesellschaft befaßt, bislang noch unzureichend beleuchtet. Unserer Ansicht nach müssen aber diese fruchtbringenden Ideen breiter bei jeglichen Versuchen genutzt werden, die Vorstellungen von Karl Marx und Friedrich Engels über die Gesetzmäßigkeiten der Weltgeschichte, die in der Vergrößerung und Festigung der Wechselbeziehungen und der gegenseitigen Beeinflussung der einzelnen Völker und Länder ihren Niederschlag finden, systematisch zusammenzufassen. Mit dem Beginn der kapitalistischen Entwicklung wird in der Menschheitsgeschichte die Phase eines isolierten, abgesonderten Daseins abgeschlossen. Nach und nach nimmt die qualitativ neue Phase einer weltgeschichtlichen Existenz Gestalt an. Der welthistorische Prozeß entsprang einer vorangehenden unterentwickelten Phase, als seine Einheit allein durch die allgemeine objektive Notwendigkeit, allein durch das analoge Wirken allgemeiner historisch-natürlicher Gesetzmäßigkeiten bedingt war und allein darin auch zum Ausdruck kam. Es entstand und verstärkte sich allmählich der innere objektive Zusammenhang der Evolution aller Völker. Der Weltmarkt und die internationale Arbeitsteilung brachten die vielfältige und zusammenhanglose Entwicklung der Länder und Völker in Verbindung und Vermittlung. Sie verliehen der bis dahin formlosen Ganzheit der Welt konkrete Formen und ließen diese Ganzheit immer unmittelbarer werden. Von der einfachen Koexistenz der Länder und

Völker des Erdballs, bei der die Verhältnisse nur in zufälligen und mechanischen Formen des Konglomerats bestehen, erhebt sich die internationale Kommunikation auf die Stufe der Kausalität, ununterbrochener kausaler Zusammenhänge, regulärer Wechselwirkungen und gegenseitiger Abhängigkeiten, die immer inhaltsvoller und tiefgreifender, immer allgemeiner werden und in eine organische Vereinigung hinüberwachsen. Die Welt ist keine einfache Summe der Länder und Völker mehr. Schrittweise entsteht ein Weltsystem ökonomischer, politischer und geistiger Wechselwirkungen. Der breite, vielseitige, reguläre und sich unentwegt entwickelnde Austausch von Tätigkeiten, vor allem von materiellen Tätigkeiten, von Produktionstätigkeit, ist die Kraft, die einen neuen Zustand der Welt der Menschheit — das Weltsystem (als ganzheitliches, seine innere Einheit immer mehr festigendes Gebilde) — und einen neuen Charakter der Menschheitsgeschichte — die weltgeschichtliche Existenz — hervorbringt und stärkt. Karl Marx zeigt auf, daß bei einer Weltherrschaft des Kapitals das Wirken der ökonomischen und anderen gesellschaftlichen Gesetze bei den Nationen, die den kapitalistischen Weg eingeschlagen haben, dahin führt, daß sich die Grundlagen der gesellschaftlichen Organisation annähern und angleichen und sich die Produktionsbedingungen und anderen sozialen Bedingungen annähern. Die inneren Ausbeutungsverhältnisse und die internationalen Produktionsverhältnisse ziehen überall ihnen entsprechende soziale und Klassenverhältnisse nach sich. In allen Ländern, in denen die kapitalistische Entwicklung einsetzte, entstand nach und nach auch eine im allgemeinen gleichartige Konstellation der gesellschaftlichen Kräfte. Immer offensichtlicher tritt bei allen Völkern zutage, daß bei ihnen ein- und derselbe Klassengegensatz besteht, jener zwischen dem Proletariat und der Bourgeoisie. Die Wirtschaftsordnung des Kapitalismus reproduziert fortwährend den Klassenantagonismus zwischen Bourgeoisie und Proletariat, und das in allen Ländern. Überall gleich ist das Wesen der vorherrschenden Produktionsweise: die Ausbeutung der Klasse der Lohnarbeiter durch die Klasse der Kapitalisten. Diese antagonistischen Klassen werden überall zu den subjektiven Hauptfaktoren der gesellschaftlichen Verhältnisse und der gesellschaftlichen Umgestaltung. Eine dieser beiden Klassen bringt ein weltweites Unterdrückungssystem hervor. Die andere Klasse wird zum Träger der weltweiten Befreiungsmission.

KÜTTLER (DDR)

Ich möchte in der gewohnten Kürze noch einige erläuternde Bemerkungen zu meinem hier zur Konferenz aber nicht vorgelegten Papier zum Thema Formationstheorie und Geschichte im Werk von Karl Marx machen. Über einige die

Substanz betreffenden Aspekte habe ich gestern schon in der Diskussion gesprochen. Das möchte ich nicht wiederholen. Mir kommt es aber darauf an, die Anliegen dieser Forschungen, aus denen diese Arbeiten hervorgegangen sind, vorzustellen unter folgenden drei Aspekten: Nämlich *erstens* unter dem Aspekt des weiteren Kontexts im Zusammenhang von revolutionärer Konzeption von Karl Marx, d. h. Praxisbezogenheit seiner historischen Fragestellungen, tatsächlicher historischer Entwicklung im 19. Jahrhundert, und vor allen Dingen Entwicklungen der Arbeiterbewegung und genuiner historischer Forschung. Also erstens der allgemeine Problemkontext, *zweitens* Marx als Historiker als wissenschaftsgeschichtliches Problem, d. h. die Entwicklung seiner methodologischen und geschichtstheoretischen Arbeiten als eine Frage der Theoriegeschichte und der Methodengeschichte. Wie Herr Bondeli schon andeutete, es gilt auch, die Methoden in ihrer Substanz und in ihrer Veränderung zu begreifen und zu erforschen. Ich stimme diesem Anliegen sehr zu. Und *drittens* die aktuelle methodologische Bedeutung des Werks von Karl Marx, erschlossen aus einer Werkstattanalyse, d. h., das schon gestern immer wieder zur Diskussion gestellte Thema, was können die Historiker für die Lösung heutiger aktueller geschichtswissenschaftlicher Probleme für Lehren aus dem Werk von Karl Marx ziehen. Wir haben die Kategorie Gesellschaftsformation und die Formationstheorie als zentrales Problem gewählt für alle drei Aspekte, weil wir der Ansicht sind, auch das wurde gestern ja mehrfach unterstrichen, daß dieser Begriff im Kontext mit anderen Produktivkräften, Produktionsverhältnissen und der Basis-Überbaurelation sowohl von der Struktur als auch vom genetischen Aspekt her eigentlich das Knochengerüst der Marxschen Geschichtstheorie darstellt. Ich will zu den drei Aspekten in aller Kürze etwas Näheres noch ausführen und ergänzen:

1. Der Aspekt des Umfeldes und der Praxisbezogenheit. Wir gehen, und das wurde gestern auch mehrfach erwähnt und betont, davon aus, daß Marx in erster Linie die Impulse für seine theoretische und wissenschaftliche Arbeit aus revolutionärer Intention und dann immer mehr aus seiner Stellung als Arbeiterführer an der Spitze der Arbeiterbewegung nahm. Wenn wir den Anteil untersuchen, den historische Fragestellungen in seinem Gesamtwerk haben, dann müssen wir immer wieder darauf zurückkommen, welche zentralen, revolutionären Aufgaben, welche praktischen Aufgaben der Arbeiterbewegung, welche politischen und zeitgeschichtlichen, zeitgenössischen Fragestellungen galt es direkt zu lösen, woher kamen die Impulse, man könnte auch sagen, woraus kam das erkenntnisleitende Interesse für die Lösung von geschichtlichen Feststellungen. Und wir unterscheiden in unseren Arbeiten, ähnlich den Schaffensperioden im Werk von Marx und Engels — dessen Arbeiten man nie dabei ausklammern kann —, bis zu Marx Tod vier große Perioden: die erste von den Anfängen Anfang der Vierzigerjahre bis etwa 1847/48 bis zum Kommunistischen Manifest. Hier entsteht in

einem komplizierten Erkenntnisprozeß das geschichtstheoretische Denken und auch das wesentliche Begriffsgefüge. Dann die Zeit von 1848 bis 1852, d. h. die Zeit der europäischen Revolutionen und der zeitgeschichtlich-revolutionsgeschichtlichen Arbeiten von Karl Marx und Friedrich Engels. Hier steht im Mittelpunkt das Thema Revolution und Formation, d. h. das Verhältnis von gesellschaftlicher Entwicklung und Evolution insgesamt und revolutionärem Höhepunkt. Und ich möchte nur noch darauf hinweisen, daß solche zeitgenössisch analysierenden Arbeiten, wie der „18. Brumaire" und die „Klassenkämpfe in Frankreich" auch revolutionsgeschichtliche Untersuchungen bezüglich der bürgerlichen Revolutionen, und besonders die Erfahrungen der großen französischen bürgerlichen Revolution enthalten. Die dritte Periode ist dann die der Fünfzigerjahre, in denen vor allem Karl Marx, aber auch Friedrich Engels durch die umfassende Analyse des Kapitalismus ihre Gesellschaftstheorie erhärten, und gerade in dieser Arbeit, obwohl das „Kapital" nicht eine sozusagen professionell-historische Arbeit ist, haben doch historische Forschungen am Zustandekommen des „Kapital" einen ganz entscheidenden, ausschlaggebenden Anteil gehabt. Die vierte Periode nach der Epochenwende durch den deutsch-französischen Krieg und die Pariser Kommune vom Anfang der Siebzigerjahre bis Mitte der Achtzigerjahre wird dann vor allen Dingen dadurch geprägt, was gestern eigentlich auch im Mittelpunkt der Debatte stand, nämlich die Notwendigkeit einer globalen Anwendung der einmal gewonnenen Methode der Ausarbeitung der Formationstheorie. Wir können die schon erwähnten Briefe und Briefentwürfe von Marx an Vera Sassulitsch in gewisser Weise als einen Entwurf von Marx zur Lösung dieser Aufgabe betrachten, den dann Engels im „Ursprung der Familie, des Privateigentums und des Staates" partiell durchführte. In dieser letzten Periode stehen sowohl die Kritik des Privateigentums überhaupt — nach den Entdeckungen von Morgan und anderen, daß ein ursprüngliches Gemeineigentum am Anfang der Geschichte stand — als auch eine nähere Ausführung der Prognose der auf den Kapitalismus folgenden Formation im Mittelpunkt. Neben den Briefentwürfen an Vera Sassulitsch, neben Engels' Ausführungen im „Anti-Dühring" über den weltgeschichtlichen Prozeß ist hier besonders auch auf den theoretischen und prognostischen Inhalt gerade der Randglossen der Kritik des Gothaer Programms von Karl Marx vom Jahre 1875 zu verweisen. Zum zweiten Aspekt, der Frage der Theorie und Methodengeschichte: Wir müssen davon ausgehen, daß zusammen mit diesen zeitgenössischen revolutionären, praxisbezogenen Fragen und ihrer Lösung wir auch ein Wachstum der Theorie und der Methode in einem komplizierten Erkenntnisprozeß vor uns haben, der einmal aus den Fragestellungen der Praxis kommt, der zweitens aber auch abhängig ist von den Quellen, von dem Stand der Wissenschaft, von den bereits erforschten Feldern, d. h. also ein wissenschaftsgeschichtliches Problem. Der Einfluß von Hegel auf die Geschichtskonzeption von Marx ist stark betont worden; selbstverständlich ist Hegel eine ganz wichtige Quelle. Aber wir dürfen dabei andere genuinhistoriographische Arbeiten auf keinen Fall als Quelle für Marx Geschichtsdenken unterschätzen. Ich denke dabei an die klassische französische Geschichtsschreibung, vor allen Dingen an Tissaut [?], in dessen Werk ja zum ersten Mal die Frage des Klassenkampfes genau ausgeführt wurde, die Erfahrungen der französischen Revolution von 1789 und von 1830, und aber auch den Widerhall dieser französischen Revolutionsgeschichtsschreibung im deutschen damaligen revolutionär-demokratischen und bürgerlichen Schrifttum. All das hat Marx in dieser Zeit, besonders in den Vierzigerjahren im Vormärz, sehr ausführlich und genau studiert, und wir können dieses historische Studium, diese direkte historische Studien- und Forschungsarbeit als eine wichtige Quelle ansehen. Nun nur ein anderes Thema, um weiterzuspringen auf die letzte Periode seines Lebens. Ihn hatte ja immer das ursprüngliche Gemeinwesen, die Geschichte der Urgemeinschaften interessiert, und es ist faszinierend zu verfolgen, wie er sich mit jeder Neuerscheinung, die dazu kam, umfassend auseinandersetzte: den Arbeiten von Georg von Maurers über die deutsche germanische Marktgenossenschaft, den Arbeiten von Kowalewski über das ursprüngliche Gemeineigentum und dann später ganz besonders der berühmten Schrift „Ancient Society“ von Morgan. Also wir müssen das Werden der Marxschen Theorie auch im Umfeld der damaligen wissenschaftsgeschichtlichen Quellen und des Wissensstandes studieren, gerade darum, um uns genau darüber Rechenschaft abzulegen, welche Umsetzung Marxscher Gedanken und Methoden neuerer Forschungsergebnisse wir finden müssen. Nur wenn man diese Forschungsarbeit leistet, wird auch deutlich zu unterscheiden zwischen zeitbedingten Erkenntnissen, die heute nicht mehr gültig sind und dem lebendigen großen Schöpfergeist der Marxschen Methode, die heute Anleitung und Forschungsorientierung geblieben ist. Der dritte Aspekt abschließend, derjenige der aktuellen methodologischen Anwendung: Ich fasse mich hier sehr kurz, weil ich dazu gestern einiges schon gesagt habe, man kann das auch auf zwei Ebenen zurückführen oder in zwei Ebenen darstellen. Es ist einmal die direkte Anknüpfung der Fachhistoriker zur Lösung ihrer Probleme aufgrund von Hinweisen und methodischen Äußerungen von Marx direkt zum Fachproblem. Ich verweise hier besonders auf das Problem der Entstehung der Klassengesellschaften, der vorkapitalistischen Gesellschaftsformationen. Es ist in den sozialistischen Ländern in der Sowjetunion, in der DDR, überhaupt in der internationalen marxistischen Literatur ja darüber eine sehr große Debatte geführt worden. Und die zweite Ebene wäre die wirkliche Werkstattauswertung, d. h. also, die Erschließung des Marxschen methodologischen Erbes für eine Systematisierung unserer eigenen historisch-materialistischen Methode Geschichte zu erforschen. Hier ist noch sehr viel zu tun. Wir haben Erfahrungen in der Sowjetunion [Bandwechsel] ... Alle diese systematisch-methodologischen Fragen sind noch ein zum Teil nicht vollständig behandeltes Feld, wo es noch viel zu tun gibt. Dies wären die Aspekte von Forschungen, die ich hier nur in ganz gedrängter Fassung darlegen wollte, die einen Einblick geben in Aufgaben der Erschließung des geschichtswissenschaftlichen Erbes von Karl Marx heute, wie wir sie sehen. Ich danke für die Aufmerksamkeit.

RASMUSSEN (Dänemark)

I shall return to the question of the Marxist analysis of pre-capitalist social formation, especially the Asiatic mode of production. I have contributed a paper on this which I hope you have all got and I am not going to repeat what is in this paper. Just to make a few points, where I believe I may have been misunderstood and where I would like to provoke a debate.

The first point I would like to make is that it is not so much Marx that I have criticised as the use that later Marxists have made of him in the question of pre-capitalist social formations. Marx knew probably as much of the history of Asia, pre-capitalist history of Asia, as anybody in his days. The crucial problem was that nobody knew very much at that time and that it could be argued that all serious work on the pre-capitalist history of Asia has been done in this century. Marx was therefore heavily dependant on the traditional European view of the Orient and this view saw the Orient as characterised by resistance to change, despotic government and the absence of private property. This view, by the way, Marx could find in a lot of European thinkers — Hegel, Montesquieu, Adam Smith and so on — but it was really very much more widespread, it was not only common with the great economists and philosophers, but had gone into school-books, as we know, thanks to the invaluable edition of the new MEGA, we happen to know that even Friedrich Engels was taught in the 1830s in the German gymnasium that India and China had no history.

My second point would be about the later debate on the character of the pre-capitalist social formations in Asia. The later debate came to revolve around the terms ‚feudal‘ and ‚Asiatic‘. These were the only Marxian labels available for, say, the history of China; so, the whole discussion was about: Was China ‚feudal‘ or ‚Asiatic‘? This not very fruitful dichotomy dominated not only the debate in the 1920s and ’30s in the Soviet Union but also the later debate in the 1960s. None of the debaters was apparently able to make the mental leap necessary to recognize that there may be such a thing as a specific Chinese social formation, even if Marx never mentioned this. I know of only one exception to this inability to suggest new social formations and I should like to mention his name, a historian of China in the German Democratic Republic, called Günter Lewin, who seems to be practically unknown in the West and practically ignored in the East. I refer to him in the footnotes of may paper.

The third point I would like to make is that the idea of a succession of a few universal social formations, what Prof. Küttler has spoken about, is in my view entirely impossible to uphold; and the reason why it is still defended with so much vigour by Soviet Marxists is that it is a necessary element in legitimizing the transition from Capitalism to Socialism, as seen by Marxism-Leninism: the historical science must primarily serve to prove that the trend of human history will necessarily go towards Socialism and Communism. Now, what one might think about the transition from Capitalism to Socialism, I think this has nothing to do with the transition between earlier modes of production and the whole idea of one ... of a number of universal social formations, I think, will have to be given up. It is obvious that the idea of a stagnating Asiatic society, standing as it were outside of the mainstream of history, has constituted a great problem for historians with an ideological need to postulate such a succession of social formations, and it seems that two different solutions have been found — in the Soviet Union one still insists on the succession of five formations — primitive communism, slave society, feudalism, capitalism and socialism. This leaves out the Asiatic Mode of Production, but historians are allowed, say, historians of India are allowed to describe Indian feudalism as a feudal society with certain specific features and these specific features then turn out to be precisely the characteristics of the Asiatic Mode of Production, as found in Marx. That is one solution to the problem. Another solution has been found in the GDR where the Asiatic Mode of Production has been incorporated into the succession of social formations, constituting the first class-society and called the ‚ancient Oriental class-society‘ (altorientalische Klassengesellschaft). But none of these solutions, both of which operate with the concept of a common feudalism over the whole world, are able to explain the crucial problem, I would argue, of World History, namely why capitalism emerged spontaneously in Europe only. This is not possible to explain if one sticks to the idea of an universal formation of feudalism. Finally, in order to be successful in analysing the pre-capitalist social formations, Marxism must build upon the most advanced contemporary knowledge, both in regard to empirical research and, perhaps even more important, in regard to theories and syntheses. All Marxist historians — and this also applies to those in the Soviet Union and the GDR — must confront and discuss such new important macro-historical work, as the Marxist analysis by Perry Anderson and Immanuel Wallerstein and even non-Marxist contributions, such as the books by Eric Jones and Esther Boserup. If they don't, their interpretation of world history is bound to remain inadequate. As Prof. Küttler remarked, „Marx continually took into account new scholarly work, too many of his proclaimed heirs hesitate to do the same thing". Thank you.

KNAPIC-KRHEN (Yugoslawien)

Ich möchte mich nur dem Kollegen Klopčič und seinem Referat mit einer kleinen Bemerkung anschließen. Es handelt sich nämlich um ein praktisches Beispiel, wie die „geschichtslosen" Völker zu der Zeit eigentlich auch von verschiedenen Sozialdemokratien behandelt wurden oder was für Stellungnahme man praktisch zu ihnen genommen hat. Anläßlich des Volksaufstandes in Bosnien und Herzegowina 1875 sandte ein ständiger Berichterstatter der Zeitung „Volkstaat" Wilhelm Liebknecht einige Artikel über die sozialen Gründe des Aufstandes in Bosnien und Herzegowina. Liebknecht wies diese Artikel ab mit der Bemerkung, daß es sich um einen Rebellenaufstand handelt. Die österreichische „Gleichheit", die zu der Zeit in Wiener Neustadt erschien, veröffentlichte all die Artikel als Leitartikel auf der Titelseite des Blattes, ohne sie zu kürzen, und nahm sonst auch eine positive Einstellung zu dem Befreiungskampf in Bosnien. Der erste Artikel wurde mit dem Titel „Der Befreiungskampf der Rajahs am Balkan" veröffentlicht. Auch später nahm die österreichische Sozialdemokratie eine klare Stellung zu den Ereignissen am Balkan, besonders zur Zeit der Berliner Konferenz, des Krimkrieges und der Okkupation von Bosnien und Herzegowina. Darüber können Sie mehr beim Kollegen Steiner in seiner Geschichte der Arbeiterbewegung finden. Danke.

SIPOS (Ungarn)

Ab 1948 wurde in Ungarn die Hegemonie des Marxismus auch in der Geschichtsschreibung gesichert. Gewiß wäre die Beweisführung für die Überlegenheit des Marxismus noch wirksamer gewesen, wenn sich die Verdrängung der Prinzipien und Methoden der bürgerlichen Geschichtsschreibung nicht mit administrativen Mitteln, sondern in prinzipiellen Diskussionen vollzogen hätte und die Ablehnung der bürgerlichen Anschauung sich nicht in einer Brandmarkung durch Attribute wie feudalklerikal oder imperialistisch-kosmopolitisch erschöpft hätte. Freilich existierte die marxistische Geschichtsschreibung nicht isoliert, sondern in einem politisch-gesellschaftlichen Milieu, dessen geistiges Leben seit der zweiten Hälfte von 1949 von Dogmatismus, von linksgerichtetem

Sektierertum beherrscht war. In der Folge bedeutete der Marxismus während mehrerer Jahre keine Anschauung, sondern er wurde mit dem obligatorischen Zitieren der Klassiker bzw. dann mehr und mehr Stalins identisch. Sogar die Äußerungen der Leiter der kommunistischen Partei über einige historische Persönlichkeiten und Ereignisse mußten als ständig zu zitierende Richtungsweisungen betrachtet werden. Diese Auffassung kommt noch prägnanter in der Behauptung zum Ausdruck, daß die Leiter der Partei, ich zitiere, „durch ihre richtungsweisenden Äußerungen und Bemerkungen die entscheidenden Wendungen der ungarischen Geschichte beleuchtet haben". Die Beziehung zwischen der Theorie und dem historischen Material verzerrte sich. Die Theorie diente nicht der Durchleuchtung, der Deutung der aufgrund der Quellen freigelegten Fakten, sondern die Aufgabe der Historiker bestand im Nachweis solcher Fakten. Aber die Aufgabe der Geschichtsschreibung bestand nicht nur in der Bestätigung der prinzipiellen Konstruktionen, sondern auch im unmittelbaren Dienst an der Tagespolitik, in der direkten Apologetik und im Historisieren. In der Formulierung einer der leitenden ideologischen Persönlichkeiten: „Die historischen Fragen müssen immer vom politischen Standpunkt der Partei, vom Standpunkt ihrer Aufgaben her aufgeworfen und gestellt werden." Der Anspruch der Unterordnung unter tagespolitische Interessen kam schon fast absurd zum Ausdruck in einem Diskussionsbeitrag, wonach es zur Zeit des verschärften Dorfklassenkampfes, besonders vor Universitätsstudenten bäuerlicher Abstammung, nicht begründet sei, über die positive Rolle des Reichbauerntums in der Entfaltung der kapitalistischen Warenproduktion zu sprechen, weil dies die Kulaken in ein vorteilhaftes Licht stellen könnte. Die Geschichtsschreibung wurde in ihrer Themenwahl ebenso wie in der Bearbeitung der einzelnen Fragen durch all diese Verzerrungen auf eine Zwangbahn gelenkt. Als Folge der teleologischen Auffassung der Bedeutung der Geschichte konzentrierte sich die Forschung auf die Untersuchung solcher Themen, die zur Rechtfertigung der Wirtschaftspolitik, die die in außerordentlich raschem Tempo durchgeführte Industrialisierung als zentrales Ziel betrachtete, geeignet schienen. Der Apologetik des Voluntarismus diente aber jene Theorie, die die Freilegung des objektiven Verlaufes der Wirtschaftsentwicklung als Ökonomismus bezeichnete. Eine Wissenschaftspolitik solcher Anschauung sicherte das unveränderte Primat der Politikgeschichte, die Vernachlässigung der Wirtschafts- und Gesellschaftsgeschichte. In der Politikgeschichte standen die gegen die Habsburger geführten Unabhängigkeitskämpfe im Vordergrund. Die Ursache dessen war die Ansicht, daß es in absehbarer Zeit zu einem neuen Weltkrieg kommen könne und die Traditionen der Unabhängigkeitskämpfe im Kampf gegen die Imperialisten als Kraftquelle und Lehre dienen können. Das alles weist zugleich auf die einflächige Auslegung der bewußtseinsformenden Rolle der Geschichte hin, wonach die Geschichte eine zusammenhängende Menge von Beispielen und Analogien sei, aus der man die vom Standpunkt der Volkserziehung her als positiv bezeichneten Traditionen herauspicken kann und die retrograden Momente der Geschichte in den Schleier der Vergangenheit hüllen. Die Zielsetzung, welche die wirklichkeitstreue Rekonstruktion der Lage und der Bewegungen der werktätigen Klassen als eine wichtige Aufgabe der Geschichtsschreibung bezeichnet hat, realisierte sich auf eine ungleiche Weise. Die Analyse der Lebensverhältnisse der Arbeiterschaft und des Bauerntums wurde aber durch solche, bis auf den heutigen Tag lebendige Stereotypien ersetzt, daß ihre Lage sich fortwährend verschlechterte, die Ausbeutung stets zunahm. Die Schilderung der Entwicklung des revolutionären Flügels der Arbeiterbewegung wurde dadurch gehemmt, daß viele seiner Führer den konzeptionellen Prozessen zum Opfer fielen. Die Gestaltung des historischen Bildes der sozialdemokratischen Partei und der Gewerkschaftsbewegung wurde wiederum durch die bekannte Theorie des Sozialfaschismus verhindert. So wie die in der Geschichtsschreibung beobachtbaren Probleme mit den Verzerrungen der Politik der kommunistischen Partei in engem Zusammenhang standen, förderte ebenso der seit 1953 sich entfaltende, zur Überwindung des Personenkults und des Dogmatismus führende politische Vorgang die Erneuerung der marxistischen Geschichtsschreibung. Das Innenleben der Geschichtswissenschaft wurde von 1953 bis zum Anfang der Sechzigerjahre in erster Linie durch die Diskussionen gekennzeichnet. Die Historiker wandten sich aber desto entschiedener gegen die Anforderung und Praxis der vulgären, schematischen Anwendung des Marxismus. Es klärte sich stufenweise, daß die marxistische Geschichtsanschauung und die im strengsten Sinne genommenen Facherfordernisse in der Quellenerschließung, der Quellenkritik und der Rekonstruktion der Vergangenheit sich gegenseitig bedingen und gemeinsam die wahrheitsgemäße Bearbeitung der ungarischen Geschichte ergeben können. In den letzten zwei Jahrzehnten hat die ungarische Geschichtswissenschaft bedeutende, dauerhafte und auch international anerkannte Erfolge erzielt. Die folgenden Hauptzüge kennzeichnen in unseren Tagen das historische Denken:

— die einheitliche Betrachtung der wirtschaftlichen, gesellschaftlichen, politischen, geistigen Erscheinungen, die komplexe Erschließung ihrer wechselseitigen Wirkungsmechanismen;

— der Drang nach der Erkenntnis der sich in die Länge ziehenden Vorgänge;

— die Interdisziplinarität, besonders die Anwendung der Gesichtspunkte der Soziologie;

— die europäische und die regionale Betrachtungsweise, von der die Art der Konzeptionen der bürgerlichen Geschichtsschreibung, betreffend auch die nationale Frage, abgelehnt wird;

— die Anerkennung, daß die marxistische Geschichtsschreibung in den verschiedenen Problemkreisen auch mehrerlei Standpunkte herausbilden kann;

— das Fehlen jeglichen schiedsgerichtlichen Forums, offiziellen ärarischen Standpunktes in Fachfragen;

— der Drang nach der Bearbeitung der früher als Tabu betrachteten Problemkreise. Danke.

DEPPE (BRD)

Liebe Kolleginnen und Kollegen, ich bin einerseits beeindruckt von der Fülle der Probleme, die das Thema Marxismus und Geschichtswissenschaft uns vermittelt, auf der anderen Seite bin ich ein wenig verwirrt darüber, daß wir bei einer Tagung von Historikern der Arbeiterbewegung so wenig über das Thema Marxismus und Geschichte der Arbeiterbewegung sprechen, daß doch sehr stark die Fragen der Weltgeschichte, der Formationstheorie in den Mittelpunkt gerückt sind, die natürlich ein sozusagen konstitutives Element der materialistischen Gechichtsauffassung bilden, daß wir aber in dieser Konferenz doch wenig darüber diskutiert haben, was wir für Probleme der Historiographie der Arbeiterbewegung, so wie sie auch in den letzten Jahren vielleicht diskutiert worden sind, von Marx, von der Entwicklung des Marxismus lernen können. Ein Problem, das sich etwa — ich will das hier natürlich nur andeuten — in der Spannung von formationstheoretischer Diskussion und konkret historischer Analyse auch in der marxistischen Diskussion immer wieder gestellt hat, das etwa, wenn ich es recht sehe, in der Diskussion dann zwischen Anderson und Thompson aufgetreten ist, also formationstheoretischer Bezug, Formationsanalyse, Klasse-Staat, Klassenbewegung als der eine Ansatz einer auch über die bürgerliche Gesellschaft hinausgreifenden historischen Betrachtung, auf der anderen Seite die Konzeption, die Klasse auch als empirischen Gegenstand eines konkreten Systems sozialer und kultureller Beziehungen zu betrachten und zu analysieren. Ich glaube schon, daß das Probleme sind, die uns auch in der Zukunft immer wieder beschäftigen werden, zumal wir offensichtlich davon ausgehen müssen, daß Marx und Engels keine eigene Geschichte der Arbeiterbewegung, sei es der internationalen, sei es einer nationalen Arbeiterbewegung, geschrieben haben. Es wäre ganz interessant zu diskutieren, welche Bedeutung das Stufen- oder Etappenmodell der Entwicklung der Arbeiterbewegung für die marxistische Historiographie hat, das Engels zum ersten Mal in dem bekannten Kapitel „Arbeiterbewegung" in der „Lage der arbeitenden Klasse in England" entwickelt, das im Manifest ja wieder auftaucht: die Entwicklung, sagen wir von dem individuellen verzweifelten Protest über die gewerkschaftliche Organisation bis hin zur politischen Organisation. Ich will einige Probleme skizzieren, von denen ich mir allerdings, als ich das Papier schrieb, vorgestellt habe, daß sie in einem breiteren Diskussionskontext über Probleme der Geschichtsschreibung der Arbeiterbewegung stehen. Deswegen kann eine gewisse einseitige Akzentuierung von Problemen in meinem Papier vielleicht auch ganz anregend wirken. Ich gehe davon aus, daß eine marxistische Geschichtsschreibung der Arbeiterbewegung sich stets sozusagen des Kontexts a) einer formationstheoretischen Bestimmung des historischen Charakters der kapitalistischen Produktionsweise zu vergewissern hat, b) im Zusammenhang mit der Parteinahme von Wissenschaft für die Arbeiterbewegung zu stehen hat. Ich will diese beiden Punkte nicht weiter ausführen. Die interessante Frage ist allerdings: Wo finden wir im Werk von Marx und Engels selbst Hinweise, jetzt auch für den Historiker oder die historische Forschung, die uns vor der Verflachung oder Dogmatisierung des Marxismus schützen können, die auch die historische Forschung weiterbringen können? Viele Bemerkungen, vor allem aus dem Engelsschen Alterswerk, in diese Richtung sind bekannt, ich habe sie zum Teil ganz kurz angeführt. Ich glaube, daß Marx uns einerseits in einer sehr bekannten Passage aus dem dritten Band des „Kapital", wo er zunächst einmal sozusagen das Geheimnis der Formation benennt, den Zusammenhang von Basis und Überbau, gleichzeitig ein ganz umfassendes, umfangreiches Arbeitsprogramm für die Geschichts- und sozialwissenschaftliche Forschung skizziert, indem er sagt, dies hindert nicht, daß dieselbe ökonomische Basis durch zahllose verschiedene Umstände, Naturbedingungen usw. eine Erscheinung zeigen kann, die nur durch Analyse dieser empirisch gegebenen Umstände zu begreifen ist. Zweitens sollte in diese Orientierung aufgenommen werden der oft erneuerte Hinweis des alten Engels auf die Wechselwirkung der verschiedenen Basis- und Überbauelemente und auf die historische Wirksamkeit auch der politisch-rechtlichen Strukturen und Formen. Dann scheint es mir drittens ganz interessant zu sein, den Hinweis auch historisch zu verfolgen, den Engels in einem Brief an Lafargue gibt, in dem er die lebendige Theorie der Aktion unterscheidet vom Dogmatismus der Sekte. Ich glaube, daß hier ein Programm der kritischen Assimilation der Theorie gerade auch für die historische Forschung formuliert wird, das sich ja im übrigen in der Geschichte der Arbeiterbewegung und den theoretischen Diskussionen in der Arbeiterbewegung auch immer wieder konkretisiert hat. Der sowjetische Kollege hat das heute am Beispiel der Auseinandersetzung Lenin-Plechanow verdeutlicht. Weiterentwicklung des Marxismus als kritische Assimilation der Theorie, die auch erfolgt sozusagen gegen die herrschende Orthodoxie, die hier auch in verschiedenen Beiträgen heute und gestern vielfach angesprochen worden ist. Der Punkt, daß etwa eine solche Erneuerung in einem sehr frühen Stadium bei Gramsci sich ausdrückt in der Formulierung eines Aufsatzes zur

Charakterisierung der bolschewistischen Revolution als einer Revolution gegen das „Kapital", „Kapital" als das Werk von Marx hier, also eine Polemik bei Gramsci auch gegen den offiziellen Marxismus der Zweiten Internationale, gegen dessen Umdeutung in, wie Gramsci später sagt, einen vulgären Evolutionismus. Mir scheint, daß für die historische Forschung auch in der Gegenwart einige Aspekte der marxistischen Diskussion, vor allem im Bereich der politischen Theorie des Marxismus, fruchtbar gemacht werden können, gerade in der gegenwärtigen Entwicklung intellektueller Strömungen des Marxismus in den westlichen Ländern, die ja sehr stark die Krise des Marxismus diskutieren unter dem Gesichtspunkt einer Kritik des klassischen Marxismus als ökonomistisch, deterministisch, klassenreduktionistisch, wie das zum Teil genannt wird. Ich glaube, das wäre ein eigenes Thema zu fragen, inwiefern das jetzt auch noch in der Tradition einer bestimmten Richtung des philosophischen Marxismus der alten Schule steht — diese Diskussion jetzt über die Krise des Marxismus. Ich will damit sagen, daß in dieser Diskussion gerade die Historiker nicht nur von dieser Diskussion einiges lernen können, sondern auch eine wichtige Aufgabe der Korrektur von bestimmten Vorstellungen oder bestimmten Elementen der Kritik am Marxismus als ökonomistisch und klassenreduktionistisch übernehmen können und, wie ich meine, übernehmen müssen. Ich will dabei drei Aspekte nennen und das wegen der Zeit ganz kurz halten: Der erste Punkt betrifft die Frage oder den Problembereich, daß die Politik und damit auch sozusagen der zentrale Bereich der Politik aus marxistischer Sicht, die Auseinandersetzung von Klassen um die politische Macht, daß dieses Feld der Politik keine passive und mechanische Widerspiegelung der jeweiligen ökonomischen Verhältnisse ist. Hier ergeben sich eine ganze Reihe von methodologischen, theoretischen und dann auch historisch neuen Fragestellungen, z. B. die Frage nach Vergesellschaftungsprozessen, die ihrerseits sozusagen ökonomische Basis- und Klasseninteressen in einer ganz bestimmten Weise filtern, brechen, modifizieren. Eine weitere interessante Fragestellung, die auch für die aus der komparativen Revolutionsforschung zum Teil schon sehr intensiv behandelt worden ist, das Verhältnis von ökonomischen und politischen Krisenprozessen, also die Analyse der politischen Krise, die erfordert, daß der Block an der Macht analysiert wird, die Bedeutung von ideologischen Prozessen für innere Differenzierungen in solchen politischen Blockbildungen, usw. Zweitens wäre in diesem Sinne zu berücksichtigen, daß politische Ideologien, Strategien, Klassenauseinandersetzungen niemals Klasseninteressen in reiner Form widerspiegeln. Hier, in diesem Zusammenhang sind innere Strukturdifferenzierungen in den Klassen, vor allem in der Arbeiterklasse, Fraktionierungsprozesse zu berücksichtigen. Es wäre zu untersuchen, inwiefern die Politik selbst das Feld der Herausarbeitung von Synthetisierungsprozessen gemeinsamer Interessen darstellt, um auf diese Weise zur Betrachtung jener Bündniskonstellationen zu gelangen, in denen die unterdrückte Klasse oder die Arbeiterklasse dann jeweils steht und auch agiert. Und drittens scheint es mir wichtig zu sein, daß doch genauer ausgearbeitet werden kann, in welcher Weise in jeder Periode eine spezifische Verknüpfung ökonomischer und politischer Strukturen sich realisiert, und diese Verknüpfung selbst wiederum in dem Problem der Hegemonie sich konkretisiert, wobei ich meine, daß es eine interessante Aufgabe für die historische Forschung darstellt. Der eine Kollege hat ja heute über die langen Zyklen, die langen Wellen gesprochen aus der Sicht der marxistischen Krisentheorie. Ich fände es eine interessante und fruchtbare Aufgabe, einmal der Frage nachzugehen, inwieweit man, und zwar nicht in Übereinstimmung, aber in einer charakteristischen, mit dem Problem der Hegemonie verknüpften Verschiebung, hier das Problem der Kampfzyklen der Arbeiterbewegung und ihrer jeweiligen Determinanten nicht auch in den Mittelpunkt der historischen Forschung und Diskussion der Arbeiterbewegung zu stellen hätte. Das wäre, wie mir scheint, ein Programm auch für die Diskussion der marxistischen Historiographie der Arbeiterbewegung. Ich will allerdings zum Schluß noch einmal betonen und lege Wert auf die Feststellung, daß dieses Programm nicht in die Richtung geht, die Forschung in die sozialwissenschaftliche Empirie aufzulösen, sondern daß dieses Programm nur realisiert werden kann im Kontext, wie ich sagte, einer formationstheoretischen Fundierung und in jener Theorie-Praxis-Konstellation, wie sie für Marx und Engels selbstverständlich war.

KAISER (Österreich)

Ich möchte nur einige Bemerkungen machen zu dem Begriff oder vielmehr Schlagwort des Eurozentrismus, das da wiederholt aufgetaucht ist, erstens im Hinblick auf das Verhältnis von orientalischer Welt bei Hegel und asiatischer Produktionsweise bei Marx, und zweitens ganz kurz in methodologischer Hinsicht. Ich glaube, das ist auch deshalb notwendig, weil dieses Wort vom Eurozentrismus ein dermaßen verwaschener Begriff ist, daß er in der Tat ein Einfallstor für bestimmte irrationalistische Deutungen und Marxüberwindungen darstellt, wo man sich eben darauf beruft, daß Marx eigentlich in der Tradition der christlich-abendländischen Vernunft stehe und diese Vernunft selbst zutiefst infiziert ist vom Geist kapitalistischer Rationalität, der z. B. bei der Deutung des industriellen Fortschritts durch Marx auch dort, wo er ihn antagonistisch sieht, zum Vorschein komme. Woraus dann geschlossen wird, daß es eben heute einer prinzipiell anderen Vernunft bzw. gar keiner Vernunft bedürfe, um vom Fleck zu kommen. Die asiatische Produktionsweise bei Marx ist meiner Ansicht nach keineswegs aufzufassen als eine bloß ins Ökonomische transferierte orientalische Welt Hegels. Das kann man ganz grob und einfach aufzeigen von dem her, daß die orientalische Welt Hegels von ganz anderen Gesichtspunkten her entworfen worden ist, wie es die asiatische Produktionsweise bei Marx ist. Was aber stimmt, ist, daß natürlich ein bestimmtes gemeinsames Problem für beide besteht. Erstens ist der leitende Gesichtspunkt für Hegel das Problem der Subjektivität. Für ihn ist die Weltgeschichte ein Fortschritt im Bewußtsein der Vernunft, ein Fortschritt der freien Subjektivität des Menschen. Die Quasi-Naturwüchsigkeit des chinesischen Gesellschaftssystems entspringt für Hegel daraus, daß im chinesischen Reich die Sittlichkeit mit dem prosaischen Zusammenhang der praktischen Lebensverhältnisse zusammenfällt und sich daher keine Differenz zwischen Subjekt und Objekt im Individuum ergeben kann, daß es zu keiner Subjektivität kommen kann außer im Sinne des einen freien Subjekts, das über dieser ganzen quasi-naturwüchsigen Ordnung steht.

Das Einzelindividuum ist eingespannt in die Kette der prosaischen Notwendigkeit, ohne aber darin Glück oder Unglück im Grunde zu empfinden. Es geht darin unter. Es kommt zu keiner Selbstreflexion. So könnte man die Geschichtsphilosophie Hegels in den verschiedenen Stationen der Subjektivität heraufziehen. Bei den Indern ist es ja schon der Geist, der sich verworren in den Dingen sucht, usw. Der zweite Gesichtspunkt, der bei Hegel ganz anders ist als bei Marx, ist der, daß Hegel ja ausgeht davon, daß die bürgerliche Gesellschaft der letzte, endgültige Zustand der Gesellschaft ist, auf den die ganze Weltgeschichte als eine Vorgeschichte hinläuft. Hier sind also von vornherein auch China, Indien, Persien als das untergegangene Reich, einbezogen in die Vorgeschichte der Gegenwart, was bei Marx nicht der Fall ist. Bei Marx ist die geschichtliche Perspektive, aus der er sich mit der asiatischen Produktionsweise befaßt, eben die, daß die bürgerliche Gesellschaft eine durch die kapitalistische Produktionsweise sich selbst überschreitende ist, die keineswegs noch die Verwirklichung des wahren Menschheitszustandes und einer Menscheinheit des Menschengeschlechtes bedeutet, sondern vielmehr noch der Vorgeschichte, der Entstehungsgeschichte des Menschen angehört. Für Marx ist daher auch nicht das Problem, daß er hier die Subjektivität, eine Geschichte der Subjektivität zu schreiben versucht in der asiatischen Produktionsweise, sondern für ihn ist das Problem, wieso es in diesen asiatischen Ländern bei doch relativ fortgeschrittenem Handwerk und Gewerbe, das ja teilweise durchaus dem europäischen des 17. Jahrhunderts noch gleichwertig war, und bei sehr tiefen, zerreißenden Widersprüchen trotzdem zu einer sehr stagnanten, sehr langsamen, allmählichen Entwicklung kommt, wo hier eben auf der einen Seite das in sich abgeschlossene Gemeinwesen des Dorfes existiert und auf der anderen Seite die Stürme in den politischen Wolkenregionen. Das Problem, das er hier zu lösen unternimmt, ist eben, wie, warum es hier nicht zu einer ähnlich dynamischen Entwicklung wie in Europa kommt. Das, was da mit Hegel gemeinsam ist sozusagen und was sozusagen den Schein des Eurozentrismus gemeinsam ausmacht, ist eben die historische Schranke, der Marx selbst unterliegt. Man kann diese historische Schranke etwa so ausdrücken, daß erst, seitdem die Völker Asiens und Afrikas selbst für ihre Befreiung zu kämpfen, gegen den Imperialismus zu rebellieren begonnen haben, wir begonnen haben, überhaupt ein Verständnis ihrer Geschichte zu bekommen, während sie sich davor stets als ungeschichtliche Völker darstellen mußten. Das war die Vermutung einer Geschichtlichkeit, war quasi eine abstrakte Vermutung. Der zweite Punkt, die methodische Frage eines Eurozentrismus. Es ist natürlich klar, daß Marx in Europa gelebt hat, in einer bestimmten Zeit, und wie Hegel sagte, ist hier ohnehin jeder das Kind seiner Zeit, womit aber Hegel keineswegs gemeint hat, daß jemand reduziert werden kann auf seine Zeit im Sinne von Zeitbedingtheiten. Denn umgekehrt hat er ja auch formuliert, daß die Philosophie ihre Zeit in Gedanken gefaßt sei. Was damit gemeint ist, ist eigentlich etwas in einem gewissen Sinn ganz Selbstverständliches. Es würde z. B. kein Naturwissenschaftler darauf verfallen zu sagen, daß die Bedingungen, die einen bestimmten Prozeß einleiten, nur Schranken dieses Prozesses und nicht auch die Ermöglichungen dieses Prozesses seien. In der Gesellschaftswissenschaft stoßen wir wiederholt auf diese Erscheinung, daß man die Bedingungen, also die Bedingtheit einer Erkenntnis, bloß als das Negativum der Erkenntnis faßt, keineswegs aber zugleich als das, was diese Erkenntnis ermöglicht in Einem und ihren spezifischen Charakter letzten Endes trägt. Was hier in Wirklichkeit dann unterliegt ist eine Forderung abstrakt-wahrer Erkenntnis, ein Erkenntnisideal, das mit dem konkreten historischen Prozeß der Entwicklung der menschlichen Erkenntnis und Wissenschaft wenig zu tun hat. Wenn man den europäischen Standpunkt von Marx aus dem Gesichtspunkt eines syrischen oder indischen oder chinesischen Marxisten sehen würde, würde sich die Sache überraschend anders darstellen, nämlich so, daß dieser syrische, indische oder chinesische Marxist sagen würde: Dieser Marx hat in Europa zu einer Zeit gelebt, in der der Kapitalismus sich zwar schon voll durchgesetzt hat, in der er aber noch nicht zur festen Gewohnheit geworden ist, wo er selbst noch als Revolutionär und umwälzend aufgetreten ist, wo er Züge des besonderen Neuen gegen das allgemeine Alte, Gewohnte gehabt hat und damit auch noch erkennbar gewesen ist. Er hat sich an einem Standort historisch und geographisch befunden, der es ihm besonders leicht machte und der günstig war, bestimmte Erkenntnisse zu gewinnen. Dieser Standort konnte natürlich außerhalb Europas für die kapitalistische Entwicklung nicht bestehen. Jetzt kommt da zu der methodischen Frage des Eurozentrismus noch die etwas schwierigere Frage des, man könnte es nennen, des Problems der reellen und indellen Universalität des Marxismus. Es gibt da Leute, die sagen, der Marx ist eurozentrisch, andererseits sagen wir aber, die Methode des Marx ist im Grunde universell. Da kommt jetzt das Problem, das der Schweizer Kollege Bondeli da aufgeworfen hat, daß eine Methode immer auch ein inhaltliches Problem ist und daß es eine abstrakte Methode im Sinne einer kantianischen Vernünftigkeit im Marxismus wahrscheinlich nicht gibt und daß auch hier wenig expliziert worden ist, was man da unter Methode des Näheren verstünde. Wenn man aber davon ausgeht, daß Methode an bestimmte inhaltliche Errungenschaften gebunden ist und daß eine Methode der Gesellschaftserkenntnis selbst nicht einfach zu jeder Zeit und an jedem Ort entwickelt werden kann, sondern selbst bestimmte gesellschaftliche Voraussetzungen und Veränderungen, bestimmte Denktraditionen hat, dann ist die Frage der Universalität der Methode natürlich auch die Frage der Universalität der Anwendbarkeit der Marxschen Theorien. Es wird die Behauptung des Eurozentrismus von Marx kontroversiell zu der Behauptung der Universalität seiner Methode. Um das noch kurz auszudrücken: Wenn die marxistische Geschichtsauffassung, wenn die dialektische und nicht die materialistische Geschichtsauffassung, der Terminus ist im wesentlichen erst von Franz Mehring propagiert worden, nicht universell, nämlich im realen und materialen Sinn des Wortes anwendbar ist, sondern nur für die europäische Geschichte selbst, dann ist natürlich auch die Universalität der Methode nicht gewährleistet. Deswegen ist auch hier die Auffassung, daß die marxistische Lehre prinzipiell nicht anwendbar sein kann auf die Gesellschaftsentwicklung der Länder der Dritten Welt. [Wegen Bandwechsels Schluß nicht rekonstruierbar]

RAZAFISON (Madagaskar)

[Aufgrund schlechter Bandqualität nicht rekonstruierbar]

HEITZER (DDR)

Es gab gestern einen kleinen Disput über das Thema Marx und die Zeitgeschichte. Ich möchte daran anknüpfen, weil ich ebenso wie Frank Deppe doch auch etwas verwundert bin, daß das Thema Marx und die Zeitgeschichte kaum erörtert wird, denn die weitaus meisten der besprochenen historischen Arbeiten von Marx sind Fragen der Zeitgeschichte gewidmet. Vor allem die drei klassischen: „Die Klassenkämpfe in Frankreich", „Der achtzehnte Brumaire des Louis Bonaparte", „Der Bürgerkrieg in Frankreich", aber auch ein erheblicher Teil der Arbeiten von Friedrich Engels waren zur Revolution des Jahres 1848. Kollege Hobsbawm ist der Meinung, daß, ich erinnere daran, man die zeitgeschichtlichen Arbeiten von den eigentlichen historischen Arbeiten von Marx und Engels absetzen müßte, die gehören nicht dazu, wenn ich es recht verstanden habe, und überhaupt Publikationen zur allerneuesten Geschichte, ich nenne es einmal so, nicht zur eigentlichen Geschichtsschreibung gehören. Die haben allerdings den Unterschied nicht definiert, nur gesagt, daß das etwas anderes sei, aber worin das andere besteht, ist nicht gesagt worden. Was nun Marx und Engels betrifft, so haben sie sich zweimal, meines Wissens, grundsätzlich zur Erforschung der Zeitgeschichte geäußert. Das eine Mal gemeinsam in der „Deutschen Ideologie", wo sie darlegten, daß die Erforschung der Zeitgeschichte in zwei Stadien vor sich gehen müsse. Als erstes das analytische Stadium und das der Erklärung, und als zweites das synthetische Stadium, verbunden mit der Beschreibung und umfassenderen Erklärung. Das ist ein Herangehen, das für das Herangehen an die gesamte Geschichte kennzeichnend ist und nicht nur für Fragen der Zeitgeschichte. Zweitens hat sich Engels geäußert, und zwar in seiner berühmten Einleitung zu den „Klassenkämpfen in Frankreich" von 1895, wo er drei Voraussetzungen wissenschaftlicher Zeitgeschichte nannte: 1. Die möglichst vollständige Sammlung und Verwertung des Faktenmaterials, 2. die Anwendung der dialektisch-materialistischen Theorie und Methode, 3. die Analyse der grundlegenden ökonomischen Prozesse.

Wenn ich mir diese Voraussetzungen anschaue, so sind das Voraussetzungen jeder Geschichtsschreibung, worin sich die Zeitgeschichte also nicht unterscheidet von der Erforschung und Darstellung weiter zurückliegender Perioden. Wie ich überhaupt der Meinung bin, daß Marx und Engels zwar bestimmte Spezifika der Erforschung und Darstellung der Zeitgeschichte sahen, aber keine prinzipiellen Unterschiede zur Erforschung zurückliegender Perioden machten. Graduelle Unterschiede haben sie gesehen vor allem in zwei Richtungen: Einmal, was das Faktenmaterial betrifft. Es liegt auf der Hand, daß da Archive noch nicht zugänglich sind, wesentliche Quellen dem Historiker zunächst fehlen. Und zweitens hat Engels in der Einleitung zu den „Klassenkämpfen" darauf aufmerksam gemacht, daß ökonomische Prozesse in der Regel langfristiger verlaufen, als der Forschungsgegenstand umfaßt, so daß hier die Möglichkeit von Irrtümern gegeben ist. Sicher ist das auch geschrieben unter dem unmittelbaren Eindruck der Fehleinschätzung einer möglichen erneuten Wirtschaftskrise und eines aus ihr resultierenden revolutionären Aufschwungs nach der 48er Revolution. Die „Klassenkämpfe in Frankreich" basieren noch auf dieser Einschätzung, während im „Brumaire" diese Auffassung schon korrigiert ist, Marx schon ausgeht davon, daß zunächst eine Zeit des wirtschaftlichen Aufschwungs des Kapitalismus kommt. Auf jeden Fall liegt in der Einschätzung der ökonomischen Prozesse, das bestätigen auch spätere Erfahrungen, die größte Irrtumsquelle, da diese nur auf längere Sicht einzuschätzen sind. Trotz dieser möglichen Irrtumsquellen glaube ich doch sagen zu können, daß nicht nur das Herangehen, die Methode, von Marx und Engels an zeitgeschichtliche Prozesse, sondern auch wesentliche Erkenntnise von bleibendem Wert sind und auch von der späteren Geschichtsforschung bestätigt wurden. Bei uns wurden einige Fallstudien angefertigt, z. B. über die Klassenkämpfe in Frankreich, wo festgestellt wurde, daß z. B. in so wesentlichen Fragen wie in der Einschätzung der französischen Finanzaristokratie, der Lage und Rolle der Bauern in der französischen Revolution von 1848/49 oder der Rolle der Juniinsurrektion auch spätere Forschungen im Grunde zu den gleichen Ergebnissen gekommen sind, wie sie Marx unter dem unmittelbaren Einfluß der Zeitereignisse niedergeschrieben hat. Ich meine, daß allein diese Tatsache wohl doch verbietet, von einem prinzipiellen Unterschied zwischen zeitgeschichtlichen und anderen historischen Arbeiten bei Marx und Engels zu sprechen. Einen weiteren wichtigen Aspekt hat Wolfgang Küttler schon genannt. Ich kann ihn nur kurz wiederholen. In zeitgeschichtlichen Arbeiten beschränkten sich Marx und Engels keineswegs nur auf unmittelbar verlaufende Ereignisse, sondern nahmen in der Regel mehr oder weniger umfassende historische Rückblicke vor. Im „Brumaire", den „Klassenkämpfen" wird z. B. der ganze Zyklus der französischen bürgerlichen Revolution seit 1789 untersucht, und die Erkenntnisse, die Marx hier vorlegt, werden auch von der modernen vergleichenden Revolutionsforschung bestätigt. Natürlich waren diese Ergebnisse vor allem möglich durch die meisterhafte Anwendung der dialektisch-materialistischen Theorie. Das äußerte sich in den zeitgeschichtlichen Analysen von Marx wie auch von Engels vor allem in der außerordentlichen Konkretheit der Analyse, besonders der Klassenanalyse, mit der sie in der Regel alle ihre historischen Arbeiten begannen. Das äußerte sich in der heute als komplexes Herangehen bezeichneten Erfassung aller relevanten Bereiche des gesellschaftlichen Lebens, der Wechselbeziehung zwischen Ökonomie, Politik, Ideologie und Kultur, bis zu Fragen des Informationssystems, der Statistik, der Geographie, selbst der Genealogie und selbst des Heranziehens zum Teil der Skandalchronik, um bestimmte Situationen in den Monarchien zu kennzeichnen. Das äußert sich im Bloßlegen der bestimmenden gesellschaftlichen Konflikte und in der subtilen Analyse der politischen, ideologischen und anderen Formen, in denen sie ausgetragen wurden, insbesondere in der außerordentlich gründlichen und weitgehenden Differenzierung der politischen Kräfte, der treffenden Kennzeichnung der agierenden Personen bis zur Aufdeckung der Wechselwirkung zwischen den persönlichen Eigenschaften einzelner Politiker und der von ihnen betriebenen Politik. Wobei ich hier nur erinnere an die brillanten, bis heute kaum übertroffenen Einschätzungen Friedrich Wilhelm IV. von Preußen, des dritten Napoleon, Thiers' oder auch Bismarcks. Und nicht zuletzt gehört zu diesen Charakteristika die großartige Beherrschung der sprachlich-stilistischen Gestaltungsmittel, die die klassischen zeitgeschichtlichen Arbeiten von Marx, vor allem den „Brumaire“, in den Rang von literarischen Kunstwerken erhebt. Es war, um das zu resümieren, pralle lebensvolle Geschichte, die Marx schrieb, das waren keine politologischen oder soziologischen Analysen, die gingen dem vielleicht voraus, aber was er schrieb, war Geschichte, das war keine Reduktion der Vielfalt des Geschehens auf abstrakte Faktoren oder Stru kturen, keine ihm später immer wieder unterstellte monokausale Betrachtungsweise, keine Geschichtsdarstellung im Sinne eines ökonomischen Automatismus. Auf diese Weise, glaube ich, ist es Marx gelungen, überhaupt eine wissenschaftliche Zeitgeschichtsschreibung zu begründen. Seine zeitgeschichtlichen Werke sind Modelle hinsichtlich des Herangehens an Prozesse der unmittelbaren Vergangenheit. Das wird auch nicht dadurch geschmälert, daß Marx wie auch Engels Irrtümer unterliefen. Es ist nun einmal das Risiko aller Zeitgeschichtsschreibung, an späteren besseren Einsichten gemessen zu werden, vor allem nicht realisierter Voraussagen wegen schnell als überholt zu erscheinen. Doch meist unterschätzt der moderne Leser und urteilende Historiker die Tragweite der speziellen Fragen, die der Zeithistoriker stellt, der spezifischen Probleme, die er zu lösen unternahm, und in deren Rahmen er, und Marx vor allem, als Historiker Bedeutendes leistete. Natürlich läßt man allgemein als Entschuldigungsgrund gelten, daß die wirklich wichtigen Quellen nicht so reichlich flossen wie die Zeitungsinformationen, die in der Regel zur Verfügung standen, und zu deren Kontrolle ein Blick in private und staatliche Archive unerläßlich gewesen wäre. Nur selten aber wird in Betracht gezogen, daß der Zeithistoriker der Vorgänger und Bahnbrecher aller späteren Historiker ist und daß er auf einem notwendig geringeren Wissen aufbaut, auf anderen theoretischen Voraussetzungen. Letztere, diese theoretischen Voraussetzungen, das möchte ich abschließend sagen, sind bei der Erklärung, bei der Interpretation und Prognose seine Stärke. Ich unterstütze, daß Bedingtheit nicht nur etwas Negatives ist, weil und wenn Erklärung, Interpretation und Prognose auf der Höhe der Zeit sind und zugleich auch seine Schwäche, weil sie nur auf der Höhe der Zeit historisch begrenzt sind. Danke.

SKRZYPCZAK (BRD)

Meine Damen und Herren, von den zahlreichen Referaten und Diskussionsbeiträgen, die es verdienten, eingehender erörtert zu werden, meine ich, ein Referat auf jeden Fall in Erinnerung rufen und es wenigstens kurz würdigen zu müssen. Es handelt sich um das arg mißverstandene Referat des Kollegen Rojahn, dessen Ausführungen ich mich nicht scheue, denkwürdige Ausführungen zu nennen. Herr Rojahn hat zunächst in seinem Referat skizzenhaft die Entwicklungslinie dessen gezeigt, was ich einmal respektlos genannt habe und ebenso respektlos heute noch nenne Entfremdungslyrik. Mit Entfremdungslyrik ist nicht gemeint jene Entfremdungsdiskussion, wie sie sich nach dem Zweiten Weltkrieg zeitweise in den Ländern jenseits der Elbe abgespielt hat. Diese Debatte erfüllte eine ganz andere Funktion als die Entfremdungsdebatte diesseits der Elbe. Herr Rojahn hat nachgezeichnet diese Linie von Mayer/Landshut, Henrik de Man, Herbert Marcuse usw. und damit eine Auseinandersetzung mit einer Interpretation des Marxismus, in deren Verlauf die scharfen Konturen des Marxismus weitgehend bis zur Unkenntlichkeit verwischt worden sind. Es kam eine Art von Marxismus in Mode, der gleichsam als Marxismus mit den höheren philosophischen Weihen poussierte. Es kam zustande eine Art Glasperlenspiel für philosophische und soziologische Schönwetter. Es ergab sich so etwas wie ein zahnloser Marxismus, ein Marxismus ohne Biß; und da es Marxismus ohne Biß und ohne Zähne nicht gibt, bitte ich, in diesem Fall bei Marxismus Anführungsstriche hinzusetzen. Wie sah es nun um die Tragfähigkeit dieser Art von sogenanntem Marxismus aus? Wer unbefangen an die Dinge heranging, wer allein die „Deutsche Ideologie" kannte — möglichst sollte man mehr noch kennen —, dem war doch sehr bald klar, daß es sich hier um eine groteske Fehlinterpretation gehandelt hat. Haben doch nicht etwa der späte Marx, der späte Engels, sondern die beiden vergleichsweise noch immer recht jungen Dioskuren schon in der „Deutschen Ideologie" die klare Absage an die Philosophie und auch an den Terminus „Entfremdung" als philosophisch vorbelastet vollzogen. Die Tatsache, daß Marx dann später im „Kapital" unter bestimmten Umständen wieder mit Hegel und insoweit mit dem Begriff der Entfremdung kokettierte, ändert nichts an diesem Grundbefund. Festzuhalten ist heute oder in Erinnerung zu rufen, daß diese philosophische, diese soziologische Strömung zeitweise eine äußerst reale Macht war, eine reale Macht in der Publizistik, eine reale Macht vielleicht noch mehr auf den Kathedern der Hochschulen. Ein Beispiel nur: Um das Jahr 1968/69 faßte ein damals noch jüngerer Historiker den Plan, diese Strömung einer scharfen Analyse in der Form einer Habilitationsschrift zu unterziehen. Ein ihm sehr nahestehender akademischer Lehrer riet dem jungen Mann liebevoll, aber mit großer Massivität davon ab und das nicht etwa aus vordergründig politischen Gründen. Vielmehr rechnete er vor: In unserer philosophischen Fakultät sitzen die Herren A und die Herren B und die Herren C und die Herren D. Und für die ist die Entfremdung nunmal ihr liebstes Spielzeug. Ihre Argumente mögen so überzeugend sein, wie sie nur sein können. Sie dürfen doch nicht annehmen, daß diese geschätzten Kollegen Ihnen einen solchen Frevel durchgehen lassen. Auch diese Habil-Schrift ist also ungeschrieben geblieben, die Entfremdungslyrik kam dann außer Mode, doch wissen wir ja, daß Modeströmungen sich manchmal zu wiederholen pflegen. Und hier nun errichtet Kollege Rojahn einen, meiner Ansicht nach haltbaren Damm. Nur argumentieren aufgrund von vorhandenen gedruckten Texten kann zum Erfolg führen, ermöglicht aber auch gegenüber breiten Kreisen, die nicht hoch spezialisiert sind, derartige Diskussionen mit Nuancenänderung fast endlos weiterzutreiben. Herr Rojahn indessen hat eine andere Ausgangsposition geschaffen, er hat nämlich nachgewiesen, daß die Exponenten dieser Strömung zum größten Teil überhaupt nicht, und wo doch, dann nicht in exakter Weise, das getan haben, was im Grunde zum historischen Handwerk, nicht einmal zu den großen Künsten der Geschichtsschreibung gehört. Sie haben keinen hautnahen Kontakt mit den ungedruckten Quellen gesucht, und sie haben auf einer Basis Schlußfolgerungen gezogen, — und das ist das denkwürdige Verdienst von Herrn Rojahn —, von denen sich jetzt herausstellt, das ist alles nicht auf einem festen Fundament errichtet gewesen, das ist nicht einmal auf schwankendem Boden errichtet, sondern das ist errichtet auf, sagen wir es deutlich, auf belletristischem Schaum.

Man muß nicht Marxist sein, man muß nur den Sinn für wissenschaftliche Gediegenheit besitzen, um ein solches Forschungsresultat mit Freuden, mit Lebhaftigkeit zu begrüßen. Da niemand nun dem Kollegen Malysch diesen gesunden Sinn absprechen will, kann seine temperamentvolle Kritik in der Tat nur einem Mißverständnis entwachsen sein, davon bin ich völlig überzeugt, Kollege Malysch. Vielen Dank.

PRUNK (Jugoslawien)

Ich möchte zur Durchsetzung des historischen Materialismus in den historiographischen Werken der jugoslawischen Kommunisten in der Zwischenkriegszeit sprechen. Die Geschichte und die Geschichtsschreibung gehörten in das ideologisch-politische Arsenal der jugoslawischen Kommunisten zwischen den beiden Weltkriegen. In den Zwanzigerjahren beharrten sie vorwiegend in der Auslegung der Geschichte der internationalen Arbeiterbewegung, bei der Lektüre der klassischen historiographischen Werke von Marx, Engels, Mehring, Lenin und [nicht rekonstruierbar]. Es gab die verschiedenen Versuche, die Geschichte der Arbeiterbewegung bei den einzelnen jugoslawischen Völkern in revolutionärer Sicht zu schildern.

Mit den Auffassungen, daß die Nationalitätenfrage im jugoslawischen Staat auch das revolutionäre Proletariat angehe, kommen die Bemühungen, diese Frage bei den einzelnen nichtherrschenden Nationen geschichtlich zu erklären. In den Dreißigerjahren gab es eine Anzahl verschiedener kleinerer und größerer Aufsätze und Abhandlungen, die versuchten, verschiedene Probleme der nationalen Geschichte zu beleuchten, wobei man sich der historisch-materialistischen Methode bediente.

Es muß erwähnt werden, daß die Politiker und Ideologen, die Anhänger der Arbeiterbewegung (des kommunistischen Flügels) die einzigen waren, die in dieser Zeit in Jugoslawien die Geschichte im marxistischen Sinne betrachteten. Es gab keinen einzigen Historiker im akademischen Bereich, der sich der marxistischen Methode bediente.

Es wäre jetzt nicht angemessen, alle diese marxistischen Aufsätze anzuführen. Ich will nur drei Werke hervorheben, die drei Autoren geschrieben haben. Alle drei behandeln wichtigste, umfangreiche Themen aus der jugoslawischen Geschichte. Alle drei Autoren stammen aus den nichtserbischen, aus den nichtherrschenden, also aus den unterdrückten Ländern, aus Bosnien, Kroatien und aus Slowenien, wo die nationale Frage sich als sehr aktuell erwies. Der erste Autor war der Slowene Eduard Kardelj, der unter dem Tarnnamen Sperans am Beginn des Jahres 1939 sein Buch „Die Entwicklung der slowenischen nationalen Frage“ herausgab. Sein Buch beruhte auf einer langjährigen Arbeit. Denn Kardelj hatte schon im Jahre 1932, als 22jähriger Kommunist, eine umfangreiche Abhandlung „Die nationale Frage als wissenschaftliche Frage“ verfaßt. Schon in dieser Abhandlung bewies er, daß die slowenische nationale Frage eigentlich eine soziale Frage sei, und lehnte die Bemühungen der liberalnationalen Intellektuellen, die slowenische nationale Frage als kulturelle Frage zu betrachten, ab. In seinem Buch, sieben Jahre später, analysierte er mit historisch-materialistischer Methode aufgrund der ganzen zutreffenden Literatur die Geschichte des slowenischen Volkes. Er legte als erster in der slowenischen Geschichtsschreibung großes Gewicht auf die Entwicklung der wirtschaftlichen und sozialen Verhältnisse bei den Slowenen. Damit kam er zu den vielen neuen Schlußfolgerungen über den Verlauf der slowenischen nationalen Geschichte. Das Buch erregte gleich in der bürgerlichen Geschichtsschreibung großes Aufsehen sowie auch unter den jugoslawischen Kommunisten, denen es maßgebend wurde für ihre nationalen Ansichten und ihre nationale Politik. Für die slowenische Geschichtsschreibung verlor Sperans vierzig Jahre nach seinem Erscheinen noch immer nicht an Wert. Manche seiner Schlußfolgerungen sind in der slowenischen Historiographie kaum in der letzten Zeit erreicht worden.

Der zweite Autor war der kroatische, kommunistische, intellektuelle Publizist Ottokar Kersoram. Der schrieb in den zehn Jahren von 1930—1940 während der Haft viele historische Studien über die Geschichte des Marxismus in Jugoslawien, über die Geschichte des Klassenkampfes in den jugoslawischen Ländern und das wichtigste, das vollkommenste Werk ist seine Geschichte der Kroaten, verfaßt zu derselben Zeit wie die des Sperans. Sämtliche Werke Kersorams blieben zu seiner Zeit unveröffentlicht. Er ist gleich nach der Okkupation Jugoslawiens 1941 von den Ustascha ermordet worden. Trotzdem übten sie einen gewissen Einfluß auf die kroatischen Kommunisten aus. Seine Geschichte der Kroaten, veröffentlicht erst 1971, ist ein Musterwerk der historisch-materialistischen Methode. Jeder zeitliche Abschnitt wird in vier oder fünf Kapiteln behandelt, die die wirtschaftliche, soziale, politische und kulturelle Entwicklung schildern. Manche seiner Schlußfolgerungen über die klassenbedingte Entwicklung sind bis heute in den akademischen Kreisen der kroatischen Geschichtsschreibung noch nicht erreicht.

Der dritte Autor war [V. Masleša], ein sehr gebildeter Intellektueller, ein Journalist aus Bosnien. Er schrieb in den letzten zwei Jahren vor der Okkupation, als man schon die Bedrohung des jugoslawischen Staates fühlte, die Geschichte von „Jung Bosnien", einer nationalen Befreiungsbewegung vor dem Ersten Weltkrieg, die sich für die Zerschlagung der Habsburgermonarchie einsetzte und das Attentat in Sarajewo ausgeübt hat. Er erforschte die sozialen und wirtschaftlichen Grundlagen dieser Bewegung und nannte seinen Vorgang kritische Soziologie. Er kam zur folgenden dialektischen Schlußfolgerung: Es ergibt sich aus diesen Verhältnissen eine Notwendigkeit für den revolutionären nationalen Befreiungskampf und die Gründung eines jugoslawischen Staates. Masleša konnte nur die Bruchstücke seiner Arbeit veröffentlichen. Er fiel inmitten der heftigsten Befreiungskämpfe als Partisan 1943. Sein Werk erschien 1964.

Alle drei erwähnten historiographischen Werke wurden nach dem Zweiten Weltkrieg in der jugoslawischen marxistischen Historiographie, die immer mehr Platz ergriff, als Vorbildwerke betrachtet, die die Wege geschlagen haben, in denen sich die jugoslawische Geschichtsschreibung bewegen und entwickeln soll.

PINKUS (Schweiz)

Ich muß sagen, daß ich nicht aus dem akademischen Bereich komme und infolgedessen vielleicht Dinge sage, die nicht so standhalten den Wissenschaftlern. Als erstes möchte ich eine Art Information geben. Vor mir liegt der „Vorwärts", d. h. der Beitrag unter dem Titel „Das Marxjahr 1933", ein Artikel von Georg Decker, erschienen am 7. Januar 1933, also vor 50 Jahren, als Marx den 50. Todestag hatte. Ich habe diesen „Vorwärts" schon damals gelesen in Berlin und mir auch ausgeschnitten und glücklicherweise dank der Ausweisung im März 1933 aus dem Hitlerreich auch aufgehoben. Und was schreibt da Decker? Er schreibt, das Jahr 1932 sollte nach der nationalsozialistischen Prophezeiung das Jahr der Entscheidung werden. Das Jahr 1933 aber, in dem der Todestag von Karl Marx zum 50. Mal wiederkehrt, sollte die endgültige Ausrottung des Marxismus besiegeln. Es wird aber nicht den Tod des Marxismus bringen, sondern ein Marxjahr sein. Es fängt schon an im Zeichen des großen Sieges der marxistischen Lehre. Diese Lehre erfüllt sich am Schicksal der nationalsozialistischen Bewegung mit solcher Genauigkeit, als ob der Nationalsozialismus eigens von Marxisten erfunden wäre, um durch ein solches Experiment den unwiderlegbaren Nachweis für die Richtigkeit des Marxismus zu erbringen. Decker zitiert dann ausführlich den „18. Brumaire" und stellt dann fest, in der Kürze kann ich nicht alles vorlesen, daß ja kein Napoleon oder ähnliche Figuren durch Hindenburg oder sonst jemanden repräsentiert sind und daß deshalb also nicht anzunehmen ist, daß hier der Nationalsozialismus tatsächlich durchdringen kann, und man natürlich alles tun muß, um ihn von der Staatsmacht fernzuhalten. Das war am 7. In der gleichen Zeit sind von I. P. Meyer zwei Artikel z. B. erschienen: „Marx und das Problem der Nation", in dem er mit richtigen Zitaten, die wir kennen schon vom Manifest bis andere, den Vorwurf, daß die Sozialdemokraten und die Marxisten nicht national sind, also d. h. nicht für die Nation eintreten, zurückweist. Und ein anderer Artikel „Marxismus und Mittelschichten". Diese Analysen und die Darstellung in diesen Artikeln sind sicher nicht unrichtig, und heute nach 50 Jahren können wir sagen, wir sagen das natürlich als Marxisten und sind — ich jedenfalls — Atheisten, aber wir können sagen, Gott sei Dank hat sich das eigentlich bewahrheitet, der Nationalsozialismus ist vorüber gegangen. Der Marxismus ist geblieben, worüber wir jetzt zwei Tage gehört haben. Aber damit ist noch nicht alles gesagt, es bleiben einige offene Probleme, wenn wir nicht wiederum solchen gewaltsamen Pausen antimarxistischer Herrschaft oder gar einer Ewigkeit dauernden, auch den Marxismus und unsere Erkenntnis zerstörenden — Sie wissen, was man da meinen kann —, entgegen gehen wollen. Und da möchte ich auf drei Punkte hinweisen oder vier vielleicht, aber es dauert nicht lange.

Erstens: Ich stelle in der Popularisierung der wichtigen marxistischen Erkenntnisse, die in der Geschichtswissenschaft eine große Rolle spielen, wie der Begriff Basis und Überbau, immer wieder in der populären Darstellung, vielleicht nicht in den differenzierten akademischen, eine Art der Darstellung fest, die den Leuten die Vision eines festen Fundaments bietet, auf dem nun dieser Überbau wie ein Haus auf einer Zementunterlage und mit Kellerräumen aufgebaut ist. Man muß immer wieder gegen eine solche mechanische Auffassung sein oder das widerlegen. Es geht auch bei der Basis, und das betone ich auch immer wieder, ebenso um Beziehungen unter den Menschen, wie es beim Überbau um die Ideen, die diese Beziehungen mit beeinflussen und aus ihnen herauswachsen, geht, um Beziehungen auch zwischen Arbeitern und Unternehmern, um Beziehungen der Menschen miteinander, gegenüber der Natur usw. Also das ist ein Moment, das immer wieder in dogmatischen Darstellungen nicht beachtet wird.

Eine zweite, damit zusammenhängende Frage ist die Frage von Sein und Bewußtsein. Sie wurde hier schon angeschnitten, und in heutigen Diskussionen hört man dazu oft: Ja, was wollt ihr, das Sein, man hat ja Konjunktur usw., und deswegen ist kein Bewußtsein da. Dabei müßte man als marxistischer Dialektiker doch immerhin sagen, daß ja das Sein sozusagen auch ein völliges Gegenteil mitbestimmt. Nämlich nicht dieses Sein, sondern ein anderes. Und dieses andere Sein, dieses andere Bewußtsein, das ist ja nun nur denkbar und geprägt durch das Vorhandene, durch die Kritik am Vorhandenen, und die Synthese, die daraus hervorgeht, ist ebenfalls aus dem Sein, aus den, wie Marx ja sagt, einem sehr fruchtbaren Gedanken, vorgefundenen Umständen, in die wir hineinkommen und die wir ändern können. Und nun noch ein weiterer Punkt: Engels' Hinweis auf die Spaltung, auf die erste Ausbeutung sozusagen in einer nicht Klassen-, sondern in der Geschlechterform, auf die Spaltung der menschlichen Gattung in Männer und Frauen und in der Entwicklung dieser Tatsache. Da sind die ersten Ausbeutungsformen der Männer über die Frauen entstanden. Infolgedessen ist die Geschichte der Frauenunterdrückung ein weit vernachlässigtes Gebiet unter marxistischen Historikern, das man nicht nur — glücklicherweise gibt es solche — einer feministischen Geschichtsschreibung überlassen darf. Ja, man kann sagen, eine wirkliche marxistische Geschichtsschreibung nimmt gerade diese entscheidende Spaltung zum Thema, die bis heute das Bewußtsein in diesem Sein der Unterdrückung der Frauen sozusagen weiter mitbestimmt, und zwar nicht im aufhebenden Sinn, wie ich es vorhin dargestellt habe, sondern noch im erhaltenden Sinn. Das könnte ein ganz wichtiger Forschungsgegenstand sein und auch eine unbedingt daraus zu schließende marxistische Lebenspraxis. Und nun noch ein weiterer Punkt, das ist: Wie bringen wir eigentlich alle unsere Erkenntnisse und Erfahrungen an die heutige Jugend heran. Das ist ein echtes Problem. Kommen Sie mal den 20jährigen der Zürcher-Bewegung oder anderen mit Marxismus. Die sind nicht böse, die sind nicht feindlich, aber wenn Sie in irgendeiner Weise, wie z. B. bei uns eine Gruppe aktiver marxistisch eingestellter junger Genossen, die der SAP, einer der Vierten Internationale angeschlossenen Gruppe angeschlossen sind, sagen auf den Versammlungen, ja deshalb muß man sehen, daß und so, da wären Sie, wie man sagt, abgemeldet. Es ist heute die größte Gefahr, ideologisch, die Gefahr der absoluten Ablehnung von theoretischen Dingen und die sogenannte No-Future-Geschichte, und zwar das ist nicht etwa vorbei, weil diese Bewegungen nicht mehr aktiv sind. Im Gegenteil, die Rebellion der Jugend der Achtzigerjahre jetzt hat im Gegenteil bewiesen, daß sie ja irgendetwas anderes wollte, und eine Resignation, die durch die Zerschlagung der Bewegung jetzt noch teilweise vorhanden ist, verstärkt also diese antitheoretische und zukunftslose, zu Drogen führende, ja zum Selbstmord führende Grundeinstellung. Was können wir denn dem entgegensetzen? Dabei wissen wir doch, daß z. B. der ökologische Kampf, der Kampf, der heute ein riesiges Ausmaß annimmt, marxistisch betrachtet, nun ja wirklich ein antikapitalistischer Kampf ist. Auch wenn sich die Teilnehmer dieses ökologischen Kampfes oder dieser Bürgerinitiativen usw. durchaus nicht als Marxisten fühlen, ja sich sogar, sagen wir, aus wertkonservativen und naturfreundlichen und anderen Einstellungen heraus, auch aus Religiösem heraus, durchaus in die Front derjenigen stellen, die diese ökologische Katastrophe verhindern wollen. Daß das die Jugend weitgehend mitberührt, das ist klar, und daß diese absolute Vorherrschaft, auch bei vielen marxistischen Denkern, des ununterbrochenen Wachstums der Produktivkräfte und damit einer menschlichen Zukunft nicht mehr geglaubt werden kann und sich täglich beweist, daß es so nicht weitergeht, das weiß auch die Jugend. Und dann komme ich zum letzten Punkt, daß in diesem Zusammenhang die Bedeutung der Utopie eine ganz andere ist, als sie vielleicht zur Zeit der Formulierung der marxistischen grundlegenden Erkenntnisse durch Marx und Engels und ihrer Ablehnung und Differenzierung zu den Utopisten war. Heute wäre das, was Utopisten damals wollten, alles technisch machbar. Heute sprechen Ökonomen nicht nur wie Utopisten wie Thomas Morus von sechs Stunden notwendiger Arbeit, sondern Breuning, ein katholischer Mitbegründer des Deutschen Gewerkschaftsbundes, der sagt, drei Stunden genügen auch. Und das sind keine Utopien mehr, das sind Realitäten, die durchaus in den Köpfen der Leute stehen, wenn sie die Struktur der heutigen Arbeitslosigkeit untersuchen. [Bandwechsel]

Daher würde ich eher sagen, auch als marxistischer Historiker, daß dieses Vakuum, dieses geistige und politische Vakuum der heutigen Jugend, aufgefüllt werden muß. Und das kann es nur auch mit utopischen Gedanken, mit vorweggenommenen Versuchen einer Praxis, wie sie in der Alternativbewegung vor sich geht, wie die Probleme Selbstverwaltung usw. auch in bezug auf die Arbeitslosigkeit heute auf die Tagesordnung gestellt werden. Dann kann tatsächlich dieses Vakuum ausgefüllt werden durch Perspektiven und Möglichkeiten einer menschlichen Gesellschaft, was letzten Endes wohl die wirkliche Kernfrage einer marxistischen Geschichts- und Weltauffassung ist und damit auch das, was die Ursache dieses Vakuums ist, die immer fortschreitendere Entfremdung im eigensten Lebensgebiet, man nennt das ja auch Verlust der Lebensqualität, im Arbeitsgebiet und unter den Menschen selber aufgehoben wird.

MALYSCH (UdSSR)

Es gibt keine schlechte Kritik, keine fehlerfreie Kritik, und daher hat Kollege Skrzypczak das Recht, indem er mich kritisiert, obwohl ich meine, daß seine Kritik sozusagen unerwartet war. Also seine Aussagen zur Verteidigung von der

Stellungnahme des Artikels von Kollegen Rojahn sind auch ein Mißverständnis. Ja, ich wiederhole nochmals, ich schätze die Abhandlung von Rojahn als eine solide, gewissenhafte Arbeit. Sie ist desto mehr solid und gewissenhaft, weil Kollege Rojahn noch ein junger Mann ist. Meines Erachtens ist trotz der Lobeshymne der Titel seines Artikels viel breiter als der Inhalt. Und inhaltlich fand ich bloß die Wiedergabe früherer Stellungnahmen zum Inhalt und zur Bedeutung der ökonomisch-philosophischen Manuskripte aus dem Jahre 1844. Manchmal waren es mehr oder weniger gelungene Stellungnahmen, manchmal waren es unsinnige, wie die von Landshut und Mayer. Ich habe nach der gestrigen Sitzung heute in der Nacht noch einmal den Artikel von Rojahn studiert, und ich bin nach wie vor der Meinung, daß er halt sich beschränkt auf die Frage der Geschichte der Ausgaben dieses Werkes, auf das Problem der Anordnung der verschiedenen Teile, und weiß ich nicht, mit Absicht oder ohne Absicht, auf den Kommentar verzichtet. Und das wichtigste im Zusammenhang mit dieser sehr problematischen Arbeit ist das Verständnis ihres Inhalts. Mich als Ökonomen, verzeihen Sie, die Historiker, interessieren nicht so sehr Fragen wie die Anordnung, wann und in welcher Zeit, frühmorgens oder spätabends, geschrieben worden war, sondern was Marx gemeint hat, das ist von ausschlaggebender Bedeutung. Wie ist das Konzept der Entfremdung zu verstehen? Es gibt verschiedenartige Meinungen zu diesem Konzept, die einen behaupten dies, andere anderes, und der einfache Mensch kann sich verlieren in diesem Meer von Meinungen. Wenn Sie diese früheren Meinungen schon angeschnitten haben, müßten Sie natürlich Ihre Meinung auch anführen. Das ist nicht meine Kritik, sondern meine Meinung, mein Rat, wenn ich so sagen darf.

AVINERI (Israel)

A few points in a not very systematic way. One level of discussion on Marx and the writing of history is that we should be very careful never to lose sight of the exact context in which any particular piece of writing of Marx on history has been written. As an example I want to draw your attention to the Bürgerkrieg writing on the French Commune which has been cited here several times as one very important — and certainly it so is — piece of historical writing of Marx. Now, the point is that the Paris Commune at the time at which Marx was writing his piece on ‚The Civil War in France‘ has already become a symbol for the left-wing radical movement and we should never lose sight of the fact that when Marx was writing this piece, for example, he was writing as a political activist, in which, on some issues, his view on the Paris Commune was very different from the view in which he expressed in the public piece of writing which was really a sort of laudatio on the grave of the Commune, because the Commune has become such an important symbol for the left-wing movement. If we really want to understand Marx's insight into the Commune, we cannot just focus on this piece of writing, but we have to collate it with Minutes of the General Council of the First International, of some of his writings to Leo Frankel [?], for example, some of his writings to other members of the International. He was, as we know, very critical of some of the Commune activities, as well as of the very idea of having a revolutionary Commune, where at the moment, in his view, the French working-class was not yet ready for a truly revolutionary praxis. So we have to be very careful here not to make symbolic writing, which has an enormous political and historical significance, into a historical study, without taking the context into account.

Now, the second point has to do with, I think, a sensitivity to the question of the non-European world, which I like to suggest to you, to some of us, who are a little bit more on the boundary between the non-European and European world. Now, a boundary is a place where one gets shot at and this is exactly the place we are in Israel. However, there is a sensitivity which, I think, sometimes people, who are not on that boundary, will not always be able to realise. I was extremely unhappy that our colleague from Syria wasn't here, because one of the problems which non-European Socialists and Marxists face — and I'm reading quite a lot of the Arab Marxist material — is that within the non-European culture some of the statements which look to Europeans as understandable, look to non-Europeans extremely offensive. We have to take that into account. When you have a situation in which it is a fact that Marx supported the U. S. against Mexico, and viewed the annexation of Mexico as a great progress for civilisation, in which Engels supported the French occupation of Algeria, and I'm quoting, he said, „The occupation of Algeria is a great step in the progress of civilisation". About India we have talked yesterday. Now, I can understand how this fits into a universal scheme of things, but I think I can also understand and support, on a Marxist revolutionary level, but I think I have to be a little bit more sensitive than some of the orthodox Marxist tradition has been to the way in which it is being understood in the non-European world. For example, one of the issues which was not raised in the paper which I read with great interest by Hanna on the emergence of Marxism in the Arab world, mainly in Syria, Iraq und to a certain extent Egypt, Palestine and Lebanon, has to do with the fact that in many cases most of the Marxist Parties in the '30s and '40s in the Arab world were made up of national and religious minorities. The Iraqi, the Egyptian and the Lebanese Parties were made up of Copts, Jews and Kurds. Now, there is a reason for that, because there is a certain sensitivity to Marxism in some of those countries which appears as a Western ideology, an ideology critical of Western Imperialism but also within the culture of the West. I think there is a sensitivity which we have to look at very, very carefully.

The third point I want to make is to draw attention very briefly to one application of the Marxist understanding of history, to an understanding of the so-called Jewish problem and the emergence of Anti-Semitism in the late 19th century and early 20th century. We have a number of very interesting attempts to apply the Marxist class-analysis to the social element in early modern racist Anti-Semitism. We have as early as 1898 a piece of writing by a Marxist Zionist, Nachmann [?], who tries to understand the emergence of German racist Anti-Semitism — Wilhelm Mahr[?], Lueger — in terms of misdirected social protest. To my mind, this is the first attempt to understand something which we would call today a proto-Fascist movement in terms of misdirected social protest. [?], whom I mentioned, called this kind of social protest from the Right — he didn't have a term for it — a Catalinian social revolution, on the basis of Catalina, to have a social protest revolution coming not in the terms of the liberating praxis, but in terms of really what can be called the right-wing, reactionary praxis. Another attempt is the attempt of a Russian Marxist Zionist [?], to try to apply the writings of the Austro-Marxists on the language and ethnicity[?] problem to the peculiar situation, both national and social, of the large Jewish minorities in Eastern Europe and specifically in the Ukraine. So there is a tradition within Marxist Zionism which is to my mind not only of very limited application to the Jewish problem but has some basic theoretical impact, and in the case of the emergence of what I would call today proto-Fascist movements and right-wing social protest, which then found its way into Fascism, of some theoretical significance in its application to much broader and wider issues than the issues of Jewish minorities in Eastern Europe.

My fourth and last point has to do with a comment which Konstantin Kaiser made earlier, in trying to distinguish between the Hegelian view of the Oriental world and the Marxist view of the Asiatic Mode of Production. I'm very much aware of the differences, but I think there is an element of continuity here which I would suggest we look into. This is the following: Konstantin Kaiser very wisely suggested that to Hegel, of course, the most important element in historical development is ‚die Ausarbeitung des Subjektivismus' and therefore there is no subject, except the one subject in the Oriental world. What I would like to suggest is that Marx's view of man as creating history, , the demiurge of history', the idea of man as ‚homo faber' has to be related to this objectivisation of the subject within the Hegelian tradition. It is something which goes beyond Hegel and certainly creates a very different world-view than this one of Hegel, but I think it is not completely to be divorced from the idea of the working-out of subjectivity which I think Marx very clearly recognised as one of the ingredients of his materialist interpretation of history, as you have it in the theses on Feuerbach. Marx himself was very much aware that his dialectics had a subjective element which he himself traces back to idealism, but to an idealism which is then, of course, transcended. So even in this case, with all the differences between the Hegelian and the Marxian view, the view of man as a ‚demiurge of history‘ I think can be related to Hegel and is not completely divorced from the Hegelian tradition. Thank you very much.

HOBSBAWM (Großbritannien)

Ich weiß eigentlich nicht, was als Schlußwort zu sagen ist. Wir sind hier am Anfang des Marxjahres versammelt. Wir vertreten vielleicht 20 verschiedene Länder hier im Saal, und was noch mehr ist, wir bilden hier selbst sozusagen eine Einheit der Theorie und der Praxis der verschiedenen Generationen, eine Art Querschnitt durch die Geschichte, die Geschichte der Linken und des Marxismus. Das darf man nicht vergessen, daß, während wir von Geschichtswissenschaft und Marxismus gesprochen haben, wir selbst ein Teil dieser Beziehung zwischen Marxismus und Geschichtswissenschaft sind. Wir haben hier in diesem Zimmer Leute, die, weiß Gott, im Ersten Weltkrieg zur Bewegung stießen, Leute, die im Jahr 1930/31 an der Leninschule in Moskau waren, Leute, die in den Kriegen waren, die am antifaschistischen Kampf teilgenommen haben, Leute, die in den Lagern in der UdSSR gesessen haben. Wir haben so ziemlich fast alles, was in der Erfahrung der Bewegungen, sozialdemokratisch, kommunistisch, nichtparteiisch, marxistisch, in den letzten 65 Jahren passiert ist, und wir haben auch die jüngeren Kräfte, die heute an der Bewegung teilnehmen und denen die Zukunft gehören wird. Ich möchte das einfach feststellen, denn man hat mir schon anfangs vorgeworfen, daß wir die praktische Seite des Marxismus vernachlässigen. Das haben wir nicht getan, weil wir das nicht tun können. Unsere verschiedenen Lebenserfahrungen machen es uns unmöglich, diese Fragen rein theoretisch anzufassen, was aber nicht verhindert, daß wir sie wissenschaftlich anfassen. Wie wäre es möglich, wäre es überhaupt möglich, die verschiedenen Referate und Diskussionen zusammenzufassen. Ich glaube kaum, denn das Thema „Marxismus und Geschichtswissenschaft“ war so breit gefaßt, daß es natürlich von verschiedenen Sprechern und Referenten ganz verschieden gedeutet werden konnte und auch wurde. Wir haben z. B. Beiträge zur Ideengeschichte Marx’ selbst, von denen natürlich der Beitrag des Kollegen Rojahn schon öfters besprochen worden ist. Ich möchte nicht weiter auf ihn eingehen, es ist meiner Ansicht nach ein sicher sehr wichtiger Beitrag, wie die Intensität der Diskussion um ihn zeigt. Wir haben Beiträge über den — sagen wir einmal — Anteil von Marx und Engels an der Geschichte selbst und ihre Einstellungen dazu, so z. B. den Beitrag des Kollegen Klopčič über die Einstellung besonders Engels’ zu den „geschichtslosen“ Völkern. Wir haben Beiträge zur Geschichtsschreibung Karl Marx' und Engels' selbst, Marx und Engels als Zeitgeschichtler, und wir haben Beiträge gehabt zur Geschichte des Marxismus nach Marx, zum Teil zur Rezeption des Marxismus in der Arbeiterbewegung. Man denke an die Referate von Jemnitz, von Bouvier, den meiner Meinung nach sehr wichtigen Diskussionsbeitrag von Tych über die Rezeption des Marxismus in den Programmen der verschiedenen Arbeiterparteien vor 1914 und noch manche mehr. Alle diese haben sozusagen in diesem Gebiet ihre Referate gehalten. Und wir haben natürlich auch über einige Probleme sozusagen der Weiterführung des Marxismus auf Gebiete sowohl der schon öfter besprochenen marxistischen Theorie wie auch auf neuen Gebieten, z. B. das Referat des sowjetischen Kollegen über die Mitbestimmung, das ist auch irgendwie eingereiht worden in den großen Behälter „Marxismus und Geschichtswissenschaft", und muß es natürlich auch sein insofern, als Marxismus und Geschichte nicht zu trennen sind. Dazu kommen natürlich noch Diskussionen über Probleme der marxistischen Theorie, die der Geschichte manchmal näher treten. Ich denke z. B. an den sehr interessanten Beitrag von Kollegen Weber über die Krisentheorie, die könnte ja vielleicht in eine Diskussion über marxistische Nationalökonomie gehören, aber durch die Wichtigkeit, die wir heute erleben, der Konjunkturschwankungen gehört sie in die Geschichte. Es bleiben noch — glaube ich — zwei Gruppen von Referaten und Diskussionsbeiträgen übrig. Eine davon ist eine Reihe von Referaten und Beiträgen, die eine Art Übersicht über die marxistische Geschichtsschreibung in verschiedenen Ländern bzw. den Beitrag des Marxismus zur Geschichtsschreibung in diesen Ländern bieten. Manche von ihnen sind nicht von diesem Podium vorgetragen worden, sondern liegen uns nur vor, wie der Beitrag von Kollegen Hanna aus Syrien, von Kollegin Bizcarrondo aus Spanien über Spanien. Helmut Gruber über die Vereinigten Staaten, die Kollegin aus Polen, der Kollege aus Dänemark, die haben referiert, auch der Kollege aus Ungarn, Kollege Sipos, und natürlich auch noch der Kollege aus Slowenien. Es ist wohl möglich, daß ich den einen oder anderen ausgelassen habe. Alles das hat äußerst viel Interessantes gebracht, sicherlich faktisch Interessantes für die meisten von uns. Ich möchte aber nur einen dieser Beiträge besonders unterstreichen, weil er mir doch eine wichtige und positive selbstkritische Einstellung zeigt. Und das ist der Beitrag des Kollegen Sipos über die ungarische marxistische Historiographie. Ich glaube, ich bin wohl der letzte, der die positiven Beiträge des Marxismus zur Geschichtswissenschaft unterschätzt, aber ich möchte nicht am Ende dieser Diskussion, dieser Konferenz, zu viel in unkritischen Triumphalismus fallen. Ich glaube, die Marxisten in der Geschichtswissenschaft in allen Ländern müssen sich auch über die Beschränkungen in ihren eigenen Erfahrungen und über die historischen Beschränkungen bewußt sein. Wenn ich zu dieser Selbstkritik noch eine kleine Fußnote machen kann, so wäre es die, daß ich mich mit Kollegen Pinkus solidarisiere insofern, als ja hervorgeht, daß in der Historiographie des Marxismus und der Marxisten — wir alle sind darin — die Frage der Ausbeutung der Frauen und die Lage der Frau als solcher weit weniger ernsthaft behandelt worden ist, als es zur Zeit Engels' und Hegels selbst der Fall war. Und es daher — das ist im Westen eine wichtige Sache — zum großen Teil einer oft eigenwilligen und sehr engen feministischen, auch sehr oft zweitrangigen feministischen Geschichtsschreibung vorbehalten blieb, sich mit dieser Frage zu beschäftigen, mit der wir uns eigentlich, wenn wir unserem Engels oder unserem Hegel wirklich zugehört hätten, selbst viel mehr beschäftigen hätten können. Es bleibt die andere Gruppe, die man vielleicht im Anschluß an Kollegen Küttler das Formationsproblem nennen kann. Da gab es eine Menge verschiedener Beiträge dazu, von japanischer Seite Kollege Ohno, Kollege Rasmussen, Avineri, Gallissot, Küttler selbst, Kaiser und viele andere haben dazu Stellung genommen. Es lassen sich doch noch ein oder zwei Dinge sagen: Das erste, was mir noch herauszukommen scheint, ist, daß fast alle Beiträge zu dieser Gruppe der Diskussion einmütig sagen, man kann Marx nicht immer wörtlich folgen. Wenn Marx sich einmal geirrt hat, dann muß man das einfach zugeben. Marx hatte ganz einfach unrecht, wenn er sagte, es gibt keine Geschichte in den asiatischen Gesellschaften, die sind rein statisch usw. Ich bin überzeugt, Marx selbst hätte beim Stand der weiteren Forschung das zugeben müssen. Andererseits scheint mir ebenso Einmütigkeit zu herrschen, auch unter den Leuten hier, die die marxistische Methode und Theorie bei weitem nicht vorbehaltlos annehmen, daß die Methode und diese Theorie noch brauchbar und fruchtbar sind. Also Verschiedene legen das auf verschiedene Art aus, aber ich glaube kaum, daß irgend jemand aufgestanden ist und sagt — in diesem Saal jedenfalls —, das Ganze ist in den Papierkorb zu werfen, Marx hat uns nichts zu sagen in der Geschichte. Es wäre auch unmöglich in der augenblicklichen Lage der Geschichtswissenschaft mit dem Beitrag, den Marx und die Marxisten dazu geliefert haben und liefern, das weiter zu behaupten. Drittens aber, glaube ich, besteht eine gewisse Einstimmigkeit darüber, daß sozusagen der Text Marx' selbst von Zeit zu Zeit aufregend ist. Wenn man auch Marx nicht, sagen wir einmal, als biblischen Text betrachtet, niemand kann den „18. Brumaire" oder das „Kapital" lesen, ohne sich zu sagen, mein Gott, da krieg ich Ideen von der Geschichte. Das ist was ganz Glänzendes, nicht nur unbedingt über Napoleon III., wenn ich so sagen darf. Die ersten zwei Seiten vom „18. Brumaire" geben auch sehr wichtige Ideen über die Historiographie des Marxismus selbst. Über die wir alle so oft versucht haben, vergangene Revolutionen im vergangenen Kostüm noch einmal zu inszenieren, nicht ohne notwendigerweise genau die Sprache für die politischen Bewegungen und Änderungen der heutigen Welt zu finden, aber das sei dahingestellt. Ist der Marxismus eurozentrisch? Das ist eine große diskutierte Frage, und die Antwort muß wohl sein ja und nein. Ja in dem Sinne, daß Marx Kind seiner Zeit war, aber — ich möchte eine Kritik sagen, die ich an diesen Diskussionen üben möchte — wir haben nicht genügend untersucht, obwohl Anspielungen da waren, inwieweit die spezifische Erfahrung, der spezifische Kontext, Marx als ein Denker und ein Mensch der Mitte des 19. Jahrhunderts, sich auf seine Theorie auswirkt. Und nicht nur negativ auswirkt, sondern manchmal positiv.

Z. B. besteht meiner Ansicht nach überhaupt kein Zweifel, daß die riesige Durchschlagskraft des Marxismus in der Arbeiterbewegung und in den Jahren 1880—1914 zum großen Teil darauf beruhte, daß Marx als Zeitgenosse diese Devise, die Arbeiterklasse muß sich selbst befreien und mit politischem Ausdruck zur Partei formieren, nicht nur aus der reinen Theorie heraus sagen konnte, sondern auch in einer gewissen Art aus den empirischen Erfahrungen der Gesellschaft, in der er lebte, und das schlug sozusagen ein. Er sah genau, was die Arbeiter selbst erst ein bißchen später klar sahen, und sie folgten ihm, weil er das auch so gesehen hat. Ob das gleiche z. B. auf die Arbeiterklasse des späten 20. Jahrhunderts zutrifft, ist eine viel kompliziertere Frage. Er war aber eurozentrisch auch in einem Sinne, den wir offen eingestehen müssen. Er war eurozentrisch, weil die Geschichte eurozentrisch war. Durch Europa wurde die Welt dem Kapitalismus botmäßig gemacht und durch den Kapitalismus revolutioniert. Und nicht anders herum. Und in diesem Sinne mußte einer, der Weltgeschichte im 19. Jahrhundert schrieb und noch zu Zeiten im 20. Jahrhundert, eurozentrisch sein. Wir haben heute eine ganze Menge Leute, die sagen, die Geschichte von Ghana usw. ist an sich genauso interessant wie die Geschichte von England. Das stimmt, die Geschichte jedes Landes und jedes Volkes ist gleich interessant, aber die historische Wirkung Englands im 19. Jahrhundert war wichtiger als die historische Wirkung, was soll ich sagen, Frankreichs vielleicht. Katastrophalerweise, aber Tatsache ist, daß man in dem Sinne, wenn man die Geschichte des 19. Jahrhunderts schreibt, eurozentrisch und in gewisser Hinsicht in der Wirtschaftsgeschichte anglozentrisch sein muß. Das ist nicht als Kritik eines Mannes oder eines Kämpfers zu werten, der denkt, was ganz klar ist, daß Marx nicht nur eurozentrisch war insofern, als sowohl in der Methode wie auch in den Einzelheiten seiner geschichtlichen Betrachtung er sich nicht auf Europa beschränkte. Er hat sich vielleicht geirrt, aber er hat die Problematik dieser anderen Teile der Welt nicht vernachlässigt. Ich möchte hier doch feststellen: Es besteht ein großer Unterschied zwischen der Annehmbarkeit Marxscher Thesen über, sagen wir, die asiatische Produktionsweise und des Ausdrucks „die geschichtslosen slawischen Völker". Das mit den „geschichtslosen" slawischen Völkern ist völlig unannehmbar. Sofort nach Engels' Tod haben Kautsky und eine ganze Menge anderer Leute gesagt, 1. ist es unrichtig, 2. ist es ja unmöglich, eine Bewegung in der Tschechoslowakei, in Böhmen und anderswo aufzubauen, wenn man nicht ganz klar sagt, Engels hat sich geirrt, die Böhmen sind nicht so, wie er das sieht. Aber das ist nicht der Fall mit dem, was Marx über die Dritte Welt gesagt hat. Die Tatsache, daß die Leute in der Dritten Welt Marx nicht immer zugestimmt haben, ist etwas ganz anderes. Ich selbst habe meine Ausgabe der Briefe über Indien, die Kollege Avineri da zitiert hat. Das ist eine indische Ausgabe, die von indischen Marxisten und Kommunisten kommentiert, diskutiert und in gewisser Hinsicht abgelehnt wurde. Aber Tatsache ist, daß diese Leute den Marxismus und auch was der Marxismus über orientalische Gesellschaften sagte — insofern er was sagte, über Japan hat er beispielsweise nichts gesagt — im Prinzip brauchbar gefunden haben, nicht im einzelnen. Da ist, glaube ich, doch ein großer Unterschied. Ob wir eine Abfolge der sogenannten Formationen brauchen, das ist eine lange Diskussion, die ich kaum hier zusammenfassen kann. Ich muß wohl Kollegen Gallissot zustimmen, daß in Marx ein klein bißchen Evolutionismus des 19. Jahrhunderts war, der ihn und noch mehr die nachkommenden Marxisten veranlaßte, eine Art Stufenleiter des Fortschrittes aufzustellen. Aber ich muß sehr scharf hervorheben, daß meiner Ansicht nach Marx selbst kein Unilinearist war im Sinne der Idee, daß es eine einzige Leiter gibt, daß alle Völker der Welt aufsteigen, bloß manche machen es langsamer als die anderen, und manche machen es so langsam, daß man es nicht bemerkt. Das ist nicht bei Marx zu finden.

Ja, was soll man am Ende sagen? Am Ende möchte ich nur ein bißchen, da wir schon von der Selbstkritik sprachen, wollte ich nur eines sagen, und dabei möchte ich wieder auf Kollegen Pinkus zurückkommen. Wir haben hundert Jahre nach dem Tode von Marx mit Recht auf die Fortschritte des Marxismus in der Geschichtswissenschaft und der Geschichtswissenschaft des Marxismus hingewiesen. Aber wir befinden uns in einer historischen Lage, in der alles dies nicht als selbstverständlich hinzunehmen ist. Pinkus wies mit Recht darauf hin, daß es zum Teil eine Generationsfrage ist. Die augenblicklich aufwachsende Generation, jedenfalls in einem großen Teil von Westeuropa und, wenn ich es wagen darf zu sagen, in einem großen Teil des sozialistischen Europa ist nicht unbedingt so überzeugt von den positiven Werten des Marxismus in der Geschichtswissenschaft wie wir. Im Gegenteil, die Jugendlichen sind oft entpolitisiert, ihre Auflehnung, die sie haben, ist sehr oft nicht politisch. Und die Frage, wie diese junge Generation sozusagen wieder zurückfinden wird zur Politik, und dies, wie viele von uns glauben, zum und durch den Marxismus, das ist eine wichtige und fundamentale Tagesfrage. Denn es stimmt, wie ich glaube, und ich meine, wir alle, die wir marxistische Historiker sind und Marxisten, sind auch Kinder unserer Zeit. Wir sind so viele marxistische Intellektuelle und Historiker in England aus meiner Generation, die jetzt alle ausnahmslos Ende dieses Jahres emeritiert sind, weil wir eben in den Dreißigerjahren zur linken Bewegung kamen. In den Fünfzigerjahren kamen die Leute viel weniger. In den späten

Sechzigerjahren und in den frühen Siebzigerjahren kamen viel mehr Leute zur Linken, aber nicht mehr zu einer einfachen marxistischen Linken, sondern zu einer viel eigentümlicheren, anarchistischen, halb sektiererischen, halb neuen Linken. Und diese beherrschen das Bild der linken Historiker der jüngeren Generation, jedenfalls in meinem Land und in anderen. Wir können nicht annehmen, daß unsere Überzeugung vom Wert des Marxismus automatisch von anderen geteilt wird. Und was noch wichtiger und noch tragischer ist: Wir befinden uns — und Menschen meines Alters sind sich dessen mehr bewußt als andere — in einer Weltkrise des Kapitalismus, ähnlich der, in der wir als junge Leute, als Schulbuben, aufgewachsen sind. Für die Geschichte werden die Dreißiger- und die Achtzigerjahre eine gewisse Parallelität zeigen. Allerdings sind die Achtzigerjahre nicht nur eine Krise des Kapitalismus, sondern auch eine Krise anderer, nichtkapitalistischer Systeme, was die Lage der Marxisten ein bißchen mehr kompliziert als in meiner Jugendzeit. Bitte, in dieser Zeit befinden wir uns, und wir glauben, das 100jährige Jubiläum des Todes von Marx damit feiern zu müssen.

TEILNEHMERLISTE

Sonderkonferenz Marxismus und Geschichtswissenschaft
6. — 9. Jänner 1983

unter dem Ehrenschutz der Frau Bundesminister für Wissenschaft und Forschung, Dr. Hertha FIRNBERG, des Herrn Landeshauptmannes von Oberösterreich, Dr. Josef RATZENBÖCK, und des Herrn Bürgermeisters von Linz, Franz HILLINGER.

ACKERMANN Manfred
Laaerbergstr. 32
A-1100 Wien

ANDREUCCI Franco
Istituto Ernesto Ragionieri
Piazza Madonna 8
50123 Firenze/Italien

AVINERI Shlomo
The Hebrew University
Lavon Center for the Study
of the Labour Movement
Jerusalem, Israel

BERTELS Andrej
UNESCO Paris
1, rue Miollis
75015 Paris, Frankreich

BOIDI Maria Cristina
Gasteigerg.1/5
A-1200 Wien

BOLBECHER Siglinde
Engerthstr.204/14
A-1020 Wien

BONDELI Martin
Graffennedstr.1
3074 Nuri/Bern, Schweiz

BOUVIER Beatrix W[rede-].,
Dreizehnmorgenweg 10
D-5300 Bonn 2, BRD

BUCKMILLER Michael
Stromeyerstr. 3
3000 Hannover 1, BRD

DEAC Augustin
Inst. f. Sozialpolitik
b. ZK d. PCR
Str. Ministerului 4
Bukarest, Rumänien

DEPPE Frank
Heusingerstr. 3
3550 Marburg, BRD

DOBRIJANOW Welitschko
Inst. f. Geschichte d. BKP
Sofia, Bulgarien

DOWE Dieter
Marienburgstr. 24
5205 Sankt Augustin 1, BRD

EHMER Josef
Fraungruberg. 4/5/5
A-1120 Wien

EXENBERGER Herbert
Lössweg 3/9/1
A-1220 Wien

FLATHER Paul
36 Kimberley Road
London SW9, England

FRIDRIKSSON Torleifur
Fogedmarken 6, 4th
2200 Kopenhagen, Dk

GALANDA Brigitte
Handelskai 214/15/11
A-1020 Wien

GALANDAUER Jan

Inst. f. Marxismus-Leninismus
Valdstejnska 14
Praha 1, CSSR

GALESLOOT Hansje
Derde Helmersstraat 3g
Amsterdam, Holland

GALLISSOT René
1 rue Pierre Brossolette
92400 Courbevoie, Frankreich

GARSCHA Winfried
Meidling im Tale 12
A-3511 Furth

GLASER Ernst
An den langen Lüssen 1/6/7
A-1190 Wien

GOLLER Peter
Dreiheiligenstr. 9
A-6020 Innsbruck

GRUBER Helmut
Columbia University
425 Riverside Drive (3A)
New York, N. Y. 10025, USA

HALBERSZTADT Jerzy
Baboszewska 1 M 21
02-647 Warszawa, Polen

HANDFEST Karl
Str. d. 13. Januar 334
D-6620 Völklingen 4

HANISCH Ernst
Mirabellpl. 1
Universität Salzburg
A-5020 Salzburg

HAUTMANN Hans
Michael Hainischstr. 2/11
A-4020 Linz

HEITZER Heinz
Akademie d. Wissenschaften
Clara-Zetkin-Str. 26
108 Berlin, DDR

HETFLEISCH Gerhard
Bauhofstr. 6
A-6176 Völs

HOBSBAWM Eric
10 Nassington Rd.
London NW3, England

HOLZER Jerzy
Lipinska 8/3
Warszawa, Polen

HUMMER Hubert
Windeggerstr. 30
A-4221 Steyregg

HUSUNG Hans-Gerhard
17 Bloomsbury Square
London WC1, England

INOUE Shigeko
c/o Johannes Colleg
Hiltenspergerstr. 84
D-8000 München 40

JEMNITZ Janos
Akademie d. Wissenschaften
Institut f. Geschichte
Pf. 9, 1250 Budapest, Ungarn

JENSEN Angelika
Stiftg. 15
A-1070 Wien

KAISER Konstantin
Engerthstr. 204/14
A-1020 Wien

KAMMERSTÄTTER Peter
Finkstr. 3
A-4040 Linz

KANNONIER Reinhard
Institut f. Zeitgeschichte
Universität Linz
A-4040 Linz

KELLER Fritz
Weldeng. 29/1/3
A-1100 Wien

KETTUNEN Pauli
Raikurinne IF52
01620 Vantaa 62, Finnland

KLOPČIČ France
Linhartova 62
61113 Ljubljana, Jugoslawien

KLOPP Eberhard
JM. Wiesengrund 11
55 Trier, BRD

KNAPIC-KRHEN Cvetka
Zelengorska Poljana 2
41000 Zagreb, Jugoslawien

KONRAD Helmut
Universität Linz
Ludw. Boltzmann-Institut
A-4040 Linz

KREISSLER Felix
54, rue des Caillots
F-93100 Montreuil sous Bois

KROPF Rudolf
Colerusstr. 16
A-4040 Linz

KRULA Wilhelm
Minciostr. 35/2/2/7
A-1150 Wien

KÜTTLER Wolfgang
Akademie d. Wissenschaften
Clara-Zetkin-Str. 26
108 Berlin, DDR

LEGÊNE Susan
Vrolikstraat 108[3]
1091 VL-Amsterdam, Holland

LENDWICH Johanna
Tivolig. 4—6/1/3
A-1120 Wien

LIEROP Van Pieter
Van Langeveldstr. 39
6521 MW Nijmegen, Holland

MAIMANN Helene
Mariensteig 3
A-1130 Wien

MALYSCH Alexander
Inst. f. Marxismus-Leninismus
ul. Wilhelma Piecka, 4
Moskau, UdSSR

MASLOV Vladimir
Inst. f. intern. Arbeiterbewegung
Kolpacnij-9a
Moskau, UdSSR

MASUTANI Hideki
Weißg. 33/2/4
A-1170 Wien

MATSUMOTO Yoko
Kodairachi, Tsudamachi 1-12-6
Tokyo, Japan

MINAJEW Leonid
Inst. f. Marxismus-Leninismus
ul. Wilhelma Piecka, 4
Moskau, UdSSR

MORRIEN Joop
Nieuwlandhof 101
1106 RM-Amsterdam, Holland

NAGAHARA Yoko
Vahrer Str. 249
D-2800 Bremen

NECK Rudolf
Österr. Staatsarchiv
Minoritenpl. 1
A-1010 Wien

NEUGEBAUER Wolfgang
Pazmaniteng. 10/10
A-1020 Wien

OHNO Sadao
Biesboschstraat 67/II
Amsterdam, Holland

PANOVA Sneschka
Parkg. 18
A-1030 Wien

PANTIN Igor
Inst. f. Intern. Arbeiterbewegung
Kolpacnij-9a
Moskau, UdSSR

PELGER Hans
Studienzentrum Karl Marx Haus
Johannisstr. 28
D-5500 Trier

PICHLER Franz
Wickenburgg. 14
A-1080 Wien

PINKUS Theo
Froschaug. 7
8025 Zürich, Schweiz

PRUNK Janko
Trebinjska 4
Ljubljana, Jugoslawien

RASMUSSEN Jens Rahbek
Gothersgade 158 A
1123 Kopenhagen, Dänemark

RAUBER Urs
Erlachstr. 29
8003 Zürich, Schweiz

RAUSCH Wilhelm
Beethovenstr. 11/8
A-4010 Linz, Fach 234

RENNER Heinz
Badg. 1—7/7/13
A-1090 Wien

ROJAHN Jürgen
Elpermeer 246
1025 AP Amsterdam, Holland

SIMA Valentin
Stifterstr. 12
A-9020 Klagenfurt

SIPOS Peter
Inst. f. Parteigeschichte
Alkotmany ut. 2
1054 Budapest, Ungarn

SKRZYPCZAK Henryk
Wismarer Str. 10
D-1000 Berlin 45

STADLER Karl Rudolf
Universität Linz
Inst. f. Geschichte u. Zeitgesch.
A-4040 Linz

STAUDINGER Eduard
Albrecht Dürer Gasse 7
A-8430 Leibnitz

STEIN Edith
Nußdorferpl. 1/3/14
A-1190 Wien

STEINER Herbert
Treustr. 69/15/3
A-1200 Wien

STENDER-PETERSEN Ole
Kaplevej 20
2830 Virum, Dänemark

STRAEDE Therkel
Norgesgade 48, 3 th.
2300 S, Dänemark

STRATEN van Giorgio
V Sassetti 6
Firenze, Italien

SZINAI Miklos
Kakukk ut. 20
1126 Budapest, Ungarn

TERJESEN Einar A.
Arbeiderbevegelsens Arkiv og
Bibliotek
Youngsgt. 11 c
Oslo 1, Norwegen

TOMICKI Jan
Grenady 8 m. 45
01-154 Warszawa, Polen

TYCH Feliks
Central Archiwum KC PZPR
ul. Górnośląska 18
00-484 Warszawa, Polen

VARGA Lajos
Inst. f. Parteigeschichte
Alkotmany ut. 2
1054 Budapest, Ungarn

WEBER Fritz
Büro Dr. März
Schottenring 23/12A
A-1010 Wien

WEIDENHOLZER Josef
Inst. f. Zeitgeschichte
Universität Linz
A-4040 Linz

WORMER Joost
Poortstraat 31/A
3572 HB Utrecht, Holland

WREDE-BOUVIER [Siehe Bouvier]

YAMANAKA Takaji
Ceintuurbaan 420-IV
1074EA Amsterdam, Holland

YOUNG James D.
Univ. of Stirling
Dept. of History
Stirling FK9 4 LA, Scotland

ZARNOWSKA Anna
Krasinskiego 26/9
01-769 Warszawa, Polen

Als Gäste zur Eröffnung sind erschienen:

Sekt. Chef Dr. Wilhelm GRIMBURG
(Vertreter BM Dr. H. Firnberg)

Kammeramtsdirektor
Dr. Franz LETTNER